le Guide du **routard**

Directeur de collection et auteur
Philippe GLOAGUEN

Cofondateurs
Philippe GLOAGUEN et Michel DUVAL

Rédacteur en chef
Pierre JOSSE

Rédacteur en chef adjoint
Benoît LUCCHINI

Directrice de la coordination
Florence CHARMETANT

Directeur de routard.com
Yves COUPRIE

Rédaction
Olivier PAGE, Véronique de CHARDON,
Amanda KERAVEL, Isabelle AL SUBAIHI,
Anne-Caroline DUMAS, Carole BORDES,
Bénédicte BAZAILLE, André PONCELET,
Marie BURIN des ROZIERS, Thierry BROUARD,
Géraldine LEMAUF-BEAUVOIS, Anne POINSOT,
Mathilde de BOISGROLLIER, Gavin's CLEMENTE-RUÏZ,
Fabrice de LESTANG et Alain PALLIER

MARTINIQUE
Dominique, Sainte-Lucie

2003

Hachette

Avis aux hôteliers et aux restaurateurs

Les enquêteurs du *Routard* travaillent dans le plus strict anonymat, afin de préserver leur indépendance et l'objectivité des guides. Aucune réduction, aucun avantage quelconque, aucune rétribution ne sont jamais demandés en contrepartie. La loi autorise les hôteliers et restaurateurs à porter plainte.

Hors-d'œuvre

Le *GDR*, ce n'est pas comme le bon vin, il vieillit mal. On ne veut pas pousser à la consommation, mais évitez de partir avec une édition ancienne. D'une année sur l'autre, les modifications atteignent et dépassent souvent les 40 %.

Spécial copinage

Le Bistrot d'André : 232, rue Saint-Charles, 75015 Paris. ☎ 01-45-57-89-14. M. : Balard. À l'angle de la rue Leblanc. Fermé le dimanche. L'un des seuls bistrots de l'époque Citroën encore debout, dans ce quartier en pleine évolution. Ici, les recettes d'autrefois sont remises à l'honneur. Une cuisine familiale, telle qu'on l'aime. Des prix d'avant-guerre pour un magret de canard poêlé sauce au miel, rognon de veau aux champignons, poisson du jour... Menu à 10,52 € servi le midi en semaine uniquement. Menu-enfants à 6,86 €. À la carte, compter autour de 21,34 €. Kir offert à tous les amis du *Guide du routard*.

NOUVEAU ! www.routard.com

Tout pour préparer votre voyage en ligne, de A comme argent à Z comme Zanzibar : des fiches pratiques sur 120 destinations (y compris les régions françaises), nos tuyaux perso pour voyager, des cartes et des photos sur chaque pays, des infos météo et santé, la possibilité de réserver en ligne son visa, son vol sec, son séjour, son hébergement ou sa voiture. En prime, *routard mag* véritable magazine en ligne, propose interviews de voyageurs, reportages, carnets de routes, événements culturels, programmes télé, produits nomades, fêtes et infos du monde. Et bien sûr : des concours, des chats, des petites annonces, une boutique de produits voyages...

TABLE DES MATIÈRES

Pour la carte générale des Antilles, voir le cahier en couleur.

COMMENT ALLER AUX ANTILLES ?

LA MARTINIQUE : GÉNÉRALITÉS

LA MARTINIQUE

DE FORT-DE-FRANCE À SAINTE-ANNE PAR LA CÔTE

AUTOUR DE LA MONTAGNE PELÉE

LA CÔTE NORD-CARAÏBE AU NORD DE SAINT-PIERRE

LA CÔTE NORD-CARAÏBE AU SUD DE SAINT-PIERRE

LA DOMINIQUE : GÉNÉRALITÉS

LA DOMINIQUE

SAINTE-LUCIE : GÉNÉRALITÉS

SAINTE-LUCIE

LES GRENADINES

Le *Guide du routard* remercie l'association des Paralysés de France de l'aider à signaler les lieux accessibles aux personnes handicapées motrices. Cette attention est déjà une victoire sur le handicap.

NOS NOUVEAUTÉS

CHINER AUTOUR DE PARIS (paru)

Chiner n'est pas seulement « le filon » pour traquer l'objet rare, récupérer, détourner, s'équiper et s'habiller pour pas un rond. Chiner c'est aussi partir à l'aventure chaque week-end, à la découverte de patelins oubliés en traînant dans les vide-greniers hors pistes, et en s'attablant dans des épiceries-restos-buvettes et autres lieux pittoresques. La chine est une question de savoir-faire. S'il ne veut pas rentrer bredouille, le chineur doit être initié à toutes les tactiques de traque, surtout dans les vide-greniers citadins et les grandes brocantes. Il doit savoir s'infiltrer dans les réseaux des vide-apparts (un phénomène qui grimpe), identifier les meilleures ventes paroissiales, scolaires, caritatives ou associatives, en court-circuitant les intermédiaires. Il doit, enfin, savoir éviter les pièges des salles-des-ventes et sélectionner les dépôts-ventes.

LE GUIDE DU CITOYEN (paru)

Acheter un paquet de café issu du commerce équitable. Signer une pétition sur le Net pour l'interdiction des mines antipersonnel. Manifester contre la privatisation du monde. Se tenir au courant des projets municipaux ou encore se présenter aux prochaines élections. Vitrine de l'action citoyenne sous toutes ses formes – politique, économique et associative –, le Guide du citoyen fourmille d'actions concrètes à la portée de tous. Pour passer de la déclaration d'intention à la pratique en moins de deux, ce guide donne les coordonnées d'associations militantes, les adresses de magasins éthiques, les endroits où trouver l'information et même le fil rouge du labyrinthe institutionnel. Un outil indispensable pour le citoyen actif à la recherche d'un monde meilleur.

LES GUIDES DU ROUTARD
2003-2004

(dates de parution sur **www.routard.com**)

France

- Alpes
- Alsace, Vosges
- Aquitaine
- **Ardèche, Drôme**
- Auvergne, Limousin
- Banlieues de Paris
- **Bourgogne (fév. 2003)**
- Bretagne Nord
- Bretagne Sud
- Châteaux de la Loire
- Corse
- Côte d'Azur
- **Franche-Comté (mars 2003)**
- Hôtels et restos de France
- Junior à Paris et ses environs
- **Junior en France (nouveauté)**
- Languedoc-Roussillon
- Lyon et ses environs
- **Marseille (automne 2002)**
- Midi-Pyrénées
- Nord, Pas-de-Calais
- Normandie
- Paris
- Paris à vélo
- Paris balades
- Paris casse-croûte
- Paris exotique
- **Paris la nuit**
- Pays basque (France, Espagne)
- Pays de la Loire
- Poitou-Charentes
- Provence
- Restos et bistrots de Paris
- Le Routard des amoureux à Paris
- Tables et chambres à la campagne
- **Toulouse (janv. 2003)**
- Week-ends autour de Paris

Amériques

- Argentine
- Brésil
- Californie
- Canada Ouest et Ontario
- Chili et Île de Pâques
- Cuba
- Équateur
- États-Unis, côte Est
- Floride, Louisiane
- Guadeloupe, Saint-Martin, Saint-Barth
- Martinique, Dominique, Sainte-Lucie
- Mexique, Belize, Guatemala
- New York
- Parcs nationaux de l'Ouest américain et Las Vegas
- Pérou, Bolivie
- Québec et Provinces maritimes
- Rép. dominicaine (Saint-Domingue)

Asie

- Birmanie
- **Chine (Sud : Pékin, Yunnan)**
- **Cambodge, Laos**
- Inde du Nord
- Inde du Sud
- Indonésie
- Israël
- Istanbul
- Jordanie, Syrie, Yémen
- Malaisie, Singapour
- **Moscou, Saint-Pétersbourg (printemps 2003)**
- Népal, Tibet
- Sri Lanka (Ceylan)
- Thaïlande
- Turquie
- Vietnam

Europe

- Allemagne
- Amsterdam
- Andalousie
- Andorre, Catalogne
- Angleterre, pays de Galles
- Athènes et les îles grecques
- Autriche
- Baléares
- **Barcelone (fév. 2003)**
- Belgique
- **Crète (printemps 2003)**
- **Croatie (nouveauté)**
- Écosse
- Espagne du Centre
- **Espagne du Nord-Ouest (Galice, Asturies, Cantabrie - nouveauté)**
- Finlande, Islande
- Grèce continentale
- Hongrie, Roumanie, Bulgarie
- Irlande
- Italie du Nord
- Italie du Sud
- Londres
- Norvège, Suède, Danemark
- Pologne, République tchèque, Slovaquie
- Portugal
- Prague
- **Rome (nov. 2002)**
- Sicile
- Suisse
- Toscane, Ombrie
- Venise

Afrique

- Afrique noire
- Égypte
- Île Maurice, Rodrigues
- Kenya, Tanzanie et Zanzibar
- Madagascar
- Maroc
- Marrakech et ses environs
- Réunion
- Sénégal, Gambie
- Tunisie

et bien sûr...

- **Chiner autour de Paris (nouveauté)**
- Le Guide de l'expatrié
- **Le Guide du citoyen (nouveauté)**
- Humanitaire
- Internet

NOS NOUVEAUTÉS

ESPAGNE DU NORD-OUEST
(Galice, Asturies, Cantabrie) (paru)

De vertes vallées et de vertes montagnes. Des côtes échancrées et des falaises dominant une mer, hachée de courtes lames blanches. Une architecture où le granit le dispute à l'ardoise... et lorsqu'en plus l'odeur du cidre le dispute au miaulement des cornemuses, le voyageur se croit parfois en Irlande. Et puis, en quelques minutes, le retable d'une église baroque, l'odeur de l'ail frit qui va accompagner les fruits de mer sur une *plancha,* quelques femmes de noir vêtues se glissant dans la porte d'une église, les bateaux colorés qui s'envolent vers le large... C'est bien l'Espagne profonde.

Il faut se faire à cette double identité. C'est que, abritées derrière leurs montagnes, ces trois régions (la Galice, les Asturies et la Cantabrie) traversées par le Chemin de Saint-Jacques, s'ouvrent naturellement sur l'Europe ; provinces maritimes, elles regardent de l'autre côté de l'Océan ; provinces rurales, elles cultivent, avec fierté, des particularismes étonnants.

Pour le voyageur, c'est parfois bluffant : passer des parages rocheux de la Côte de la Mort, où le cap Finisterre semble veiller sur l'Océan, aux murailles romaines de Lugo puis aux édifices médiévaux de Santiago, avant d'aller boire un verre d'*albariño* dans les tavernes de Vigo, offre des contrastes saisissants. Peu touchées par l'urbanisation, les côtes abritent des plages sauvages comme on n'en rêve plus et les stations balnéaires ont, pour la plupart, échappé à la folie du béton. Finalement, la chance de l'Espagne du Nord-Ouest, c'est d'avoir été oubliée.

JUNIOR EN FRANCE (paru)

Jamais contents ces enfants en vacances ? Non, il suffit tout simplement de leur proposer des visites ou des activités qui les intéressent. Des adresses pour petits et grands : parcs d'attractions, bases de loisirs et plans nature, musées, promenades, ateliers, le *Routard* a déniché des idées amusantes et passionnantes à portée de main aux quatre coins de la France. Se balader dans une réserve naturelle, visiter un musée sous la forme d'un jeu de piste, se promener en barque dans les marais, grimper sur les manèges des parcs d'attractions, goûter les fruits d'un jardin des merveilles, jouer au fermier le temps d'un après-midi... Il y en a pour tous les goûts et pour tous les âges. Alors, terminés les congés où l'on s'ennuie. Maintenant, on s'amuse, on se cultive, et on se balade.

Après s'être enrichis l'esprit, les bambins ne pourront résister à l'appel du ventre. C'est pourquoi nous avons sélectionné des tables alléchantes, proposant, la plupart du temps, un menu enfant. Voici aussi, quelques restaurants pour découvrir les produits du terroir et les initier à la gastronomie.

Pour dormir, vous pourrez choisir entre les chaînes d'hôtels qui proposent des formules spécialement destinées aux familles ou bien des hôtels plus familiaux que nous aurons sélectionnés à proximité des sites pour leurs équipements particuliers.

Avec ce guide, on s'éclate en famille !

SPÉCIAL DÉFENSE DU CONSOMMATEUR

Un routard informé en vaut dix ! Pour éviter les arnaques en tout genre, il est bon de les connaître. Voici un petit vade-mecum destiné à parer aux coûts et aux coups les plus redoutables.

Affichage des prix : les hôtels et les restos sont tenus d'informer les clients de leurs prix, à l'aide d'une affichette, d'un panneau extérieur, ou de tout autre moyen. Vous ne pouvez donc, contester des prix exorbitants que s'ils ne sont pas clairement affichés.

HÔTELS

1 - Arrhes ou acompte ? : au moment de réserver votre chambre (par téléphone-par précaution toujours confirmer par écrit-ou directement par écrit), il n'est pas rare que l'hôtelier vous demande de verser à l'avance une certaine somme, celle-ci faisant office de garantie. Il est d'usage de parler d'arrhes et non d'acompte (en fait la loi dispose que « sauf stipulation contraire du contrat, les sommes versées d'avance sont des arrhes »). Légalement, aucune règle n'en précise le montant. Toutefois, ne versez que des arrhes raisonnables : 25 à 30 % du prix total, sachant qu'il s'agit d'un engagement définitif sur la réservation de la chambre. Cette somme ne pourra donc être remboursée en cas d'annulation de la réservation, sauf cas de force majeure (maladie ou accident) ou en accord avec l'hôtelier si l'annulation est faite dans des délais raisonnables. Si, au contraire, l'annulation est le fait de l'hôtelier, il doit vous rembourser le double des arrhes versées. À l'inverse l'acompte engage définitivement client et hôtelier.

2 - Subordination de vente : comme les restaurants, ils ont interdiction de pratiquer la subordination de vente. C'est-à-dire qu'ils ne peuvent pas vous obliger à réserver plusieurs nuits d'hôtel si vous n'en souhaitez qu'une. Dans le même ordre d'idée, on ne peut vous obliger à prendre votre petit déjeuner ou vos repas dans l'hôtel ; ce principe, illégal, est néanmoins répandue dans la profession, tolérée en pratique... Bien se renseigner avant de prendre la chambre dans les hôtels-restaurants. Si vous dormez en compagnie de votre enfant, il peut vous être demandé un supplément.

3 - Responsabilité en cas de vol : un hôtelier ne peut en aucun cas dégager sa responsabilité pour des objets qui auraient été volés àdans la chambre d'un de ses clients, même si ces objets n'ont pas été mis au coffre. En d'autres termes, les éventuels pannonceaux dégageant la responsabilité de l'hôtelier n'ont aucun fondement juridique.

RESTOS

1 - Menus : très souvent, les premiers menus (les moins chers) ne sont servis qu'en semaine et avant certaines heures (12 h 30 et 20 h 30 généralement). Cela doit être clairement indiqué sur le panneau extérieur : à vous de vérifier.

2 - Commande insuffisante : il arrive que certains restos refusent de servir une commande jugée insuffisante. Sachez, toutefois, qu'il est illégal de pousser le client à la consommation.

3 - Eau : une banale carafe d'eau du robinet est gratuite-à condition qu'elle accompagne un repas-sauf si son prix est affiché. La bouteille d'eau minérale quant à elle doit, comme le vin, être ouverte devant elle.

4 - Vins : les cartes des vins ne sont pas toujours très claires. Exemple : vous commandez un bourgogne à 8 € la bouteille. On vous la facture 16 A. En vérifiant sur la carte, vous découvrez qu'il s'agit d'une demi-bouteille. Mais c'était écrit en petits caractères illisibles.
Par ailleurs, la bouteille doit être obligatoirement débouchée devant le client.

5 - Couvert enfant : le restaurateur peut tout à fait compter un couvert par enfant, même s'ils ne consomment pas, à condition que ce soit spécifié sur la carte.

6 - Repas pour une personne seule : le restaurateur ne peut vous refuser l'accès à son établissement, même si celui-ci est bondé ; vous devrez en revanche vous satisfaire de la table qui vous est proposée.

7 - Sous-marin : après le coup de bambou et le coup de fusil, celui du sous-marin. Le procédé consiste à rendre la monnaie en plaçant dans la soucoupe (de bas en haut) : les pièces, l'addition puis les billets. Si l'on est pressé, on récupère les billets en oubliant les pièces cachées sous l'addition.

Nous tenons à remercier tout particulièrement François Chauvin, Gérard Bouchu, Grégory Dalex, Michelle Georget, Carole Fouque, Patrick de Panthou, Jean Omnes, Jean-Sébastien Petitdemange et Alexandra Sémon pour leur collaboration régulière.

Et pour cette chouette collection, plein d'amis nous ont aidés :

Caroline Achard
Didier Angelo
Barbara Batard
Astrid Bazaille
José-Marie Bel
Thierry Bessou
Cécile Bigeon
Fabrice Bloch
Cédric Bodet
Philippe Bordet
Nathalie Boyer
Florence Cavé
Raymond Chabaud
Alain Chaplais
Bénédicte Charmetant
Geneviève Clastres
Maud Combier
Sandrine Couprie
Franck David
Agnès Debiage
Fiona Debrabander
Charlotte Degroote
Tovi et Ahmet Diler
Claire Diot
Émilie Droit
Sophie Duval
Christian Echarte
Flora Etter
Hervé Eveillard
Didier Farsy
Flamine Favret
Pierre Fayet
Alain Fisch
Cédric Fisher
Léticia Franiau
Cécile Gauneau
David Giason
Muriel Giraud
Adrien Gloaguen
Olivier Gomez et Sylvain Mazet
Angélique Gosselet
Isabelle Grégoire
Xavier Haudiquet
Claude Hervé-Bazin
Monique Heuguédé
Catherine Hidé

Bernard Hilaire
Bernard Houliat
Lionel Husson
Catherine Jarrige
Lucien Jedwab
François Jouffa
Emmanuel Juste
Florent Lamontagne
Damien Landini
Jacques Lanzmann
Vincent Launstorfer
Grégoire Lechat
Benoît Legault
Raymond et Carine Lehideux
Jean-Claude et Florence Lemoine
Mickaela Lerch
Valérie Loth
Anne-Marie Minvielle
Thomas Mirante
Anne-Marie Montandon
Xavier de Moulins
Jacques Muller
Yves Negro
Alain Nierga et Cécile Fischer
Michel Ogrinz et Emmanuel Goulin
Franck Olivier
Martine Partrat
Jean-Valéry Patin
Odile Paugam et Didier Jehanno
Côme Perpère
Laurence Pinsard
Jean-Luc Rigolet
Thomas Rivallain
Ludovic Sabot
Emmanuel Scheffer
Abel Ségretin
Jean-Luc et Antigone Schilling
Patricia Scott-Dunwoodie
Guillaume Soubrié
Régis Tettamanzi
Christophe Trognon
Christèle Valin-Colin
Isabelle Verfaillie
Charlotte Viart
Isabelle Vivarès
Solange Vivier

Direction : Cécile Boyer-Runge
Contrôle de gestion : Joséphine Veyres
Direction éditoriale : Catherine Marquet
Édition : Catherine Julhe, Peggy Dion, Matthieu Devaux, Stéphane Renard, Nathalie Foucard, Marine Barbier, Magali Vidal, Agnès Fontaine et Carine Girac
Préparation-lecture : Nicole Chatelier
Cartographie : Cyrille Suss
Fabrication : Nathalie Lautout et Laurence Ledru
Direction des ventes : Francis Lang
Direction commerciale : Michel Goujon, Dominique Nouvel, Dana Lichiardopol et Lydie Firmin
Informatique éditoriale : Lionel Barth
Relations presse : Danielle Magne, Martine Levens et Maureen Browne
Régie publicitaire : Florence Brunel et Monique Marceau
Service publicitaire : Frédérique Larvor et Marguerite Musso

ALORS, MARTINIQUE OU GUADELOUPE?

Beaucoup de voyageurs pensent que les Antilles françaises ont à peu près le même charme. Rien n'est plus faux ! Voici quelques éléments qui permettront de mieux choisir. Encore une fois, on ne va pas se faire que des amis, mais seul l'intérêt de nos lecteurs compte !

	Martinique	Guadeloupe
Points forts	– Très grande diversité des paysages. – Habitat traditionnel encore bien préservé. – Hôtellerie bien tenue. – Riche patrimoine historique et nombreuses visites possibles (jardins, musées).	– Petites îles pleines de charme : les Saintes, la Désirade, Marie-Galante. – Plongées organisées et fonds marins exceptionnels. – Réseau routier en bon état. – Écosystèmes à découvrir (forêt, mangrove).
Points faibles	– Réseau routier en état médiocre. – Éternels bouchons autour de Fort-de-France. – Végétation sèche dans le Sud.	– Habitat plus bétonné qu'en Martinique. – Trop de cas de comportements agressifs ou simplement inhospitaliers. – Problèmes de drogue (crack) entre Gosier et Saint-François. – Grèves soudaines du personnel hôtelier et de l'EDF. Coupures d'électricité en pleine saison touristique.

COMMENT ALLER AUX ANTILLES?

LES LIGNES RÉGULIÈRES

▲ AIR FRANCE

– *Paris :* 119, av. des Champs-Élysées, 75008. Renseignements et réservations : ☎ 0820-820-820 (de 6 h 30 à 22 h ; 0,12 €/mn). ● www.airfrance.fr ● Minitel : 36-15, code AF (tarifs, vols en cours, vaccinations, visas ; 0,20 €/mn). M. : George-V. Et dans toutes les agences de voyages.

– *Fort-de-France :* bord de mer, 97242 Fort-de-France Cedex. ☎ 0836-68-29-72.

– *Pointe-à-Pitre :* Agence Legitimus, bd Legitimus, 97159 Pointe-à-Pitre Cedex. ☎ 05-90-82-61-61 ou 0836-682-971.

–*Saint-Martin :* plaza Caraïbes, 1, rue du Général-de-Gaulle, 97150 Marigot, Saint-Martin, Antilles françaises. ☎ 05-90-51-02-02.

– *Antigua :* c/o LIAT, POB 819, VC Bird International Airport. ☎ 001-809-462-0700.

– *Saint-Domingue :* 15, av. Maximo-Gómez, plaza El Faro, Santo Domingo. ☎ 001-809-686-84-32.

– *La Havane :* Hôtel Habana Libre, calle 23, entre L et M, Vedado, Ciudad Habana. ☎ 00-537-66-26-42.

– *Port-au-Prince :* 11, rue Capois, Champ-de-Mars. ☎ 00-509-222-42-62.

➤ Air France dessert Fort-de-France et Pointe-à-Pitre (au départ d'Orly-Ouest et de Roissy-Charles-de-Gaulle-2), Port-au-Prince via Pointe-à-Pitre ou Fort-de-France ; Saint-Domingue et La Havane (4 vols par semaine) au départ de Roissy-Charles-de-Gaulle-2. Préacheminements assurés de – et vers – les principales villes de province par Air France.

➤ Air France assure également des liaisons inter-îles entre Fort-de-France et Pointe-à-Pitre. Le *pass* d'Air France/Liat vous permet en outre de découvrir jusqu'à 25 destinations dans cette zone.

Air France propose une gamme de tarifs très attractifs sous la marque Tempo, accessibles à tous : *Tempo 1* (le plus souple), *Tempo 2*, *Tempo 3* et *Tempo 4* (le moins cher). La compagnie propose également le tarif *Tempo Jeunes* (pour les moins de 25 ans). Ces tarifs sont accessibles jusqu'au jour de départ en aller simple ou aller-retour, avec date de retour libre. Il est possible de modifier la réservation avant le départ et d'annuler jusqu'à la veille du départ sans frais. Pour les moins de 25 ans, la carte de fidélité « Fréquence Jeunes » est nominative, gratuite et valable sur l'ensemble des lignes nationales et internationales d'Air France. Cette carte permet d'accumuler des *miles* et de bénéficier ainsi de billets gratuits. La carte Fréquence Jeunes apporte également de nombreux avantages ou réductions chez les partenaires d'Air France.

Tous les mercredis dès 10 h 00, sur Minitel 36-15, code AF (0,20 €/mn) ou sur ● www.airfrance.fr ●, Air France propose des tarifs « Coup de cœur », une sélection de destinations en France métropolitaine et en Europe à des tarifs très bas pour les 7 jours à venir.

Pour les enchères sur Internet, Air France propose aux clients disposant d'une adresse en France métropolitaine, tous les 15 jours, le jeudi de 12 h à 22 h plus de 100 billets mis aux enchères. Il s'agit de billets aller-retour, sur le réseau Métropole, moyen-courrier et long-courrier, au départ de France métropolitaine. Air France propose au gagnant un second billet sur un même vol au même tarif.

▲ AIR LIB

Renseignements et réservations : ☎ 0825-805-805 (0,15 €/mn). • www.air lib.fr • Minitel : 36-15, code AIR LIB (0,34 €/mn).
– *Pointe-à-Pitre* : ☎ 05-90-32-56-00.
– *Fort-de-France* : ☎ 05-96-42-50-51.
➤ Assure 13 vols par semaine au départ d'Orly-Sud et de Roissy Charles-de-Gaulle vers la Guadeloupe et la Martinique. Tous les vols Antilles sont en partage de codes avec Air France.

▲ CORSAIR

Renseignements et réservations : dans les agences Nouvelles Frontières et JV (voir plus loin « Les organismes de voyages »).
➤ Relie Paris à Fort-de-France et Pointe-à-Pitre tous les jours en vol régulier et direct sauf les jeudi et dimanche, escale à Saint-Martin.

▲ AÉROLYON

Renseignements et réservations : dans les agences Nouvelles Frontières et JV (voir ci-dessous « Les organismes de voyages »).
➤ Relie la province à Fort-de-France et Pointe-à-Pitre une fois par semaine en vol direct au départ de Lyon, Marseille, Nantes et Toulouse.

LES ORGANISMES DE VOYAGES

– Encore une fois, un billet « charter » ne signifie pas toujours que vous allez voyager sur une compagnie charter. Bien souvent, vous prendrez le vol régulier d'une grande compagnie. En vous adressant à des organismes spécialisés, vous aurez simplement payé moins cher que les ignorants pour le même service.
– Ne pas croire que les vols à tarif réduit sont tous au même prix pour une même destination à une même époque : loin de là. On a déjà vu, dans un même avion partagé par deux organismes, des passagers qui avaient payé 40 % plus cher que les autres... Authentique ! De plus, une agence bon marché ne l'est pas forcément toute l'année (elle peut n'être compétitive qu'à certaines dates bien précises). Donc, contactez tous les organismes et jugez vous-même.
– Les organismes cités sont classés par ordre alphabétique, pour éviter les jalousies et les grincements de dents.

En France

▲ ANYWAY.COM

☎ 0825-008-008 (0,15 €/mn). Fax : 01-53-19-67-10. Du lundi au vendredi de 8 h à 20 h et le samedi de 9 h à 19 h. Minitel : 36-15, code ANYWAY (0,34 €/mn). • www.anyway.com •
Anyway.com s'adresse à tous les routards et sélectionne d'excellents prix auprès de 420 compagnies aériennes et l'ensemble des vols charters pour vous garantir des prix toujours plus compétitifs. Pour réserver, Anyway.com offre le choix : Internet et téléphone. La disponibilité des vols est donnée en temps réel et les places réservées sont définitives. Cliquez, vous décollez ! Anyway.com, c'est aussi la réservation de plus de 500 séjours et de week-ends pour profiter pleinement de vos RTT ! De plus, Anyway.com a négocié pour vous jusqu'à 50 % de réduction sur des hôtels de 2 à 5 étoiles et des locations de voiture partout dans le monde. Voyageant « chic » ou « bon marché », tous les routards profiteront des plus d'Anyway.com : simplicité, service, conseil...

faire du ciel le plus bel endroit de la terre

AIR FRANCE

▲ BOURSE DES VOLS / BOURSE DES VOYAGES

Agence de voyages fonctionnant exclusivement en ligne, Bourse des Vols et Bourse des Voyages sont accessibles sur le Net par le ● www.bdv.fr ● et par Minitel, sur le 36-17 BDV.

Les services de la Bourse des Vols présentent en permanence plus de 2 millions de tarifs aériens : vols réguliers, charters et vols dégriffés. Mis à jour en permanence, la Bourse des Vols couvre 500 destinations dans le monde au départ de 50 villes françaises et recense l'essentiel des tarifs aériens vers l'étranger. Ses services web et Minitel offrent la possibilité de commander à distance, de régler en ligne et de se faire livrer le billet à domicile.

La Bourse des Voyages, accessible par le site ● www.bdv.fr ● et le 36-17 BDV, centralise les offres de voyages les plus attractives d'une cinquantaine de Tours Opérateurs. Des centaines de propositions de séjours dégriffés en hôtels-clubs, circuits découverte, croisières, locations de vacances... sont constamment mises à jour. La recherche peut s'effectuer par type de produit (séjour, croisière, circuit...) ou encore par destination. Le site offre par ailleurs, des informations pratiques sur 180 pays pour préparer et réussir son voyage : renseignements sur plusieurs centaines d'aéroports et de villes, pour connaître ses droits en matière de voyage, être informé sur les vaccins et les visas...

Par téléphone, pour connaître les derniers « Bons Plans » de la Bourse des Vols – Bourse des Voyages, il suffit de composer le : ☎ 08-36-69-89-69 (0,46 €/mn). Ce voyagiste est ouvert 6 j/7 de 9 h à 19 h.

▲ CLUB MED DÉCOUVERTE

Pour se renseigner, recevoir la brochure et réserver, n° Azur : ☎ 0810-802-810 (prix appel local France). ● www.clubmed-decouverte.com ● Minitel : 36-15, code CLUB MED (0,20 €/mn). Et dans les agences Club Med Voyages, Havas Voyages, Forum Voyages et agences agréées.

Département des circuits et escapades organisées par le Club Méditerranée. Présence dans le monde : Afrique du Sud, Antilles, Argentine, Birmanie, Botswana, Brésil, Cambodge, Canada, Chine, Costa Rica, Corse, Cuba, Égypte, Espagne, États-Unis, Guatemala, Grèce, Inde, Indonésie, Israël, Italie, Jordanie, Madagascar, Madère, Malaisie, Mauritanie, Maroc, Mexique, Namibie, Polynésie Française, Portugal, la Réunion, Russie, Sénégal, Sicile, Sri Lanka, Tanzanie, Thaïlande, Tunisie, Turquie, Vietnam, Zimbabwe.

Le savoir-faire du Club, c'est :

– le départ garanti sur beaucoup de destinations, sauf pour les circuits où un minimum de participants est exigé.

– La pension complète pour la plupart des circuits : les plaisirs d'une table variée entre spécialités locales et cuisine internationale.

– Les boissons comprises dans les repas (une boisson locale avec thé ou café), et pendant les trajets, bouteilles d'eau dans les véhicules. Vous n'aurez jamais soif, sauf d'en savoir plus.

– Un guide accompagnateur choisi pour sa connaissance et son amour du pays.

– Si vous voyagez seul(e), possibilité de partager une chambre double (excepté pour les autotours et les événements). Ainsi, le supplément chambre individuelle ne vous sera pas imposé.

▲ COMPAGNIE DE L'AMÉRIQUE LATINE & DES CARAÏBES

– *Paris :* 82, bd Raspail (angle rue de Vaugirard), 75006. ☎ 01-53-63-15-35. Fax : 01-42-22-20-15. M. : Rennes ou Saint-Placide.

– *Paris :* 3, av. de l'Opéra, 75001. ☎ 01-55-35-33-57. Fax : 01-55-35-33-59. ● ameriquelatine@compagniesdumonde.com ● M. : Palais-Royal.

Fort de ses 20 années d'expérience, Jean-Alexis Pougatch, après avoir ouvert un centre de voyages spécialisé sur l'Amérique du Nord (« Compagnie des États-Unis et du Canada »), crée « Compagnie du Monde » et

Le réseau des grands voyageurs
SFR
ACTIVEZ SFR MONDE
POUR COMMUNIQUER DEPUIS LES ANTILLES (1) AVEC LA PLUS GRANDE FACILITÉ.
SFR Monde vous propose :
Des tarifs de communication simples.
La réception gratuite de vos Texto.
Pour activer SFR Monde, il suffit d'appeler
e 900 (appel normal) avant de partir.
Vous serez toujours plus qu'un simple numéro
SFR
groupe cegetel
OPÉRATEUR PRIVÉ DE TÉLÉCOMMUNICATIONS
www.sfr.fr
1) St-Martin, St-Barthélemy, Guadeloupe et Martinique. Dans la limite des zones couvertes par les réseaux des opérateurs étrangers avec lesquels SFR a signé un accord.

décide d'ouvrir « Compagnie Amérique Latine et Caraïbes » pour, là aussi, proposer dans deux brochures des voyages individuels ou en groupe du Mexique à la Patagonie chilienne et argentine.

La destination Caraïbes est en 2002 dans la brochure « États-Unis ». Elle offre particulièrement un grand choix d'hôtels sur les Bahamas et la Jamaïque. Les autres îles sont proposées à la carte. Ces hôtels sont tout aussi bien destinés aux familles, couples et célibataires les plus exigeants. Compagnie Amérique Latine et Caraïbes propose, comme toujours, les meilleurs tarifs existant sur le transport aérien en vols réguliers.

Et, comme pour les États-Unis et le Canada, elle propose aussi des rencontres-conférences animées par des passionnés d'Amérique latine, qui se déroulent dans sa salle de projection.

▲ COMPTOIRS DU MONDE (LES)

– *Paris :* 26, rue du Petit-Musc, 75004. ☎ 01-44-54-84-54. Fax : 01-44-54-84-50. • cptmonde@easynet.fr • M. : Sully-Morland ou Bastille.

C'est en plein cœur du Marais, dans une atmosphère chaleureuse, que l'équipe des Comptoirs du Monde traitera personnellement tous vos désirs d'évasion : vols à prix réduits mais aussi circuits et prestations à la carte pour tous les budgets sur toute l'Asie, le Proche-Orient, les Amériques, les Antilles, Madagascar et maintenant l'Italie. Vous pouvez aussi régler par téléphone avec une carte de paiement, sans vous déplacer.

▲ DIRECTOURS

– *Paris :* 90, av. des Champs-Élysées, 75008. ☎ 01-45-62-62-62. Fax : 01-40-74-07-01. À Lyon : ☎ 04-72-40-90-40. Pour le reste de la province : ☎ 0801-63-75-43 (n° Azur). • www.directours.com • Minitel : 36-15, code DIRECTOURS (0,34 €/mn).

Spécialiste du voyage individuel à la carte, Directours est un tour-opérateur qui présente la particularité de s'adresser directement au public, en vendant ses voyages exclusivement par téléphone, sans passer par les agences et autres intermédiaires. La démarche est simple : soit on appelle pour demander l'envoi d'une brochure, soit on consulte le site Internet. On téléphone ensuite au spécialiste de Directours pour avoir conseils et détails.

Directours une grande variété de destinations : tous les États-Unis à la carte (avec des brochures spéciales New York, Las Vegas, Hawaii), la Thaïlande, Bali et l'Indonésie, Maurice, la Réunion, les Seychelles, Dubaï, Oman, l'Inde, l'Afrique du Sud, les Antilles françaises, la Grèce et ses îles, Malte, Chypre, le Portugal (avec en particulier les *Poussadas* en français sur le web), la Tunisie, le Maroc et l'Australie. Également des week-ends en Europe : Vienne, Prague, Budapest et Berlin. Directours vend ses vols secs et ses locations de voitures sur le Web.

▲ FRAM

– *Paris :* 4, rue Perrault, 75001. ☎ 01-42-86-55-55. Fax : 01-42-86-56-88. M. : Châtelet.

– *Toulouse :* 1, rue Lapeyrouse, 31008. ☎ 05-62-15-16-17. Fax : 05-62-15-17-17.

• www.fram.fr • Minitel : 36-16, code FRAM.

L'un des tout premiers tour-opérateurs français pour le voyage organisé, FRAM programme désormais plusieurs formules qui représentent « une autre façon de voyager ». Ce sont :

– les *auto-tours* (en Andalousie, au Maroc, en Tunisie, en Sicile, à Malte, à Chypre, en Grèce, en Crète, en Guadeloupe, à la Réunion) ;

– les *voyages à la carte* en Amérique du Nord (Canada ; États-Unis), en Asie (Thaïlande, Sri Lanka, Inde...) et dans tout le bassin méditerranéen ;

– des *avions en liberté* ou vols secs ;

– des *circuits aventures* (comme la saharienne en 4 x 4 en Tunisie, des randonnées pédestres au Maroc, le safari au Kenya, la découverte sportive de l'île de Madère et de la Réunion) ;

– des *voyages au long cours* (Chine, Inde, Ceylan, Thaïlande, Vietnam, Indonésie, Birmanie, Laos, Réunion, Maurice, Cuba, Saint-Domingue, États-Unis, Canada et Mexique) ;

– les *Framissima* : c'est la formule de « Clubs Ouverts ». Agadir, Marrakech, Fès, Ouarzazate, Andalousie, Djerba, Monastir, Tozeur, Majorque, Sicile, Crète, Égypte, Grèce, Kenya, Turquie, Sénégal, Canaries, Guadeloupe, Martinique... Des sports nautiques au tennis, en passant par le golf, la plongée et la remise en forme, des jeux, des soirées qu'on choisit librement et tout compris, ainsi que des programmes d'excursions pour visiter la région.

▲ FUAJ

– *Paris* (Centre national) : 27, rue Pajol, 75018. ☎ 01-44-89-87-27. Fax : 01-44-89-87-49 ou 10. ● www.fuaj.org ● M. : La Chapelle, Marx-Dormoy ou Gare-du-Nord.

– Renseignements dans toutes les auberges de jeunesse et les points d'information et de réservation en France.

La FUAJ (Fédération unie des Auberges de jeunesse) accueille ses adhérents dans 200 auberges de jeunesse en France. Seule association française membre de l'IYHF *(International Youth Hostel Federation),* elle est le maillon d'un réseau de 6 000 auberges de jeunesse dans le monde. La FUAJ organise pour ses adhérents des activités sportives, culturelles et éducatives ainsi que des expéditions à travers le monde. Les adhérents de la FUAJ peuvent obtenir les brochures « Go as you please », « Activités été » et « Activités hiver », le « Guide français » pour les hébergements. Les guides internationaux regroupent la liste de toutes les auberges de jeunesse dans le monde. Ils sont disponibles à la vente ou en consultation sur place.

▲ ÎLES DU MONDE

– *Paris* : 7, rue Cochin, 75005. ☎ 01-43-26-68-68. Fax : 01-43-29-10-00. ● info@ilesdumonde.com ● www.ilesdumonde.com ●

Îles du Monde est un voyagiste spécialisé exclusivement dans l'organisation de voyages dans les îles, chaudes ou froides, de brume ou de lumière ; proches comme la Grèce ; îles du bout du monde comme les Marquises, les Fidji ou les Galápagos. Célèbres comme l'île Maurice ou inconnues comme les Mergui, elles font ou feront partie de leur programmation. Du voyage organisé au voyage sur mesure, tout est possible dès lors qu'il s'agit d'une île. Parmi les préférences de ce voyagiste : Madagascar.

▲ IMAGES DU MONDE VOYAGES

– *Paris* : 14, rue Lahire, 75013. ☎ 01-44-24-87-88. Fax : 01-45-86-27-73. ● images.du.monde@wanadoo.fr ● M. : Nationale ou Bibliothèque F.-Mitterrand. Sur rendez-vous de préférence.

Spécialiste du monde latin (Italie, Espagne, Amérique latine et une partie des Caraïbes), ce tour-opérateur propose des voyages sur mesure pour individuels et groupes constitués, « des prestations les plus simples aux plus sophistiquées », du vol sec au forfait complet.

Toutes ces prestations peuvent être réservées et réglées à distance en euros.

▲ JET TOURS

Jumbo, les voyages à la carte de Jet Tours, s'adresse à tous ceux qui ont envie de se concocter un voyage personnalisé, en couple, entre amis, ou en famille, mais surtout pas en groupe. Tout est proposé à la carte : il suffit de choisir sa destination et d'ajouter aux vols internationaux les prestations de son choix : location de voitures, hôtels de 2 à 5 étoiles, petits établissements

Avec JV les tropiques à petits prix

Billets d'avion, locations, hôtels, circuits, Autotours, croisières.

JV, des promotions toute l'année.

Découvrez nos destinations tropicales : Caraïbes, Océan Indien, Pacifique, Asie, Afrique

Licence N° APS : 075960125

Réservations et demandes de brochures :
Tél. : 0 825 343 343
www.jvdirect.com
Points de vente JV
Paris/Région parisienne, Lyon, Rennes, Nantes, Toulouse, Lille, Bordeaux, Martinique, Guadeloupe

J'y vais ! et Vous ?

BON POUR UNE DOCUMENTATION GRATUITE
à retourner à JV 15, rue de l'Aube - 75014 Paris

Je désire recevoir gratuitement et sans engagement de ma part, le(s) catalogue(s) JV suivant(s)

❏ Location de vacances sous les tropiques

❏ Brochure hôtels, circuits, croisières Couleurs Tropiques

Nom : ....Prénom : ....

Adresse : ....

Ville : ....Code Postal : ....

Coupon Guide du Routard Martinique

de charme, itinéraires tout faits ou à composer soi-même, escapades aventure ou sorties en ville. Tout est préparé avant le départ, et sur place vous aurez tout le loisir d'apprécier le pays sans contrainte et en toute liberté. Jumbo organise votre voyage où l'insolite ne rime pas avec danger.

Avec « les voyages à la carte Jumbo », vous pourrez choisir de nombreuses destinations. Composez le voyage de votre choix en Andalousie, à Madère, au Maroc, en Tunisie, en Grèce (en été), au Canada, aux États-Unis, au Mexique, en Martinique, en Guadeloupe, dans l'océan Indien, en Thaïlande, en Inde, au Portugal... et chaque année découvrez leurs nouveautés.

La brochure « les voyages à la carte Jumbo » est disponible dans toutes les agences de voyages. Vous pouvez aussi joindre Jumbo sur Internet • www.jettours.com • ou par Minitel : 36-15, code JUMBO (0,20 €/mn).

▲ **JV**
Renseignements et réservations au n° Azur : ☎ 0825-343-343. • www.jv direct.com •
– *Paris :* 54, rue des Écoles, 75005. Fax : 01-46-33-55-96. M. : Cluny-la-Sorbonne ou Odéon. Ouvert du lundi au vendredi de 9 h à 20 h et le samedi de 9 h à 19 h.
– *Paris :* 15, rue de l'Aude, 75014. Fax : 01-43-20-82-74.
– *Bordeaux :* 91, cours Alsace-Lorraine, 33000. Fax : 05-56-79-74-63.
– *Lille :* 20, rue des Ponts-de-Comines, 59000. Fax : 03-20-06-15-44.
– *Lyon :* 9, rue de l'Ancienne-Préfecture, 69002. Fax : 04-78-37-12-14.
– *Nantes :* 20, rue de la Paix, 44000. Fax : 02-51-82-45-84.
– *Rennes :* 1, rue Victor-Hugo, 35000. Fax : 02-99-79-62-79.
– *Saint-Denis :* 30, rue de Strasbourg, 93200. Fax : 01-48-20-76-24.
– *Toulouse :* 12, rue de Bayard, 31000. Fax : 05-62-73-15-24.
– *Martinique :* 71, rue Victor-Hugo, 97200. Fort-de-France. ☎ 05-96-70-12-12. Fax : 05-96-60-22-14.
– *Guadeloupe :* 2, rue de la République, 97110. Pointe-à-Pitre. ☎ 05-90-90-14-14. Fax : 05-90-90-34-69.

Spécialiste des Antilles depuis plus de 10 ans, JV est un réseau de points de vente directe bien connu de la communauté antillaise pour ses tarifs aériens avantageux. Fort de cette clientèle fidèle, JV publie la brochure « Couleurs Tropiques », proposant des forfaits de séjours économiques, résidences ou hôtels en Martinique et en Guadeloupe (ainsi que les meilleurs plans sur les Saintes, Marie-Galante, Saint-Martin, Saint-Barthélémy, la Dominique, Sainte-Lucie, Saint-Vincent et les Grenadines). JV édite aussi un guide « Locations de vacances sous les tropiques » offrant des formules de séjours en toute indépendance : studios en appartements locatifs, bungalows, ou villas individuelles. Vente directe par téléphone : ☎ 0825-343-343 (0,15 €/mn).

▲ **LASTMINUTE.COM / DÉGRIFTOUR.COM**
La dernière minute... Parmi ses offres de loisir, lastminute.com/degriftour. com distribue des places disponibles à la dernière minute : une formule idéale pour concrétiser une envie subite d'évasion. Sur le site, il est possible de réserver des vacances à la dernière minute en France et à l'autre bout du monde et également jusqu'à 6 semaines à l'avance. Lastminute.com/degrif tour.com propose également des restaurants, des séjours gastronomiques, ainsi que des offres cadeaux, et des centaines d'idées de sorties, dégriffés de 30 à 40 % par rapport au prix grand public.

Vous aimez préparer vos vacances à l'avance tout en valorisant votre budget ? C'est également possible. Les prix sont négociés avec ses fournisseurs pour ensuite proposer les tarifs les plus intéressants aux internautes.

L'ensemble de ces services est aussi bien accessible sur • www.lastmi nute.com • www.degriftour.com • et par Minitel (36-15, code DT) ou par téléphone : ☎ 0892-23-01-01 (0,34 €/mn).

y'a pas de frontières

à Nouvelles Frontières

LA MARTINIQUE

A LA CARTE
LOCATION
DE VOITURE POP'S CAR   **305 €**
UNE SEMAINE CATÉGORIE A

SÉJOUR
HÔTEL CLUB PALADIEN®
LE MAROUBA CLUB   **881 €**
UNE SEMAINE EN HÔTEL ✱✱✱ EN CHAMBRE DOUBLE
ET EN DEMI-PENSION AVEC MINI CLUB
AVION ET TAXES 50,84 € COMPRIS

CROISIÈRE EN VOILIER
COCKTAIL GRENADINES   **1 844 €**
CROISIÈRE CONFORT 9 NUITS / 11 JOURS EN PENSION COMPLÈTE
AVION ET TAXES 50,84 € COMPRIS

PRIX TTC PAR PERSONNE, DÉPART DE PARIS, DE NANTES + 76 €
À CERTAINES DATES, SOUS RÉSERVE DE DISPONIBILITÉ,
TAXES ET REDEVANCES COMPRISES ET PAYABLES EN FRANCE
SUSCEPTIBLES DE MODIFICATION SANS PRÉAVIS

175 agences en France

@ www.nouvelles-frontieres.fr

téléphone 0825 000 825
(0,15 € TTC la minute)

NOUVELLES FRONTIÈRES

© SYNERGENCE 2002. CREDIT PHOTO : © ÁLVARO DE LEIVA / STOCK IMAGE. LIC. LL075970049 PRIX AU 19 JUIN 2002

▲ LOOK VOYAGES

Les brochures sont disponibles dans toutes les agences de voyages. Informations et réservations sur Minitel : 36-15, code LOOK VOYAGES (0,34 €/mn). • www.look-voyages.fr •.

Ce tour-opérateur généraliste vous propose une grande variété de produits et de destinations pour tous les budgets : des séjours en clubs Lookéa, des séjours classiques en hôtels, des escapades, des safaris, des circuits « découverte », des croisières.

Look Voyages est un spécialiste du vol sec aux meilleurs prix avec plus de 1 000 destinations dans le monde sur vols affrétés et réguliers.

▲ NOUVELLES ANTILLES

☎ 05-90-85-28-70. Fax : 05-90-85-28-71. • www.nouvellesantilles.com • info@nouvellesantilles.com •.

Tour-opérateur spécialiste des Antilles, Nouvelles Antilles vous conseille et vous prépare des offres sur mesure. Les tarifs sont très compétitifs car l'agence vend sans intermédiaire, uniquement sur Internet. Nouvelles Antilles est un site incontournable pour la préparation de votre séjour : avion, hôtels, gîtes, location de voiture, croisières, activités sportives et randonnées mais aussi guide touristique, photos avec panoramiques à 360°. À noter : son équipe, professionnelle et conviviale, est sur place et 100 % antillaise, ce qui garantit la qualité des prestations proposées.

▲ NOUVELLES FRONTIÈRES

– *Paris* : 87, bd de Grenelle, 75015. M. : La Motte-Picquet-Grenelle. Renseignements et réservations dans toute la France : ☎ 0825-000-825 (0,15 €/mn). • www.nouvelles-frontieres.fr • Minitel : 36-15, code NF (à partir de 0,10 €/mn).

Plus de 30 ans d'existence, 2 500 000 clients par an, 250 destinations, une chaîne d'hôtels-clubs et de résidences *Paladien,* une compagnie aérienne, *Corsair*, des filiales spécialisées pour les croisières en voilier, la plongée sous-marine, la location de voitures... Pas étonnant que Nouvelles Frontières soit devenu une référence incontournable, notamment en matière de tarifs. Le fait de réduire au maximum les intermédiaires permet d'offrir des prix « super-serrés ». Un choix illimité de formules vous est proposé : des vols sur les compagnies aériennes de Nouvelles Frontières au départ de Paris et de province, en classe Horizon ou Grand Large, et sur toutes les compagnies aériennes régulières, avec une gamme de tarifs selon confort et budget. Sont également proposées toutes sortes de circuits, aventure ou organisés ; des séjours en hôtels, en hôtels-clubs et en résidences, notamment dans les *Paladien,* les hôtels de Nouvelles Frontières avec « vue sur le monde » ; des week-ends, des formules à la carte (vol, nuits d'hôtel, excursions, location de voitures...).

Avant le départ, des permanences d'information sont organisées par des spécialistes qui présentent le pays et répondent aux questions. Les 13 brochures Nouvelles Frontières sont disponibles gratuitement dans les 200 agences du réseau, par Minitel, par téléphone et sur Internet.

▲ OTU VOYAGES

Informations : ☎ 0820-817-817. • infovente@otu.fr • N'hésitez pas à consulter leur site • www.otu.fr • pour obtenir adresse, plan d'accès, téléphone et e-mail de l'agence la plus proche de chez vous (29 agences OTU Voyages en France).

OTU Voyages propose tous les voyages jeunes et étudiants à des tarifs spéciaux particulièrement adaptés à vos besoins et à votre budget. Les bons plans, services et réductions partout dans le monde avec la carte d'étudiant internationale *ISIC* (10 €). Les billets d'avion (Student Air, Air France...), train, bateau, bus, la location de voitures à des tarifs avantageux et souvent exclusifs, pour plus de liberté ! Des circuits-séjours en autocar à travers

l'Europe pour savoir ce qui se passe ailleurs et faire la fête ! Des hôtels, des *city trips* pour découvrir le monde. Des séjours détente pour se la couler douce et, pour les plus audacieux, des stages et activités sportives. Des séjours linguistiques, stages et jobs à l'étranger pour des vacances studieuses !

▲ RELAIS DES ÎLES

– *Paris :* 9, rue aux Ours, 75003. ☎ 01-44-54-89-89. ● www.relais-des-iles. com ● Ouvert du lundi au samedi de 9 h à 19 h.
Tour-opérateur spécialiste des îles paradisiaques revendant directement au public. Des Caraïbes à l'océan Indien, Relais des Îles vous propose l'avis et le conseil de spécialistes de ces destinations. Au forfait ou à la carte, vous y trouverez le choix et le prix.

▲ RÉPUBLIC TOURS

– *Paris :* 1 bis, av. de la République, 75541 Cedex 11. ☎ 01-53-36-55-55. Fax : 01-48-07-09-79. M. : République.
– *Lyon :* 4, rue du Général-Plessier, 69002. ☎ 04-78-42-33-33. Fax : 04-78-42-24-43. ● infos@republictours.com ● www.republictours.com ● Minitel : 36-15, code REPUBLIC (0,30 €/mn).
– Et dans les agences de voyages.
Répulic Tours, c'est une large gamme de produits et de destinations tous publics et la liberté de choisir sa formule de vacances :
– séjours « détente » en hôtel classique ou club.
– Circuits en autocar, voiture personnelle ou de location.
– Croisières en Égypte, Irlande, Hollande ou aux Antilles.
– Insolite : randonnées en 4x4, vélo, roulotte, randonnées pédestres, location de péniches...
– Week-ends : plus de 50 idées d'escapades pour se dépayser, s'évader au soleil ou découvrir une ville.
Répulic Tours, c'est aussi :
– Le Bassin méditerranéen : Égypte, Espagne, Chypre, Grèce, Crète, Malte, Maroc, Portugal, Sicile, Tunisie, Libye.
– Les long-courriers sur les Antilles françaises, le Canada, les États-Unis, l'île Maurice, la Réunion, les Seychelles et la Polynésie.
– L'Afrique avec le Sénégal.
– L'Europe avec l'Autriche, la Grande-Bretagne, la Hollande, les îles Anglo-Normandes (Guernesey, Aurigny, Herm, Jersey, Sercq), l'Irlande du Sud et du Nord, l'Allemagne, la Belgique, l'Italie, la République tchèque, la Hongrie, le Danemark et la Suède.

▲ REV VACANCES

– *Paris :* 12, rue Godot-de-Mauroy, 75009. Renseignements et réservations : ☎ 01-47-42-16-31 ou 01-40-06-88-88. M. : Madeleine.
Repris par le groupe *Teker,* Rev Vacances est spécialisé sur les Antilles et l'océan Indien, ce qui garantit qualité, confort et fiabilité des prestations proposées. Au programme, une gamme complète de séjours et de produits de la résidence hôtelière à la croisière de rêve. Consultez la brochure spéciale « Rev'Antilles » dans les agences de voyages.

▲ TERRES DE CHARME

– *Paris :* 3, rue Saint-Victor, 75005. ☎ 01-53-73-79-16. Fax : 01-56-24-49-77. ● www.terresdecharme.com ● M. : Maubert-Mutualité ou Cardinal-Lemoine. Ouvert du lundi au vendredi de 10 h à 19 h et le samedi de 13 h à 19 h.
Terres de Charme a la particularité d'organiser des voyages haut de gamme pour ceux qui souhaitent voyager à deux, en famille ou entre amis. Des séjours et des circuits rares et insolites regroupés selon 5 thèmes : « charme

rencontres
sensations
sports   nature
decouverte
detente   aventure
ambiance
emotions

ucpa.com

La pl@nète
est ton terrain de jeu   UCPa

des îles », « l'Afrique à la manière des pionniers », « charme et aventure », « sur les chemins de la sagesse », « week-ends et escapades » avec un hébergement allant de douillet à luxueux.

▲ UCPA
– Informations et réservations : ☎ 0803-820-830 (0,15 €/mn). ● www. ucpa.com ● Minitel : 36-15, code UCPA.
– Bureaux de vente à *Paris, Bordeaux, Lille, Lyon, Marseille, Nancy, Strasbourg, Toulouse* et *Bruxelles*.
Voilà plus de 35 ans que 6 millions de personnes de 7 à 39 ans font confiance à l'UCPA pour réussir leurs vacances sportives. Et ce, grâce à une association dynamique, toujours à l'écoute des attentes de ses clients, une approche souple et conviviale de plus de 60 activités sportives, en France et à l'international, en formule tout compris (moniteurs professionnels, pension complète, matériel, animations, assurance et transport) et à des prix toujours très serrés. Vous pouvez choisir parmi plusieurs formules sportives (plein temps, mi-temps ou à la carte) ou de découverte d'une région ou d'un pays. Plus de 100 centres en France, dans les Dom et à l'international (Canaries, Crète, Cuba, Égypte, Espagne, Maroc, Tunisie, Turquie, Thaïlande), auxquels s'ajoutent près de 300 programmes itinérants pour voyager à pied, à cheval, en VTT, en catamaran, etc., dans 50 pays.

▲ VOYAGEURS DU MONDE
– *Paris :* La Cité des Voyageurs, 55, rue Sainte-Anne, 75002. ☎ 01-42-86-16-00. Fax : 01-42-86-17-88. M. : Opéra ou Pyramides. Bureaux ouverts du lundi au samedi de 9 h 30 à 19 h.
– *Fougères :* 19, rue Chateaubriand, 35300. ☎ 02-99-94-21-91. Fax : 02-99-94-53-66.
– *Lyon :* 5, quai Jules-Courmont, 69002. ☎ 04-72-56-94-56. Fax : 04-72-56-94-55.
– *Toulouse :* 26, rue des Marchands, 31000. ☎ 05-34-31-72-72. Fax : 05-34-31-72-73. M. : Esquirol.
– *Rennes :* 2, rue Jules-Simon, BP 10206, 35102. ☎ 02-99-79-16-16. Fax : 02-99-79-10-00.
– *Saint-Malo :* 17, av. Jean-Jaurès, BP 206, 35409. ☎ 02-99-40-27-27. Fax : 02-99-40-83-61.
– *Marseille :* 25, rue Fort-Notre-Dame (angle cours d'Estienne-d'Orves), 13001. ☎ 04-96-17-89-17. Fax : 04-96-17-89-18.
● www.vdm.com ● (un site complet « en individuel sur mesure » avec un contenu très riche et une sélection importante de vols secs).
Premier spécialiste en France du voyage individuel sur mesure, Voyageurs du Monde a pour objectif de vous aider à construire le voyage dont vous rêver. Sur les 5 continents, ce sont ainsi quelque 150 pays que vous pourrez découvrir à votre manière.
Tout voyage sérieux nécessite l'intervention d'un spécialiste (ils sont 92 de 30 nationalités différentes). Ils sauront vous guider et vous conseiller à la Cité des Voyageurs Paris, premier espace de France (1 800 m^2) entièrement consacré aux voyageurs, lieu unique sur trois étages, réparti par zones géographiques, ainsi que dans les agences régionales. En plus du voyage individuel sur mesure, Voyageurs du Monde propose un choix toujours plus dense de « vols secs » (avec stocks et prix très compétitifs notamment sur les long-courriers), une large gamme de circuits accompagnés « civilisations », « découvertes » et « aventures ». Sauf mention spéciale, les prix et les départs de leurs circuits accompagnés sont garantis avec un minimum de 6 à 8 personnes. À la fois tour-opérateur et agence de voyages, Voyageurs du Monde a développé une politique de « vente directe » à ses clients sans intermédiaire : une stratégie performante qui permet des prix très compétitifs.

La Cité des Voyageurs, c'est aussi :
– une librairie de plus de 15 000 ouvrages et cartes pour vous aider à prépa-rer au mieux votre voyage, ainsi qu'une sélection des plus judicieux et indis-pensables accessoires de voyages : moustiquaires, sacs de couchage, cou-verture en laine polaire, etc. ☎ 01-42-86-17-38.
– Des expositions-vente d'artisanat traditionnel en provenance de différents pays. ☎ 01-42-86-16-25.
– Un programme de dîners-conférences : les jeudis et certains mardis sont une invitation au voyage et font honneur à une destination (prix : 25 € par personne). ☎ 01-42-86-16-00.
– Un restaurant des cuisines du monde (réservation conseillée). Ouvert uni-quement à midi. ☎ 01-42-86-17-17.
– *Voyageurs dans les Îles* (Caraïbes, océan Indien, océan Pacifique) : ☎ 01-42-86-16-39. Fax : 01-42-86-16-49.

En Belgique
▲ CONTINENTS INSOLITES
– *Bruxelles :* rue César-Franck, 44 B, Bruxelles 1050. ☎ 02-218-24-84. Fax : 02-218-24-88. Ouvert du lundi au vendredi de 10 h à 18 h et le samedi de 10 h à 13 h. M. : Madou.
– *En France :* ☎ 03-24-54-63-68 (renvoi automatique et gratuit sur le bureau de Bruxelles).
• info@insolites.be • www.continentsinsolites.com •
Continents Insolites, organisateur de voyages lointains sans intermédiaire, regroupe plus de 35 000 sympathisants, dont le point commun est la passion du voyage hors des sentiers battus. Une gamme complète de formules de voyages détaillés est proposée dans leur brochure gratuite sur demande :
– *Circuits taillés sur mesure :* à partir de 2 personnes. Choisissez vos dates et créez l'itinéraire selon vos souhaits (culture, nature, farniente, sport). Fabrication artisanale jour par jour avec l'aide d'un conseiller-voyage spécia-lisé. Une grande gamme d'hébergements soigneusement sélectionnés : du petit hôtel simple à l'établissement luxueux et de charme.
– *Voyages lointains :* de la grande expédition au circuit accessible à tous. Des circuits à dates fixes dans plus de 60 pays, et ce en petits groupes fran-cophones de 7 à 12 personnes, élément primordial pour une approche en profondeur des contrées à découvrir. Avant chaque départ, une réunion est organisée. Voyages encadrés par des guides francophones, spécialistes des régions visitées.
De plus, Continents Insolites propose un cycle de diaporamas-conférences à Bruxelles. Ces conférences se déroulent à l'Espace Senghor, place Jourdan, Etterbeek 1040 (dates dans leur brochure).

▲ JOKER
– *Bruxelles :* bd Lemonnier, 37, 1000. ☎ 02-502-19-37. Fax : 02-502-29-23.
• brussel @joker.be •
– *Bruxelles :* av. Verdi, 23, 1083. ☎ 02-426-00-03. Fax : 02-426-03-60.
• ganshoren@joker.be •
– Adresses également à *Anvers, Bruges, Gand, Hasselt, Louvain, Malines, Schoten* et *Wilrijk.*
Joker est « le » spécialiste des voyages d'aventure et des billets d'avion à des prix très concurrentiels. Vols aller-retour au départ de Bruxelles, Paris, Francfort et Amsterdam. Voyages en petits groupes avec accompagnateur compétent. Circuits souples à la recherche de contacts humains authen-tiques, utilisant l'infrastructure locale et explorant le vrai pays. Voyages orga-nisés avec groupes internationaux (organismes américains, australiens et anglais). Joker établit également un circuit de Café's pour voyageurs dans le monde entier : ViaVia Joker, Naamsesteenweg, 227 à Louvain ; Wolstraat, 86 à Anvers ; ainsi qu'à Yogyakarta, Dakar, Barcelone, Copán (Honduras) et Arusha (Tanzanie).

LOCATION DE VOITURES A LA MARTINIQUE

Auto Escape achète aux loueurs de gros volumes de location et répercute les remises obtenues à ses clients. Ce service ne vous coûte rien puisque cette agence est commissionnée par les loueurs. Elle vous aide à vous orienter parmi les assurances et produits optionnels proposés.

13 ans d'expérience lui permettent d'appréhender au mieux vos besoins.

• **Tarifs très compétitifs,** grâce à une surveillance permanente du marché
• **Service et flexibilité** (numéro d'appel gratuit, aucun frais de dossier ou d'annulation même à la dernière minute)
• **Kilométrage illimité**
• **Service à la clientèle**

5% de réduction sup. aux lecteurs du GDR

AUTO ESCAPE

Location de véhicules dans le monde entier

appel gratuit
depuis la France : 0 800 920 940
tél : +33 (0)4 90 09 28 28
fax : +33 (0)4 90 09 51 87
www.autoescape.com

•Réservez avant de partir, car disponibilité limitée. Autre avantage: vous souscrirez ainsi à un produit spécialement étudié pour les clients européens. Vous ferez aussi de grosses économies (tarifs négociés toujours inférieurs à ceux trouvés localement).
•Pour éviter tout désagrément et bénéficier d'un service assistance en cas de problème, privilégiez les grandes compagnies.
•Renseignez-vous sur les assurances souscrites et les surcharges locales.
•Ne partez pas sans un bon prépayé (dans le jargon "voucher"), décrivant précisément le contenu de votre location.
•Pour retirer votre véhicule, il vous faudra: carte de crédit internationale (au nom du conducteur), permis de conduire <u>national</u> et voucher prépayé.

▲ NOUVELLES FRONTIÈRES

– *Bruxelles* (siège) : bd Lemonnier, 2, 1000. ☎ 02-547-44-44. Fax : 02-547-44-99.

● mailbe@nouvellesfrontieres.be ● www.nouvellesfrontieres.com ●

– Également d'autres agences à *Bruxelles, Charleroi, Gand, Liège, Mons, Namur, Wavre, Waterloo* et au *Luxembourg*.

Plus de 30 ans d'existence, 250 destinations, une chaîne d'hôtels-clubs et de résidences *Paladien*, des filiales spécialisées pour les croisières en voilier, la plongée sous-marine, la location de voitures... Pas étonnant que Nouvelles Frontières soit devenu une référence incontournable, notamment en matière de tarifs. Le fait de réduire au maximum les intermédiaires permet d'offrir des prix « super-serrés ».

Un choix illimité de formules vous est proposé.

▲ ODYSSÉE SNOW AND SEA

– *Bruxelles* : av. Brugmann, 250, 1180. ☎ 02-340-08-02. Fax : 02-343-70-24. Ouvert du lundi au vendredi de 9 h à 18 h. ● odyssee@unicall.be ● www.odyssee-snowandsea.be ●

Spécialiste des voyages jeunes, Odyssée vous propose des séjours aux sports d'hiver dans les plus belles stations, au cœur de domaines skiables les plus vastes, mais aussi des trekkings, des week-ends sport-aventure ou des formules spéciales pour les fans de sports nautiques.

Des pistes enneigées des Alpes françaises aux forêts tropicales d'Amérique du Sud, l'équipe passionnée d'Odyssée saura vous séduire en vous proposant le voyage de vos rêves à un prix compétitif.

▲ PAMPA EXPLOR

– *Bruxelles* : av. Brugmann, 250, 1180. ☎ 02-340-09-09. Fax : 02-346-27-66. ● pampa@arcadis.be ●

Ouvert du lundi au vendredi de 9 h à 19 h et le samedi de 9 h à 17 h. Également sur rendez-vous, dans leurs locaux, ou à votre domicile.

Spécialiste des vrais voyages « à la carte », Pampa Explor propose plus de 70 % de la « planète bleue », selon les goûts, attentes, centres d'intérêt et budget de chacun. Du Costa Rica à l'Indonésie, de l'Afrique australe à l'Afrique du Nord, de l'Amérique du Sud aux plus belles croisières, Pampa Explor tourne le dos au tourisme de masse pour privilégier des découvertes authentiques et originales, pleines d'air pur et de chaleur humaine. Pour ceux qui apprécient la jungle et les pataugas ou ceux qui préfèrent les cocktails en bord de piscine et les fastes des voyages de luxe. En individuel ou en petits groupes, mais toujours « sur mesure ».

Possibilité de régler par carte de paiement. Sur demande, envoi gratuit de documents de voyages.

▲ SERVICES VOYAGES ULB

– *Bruxelles* : campus ULB, av. Paul-Héger, 22, CP166, 1000. ☎ 02-648-96-58.

– *Bruxelles* : rue Abbé-de-l'Épée, 1, Woluwe, 1200. ☎ 02-742-28-80.

– *Bruxelles* : Hôpital universitaire Érasme, route de Lennik, 808, 1070. ☎ 02-555-38-49.

– *Bruxelles* : chaussée d'Alsemberg, 815, 1180. ☎ 02-332-29-60.

– *Ciney* : rue du Centre, 46, 5590. ☎ 083-216-711.

– *Marche* : av. de la Toison-d'Or, 4, 6900. ☎ 084-31-40-33.

– *Wepion* : chaussée de Dinant, 1137, 5100. ☎ 081-46-14-37.

Ouvert du lundi au vendredi de 9 h à 17 h. Services Voyages ULB, c'est le voyage à l'université. L'accueil est donc très sympa. Billets d'avion sur vols charters et sur compagnies régulières à des prix hyper-compétitifs.

PARIS LA NUIT (paru)

Après les années moroses, les nuits parisiennes se sont remis du rose aux joues, du rouge aux lèvres et ont oublié leurs bleus à l'âme. Tant mieux ! Dressons le bilan avant de rouler carrosse : DJs tournants, soirées mousse, bars tendance-tendance pour jeunesse hip-hop, mais aussi soirées-chansons pleines d'amitié où l'on réveille Fréhel, Bruant et Vian. Après les *afters,* en avant les *befores* pour danser au rythme des nouvelles D'Jettes à la mode. Branchados des bô-quartiers, pipoles-raï, jet-set et néo-mondains, qui n'hésitent pas à pousser la porte des vieux bistroquets d'avant-guerre pour redécouvrir les convivialités de comptoir des cafés-concerts d'autrefois. Voici un bouquet de bonnes adresses pour dîner tard, pour boire un verre dans un café dé à coudre, dépenser son énergie en trémoussant ses calories en rab, s'offrir un blanc-limé sur le premier zinc, ouvert sur la ligne du petit matin... Mooon Dieu que tu es chiiic ce sooiiir ! Nuits frivoles pour matins glauques, voici notre répertoire pour colorer le gris bitume... voire plus si affinités.

▲ TAXISTOP

Pour toutes les adresses *Airstop,* un seul numéro de téléphone : ☎ 070-233-188. ● air@airstop.be ● www.airstop.be ● Ouvert du lundi au vendredi de 10 h à 17 h 30.

– *Taxistop Bruxelles :* rue Fossé-aux-Loups, 28, Bruxelles 1000. ☎ 070-222-292. Fax : 02-223-22-32.
– *Airstop Bruxelles :* rue Fossé-aux-Loups, 28, Bruxelles 1000. Fax : 02-223-22-32.
– *Airstop Anvers :* Sint Jacobsmarkt, 84, Anvers 2000. Fax : 03-226-39-48.
– *Airstop Bruges :* Dweersstraat, 2, Bruges 8000. Fax : 050-33-25-09.
– *Airstop Courtrai :* Wijngaardstraat, 16, Courtrai 8500. Fax : 056-20-40-93.
– *Taxistop Gand :* Maria Hendrikaplein, 65B, Gand 9000. ☎ 070-222-292. Fax : 09-224-31-44.
– *Airstop Louvain :* Maria Theresiastraat, 125, Louvain 3000. Fax : 016-23-26-71.
– *Airstop Gand :* Maria Hendrikaplein, 65, Gand 9000. Fax : 09-224-31-44.
– *Taxistop* et *AirstopWavre :* rue de la Limite, 49, Wavre 1300. ☎ 070-222-292 et 070-233-188 (Airstop). Fax : 010-24-26-47.

▲ USIT CONNECTIONS

Telesales : ☎ 02-550-01-00. Fax : 02-514-15-15. ● www.connections.com ●
– *Anvers :* Melkmarkt, 23, 2000. ☎ 03-225-31-61. Fax : 03-226-24-66.
– *Bruxelles :* rue du Midi, 19-21, 1000. ☎ 02-550-01-00. Fax : 02-512-94-47.
– *Bruxelles :* av. A.-Buyl, 78,1050. ☎ 02-647-06-05. Fax : 02-647-05-64.
– *Bruxelles :* aéroport, Promenade 4ᵉ étage, 1930 Zaventem.
– *Gand :* Nederkouter, 120, 9000. ☎ 09-223-90-20. Fax : 09-233-29-13.
– *Liège :* 7, rue Sœurs-de-Hasque, 4000. ☎ 04-223-03-75. Fax : 04-223-08-82.
– *Louvain :* Tiensestraat, 89, 3000. ☎ 016-29-01-50. Fax : 016-29-06-50.
– *Louvain-la-Neuve :* rue des Wallons, 11, 1348. ☎ 010-45-15-57. Fax : 010-45-14-53.
– Au **Luxembourg :** 70, Grand-Rue, 1660 Luxembourg. ☎ 352-22-99-33. Fax : 352-22-99-13.

Spécialiste du voyage pour les étudiants, les jeunes et les « independent travellers », *Usit* Connections est membre du groupe *Usit,* groupe international formant le réseau des *Usit* Connections Centres. Le voyageur peut ainsi trouver informations et conseils, aide et assistance (revalidation, routing...) dans plus de 80 centres en Europe et auprès de plus de 500 correspondants dans 65 pays.
Usit Connections propose une gamme complète de produits : des tarifs aériens spécialement négociés pour sa clientèle (licence IATA) et, en exclusivité pour le marché belge, les très avantageux et flexibles billets SATA, réservés aux jeunes et étudiants ; les *party flights* ; le bus avec plus de 300 destinations en Europe (un tarif exclusif pour les étudiants) : toutes les possibilités d'arrangement terrestre (hébergement, location de voitures, « self-drive tours », circuits accompagnés, vacances sportives, expéditions) principalement en Europe et en Amérique du Nord ; de nombreux services aux voyageurs comme l'assurance voyage « Protections » ou les cartes internationales de réductions (la carte internationale d'étudiant ISIC et la carte jeune Euro-26).

En Suisse

C'est toujours assez cher de voyager au départ de la Suisse, mais ça s'améliore. Les charters au départ de Genève, Bâle ou Zurich sont de plus en plus fréquents ! Pour obtenir les tarifs les plus intéressants, il vous faudra être persévérant et vous munir d'un téléphone. Les billets au départ de Paris ou

Lyon ont toujours la cote au hit-parade des meilleurs prix. Les annonces dans les journaux peuvent vous réserver d'agréables surprises, spécialement dans le *24 Heures* et dans *Voyages Magazine*.

Tous les tour-opérateurs sont représentés dans les bonnes agences : *Hotelplan, Jumbo,* le *TCS* et les autres peuvent parfois proposer le meilleur prix, ne pas les oublier !

▲ NOUVELLES FRONTIÈRES
– *Genève :* 10, rue Chantepoulet, 1201. ☎ 022-906-80-80. Fax : 022-906-80-90.
– *Lausanne :* 19, bd de Grancy, 1006. ☎ 021-616-88-1. Fax : 021-616-88-01.
(voir le texte plus haut dans la partie « En France »).

▲ SSR VOYAGES
– *Bienne :* 23, quai du Bas, 2502. ☎ 032-328-11-11. Fax : 032-328-11-10.
– *Fribourg :* 35, rue de Lausanne, 1700. ☎ 026-322-61-62. Fax : 026-322-64-68.
– *Genève :* 3, rue Vignier, 1205. ☎ 022-329-97-34. Fax : 022-329-50-62.
– *Lausanne :* 20, bd de Grancy,1006. ☎ 021-617-56-27. Fax : 021-616-50-77.
– *Lausanne :* à l'université, bâtiment BF SH2, 1015. ☎ 021-691-60-53. Fax : 021-691-60-59.
– *Montreux :* 25, av. des Alpes, 1820. ☎ 021-961-23-00. Fax : 021-961-23-06.
– *Nyon :* 17, rue de la Gare, 1260. ☎ 022-361-88-22. Fax : 022-361-68-27.
SSR Travel appartient au groupe STA Travel, regroupant 10 agences de voyages pour jeunes étudiants, réparties dans le monde entier. Gros avantage si vous deviez rencontrer un problème : 150 bureaux STA et plus de 700 agents du même groupe répartis dans le monde entier sont là pour vous donner un coup de main *(Travel Help).*
SSR propose des voyages très avantageux : vols secs *(Skybreaker),* billets Euro Train, hôtels 1 à 3 étoiles, écoles de langues, voitures de location, etc. Délivre la carte internationale d'étudiant et la carte Jeunes Go 25.
SSR est membre du fonds de garantie de la branche suisse du voyage ; les montants versés par les clients pour les voyages forfaitaires sont assurés.

Au Québec

Revendus dans toutes les agences de voyages, les voyagistes québécois proposent une large gamme de vacances. Depuis le vol sec jusqu'au circuit guidé en autocar, en passant par les voyages sur mesure, la réservation d'une ou plusieurs nuits d'hôtel, ou la location de voitures tout est possible. Sans oublier l'économique formule « achat-rachat », qui permet de faire l'acquisition temporaire d'une auto neuve en Europe, en ne payant que pour la durée d'utilisation (en général, minimum 17 jours, maximum 6 mois). Ces grossistes revendent également pour la plupart des cartes de train très avantageuses pour l'Europe notamment : l'Eurailpass (accepté dans 17 pays). À signaler aussi : les réductions accordées pour les réservations effectuées longtemps à l'avance et les promotions nuits gratuites pour la 3e, 4e ou 5e nuit consécutive.

▲ INTAIR VACANCES
Membre du groupe Intair comme Exotik Tours, Intair Vacances publie plusieurs brochures annuelles avec choix de prestations à la carte (hôtels, location de voitures, achat-rachat, cartes de train) : Europe (France, Hollande, Allemagne, Hongrie, Angleterre, Espagne, Portugal, Italie...) ; Caraïbes/Floride ; Belgique/Suisse ; Hollande ; Intair USA, Intair Croisières (Carnival, Fes-

TICKET POUR UN ALLER-RETOUR-ALLER-RETOUR-ALLER-RETOUR-ALLER-RETOUR...

tival, Holland America, Windstar et Costa); Boomerang Tours (Australie, Nouvelle Zélande, Pacifique sud - avec Fidji, Tahiti, les îles Cook...). Et toujours des circuits accompagnés dans l'ouest canadien, l'ouest américain et en Louisiane. Nouveauté : des circuits en minibus pour les 18-35 ans avec la compagnie américaine Suntrek. Ces voyages de 1 à 13 semaines se font en petits groupes (13 personnes maximum), accompagnés par des guides polyglottes, et avec un hébergement en camping et/ou auberges ou hôtels. Destinations : Ouest américain, Alaska, Hawaï, Canada et Mexique, avec découverte des grands parcs nationaux et activités de plein air.

▲ STANDARD TOURS

Représentant d'*American Airlines* au Canada, ce grossiste propose toutes les destinations de la compagnie aux États-Unis, à Hawaii et aux Caraïbes. Spécialité : voyages individuels avec forfaits flexibles de 2 à 30 nuits (vols, location de voitures et vaste choix d'hôtels à la carte de toutes catégories).

▲ TOUR MONT ROYAL / NOUVELLES FRONTIÈRES

Les deux voyagistes font brochures communes et proposent une offre des plus complètes sur les destinations et les styles de voyages suivants : Europe, destinations soleils d'hiver et d'été, Polynésie française, croisières ou circuits accompagnés. Au programme aussi, tout ce qu'il faut pour les voyageurs indépendants : location de voitures, *pass* de train, bonne sélection d'hôtels et de résidences, excursions à la carte... À signaler l'option achat/rachat Renault ou Peugeot (17 jours minimum, avec prise en France et remise en France ou ailleurs en Europe ; ou encore 17 jours minimum sur la seule péninsule ibérique) et une nouveauté, le retour de Citroën sur le marché québécois (minimum 23 jours, prise en France, remise en France ou ailleurs en Europe). TMR/NF offre également le monde au départ de Paris : les forfaits, circuits, croisières et séjours développés par Nouvelles Frontières France sont en effet disponibles sur le marché Québécois.

▲ VACANCES AIR CANADA

Le voyagiste de la compagnie aérienne est surtout présent sur les destinations « soleil » : Antigua, Barbade, Aruba, Cuba, Jamaïque, Guadeloupe, Sainte-Lucie, Nassau, Mexique (Cancun et Puerto Vallazta). République dominicaine (Punta Cana) et Grand Caiman. Également : programme vol + voiture + hôtel à travers le Canada et les États-Unis. Forfait ski dans l'ouest canadien et sélection de croisières.

▲ VACANCES AIR TRANSAT

Filiale du plus grand groupe de tourisme au Canada, qui détient la compagnie aérienne du même nom, Vacances Air Transat s'affirme comme le premier voyagiste québécois. Ses destinations : États-Unis, Mexique, Caraïbes, Amérique centrale et du Sud, Europe. Vers le Vieux Continent, le grossiste offre des vols secs avec *Air Transat* bien sûr (Paris, province française, grandes villes européennes), une bonne sélection d'hôtels à la carte, des bons d'hôtels en liberté ou réservés à l'avance, des appartements. Également : cartes de trains, location de voitures (simple ou en achat-rachat) et de camping-cars. Original : les vacances vélo-bateau aux Pays-Bas, et les B&B en Grande-Bretagne, Irlande, Irlande du Nord et France.
Vacances Air Transat est revendu dans toutes les agences de la province, et notamment dans les réseaux affiliés : Club Voyages, Voyages en Liberté et Vacances Tourbec.

▲ VACANCES TOURBEC

Vacances Tourbec offre des vols vers l'Europe, l'Asie, l'Afrique ou l'Amérique. Sa spécialité : la formule avion + auto. Vacances Tourbec publie également une petite brochure France, avec chambres d'hôte (formules « terroir » ou « charme »), itinéraires découvertes, locations de bateaux habitables (compagnie Crown Blue Line), de chalets et de maisons de charme. Vacances Tourbec suggère aussi des forfaits à la carte et des circuits en autocar pour découvrir le Québec. Pour connaître l'adresse de l'agence Tourbec la plus proche (il y en a 26 au Québec), téléphoner au : ☎ 1-800-363-3786. Vacances Tourbec est membre du groupe Transat A.T. Inc.

LIAISONS INTER-ÎLES (AVION OU BATEAU)

En avion

▲ AIR FRANCE

Renseignements : ☎ 0820-820-820. ● www.airfrance.fr ● Et dans les agences de voyages.
Air France propose des billets « open jaw ». Pour le même prix, vous pouvez vous rendre à Pointe-à-Pitre et revenir par Fort-de-France.
Il existe également des *pass* inter-îles avec différentes compagnies aériennes qui permettent de visiter plusieurs îles. Renseignements auprès d'*Air France* : ☎ 0820-820-820. Et dans les agences de voyages.

▲ ATIS

– *Lamentin :* aéroport du Lamentin, 97232. ☎ 05-96-51-66-88. Fax : 05-96-51-33-03.
Savez-vous que si vous voyagez en petit groupe de 3 à 5 personnes, vous pouvez louer un petit avion qui vous reviendra moins cher que les lignes régulières d'Air Guadeloupe ? Génial pour découvrir, depuis le ciel, des aspects insoupçonnés des Caraïbes. Les fauchés ont évidemment intérêt à faire l'aller-retour dans la journée. Réservation obligatoire. Un petit charter de 10 places devrait également être en service en 2003.

En bateau

▲ L'EXPRESS DES ÎLES

● www.express-des-iles.com ●
– *Représentant à la Guadeloupe :* ☎ 05-90-83-12-45.
– *Représentant à la Martinique :* ☎ 05-96-63-12-11.
– *Représentant à la Dominique :* HHV Whitchurch, PO Box 71, Roseau. ☎ (001-767) 448-21-81.
– *Représentant à Sainte-Lucie :* Cox Compagnie. ☎ (001-758) 452-22-11.
Billets en vente dans toutes les agences de voyages et à l'embarquement.
➢ *L'Express des Îles* assure les liaisons par bateau rapide plusieurs fois par semaine au départ de Castries, Fort-de-France, Roseau et Pointe-à-Pitre. Se renseigner pour les horaires. Réduction intéressante pour les enfants de moins de 12 ans.

LA MARTINIQUE
(GÉNÉRALITÉS)

Pour les cartes de la Martinique, voir le cahier couleur

CARTE D'IDENTITÉ

- **Superficie :** 1 100 km².
- **Situation :** à 7 000 km de la France, à 3 150 km de New York, à 440 km de la première côte sud-américaine. 25 km la séparent de l'île de la Dominique, 37 km de Sainte-Lucie. Quant à la Guadeloupe, elle est à 120 km.
- **Préfecture :** Fort-de-France.
- **Population :** 388 000 habitants.
- **Densité :** 352 habitants au kilomètre carré.

Température de la mer : 25 °C.
Température de l'air : 30 °C.
Température du punch : 55°.

Une île de cartes postales, qui sait amadouer le visiteur grâce à ses plages de sable blond pour mieux lui faire découvrir ensuite ses richesses intérieures. Mais laissons parler l'un des premiers routards : « C'est la meilleure, la plus douce, la plus égale, la plus charmante contrée qu'il y ait au monde. » Signé : Christophe Colomb. Bon, il a peut-être un peu exagéré sous le coup de la fatigue du voyage, mais il y a de cela.

Cette petite île, 8 fois moins grande que la Corse, possède bien des atouts que l'on découvre peu à peu, en prenant son temps.

Quand est venue l'heure de rentrer, on s'aperçoit que le charme a opéré subrepticement.

La Martinique possède en effet la particularité de marier à tout instant l'inconciliable : sucre et rhum, grimaces et sourires, pluie et soleil, bleus qui font mal aux yeux et verts tendres. Les alizés et les cyclones. Les volcans et la végétation paradisiaque. Les souvenirs d'époques fastueuses et le péché originel de l'esclavage. L'indolence, les klaxons de bienvenue, la « tchatche » charmeuse et l'orgueil sourcilleux, les bouffées imprévisibles de violence. La « narguerie », les commérages méchants, les rivalités entre communautés et le clan ressoudé à l'instant contre l'incompréhension des « métros », c'est-à-dire nous, les métropolitains. Ce discours-là, vous l'entendrez certainement, sous une forme ou sous une autre, dans la bouche d'un résident de plus ou moins longue date, qui se fera néanmoins un plaisir de vous guider dans « son » île. Une île qu'il ne voudrait quitter pour rien au monde, surtout quand vient l'hiver en métropole.

Cette île, on n'a pas d'autre choix que de l'aimer. Ici, pas de ruines grandioses, peu de paysages inspirés. Aux indifférents, elle n'offre que l'ennui, sitôt passée l'envie de plage. Mais une fois mis au rancart le paradis des brochures, la petite France des cocotiers et la fiction des braves bougres sans souci, la réalité antillaise fascine, bouleverse, éveille. « À la Martinique, disait Gauguin, j'ai été capable d'être moi-même. »

ANTILLES, NOUS, VOUS, ÎLES

Démythifier les Antilles, voir en elles autre chose qu'une bande de sable blanc frangée de cocotiers et surmontée d'un soleil accrocheur, ce n'est plus seulement un rêve de routards nostalgiques, c'est une question d'urgence. C'est vouloir les sauver que prendre leur défense tout en incitant à la découverte de leur vraie personnalité. Une personnalité attachante et secrète, qui cache, sous les traits de la jeunesse et d'une certaine insouciance, les traces d'une actualité pleine de conflits et de problèmes.

Partir pour les Antilles françaises, ce n'est pas seulement chercher « l'été en hiver » comme l'avait judicieusement suggéré une publicité quelque peu réductrice, c'est aller à la rencontre d'une culture, d'un peuple déraciné qui cherche ses marques. C'est aussi mieux comprendre l'histoire de France, et, pour le cas de l'esclavage ou des dissidents de la Seconde Guerre mondiale, dans ce qu'elle a de moins glorieux et de moins connu.

Bien sûr, en Martinique, il y a le ciel, le soleil et la mer, mais il y a aussi la montagne, tellement liée à la vie locale, et la forêt tropicale, encore si méconnue des touristes. Le charme de cette île tient avant tout à sa diversité, depuis le calme des côtes caraïbes jusqu'au déchaînement de l'Atlantique qui fouette régulièrement les falaises abruptes.

Quand on part en Martinique, il ne faut pas se contenter de la plage, on a presque honte de devoir encore le répéter ; les îles, c'est aussi une population vivante et nonchalante tout à la fois. Le plus important de tout : apprendre à ne plus regarder sa montre, laisser s'égrener les minutes, les heures, tout doucement...

Si vous ne pouvez pas vous en passer, mettez vite votre montre à l'heure des Antilles. Il va falloir vous lever tôt, pour profiter de votre séjour, surtout si vous êtes dans un village de pêcheurs. Et si vous avez des difficultés à dormir, les moustiques, « les concerts de grenouilles, de merles, de grillons auxquels s'ajoute dès 5 h le chant des coqs », pour reprendre le commentaire d'une lectrice, suivez son conseil : mettez des boules Quies.

Sitôt levé, ouvrez l'œil, et même les deux. Ne vous laissez pas influencer par les commentaires négatifs de ceux qui vous ont précédé dans cette île en constante mutation. L'afflux touristique de masse de ces dernières décennies a engendré de nouveaux comportements sociaux, que la crise de ce début de millénaire va accentuer ou faire disparaître (il est encore trop tôt pour le dire). Chercher à comprendre les réactions des Antillais est le gage d'un séjour réussi, ici plus qu'ailleurs. Les étalages de chair blanche, le débraillé de certains « métros », les Martiniquais en ont ras le bol. Si vous ne voulez pas rester dans le « ghetto » blanc de certains hôtels, si vous voulez être considéré vraiment en « hôte », faites le premier pas. Tout est une question de comportement. Éviter la provocation reste une règle de base, en voiture comme dans les rues, surtout celles de Fort-de-France. Et le tutoiement ? Ici, personne n'adresse la parole pour la première fois à quelqu'un en le tutoyant, à moins d'avoir abusé du ti-punch. Le tutoiement d'office est en fait mal perçu par les Martiniquais... sauf si vous êtes des amis (ce qui peut arriver très vite !).

La Martinique doit trouver de nouvelles bonnes raisons de croire en elle autant qu'en vous. La transformation de la demande touristique, la crise des compagnies aériennes ont sérieusement changé la donne. Heureusement, loin des plages et des cases à béton, le pays avait conservé quelques cartes à jouer le moment venu. Une nouvelle Martinique est à découvrir. Soyez patient. Il faut du temps, ici plus qu'ailleurs encore, pour connaître toutes les règles du jeu.

AVANT LE DÉPART

Adresses utiles

🛈 *Office du tourisme de Martinique :* 2, rue des Moulins, 75001 Paris. ☎ 01-44-77-86-00. Fax : 01-49-26-03-63. ● www.touristmartinique.com ● touristmartinique@cgit.com ● M. : Pyramides. Ouvert du lundi au vendredi de 9 h 30 à 18 h. Assez efficace et sympathique.

■ *Visites guidées avec Madiguid :* village de la Poterie, 97229 Les Trois-Îlets. ☎ 05-96-48-00-53 ou 05-96-61-07-49 (contact : Léti Grandmougin). Pour découvrir autrement la Martinique, prenez contact avec cette association de guides touristiques qui existe depuis 1997 et ambitionne de regrouper en son sein toutes les catégories de guides touristiques de l'île : conférenciers, interprètes, accompagnateurs de montagne et autres. Ces hommes et femmes, souvent haut en couleur,

connaissant Histoire et petites histoires, chemins de traverse et bons plans gastros, représentent un lien privilégié à ne pas négliger. Visites et circuits à la demande.

■ *Renseignements Martinique sur Minitel :* 36-15, code INFOTOUR (0,23 €/mn). Large gamme d'informations : météo, différents types d'hébergement, restaurants, adresses utiles permettant de louer un bateau, une voiture, une moto, etc.

■ *Serveur Internet de l'office du tourisme de la Martinique à New York :* ● www.martinique.org ● martinique@nyo.com

🛈 *Office du tourisme de la Martinique au Canada :* 2159, rue Mackay, Montréal, Québec, H3G-2J2. ☎ (514) 844-85-66. Fax : (514) 844-89-01.

Formalités

– Nous sommes encore en France, une *carte d'identité* ou un *passeport* (périmé depuis moins de 5 ans) suffit pour ceux qui se limitent aux territoires français. Un billet de retour, ou de continuation de voyage, est théoriquement exigé à l'entrée.
– Pour les Belges, carte d'identité belge ou passeport en cours de validité. Pour les Suisses, passeport valide. Pour les Canadiens, la carte d'identité est suffisante pour un séjour de moins de 3 mois ; sinon, passeport obligatoire.
– Pour ceux qui désirent poursuivre leur périple dans les îles ex-britanniques (ça vaut aussi le détour), passeport en cours de validité en principe obligatoire. Un billet de retour ou de continuation de voyage est théoriquement exigé à l'entrée.
– *Douanes :* contrôles de routine, même pour ceux revenant des ports francs comme Saint-Martin et Saint-Barthélemy (attention néanmoins pour les appareils photo).

Carte internationale d'étudiant (carte ISIC)

Elle prouve le statut d'étudiant dans le monde entier et permet de bénéficier de tous les avantages, services, réductions étudiants du monde, soit plus de

25 000 avantages concernant les transports, les hébergements, la culture, les loisirs... C'est la clé de la mobilité étudiante !

La carte ISIC donne aussi accès à des avantages exclusifs sur le voyage (billets d'avion spéciaux, assurances de voyage, carte de téléphone internationale, location de voitures, navette aéroport...).

Pour plus d'informations sur la carte ISIC : ● www.carteisic.com ● ou ☎ 01-49-96-96-49.

Pour l'obtenir en France

Sur place

Se présenter dans l'une des agences des organismes mentionnés ci-dessous avec :
– une preuve du statut d'étudiant (carte d'étudiant, certificat de scolarité...) ;
– une photo d'identité ;
– 10 €.

Par correspondance

Envoyer les pièces suivantes à *OTU-ISIC France,* 119, rue Saint-Martin, 75004 Paris :
– une preuve du statut d'étudiant (carte d'étudiant, certificat de scolarité...) ;
– une photo d'identité ;
– 11 €, incluant les frais d'envois des documents d'information sur la carte.

■ *OTU Voyages :* 119, rue Saint-Martin, 75004 Paris. ☎ 0820-817-817.
■ *Voyages Wasteels :* 113, bd Saint-Michel, 75005 Paris. ☎ 0825-88-70-70.

■ *USIT :* 6, rue de Vaugirard, 75006 Paris. ☎ 01-42-34-56-90.
■ *CTS :* 20, rue des Carmes, 75005 Paris. ☎ 01-43-25-00-76.

En Belgique

Elle coûte 9 € et s'obtient sur présentation de la carte d'identité, de la carte d'étudiant et d'une photo auprès de :

■ *CJB l'Autre Voyage :* chaussée d'Ixelles, 216, Bruxelles 1050. ☎ 02-640-97-85.
■ *Connections :* renseignements au ☎ 02-550-01-00.

■ *Université libre de Bruxelles* (service « Voyages ») *:* av. Paul-Héger, 22, CP 166, Bruxelles 1000. ☎ 02-650-37-72.

En Suisse

Dans toutes les agences STA TRAVEL, sur présentation de la carte d'étudiant, d'une photo et de 15 Fs (10 €).

■ *STA Travel :* 3, rue Vignier, 1205 Genève. ☎ 022-329-97-34.
■ *STA Travel :* 20, bd de Grancy, 1006 Lausanne. ☎ 021-617-56-27.

Pour en savoir plus

Les sites Internet vous fourniront un complément d'informations sur les avantages de la carte ISIC. ● www.isic.tm.fr ● www.istc.org ●

Carte internationale des auberges de jeunesse

Cette carte, valable dans 62 pays, permet de bénéficier des 6 000 auberges de jeunesse du réseau *Hostelling International* réparties dans le monde entier. Les périodes d'ouverture varient selon les pays et les AJ. À noter, la carte des AJ est surtout intéressante en Europe, aux États-Unis, au Canada, au Moyen-Orient et en Extrême-Orient (Japon...).
En Martinique, il y a une AJ à Morne-Rouge (☎ 05-96-52-39-81). Voir le chapitre « Où dormir ? » à Morne-Rouge.

Pour adhérer à la FUAJ

On conseille de l'acheter en France car elle est moins chère qu'à l'étranger.

■ *Fédération unie des Auberges de jeunesse (FUAJ) :* 27, rue Pajol, 75018 Paris. ☎ 01-44-89-87-27. Fax : 01-44-89-87-10. M. : La Chapelle, Marx-Dormoy ou Gare-du-Nord (RER B).
– Et dans toutes les auberges de jeunesse, points d'information et de réservation FUAJ en France.
● www.fuaj.org ●

Sur place

Présenter une pièce d'identité et 10,70 € pour la carte moins de 26 ans et 15,25 € pour la carte plus de 26 ans.

Par correspondance

Envoyer une photocopie recto-verso d'une pièce d'identité et un chèque correspondant au montant de l'adhésion (ajouter 1,15 € pour les frais d'envoi de la FUAJ).
La FUAJ propose aussi une *carte d'adhésion « Famille »,* valable pour les familles de deux adultes ayant un ou plusieurs enfants âgés de moins de 14 ans. Prix : 22,90 €. Fournir une copie du livret de famille.
La carte donne également droit à des réductions sur les transports, les musées et les attractions touristiques de plus de 60 pays mais ces avantages varient d'un pays à l'autre, ce qui n'empêche pas de la présenter à chaque occasion, ça peut toujours marcher.

En Belgique

Son prix varie selon l'âge : entre 3 et 15 ans, 2,50 € ; entre 16 et 25 ans, 9 € ; après 25 ans, 13 €.
Renseignements et inscriptions :

– *À Bruxelles :* LAJ, rue de la Sablonnière, 28, 1000. ☎ 02-219-56-76. Fax : 02-219-14-51. ● www.laj.be ● info@laj.be ●
– *À Anvers :* Vlaamse Jeugdherbergcentrale (VJH), Van Stralenstraat 40, 2060 Antwerpen B 2060. ☎ 03-232-72-18. Fax : 03-231-81-26. ● www.vjh.be ● info@vjh.be ●
– On peut également se la procurer via le réseau des bornes *Servitel* de la CGER.

Les résidents flamands qui achètent une carte en Flandre obtiennent 7,50 €
de réduction dans les auberges flamandes et 3,70 € en Wallonie. Le même
principe existe pour les habitants wallons.

En Suisse (SJH)

Le prix de la carte dépend de l'âge : 22 Fs (14,31 €) pour les moins de 18
ans, 33 Fs (21,46 €) pour les adultes et 44 Fs (28,62 €) pour une famille
avec des enfants de moins de 18 ans.
Renseignements et inscriptions :

■ *Schweizer Jugendherbergen*
(SJH ; **service des membres**) *:*
Schaffhauserstr. 14, Postfach 161,

8042 Zurich. ☎ 01-360-14-14. Fax :
01-360-14-60. ● www.youthhostel.ch ●
bookingoffice@youthhostel.ch ●

Au Canada

Elle coûte 35 $Ca (24,76 €) pour une validité jusqu'à la fin de l'année et
200 $Ca (141,50 €) à vie ; gratuit pour les enfants de moins de 18 ans qui
accompagnent leurs parents ; pour les juniors voyageant seuls, compter
12 $Ca (8,49 €). Ajouter systématiquement les taxes.

■ *Tourisme Jeunesse :* 4008 Saint-
Denis, Montréal CP 1000, H2W-2M2.
☎ (514) 844-02-87. Fax : (514) 844-
52-46

■ *Canadian Hostelling Association :*
205 Catherine Street, bureau 400,
Ottawa, Ontario, Canada K2P-1C3.
☎ (613) 237-78-84. Fax : (613) 237-
78-68.

– Il n'y a pas de limite d'âge pour séjourner en AJ, sauf en Bavière (27 ans).
Il faut simplement être adhérent.
– La FUAJ (association à but non lucratif, eh oui, ça existe encore !) propose
trois guides répertoriant les adresses des AJ : France, Europe et le reste du
monde, payants pour les deux derniers.
– La FUAJ offre à ses adhérents la possibilité de réserver depuis la France,
grâce à son système IBN *(International Booking Network)*, 6 nuits maximum
et jusqu'à 6 mois à l'avance, dans certaines auberges de jeunesse situées
en France et à l'étranger (le réseau *Hostelling International* couvre plus de
60 pays). Gros avantage, les AJ étant souvent complètes, votre lit (en dortoir, pas de réservation en chambre individuelle) est réservé à la date sou-
haitée. Vous réglez en France, plus des frais de réservation (environ 6,15 €).
L'intérêt, c'est que tout cela se passe avant le départ, en français, et en
euros ! Vous recevrez en échange un reçu de réservation que vous présen-
terez à l'AJ une fois sur place. Ce service permet aussi d'annuler et d'être
remboursé. Le délai d'annulation varie d'une AJ à l'autre (compter 6,15 €
pour les frais). IBN est désormais accessible en ligne *via* le site ● www.hos
telling.com ● D'un simple clic, il permet d'obtenir toutes informations utiles
sur les auberges reliées au système, de vérifier les disponibilités jusqu'à 6
mois à l'avance, de réserver et de payer en ligne.

– *Paris :* FUAJ, Centre national, 27,
rue Pajol, 75018. ☎ 01-44-89-87-27.
Fax : 01-44-89-87-10. ● www.fuaj.
org ● M. : Marx-Dormoy, Gare-du-
Nord (RER B et D) ou La Chapelle.

– *Paris :* AJ D'Artagnan, 80, rue Vi-
truve, 75020. ☎ 01-40-32-34-56.
Fax : 01-40-32-34-55. ● paris.le-dar
tagnan@fuaj.org ● M : Porte-de-Ba-
gnolet.

Les Chèques-Vacances

Simples et ingénieux, vous pouvez utiliser les chèques-vacances dans un réseau de 130 000 professionnels agréés du tourisme et des loisirs en France (DOM-TOM compris) pour régler hébergement, restos, transports, loisirs sportifs et culturels... sur votre lieu de villégiature ou dans votre ville. Nominatifs, ils vous permettent d'optimiser votre budget vacances et loisirs grâce à la participation financière de votre employeur, CE, amicale du personnel, etc.

Désormais, les Chèques-Vacances sont accessibles aux PME-PMI de moins de 50 salariés et sont édités sous forme de deux coupures de 10 et 20 €.

Renseignez-vous auprès des différents établissements recommandés par le *Guide du routard* pour savoir s'ils acceptent ce titre de paiement.

– *Avantage :* les Chèques-Vacances donnent accès à de nombreuses réductions, promotions et vous assurent un accueil privilégié.

– *Renseignements :* ☎ 0825-844-344 (0,15 €/mn) ; sur Internet ● www. ancv.com ● Minitel : 36-15, code ANCV. Ou dans le guide *Chèques-Vacances.*

ARGENT, BANQUES

Monnaie

L'*euro* depuis janvier 2002, comme dans n'importe quel autre département français – Corse incluse ! Prévoir du liquide pour tous les petits achats.

Au moment de mettre sous presse, un grand nombre de nos adresses ayant encore à peine converti leurs prix à la nouvelle monnaie, nous nous excusons par avance auprès de nos lecteurs si les prix annoncés varient de quelques cents et même de quelques euros par rapport à ceux que nous indiquons. Possibilité de retirer jusqu'à 300 € par semaine aux distributeurs de billets. Penser à prendre ses précautions en début de week-end (surtout lors des week-ends prolongés) car les distributeurs se vident à vitesse grand V.

– Les cartes de paiement sont acceptées dans les grands restos et hôtels. Chèques de voyage acceptés. Attention, les chèques hors place (c'est-à-dire les chèques émis par une banque de la métropole) sont généralement refusés. Il est préférable d'avoir du liquide et, petit conseil entre amis, mieux vaut répartir son argent car on entend parler de vols de sommes très importantes sur les plages...

Il y a cependant beaucoup de métropolitains qui gèrent des gîtes ou des restos sur place et qui acceptent les règlements par chèque.

– Avec les chèques postaux et la carte de dépannage, retraits possibles dans les bureaux de poste. 304,90 € par semaine au maximum. Le nombre des distributeurs automatiques de billets est en forte progression dans toute l'île. Avec le livret de Caisse d'Épargne et une pièce d'identité, on peut effectuer des retraits à la Caisse centrale d'Épargne du département.

– Quelques établissements (principalement haut de gamme) acceptent enfin les Chèques-Vacances, les Chèques-Déjeuner et les tickets-restaurant. Une bonne occasion de les « écouler » les pieds dans l'eau en pensant à votre employeur... resté en métropole !

Cartes de paiement

– La carte *Eurocard MasterCard* permet à son détenteur et à sa famille (si elle l'accompagne) de bénéficier de l'assistance médicale rapatriement. En cas de problème, contacter immédiatement le ☎ 01-45-16-65-65. En cas de

perte ou de vol (24 h/24), composer le ☎ 01-45-67-84-84 en France (PCV accepté) pour faire opposition tous les jours 24 h/24. À noter que ce numéro est aussi valable pour les cartes **Visa** émises par le *Crédit Agricole* et le *Crédit Mutuel*. ● www.mastercardfrance.com ● Minitel : 36-15 ou 36-16, code EM (0,20 €/mn) pour obtenir toutes les adresses de distributeurs par pays et ville dans le monde entier.
– Pour la carte **American Express,** téléphoner en cas de pépin au ☎ 01-47-77-72-00. Numéro accessible tous les jours 24 h/24. PCV accepté en cas de perte ou de vol.
– Pour toutes les cartes émises par **La Poste,** composer le ☎ 0825-809-803 (pour les DOM : ☎ 05-55-42-51-76).
– Également un numéro d'appel valable quelle que soit votre carte de paiement : ☎ 0892-705-705 (serveur vocal à 0,34 €/mn).

Banques

Elles sont ouvertes du lundi au vendredi de 7 h 30 (ou 8 h) à 12 h et de 14 h à 16 h. Nombreuses banques à Fort-de-France et dans la plupart des gros villages. Pour les retardataires, certaines agences du *Crédit Agricole* ouvrent le samedi de 8 h à 12 h. Et surtout, un conseil : prenez votre mal en patience si vous devez faire la queue. Allez même chercher votre journal préféré auparavant !

BOISSONS

Martinique, terre du rhum

Sans le tourisme, les îles comme la Martinique ne vivraient, pourrait-on croire en débarquant, que par le rhum. Et que pour lui. « Martiniquais, attention à l'alcoolisme », admonestent les écriteaux routiers. Mais le Martiniquais, lui, sait que *ti-punch-là, ka ba yo chalè* (le ti-punch amène la chaleur). Il enchaîne donc sur un *ti-5 %* (une demi-mesure) ou un *CRS* (citron-rhum-sucre). En tout, c'est 65 % du rhum produit qui sont ainsi bus sur place. Depuis la victoire de la betterave sur le sucre roux, le rhum reste le seul débouché pour l'océan de canne hérité des temps bénis de la monoculture. Encore s'agit-il du rhum agricole, le meilleur, produit dans des distilleries de renom, non de ces tord-boyaux teintés au caramel qu'on obtient par distillation de mélasse. Même les ménagères n'en veulent plus pour leurs babas. Longtemps, l'image du rhum fut en effet attachée à celle de cet alcool industriel destiné à remonter le moral des troupes, dans les plantations comme au combat : c'était le fameux « tafia » des poilus de 1914-1918.
Il faudra attendre, comme toujours, une crise de la production et l'interdiction d'importer des mélasses pour que l'on découvre, en métropole, les bienfaits d'un rhum agricole fruité et parfumé, réservé, depuis la fin du XIXᵉ siècle, à la consommation locale, faute de fabrication homogène.
La restructuration économique de ces dernières décennies a entraîné la disparition de plus d'une distillerie, mais celles qui demeurent assurent le maintien de la culture de la canne – dans des conditions parfois difficiles – et fournissent les trois quarts de la production totale de l'île.
La reconnaissance fin 1996 d'une AOC « Rhum agricole de la Martinique » a beaucoup fait pour la notoriété et la qualité du rhum en général. Riches en arômes complexes, les vieux rhums de la Martinique comptent parmi les meilleurs au monde. Les quotas qui accompagnèrent l'AOC ont (comme pour le vin chez nous) misé sur la qualité et non sur la quantité et ont évité l'effondrement des cours. Maintenant, l'avenir du rhum est entre les mains du consommateur ; à lui de savoir boire et de savoir acheter.

La récolte de la canne est le point d'orgue de l'année. Un spectacle dont il vous faut profiter pleinement aujourd'hui car les terres consacrées à la culture de la canne à sucre, sur l'île, sont une vraie peau de chagrin : la production de canne à sucre a fondu des deux tiers en l'espace de quelques décennies. Ce qui pourrait s'avérer catastrophique pour le respect de l'AOC, la Martinique étant passée aujourd'hui au 20e rang des producteurs de la zone caraïbe.

Malgré les machines et les camions, on voit toujours, de février à juin, les haies de coupeurs dans les champs et les charrettes tirées vers les distilleries branlantes, qui dressent leurs toits rouillés dans la végétation. La canne y est pressée. Tandis que ses déchets (la bagasse) partent alimenter les chaudières, le jus (vesou) est tamisé, décanté, filtré et mis à fermenter. Deux jours après, les alambics entrent en action. À 68°, il en sort un rhum incolore. Un peu d'eau pour le ramener à 50°, un petit repos de 3 mois en cuve inox et on le vendra alors sous l'appellation de « rhum blanc ». Dans le cas contraire, il part séjourner 3 ans minimum dans un fût de chêne et devient le « rhum vieux » dégusté en digestif. Pour obtenir l'appellation « rhum paille », le rhum blanc passe également en foudre de chêne pendant un an minimum. Il prend alors une teinte dorée et des arômes vanillés. En jouant sur les levures, la pureté de l'eau et la maîtrise de l'alambic, chaque distillateur aura pu imposer sa griffe gustative.

Pour ceux qui veulent en rapporter, possibilité d'acheter dans les distilleries des cartons de 3 ou 6 bouteilles très bien emballées (sans augmentation de prix), spécial avion. Pour éviter la casse ! À la douane, en principe du moins, dix litres d'alcool sont autorisés par personne, ça laisse de la marge...

Inévitable question : quel est le meilleur rhum parmi les 12 produits dans les distilleries martiniquaises ? Posez donc la question aux connaisseurs que vous rencontrerez sur place. Il serait bien étonnant qu'il n'y ait pas deux ou trois noms qui reviennent plus souvent que les autres, tant pour le rhum blanc que pour le rhum vieux (et le tiercé ne sera pas forcément le même dans les deux cas). Après, à vous de voir en fonction de votre budget. Mais ne pensez pas faire d'économie en achetant dans les supermarchés plutôt que dans les distilleries (ou vice versa d'ailleurs). Évidemment, c'est plus sympa d'acheter son rhum après l'avoir dégusté sur place !

Le mieux, comme toujours, c'est de pouvoir comparer sur place. Aux bars à cocktails, chers et aseptisés, préférez les « débits de la régie » à l'ancienne, on vous apportera la bouteille de rhum blanc, avec du sucre, quelques rondelles de citron vert, ainsi qu'un verre d'eau pour épargner à votre estomac les brûlures du *ti-punch*... Vous ne payez que ce que vous buvez et en prime vous avez l'impression d'être à la maison.

Attention ! Au bout du troisième verre, la chaleur aidant, l'ivresse vous guette, sans compter les contrôles de gendarmerie si vous prenez la route pour rentrer. Prudence donc... C'est pourquoi nous vous fournissons quelques rudiments dans l'art de déguster le rhum antillais sous toutes ses formes.

Ti-punch pour les uns...

Chaque breuvage a ses théoriciens. Robert Rose Rosette est le philosophe et le grand prêtre martiniquais de la préparation et de la consommation du ti-punch. Ce n'est pas anodin de prendre un punch avec quelqu'un. « Il se boit entre amis, généralement sur une véranda ». Voilà pour le lieu.

L'histoire maintenant, qui commence en Inde. Le mot est anglais, il vient du sanscrit *panch* qui signifie « cinq ». Il désignait autrefois une boisson composée de cinq éléments : thé, citron vert, cannelle, sirop de sucre et alcool (en général, le jus fermenté de la canne à sucre). Au XVIIe siècle, les militaires français limitèrent les composantes à trois : citron vert, sirop de canne, cognac ou rhum.

La préparation maintenant. Si vous êtes invité, c'est le maître de maison qui mélange les composants selon le goût de chacun de ses invités. Rhum blanc ou vieux ? Peu ou très sucré ? Glace ou non ? Citron ou pas ? Le maître de maison mélange pour tous dans chaque verre avec la même cuillère à long manche (ou avec un bâton lélé). Il commence et termine par son propre verre afin de montrer l'innocuité de la préparation. En revanche, au bar ou dans une fête, chacun se sert. Vous êtes responsable de votre verre, de la qualité du breuvage et des quantités que vous avez mis dedans ! Traditionnellement, les verres et les bouteilles sont sur la table, le citron est coupé en petits morceaux dans une soucoupe et le sucre disposé à part dans une autre. Il ne reste plus qu'à savourer à petites gorgées et à y revenir en modifiant les dosages, histoire de varier les plaisirs. Attention, comme disent les Martiniquais, « petit coup, longue durée », car ici, le ti-punch, que l'on appelle aussi « feu », se boit le plus souvent sec et d'un trait, suivi d'un verre d'eau glacée. N'oubliez pas que le sucre augmente le taux d'alcool et que les glaçons cassent le goût mais pas l'alcoolémie.

Pour s'habituer, y aller progressivement. D'ailleurs, les Antillais, qui s'y connaissent tout de même, en boivent une petite gorgée chaque matin, à jeun. On appelle cela le « décollage », et c'est, paraît-il, très bon pour le sang !

... et *planteur* ou jus de fruits pour les autres

Pour profiter au mieux du rhum, sans abus, ni regrets, le *punch planteur,* créé par les femmes desdits planteurs dans le souci d'atténuer la chaleur du rhum, est une autre façon traditionnelle de le consommer. Du jus de fruits (de plus en plus, des mélanges tout faits), du sucre de canne, du rhum (jeune et vieux) et un zeste de citron vert.

Sans oublier les *daiquiris* au citron vert, la *piña colada* à l'ananas et à la crème de coco et tous les punchs aux fruits macérés... Les recettes sont variées et les secrets du rhum infinis...

Et puis, bien sûr, les Antilles nous régalent de *jus de fruits* succulents et bon marché : corossol, mangue, maracuja (fruit de la passion), prune de Cythère, etc. Vous trouverez un peu partout des baraques qui pressent et fabriquent toutes sortes de jus frais, que vous pourrez boire à longueur de journée (ils ne font pas grossir, s'ils sont consommés peu ou pas sucrés !). Malheureusement, la plupart ne supporteront pas le voyage du retour (en particulier le jus de canne), alors profitez-en bien là-bas !

Et puis il y a la bière locale, très douce, la célèbre et incontournable « Lorraine », un nom qui passe bien et rend hommage à un procédé qui n'a rien de local. À part ça, pour vous éviter de revenir dans un triste état en évoquant, comme dans d'autres pays, l'impossibilité d'avaler autre chose qu'un thé ou une boisson alcoolisée, petite précision utile : en Martinique, l'eau est POTABLE !

BUDGET

Si l'on n'en connaît pas tous les trucs, les Antilles peuvent coûter assez cher. Pour préparer votre budget, c'est facile, on indique les prix des hôtels, des gîtes et des restos. Comparez les prix, en fonction des saisons et des localisations. À ce sujet, le temps d'écrire et d'imprimer le guide, ceux-ci auront déjà un peu augmenté lorsque vous serez sur place. Ne soyez donc pas surpris par un décalage oscillant entre 5 et 10 %.

IMPORTANT : il existe des boutiques hors taxes à l'aéroport, assez bien fournies (rhum, cigares, parfums...). Vous pourrez y faire des achats à l'aller comme au retour (y compris pour les ressortissants français, après la douane). Mais attention à ne pas trop vous charger à l'aller (cela dit, les achats sont plus limités au retour). Enfin, il faut savoir, ce qui fera râler les non-fumeurs, que le tabac est bien moins cher sur l'île : autour de 1,52 € le paquet de cigarettes !

CLIMAT

Beaucoup de soleil, beaucoup de pluie, un air sain, des crépuscules tièdes et des nuits suaves : il fait bon vivre aux Antilles. Encore faut-il ne pas confondre doux et douceâtre. Si la tradition antillaise a retenu le chapeau de paille, c'est que le soleil cogne dur. Ça tombe bien, la mer est tiède : elle peut dépasser 28 °C de juillet à octobre et ne descend pas au-dessous de 26 °C durant la saison sèche.

Pourtant, la fraîcheur existe aussi en montagne. La montagne Pelée culmine à 1 397 m. En la gravissant, vous découvrirez plusieurs étages climatiques, chacun avec ses fruits et sa végétation spécifiques. Battu par les vents, le sommet est frisquet. Là-haut, l'humidité se condense en nuages, lesquels partent arroser les plaines : il peut tomber à certains endroits plus de 8 m d'eau par an. Voilà pourquoi la Martinique est si verte.

Toute l'année, le soleil se lève entre 5 h et 6 h et se couche entre 17 h 30 et 18 h 30. D'un coup ou presque, comme une énorme boule rouge avalée par les flots en fusion. Toute l'année encore, les « grains » tombent sans crier gare ; des cataractes d'une heure ou deux transforment les rues en torrents.

Deux saisons. De fin décembre à mai, la saison sèche, appelée le *carême,* est un drôle d'hiver. Le thermomètre flirte avec les 27 °C. Le temps est au beau fixe malgré quelques averses orageuses, et les hôtels sont souvent complets. Pendant nos vacances d'été, en revanche, c'est la saison humide : l'*hivernage* court de la mi-juin à novembre. L'air (30 °C) est lourd (voire étouffant, lorsque les alizés – les « rois des Antilles » –, heureusement fréquents, ne rafraîchissent pas l'atmosphère) et les après-midi sont pluvieux. Le flot touristique, lui, s'est tari et, dans les hôtels, on voit refleurir la bonne humeur et les prix doux. Cela peut suffire à justifier un départ. En fait, notent les Antillais, pluie et soleil ne sont pas toujours de saison, comme peuvent vous le confirmer les habitués, « échaudés » en 2002 par un *carême* pluvieux.

La période de juillet et août, plus encore que celle allant de Noël à mi-janvier, voit nombre d'Antillais expatriés en métropole revenir en vacances au pays. Leurs frères martiniquais, restés sur l'île, leur ont donné le nom un tantinet péjoratif de « négropolitains ». On voit alors des familles se retrouver sur la plage autour de gigantesques pique-niques avec cocotte-minute, bâche et sono pour fêter les retrouvailles.

De fin août à octobre, les cyclones adorent faire leur apparition. Ils ne se font pas toujours annoncer par le syndicat d'initiative. Rappelez-vous les terribles cyclones *Hugo* et *Luis* qui ravagèrent le nord des Petites Antilles en septembre 1989 et en septembre 1995, et *Lenny* qui passa en décembre 1999 (en fait une forte houle ; incongruité météorologique qui réussit à défier tous les pronostics par son trajet et sa puissance). Débusquée dans la semaine, la bête est traquée jour après jour par la météo. Soudain, le ciel se fait limpide, la mer d'huile : il est temps pour les bateaux de prendre le large. Dans les cases, on démonte le toit de tôle pendant que les animaux geignent et on emballe les affaires dans des sacs-poubelles. Cinq minutes après, c'est un spectacle de fin du monde. Impressionnant contraste.

Si vous partez aux Antilles pendant la saison humide, sachez donc que les côtes orientales sont plus arrosées que les côtes occidentales, dites « sous le vent ». Mais là encore, mieux vaut éviter de généraliser et d'emporter parapluie, K-Way, bottes, etc. Pensez plutôt à prévoir des crèmes solaires adaptées à votre peau avant le départ. Sur place, elles sont indispensables car, même par temps couvert, le soleil tape sans que l'on s'en rende vraiment compte. Conducteurs, attention à votre bras gauche !

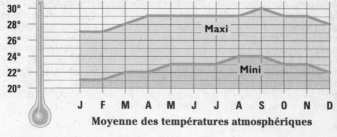

Moyenne des températures atmosphériques

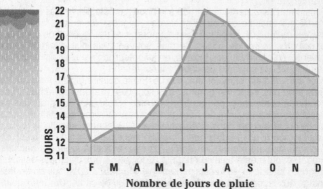

Nombre de jours de pluie

MARTINIQUE (Fort-de-France)

LA MARTINIQUE
(Généralités)

CUISINE

« Le raffinement de la France, les parfums magiques de l'Inde, la force des saveurs africaines et la richesse des produits caraïbes : la cuisine créole mêle tous les métissages en une danse étourdissante ». Les prospectus locaux n'y vont pas avec le dos de la cuillère... Ce qu'on attrape avec la fourchette est parfois moins réjouissant.

Un mythe à évacuer : la perle rare découverte sur une plage déserte, qui prépare des plats typiques à prix doux rien que pour vous. D'abord, les prix sont grosso modo les mêmes, dans toute l'île, si l'on excepte quelques restaurants haut de gamme. Beaucoup de restos ont surtout tendance à « métisser » les prix forts, une hygiène un peu douteuse et un service somnambule. Quant aux « doudous » chères aux chroniqueurs gastronomiques du dernier quart de siècle, elles ont passé la main après s'être souvent laissées aller à la facilité, devant l'avalanche de touristes porteurs de guides vieux de dix ans.

Résultat : sauces en plomb, courts-bouillons prolongés, fritures et chapelure envahissantes, autant de recettes transmises avec amour par des générations de mamans hypoglycémiques. Alors que le *vivanneau*, le *thazar* (sorte de maquereau), le mérou et la langouste sont si bons grillés !

D'ailleurs, ce n'est sûrement pas un hasard si le barbecue est d'origine arawak. Les Indiens découpaient leur viande en fines lanières pour la faire cuire sur une sorte de gril en baguettes de bois vert.

Soyez vigilant. Certains rabatteurs, vantant notamment des adresses sélectionnées naguère par le *Routard*, vous appâteront par de petits prix et un service rapide. Méfiez-vous. La seule vitesse vraiment remarquable dans les îles est celle de la rotation des directeurs, des chefs et même des serveurs qu'on a bien aimés. Entre la rédaction de ce guide et votre passage, certains restos auront changé deux fois de chef ! Ouvrez l'œil avant la bouche, et rassurez-vous, il reste beaucoup de (jeunes) cuisiniers et cuisinières, heureusement, qui vous serviront, au retour des pêcheurs, des poissons sauce chien au goût superbe (en fait, une vinaigrette au jus de citron aromatisée d'oignons-pays et de persil) ou une cuisine de marché issue d'une tradition quelque peu revisitée, à moins que vous ne craquiez pour l'« assiette créole », un régal lorsqu'elle est bien préparée.

Plats traditionnels

Vous connaissez certainement déjà le boudin créole, les accras (beignets de morue aux fines herbes ou beignets de crevettes), les crabes farcis (*touloulous* ou *matoutous*, selon les saisons, nourris de mangues et de bananes) et le *colombo* (carry de poulet, le plus souvent), un plat d'origine tamoule devenu, avec l'arrivée des Indiens, un incontournable de la cuisine antillaise. Le meilleur : le colombo de cabri, s'il est réussi !

Pour qui voudrait remonter aux sources de la cuisine locale, voici quelques plats à ne pas manquer, garants, s'ils sont bien réalisés, de la qualité de la maison, à commencer par les *blaffs* (poissons macérés au citron vert, juste saisis au court-bouillon (le nom proviendrait du bruit que fait le poisson lorsqu'on le plonge dans l'eau bouillante !). Viennent ensuite le délicieux *calalou* (soupe aux herbes servie traditionnellement avec du riz blanc et de la chiquetaille de morue), le *féroce* (purée d'avocat à la morue hachée, et pimentée, qui mérite bien son nom, à déconseiller aux estomacs délicats) et un grand classique de la cuisine familiale : le *pâté en pot*, qui est en fait un potage aux légumes et aux abats (de mouton ou de cabri). Délicieux quand il est bien fait.

Peut-être aurez-vous l'occasion de goûter d'autres plats oubliés, remis à la mode par une nouvelle génération de restaurateurs et restauratrices. Des plats du pauvre, généralement réservés aux jours de fête, autrefois, comme le *trempage*, plat confectionné avec du pain mouillé étalé sur une feuille de bananier et arrosé d'une préparation à base de morue. Un plat qui suivait les retours de pêche sur la côte nord-atlantique.

Régalez-vous dans le sud avec le *chatrou* (poulpe) destiné à passer à la casserole, avec du riz, le gratin de palourdes, le *touffé* (l'étouffée, autrement dit) de *titiris,* poissons minuscules pêchés à la moustiquaire !

C'est près des pêcheurs que vous trouverez le meilleur poisson... Sitôt pêchés, sitôt dépecés, les thons et les espadons sont débités en tranches en moins de temps qu'il n'en faut pour le dire. Le *lambi* a beau avoir pratiquement disparu, et être interdit à la pêche, vous continuerez à le trouver sur le menu de beaucoup de restos, même hors saison. Il provient des îles voisines, qui font moins attention à la protection de leurs fonds marins ; le problème, c'est qu'il supporte mal la congélation, et vous tomberez souvent sur du lambi au goût caoutchouteux. Attention par contre aux zones de provenance : les poissons pêchés à Saint-Barthélemy et dans certaines zones de la Martinique sont toxiques, car ils se nourrissent de coraux empoisonnés...

Et puis, il y a la fameuse fricassée de *z'habitants*. Malheureusement, ces écrevisses sauvages sont devenues elles aussi rarissimes (on en trouve beaucoup plus sur la carte des restos que dans les rivières !) et il s'agit le plus souvent d'écrevisses d'élevage ; plus farineuses et moins goûteuses, mais aussi plus nombreuses (et moins chères). Alors méfiez-vous des prix car la tentation est grande pour certains restaurateurs d'abuser du touriste de passage !

Beaucoup moins cher, vendu partout, au bord des plages ou des routes, il y a aussi le poulet boucané, grillé à la sciure de canne à sucre, ce qui lui donne un goût bien particulier, en plus des épices rajoutées. Le docker de Fort-de-France, lui, comme l'homme d'affaires pressé, se contente volontiers d'un sandwich à la morue et aux oignons. N'hésitez pas à vous en offrir un sur le marché, c'est parfois meilleur et moins dangereux pour la santé que les plats en sauce proposés par certaines doudous installées depuis des lustres sous les halles !

Fruits et légumes

Près de 75 variétés de fruits et légumes s'étalent en permanence sur les marchés des Antilles. Après s'être cassé les dents sur une banane-légume (qu'on apprécie mieux une fois cuite) et s'être interrogé devant des filaments terreux, on en revient à l'ananas. Pas de panique ! Après avoir vérifié la tenue des fruits en y perçant un petit trou (allez-y doucement tout de même !), apprenez à les reconnaître. Le mieux est de demander aux marchandes de vous aider à les choisir, car la plupart des étals proposent des produits à faire mûrir. En voici quelques-uns, pour faire vos premiers pas en cuisine dans votre gîte rural, à l'abri des regards.

– Les *gombos* : couleur verte, aspect de piment, en plus gros. Cuits, ils deviennent gluants.

– La *caïmite* : genre de kiwi, à la peau de couleur verte ou violet pourpre foncé, selon la variété.

– L'*igname* : tiges grimpantes dont les racines sont lavées, râpées, séchées et broyées en farine. Goût proche de celui de la pomme de terre. On la sert en purée ou en pain.

– Le *manioc* : grosses racines molles épluchées, râpées, pressées, séchées au four et broyées en farine. Plus de goût que l'igname. Servi en purée ou en pain (on appelle *kassav* la galette de farine de manioc).

– La *canne* : sucer la pulpe comme un bâton de réglisse.

– La *christophine* : aspect d'une poire un peu bosselée, jaune pâle ou vert clair. Un des légumes les plus délicats. Verte, elle se mange en salade. Mûre, en gratin, elle vous vaudra un de vos meilleurs souvenirs de la Martinique.

– Le *giraumon* : de couleur laiteuse, évoque une *pita* gonflée. Léger goût de potiron. Existe aussi en métropole.

– La *carambole* : joli petit fruit jaune en forme d'étoile. Goût d'agrume assez acide.

– La *patate douce* : couleur rose, goût légèrement sucré.

– Le *corossol* : une panse verte hérissée d'épines. La chair laiteuse, un peu déliquescente, est pleine de petites graines aux vertus digestives. Il est surtout consommé en jus glacé pour ses vertus apaisantes et rafraîchissantes. Aucun fruit n'est plus suave. On dit également qu'il préserve de la grippe et même des coups de soleil (à condition d'en glisser quelques feuilles sous son chapeau !).

– La *goyave* : petit fruit rose, au goût douceâtre et farineux. Excellent en jus.

– Le *fruit de la passion* ou *maracuja* : fruit jaune, rond et lisse qui renferme des délices.

– Les très nombreuses variétés de *bananes* : de la *banane-légume* au *ti-nain* (rosée, l'une des meilleures), en passant par la *fressinnette,* des noms évocateurs quant à leur taille : « rhabillez-vous, jeune homme », « passe encore », « Dieu m'en garde », etc.

– Et il y a aussi tous les autres, que vous connaissez peut-être déjà : papaye (verte, coupée en lamelles pour la salade), orange (décevante), litchi, citron vert, pamplemousse, fruit à pain, chou-pays, mangue, pomme-cannelle, sapotille (goût de caramel), ananas, noix de coco, etc.

– À propos de marché, les produits de consommation courante sont deux fois plus chers qu'en métropole. Pensez-y...

LA MARTINIQUE
(Généralités)

Péchés de gourmandise

Et régalez-vous avec tous ces jus de fruits frais (canne, goyave, coco...), souvent pressés par des marchands ambulants. Sans oublier les extra-ordinaires punchs aux fruits (sapotille, carambole...) qu'on laisse macérer plusieurs années. À titre de curiosité, et si vous en trouvez car ça devient rare, goûtez aussi le *mabi* (liane, gingembre, muscade, anis, fruits et sucre de canne), boisson fermentée aux vertus aphrodisiaques que les Antillais ont héritée des Caraïbes. Si certains jus de fruits ou yaourts vous paraissent très sucrés, ne soyez pas surpris. On dit que les Martiniquais ont la bouche en sucre tant ils sont friands de sucreries (*philibots, lotchios, cratchés*, tablettes coco, *doucelettes,* fruits confits...) et autres nougats-pistaches (aux arachides, en fait) que vous aurez bien l'occasion de goûter une fois sur un marché. De grandes marques de produits laitiers ont d'ailleurs dû s'adapter au goût local en ajoutant du sucre dans leurs desserts ! Une consolation : le blanc-manger, dessert à base de noix de coco et de lait aromatisé de vanille, de cannelle et de noix de muscade.

DÉCALAGE HORAIRE

Le décalage entre la métropole et les Antilles est de 5 h en hiver et 6 h en été. Quand il est midi à Paris, il est donc 7 h à Fort-de-France (en hiver) ou 6 h (en été).

ÉCONOMIE

Si le boom économique reposait uniquement sur le sucre et le rhum aux XVIIe et XVIIIe siècles, ce n'est plus le cas aujourd'hui. La production martini-quaise annuelle atteint aujourd'hui un peu plus de 220 000 tonnes, ce qui la place très loin derrière Cuba et même derrière ses voisines des Caraïbes, au point que les responsables des distilleries ne cherchent plus à masquer la réalité. On importe désormais du sucre, car, avec une seule usine encore en activité, à la Trinité, les besoins locaux ne sont même plus totalement cou-verts et le rhum ne se vend pas si bien que ça, moins en tout cas qu'à l'épo-que de la Première Guerre mondiale qui a artificiellement dopé les ventes et donc la production (il en fallait des rasades pour donner aux soldats le cou-rage de partir à l'assaut des tranchées adverses...).

Aujourd'hui, c'est la banane qui fait en grande partie vivre la Martinique (15 000 emplois directement concernés, sans compter tous les dérivés). Mais en axant tous les efforts, ou presque, sur ce secteur, on est retombé dans ce vieux travers de l'économie martiniquaise : la monoculture (avec 70 % des exportations). L'avenir de ce secteur n'est absolument pas assuré, c'est la guerre commerciale entre l'Union européenne et les États-Unis, qui n'acceptent plus les subventions dont bénéficie la banane française, cultivée pratiquement sous leur nez à l'intention du marché européen. Mais si les subventions de Bruxelles venaient à disparaître, la banane antillaise, dont le coût de production est largement supérieur à celui de la banane latino-américaine, serait fortement menacée.

Et quand un conflit social éclate dans ce secteur sensible, comme en novembre-décembre 1998, c'est l'économie de l'île tout entière qui court le danger d'être paralysée. Car dès que le port est bloqué, le handicap écono-mique majeur de la Martinique apparaît de façon criante, le port étant la plaque tournante de l'île puisque la majeure partie de ce qui s'y consomme est importé. Cette dépendance est encore aggravée par le fait que c'est de la lointaine métropole que les importations se font pour la plupart. On n'a pas su (ou pas voulu) tisser des liens étroits avec les autres îles de la zone caraïbe, pour ne pas attiser sans doute le sentiment indépendantiste en rap-prochant l'économie martiniquaise de celle des îles voisines...

Dans ces conditions, difficile de s'étonner des sommets atteints par les indicateurs que sont le taux de chômage (31 %, soit trois fois plus qu'en métropole) et le nombre de bénéficiaires du RMI (20 000, soit 5 % de la population). Les chiffres pour la ville de Saint-Pierre seule sont éloquents : 2 029 chômeurs et RMIstes sur 4 500 habitants. La jeunesse martiniquaise, surdiplômée par rapport aux capacités d'emplois offertes sur l'île, doit bien souvent « enjamber l'eau », comme le dit joliment une expression locale, pour espérer trouver un emploi en métropole. Ça ne date pas d'hier puisque plus de 100 000 Martiniquais vivent déjà de ce côté-ci de l'océan Atlantique...

Dans ce contexte difficile, le tourisme est bien sûr un secteur d'activité moteur. L'économie martiniquaise a bien besoin de son million de visiteurs annuels annoncés, chiffre longtemps en progression, mais qu'il a fallu réviser à la baisse, en ce début de millénaire. Les années glorieuses qui ont suivi les baisses du transport aérien et le coût de la destination en général, ont entraîné un « tourisme facile » que la Martinique risque de payer aujourd'hui au prix fort, face à d'autres îles concurrentes, si le tournant n'est pas pris. Surtout si les hôtels continuent de pratiquer une politique rappelant les années de croissance folle, et si les compagnies d'aviation, en pleine restructuration, continuent de réduire leurs vols et d'augmenter de nouveau leurs prix sans pour autant améliorer leurs prestations.

L'absence de grands bateaux de croisière, notamment américains, porte une ombre inquiétante au tableau idyllique. Il faut savoir que les croisiéristes, même s'ils passent seulement une journée sur l'île et ne dépensent que peu d'argent sur place, constituent (ou doit-on déjà dire « constituèrent » ?) longtemps près de la moitié des visiteurs des îles. La Martinique, on le sait, comme la Guadeloupe, n'arrive toujours pas à attirer les vacanciers américains. Il y a bien des Québécois qui viennent voir leurs cousins, mais ça ne suffit pas. De plus, on n'est jamais à l'abri d'une mauvaise saison, ni d'une grève surprise des transports.

Heureusement, l'augmentation du pouvoir d'achat des populations locales entraîne l'ouverture de nouveaux marchés. Beaucoup d'efforts sont faits, sur place, pour inciter les résidents à consommer plus, à visiter le Nord quand ils sont en place dans le Sud ou à Fort-de-France, et vice versa. La grande chance de l'île réside en fait aujourd'hui dans la découverte d'un tourisme vert, culturel au sens large, qui ferait oublier les erreurs architecturales de la Pointe-du-Bout, pour ne citer qu'une des aberrations engendrées par un tourisme « doré », et l'absence de tout schéma véritablement réfléchi d'aménagement du paysage.

ENVIRONNEMENT

Le Parc naturel régional de la Martinique

Contrairement à la Guadeloupe, la Martinique ne possède pas de parc national et doit se contenter d'un parc régional, avec des moyens moins importants pour lutter contre ceux qui ne respectent pas la nature. Le territoire couvert par le parc correspond aux deux tiers de l'île et se divise en trois zones distinctes :
– le Nord-Caraïbe (incluant évidemment la montagne Pelée) ;
– le Sud ;
– la presqu'île de la Caravelle, une réserve naturelle de 422 ha. Un endroit exceptionnellement bien préservé.

Dans ces zones, on trouve la *Maison de la nature* au Morne-Rouge, le *parc des Floralies* aux Trois-Îlets et le *château Dubuc* sur la presqu'île de la Caravelle, tous trois gérés par le PNRM. La *base de loisirs de Spoutourne*, à Tartane, dépend également du PNRM.

Pour de plus amples informations sur le parc, sa charte, ses actions, s'adresser à :

LA MARTINIQUE
(Généralités)

■ *Maison du Parc :* domaine de Ti-voli (sur les hauteurs de Fort-de-France, à 3 km, accès par la route de Balata). ☎ 05-96-71-89-19. Fax : 05-96-64-72-27. ● www.sasi.fr/pnrm ●

FAUNE ET FLORE

Faune

Les chasseurs d'images feront mieux d'aller au Vénézuela (qui n'est pas si loin, à vol d'oiseau). Pour une fois, le paradis tropical n'est pas une arche de Noé. Rares sont les animaux du continent qui ont pu gagner la Martinique en sautant d'île en île. Plus rares encore sont ceux qui ont survécu aux flèches indiennes et aux fusils créoles. Voyez le lamantin, une sorte de phoque d'eau douce au chant mélodieux (les sirènes d'Ulysse, c'est lui, en fait, ce qui ne remet nullement en cause les mœurs du mari volage de Pénélope), aussi énorme que dodu : ce n'est plus qu'un nom dont on a baptisé une ville de Martinique et un village de Guadeloupe. L'*agouti* (petit rongeur), lui aussi, a disparu. Vous verrez sans doute quelques adorables *manicous* (une variété d'opossum, de l'ordre des marsupiaux) qui finissent souvent, hélas, leur existence sous les roues des voitures, aveuglés par les phares, des *racoons* (ratons laveurs guadeloupéens), des iguanes (en Martinique, ils se font rares : à l'exception de ceux du fort Saint-Louis, on n'en voit plus que sur l'îlet Chancel dans la baie du Robert), des légions chantantes de crapauds *fofo* et l'*anoli,* un ravissant petit lézard vert qui se trouve partout chez lui...
Vous risquez de croiser des animaux beaucoup plus familiers, genre chiens, vaches, chèvres et cochons. Cela ne manquera toutefois pas de vous sur-prendre et même de vous dépayser, car les animaux vivent ici en liberté. Et il faut dire qu'il n'y a rien de plus craquant que des cochonnets, noirs et roses, avec la queue en tire-bouchon, en train de fouiller la terre du bas-côté ; plutôt sympa que de devoir freiner en plein centre-ville, parce qu'un coq a décidé de traverser la rue ; rien de plus frappant que tous ces ruminants, impas-sibles, avec leurs faux airs de vaches sacrées, occupés à brouter et nettoyer les fossés... Ces vaches sont souvent, en fait, des bœufs importés du continent américain réputés pour leur résistance, et attachés au bord des routes selon la vieille technique de l'élevage « au piquet ».
Sinon, les forêts luxuriantes sont assez calmes. De temps en temps, quel-ques oiseaux poussent la chansonnette et les grenouilles coassent dès la nuit tombée. En remplacement des perroquets décimés, merles piailleurs et oiseaux au plumage multicolore viendront se disputer les miettes de votre petit déjeuner le matin sur la terrasse. Petite précision : ce n'est pas le colibri mais le sucrier, petit oiseau jaune et noir avec un sourcil blanc, qui est repré-senté sur l'emblème de la Martinique. Pour échapper au silence, il vous reste la stridulation des grillons dans les champs ou le crissement grouillant des crabes à barbe dans les vases de la mangrove. L'un de ces crustacés se frappe continûment de sa grosse pince ; on l'appelle : « cé ma faute »...
Le bon côté de la chose, c'est que les bêtes à bobos sont rares elles aussi. Débusquer un scorpion, une mygale (le *matoutou,* à ne pas confondre avec le crabe du même nom, une espèce ici presque inoffensive, du moins pas plus méchante qu'une guêpe ; attention tout de même si vous souffrez d'allergie à ce genre de bestiole !) ou une scolopendre n'est pas donné à tout le monde. Même le trigonocéphale, ce serpent qui tua tant de Martiniquais, a dû reculer devant les mangoustes (il en reste tout de même sur certains par-cours de randonnée, dans la canne ou à proximité des bouquets de bam-bous).
En revanche, les moustiques se portent bien, merci ! Pensez à vous proté-ger, si vous avez la peau sensible. Grands comme des moucherons – les *yiu-yius* – ou de taille respectable, ils sont chez eux dans la mangrove. Alors

vérifiez que la superbe plage de l'hôtel ne débouche pas sur des arbustes suspects... Ils ont la fâcheuse habitude de s'abattre voracement à la tombée du jour sur les derniers baigneurs !

Par ailleurs, faites attention aux méduses (assez rares quand même) ! Un petit conseil pour soulager les brûlures : frottez-vous avec des feuilles d'olivier des Antilles que l'on trouve souvent près des plages. Un autre conseil, frottez très doucement avec du sable fin ou un genre de carte de paiement, afin d'enlever les filaments urticants qui restent toujours. Puis lavez à grande eau, salée ou non.

Toute cristalline qu'elle soit, la mer a donc ses dangers. S'il y a fort peu de chance qu'un requin vienne happer votre gambette, méfiez-vous des brûlures occasionnées par le « corail de feu » ou par certains animaux marins, et des piques d'oursin.

Finissons par une note plus positive. On le sait trop peu, mais les tortues marines fréquentent les côtes martiniquaises. Parmi les 4 ou 5 espèces recensées dans la région, c'est la tortue caret qui est l'objet des plus grandes attentions. Protégée depuis 1993, c'est la plus petite des tortues marines (avec une carapace longue de 95 cm quand même pour un poids qui peut atteindre les 85 kg). On en mangeait encore il n'y a pas si longtemps... et cette pratique semble avoir disparu. Mais les tortues ne sont pas sauvées pour autant.

Flore

Si le jardin d'Éden a un sens, c'est en Martinique. « L'île aux fleurs » est d'abord, et avant tout, un paradis vert où le serpent ne fait plus que de brèves apparitions. Il aura fallu attendre de nombreuses années avant que les locaux eux-mêmes se sentent des envies de jardin(i)er, redonnant d'un coup à l'île tout entière des couleurs autres que le bleu et le vert habituels. Un séjour en Martinique, pour les amoureux des jardins et de vieilles pierres (les deux n'allant pas l'un sans l'autre, il aura fallu plusieurs décennies pour le comprendre) est un joli moment à partager, surtout en prenant soin d'inclure dans son itinéraire tous ces jardins du paradis qui poussent aux portes de Saint-Pierre, ce qui est bien normal, et un peu partout désormais, au pied de la montagne Pelée.

Du jardin de Balata à l'Habitation Anse Latouche en passant par les diverses plantations ouvertes aujourd'hui à la visite, c'est un autre regard que vous jetterez sur le fantastique réservoir d'espèces qu'est la Martinique : 1 700 espèces de fleurs recensées, près de 200 espèces de fougères, sans compter tout ce que l'homme a introduit lui-même au fil du temps...

Après plusieurs jours passés « au vert », vous plaindrez ceux qui n'auront vu que les cocotiers et pas les petites routes enveloppées de flamboyants, l'océan argenté des cannes en fleur, les cases enfouies dans les hibiscus et les bougainvillées, les jardins créoles débordant de plantes utiles, enfin, l'immense opéra végétal des forêts tropicales.

Une terre volcanique, des pluies, du soleil : plantez un bout de canne dans le sol, le lendemain il prend racine. La nature donne jusqu'à plus faim, chacun peut se nourrir de fruits sauvages ou tombés à terre. C'est pourquoi les colons ont établi ici leurs îles nourricières. Voyage après voyage, ils ont rapporté d'Inde la papaye et la noix de coco, de Chine le litchi, d'Indonésie la carambole, du Brésil la goyave et l'avocat, de la Réunion le manguier, de Polynésie la prune de Cythère et l'arbre à pain (dans les cales du *Bounty*) et de Madagascar le filaos, le ravenala (dit « arbre du voyageur » car la base de ses feuilles recueille la précieuse rosée qui permet de désaltérer le routard) et les flamboyants.

L'altitude et les sols modulent cette luxuriance. Après la mangrove littorale – inextricable forêt où les palétuviers hissent leurs racines par-dessus les vases, crissantes de crabes, grouillantes de poissons venus frayer et bourdonnantes de moustiques – vient l'étage des cultures. Puis la forêt, avec ses arbres-montagnes (le fromager) entortillés d'épiphytes (végétal fixé à un autre, mais non parasite) et de lianes, ses bois précieux comme le mythique *mahogany* (autre nom de l'acajou) qui peut atteindre 45 m de haut, ses multiples espèces de fougères (certaines sont de véritables arbres) et ses fleurs irréelles, comme la rose de porcelaine. Mille végétaux font corps et compressent l'air moite.

Et vous-même serez ravi d'apprendre, comme le fut André Breton découvrant la végétation de l'île aux côtés de Claude Lévi-Strauss dans le roman de Confiant *Le Nègre et l'Amiral,* les noms étranges donnés par les locaux à certaines espèces : herbe mal-tête, zebe-papillon, grosses oreilles, chapeau-l'évêque, pomme zombi, caca-poule, arbre à saucisson, culotte du diable...

FÊTES ET JOURS FÉRIÉS

Sachez que la vie nocturne n'est pas de tradition aux Antilles. Les boîtes sont là pour satisfaire le plaisir des vacanciers qui n'arrivent pas à se faire à l'idée qu'ici on se lève et on se couche, chaque jour ou presque, avec le soleil. Les Antillais dansent surtout en famille ou entre amis à l'occasion des fêtes (les célèbres *zouks*). À vous de vous intégrer...

Même si la campagne peut vous sembler endormie, le week-end, soyez sûr qu'il existe quelque part une ***fête patronale***. À tour de rôle, chaque bourgade a la sienne. Toute l'année, les villageoises ont économisé pour ce jour de gloire où elles pourront parader dans de nouveaux atours. Les enfants sont endimanchés, astiqués, et les vieillards épinglent leurs médailles. Tout le village défile ainsi après la messe, accompagné par des choristes, puis s'égaille dans les buvettes, les concours de blagues et les régates de gommiers (une fiesta du feu de Dieu, à ne pas manquer) jusqu'au bal *zouk* du soir. Pour connaître les dates précises de ces fêtes, se renseigner auprès des offices du tourisme.

À la Toussaint, tous les cimetières des îles s'embrasent de bougies, mais la fête majuscule des Antilles est le ***carnaval***. Moins spectaculaire mais ô combien dépaysant lui aussi, le ***Noël antillais***.

Carnaval

La plus grande manifestation populaire de l'île, et la première de l'année, à ne pas manquer. Les festivités, au sens large, commencent dès le dimanche de l'Épiphanie. Pendant presque deux mois, elles vont monter en puissance, d'abord réservées aux week-ends pendant lesquels sont organisés des concours de danses, de costumes, des élections de reines pour culminer au cours d'un long week-end festif autour du Mardi gras. Moins fameux qu'à Trinidad, plus musclé qu'en Guadeloupe, le carnaval de Fort-de-France brasse rires, musiques et couleurs pendant cinq jours. La Savane (la place principale) est en fête, on s'y retrouve pour déguster poulet, accras, poisson grillé, le tout arrosé de Lorraine et de *jus-pays*. Un trop-plein d'arrosage a failli parfois mal tourner et la sécurité est devenue une des nouvelles préoccupations d'une population inquiète pour son devenir (le sien et celui du carnaval). Durant ces quelques jours, une fois n'étant pas coutume, on trouve donc beaucoup de policiers dans la Savane !

Élu le samedi dans la liesse, *Vaval,* le roi du carnaval, sera brûlé le mercredi suivant dans le deuil. Entre-temps auront déferlé des nuées de chars, de diablotins, de squelettes et de danseuses pailletées. L'important, c'est de garder le rythme et la forme, une fois emportés par la foule des défilés, les fameux « vidés ». À Fort-de-France en particulier, ne pas manquer les mariages burlesques où hommes et femmes jouent les travestis avec plus ou moins de bonheur. Un des *vidés* les plus décoiffants ! Pas triste non plus, le *vidé* nocturne en pyjama (pensez à apporter le vôtre : là aussi, l'important, c'est de participer).

Voici les différents points forts du carnaval :

– *samedi* : sortie de Vaval. Ce mannequin en paille sera en tête du défilé. À Fort-de-France, grande parade des reines nouvellement élues.

– *Dimanche* : défilés traditionnels (importants à Fort-de-France) avec les habituels chars fleuris.

– *Lundi* : rassemblement des cortèges de toutes les villes du Sud, pour la Grande Parade du Sud, se renseigner sur place, c'est dans une ville différente chaque année (souvent à Rivière-Pilote). À partir de 14 h. Un conseil : ne pas stationner en ville. Vous assisterez à l'une des manifestations les plus colorées de l'île, avec toutes les reines, les vieilles guimbardes rafistolées et taguées, les chars par thèmes, etc. Défilé durant près de 3 h. Gare aux embouteillages de fin de carnaval !

– *Mardi* : défilés des *mass à kon'n,* ou *diables rouges* (couleur dominante facile à deviner !). Dans quasiment toutes les communes importantes. L'occasion de voir l'animation locale.

– *Mercredi des Cendres* : tout le monde cette fois est habillé en noir et blanc. Sa Majesté Vaval est mort, brûlé, et tout le monde a revêtu les couleurs du deuil. Derniers excès avant les 40 jours de pénitence... Le Carême débute en effet le lendemain, contrairement aux autres pays du monde où il commence le mercredi des Cendres.

Noël à la Martinique

Même si cette fête a tendance à « s'européaniser », la tradition du Noël créole n'a pas disparu dans la composition des menus comme dans les types de cadeaux offerts. Un des plus anciens et des plus gourmands, parmi ces derniers, étant le *chadeck glacé*, vendu sur les marchés ou chez des confiseurs (sous ce nom se cache en fait un gros agrume confit, style pomelo, saupoudré de sucre de canne).

Dans les jours qui précèdent le 25 décembre, on organise un peu partout des *chanté Nwel*, à l'origine des cantiques qui ont parfois tendance à ressembler à des chants nettement moins religieux. Une tradition qui ne devrait pas disparaître : le chocolat chaud obtenu grâce au *gros caco,* ce bâton de cacao facile à trouver au marché et que l'on râpe dans du lait bouillant. Très nourrissant !

Le roi de la fête, si l'on peut dire, c'est le cochon, qu'on tuait naguère dans chaque famille, et dont on faisait macérer la viande pour l'assaisonner. Aujourd'hui, on s'approvisionne en viande fraîche sur les marchés qui restent, comme au Vauclin, l'occasion d'une grande fête du cochon, une semaine avant Noël. Si vous avez la chance de passer les fêtes en Martinique, ruez-vous sur les petits pâtés salés, bien dorés et croustillants, dits aussi *pâtés cochon*. Et payez-vous une tranche de *Jambon de Noël,* glacé au sucre.

Le repas du 24 décembre, lui, reste immuable : boudin créole, ragoût de porc accompagné d'igname et de pois d'Angole (une variété particulière de pois assez rare et chère) et sorbet coco maison ou oranges, mandarines, sans oublier bien entendu un *Schrubb* maison, liqueur composée de rhum blanc, d'écorces d'orange et de mandarine, de cannelle, de muscade et de vanille. Ne pas manquer d'ajouter le clou de girofle, le sucre brut de canne et... l'eau.

Autre boisson de fête, le *punch coco* était autrefois confectionné en famille à partir du lait extrait de la pulpe mélangée à du rhum et du lait concentré sucré, aromatisé de vanille et de cannelle.

Voilà pour la tradition. Les mauvaises langues font observer qu'on voit désormais davantage de familles aller au supermarché pour acheter foie gras, cochonnailles et saumon... Quant aux pharmaciens, ils sont là, comme toujours, pour aider aux lendemains de fête. Mais tous n'ont pas l'humour et la sagesse de celui de Saint-Joseph, qui afficha cette ordonnance de Noël très « disneyenne » : « pilules de joie, sirop de bonheur, gélules anti-stress, compresses de tendresse »...

GÉOGRAPHIE

La Martinique est une île assez petite de 64 km de long sur à peine 20 km de large, dominée par la montagne Pelée qui culmine à 1 397 m. Elle occupe cependant la deuxième place des Petites Antilles pour la superficie, juste derrière la Guadeloupe.

Ce qui frappe avant tout, c'est la diversité des paysages : montagnes abruptes, forêt tropicale, collines verdoyantes ondulant jusqu'à la mer, falaises déchiquetées, plages sereines... La Martinique offre sans doute l'un des visages les plus riches des Petites Antilles. Elle se divise grosso modo en deux parties bien distinctes.

Le Sud

Assez sec, et peu élevé. Il est constitué de collines et de mornes sur lesquels la végétation n'est pas très importante. On y trouve les plus belles plages, entre Les Trois-Îlets et Sainte-Anne. C'est dans cette région que les maisons créoles en bois sont les plus jolies. D'ailleurs, le Sud est la région touristique par excellence. Les plantations de canne à sucre en occupent une partie, mais elles reculent devant l'avancée des constructions, comme partout.

Le Nord

Plus montagneux. Tandis que la côte ouest subit l'influence de la mer des Caraïbes, avec ses plages de sable volcanique, la côte est affronte les assauts de l'Atlantique. Les villages, peu fréquentés, n'ont pas de charme particulier, mais le paysage vaut le déplacement. Pas beaucoup de plages accessibles aux baigneurs. C'est dans cette région que l'on trouve les bananeraies et les plantations d'ananas.

Dans le Centre-Nord se dressent la *montagne Pelée* et les *pitons du Carbet,* les deux massifs volcaniques de l'île.

Toute la chaîne caraïbe constitue l'une des dix plaques qui composent l'écorce terrestre. Cette plaque subit les pressions de la plaque Atlantique-Ouest et celle du Pacifique-Est, et ce sont les différents frottements entre celles-ci qui ont donné naissance à l'archipel des Petites Antilles. Au cours des millénaires, des volcans se sont formés, des massifs coralliens se sont développés ; la plupart des mornes qui ceinturent l'île sont d'origine volcanique. L'existence même de l'île découle de cette activité.

Aujourd'hui, seule la montagne Pelée est considérée comme active.

Bien sûr, les pluies sont plus fréquentes dans cette région que dans le Sud. Il en résulte une végétation d'une incomparable richesse grâce à l'humidité permanente (à découvrir en suivant la route de la Trace, entre Fort-de-France et Le Morne-Rouge, par exemple).

HABITAT CRÉOLE

Une *habitation,* dans les anciennes colonies, est d'abord une exploitation agricole. Vivant dans un système d'autarcie parfait, elle répondait en fait aux besoins de la métropole en fournissant le *pétun* (le tabac), le sucre de canne, la banane, l'ananas... et le rhum.

Dans le sud de l'île se retrouvent les grandes habitations sucrières. Dans le Nord, on s'intéressait aussi au sucre, mais, au pied de la montagne Pelée, la banane et l'ananas allaient vite prendre une part prépondérante.

Pour imaginer la vie dans ces ensembles qui couvrent, dès le XVIIᵉ siècle, la quasi-totalité des terres cultivables, il suffit de relire les grands auteurs martiniquais (voir plus loin). Remontons le temps. Dominant le site, voici d'abord la maison de maître, perchée sur un morne suffisamment ventilé pour que la vie y soit douce. Ici loge le propriétaire de la plantation, avec toute sa famille. Deux étages, le second légèrement en retrait, des volets pleins et des persiennes à lames. Un aqueduc amène directement l'eau fraîche nécessaire aux besoins de la vie quotidienne. Celle-ci sert aux bains et aux dépendances, avant de rejoindre la fontaine de la rue Case-Nègres. Voici les longs dortoirs où s'entassent les Noirs, le moulin à eau, le four à manioc. Les petites cultures vivrières entourent les différents habitats...

Sans l'essor touristique et la découverte, assez récente, de la valeur de ce patrimoine, on aurait du mal à imaginer la vie en ces lieux, disparus pour la plupart. À commencer par la maison du maître avec ses meubles coloniaux – lits à baldaquin, *Joséphine* (sorte de Récamier)... – que quelque charpentier de vaisseau tailla, jadis, dans l'acajou. Des cartes marines, des portraits de famille trônent dans les pièces sombres, où de savants systèmes d'aération laissent fuser une brise légère.

Certaines de ces habitations sont privées, d'autres converties en musée ou en hôtel de luxe. Faites l'impossible pour les visiter : les habitations – comme celle où Joséphine jouait les Scarlett – constituent les seuls monuments des Antilles. Elles renferment leur mémoire.

Dans les bourgs anciens et dans les campagnes, on peut voir, au travers de l'évolution de la case antillaise, l'adaptation des locaux aux nouvelles façons de vivre. Case à deux pièces agrandie d'une terrasse, puis de deux, auxquelles on ajoute au fur et à mesure d'autres pièces. Si la plupart des Antillaises ont aujourd'hui une cuisine dans leur maison, à la campagne elles ont gardé l'habitude d'une cuisine extérieure où elles mitonnent des heures durant des petits plats sur des réchauds de charbon de bois.

La tôle ondulée a souvent remplacé le bois, le jardin créole a connu ses moments de gloire, mais l'œil exercé repérera ignames, taros, manioc, patates... On laisse faire la pluie, le vent. Pourquoi s'inquiéter du lendemain ? Tant qu'il reste des fruits à cueillir, des légumes à ramasser...

Les vérandas, ornées de jalousies, les volets en bois défient encore le temps... Pour combien de temps encore ? D'une année à l'autre disparaissent, faute d'entretien, ces témoins d'une autre vie au quotidien. Le béton, lui, gagne du terrain...

HANDICAPÉS

Chers lecteurs, nous indiquons désormais par le logo ♿ les établissements qui possèdent un accès ou des chambres pouvant accueillir des personnes handicapées. Certaines adresses sont parfaitement équipées selon les critères les plus modernes. D'autres, plus simples, plus anciennes aussi, sans répondre aux normes les plus récentes, favorisent leur accueil, facilitent l'accès aux chambres ou au resto. Évidemment, les handicaps étant très divers, des lieux accessibles à certaines personnes ne le seront pas pour d'autres. Appelez auparavant pour savoir si l'équipement de l'hôtel ou du resto est compatible avec votre niveau de mobilité.

Malgré les combats menés par les nombreuses associations, l'intégration des handicapés à la vie de tous les jours est encore balbutiante en France. Il tient à chacun de nous de faire changer les choses. Nous sommes tous concernés par cette prise de conscience nécessaire.

HÉBERGEMENT

Campings

Le camping sauvage est interdit et il y a très peu de campings officiels. Les rares campings existants ont pas mal de problèmes avec les normes sanitaires à respecter et sont en cours de restructuration pour la plupart. En revanche, il est théoriquement possible de camper dans tous les villages en demandant l'autorisation soit à la mairie, soit à l'Office national des forêts ; mais allez plutôt dans les mairies. Un emplacement gratuit et adéquat est normalement prévu pour les gens qui le demandent. Les emplacements changeant régulièrement, il nous est impossible de les décrire.

Gîtes et chambres d'hôte

Nul besoin de tourner autour du pot, c'est la formule la moins chère et la plus satisfaisante, bien moins onéreuse que l'hôtel. Encore faut-il louer une voiture (dans l'état actuel des transports en commun, par voie terrestre ou maritime, celle-ci est souvent indispensable).

Qui plus est, le gîte (labellisé ou non), s'il est de qualité, est la formule la plus adaptée à l'échelle et au rythme de vie martiniquais. Vous resterez indépendant, tout en étant materné, bichonné, guidé, ce qui est loin d'être désagréable en vacances... Car l'accueil n'est pas un vain mot dans ce pays, et les propriétaires auront à cœur de vous faire passer un bon séjour et de vous laisser de bons souvenirs. Accueil à l'aéroport, dîner à la table familiale pour votre arrivée, punch-accras, jus frais maison, fruits du jardin à disposition, frigo rempli pour votre premier petit dej', conseils pour cuisiner les produits locaux... Enfin, mille petites attentions délicates qui font toute la différence.

La Martinique dispose, pour vous aider à faire un choix qualitatif, d'environ 350 *Gîtes de France* et de seulement quelques chambres d'hôte. Les gîtes se réservent théoriquement pour une semaine au minimum, tandis que les chambres d'hôte peuvent se prendre à la nuitée, petit déjeuner inclus. La plupart du temps, en Martinique, on peut rester sans problème 2 jours ici, 3 jours là. Si vous décidez de séjourner dans un endroit unique, mieux vaut ne pas vous tromper. Les distances sont courtes, pour qui veut visiter toute l'île, mais les embouteillages en ont déjà découragé plus d'un.

Les Gîtes de France publient, mais avec un retard grandissant pour ce qui concerne la Martinique, un guide annuel les répertoriant les uns après les autres et fournissant un grand nombre de renseignements pratiques. Toutes les informations concernant le mode de réservation y sont données. Nous vous signalons un certain nombre de gîtes, situés dans les coins qui nous ont plu (en toute subjectivité, bien entendu !), avec le numéro du gîte. Cela ne veut pas dire qu'il n'en existe pas d'autres dans la localité, bien sûr. Par ailleurs, beaucoup de propriétaires de gîtes les exploitent depuis longtemps déjà, et leurs enfants décident parfois d'arrêter de s'en occuper sans prévenir, du jour au lendemain. Surtout quand ils entendent conserver la maison pour eux, ce qu'on ne peut leur reprocher...

Pour les prix, entre ceux indiqués dans le guide publié annuellement et ceux annoncés par téléphone, il y a souvent un écart dû à des variations saisonnières et à l'humeur du temps. Le passage à l'euro ayant perturbé plus d'un propriétaire, sans parler de la crise du tourisme, les prix annoncés dans ce guide risquent d'être revus aussi bien à la baisse qu'à la hausse à votre arrivée. N'attendez surtout pas le dernier moment pour réserver. Et passez par le central (ils vont faire des efforts pour libérer des lignes, c'est promis !) plutôt que d'essayer en vain d'atteindre un correspondant pas forcément présent, lui, aux heures où vous téléphonez.

Il existe un certain nombre d'autres établissements qui proposent une formule proche des gîtes mais qui ne sont ni agréés ni répertoriés par les *Gîtes de France*. Cela ne signifie pas qu'ils soient moins bons, mais simplement qu'ils souhaitent conserver une démarche indépendante. Ils proposent le même type de logement, dans la même fourchette de prix. Un inconvénient : le suivi de leurs prestations ; et un avantage : certains d'entre eux, dans les périodes moins touristiques, peuvent se louer pour quelques jours seulement. La réservation, dans ce cas, s'effectue directement.

Dans tous les cas de figure, pensez à réserver assez longtemps à l'avance. Mais faites attention aux conditions du contrat (assurances, caution). Chaque année, vos lettres indiquent de nombreux désaccords avec des propriétaires perturbés par des vols qu'ils ne maîtrisent pas, des conditions de surveillance ou une absence de propreté qui les surprennent quand ils n'habitent plus sur place. Les meilleurs gîtes et les mieux situés partent vite (certains, en bord de mer, sont parfois retenus d'une année sur l'autre).

Quelques adresses utiles

■ *Gîtes de France :* 59, rue Saint-Lazare, 75009 Paris. ☎ 01-49-70-75-75 (de 9 h à 18 h). M. : Trinité. Pas facile de les joindre.

■ Pour la réservation, appeler directement en Martinique, *Maison du tourisme vert :* 9, bd du Général-de-Gaulle, BP 1122, 97248 Fort-de-France Cedex. ☎ 05-96-73-74-74. Fax : 05-96-63-55-92. Minitel : 36-15, code GÎTES DE FRANCE puis code 972. ● gites-de-France-martinique@wanadoo.fr ● Là aussi, il faut parfois faire preuve de persévérance et de souplesse ; la Martinique, ce n'est pas uniquement le Sud, et de nombreux gîtes situés dans la partie nord de l'île, et idéaux pour se refaire une santé, attendent parfois preneurs... Frais de dossier pour une réservation : 8 €.

■ Dans les mêmes locaux que l'office du tourisme de Martinique, à Paris (voir plus haut la rubrique « Avant le départ »), *Antilles Voyages* *Atmosphère*, le central de réservation de la Martinique, propose tous types d'hébergement et notamment les *Gîtes de France*, dont il est le revendeur exclusif en métropole. Demander sa brochure, où tous les prix sont indiqués.

■ Nous indiquons aussi quelques centres *VVF* et *UCPA* qui nous ont plu. Les réservations se font de la métropole. Des forfaits tout compris à prix très raisonnables.

■ Il existe également une formule intéressante pour les amoureux du tourisme vert, *Accueil paysan*. Une douzaine de propriétaires de gîtes, de restaurateurs ou de producteurs se proposent de vous accueillir, dans le cadre d'une charte, loin des clichés touristiques. Renseignements : ☎ 05-96-77-60-34. La commune de Saint-Esprit est partenaire de l'Accueil paysan (renseignements auprès du syndicat d'initiative).

HISTOIRE

Le tout premier peuple à avoir mis les pieds sur l'île est celui des *Indiens saladoïdes,* qui vécurent longtemps sur les côtes du Venezuela. Au début de notre ère, ils traversent sans mal l'étroit chenal. Quelque temps plus tard, au IVe siècle, les *Arawaks,* originaires eux aussi du Venezuela, débarquent à leur tour. Chasseurs, pêcheurs, c'est tout naturellement près des côtes qu'ils installent leurs carbets (cases principales où se réunissait la tribu).

Au IXe siècle arrivent les *Caraïbes*, Indiens d'Amazonie. Le peuple guerrier s'installe tranquillement dans toutes les Petites Antilles, dévorant les hommes tout en préservant la vie des femmes. Quelle surprise pour les premiers Européens lorsqu'ils découvrent que les femmes de ces îles ne parlent pas la même langue que les hommes...

Christophe Colomb découvre l'île lors de son quatrième voyage, en 1502. Il débarque sur la plage du Carbet. Une plaque commémore « l'événement », qui coïncida, pour les Caraïbes, avec l'inévitable avènement de la civilisation européenne.

La colonisation

La Martinique, connue alors sous le nom de *Madinina,* « l'île aux Fleurs » (à moins que ce ne soit *Matinino,* « l'île aux Femmes »), ne devient française qu'en 1635. Les Espagnols ne s'y intéressent guère. Elle est pourtant considérée comme la plus belle et la plus riche des Petites Antilles, jusqu'à ce qu'elle soit détrônée par Saint-Domingue.

C'est Belain d'Esnambuc, un des grands corsaires de l'époque, venu avec une centaine d'hommes depuis Saint-Christophe, qui donne le signal de départ de l'ère coloniale, aidé par Richelieu. Dans les ports bretons et normands, on embauche à tour de bras, sans être trop regardant. Pourtant, on doit le véritable développement de l'île à son neveu, Jacques Du Parquet, qui en sera le gouverneur de 1637 à 1658. Les Caraïbes accueillent d'ailleurs plutôt bien les premiers colons, qui le leur rendent assez mal puisque ces pauvres Caraïbes sont vite chassés de l'île, quand ils ne sont pas passés au fil de l'épée. Un prêtre, le père Breton, avait recensé 3 000 Indiens caraïbes en 1647. Bientôt, il n'en restera plus un seul.

Les colons introduisent la canne à sucre et se font aider par des juifs portugais et des protestants hollandais, chassés du Brésil par les catholiques, pour la fabrication du sucre. Contrairement au tabac et à l'indigo qui étaient cultivés sur de petites exploitations, la canne à sucre va être tout de suite produite de façon extensive. Une culture qui va changer la face de l'île et de l'histoire, pour des millions de Noirs, entraînés malgré eux dans le commerce triangulaire Afrique-Antilles-France. L'île devient le fleuron des possessions de la Compagnie des Indes occidentales.

Les Anglais s'intéressent à l'île à la fin du XVIIe siècle et multiplient les escarmouches. Les Hollandais font de même. C'est au rhum que les Français doivent d'ailleurs une de leurs plus belles victoires en 1674. Les soldats hollandais ayant découvert par hasard des tonneaux de rhum, ils les vident les uns après les autres. Furibonds, les Français massacrent les soûlards sans défense et sans pitié. Glorieuse victoire, non ?

Le développement économique et l'esclavage

L'île, qui fait désormais partie du domaine royal, poursuit son développement économique. L'exploitation du *pétun* (tabac) est abandonnée et la fabrication du sucre, perfectionnée par le père Labat, missionnaire de choc, devient la grande richesse de l'île ; le café et le cacao viennent renforcer l'exploitation des sols. Peu peuplée, la Martinique a de plus en plus besoin de main-d'œuvre. La traite des Noirs bat son plein et plus de 70 000 esclaves sont « importés » dans d'effroyables conditions aux XVIIe et XVIIIe siècles. On raconte même que, l'île étant la plus riche, on y faisait venir les plus beaux et les plus forts « spécimens ».

Les Anglais, poursuivant leurs attaques, s'emparent de l'île quelque temps au milieu du XVIIIe siècle. La France signe alors, en 1763, le traité de Paris qui lui fait perdre le Canada mais lui redonne la Martinique, comme lot de consolation. L'île servira un peu plus tard de base de ravitaillement à la flotte française pendant la guerre d'Indépendance américaine.

À la veille de 1789, la population avoisinait les 100 000 habitants, dont 84 000 esclaves et 6 000 « gens de couleur », le plus souvent des mulâtres affranchis, donc libres (mais en réalité privés de nombreux droits).

La Révolution déclencha un conflit armé entre les planteurs, restés royalistes, et les « patriotes », principalement basés à Saint-Pierre. De nombreuses escarmouches éclatent, mais le calme est rétabli à chaque fois. Fuyant les autres îles, beaucoup d'aristocrates se réfugient en Martinique. Déjà un Comité de salut public s'était installé en Guadeloupe et la guillotine fonctionnait. En 1791, « l'égalité des droits politiques des hommes de couleur libres » est déclarée. C'est un pas en avant, sans pour autant abolir l'esclavage. Mais la pression des révolutionnaires s'accentue encore. Les royalistes sont contraints de céder la place. Pour sauver leurs têtes, ils ont alors l'idée de passer l'un des plus beaux accords militaires qui soient avec les Anglais : « Vous reprenez l'île avec votre flotte et vous la gardez tant que dure la Révolution. Quand la situation redeviendra normale, vous nous la restituerez ! »

Et les Anglais ont joué franc jeu ! L'île est prise en 1794, en même temps que la Guadeloupe d'ailleurs, à la différence qu'en Guadeloupe ils ne sont pas accueillis à bras ouverts puisqu'ils en sont chassés au bout de quelques mois. La guillotine ne sera donc jamais installée à Fort-de-France. Résultat : les aristocrates sont encore très nombreux parmi les békés d'aujourd'hui. Autre conséquence, la première abolition de l'esclavage, finalement décidée en 1794 par la Convention, ne sera jamais appliquée en Martinique. En 1802, l'île redevient française. Ayant épousé Joséphine de Beauharnais, fille de colons martiniquais, Napoléon s'empresse de rétablir l'esclavage, pour favoriser les propriétaires terriens et... sa belle-famille. On comprend pourquoi les indépendantistes ont coupé la tête de sa statue, place de la Savane...

Du XIXe siècle à nos jours

L'émancipation des esclaves dans les îles britanniques voisines, en 1833, est la conséquence logique de l'abolition de la traite des Noirs, décidée dès 1815. En France, l'idée fait son chemin mais assez lentement. La Révolution de 1848 est l'occasion à ne pas manquer. Sur proposition de Victor Schœlcher, vigoureusement engagé dans la lutte (voir la rubrique « Personnages célèbres »), le gouvernement de la Seconde République décrète l'abolition immédiate de l'esclavage. De toute façon, sur place, les esclaves n'attendent pas l'arrivée officielle du décret en juin. Le 22 mai, une insurrection éclate au Prêcheur et à Saint-Pierre, et s'étend dans toute l'île. Réaliste, le gouverneur proclame l'abolition dès le lendemain.

Très rapidement, plus de 70 000 esclaves quittent les plantations pour se retirer dans les villages de l'intérieur. L'économie de l'île connaît alors des difficultés et il faut faire appel à une main-d'œuvre indienne pour les remplacer. 25 000 *coolies* vont ainsi être engagés sur une trentaine d'années et la plupart resteront en Martinique. Cette main-d'œuvre étant à peine suffisante, on ira également recruter des « engagés libres » en Guinée et autour de l'embouchure du Congo. Quant aux anciens esclaves, ils amorceront petit à petit un retour vers les villes et villages. Une histoire que raconte, en partie, le célèbre roman de Patrick Chamoiseau, *Texaco*...

La Martinique a connu depuis de nombreux troubles et mouvements sociaux : 1870, 1882, 1885, 1900, 1935... La crise de surproduction sucrière mondiale, sensible dans le dernier quart du XIXe siècle, a rendu le climat social très tendu, et la répression fut souvent dure, les classiques conflits ouvriers/patrons se révélant ici plus aigus à cause des antagonismes anciens.

L'évolution du statut de l'île, devenue département en 1946 puis région à l'occasion de la décentralisation en 1982-1983, n'a pas réglé tous les problèmes, loin de là. Les flambées de violence ne sont pas rares. En décembre 1959, un incident à caractère raciste provoque à Fort-de-France des émeutes, au cours desquelles trois manifestants sont tués par la police. Ces violences sont à l'origine de la création du mouvement indépendantiste, le Front antillo-guyanais. En mai 1998, Alfred Marie-Jeanne, vieux lutteur de la cause indépendantiste, est élu président de région.

L'assistanat, grâce à une économie sous perfusion, permet encore de sauver les apparences mais ne règle pas en profondeur les problèmes du devenir économique de l'île. Le mouvement indépendantiste est bien implanté mais ses prétentions semblent encore totalement irréalistes pour bon nombre de Martiniquais. Une enquête récente (janvier 2002), diligentée certes par les milieux d'affaires locaux, tendrait à prouver que les Martiniquais restent, à 80 %, favorables au maintien du statu quo. Histoire à suivre...

INFOS EN FRANÇAIS SUR TV5

La chaîne TV5 est reçue dans la plupart des hôtels du pays. Pour ceux qui souhaitent s'y installer plus longtemps ou qui voyagent avec leur antenne parabolique, TV5 est disponible sur les réseaux câblés et le bouquet « Canal-satellite Antilles ».

Les principaux rendez-vous Infos sont toujours à heures rondes où que vous soyez dans le monde mais vous pouvez surfer sur leur site • www.tv5.org • pour les programmes détaillés ou l'actu en direct, des rubriques voyages, découvertes...

LANGUE

C'est la cerise sur le gâteau du voyage. Chuintant, chantant, tout en voyelles et sans aspérité, avec des finales un peu traînées comme un hamac qui se balance : l'accent créole, c'est déjà les îles. Une langue tout sucre, tout miel. Joséphine de Beauharnais en tira beaucoup de son charme. Les « r » sont escamotés.

Et pour ponctuer tout cela, des gestes, des rires rocailleux, des expressions imagées qui fleurent bon la Vieille France d'outre-mer. Ainsi, on se donne à tout propos du « mon cher », « ma chère », beaucoup de « d'accord » et de « voilà », et quand la maraîchère vous dit « mon doudou », on lui achèterait volontiers tous ses fruits. Autres exemples : la bonne est restée « la servante » et l'« habitation » désigne toujours la plantation des colons d'autrefois. L'écrivain Raphaël Confiant, dont la lecture est une stimulante mise en bouche, fait remarquer que « le créole est un fantastique conservatoire à la fois d'ancien français et d'expressions normandes, poitevines et picardes ». C'est un peu comme si le français, enrichi par ces expressions, allait retrouver « la vitalité qui était la sienne à l'époque de Rabelais »... Enfin, « nègre » est ici un mot noble qui n'a pas trouvé d'euphémisme. D'ailleurs, si vous insistez, on vous appellera « Dublanc ».

Avec la langue créole, vous risquez d'en rester longtemps au B-A-BA. L'étranger n'entend goutte à cette langue nasalisée (ex. : *zanmis*, les amis ; *lanmé*, la mer), émaillée de mots anglais, espagnols, caraïbes, africains et d'idiotismes purs. De la Réunion jusqu'en Haïti, c'est le trait d'union entre les îles. Le créole passait autrefois pour du « petit nègre », aujourd'hui les linguistes les plus sérieux affirment haut et fort que chaque créole (puisqu'il en existe autant que de lieux distincts) est une langue à part entière, née de la nécessité pour les esclaves de communiquer entre eux. En effet, le brassage des esclaves, voulu par les négriers, les isolait de leur communauté d'origine. Les Africains venaient d'ethnies différentes et ne se comprenaient donc pas entre eux. On pense qu'en une ou deux générations le créole est né ainsi, sur la base de langues africaines avec un vocabulaire emprunté pour une grande part à la langue des maîtres et des contremaîtres. Aujourd'hui, on l'enseigne, on l'édite, on le diffuse avec la fierté d'une langue nationale, et avec la chanson, le « kreyol » a trouvé à s'exporter.

Leçon de créole - vocabulaire

Morne	petite montagne isolée
Caye	récif (en mer), maison (sur terre)
Yen-yen	moustique minuscule
Ouassou	grosse écrevisse (roi des sources)
Z'habitant	petite écrevisse (les z'habitants des rivières)
Z'oreille	métropolitain
Chômé	s'amuser
Ti-bo	petit baiser
Ti-boy	garçon
Pa mannié moin	laisse tomber (littéralement, ne me touche pas)
Pa ni problem	pas de problème
Sa ou fé ?	comment ça va ? ou salut !
Ou sa ou allé ?	où es-tu allé ?
Ou sa ou ka allé ?	où vas-tu ?
Ba moin an ti-punch	fais-moi un punch
Moué kadomi	je vais au lit
Ba moin an ti faveu	fais-moi plaisir
Maman cochon	urne
Faire manœuvre	se presser
La plie ka tombé	il pleut
An moune	une personne
An pété-pié	le dernier punch, celui qui « casse les jambes »
To, to, to	onomatopée typiquement créole pour annoncer son arrivée ou entrée chez quelqu'un
Lolo	minuscule épicerie (en Guadeloupe), mais attention, signifie également verge ou pénis en Martinique !

Proverbes créoles

– *Avant ou maié cé chè doudou, après maié cé si moin té savé :* avant de te marier c'est chérie, après c'est si j'avais su.
– *Ravète pas janmé ni raison douvant poule :* le ravet (cafard) n'a jamais raison devant la poule.
– *Pli ou déchiré, pli chien ralé-ou :* plus on a des problèmes, plus il en arrive.
– *Zafè tchou mèl' qui prend plomb :* si le merle a pris du plomb, tant pis pour ses fesses.

LIVRES DE ROUTE

Romans d'auteurs martiniquais

– **La Rue Cases-Nègres** (1955), de Joseph Zobel ; roman ; éd. Présence Africaine ; coll. Poche. Une tendre chronique autobiographique (l'auteur est né à Rivière-Salée en 1915) qui reconstitue le parcours d'un enfant des plantations, élevé par M'man Tine, et que l'on suit de l'école communale jusqu'au lycée. Beaucoup de Martiniquais se reconnaissent dans cette évocation des années 1930. Le film d'Euzhan Palcy a donné une seconde vie à ce livre.

– **Texaco** (1992), de Patrick Chamoiseau ; roman ; éd. Gallimard ; coll. Folio n° 2634 (512 p.). Prix Goncourt 1992. Né à Fort-de-France, Chamoiseau est le porte-parole de la littérature antillaise. Avec *Texaco*, il retrace 150 ans d'histoire de la Martinique, de l'esclavagisme à la conquête des villes, en particulier celle de Fort-de-France au travers de la vie des habitants d'un quartier déshérité, Texaco. Un livre fort, exigeant. Comme ses collègues héritiers de Césaire, Chamoiseau écrit une langue difficile mais envoûtante. Du même auteur, dans un autre style, **Solibo Magnifique** (éd. Gallimard ; coll. Folio n° 2277) est le récit truculent, oscillant entre le burlesque et le tragique, d'une enquête policière.

– **Le Nègre et l'Amiral** (1988), de Raphaël Confiant ; roman ; éd. Grasset (prix Antigone) et au Livre de Poche (n° 9643). Drôle, émouvant, attachant, remarquablement écrit, un roman qui restitue avec saveur la vie dans l'île, et à l'extérieur, entre 1939 et 1945. Des personnages forts, incroyables, ressuscités avec tendresse ou ironie, et un pan de l'histoire de France à découvrir, celle des dissidents ayant choisi l'autre France pour fuir leur île passée aux mains des pétainistes. De beaux portraits, hauts en couleur. Du même auteur, très prolifique, on peut recommander d'autres romans historiques : **L'Allée des Soupirs** (éd. Le Livre de Poche n° 14069) et **L'Archet du Colonel** (1998 ; éd. Mercure de France).

– **Bassin des Ouragans** (1994), de Raphaël Confiant ; roman ; éd. Mille et une Nuits, n° 40. Un petit récit ébouriffant qui nous entraîne dans la Martinique d'aujourd'hui aux côtés du héros-narrateur, Abel, un intello désabusé, que l'on suit dans ses aventures baroques avec sa maîtresse Anna-Maria de la Huerta et son ami Victor Saint-Martineau. En moins de 100 pages et sur un mode burlesque, tous les problèmes des Caraïbes sont abordés, dans une langue d'une richesse et d'une inventivité peu communes. *Bassin des Ouragans* est suivi de **La Baignoire de Joséphine** (1997 ; n° 133), de **La Savane des Pétrifications** (1995 ; n° 79), aux mêmes éditions. Difficile de ne pas se précipiter dans la lecture de ces deux-là quand on a aimé le premier ! Esprits cartésiens, s'abstenir.

Polars pour la plage

– **Opération chien rouge** (1989), de Roger Martin ; polar ; éd. Caribéennes ; coll. Negra Polar n° 3 (157 p.). Si vous passez par l'île de la Dominique, peut-être trouverez-vous un passant oisif qui vous racontera les événements dont l'île fut le théâtre en 1981 : ou comment ce petit point dans l'eau évita de justesse une invasion organisée par des mercenaires du Ku Klux Klan.

– **Le Major parlait trop** (1959), d'Agatha Christie ; polar ; éd. Librairie des Champs-Élysées ; et Le Masque n° 889 (187 p.). C'est au *Golden Palm Hotel* de Saint-Honoré, petite île imaginaire au large de la Martinique, que Miss Marple est venue exercer ses talents. Le beau temps et le farniente obligé l'ennuient. Par chance, le major Palgrave est retrouvé mort, suivi bientôt par une jeune servante antillaise.

– *Le Meurtre du Samedi-Gloria* (1998), de Raphaël Confiant ; éd. Mercure de France ; réédité aux éditions Folio. Un truculent polar qui vous plonge avec délices dans les années 1960 à Fort-de-France, en compagnie de personnages entrevus dans les autres romans de cet auteur qu'on adore...

Et pour ne pas bronzer idiot

– *Les Antilles françaises* (1989), de François Doumenge et Yves Monnier ; essai ; PUF ; coll. Que sais-je ? n° 516 (123 p.). Plages, soleil, bronzette, farniente, voilà l'image classique des Antilles françaises. Mais si vous voulez en savoir plus sur l'histoire et l'économie des DOM, lisez vite ce livre. Une synthèse précise et complète vous permettra en quelques pages de faire le lien entre une actualité que vous connaissez, ou que vous découvrirez sur place, et le passé de ces îles.

– *Les Meilleures Recettes de la cuisine antillaise* (1998), de Christiane Roy-Camille et Annick Marie ; éd. Fleurus. Utilisé depuis 20 ans par les Antillais eux-mêmes, cet ouvrage a été réédité pour les métropolitains sous une forme originale, illustrée par d'étonnants dessins aux couleurs très locales.

– *Martinique : produits du terroir et recettes traditionnelles* (1997), collection « L'inventaire du patrimoine culinaire de la France » ; éd. Albin Michel. Un travail remarquable pour qui veut découvrir l'incroyable diversité de produits de terroir savoureux que les Martiniquais(es) accommodent selon un art culinaire hérité de plusieurs traditions.

MÉDIAS

Radios

Elles effectuent un réel service local, et reflètent l'ambiance musicale et politique des îles.

Quelques fréquences :

– *Radio Martinique RFO :* 90.5 FM ou 94.5 FM.
– *RFI.*
– *Radio Caraïbe internationale.*
– *Europe 1* sur 98.7 FM, *France Inter* sur 95.8 FM.
– *RMC :* 100.8 FM.
– Nombreuses radios libres : par exemple, *NRJ* sur 104.4 FM, *Sun FM,* sur 97.1 FM (102.7 FM dans la région Nord-Atlantique et 90.6 dans la région Nord-Caraïbes).

MUSIQUES ET DANSES

Des enfants se déchaînent sur la véranda d'une case. Bidons, casseroles, balustrades, tout ce qu'ils trouvent est percuté en rythme. Et aucun passant ne se plaint du fracas. Les Antilles ont toujours scandé le quotidien. Elles avaient des chants pour couper la canne, pour ferrer les bêtes ou tirer le filet. Des danses, aussi, *bamboulas* (le terme est local) clandestines d'esclaves ou transes communes autour du *gwo-ka,* le tambour créole. Le *laghia* (lutte mimée originaire du Dahomey), le *toumblac* ont encore des accents incantatoires.

Mais les danses à orchestre, plus gaies et plus profanes, tiennent le haut du pavé : valse, mazurka piquée, polka. Tonique et lascive, la biguine est même devenue le sport national des Antilles françaises. Le *zouk* surtout fait le régal des radios, le *zouk-love,* un *zouk* langoureux et moite à danser *collé-serré.* Un des jeux favoris étant de réussir à danser avec sa ou son partenaire sur le même carreau de carrelage et de ne surtout pas en sortir... ça crée des liens. Malgré un retour aux racines – avec le *gwo-ka* –, l'influence des Grandes Antilles (salsa, reggae) domine la création musicale. *Malavoi, Difé* ou encore *la Compagnie créole*... dans l'Hexagone, la nouvelle musique antillaise est montée en puissance. Un groupe comme *Kassav (zouk)* a pu se permettre de remplir le *Zénith* à Paris et de jouer les stars en Afrique. On dit bravo !

PERSONNAGES CÉLÈBRES

– *Aimé Césaire* (1913) : né dans une habitation de Basse-Pointe, Aimé Césaire intègre brillamment, après des études à Fort-de-France, l'École normale supérieure dans les années 1930. C'est là qu'il rencontre Léopold Sédar Senghor, futur président de la République du Sénégal, avec qui il fonde, en 1934, une revue, *L'Étudiant noir*. Il rentre en Martinique en 1939 pour enseigner et termine à cette époque sa première grande œuvre, *Le Cahier d'un retour au pays natal*, publié en 1944, qui est à la fois un manifeste poétique et politique dans lequel Césaire appelle ses compatriotes à relever la tête et à revendiquer leur « négritude », nouveau concept forgé avec Senghor. Césaire est le premier à mettre en avant les racines africaines des Antillais. Après la Seconde Guerre mondiale, il mène de front, comme Senghor, sa carrière littéraire et sa carrière politique, ce qui le conduit à la mairie de Fort-de-France dès 1945, pour un mandat record (53 ans !), et à la députation en 1946. La même année, il est l'artisan de la départementalisation. En 1956, il quitte avec fracas le parti communiste pour fonder le Parti progressiste martiniquais, favorable à l'autonomie. Son évolution politique va toutefois l'amener à se rapprocher du parti socialiste dans les années 1980. Indéboulonnable maire de Fort-de-France, jusqu'en 2001, « Papa-Césaire » va rester la grande figure politique qui a su allier la réflexion théorique (par exemple, dans son *Discours sur le Colonialisme*, en 1955, sévère réquisitoire contre les puissances coloniales) et son application pratique sur le terrain. « Je suis né dans un paradis raté », aime-t-il dire. Il s'est aussi consacré au théâtre, écrivant des pièces en prise avec l'époque de la décolonisation (*La Tragédie du roi Christophe*, 1963 et *Une saison au Congo*, 1966).

– *Frantz Fanon* (1925-1961) : élève d'Aimé Césaire, Frantz Fanon est une grande figure du tiers-mondisme, curieusement plus connu à l'étranger qu'en France. Parallèlement à son métier de médecin psychiatre, il a commencé par dénoncer le colonialisme et l'aliénation qu'il produit sur les populations dans un premier essai, *Peaux noires, masques blancs* (1952), qui devait à l'origine s'intituler *Essai pour la désaliénation du Noir*. Jean-Paul Sartre et les existentialistes soutiennent alors cet intellectuel qui va concrètement s'engager dans le combat pour la décolonisation en rejoignant en Algérie le FLN (il sera même ambassadeur du gouvernement provisoire algérien en Afrique). Il meurt de leucémie aux États-Unis, en 1961, peu avant la parution de son essai *Les Damnés de la terre* (1961), préfacé par Sartre.

– *Édouard Glissant* (1928) : le chantre de l'« antillanité ». Né sur les hauteurs de Sainte-Marie, cet écrivain difficile est aussi un agitateur d'idées. Après des études de philosophie en métropole, il fonde en 1959 le Front antillo-guyanais, qui réclame l'indépendance, ce qui lui vaut d'être expulsé des Antilles et assigné à résidence en France métropolitaine jusqu'en 1965 (on ne rigole pas trop en ces premières années de la Ve République, le Général veille au grain...). De retour en Martinique, il travaille à sa grande idée, redonner toute sa valeur à la culture antillaise dans le contexte caribéen. La notion de métissage culturel lui doit beaucoup. Il a mis son énergie à défendre d'autres causes que la seule revendication « régionale » qu'est l'autonomie des Antilles, puisqu'il a dirigé *Le Courrier de l'Unesco* de 1982 à 1988. Son œuvre littéraire est particulièrement abondante. Il a écrit de nombreux romans (*La Lézarde,* prix Renaudot en 1958, *Le Quatrième Siècle* en 1964, *La Case du commandeur* en 1981), mais aussi de la poésie (*Les Indes,* 1956, « épopée » noire de la traversée des esclaves dans les navires négriers) et des essais (*Le Discours antillais,* 1981, qui regroupe tout un ensemble de réflexions sur le « mal antillais »).

– *Jean-Baptiste Labat* (1663-1738) *:* une figure haute en couleur. Père dominicain envoyé en Martinique en 1693, il est tout d'abord en mission dans le nord de l'île. Il fonde l'église de Macouba en 1694 (une plaque le rappelle sur l'église même), puis s'installe à Fond Saint-Jacques, établissement dominicain qui est à la fois un monastère et une distillerie de rhum dont il assure la prospérité. On raconte que, convaincu des bienfaits du rhum après avoir été guéri d'une fièvre de Malte grâce à un breuvage à base de cet alcool, il en a amélioré les techniques de distillation. Ses talents ne s'arrêtaient pas là, ce moine était aussi capable de s'illustrer militairement, et c'est en partie grâce à lui qu'en 1703 une attaque anglaise contre la Guadeloupe échoua. Ajoutons à cela une bonne plume pour relater ses pérégrinations (*Nouveau voyage aux isles de l'Amérique,* 1722), et l'on a une petite idée du personnage, longtemps resté populaire dans la mémoire collective des Martiniquais.

– *Euzhan Palcy* (1955) *:* cinéaste née au Gros-Morne, Euzhan Palcy s'est rendue célèbre en 1983 grâce au succès de son adaptation du roman de Joseph Zobel, *Rue Cases-Nègres,* chronique douce-amère qui retrace la vie dans une habitation pendant la première moitié du XXe siècle. Ceux qui ont vu ce film se souviennent encore avec émotion de la prestation de Darling Légitimus dans le rôle de M'man Tine. Après ce premier long-métrage, qui a reçu le Lion d'argent au festival de Venise en 1983, Euzhan Palcy s'est attaquée à une autre adaptation, en 1989, celle du roman d'André Brink, *Une saison blanche et sèche,* réquisitoire impitoyable contre l'apartheid. Son troisième long-métrage, *Siméon* (1993), a été moins remarqué.

– *Victor Schœlcher* (1804-1893) *:* riche rentier, Victor Schœlcher a consacré de nombreuses années de sa vie à dénoncer inlassablement l'esclavage. Sensibilisé à cette injustice par un premier voyage aux Amériques en 1829-1830, il mène une campagne d'opinion dans la presse, puis écrit plusieurs ouvrages consacrés à cette question. Il se prononce en faveur de l'abolition immédiate de l'esclavage alors que d'autres, acquis au principe, préféreraient une abolition progressive. Sous-secrétaire d'État aux Colonies dans le gouvernement issu de la révolution de 1848, il réussit à arracher l'abolition le 27 avril 1848, malgré l'opposition des planteurs et le peu d'enthousiasme de certains membres du gouvernement qui craignent l'effondrement économique des îles.

Les Martiniquais, au même titre que les Guyanais et les Guadeloupéens, lui en seront reconnaissants puisqu'il est élu député, dans les trois colonies à la fois, en 1849. C'est la Martinique qu'il choisit. Exilé à Londres de 1852 à 1870 en tant que républicain opposant à Napoléon III, il retrouve son siège de député de la Martinique en 1871 et obtient celui de sénateur inamovible en 1875. Il continue à intervenir jusqu'à un âge avancé sur les questions coloniales. Il fait don de sa bibliothèque personnelle aux Martiniquais (10 000 livres, excusez du peu, mais la plus grande partie de ces ouvrages brûlera dans un incendie qui ravage Fort-de-France en 1890). Schœlcher sera enterré au Père-Lachaise en 1893 et, en hommage à son action, ses cendres seront transférées au Panthéon en 1949.

Toutes les localités de Martinique, à l'exception de Rivière-Pilote, fief du leader indépendantiste Alfred Marie-Jeanne, ont une rue ou une place Schœlcher. On a pu lui reprocher de n'avoir pas prévu d'accorder le moindre lopin de terre aux anciens esclaves pour leur permettre de subsister une fois partis des plantations, il n'en demeure pas moins qu'il a été la conscience morale blanche qui a su mettre fin, grâce à un travail de lobbying acharné, à un système dont beaucoup, à l'époque, refusaient d'admettre la barbarie.

PHOTOS

Il est toujours judicieux de partir en voyage avec des pellicules de sensibilités différentes (les fameux ISO). Si vous partez avec une dizaine de pellicules, prenez 6 pellicules 200 ISO (tout terrain), 2 pellicules 400 ISO (pour faire des photos le soir) et 2 pellicules 100 ISO (pour les paysages très ensoleillés et les portraits de près).

Offre spéciale routard

– Avant votre départ, préparez vos vacances avec les 230 magasins Photo Service... Pour les adeptes de la photo numérique, Photo Service offre 12 % de réduction sur l'achat d'une carte mémoire. Pour les fidèles de l'argentique, Photo Service offre 12 % de réduction sur l'achat de pellicules. Ces avantages sont disponibles dans tous les magasins Photo Service sur présentation du *Guide du routard.*
– Au retour, Photo Service vous offre le transfert de vos photos sur CD Rom pour toute commande de tirages numériques, ou une pellicule gratuite de votre choix pour tout développement et tirages. De plus vous bénéficiez de 12 % de réduction sur les autres travaux photo.
Et tout ça pendant 1 an, toujours sur présentation du *Guide du routard* !
Pour tous les possesseurs d'appareil photo numérique, rendez-vous sur
● www.photoservice.com ● pour toutes vos commandes de tirages en ligne, vos albums, retrouvez également dans notre boutique en ligne notre sélection de produits.

POPULATION

Curieusement, un siècle et demi après l'abolition de l'esclavage, les poisons de l'intolérance ne se sont pas tout à fait dissipés. Subtiles distinctions de métissage (métis, mulâtre, quarteron, sapotille, etc.), méfiance à l'égard des Indiens, des Chinois... Les différentes communautés doivent encore apprendre à se connaître.
– **Les descendants d'esclaves :** selon les historiens, on évalue de façon sensiblement différente le nombre total d'esclaves déportés d'Afrique vers les Amériques. Vers la seule zone caraïbe, ce seraient 20 millions d'esclaves (dont 1,6 million pour les seules Antilles françaises) qui auraient été « acheminés » comme du bétail, nombre d'entre eux mourant en cours de route ou se donnant la mort à leur arrivée. En 1664, il existe en Martinique un équilibre presque parfait entre colons et esclaves, les 5 000 habitants de l'île se répartissant entre ces deux groupes. 125 ans plus tard, les esclaves constituent près de 85 % de la population, estimée à 100 000 habitants : un accroissement spectaculaire créé par les planteurs qui demandaient toujours plus d'esclaves, le manque de main-d'œuvre freinant le développement économique de l'île. Le taux élevé de mortalité, dû aux mauvaises conditions de vie dans les plantations, explique sans aucun doute ces besoins sans cesse croissants. Après l'abolition, quelques milliers d'Africains, les *congos*, « engagés libres » recrutés de 1857 à 1887, viendront grossir la population. Aujourd'hui, il est évident que les descendants d'esclaves constituent la majorité de la population de l'île, 95 % si l'on y ajoute les métis.
– *Grands Blancs* ou *békés :* population typique de la société martiniquaise, le béké intéresse depuis longtemps l'ethnologue, au même titre que l'ancien esclave « importé » pour travailler dans la canne. Il est souvent commerçant ; *béké* vient, dit-on, de « Blanc du quai » (on les trouvait souvent à vérifier leurs marchandises sur les quais du port). Ils sont peu nombreux, à peine 2 600 Blancs créoles, descendant d'une trentaine de grandes familles, perdus au milieu de 300 000 Noirs. Ils gèrent leurs propriétés et ne se mélangent guère aux métis. Personne n'interdira à un béké d'épouser une Noire, mais il se retrouvera de fait isolé de sa petite communauté (de plus, il aura du mal à s'intégrer dans l'autre milieu). Si l'on ne se mélange pas, cela

le bon plan
pour des photos de qualité !

Fred Naoum

Présentez votre Guide dans les 230 magasins Photo Service pour bénéficier des privilèges réservés aux routards

Avant votre départ

Préparez vos vacances avec les **230 magasins** Photo Service…

▶ **Pour les adeptes de la photo numérique**, Photo Service offre 12% de réduction sur l'achat d'une carte mémoire.

▶ **Pour les fidèles de l'argentique**, Photo Service offre 12 % de réduction sur l'achat de pellicules.

À votre retour

▶ **Photo Service vous offre le transfert de vos photos sur CD Rom** pour toute commande de tirages numériques, **ou une pellicule gratuite de votre choix** pour tout développement et tirages.

▶ De plus, vous bénéficiez de 12% de réduction sur les autres travaux photo.

Grâce à la Carte Photo Service qui vous est offerte, ces avantages vous sont acquis pendant un an.

Offre valable jusqu'au 31/12/03

3 734560 054773

www.photoservice.com

PHOTO SERVICE

n'empêche pas les rapports particuliers entre békés et mulâtres, faits de tendresse refoulée et d'intimité liées à l'histoire commune. Un lien invisible, né sur les bancs de l'école, dans les cours de récréation, dans les caresses de la nounou... Il faut ajouter qu'il était tacitement accepté, au temps de la « plantocratie », que les maîtres aient des enfants illégitimes de couleur : « la conjonction imprévue des maîtres et des esclaves », selon la formule de Patrick Chamoiseau, voilà qui crée des liens. La population martiniquaise est davantage métissée que la population guadeloupéenne, sans doute à cause du destin (la guillotine) réservé aux planteurs de la Guadeloupe pendant la Révolution française : les békés sont vraiment un phénomène martiniquais... Si le « métro » est une pièce rapportée, le béké, lui, parle le créole et se sent avant tout martiniquais. À juste titre, il avoue n'aller en France que pour se faire soigner et étudier à Saint-Martin de Pontoise. Pourtant, il voit que tout bouge, il entend monter la sourde contestation noire et sait qu'une période est désormais révolue. Fini le temps de la toute-puissance, l'époque où l'on pouvait faire « sauter » un préfet ou donner la troupe contre les grévistes de la canne ou des usines.

À l'image vieillotte des colons de la canne, les békés ont substitué celle de commerçants prospères (supermarchés, informatique et importation) et dynamiques (exemples : les Hayot, Gallet de Saint-Aurin et de Lucy...). Alors, ils serrent un peu plus les rangs. Que feraient-ils en France, que deviendraient-ils, perdus parmi des millions d'anonymes de la même couleur qu'eux ?

Certains leaders indépendantistes ont déclaré : « Il y a des békés avec qui nous pouvons faire un bout de chemin ». En effet, tous les békés ne réinvestissent pas férocement leurs profits en métropole ou à Miami. Après tout, le béké est d'abord... antillais.

– *Petits Blancs :* tous les colons n'étaient pas des « cadets de famille ». De petits colons, propriétaires de surfaces réduites ou travaillant au service des grands planteurs, se sont aussi installés en Martinique, sans y trouver la fortune. On les a longtemps appelés « békés goyaves », c'est-à-dire les békés pauvres.

– *Mulâtres :* descendants d'une union « domino », ils furent à l'avant-garde du combat contre l'esclavage et représentent aujourd'hui la caste la plus dynamique. Appelés « libres de couleur », ils auraient dû bénéficier dès le XVIIIᵉ siècle de droits égaux avec les Blancs, mais en réalité les mesures discriminatoires furent maintenues presque jusqu'à l'abolition. On distingue généralement les *chabins* (cheveux crépus tirant sur le roux, peau claire) des *câpres* (cheveux mi-crépus, peau plus sombre).

– *Indiens* ou *coolies :* venus pour travailler la terre, aujourd'hui très présents dans le commerce, les professions libérales, la fonction publique et la politique. Malgré de gros efforts d'assimilation, ils restent un peu à l'écart.

– *Chinois :* une petite communauté tournée vers le commerce. Comme dans toutes les îles.

– *Libanais* ou *Syriens :* ils composent une grande partie du petit négoce et de l'import-export.

– *Z'oreilles :* autrement dit les Français de métropole, obligés de tendre l'oreille pour comprendre le créole. Ils représentent environ 1 % de la population totale. *Métros* reste le terme le plus utilisé pour les désigner.

Si vous visitez les îles pour la première fois, vous serez sans doute surpris de ne pas trouver le tempérament créole aussi avenant. Plutôt pudique et renfermé, un Antillais se met rarement à vous raconter sa vie, à vous confier ses sentiments ou à vous inviter chez lui dès la première rencontre. Le passé esclavagiste et aujourd'hui le tourisme de masse n'incitent guère à des élans de générosité envers le Blanc. Aussi, ne vous attendez pas à être accueilli à bras ouverts pour la seule raison que vous venez de loin. C'est, hélas, parfois même le contraire. Cela dit, si vous n'arrivez pas en terrain conquis et si vous savez les prendre, vous découvrirez des Martiniquais gais, heureux de vous faire partager les petits bonheurs de chez eux. D'une générosité rare, vous trouverez toujours quelqu'un pour vous offrir des fruits de son jardin, des fleurs ou des petits jus. Parfois commercial, souvent sincère, leur sourire est en tout cas communicatif. Il suffit de ne pas confondre authenticité et folklore, et de s'intéresser à eux et à ce qu'ils peuvent vous apprendre.

Et, puisque l'intégration n'est pas gagnée d'avance, on ne le répètera jamais assez, quelques efforts d'humilité ne font pas de mal et le respect gagné a plus de saveur.

Vêtement traditionnel

Adieu foulards, adieu madras... Encore un coup de canif dans la carte postale ! Tout comme la coiffe en Bretagne, le costume des doudous n'est plus porté que par les dames d'âge très, très mûr. Et principalement pour les fêtes ou le carnaval. Pour être belle, autrefois, il fallait casser sa tirelire : superbe jupon de broderie anglaise, corsage décolleté, jupe ample en madras (un tissu mordoré apporté ici par les Indiens), foulard triangulaire, grande robe chatoyante pour les fêtes, sans oublier un arsenal de bijoux en or *(collier-chou, chaîne-forçat...)*.

Par modestie, on se devait d'enturbanner ses cheveux dans un foulard de madras. Un travail d'artiste, où le nœud « à pointes » jouait discrètement les feux de signalisation ! Une pointe : « cœur à prendre » ; deux pointes : « cœur pris » ; trois pointes : « mes amours ne se comptent plus ». Les aïeules esquivent le problème avec un madras « prêt-à-coiffer », rigide comme un casque : la tête calandrée.

POSTE

On trouve des bureaux de poste dans tous les villages.

– *Horaires :* les bureaux ferment généralement vers 16 h. Ils sont ouverts le samedi matin.

– *Affranchissement :* tarif identique à celui de la métropole pour les plis à destination de la France. Pour les autres pays européens, c'est nettement plus cher. Les timbres se vendent non seulement dans les bureaux de poste, mais aussi dans la plupart des boutiques de souvenirs, et là, vous ferez peut-être un peu moins la queue.

– *Code postal :* 972 (Martinique).

RASTAS

Le « rasta », pour la plupart des gens, est un joueur de reggae portant son bonnet comme un drapeau sur une étrange toison en forme de lianes. Ce look, popularisé par Bob Marley, Peter Tosh et Jimmy Cliff, cache une philosophie érigée en culture et en mode de vie par de nombreux Noirs des Caraïbes.

Né à la Jamaïque, ce mouvement religieux a gagné les autres îles anglophones en l'espace d'un demi-siècle. Contraction de *Ras Tafari*, titre de noblesse donné à l'empereur d'Éthiopie Makonnen, plus connu sous le nom d'Haïlé Sélassié, le rasta obéit à la doctrine fondée dans les années 1920 par le « prophète » noir américain Marcus Garvey. Ce leader nationaliste voua sa vie au peuple noir exilé, lui transmettant la connaissance de ses ancêtres et la nécessité de lutter contre l'asservissement. Les descendants de ceux qui furent déportés d'Afrique comme esclaves au XVe siècle se sont donc mis à potasser la Bible, seul ouvrage autorisé aux Noirs, y puisant toutes les références à la terre de leurs aïeux : l'Éthiopie. C'est ainsi que naquit une nouvelle religion, le « rastafarisme », qui mélange les préceptes hébraïques et de grandes extrapolations sur le couronnement du Négus. Haïlé Sélassié, « Roi des Rois » et despote éclairé, s'est ainsi retrouvé « Dieu vivant » jusqu'à sa mort, en 1975, niée par ses adorateurs.

Cette mystique particulière aux Antilles a donné naissance à une nouvelle musique : le *reggae*. Né dans les années 1950 d'un métissage entre le rhythm'n'blues afro-américain et les percussions et chants africains, baptisé *ska* dans les années 1960 puis *rock steady* par la suite, le reggae est vite devenu la forme d'expression idéale des rastas. Et son chanteur-prophète le plus doué, Bob Marley, a naturellement pris la place d'Hailé Sélassié dans le cœur des jeunes « rastamen ». Chantant l'exode de ses ancêtres, prêchant la pauvreté et vilipendant les représentants de Babylone la corruptrice, Marley a permis à des millions de Noirs exilés aux Antilles, en Grande-Bretagne, en France ou en Afrique de comprendre que « Dieu est homme » et qu'« un homme sage ne parle pas trop ».

Les rastas, avant tout non-violents, croient donc au pouvoir pacificateur de la musique, observent un régime alimentaire très strict et préfèrent vivre sans travailler. Certains se contentent de vendre des fruits ou bien deviennent chauffeurs de minibus, comme à la Dominique. Le *sound system* (gros magnéto portatif) à fond, les *dreadlocks* (tresses étroitement liées et enduites d'huile de cactus ou de cacao !), ils mènent leur existence plus ou moins à l'écart de la société de consommation. Vous les verrez la plupart du temps assis au bord de la route, l'œil rouge et le sourire béat. Car ils pratiquent un jardinage d'un genre particulier : ils plantent, cultivent et fument la *ganja,* une herbe qui n'a pas grand-chose à voir avec le gazon.

Sur ce chapitre, il est utile de préciser que si la marijuana a de nombreuses vertus (médicales, aphrodisiaques et autres) aux yeux des rastafaris, elle aura plutôt pour vous celle de causer des problèmes. Car aux Antilles, il est illégal de fumer tout dérivé du cannabis... surtout pour les Européens. N'appréciant pas que des Blancs s'intègrent au mode de vie rasta, les autorités ne ratent pas l'occasion de surprendre un routard en flagrant délit, le pétard à la main. Le contrevenant écopera donc d'une amende astronomique, voire d'une peine de prison...

RELIGIONS ET CROYANCES

Les Églises

Adventistes, baptistes, méthodistes, témoins de Jéhovah... Une insularité en appelle une autre. Comme en Polynésie, les micro-Églises sont ici chez elles. Pour beaucoup d'Antillais, en effet, la ferveur importe plus que le chemin. Dans les villages, la messe est suivie avec conviction : femmes en foulard, messieurs en dimanche et marmots aux cheveux gominés... Chacun prend sa plus belle voix pour chanter les cantiques. Le jour de leur communion, les communiantes portent de magnifiques robes blanches en dentelle.

L'hindouisme

Les temples hindous, en revanche, vous feront regretter Bénarès. Malgré les tridents et les *lingams* kitsch et bricolés, le çivaïsme originel s'est transformé au contact des chrétiens créoles. La grande fête s'appelle tout simplement *Bon Dieu Cooli* (le coolie, c'est l'hindou). Quatre jours de sacrifices (un mouton, un coq) et de danses rituelles en habits bariolés, qui peuvent aller jusqu'aux transes sacrées sur le tranchant d'un sabre.

La sorcellerie et les superstitions

Sur cette terre marquée par les croyances africaines, on attendait les sortilèges. Mais Haïti n'est pas toutes les Antilles. Même avec l'afflux de sorciers clandestins venus de la grande île, vos chances sont minces de croiser un bon vieux *quimboiseur* ou un *séancier*, l'équivalent de nos « j'teux d'sort » berrichons. Ou plutôt, vous pouvez tout à fait en croiser un mais sans le savoir. Les Martiniquais qui ont besoin de leurs services savent où les trouver. On les consulte toujours plus ou moins pour les mêmes raisons, l'argent et l'amour. Les recettes courantes consistent en la confection d'amulettes, de philtres, de tisanes ou de bains corporels à base d'herbes, comme le crésyl qui éloigne le mauvais sort. Des pratiques plus noires en appellent à l'aide des morts pour éliminer un rival. Une touffe de cheveux, des rognures d'ongles, un peu de sueur, de salive, une photo ou simplement le nom de la personne visée sont utilisés pour diriger le sort sur la victime. On peut aussi ne vouloir qu'effrayer : un petit cercueil contenant un animal mort (par exemple un lézard), déposé devant la porte d'une maison, aura toutes les chances de terroriser son destinataire.

En cas de vol inexpliqué, on n'hésite pas à fourrer un cierge dans une vieille boîte de lait condensé. Trois abracadabras sur un papier, et voilà qu'un vent se lève, emportant le billet cabalistique sur la piste du coupable.

Aujourd'hui, le surnaturel se conjugue au passé. Si les marchés sont toujours bien fournis en philtres – huile pour gagner au Loto, décoctions de bois bandé enrichies de gingembre (ici, on n'a pas attendu le Viagra), lotion « ce que femme veut » ou spray à bénédictions –, seules les grand-mères préconisent encore le tulipier contre les *zombis*, les graines de bambou portebonheur, le *ravet* (cafard) cuit au lait et fourré dans l'oreille en cas d'otite. Leur jardin est une vraie pharmacie : feuilles de cacao contre les dermatoses, feuilles de corossol contre l'insomnie, vin de kola pour donner un coup de fouet et, pour les estomacs chamboulés, feuilles de fruit à pain ou gomme d'acajou.

Mais dans l'imaginaire antillais, les *zombis* restent toujours d'actualité. Ils ont un sens différent du vaudou haïtien et désignent ici divers « grands diables » qui viennent vous tourmenter, le plus souvent la nuit. Par exemple, les *volants* qui traversent les ténèbres en tournant comme des boules de feu ou des *morfoisés* (métamorphosés) qui ont quitté leur corps pour prendre l'apparence d'un animal, souvent un chien (souvenir des temps de l'esclavage où les chiens traquaient les esclaves en fuite). On connaît aussi le *dorlis* qui, la nuit venue, abuse des jeunes filles endormies.

Comment s'en protéger ? C'est bien connu, pas de problème qui n'ait sa solution en Martinique. Les *morfoisés* ? Regardez-les à l'envers, la tête entre les jambes, et les voilà démasqués. Les *dorlis* ? Il suffit aux jeunes filles de mettre une culotte noire à l'envers ou de piquer sur le devant de cette culotte deux épingles à nourrice en croix. Des précautions générales doivent être connues : évitez les églises la nuit, car elles deviennent de vrais repaires à esprits ; prenez vos jambes à votre cou si vous sentez une odeur subite de vernis à bois (celui dont on enduit les cercueils), sinon vous pourriez bien tomber sur un cercueil illuminé de bougies, au beau milieu d'un pont... Et si, malgré tout, vous croisez un revenant, pensez à retrousser vos vêtements ou à arracher une touffe d'herbe avec un peu de terre accrochée.

Zombis, dorlis... Il faudrait évoquer aussi la diablesse qui se manifeste au mois de mai, dressée sur une charrette, ou les petits cochons qu'on entend couiner au crépuscule autour de la maison (et quand on ouvre la porte, que voit-on ? Un grand type sans tête résolu à vous tordre le cou !).

Tout cela n'a rien à voir avec le fait d'appeler la Martinique « l'île des revenants », puisque ces revenants, ce sera vous, une fois tombés sous le charme...

Les rites funéraires

Les Antillais entretiennent également un rapport particulier avec leurs morts. Jetez un coup d'œil aux rubriques nécrologiques dans la presse ou écoutez la radio pour vous en convaincre. Les veillées mortuaires servent à accompagner le mort jusqu'à sa dernière demeure pour qu'il ne revienne pas, courroucé, tourmenter les vivants. Dans la chambre, on pleure le disparu ; dehors, sous la véranda, famille et amis se réunissent pour parler du défunt, évoquer sa mémoire, raconter des histoires, terrifiantes ou drôles, et ce, jusqu'à l'aube. On va manger et, bien sûr, boire du rhum, en n'oubliant pas d'en verser une petite goutte à terre par respect pour le mort.

SANTÉ

Département français, la Martinique est soumise aux mêmes normes et réglementations sanitaires que la métropole. En conséquence, n'oubliez pas d'apporter votre carte d'assuré social au cas où vous devriez être hospitalisé sur place. De plus, l'infrastructure médicale et hospitalière y est remarquable. Ce qui fait que c'est à l'évidence l'endroit le plus sûr de la région à plusieurs milliers de kilomètres à la ronde. Les maladies infectieuses et parasitaires autrefois célèbres ont aujourd'hui disparu : paludisme, pian, filariose lymphatique, bilharziose intestinale (sauf si l'on a la mauvaise idée d'aller se baigner dans une rivière en aval d'une zone habitée). Si bien qu'il n'y a quasiment plus de maladies spécifiques dans cette zone pourtant tout à fait tropicale. On retiendra néanmoins les points suivants :

– un chiffre grave, les Antilles peuvent, les statistiques l'affirment, être considérées comme une des régions françaises les plus touchées par le virus du Sida, juste avant l'Île-de-France. Pensez-y et n'oubliez pas votre imperméable.

– Gare au *mancenillier* (de l'espagnol *manzana*, qui veut dire pomme). On trouve partout, et surtout au bord des plages, ce petit arbre perfide qui peut devenir grand et ressemble comme un frère au pommier, fruits compris (à la taille près, ses « pommes » n'excèdent pas 2 à 4 cm de diamètre). Tout est toxique dans ce fichu végétal, de l'écorce à la sève, en passant par les fruits et même les feuilles. Non seulement il ne faut surtout pas y goûter, mais s'en approcher est dangereux. S'abriter sous ses branches par temps de pluie relève de la folie puisque l'eau en ruisselant sur ses feuilles entraîne de l'acide qui provoque de très graves brûlures même au travers des vêtements. Bref, un arbre à fuir !

En Martinique, la plupart des mancenilliers sont bien signalés (pancarte ou tronc peint en rouge), mais rien ne les distingue dans les autres îles. Il faut donc ouvrir l'œil et, dans le doute, s'abstenir. Voici le signalement de l'ennemi n° 1 (des touristes) : tronc noueux tirant sur le gris, faible hauteur (2 à 5 m), feuilles arrondies et fruits alléchants (il pourrait passer inaperçu au cœur du bocage normand). Méfiance, sa petite pomme, surtout quand elle est bien verte, a la délicate odeur du pire des fruits défendus. En conséquence : ne pénétrer en zone arbustive qu'accompagné par quelqu'un du coin et ne pas manger n'importe quel fruit, aussi appétissant soit-il.

– Beaucoup de *plages* sont également fréquentées par des chiens, lesquels y laissent des parasites qui peuvent pénétrer la peau des baigneurs (ou surtout des « bronzeurs ») ; il se développe alors un petit ver sous-cutané *(Larva migrans)* qui donne de fortes démangeaisons. Rien de bien grave, mais à éviter. Précautions à prendre : sandales pour marcher sur les plages, et natte pour s'y allonger.

– Évitez de vous rafraîchir les pieds dans des *étangs* d'eau douce ou de marcher dans la *boue* : si la bilharziose a disparu des îles, les risques d'attraper ankylostomiose et anguillulose existent.

– Il y a des *serpents* venimeux : deuxième bonne raison pour ne pas s'aventurer à l'aveuglette en zone herbeuse ou boisée. Chaque année, la Martinique déplore malheureusement quelques décès causés par le « fer-de-lance », une vipère jaune (le trigonocéphale qui combat la mangouste dans certains pitts, c'est elle, enfin lui !), un joli bébé qui atteint les 2 m. On ne répétera jamais assez qu'il est indispensable d'être bien chaussé pour randonner.

– Certains **poissons** contiennent des toxines qui peuvent entraîner, en cas de consommation, des troubles parfois graves (paralysies, chute de tension) et toujours désagréables (démangeaisons, fourmillements, vertiges...). C'est ce que l'on appelle la *ciguatera* ou « gratte ». Éviter de manger du poisson avant de l'avoir montré à quelqu'un du coin. Requins, barracudas, murènes sont en principe interdits à la vente, mais on en trouve sur tous les marchés. Certains ne sont peut-être pas touchés, mais cette toxine agit par accumulation notamment dans le foie, alors n'abusons pas...

– De temps en temps survient une épidémie de dengue, comme dans toutes les zones humides et chaudes du globe. Il s'agit d'une infection virale qui se traduit par les mêmes signes que la grippe, mais généralement en plus fort. Cette maladie est transmise par un **moustique.** Il est recommandé de dormir sous moustiquaire dans les endroits sans brasseur d'air, ni air conditionné. Les répulsifs et insecticides divers sont les bienvenus de jour comme de nuit.

Beaucoup, pour ne pas dire la quasi-totalité, des répulsifs anti-moustiques/arthropodes vendus en grande surface ou en pharmacie sont peu ou insuffisamment efficaces. Un laboratoire vient de mettre sur le marché une gamme enfin conforme aux recommandations du Ministère français de la Santé. *Repel Insect* Adulte (DEET à 50 %) ; *Repel Insect* Enfant (35/35, dosé à 12,5 %) ; *Repel Insect* Trempage (perméthrine) pour une imprégnation des tissus (moustiquaires en particulier) permettant une protection de 6 mois ; *Repel Insect* Vaporisateur (perméthrine) pour imprégnation des vêtements ne supportant pas le trempage, permettant une protection résistant à 6 lavages.

L'idéal (surtout quand on a un bébé), c'est peut-être d'emporter des diffuseurs et des plaquettes anti-moustiques pour pièce avec fenêtres ouvertes. Ces produits et matériels, ainsi que beaucoup d'autres utiles au voyageur et souvent difficiles à trouver peuvent être achetés par correspondance :

■ **Catalogue Santé Voyage :** 83-87, av. d'Italie, 75013 Paris. ☎ 01-45-86-41-91. Fax : 01-45-86-40-59. ● www.sante-voyages.com ● (Infos santé voyages et commandes en ligne sécurisée). Envoi gratuit du catalogue sur simple demande. Livraisons *Colissimo Suivi*. 24 h Île-de-France, 48 h province. Expéditions DOM-TOM.

– Attention enfin à tout ce qui fait le charme de ces îles : la superbe cuisine, souvent très pimentée ; les boissons abondantes et raides (le *ti-sec,* rhum blanc que l'on boit dès le matin pour le « décollage », et les punchs que l'on propose tout le reste de la journée) ; le soleil, qui peut taper très fort ; les sports en chambre (préservatifs totalement obligatoires).

En plus de ces quelques conseils, il est recommandé d'avoir à jour ses vaccinations « universelles », déjà recommandées en métropole : diphtérie, tétanos, polio, hépatite B.

À part ça, pas de raison de vous inquiéter outre mesure ; ce sont de simples recommandations d'usage.

SITES INTERNET

● *www.routard.com* ● Tout pour préparer votre périple, des fiches pratiques, des cartes, des infos météo et santé, la possibilité de réserver vos prestations en ligne. Sans oublier *routard mag*, véritable magazine avec, entre autres, ses carnets de route et ses infos du monde, pour mieux vous informer avant votre départ.

• *www.perso.infonie.fr/antanlontan* • Pour tout connaître sur les fêtes et les traditions culturelles, les mœurs et le folklore local. Un site perso élaboré par un Martiniquais qui s'attache à faire découvrir les aspects plus secrets de sa terre natale.

• *www.sous-les-cocotiers.com* • Pour préparer des vacances de rêve à la Martinique, qu'ils disaient...

• *www.esclavage-martinique.com* • Un site très bien conçu, qui retrace l'histoire de l'esclavage en Martinique depuis l'arrivée des colons en 1635 jusqu'à l'abolition en 1848. Avec notamment un lexique et une liste de références bibliographiques très intéressantes.

• *www.membres.lycos.fr/poups/sommaire.htm* • Ou comment se laisser guider par « Mamy Henriette » à travers les richesses naturelles martiniquaises avec des fiches détaillées sur la flore, la faune mais aussi l'histoire et la géographie.

• *www.lehman.cuny.edu/ile.en.ile/martinique/index.html* • Un site perso qui présente une importante photothèque et recèle de nombreuses infos touristiques. Pour avoir un bon aperçu de la Martinique avant le départ.

• *www.zoukarchive.com* • Une multitude d'informations et d'illustrations sur les artistes et la musique *zouk* : clips, photos, extraits de musique...

• *www.surf.to/Kj971* • Le site officiel des *Cahiers de la Gastronomie créole* propose toutes les recettes de ti-punch et l'ensemble des plats traditionnels antillais, des entrées aux desserts.

SPORTS ET LOISIRS

D'une île, d'un village ou d'une case à l'autre, l'esprit de rivalité règne sur les Antilles. Matchs de foot ou courses de chevaux, de vélo, les compétitions chauffent à blanc. Même les dominos font monter la tension. Et si quelques vies sont en jeu, les paris deviennent hystériques. La Martinique a ainsi sa corrida de poche : mangouste contre serpent trigonocéphale. Mais le summum de la barbarie, aux yeux d'un non-initié, reste quand même le combat de coqs.

Les combats de coqs

Des coqs sélectionnés, massés avec des herbes et dressés tout un mois à tuer. Comme à Bali ou au Mexique. Ce sont eux que vous entendez à toute heure du jour, vou même de la nuit, car ils sont complètement déréglés.
Ces duels font rage de novembre à avril, à raison d'une vingtaine par jour, dans les deux cents *pitts* (ou « rings ») des Antilles françaises. Après le pesage des coqs, la foule s'entasse sur l'arène en bois. Dans les vapeurs de punch, les parieurs se passent la monnaie « Paille contre Cendré » : on lâche les volatiles, armés d'ergots d'acier tranchants comme des bistouris (les *sapatouns*). On les excite avec des clochettes, des jurons et, bientôt, œil révulsé et chair de poule, les deux champions se volent dans les plumes. La foule hurle : « Ouayayaye ! » Moins de dix minutes après, le sang coule. Un spectacle cruel, mais pourquoi ne pas en parler puisqu'il fait partie, lui aussi, de la culture antillaise, héritage du passage des premiers colons espagnols ? Nos esprits européens ne manqueront pas de s'interroger : « Est-ce atroce ? Est-ce condamnable ? » Les membres de la Ligue de sauvegarde des animaux à plumes (LSAP) trouveront le phénomène intolérable. Les sociologues y verront une manière pour les hommes d'occuper leur temps et de libérer une bonne dose de violence. Ceux qui ont visité des abattoirs, ou assisté à une corrida ou tout simplement au gavage des oies ont cessé depuis longtemps de donner des leçons. Et puis, en France métropolitaine, plus précisément en Flandre française, on ne fait pas mieux...
Ceux qui tiennent malgré tout à se rendre dans un *pitt* trouveront la liste et les dates dans les différents offices du tourisme.

Les courses de yoles

Dans un tout autre registre, si vous passez par un village du littoral à l'occasion d'une fête patronale, ne manquez pas de suivre les courses de yoles. À l'origine il y avait le gommier, cette pirogue de pêcheurs, connue chez les Caraïbes et taillée dans le « gommier blanc », l'arbre qui lui a donné son nom. Il servait à de petites régates, juste pour le plaisir de se mesurer entre pêcheurs. Les yoles ont pris le relais : plus stables (encore que...), ces embarcations d'une dizaine de mètres de long, équipées d'une ou deux voiles rectangulaires et manœuvrées à la pagaie, sont devenues de véritables engins de compétition. L'équipage compte au plus onze membres, à commencer par le barreur (ou « patron »). Les autres membres d'équipage manœuvrent les écoutes ou, plus spectaculaire, s'arc-boutent sur des « bois-dressés » pour faire contrepoids, à 5 ou 6, et empêcher que la yole ne chavire lorsqu'elle commence à gîter un peu trop (une yole n'a pas de quille !). Spectacle garanti. Deux types de compétition existent :
– les régates, à l'occasion des fêtes patronales (la plupart de juin à septembre) ;
– le Tour de la Martinique, qui se déroule sur une semaine en août. Cette épreuve, créée en 1985, a rapidement connu un engouement considérable. L'étape la plus spectaculaire est celle qui voit les participants rejoindre Le Prêcheur par la côte nord-atlantique. Les équipages sont désormais sponsorisés, signe des temps...

Plongée sous-marine

Pourquoi ne pas profiter de ces régions où la mer est souvent calme, chaude, accueillante, et les fonds riches, pour vous initier à la plongée sous-marine ? Faites le saut ! La plongée est enfin considérée plus comme un loisir grand public qu'un sport, et c'est une activité fantastique. Entrez dans un autre élément où vous pouvez voler au-dessus d'un nid de poissons-chirurgiens, dialoguer longuement avec des mérous curieux et attentifs, jouer sur un nuage inquiet d'anthias vaporisés autour d'une « patate » de corail, planer et rêver sur une épave, vous balancer avec les gorgones en éventail, découvrir un poisson trompette ou papillon... Les poissons sont les animaux les plus chatoyants de notre planète !

Certes, un type de corail brûle, très peu de poissons piquent, on parle (trop) des requins... Mais la crainte des non-plongeurs est disproportionnée par rapport aux dangers de ce milieu. Des règles de sécurité, que l'on vous expliquera au fur et à mesure, sont bien sûr à respecter, comme pour tout sport ou loisir. Donc ne vous privez pas de tutoyer, en le respectant, le monde sous-marin...

Jetez-vous à l'eau de jour ou de nuit. Les sensations sont différentes et les plongées de nuit révèlent un autre aspect des fonds marins. Pour réussir vos premières bulles, pas besoin d'être sportif, ni bon nageur. Il suffit d'avoir plus de huit ans et d'être en bonne santé. N'oubliez pas de vérifier l'état de vos dents, il est toujours désagréable de se retrouver avec un plombage qui saute pendant les vacances. Sauf pour un baptême, un certificat médical vous sera demandé, et c'est dans votre intérêt. Les enfants peuvent être initiés à tout âge à condition d'avoir un encadrement qualifié dans un environnement adapté (eau chaude, sans courant, matériel adapté).

Non, la plongée ne fait pas mal aux oreilles : il suffit de souffler en se bouchant le nez. Non, il ne faut pas forcer pour inspirer dans cet étrange « détendeur » qu'on met dans la bouche, au contraire. Et le fait d'avoir une expiration active est décontractant puisque c'est la base de toute relaxation. Être dans l'eau modifie l'état de conscience car les paramètres du temps et de l'espace sont changés : on se sent (à juste titre) « ailleurs ». En vacances, c'est le moment ou jamais de vous jeter à l'eau. Nous vous indiquons dans le texte des clubs pour plonger. Attention, pensez à respecter un intervalle de 12 h à 24 h avant de prendre l'avion ou d'aller en altitude, afin de ne pas modifier le déroulement de la « désaturation ». Cela peut s'avérer extrêmement dangereux.

Les centres de plongée

Tous les clubs sont affiliés selon leur zone d'influence à un organisme international, ainsi en est-il des trois plus importants : la CMAS (Confédération mondiale des Activités subaquatiques, d'origine française) ; PADI (*Professional Association of Diving Instructors*, d'origine américaine) et NAUI (*National Association Underwater Instructors*, américaine). Chacun délivre ses formations et ses diplômes, valables dans le monde entier, mais n'accepte pas forcément des équivalences avec les autres organismes. Dans les régions « influencées », des clubs plongent à l'américaine, s'orientant vers une certaine standardisation : la durée et la profondeur des plongées sont très calibrées. La progression du plongeur amateur se fait en quatre échelons. Si le club ne reconnaît pas votre brevet, il vous demandera une « plongée-test » pour vérifier votre niveau. En cas de demande d'un certificat médical, le club pourra vous conseiller un médecin dans le coin. Tous les clubs délivrent un « carnet de plongée » qui, d'une part, retracera votre expérience et, d'autre part, réveillera vos bons souvenirs. Gardez-le et pensez à toujours emporter ce « passeport » en voyage. Un bon centre de plongée est un centre qui respecte toutes les règles de sécurité, sans négliger le plaisir. Méfiez-vous d'un club qui vous embarque sans aucune question préalable sur votre niveau ; il n'est pas « sympa », mais dangereux. Regardez si le centre est apparemment bien entretenu (rouille, propreté, etc.), si le matériel de sécurité (oxygène, trousse de secours, radio, etc.) est à bord, si vous n'avez pas trop à transporter l'équipement, s'il n'y a pas trop de plongeurs par moniteur (6 maximum, est-ce un rêve ?)... N'hésitez pas à vous renseigner car vous payez pour plonger et, en échange, vous devez obtenir les meilleures prestations. Enfin, à vous de voir si vous préférez un club genre « usine bien huilée » ou une petite structure souple.

Reste qu'il vaut mieux suivre les conseils des professionnels quand, face à certains états d'âme, ils préfèrent rappeler que la plongée est avant tout une activité sportive. C'est donc le moniteur qui aura le dernier mot pour le choix des sites, qui le déterminera en fonction du niveau de chacun des pratiquants et des conditions de la mer au moment de la plongée. Eh non, le client n'est pas toujours roi, même s'il est traité comme un prince, bien souvent...

C'est la première fois ?

Tout commence par un baptême (une petite demi-heure généralement). Le moniteur devrait être pour vous tout seul. Il s'occupe de tout, vous tient par la main. Laissez-vous aller au plaisir. Cela peut même se faire tranquillement en piscine. Même si vous vous sentez harnaché comme un sapin de Noël déraciné hors saison, tout cet équipement s'oublie complètement une fois dans l'eau. Vous ne devriez pas descendre au-delà de 5 m. Pour votre confort, sachez que la combinaison doit être la plus ajustée possible afin d'éviter les poches d'eau qui vous refroidissent. Puis ça continue par un apprentissage progressif (de 3 à 5 jours) jusqu'au premier niveau qui permet de descendre à 20 m, et cela peut finir par un ravissement ! À chacun sa mer : vous seriez plutôt faune ou flore ? À vous d'aller voir. Éblouissez-vous, plongez !

La plongée en Martinique

Afin d'obtenir des conditions de plongée optimales, il faut choisir la période de votre venue selon des paramètres climatiques. Les alizés, provenant de l'est et du nord-est, rafraîchissent l'atmosphère en permanence. En janvier, les températures avoisinent 21 °C à 29 °C ; en juillet, 23 °C à 30 °C. Tempé-

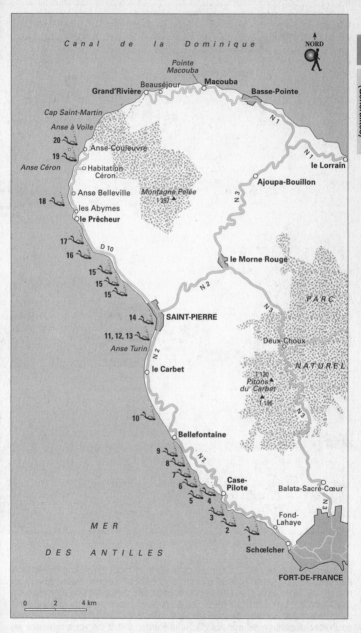

LES SPOTS DE PLONGÉE EN MARTINIQUE NORD

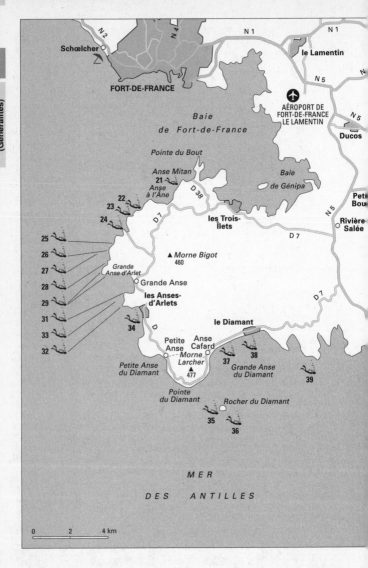

rature moyenne de 26 °C. On peut considérer le mois d'avril comme le plus sec, les mois de septembre et d'octobre comme une période pluvieuse. Les régions du Nord sont plus sujettes à recevoir des précipitations en raison du relief montagneux. Lorsqu'il pleut, les eaux de ruissellement qui dégringolent de la montagne au nord de la Martinique affectent la visibilité. Donc, si vous souhaitez découvrir les épaves de Saint-Pierre, évitez de vous y rendre en septembre. De plus, les fonds sous-marins y sont sableux, de nombreuses particules en suspension troublent l'eau. Comme ce sable s'avère d'origine

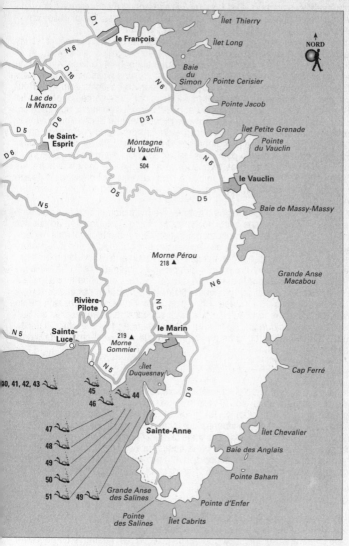

LES SPOTS DE PLONGÉE EN MARTINIQUE SUD

volcanique, il présente une couleur grise qui ne réverbère pas la lumière de la même façon. En revanche, au sud de la Martinique, les fonds sont constitués de coraux durs et de sable blanc. Aussi l'eau apparaît, par endroits, de couleur turquoise. Comme il n'y a pas d'eau de ruissellement en provenance de relief montagneux, la visibilité est bien meilleure et ce, en toute saison. Les spots de plongée du Nord se rencontrent autour de la baie de Saint-Pierre avec l'exploration des fameuses épaves englouties en 1902 pendant l'éruption de la montagne Pelée. Au Sud, le rocher du Diamant est l'attraction suprême des plongeurs. Des bouées de repérage et d'amarrage existent au-dessus de certaines épaves, même très délabrées, et sur les plateaux coral-liens, pour empêcher de détériorer la flore et la faune.

Une hostilité larvée règne à certains endroits entre les plongeurs et les pêcheurs. Ces derniers pêchent volontiers en bouteilles les lambis, et ils laissent des casiers « opérationnels » perdus au fond de l'eau sans tenter de les rechercher. Les pêcheurs attrapent aussi tous les poissons du récif sans discernement de type ou d'âge (juvéniles et non-comestibles compris). Pour leur part, les plongeurs n'hésitent pas à dégainer leurs couteaux pour tailler les grillages des casiers (perdus ou non) et libérer les poissons aux couleurs multicolores. Ces aquariums improvisés provoquent un déchirement dans le cœur (écologique !) d'un plongeur digne de ce nom, surtout lorsqu'on sait à quelles fins sont vouées ces merveilles de la nature ! Plaisir des yeux pour les uns, pitance et gagne-pain pour les autres... Ce dilemme dégénère par-fois en guerre ouverte : les pêcheurs arraisonnent de temps à autre les bateaux de plongée, en infraction ou non, ou coupent les bouées d'amarrage en signe de protestation. En règle générale : pas touche aux casiers des pêcheurs !

Que cela ne vous empêche pas d'admirer les magnifiques éponges en forme de calice, les minuscules petits poissons de récif qui papillonnent autour des coraux, des bancs de barracudas qui tracent leur route toutes dents dehors, les silhouettes fantomatiques de ces navires engloutis. Attention à la profon-deur à laquelle se situent ces épaves ! Du *Roraima,* à 50 m de profondeur, on aperçoit la coque du bateau de plongée, même avec une visibilité médiocre. La chaleur et la clarté des eaux tropicales constituent une invite à la descente et on finit par plonger à 50 m de profondeur comme si l'on se « baignait » dans 25 m d'eau. Pour plonger malin, il est intéressant de se procurer la carte marine du coin que vous souhaitez explorer auprès du *Ser-vice hydrographique et océanique de la marine,* 13, rue du Châtelier, 29275 Brest Cedex ; ou, plus rapide, sur le site ● www.shom.fr ●, le savoir naviguer.

Attention !

Les explications de votre guide préféré sont suffisantes pour vous donner une idée de l'univers dans lequel vous trempez vos palmes lorsque vous êtes encadré par un instructeur ou un guide et que vous plongez dans le cadre d'une école. Les étoiles attribuées aux sites en fonction de leur intérêt (très subjectif !) ne sont valables que pour les classifier au sein d'une même zone de plongée. On vous laisse le soin de la comparer par pays... ou par continent. D'autres paramètres (météo, topographie...) entrent en ligne de compte si vous organisez vous-même vos balades : ils ne sont pas explicités ici.

Randonnées dans l'île

Bien sûr, on vient avant tout en Martinique pour les plages et les cocotiers. Mais les touristes inconditionnels du soleil reculent petit à petit devant l'arri-vée d'une autre clientèle, aux goûts plus éclectiques, heureuse de découvrir « cette tache verte posée sur une grosse tache bleue », pour reprendre le mot de Lévi-Strauss.

Sans être un randonneur acharné, les jours où le ciel est bas on peut entre-prendre de bien agréables balades, plus ou moins difficiles, qui permettent de découvrir la forêt tropicale. Attention toutefois à la pluie, les ravines peuvent alors rapidement se transformer en véritables torrents. La saison sèche est préférable pour entreprendre toutes les marches dans le Nord. L'ONF (Office national des forêts) propose une trentaine de sentiers balisés avec différents niveaux de difficultés. Les balades de niveau 1 sont en prin-cipe accessibles à toutes et à tous. Les randonnées de niveau 2 sont

Bienvenue en Martinique

Offrez le Réseau SON DIGITAL HAUTE RÉSOLUTION à votre mobile

Pour trouver le réseau Bouygues Telecom Caraïbe :

- Dans le **Menu,** sélectionnez **Réseau** ou **Réglages** ou bien **Paramètres** (du téléphone)
- Sélectionnez **Choix du réseau** ou **Configuration réseau**
- Sélectionnez **Sélection manuelle**
- Choisissez **Bouygtel-C** ou **340-20** ou **F-20**

Pour tout renseignement, appelez le ▶N°Azur 0810 300 555 au prix d'un appel local depuis un poste fixe*.

* 0,03€/mn de 8h à 19h du lundi au vendredi et 0,016€/mn le reste du temps, le week-end et jours fériés nationaux.

Bouygues Telecom Caraïbe - SA au capital de 53 867 825 € - RCS Fort-de-France 431 415 296

C DIRECT Ⓡ PUBLICOM

Bouygues Telecom
c a r a ï b e
on fait bouger le mobile

souvent plus éprouvantes mais ne requièrent aucune technicité. Elles conviennent aux sportifs du dimanche. Quant au niveau 3, il présente de réelles difficultés (parois encordées, etc.) et doit être réservé aux randonneurs confirmés.

Hors saison, les durées nécessaires pour effectuer les randonnées sont forcément erronées du fait du terrain et des pluies. Le balisage est aussi, pour reprendre les mots d'un randonneur, « un peu absent », surtout quand le sentier devient ruisseau à cause des pluies. De plus, certaines randonnées peuvent se trouver interdites au public en raison des risques d'éboulement ou d'accidents trop nombreux. Il faut donc prendre quelques précautions avant le départ.

Pour tous renseignements :

■ *Comité de la randonnée pédestre de la Martinique :* Maison du tourisme vert, 9, bd du Général-de-Gaulle, BP 1003, 97200 Fort-de-France. ☎ 05-96-71-89-19. ● parc naturelm@sasi.fr ●

– Si vous êtes un acharné de la marche, procurez-vous *Les plus belles balades à la Martinique* (éd. Les Créations du Pélican, en partenariat avec le Parc naturel régional), vendu autour de 25 € dans les bonnes librairies. Tout y est : 25 itinéraires avec parcours, accès, carte, difficultés, etc. Nous vous en proposons quelques-unes. À notre avis, si vous ne deviez réaliser qu'une seule randonnée, faites celle qui relie l'Anse Couleuvre à Grand'Rivière, ou l'inverse. Celle de la montagne Pelée est bien séduisante, mais seulement quand le sommet est dégagé.

– Quelques organismes proposent des balades sur ces sentiers si vous ne voulez pas y aller seul. Voici une de ces adresses :

■ *Bureau de la Randonnée :* à Saint-Pierre. ☎ 05-96-78-30-77. Il regroupe principalement des accompagnateurs de montagne.

TÉLÉPHONE

– Tous les *numéros* indiqués dans ce guide comportent 10 chiffres. Ils peuvent être composés de partout en France. Pour les appels locaux en Martinique, il n'est pas nécessaire de composer les quatre premiers chiffres (soit le préfixe 05-96), les six derniers chiffres suffisent. Sauf si vous utilisez votre portable, ce qui, soit-dit en passant, vous coûtera une petite fortune, puisque les appels passent forcément par la France.

– De plus en plus de *cabines téléphoniques* sont installées un peu partout ; elles fonctionnent toutes avec des cartes (vendues un peu moins cher qu'en métropole). Très pratique.

– *Les télécartes prépayées à code* permettent d'appeler de tous les téléphones à touches sonores, tant en France que dans 24 pays étrangers. Elles offrent des tarifs très intéressants vers l'étranger et vers les mobiles. Pratiques, idéales pour voyager, elles sont rechargeables tous les jours 24 h/24 sur simple appel. Pour connaître les points de vente, appelez le ☎ 0836-683-003.

– *Les tarifs* se démocratisent enfin (et la tendance est à la baisse). Comme quoi, la concurrence a du bon.

➢ *De la métropole :* 0,11 € pour les 10 premières secondes, puis 0,27 €/mn en plein tarif (du lundi au vendredi de 8 h à 19 h) et 0,22 €/mn en tarif réduit.

➢ *De Martinique :* 0,10 € pour les 10 premières secondes, puis 0,24 €/mn en plein tarif, 0,20 €/mn en tarif réduit.

TRANSPORTS

Proportionnellement à sa population, la Martinique est le département français totalisant le plus grand nombre d'immatriculations. Plus que l'amour immodéré des Martiniquais pour leur voiture, c'est la désorganisation du réseau des transports en commun qui en est la cause : aucune régie de bus, des chauffeurs de taxis collectifs qui obtiennent des autorisations selon le bon vouloir des maires, parfois par copinage, souvent sans obligations en contrepartie, etc. Dans ces conditions, comment ne pas comprendre ces jeunes qui, après avoir longtemps galéré sur les routes de campagne dans l'attente d'un hypothétique bus (qui finalement n'est pas passé *because* match de foot à la télé...), économisent leurs premières paies pour s'acheter la dernière sportive du moment (ou, mieux encore, le dernier 4x4 à la mode ; on dit qu'une grande marque japonaise fait 10 % de ses ventes nationales dans ce seul département) ?

À quand des navettes maritimes tout autour de l'île ? Le bateau est le meilleur moyen de relier Fort-de-France quand on vit dans le Sud, au départ des Trois-Îlets. Mais il est regrettable qu'aucun moyen semblable ne permette de relier Saint-Pierre ou Sainte-Anne, par exemple.

Bien qu'ayant depuis longtemps atteint le seuil critique (il suffit de se pointer aux abords de Fort-de-France le matin ou en fin d'après-midi pour s'en convaincre, une fois englué dans les embouteillages), la situation est encore bien tolérée par une grande partie de la population. Du moins par les jeunes qui ont adopté une « tenue de route » capable de causer quelques frayeurs aux nouveaux arrivants ayant pris leur voiture de location à l'aéroport, vite repérés par les locaux pour avoir toujours le pied sur le frein.

Les nombreuses carcasses de voiture laissées sur le bas-côté font désormais partie, hélas, du paysage.

Location de voitures

C'est quand même la meilleure solution si vous ne voulez pas perdre tout votre temps à tendre l'index (et non le pouce) ou à attendre un hypothétique taxi. Ceux qui séjournent une semaine dans l'île et dont les moyens sont limités peuvent en faire le tour en deux jours. Si vous êtes en gîte ou en hôtel près d'une belle plage, après avoir fait le tour de l'île, vous vous contenterez sûrement de votre portion de sable. Attention, en haute saison il est recommandé de réserver longtemps à l'avance (voir « Adresses et infos utiles » à Fort-de-France).

Il n'est donc pas exagéré de signaler l'extrême prudence et le sens de l'anticipation dont il faut faire preuve lorsqu'on est au volant. Des panneaux sur le bord des routes rappellent le nombre élevé des victimes de la route dans l'année, avant d'interroger les conducteurs par un « pressés de mourir ? » qui devrait en faire réfléchir plus d'un. Et ne comptez pas trop sur les bornes placées au bord des routes pour un secours rapide. Une enquête télévisée signalait début 2001 qu'aucune n'était opérationnelle entre l'aéroport et Sainte-Anne...

La conduite nocturne se révèle particulièrement dangereuse, les verres de rhum en fin de journée étant plus nombreux qu'au réveil. De même, les fins de mois sont à redouter, la paie favorisant un abus de consommation d'alcool. Mais, plus que l'alcool, c'est la vitesse qui tue. Enfin, les vélos sont faiblement signalés : cataphotes manquants ou éclairage déficient. Prudence au détour d'un virage...

Connaître les habitudes locales en matière de conduite n'est pas inutile. Les Antillais, dont le comportement est plutôt paisible d'ordinaire, se transforment bien souvent au volant : conduite pied au plancher, dépassement « aspiration », fréquent chez les conducteurs de taxi... À cela, il faut ajouter les surprises du réseau routier, par ailleurs d'un entretien excellent pour une île tropicale : une double voie qui se resserre en plein virage, des routes de montagne soudain juste assez larges pour laisser passer un seul véhicule, des fossés profonds et une signalisation insuffisante.

▲ **AUTO ESCAPE**

L'agence *Auto Escape* propose un nouveau concept dans le domaine de la location de voitures : elle achète aux loueurs de gros volumes de location, obtenant en échange des remises importantes dont elle fait profiter ses clients. Leur service ne coûte rien puisqu'ils sont commissionnés par des loueurs. C'est une vraie centrale de réservation (et non un intermédiaire) qui propose un service très flexible : aucun frais de modification après réservation, remboursement intégral en cas d'annulation, même à la dernière minute. Kilométrage illimité sans supplément de prix dans presque tous les pays. Surveillance quotidienne du marché international permettant de garantir des tarifs très compétitifs. N° gratuit : ☎ 0800-920-940. ☎ 04-90-09-28-28. Fax : 04-90-09-51-87. ● info@autoescape.com ● www.autoescape.com ● 5 % de réduction supplémentaire aux lecteurs du *Guide du routard* sur certaines destinations. Il est préférable de réserver la voiture avant le départ, pour bénéficier d'un meilleur tarif et assurer la présence du véhicule souhaité dès l'arrivée. Vous trouverez également les services d'Auto Escape sur ● www.routard.com ●

Location de motos

Très peu développée. On ne vous conseille pas cette formule, à moins que vous ne soyez un as du deux-roues.

Taxis collectifs « T.C. »

En fait, le seul véritable transport en commun de l'île. La population les a longtemps surnommés les « tombé levé », allez savoir pourquoi... Ils passent dans tous les villages sans exception, mais l'organisation en étoile ne rend pas le système très performant. Tous les T.C. partent de Fort-de-France ou, au contraire, convergent vers Fort-de-France, ce qui n'arrange pas les affaires de ceux qui voudraient faire le tour de l'île, par exemple. Pas d'horaires, les T.C. partent quand ils sont pleins. Et si vous montez dans le T.C. de Grand'Rivière (extrême nord de l'île) pour descendre avant (à Sainte-Marie, par exemple), sachez qu'on vous fera payer le tarif maximal car vous avez pris la place de quelqu'un qui aurait pu aller jusqu'à Grand'Rivière ! Les taxis collectifs s'arrêtent vers 18 h au départ de Fort-de-France, souvent un peu plus tôt dans les autres communes. Enfin, ils fonctionnent peu, sinon pas du tout le week-end (inutile d'attendre un hypothétique taxi après 14 h le samedi). Pas d'arrêts matérialisés, excepté quelques abris ici et là, de plus en plus nombreux tout de même, notamment aux entrées et sorties de villages. Il suffit de leur faire signe, ils s'arrêtent à la demande. La destination est marquée sur le pare-brise ou la porte. Bien entendu, ils sont souvent pleins. Si c'est le cas, ils ne s'arrêtent pas. Un véritable casse-tête. À Fort-de-France, très nombreux départs dans toutes les directions.

Les pouvoirs publics ont pris conscience des problèmes, et des négociations en vue d'une réorganisation du système des T.C. ont débuté. Affaire (toujours) à suivre qui aura des répercussions non seulement sur le transport terrestre mais aussi sur les navettes maritimes, qui pourraient se développer...

Bateaux-navettes

Plusieurs compagnies relient la baie de Fort-de-France aux Trois-Îlets (bourg, Pointe-du-Bout, Anse Mitan, Anse à l'Âne). Utilisez-les au maximum pour vous rendre dans la capitale. C'est vraiment le moyen idéal pour se déplacer, quand les routes sont bloquées...

Quitter la Martinique par la mer

Pour trouver un embarquement comme équipier, consulter les bureaux des ports de Fort-de-France, Le Marin, La Pointe-du-Bout ou encore Sainte-Anne.

Auto-stop

Corollaire obligé du taxi collectif. En attendant celui-ci, nombre de Martiniquais pointent l'index. Après 18 h, c'est ça ou rentrer à pied. Si vous êtes en voiture, n'hésitez pas à prendre les stoppeurs. Prudence tout de même : les soirs de week-end, pas mal d'entre eux sont légèrement éméchés.

Bus

Il existe un réseau de bus desservant les banlieues nord et sud de Fort-de-France, mais vous n'aurez vraisemblablement pas à les utiliser. Ils passent tous par l'avenue du Général-de-Gaulle.

LA MARTINIQUE
(Généralités)

LA MARTINIQUE

• •

FORT-DE-FRANCE   (97200)

• •

> **Pour les plans de Fort-de-France (plan d'ensemble et centre-ville),**
> **voir le cahier couleur**

La seule grande ville de l'île. La baie au fond de laquelle elle est logée frappe par sa splendeur. Surtout quand on la découvre du bateau qui fait la navette entre la capitale de la Martinique et certains ports du sud de l'île, sur fonds de collines urbanisées qui s'arrondissent et reverdissent au pied des pitons du Carbet.

Si vous arrivez directement de l'aéroport, apprêtez-vous à un autre choc : ce qui surprend au premier abord les automobilistes, ce sont les gigantesques embouteillages et ce chapelet de HLM qui s'accordent mal avec l'idée que l'on se fait des Tropiques. La ville s'agrandit, les banlieues poussent. Fort-de-France semble reproduire les tics des agglomérations de la métropole. Prenez votre mal en patience, et garez-vous dans l'un des cinq parkings du centre-ville.

On ne vient pas à Fort-de-France pour courir les boutiques ou pour se balader dans le centre ancien, en espérant trouver une architecture typique, un art de vivre préservé. La ville a beaucoup souffert durant ces dernières décennies, au point d'avoir fait fuir ceux et celles qui auraient pu lui redonner vie et force. Heureusement, il y a la Savane, la place principale, superbe avec ses arbres gigantesques et sa végétation qui vous accueillent à l'arrivée des bateaux. Point de rencontre, c'est également le poumon de la ville. À côté, des rues bordées de boutiques et de petites échoppes dégagent une atmosphère laborieuse et animée. Mais Fort-de-France n'est pas une ville aimée par les Martiniquais, c'est une ville-bureau, synonyme de travail, que l'on fuit le soir venu.

La vie nocturne y est pratiquement inexistante en semaine. Il faut dire que la place de la Savane est devenue dangereuse en fin de journée (trafic, dealers...). Les dernières années du XXe siècle, qui furent également celles d'un maire vieillissant au passé prestigieux, Aimé Césaire, ont laissé la ville en piteux état... Une remise en valeur de tout le quartier ancien s'impose, ainsi que la refonte de tout le front de mer (promise pour les années à venir), la création d'un vaste secteur piéton et le sauvetage des espaces verts, la couleur locale ne suffisant plus pour gommer le manque d'entretien et l'absence de véritable plan d'urbanisme pour gérer la croissance de la ville.

Si vous souhaitez y passer un moment agréable, choisissez plutôt d'arriver tôt le matin, et en semaine, pour profiter de ses marchés et de la visite d'une ville qui mérite mieux que sa mauvaise réputation. Les cataclysmes, au cours des temps, ont privé les monuments d'une patine historique, mais musées, église et magasins méritent votre attention, tout comme le spectacle de la rue en général.

À noter, un grand festival culturel (danse, musique, théâtre, etc.), axé sur la culture noire, se déroule chaque année en juillet et un autre temps « Capitale en fête », organisé par l'office du tourisme, a lieu en décembre. Sans oublier les animations de l'Atrium, très beau centre culturel destiné à prouver le goût et l'intérêt que les Foyalais (comme aurait dit Salvador, quand foyalais, faut y aller !) manifestent toujours pour les Arts.

UN PEU D'HISTOIRE

Les premiers colons français, débarqués en Martinique aux côtés du corsaire Pierre Belain d'Esnambuc, dans le nord de l'île, eurent à se défendre aussi bien des Anglais que de leurs concurrents français, sans parler des Caraïbes, une fois leur drapeau planté au nom du Roy de France, le 15 septembre 1635. Bien évidemment, c'est la configuration exceptionnelle du site qui poussa le neveu et successeur de Belain d'Esnambuc, Jacques Du Parquet, dès 1638, à édifier un fortin en bois sur la presqu'île rocheuse touchant la baie du Carénage. Le bassin fut ouvert aux flottes des autres nations, jetant les bases du futur développement de la ville.

Tout comme à Pointe-à-Pitre en Guadeloupe, la ville reçut la visite de Hollandais et de juifs portugais, chassés du Brésil au milieu du XVIIe siècle. Mais contrairement à sa voisine, ils ne parvinrent pas à s'implanter véritablement, tant l'endroit, très marécageux, était porteur de virus qui décimaient la population. Grâce à ce nouvel apport de population, néanmoins, la fabrication de la canne à sucre allait bientôt transformer la vie dans l'île...

Pourtant, *Fort-Royal,* comme on l'appelait à l'époque (ce qui explique pourquoi les habitants de Fort-de-France se nomment encore aujourd'hui les « Foyalais »), restait l'anse la plus protégée. Le marquis de Baas, premier gouverneur général des Antilles, la choisit donc pour implanter une ville qui sera en fait dessinée par son successeur, le comte de Blénac. Il ordonna le renforcement du fortin, faisant ériger de véritables murailles de pierre. Les marais furent asséchés, un grand canal d'enceinte percé. En 1681, *Fort-Royal* ravit à Saint-Pierre son rang de capitale.

Achevé en 1703, ce fort, que dominaient des collines facilitant les attaques de l'intérieur, montra ses faiblesses au fil des décennies suivantes, qui le virent changer plusieurs fois de nom et de propriétaire : les Anglais le baptisèrent Fort Edward à chacune de leurs (brèves) incursions, avant qu'il ne prenne le nom de Fort-Saint-Louis en 1814.

À la fin du XVIIe siècle, la croissance de la ville elle-même connut des difficultés car elle était sans cesse entravée par des cataclysmes. Ce fut une période tragique : inondation en 1724, épidémie de fièvre jaune en 1762, cyclone en 1766, tremblement de terre en 1771... rien ne lui fut épargné. Changeant elle aussi plusieurs fois de patronyme et de protecteur (occupation anglaise en 1762 et 1809), elle perdit même son rang de capitale au gré des événements historiques. Enfin, le 18 avril 1802, Bonaparte lui donna son nom définitif : Fort-de-France. Un nom qui restera malgré un retour en arrière inévitable sous la Restauration.

Au XIXe siècle, rebelote, dame Nature abat ses cartes : tremblement de terre en 1839, cyclone en 1891, après l'incendie qui détruisit toute la ville en 1890. Tous les édifices datent donc de la fin du XIXe siècle. L'éruption de la montagne Pelée, en 1902, qui détruisit totalement Saint-Pierre, permit à Fort-de-France de s'imposer naturellement puisqu'elle seule pouvait recueillir les habitants sans logis.

Ce fut le véritable décollage économique de la cité qui, depuis, ne cesse de s'étendre, au point de ne bientôt plus faire qu'une seule agglomération avec ses deux voisines, plus résidentielles : Schœlcher et Le Lamentin.

Un tiers de la population de l'île habite aujourd'hui à Fort-de-France, dont bon nombre de chômeurs, ce qui pourrait expliquer la situation actuelle, et l'essor des villes voisines enviées par les commerçants comme par les familles pour leur relative tranquillité, permettant une circulation des hommes et des biens de jour (presque) comme de nuit. Pour l'instant, du moins !

Arrivée à l'aéroport

✈ **L'aéroport**, moderne et agréable, est situé à une dizaine de kilomètres au sud de Fort-de-France, sur la commune du Lamentin. Outre les traditionnelles boutiques que l'on fréquente davantage au départ qu'à l'arrivée, l'aérogare dispose de plusieurs distributeurs automatiques de billets.

ℹ **Office départemental du tourisme :** dans l'aéroport. ☎ 05-96-42-18-05/6. Ouvert à partir de 7 h 30, jusqu'à l'arrivée du dernier avion, même si celui-ci a du retard. Ils se chargent des réservations d'hôtels.

■ **Consigne :** depuis la modernisation de l'aéroport, on peut laisser ses bagages en consigne (à l'extérieur de l'aérogare, en direction du parking). Vive le progrès ! De 3 € pour un petit sac à 8 € pour un bagage de format spécial. Pratique pour qui ne voyage pas avec *Air France* et ne peut enregistrer tôt le matin.

■ **Boutique hors taxes :** accessible y compris pour ceux qui retournent en métropole. Parfums, cigares, cadeaux. Une demi-douzaine de boutiques de souvenirs également. Le rhum est cependant moins cher dans les hypermarchés de l'île.

Taxi !

➤ **Pour aller à Fort-de-France :** pas de bus d'aéroport, pour ne pas concurrencer les chauffeurs locaux. Compter entre 22 et 30 € pour un taxi (selon le trafic). Les plus courageux peuvent essayer le taxi collectif (minibus) qui reste, pour les locaux, le moyen le plus abordable de se rendre à Fort-de-France. Rejoindre la grande route en empruntant la passerelle et se poster de l'autre côté. Pas d'arrêt, mais faire signe au chauffeur près d'un endroit dégagé. Solution dangereuse, car les voitures roulent très vite sur la 4-voies et les taxis collectifs sont rares et sans horaires précis. Ils sont d'ailleurs souvent pleins et ne s'arrêtent donc pas. L'idéal reste la voiture de location (voir plus loin).

➤ **Pour aller en taxi vers le sud :** toujours en taxi collectif, rejoindre la grande route et descendre à droite avant la passerelle. Le problème est le même que pour aller à Fort-de-France. Les taxis collectifs sont presque toujours complets. Bref, ce n'est pas l'idéal, mais c'est ce qu'il y a de meilleur marché. Sinon, il y a le taxi individuel, très cher, compter 24 € pour l'Anse Mitan et La Pointe-du-Bout, et 40 à 45 € pour Sainte-Anne et les environs, 50 % supplémentaires de nuit. Les taxis sont normalement équipés de compteur et les différents tarifs sont clairement indiqués à l'extérieur de la porte D. ☎ 05-96-42-16-66. Finalement, on en revient toujours au même point, la meilleure solution reste la voiture de location qui vous attend à l'aéroport. Une journée de location revient moins cher qu'un aller à Sainte-Anne ou même à La Pointe-du-Bout.

À moins que vous n'ayez loué un gîte ou un appartement et que votre loueur ne vienne vous chercher, moyennant rétribution. Solution souvent intéressante, car elle épargne la fatigue de la route, à l'arrivée, et vous avez tout le temps de louer une voiture, une fois remis de vos émotions, les jours suivants.

➤ **Retour en taxi vers l'aéroport au départ de Fort-de-France :** prendre un taxi collectif à la Pointe Simon (parking des taxis collectifs), en direction de Ducos. Si vous ne résidez pas à Fort-de-France, pas très pratique : 9 fois sur 10, vous devrez d'abord vous rendre à la Pointe Simon. Demandez néanmoins conseil à votre hôtel, certains taxis s'arrêtant au Lamentin peuvent vous déposer au passage.

Location de voitures

– **Agences de location** : pour éviter les désagréments des transports en commun en Martinique, l'idéal, évidemment, reste la location d'un véhicule. Et d'autant plus pratique que la plupart des agences sont regroupées à l'aéroport du Lamentin. Il y a de nombreuses compagnies de location. Hors saison, n'hésitez pas à marchander. Ceux qui n'ont pas de bureaux à l'aéroport peuvent mettre leurs voitures à votre disposition lors de votre arrivée. Prix très différents selon les compagnies et selon les îles (la Martinique est moins chère). Vérifier le montant de la franchise (généralement autour de 530 €), le type d'assurance proposé, et, bien sûr, contrôler l'état de la voiture (souvent mauvais, avec un gros kilométrage). L'assurance tous risques est donc très recommandée sur l'île.

– **Tuyau** : Hertz accorde 25 % de réduction sur présentation de cette édition du Guide du routard sur le tarif « Formule Vacances » HT et hors assurances ; ainsi que l'accès au tarif « week-end », tarif local avantageux (du vendredi 11 h au lundi 8 h).

■ **Hertz** : ☎ 05-96-51-54-55 (centrale de réservation) ou 05-96-51-01-01 (au Lamentin) et 05-96-42-16-90 (à l'aéroport). Fax : 05-96-51-26-46.
■ **Pop's Car** : ☎ 05-96-42-16-84.

Réservations : ☎ 05-96-57-26-26.
■ **Budget** : ☎ 05-96-42-16-79.
Réservations : ☎ 05-96-51-22-88.
■ **Avis** : ☎ 05-96-42-11-00 ou 23.
Réservations : ☎ 05-96-51-17-70.

Attention ! après être passé au bureau installé dans l'aéroport, prenez les navettes, à l'arrivée comme au départ des avions, vous menant gratuitement, avec vos bagages, jusqu'au parc des différents loueurs. Le trafic automobile autour de l'aéroport ayant depuis longtemps dépassé les limites décentes, les gardiens de l'ordre public se font un devoir d'appeler la fourrière pour tout stationnement de plus d'une minute (UNE, oui !) hors des grands parkings autorisés. Si vous voulez éviter de traverser tout l'aéroport pour récupérer votre voiture, et surtout de payer l'amende de 92 €, plus 5 € de frais de garde, sans oublier le PV à 35 €, allez plutôt stationner tout à côté, dans un parking en plein air où l'on vous fera même grâce du premier quart d'heure.

Accès, circulation et stationnement à Fort-de-France

Le cœur de la ville est ordonné autour de la place de la Savane (plan couleur Centre-ville, C2). Les quartiers résidentiels de La Redoute, Didier, Cluny ou Bellevue sont sur les hauteurs, chacun étant séparé par de larges ravines, d'où la nécessité de presque toujours repasser par le centre pour changer de quartier, à moins de connaître sur le bout des ongles les rues de Fort-de-France. Résultat : des embouteillages monstres, dignes de Bangkok !

Si vous êtes en voiture, les tranches 6 h 30 - 9 h 30 et 16 h - 18 h sont à proscrire absolument en semaine. Les répercussions se font sentir en dehors même de Fort-de-France puisque sur la 4-voies, c'est jusqu'à l'aéroport du Lamentin, voire jusqu'à Ducos, que la circulation est ralentie aux heures indiquées plus haut.

Le reste du temps, c'est un peu plus fluide, encore que cela puisse varier selon les jours. Le dimanche, en effet, prévoir que beaucoup de Foyalais (habitants de Fort-de-France, au cas où vous n'auriez pas encore saisi !) reviennent en même temps des plages du Sud, ce qui se traduit par des ralentissements à partir de Rivière-Salée entre 16 h et 19 h.

Fort-de-France ne possédant que cinq grands points d'accès, rien de plus facile, en cas de grève, que de paralyser la ville. C'est d'ailleurs ce qui fait fuir les Américains et nombre de touristes, sans parler des investisseurs qui ont déjà vécu par le passé ce type de situation bloquée.

Mais tous les efforts entrepris en vue de développer de nouveaux moyens de transport en commun, par voie de terre comme de mer, sont, pour l'heure, peine perdue. Un des nombreux mystères de la vie martiniquaise, qui ne risque pas d'être résolu dans l'immédiat, les habitudes insulaires poussant à l'augmentation du parc automobile malgré la crise, alors qu'on atteint la cote d'alerte un peu partout. Voir se multiplier à la périphérie les ronds-points – pour éviter les dépassements de vitesse – et les pontons – pour accueillir des navettes maritimes – pourrait être porteur d'espoir si les Martiniquais voulaient y mettre un peu du leur. Mais eux-mêmes ne semblent pas y croire, pour l'instant !

Côté stationnement, au centre-ville, la plupart des parcmètres sont limités à 4 h (3,50 €). Si vous avez prévu de passer la journée en ville, deux solutions en définitive : ou vous optez pour le parking longue durée, place de la Savane *(plan couleur Centre-ville, C2, 13)*, et ça vous coûtera assez cher, ou vous rejoignez la place des Almadies *(hors plan couleur Centre-ville par A2, 14)*, 200 m à l'ouest de la rivière Madame (stationnement gratuit, mais quartier à risques une fois la nuit tombée). Autres possibilités : le parking de la Pointe Simon *(plan couleur Centre-ville A2, 16)*, les parkings Renan et Gratiant *(plan couleur Centre-ville B2, 8 et 12)*, et encore le très poétique (du moins par son nom) parking Lafcadio Hearn *(hors plan couleur par C1,17)*. Si vous résidez dans le sud de l'île, pour éviter tous ces désagréments, pensez à prendre le bateau en laissant votre voiture sur un parking. Pratique et très agréable, vous ne vous en lasserez pas. Vous serez à pied d'œuvre en arrivant et, le soir, en repartant, vous aurez droit au spectacle du coucher de soleil sur la baie de Fort-de-France.

Adresses et infos utiles

ℹ *Office départemental du tourisme (plan couleur Centre-ville, B2, 1) :* bd Alfassa, sur le bord de mer, près de la place de la Savane. ☎ 05-96-63-79-60. Ouvert du lundi au vendredi de 7 h 45 à 17 h et le samedi de 8 h à 12 h. Fermé le dimanche. Le personnel est compétent et serviable.

ℹ *Office du tourisme de Fort-de-France (plan couleur Centre-ville, C2, 2) :* 76, rue Lazare-Carnot. ☎ 05-96-60-27-73. Fax : 05-96-60-27-95. ● otv.fort.de.France@wanadoo.fr ● Ouvert du lundi au vendredi de 8 h à 17 h et le samedi de 8 h 30 à 12 h 30. Plan et brochures disponibles. L'accueil est professionnel et sympathique. Des visites guidées peuvent vous être proposées selon l'heure et le jour de votre passage. Circuits en bus d'une demi-journée pour découvrir le quartier pittoresque des « Terres-Sainville », qui accueillit les réfugiés de l'éruption de Saint-Pierre en 1902 et les habitants des campagnes chassés par la fer-

meture des usines à sucre, ou encore « le Grand chemin de la rivière et des hauteurs », balade vivifiante dans la campagne foyalaise, jusqu'à Balata. Tarif : 20 €.

– Procurez-vous à l'une de ces adresses le *Choubouloute*, petit guide gratuit qui paraît en juin et en décembre, et qui comporte plein d'informations utiles sur l'île. De son côté, l'office du tourisme publie chaque année un *Guide touristique* idéal pour un court séjour.

– *Visite guidée de la capitale :* Azimut, 76, route de la Folie. ☎ 05-96-70-07-00. Un bon contact : Guy Saintôt est un amoureux de sa ville qui saura organiser, avec quelques adhérents de l'association *Madiguid*, un circuit à votre convenance ou vous intégrer dans un tour déjà programmé. Pour vous donner envie de comprendre la vie au quotidien, ici, c'est encore l'idéal. Vous pourrez même découvrir l'émouvant petit théâtre de la ville, bien caché au cœur de l'ancienne mairie, et pousser les portes de maisons créoles repliées sur la nostalgie des jours anciens.

■ *Gîtes de France (plan couleur Centre-ville, C1, 6) :* 9, bd du Général-de-Gaulle, BP 1122, 97248 Fort-de-France Cedex. ☎ 05-96-73-74-74. Fax : 05-96-63-55-92. Minitel : 36-15, code GÎTES DE FRANCE,

puis code 972 (voir les « Généralités », rubrique « Hébergement »).

■ ✉ *Poste centrale (plan couleur Centre-ville, B2) :* 11, rue de la Liberté. Ouvert du lundi au vendredi de 7 h à 18 h (17 h le mercredi) et le samedi de 7 h à 12 h. Distributeur automatique de billets, rue Blénac.

Banques, change

■ *BNP (plan couleur Centre-ville, C2, 7) :* 72, av. des Caraïbes. ☎ 05-96-59-46-00. Ouvert du lundi au vendredi de 7 h 15 à 14 h 30.

■ *Crédit Agricole (plan couleur Centre-ville, B1, 9) :* 106, bd du Général-de-Gaulle. ☎ 05-96-60-60-05. Ouvert du lundi au vendredi de 7 h 30 à 12 h 30 et de 14 h 15 à 16 h. Deux autres agences : 55, rue Schœlcher et 58, rue Ernest-Deproge, ouvertes le samedi matin.

■ *Banque des Antilles Françaises (BDAF; plan couleur Centre-ville, B2, 10) :* 34, rue Lamartine.

☎ 05-96-60-72-72. Représentant du *Crédit Lyonnais*.

■ *Distributeurs de billets 24 h/24 :* entre autres, dans les agences du *Crédit Agricole*, de la *BNP* ou encore de *La Poste*.

■ Également *trois autres banques* autour de la place de la Savane.

■ *Bureaux de change :* pas moins de quatre bureaux installés en centre-ville. *Change Caraïbes,* 4, rue Ernest-Deproge, ou encore, par exemple, *Change Point,* 14, rue Victor-Hugo. Pas inutile si vous projetez de visiter les îles anglophones voisines.

Compagnies aériennes

ATTENTION, les perturbations annoncées dans le ciel ont, en l'espace (c'est le cas de le dire) de quelques années, si ce n'est en quelques mois, complètement transformé le marché de l'aérien. Ces renseignements vous sont donc donnés à titre indicatif, à l'heure où nous imprimons.

■ *Air Caraïbes :* aéroport de Fort-de-France. ☎ 05-96-42-16-71 ou 05-96-51-08-09. Représente les compagnies *Air Martinique* et *Air Guadeloupe*. Liaisons vers Saint-Martin et Sainte-Lucie (2 à 3 vols quotidiens).

■ *Air France (plan couleur Centre-ville, B2, 3) :* bd Alfassa, en bord de mer, à côté de l'office départemental du tourisme. ☎ 05-96-55-33-33. Fax : 05-96-55-33-65. Ouvert du lundi au vendredi de 8 h à 13 h et de 14 h 15 à 17 h. Possibilité d'enregistrer ses bagages à l'aéroport en fin de matinée, même si vous partez le soir. Attention, l'attente peut être

longue à partir de 10 h (vers midi, ça s'arrange un peu !).

■ *Air Lib (plan couleur Centre-ville, B2, 4) :* 50, rue Ernest-Deproge. Près du front de mer. Également agence à l'aéroport du Lamentin. ☎ 05-96-42-50-51.

■ *Nouvelles Frontières-Corsair (plan couleur Centre-ville, B2, 5) :* à l'angle des rues Schœlcher et Lamartine. ☎ 05-96-70-59-70. Fax : 05-96-60-00-91. Également agence à l'aéroport. ☎ 05-96-42-16-40. Fermé le dimanche.

■ *JV :* 71, rue Victor-Hugo. ☎ 05-96-70-12-12. Fax : 05-96-60-22-14.

Commerces, divers

Demandez à l'office du tourisme, la carte *Foyal Centre* regroupant quelque 1 200 commerces et services, et signalant sur le plan les quatre ou cinq parkings de proximité (certains, momentanés, occupent la place d'un immeuble démoli). Elle complètera utilement les quelques adresses que nous vous signalons ci-dessous.

■ *Pharmacie Glaudon (plan couleur Centre-ville, C2, 15) :* rue de la Liberté. Pour ne citer que la plus connue. Celle de l'aéroport est ouverte jusqu'à 22 h, c'est parfois bon à savoir, surtout avec les retards fréquents.

■ *Supermarchés : Leader Price (plan couleur Centre-ville, A2, 11),* rue Ernest-Deproge. Ouvert du lundi au samedi de 7 h 30 à 19 h et le dimanche de 8 h à 12 h.

■ *Station-service 24 h/24 : Shell,* sur la 4-voies, à côté de l'aéroport, mais il en existe de nombreuses autres.

■ *L'Île aux Enfants (plan couleur d'ensemble, B2) :* 8, rue des Fleurs, quartier de La Clairière. ☎ 05-96-71-46-23. À 2 km à l'ouest de la Savane. Du centre-ville, prendre la direction Didier, Cluny jusqu'au rond-point du Vietnam-Héroïque. Une idée originale et très utile : la location d'équipement à la semaine et à prix doux. Lit pliant, biberons, siège auto, baignoire bébé, poussette, stérilisateur, etc., de quoi satisfaire les moindres besoins des routards en culottes courtes ! Le tout dans un esprit d'association serviable, dévoué et très sympa.

Numéros de téléphone utiles

■ *Police :* ☎ 17.
■ *SAMU :* ☎ 15.
■ *SOS Médecins 972 :* ☎ 05-96-63-33-33.
■ *Urgences et gardes médicales :* ☎ 05-96-60-60-44.
■ *Hôpital La Meynard (Pierre Zobda-Quitman) :* route de La Redoute. ☎ 05-96-55-20-00.
■ *Sauvetage en mer :* ☎ 05-96-72-56-56.

➤ *Aéroport (standard) :* ☎ 05-96-42-16-00.
■ *Renseignements mouvements avions :* ☎ 05-96-42-19-95/6 et 7. Également un autre numéro, plus pratique : ☎ 08-92-68-43-14.
■ *Taxis (radio-téléphone) : Radio-Taxis Service.* ☎ 05-96-63-10-10. *Martinique Taxi.* ☎ 05-96-63-63-62.

Transports au départ de Fort-de-France

Terminal des taxis collectifs (plan couleur Centre-ville, B2) : à la Pointe Simon, sur le front de mer. Ils desservent tous les villages de l'île. Fonctionnent du lundi au vendredi de 5 h 30 à 17 h 30 et le samedi de 5 h 30 à 16 h au départ de Fort-de-France. Il n'y en a pas le dimanche. Selon certains autochtones, il est difficile, même en semaine, d'en trouver un, dès 15 h 30, pour retourner en ville.

Bateaux-navettes : si vous voulez éviter les embouteillages, le bateau-navette constitue (et là, on insiste vraiment !) un moyen idéal pour aller faire vos courses à Fort-de-France. Aller-retour : 6 €. Pensez à arriver assez tôt si vous prenez la dernière navette, les horaires affichés étant parfois fluctuants (selon le vent et l'âge du capitaine). Départs quai Desnambuc face à la place de la Savane *(plan Centre-ville, C3).*

Plusieurs compagnies se partagent le gâteau, et chacune a ses horaires fixes (à 10 mn près) :

➤ *Vers La Pointe-du-Bout*

– *Somatour* organise un départ toutes les heures (et même toutes les 30 à 45 mn aux heures de pointe) de 6 h 30 à 20 h, à 23 h 15 (sauf les dimanche et lundi) et enfin à 0 h 10 (pour les derniers retardataires). Trajet en 15 mn. Renseignements : ☎ 05-96-73-05-53 ou 05-96-71-31-68.

– Les vedettes *Madinina* proposent le même genre de services avec un départ toutes les demi-heures environ, de 7 h 30 à 23 h 30 (de 6 h 20 à 23 h dans l'autre sens). Départs moins fréquents l'après-midi ainsi que les week-ends et jours fériés. Renseignements : ☎ 05-96-63-06-46.

➤ *Vers l'Anse Mitan et l'Anse à l'Âne*

– Les vedettes *Madinina* (*Mona, Victoria, Île aux Fleurs* et *Madinina*) assurent des départs toutes les 30 mn ou 60 mn, de 6 h 20 (8 h 15 le dimanche) à 18 h 45. Mêmes horaires pour les retours, à peu de chose près. Réductions pour les enfants. Renseignements : ☎ 05-96-63-06-46.

➤ *Vers Les Trois-Îlets (bourg)*

– Les vedettes *L'Impératrice* et *Joséphine* (compagnie *Matinik Cruise Line*) assurent des départs du lundi au vendredi de 6 h 30 à 18 h 15 et le samedi de 6 h 30 à 15 h. Renseignements : ☎ 05-96-68-39-19.

⛴ *Bateaux vers la Guadeloupe, les Saintes, la Dominique et Sainte-Lucie :* une seule compagnie offre des départs réguliers pour l'instant. Pour ceux qui habitent le Sud, possibilité de partir depuis la marina du Marin.

– *L'Express des Îles* (*plan couleur Centre-ville, D2*) : terminal inter-îles, quai Ouest, bassin de Radoub. ☎ 05-96-63-12-11. Fax : 05-96-63-34-47. Liaisons par catamarans rapides, de 300 à 450 places. Compter 85 € l'aller-retour pour la Guadeloupe, taxe portuaire incluse (65 € avec la carte Jeunes ou le tarif abonné) et 80 € pour les Saintes, Roseau et Castries. Trajet en 90 mn pour Sainte-Lucie et la Dominique et approximativement 3 h 30 pour la Guadeloupe. Embarquement une heure avant le départ.

Où dormir ?

Franchement, rien de bien séduisant au centre-ville même, en dehors de quelques adresses pratiques pour les voyageurs restés en rade. Mais difficile de s'étendre (dans tous les sens du terme) ici alors que de bons *Gîtes de France* et de belles chambres d'hôte vous tendent les bras aux alentours. Cependant, pour ceux qui n'ont pas réservé au préalable, il peut être pratique de passer une nuit à Fort-de-France. Voici donc quelques adresses.

Très bon marché

🛏 *Packit's Guesthouse :* 142, bd de la Pointe-des-Nègres. ☎ 05-96-61-58-97. Fax : 05-96-61-95-12. Prendre un bus en direction de Schœlcher et descendre à l'arrêt « Hypermarché Le Rond-Point ». Compter 17 € par personne, en dortoir de 2 à 6 lits, petit dej' compris. Ce foyer pour lycéens a élu domicile dans une grande maison sans vrai confort mais assez sympa. Hébergement possible selon les disponibilités, penser à réserver à l'avance. Coin-cuisine et lave-linge à disposition.

Un peu plus cher

🛏 *Hôtel Malmaison* (*plan couleur Centre-ville, B2, 21*) : 7, rue de la Liberté. ☎ 05-96-63-90-85. Fax : 05-96-60-03-93. Chambre double de 51 à 56 €, avec TV, câble, douche et w.-c. Au resto, ouvert jusqu'à 22 h (sauf le dimanche), compter autour de 15 € à la carte. Avec sa façade blanche et verte, cette vieille bâtisse coloniale – dont certaines chambres donnent directement sur la place de la Savane – ne manque pas de charme. Quelques chambres, lumineuses et stylées, possèdent des lits à colonnes de bois sculptées. D'autres disposent d'un petit salon attenant avec canapé, telle la n° 13. Certes, le confort est un peu désuet, la literie assez moyenne et l'air plutôt moite. Réduction de 10 % sur le

FORT-DE-FRANCE

prix de la chambre de mai à novembre, et digestif maison offert aux porteurs du *Guide du routard*.

🏠 *Hôtel L'Impératrice (plan couleur Centre-ville, C2, 22)* : 15, rue de la Liberté. ☎ 05-96-63-06-82. Fax : 05-96-72-66-30. Face à la place de la Savane. Compter pour une chambre double de 65 à 85 €, selon la taille, la vue et la saison. Avec ses airs de paquebot arrimé pour toujours, cet hôtel (et surtout son bar ouvert sur le parc) est un point de rencontre traditionnel des notables. 24 chambres climatisées, avec TV, certaines avec vue sur le parc. Mais, là encore, confort désuet. Une vieille maison, un peu trop chère.

🏠 *Hôtel Akena Foyatel (plan couleur Centre-ville, C2, 25)* : 68, av. des Caraïbes (pl. de la Savane). ☎ 05-96-72-46-46. Fax : 05-96-73-28-23. Chambres doubles à 81 €, petit déjeuner - buffet compris, servi dans le jardin. Le nouvel hôtel chic du centre-ville, recherché par une clientèle d'affaires ou de touristes n'ayant guère envie de tenter l'aventure dans la Savane voisine ni d'ailleurs dans les rues, passée une certaine heure. Chambres climatisées, joliment décorées. Une réalisation qui pourrait redonner un peu de punch (dans le bon sens) au centre de Fort-de-France.

🏠 *Hôtel Beauséjour (hors plan couleur Centre-ville par D1, 24)* : 44, La Jambette. ☎ 05-96-75-53-57. Fax : 05-96-74-41-28. ● lebeause jourhotel@wanadoo.fr ● Prendre la route de Saint-Joseph. Chambres doubles à 62 €. Sur les hauteurs de la capitale, mais à un quart d'heure de l'aéroport comme du centre, un hôtel recommandé par des habitués pour sa douzaine de chambres climatisées, au calme et au milieu de la verdure. On peut même commencer à bronzer discrètement sur la terrasse. Salon-bar pour qui aurait la flemme de redescendre en ville à la nuit tombée.

Où manger ?

Attention, les restos sont presque tous fermés le soir. De toute façon, on ne vous conseille pas de vous attarder après 17 h, une fois l'animation des rues éteinte.

Bon marché

|●| *Le Lauréat (plan couleur Centre-ville, C1, 30)* : 30, rue du Capitaine-Manuel. ☎ 05-96-70-63-29. Ouvert du lundi au vendredi de 12 h à 16 h. Menus complets à 10 et 11,50 € ; formule plat + dessert à 9 € ; menu minceur à prix non moins serrés. Le rendez-vous des employés du centre le midi. Plats à emporter ou à déguster sur place. Spécialité du jour (paella, cassoulet) au prix du menu. Savoureuse tarte à la banane en dessert. Accueil sympa. Apéritif maison offert sur présentation du *Guide du routard*.

|●| *Centre Serveur (plan couleur Centre-ville, C1, 32)* : 10, rue du Pavé. ☎ 05-96-63-13-33. Ouvert du lundi au vendredi de 10 h à 17 h. Une institution ! Large palette de plats (poulet grillé, coq au vin, colombo de poisson, etc.) à prix raisonnables. Sandwichs à emporter autour de 3 €. Derniers tubes en vogue et sourire au rendez-vous. Venez de bonne heure, pour avoir plus de choix.

|●| *Pâtisserie Marie-Anne Surena (plan couleur Centre-ville, B2, 31)* : 83, rue Victor-Hugo. ☎ 05-96-70-28-42. Ouvert de 6 h 15 à 18 h 30. Fermé le dimanche et en août. Une des toutes premières pâtisseries de la ville, au savoir-faire traditionnel inchangé. Spécialités locales délicieuses et un peu rustiques. Très bon gâteau à la noix de coco et à la goyave, pain d'épice au gingembre, gâteau à la patate douce... Beaucoup de monde à l'heure du déjeuner, n'hésitez pas, faites la queue !

|●| *Les snacks du marché couvert (plan couleur Centre-ville, A1, 37)* : entre les rues Antoine-Siger et Blé-

nac. Servent uniquement le midi. Pour manger à la bonne franquette entre deux emplettes, 5 snacks (dont 2 surtout, à conseiller, à l'étage), au fond du grand marché, proposent assiettes créoles, salades et menus complets pour un prix correct. Éminemment touristique : résultat, la qualité s'en ressent et les portions sont souvent maigrichonnes. Un seul *lolo* sort du lot, on vous en parle tout de suite après...

Prix moyens

|●| *Chez Carole* (plan couleur Centre-ville, A1, 37) : à la sortie du marché couvert, au fond, à gauche. ☎ 05-96-71-82-59. Du lundi au samedi, entre 11 h et 16 h seulement. Plats de 10 à 14 €. Carole a repris la vente de jus de fruits locaux 100 % naturels qui faisaient déjà l'intérêt du lieu, ajoutant une restauration simple et nette et la gentillesse d'un service qui en font le charme et l'originalité à 200 %. Les nappes sont colorées, les plats joliment présentés, du poisson grillé servi avec un riz à l'ananas aux crêpes créoles proposées avec des fruits du pays. Un vrai coup de cœur. Apéritif maison offert sur présentation de ce guide.

|●| *Mille et Une Brindilles* (hors plan couleur Centre-ville par A1, 33) : 27, rue du Professeur-Garcin, route de Didier. ☎ 05-96-71-75-61 et 06-96-92-87-38. Compter entre 11 et 15 €. Un salon de thé cosy, dans les beaux quartiers, où l'on peut se contenter de tartes salées et sucrées délicieuses. Bon accueil de Frédérique, qui propose chaque jour trois saveurs différentes (assiette poisson, assiette légumes, etc.). Brunch à l'antillaise le dimanche, ce qui est assez original.

|●| *Djiole Dou* (plan couleur Centre-ville, A2, 38) : 27, rue Garnier-Pagès. ☎ 05-96-63-10-84. Compter entre 7,50 et 10,50 €, selon l'appétit. Un joli nom qui signifie « fine gueule » en créole. Dans l'une des belles maisons du quartier, une adresse à retenir pour qui recherche des produits naturels et rêve d'un déjeuner quasi sur l'herbe. Quelques tables, avec des chaises en osier, pour se poser, dans un jardin, au milieu des plantes vertes, près d'une petite fontaine. Loin de la foule, le temps passe vite. Commandez simplement un jus de fruits frais et un plat végétarien qui ne vous laissera pas le ventre vide (légumes vapeur, steak de soja, couscous de poisson). Et un flan de coco, un ! Si vous êtes un peu pressé, prenez simplement un sandwich au pain complet, ou un petit en-cas à l'heure du thé.

|●| *Lina's* (plan couleur Centre-ville, B2, 36) : 15, rue Victor-Hugo. ☎ 05-96-71-91-92. Ouvert de 7 h à 22 h. Fermé le dimanche. Sandwichs de 3 à 8 €. Avec un dessert et une boisson, sur place, compter environ 15 €. Expos. Cadre à la fois moderne et rustique : murs ocre jaune ornés de portes décoratives d'Afghanistan, plancher et briques à l'ancienne, mobilier design, tout sauf créole. Ici, comme à Manhattan ou à Paris, on vient entre deux réunions éplucher les journaux des quatre coins de la planète autour d'un sandwich au saumon, une salade garnie, un jus de fruits frais et un brownie. Musique classique en sourdine, accueil direct et franc. Thé glacé offert sur présentation de ce guide.

|●| *Le Marie-Sainte* (plan couleur Centre-ville, A1, 34) : 160, rue Victor-Hugo. ☎ 05-96-63-82-24. Tout près de la rivière Madame. Ouvert le midi seulement, du lundi au samedi. Fermé le dimanche et en août. Menu du jour à 10,70 € et menu tout poisson à 11 €. Petite cuisine familiale *d'antan-lontan*, comme ils le disent ici : poisson frit, macadam, *chélou*, etc. Fréquenté encore par la population locale, qui vient casse-croûter après le marché, mais on peut tomber aussi sur de grandes tablées de touristes, d'où un accueil cahotique et une qualité qui s'en ressent. Arriver de préférence en début de service vers 11 h 30 – 12 h pour éviter la foule et le désappointement.

|●| *Au Fin Palais* (plan couleur Centre-ville, B2, 35) : 49, rue Moreau-de-Jonnes. ☎ 05-96-71-34-11.

Juste en face du palais de justice. Ouvert du lundi au vendredi de 8 h à 12 h (petit déjeuner) et de 12 h à 14 h 30 pour le déjeuner. Fermé le dimanche et les jours fériés. Plat du jour à 9 € le midi et menus de 16 à 20 €. Dans un décor quasi rustique, tout en bois et pierre apparente, une petite affaire qui tourne rond en semaine. Venez tôt pour petit déjeuner à la mode foyalaise. Ambiance bon enfant. Tout le monde met la main à la pâte et se serre les coudes. Gentille cuisine, mijotée et métissée. Digestif offert à nos lecteurs qui ont du palais.

|●| **Restaurant Arawak-Babaorum Kafé** (plan couleur Centre-ville, B1, **39**) : 53, rue Moreau-de-Jonnes (angle rue de la République). ☎ 05-96-71-41-04. Ouvert du lundi au vendredi midi et soir, plus le samedi soir. Fermé le samedi midi et le dimanche. Compter autour de 11 €. Un lieu qui respire la bonne humeur, au premier étage d'une vieille maison dont les fenêtres ouvrent sur le palais de justice. C'est en fait l'annexe du restaurant Babaorum, institution qui fait par ailleurs les beaux jours (et les belles nuits) des Foyalais, qui savent précisément comment y aller, sur la route de Châteaubœuf. Si vous n'avez pas de voiture pour aller déjeuner ou dîner dans cette villa coloniale elle aussi relookée aux couleurs de notre temps, profitez de cet autre lieu de vie chaleureux où l'essentiel ne se passe pas dans l'assiette mais dans la tête. À recommander aux amateurs de viande rouge. Animation musicale le samedi soir.

Où dormir ? Où manger dans les environs ?

Il existe quelques gîtes excentrés sur la commune de Fort-de-France et de belles chambres d'hôte, pour avoir la campagne à la ville, en quelque sorte.

Gîtes de France

🛏 **Gîte de Madame Christiane Faula** (n° 331) : 26, Bois-Thibault. ☎ 05-96-64-16-44. Sur les hauteurs de Fort-de-France (à 5 km du centre). Du rond-point du Vietnam-Héroïque (plan d'ensemble, B2), suivre la D45 qui mène en haut du quartier Didier ; à 100 m après la supérette, prendre à droite le chemin du Bois-Thibault ; le gîte est 400 m plus haut. Quartier desservi par un bus urbain. Pour une semaine à 4 personnes, compter 360 €. Indépendant de la maison des propriétaires, spacieux (68 m²) et offrant une vue magnifique, ce gîte sympathique propose 2 chambres (un lit de 2 personnes, 2 lits d'une personne), un grand séjour et une cuisine américaine ; le mobilier est superbe et l'on se sent vite chez soi. La terrasse sous la pergola est un agrément supplémentaire, et madame Faula est très prévenante. Elle vous offrira, sur un plateau, de quoi faire un punch maison durant toute la durée du séjour.

🛏 **Gîte de M. Jean-Pierre Jeanne** (n° 86) : villa Colibri, 248, route de Balata. ☎ 05-96-64-29-13. De Fort-de-France, prendre la N3 (route de la Trace), la suivre sur 6 km ; le gîte, signalé par une pancarte verte, est en contrebas sur la droite, peu avant l'église du Sacré-Cœur à Balata. Nuitée à 38 €. Pour une semaine à 2 personnes, compter 265 €. Jean-Pierre Jeanne se fera un plaisir de vous initier à la Martinique, sans « doudouisme », c'est-à-dire avec son franc-parler. Ce gîte, contigu à la maison du propriétaire, bien situé et d'accès facile, est assez simple (une jolie chambre et un séjour avec un divan-lit pour une personne, TV et lave-linge, sans oublier le micro-ondes) et conviendra à ceux qui souhaitent loger au centre de l'île sans connaître la chaleur de Fort-de-France. Ici, on est à la campagne et on respire le bon air des hauteurs. Quartier desservi par bus urbain. Réduction de 10 % sur le prix de la chambre de juin à septembre.

Chambres et tables d'hôte

Yathoantsa (table et chambre d'hôte) : à 8,5 km sur la route de Balata à Fort-de-France. ☎ 05-96-64-68-35. Fax : 05-96-64-66-81. ● yathoantsa@wanadoo.fr ● Chambres doubles de 55 à 59 €, petit dej' compris. Table d'hôte le soir à 18 € (sans les boissons). Contrairement à ce que le nom laisse supposer, l'endroit n'a aucun rapport avec les îles du Soleil Levant. Il s'agit tout simplement de la première syllabe des prénoms des enfants de la maison. Trois belles chambres aux tons pastel dans cette grande maison moderne bien conçue et bien située, et une grande table de marbre, en terrasse, où tout le monde s'assoit pour le repas composé autour de plats créoles revisités (ouassous coco, porc au miel). Digestif maison offert aux porteurs de ce guide.

Chambres d'hôte Engoulevent : 22, route de l'Union, Didier. ☎ 05-96-64-96-00. Fax : 05-96-64-97-84.

● engoulevent@wanadoo.fr ● Sur les hauteurs de Fort-de-France. Compter de 80 à 87 € pour une chambre double, petit déjeuner compris. Table d'hôte à 26 €. Évidemment, on comprend l'engouement pour l'*Engoulevent* sitôt arrivé dans ce petit paradis tropical à quelque 10 mn (une demi-heure lors des bouchons) du centre-ville. Ici, c'est un peu du passé colonial qui perdure pour les privilégiés accueillis dans ces trois chambres climatisées, meublées avec un certain art, possédant une grande salle de bains et des salons-terrasses, pour deux d'entre elles, assez classes. Pour qui veut jouer le jeu d'une certaine douceur de vivre (il y a la piscine, le jacuzzi, la table d'hôte sur demande, etc.) et peut y mettre le prix. Accueil à la descente d'avion. Location de voiture climatisée sur place. Parking intérieur. Bref, le grand confort ! Ti-punch offert à l'arrivée aux porteurs de ce guide.

Où boire un jus de fruit frais pendant la journée ?

Aux Trois Pointes (plan couleur Centre-ville, B2, 41) : 69, rue Victor-Hugo. ☎ 05-96-70-01-66. Pour siroter du jus de canne très frais, avec des glaçons ou du lait de coco (hmm...). Très artisanal : on voit tout le processus depuis l'arrivée des cannes jusqu'au sirop ! Sympa.

Tropical Juice (plan couleur Centre-ville, A1, 42) : 128, rue Lamartine. Ouvert de 8 h 30 à 15 h 30. Fermé le dimanche. De 1,60 à 3 €. Jean a quitté le marché couvert où il était plutôt mal placé pour ouvrir boutique ici, et les jus sont toujours aussi excellents. Ananas, corossol, papaye, man-

gue... rien ne vaut un jus pressé à la demande. Un jus généreusement servi pour les porteurs de ce guide, qui pourront même avoir une petite dégustation ; tout dépend de l'heure et de l'humeur du patron.

I Bon Minme (plan couleur Centre-ville, B1, 44) : 61, rue Moreau-de-Jonnes (à côté du marché artisanal haïtien). Ouvert du lundi au samedi de 6 h 30 à 16 h. Comme son nom l'indique, « c'est vraiment bon », et surtout folklo. Mabi, canne, prune... ici, on se contente de choisir sa timbale : de 1 à 2 € selon la taille.

Vie nocturne

Quasiment inexistante en semaine, mais vous pouvez, si le cœur vous en dit, aller faire un tour le vendredi ou le samedi soir le long du *boulevard Allègre*. Mais là encore, le quartier devient de moins en moins sûr. Les nombreux vols font fuir même bon nombre de Martiniquais, qui préfèrent passer la soirée à La Pointe-du-Bout. Par contre, si vous avez des amis ou si vous voulez vous en faire, il y a quand même des bars, des restos, des boîtes pour vous accueillir, à la tombée de la nuit, à Fort-de-France.

Et comme elle tombe tôt, voici quelques adresses pour prendre l'apéro, avant d'aller dîner ou d'aller en boîte. Vous n'aurez pas à aller bien loin, entre deux, car ici tout se mélange : on boit, on danse, on mange au même endroit, pourvu qu'on s'y sente bien. Évitez simplement de passer, après 17 h, par la place de la Savane, devenue le repaire des dealers et des drogués. En règle générale, évitez la provoc, et tout se passera bien (enfin, on vous le souhaite !).

Bar Le Terminal *(plan couleur Centre-ville, A2, 40)* **:** 104, rue Ernest-Deproge. ☎ 05-96-63-03-48. Situé au 1er étage. Ouvert du lundi au samedi jusqu'à 23 h. Intérieur assez cossu, coin-salon avec fauteuils en rotin et affiches sur le thème des grands paquebots, balcon face au terminal des taxis collectifs. Comme ce bar propose 60 variétés de bières et une collection impressionnante de bouteilles de rhum (260 au total), la descente peut s'avérer hasardeuse ! Fait aussi resto, pour qui aurait besoin de reprendre des forces.

Cyber Café *(plan couleur Centre-ville, B2, 43)* **:** 4, rue Blénac. ☎ 05-96-50-52-97. Ouvert du lundi au vendredi de 10 h à 1 h et le samedi de 18 h à 2 h. Fermé le dimanche. 7 bécanes y attendent les inconditionnels du cyberespace. Ambiance et musique branchées (c'est bête à dire, mais ça reste le qualificatif le plus approprié...).

Tribal Café : 12, rue François-Arago. ☎ 05-96-63-05-78. Dans le centre. Ouvert de 19 h 30 à 2 h. Fermé le dimanche. Toutes les musiques du monde et même de l'autre. Ambiance assez délirante le week-end. Soirées karaoké le mercredi, pour ceux qui aiment. Apéritif tribal offert aux porteurs de ce guide, s'ils le désirent.

Le Pub *(plan couleur Centre-ville, A2)* **:** 11, rue du Commerce. ☎ 05-96-63-43-15. Ouvert du lundi au vendredi de 11 h à 15 h 30 et du mardi au samedi de 19 h 30 à minuit et demi. Fermé le dimanche et fin août – début septembre. Petit menu à 8,50 € le midi ; sinon, compter à partir de 10 €. Apéritif offert aux porteurs du *Guide du routard*.

Le Cheyenne *(plan couleur Centre-ville, A2)* **:** 6-8, rue Joseph-Compère. ☎ 05-96-70-31-19. Ouvert tous les soirs de 20 h à l'aube (le resto sert jusqu'à minuit en semaine, 2 h le week-end). Situé dans les anciens docks de Fort-de-France, ce complexe qui fait bar, restaurant et boîte de nuit reste le rendez-vous branché de la jeunesse foyalaise. Dans un cadre tex-mex très soigné, ambiance *groove*, *hip hop* et *jungle* sur fond de cascade et palmiers. Sourires ravageurs de la trentaine à qui tout réussit pour lui, tenue minimaliste et bronzage ad hoc pour elle. Grimpez au premier étage si vous recherchez une ambiance plus tranquille. Terrasse pour siroter un cocktail en attendant d'aller reprendre des forces, autour d'un steak de bison, au resto.

Et si vous voulez sortir de Fort-de-France...

Karaoké Café : immeuble Les Coraux, pont de Californie, Le Lamentin. ☎ 05-96-50-07-71. Ouvert à partir de 17 h 30. Fermé le lundi. Ici, ça aurait plutôt tendance à chauffer. Restauration tex-mex pour accompagner la Corona. Bar à déconseiller à ceux qui n'aiment pas l'alcool. Remarquez, c'est toujours bon qu'il y en ait un(e) qui garde les idées claires pour reprendre la 4-voies ensuite, ceci dit au cas où vous n'auriez pas bien noté l'adresse. Eh oui, on est loin du centre...

À voir

★ **La bibliothèque Schœlcher** *(plan couleur Centre-ville, C2, 50)* **:** rue de la Liberté. ☎ 05-96-70-26-67. Ouvert le lundi de 13 h à 17 h 30, du mardi au jeudi de 8 h à 17 h 30, le vendredi de 8 h 30 à 17 h et le samedi de 8 h 30 à 12 h. Fermé le dimanche. Entrée gratuite.

Magnifique édifice à structure métallique, d'abord monté à Paris en 1887 pour être présenté à l'Expo universelle deux ans après, en même temps que la tour Eiffel, et transporté ensuite pièce par pièce à Fort-de-France. La façade extérieure, admirablement rénovée, en fait le plus beau monument de la ville. Un endroit lumineux (un système de verrière permet un éclairage permanent) dans tous les sens du terme, où il fait bon se poser quelques instants. Certains lisent des BD de *Lucky Luke*, d'autres voyagent dans leur tête et dans le temps.

★ *La cathédrale Saint-Louis* (plan couleur Centre-ville, B2, *51*) : rue Victor-Schœlcher. Ouvert (en principe) du lundi au vendredi de 6 h 15 à 11 h 30 et de 14 h 30 à 17 h 30, et le samedi de 6 h 30 à 11 h. Messes le dimanche de 7 h 30 à 9 h et de 10 h 30 à 12 h.

Assez bel édifice de style roman byzantin. Érigé en 1671, il fut détruit plusieurs fois par différents séismes et incendies avant d'être entièrement reconstruit en 1890. L'intérieur, avec sa structure métallique légère, se révèle très agréable. Vitraux sur la vie de Saint-Louis. On ne peut malheureusement plus accéder à l'étage, pour des raisons de sécurité.

★ *Le fort Saint-Louis* (plan couleur Centre-ville, C3, *52*) : ☎ 05-96-60-54-59. Visites parfois interrompues sans explications autres que la réactivation du plan vigipirate. Sinon, visites guidées uniquement, du lundi au samedi de 9 h 30 à 15 h 30. Entrée : 4 € ; réductions enfants. Prévoir une pièce d'identité.

Édifice de conception Vauban élevé au XVIIe siècle à l'emplacement d'un ancien fortin en bois, afin de protéger l'île des attaques hollandaises et britanniques (en vain... il succomba en 1794 après 28 jours de siège). Ne pas manquer (dans le sens de la visite) le point de vue qu'offre le sommet du fortin, les anciennes latrines « tout à la mer... », ainsi que l'ancienne prison face à la baie du Carénage. Comme l'ensemble du fort, elle fut entièrement taillée dans du basalte acheminé de Saint-Pierre par la route de la Trace. Assez insolite, la présence d'iguanes vénézuéliens en liberté dans le parc. En effet, au début du XXe siècle le fort servit un temps de cadre au seul zoo de l'île. À l'occasion du déménagement, quelques nichées furent sans doute abandonnées à leur sort !

★ *Le musée départemental d'Archéologie précolombienne* (plan couleur Centre-ville, B2, *53*) : 9, rue de la Liberté. ☎ 05-96-71-57-05. Fax : 05-96-73-03-80. ● musarc@cg972.fr ● Ouvert du lundi au vendredi de 8 h à 17 h et le samedi de 9 h à 12 h. Fermé le dimanche. Entrée : 3 € ; réductions. Retrace sur deux étages et plusieurs salles la longue et passionnante histoire de l'installation des peuples arawaks et caraïbes. Excellente approche d'une vie antérieure insoupçonnée : eh oui, il y eut une autre Martinique avant la Martinique d'aujourd'hui. Large collection de céramiques, outils, vases, bijoux, gravures, cartes, dessins... Intéressant, d'autant plus que les peuples amérindiens sont les parents pauvres de l'histoire locale : victimes de la colonisation, bien avant les esclaves, ils ont laissé de nombreuses traces dans la culture martiniquaise, ce qu'on aurait tendance à oublier... Belle salle au rez-de-chaussée pour accueillir des expos temporaires, qui renouent souvent de façon assez hardie avec le graphisme des origines. Créations extrêmement contemporaines : peintres, graveurs, créateurs de bijoux retrouvent les formes épurées de leurs lointains ancêtres en jouant avec la matière : le bois, la laque, le bronze. On est loin de tous les gadgets touristiques entraperçus ici ou là. Une modernité axée sur les origines qui rassure, et un bel espoir pour demain.

★ *Le musée du Carnaval* (plan Centre-ville, A2, *55*) : à l'angle des rues des Gabarres et de la Pointe-Simon. ☎ 05-96-73-49-07. Ouvert du mardi au vendredi de 8 h 30 à 16 h et le samedi de 9 h à 12 h. Entrée : 3 €.

Pour ceux qui n'ont pas le bonheur de séjourner en Martinique au moment du carnaval. On y voit les costumes qui sont créés à cette occasion (diables rouges, costumes de reines, masques...). Évidemment, c'est encore mieux lorsqu'ils sont portés...

★ *Le musée régional d'Histoire et d'Ethnographie* (plan Centre-ville, C-D1, **56**) : 10, bd du Général-de-Gaulle. ☎ 05-96-72-81-87. Ouvert de 8 h à 17 h. Fermé le mardi matin, le samedi après-midi et le dimanche toute la journée. Entrée : 3 € ; réductions. Boutique à l'entrée.

Dans cette élégante demeure créole, construite en 1887, se cache un véritable musée de la mémoire et du patrimoine. La salle du rez-de-chaussée accueille les expositions temporaires, autant de témoignages d'un passé plus ou moins glorieux. Photographies, gravures, écrits sur un thème variable : les costumes, les femmes, les communautés, les colonies, l'esclavage... À l'étage, on a reconstitué un intérieur bourgeois de la fin du XIXe siècle, avec ses meubles en acajou et ses hôtes de cire en costumes d'époque. Le musée abrite également une bibliothèque comportant plus de 600 ouvrages anciens, dont la lecture est réservée aux chercheurs. Un musée passionnant, bien vivant, qui cherche à vous rappeler que « ... les musées ont une autre mission, curative celle-là et bien loin d'évoquer la poussière et la ruine qu'on leur associe : combattre la méfiance et l'ignorance relatives aux idées humanistes. Car tout ce qu'un musée abrite a un jour été partie intégrante de la vie quotidienne... ».

★ *La place de la Savane* (plan Centre-ville, C2-3) : une place superbe où l'on a planté, au fil des dernières décennies, des arbres majestueux et des fleurs représentant la plupart des espèces de l'île. Palmiers royaux, véritables phares pour les voyageurs perdus, flamboyants jaunes et violets, grand fromager abritant une colonie de tourterelles... Allez rêver devant le bakoua, dont les fibres servaient à tresser les chapeaux traditionnels, à ne pas confondre avec le « chapeau-l'évêque », très bel arbre aux fleurs semblables à un bonnet de cardinal. Malheureusement, le soir, la Savane se transforme en jungle. À moins d'avoir les qualités de Tarzan, évitez d'y traîner à la nuit tombante. On y trouve par ailleurs une statue de Joséphine décapitée par les indépendantistes. Un lieu de rendez-vous idéal pour les amateurs de films d'horreur, la simulation de sang étant assez réussie !

★ *Le parc floral et culturel* (hors plan Centre-ville par A1) : derrière la place José-Marti. ☎ 05-96-71-33-96. Grand jardin assez mal entretenu (on peut le dire). Faites un petit tour à l'*Exotarium* (un aquarium contenant des poissons exotiques). Visite du lundi au jeudi de 9 h à 15 h et le vendredi de 9 h à 12 h. La bonne surprise vient de la *galerie de géologie* (☎ 05-96-70-68-41). Visite du lundi au vendredi de 9 h à 12 h 30 et de 14 h 30 à 17 h 30. Entrée : 1 €. Si l'extérieur ne paie pas de mine, la visite ne manquera pas de passionner les amateurs de volcans. Ne pas hésiter à demander des explications aux bénévoles en charge du musée. Voir également la *galerie de botanique*, axée, en complément de la galerie de géologie, sur la végétation du nord de l'île.

★ Les amateurs de *vieilles maisons* authentiques iront se promener dans les rues Jules-Monnerot, Gabriel-Péri, Henri-Barbusse et aux alentours ; (*hors plan Centre-ville par B1*, à l'opposé de l'hôtel de ville). Quelques maisons de bois bringuebalantes, rescapées des différents tremblements de terre, valent le coup d'œil. Remarquer celles du n° 33 au n° 45 rue Gallieni, adorables. Levez la tête : il suffit parfois de quelques détails (balcons en ferronnerie, frise en bois, couleurs passées) pour que le charme agisse. S'il est ouvert, demandez à voir le vieux théâtre, caché dans l'ancien hôtel de ville. Une autre vie, un autre temps, qui s'éloigne.

Les marchés de Fort-de-France

★ **Le Grand marché** (ou *marché couvert ; plan Centre-ville, A1-2*) : à l'angle des rues Blénac et Isambert. Attention : fermé le dimanche !

Il est loin le temps des *djobeurs* (portefaix qui chargeaient et déchargeaient les gabarres sur le front de mer et faisaient la navette, chargés comme des baudets, entre le port et le quartier commerçant), tendrement décrits par Patrick Chamoiseau dans *Chronique des Sept Misères* (éd. Folio). L'ancienne structure métallique a fait place à une armature plus moderne et l'animation qui régnait ici a perdu de ses couleurs. Le tout manque un peu de tonus et frôle souvent l'attrape-touriste. Au cas où vous ignoreriez encore l'usage de l'incontournable « bois bandé », idéal, soi-disant, pour les retours de flamme, ou de flemme, certaines doudous n'hésitent pas à être plus précises : « ça fait relever le zizi » (écrit en toutes lettres !).

Il reste à côté des maigres stands d'artisanat quelques bonnes *mammas* pour vendre légumes et épices qui pimenteront vos dîners au retour (muscade, cannelle, gingembre, cacao, christophine, fruit à pain, tamarin, igname, patate douce, etc.). Certaines, jouant les stars, poseront d'ailleurs fièrement pour l'objectif attendri de votre appareil photo, mais à l'unique condition que vous leur achetiez quelque chose. Également des noix de coco fraîches, dont vous dégusterez d'abord le lait, puis, à l'aide d'une cuillère taillée dans l'écorce, la chair crémeuse et parfumée. Le petit Jésus en culotte de velours ! Possibilité de déguster des plats locaux dans les *snacks* situés en bout de halle, ou de se rafraîchir : excellents jus chez *Carole*, alias *Vitafruit (plan couleur Centre-ville, A1, 37)*. Voir : « Où manger ? ».

★ **Le marché aux fruits et légumes** (*plan couleur Centre-ville, C1*) : pl. Lafcadio-Hearn, à l'angle du boulevard du Général-de-Gaulle et de la rue du Pavé. Plus coloré que le Grand marché, avec des petites adresses sympas pour se restaurer aux alentours.

★ **Le marché au poisson** (*plan couleur Centre-ville, A1*) : au bord de la rivière Madame (ou Levassor). Grande halle à l'armature métallique. Très beaux poissons multicolores présentés dans de grands paniers d'osier. Arriver tôt le matin (vers 7 h 30) ou en fin d'après-midi, un peu avant la nuit. On y trouve surtout daurades, thons, bonites et thazars.

Sur les rives bétonnées de la rivière Madame, quelques pêcheurs à bord de vieux gommiers vendent le produit de leur pêche à des prix imbattables.

★ **Le marché de gros du parc floral :** cet autre marché en plein air, où l'on trouve également légumes et produits maraîchers, se trouve de l'autre côté de la rivière Madame (on y accède par une passerelle, le pont Viard, à hauteur du parc floral). Le lieu est agréable et les vendeurs n'ont pas de mal à paraître authentiques.

Achats

Si les échoppes « à touristes » concentrées sur la place de la Savane sont d'un abord sympathique, quoique sans grand intérêt, de même que les magasins *Tilo* qui font un sacré battage publicitaire pour vendre tee-shirts, madras et paréos, le vieux quartier, tout proche, a bien du charme avec ses rues étroites perpétuellement encombrées (notamment les rues Victor-Hugo, Blénac et Victor-Schœlcher). Naturellement, on retrouve des enseignes françaises connues, mais, en musardant un peu, on fait d'amusantes découvertes. À partir du samedi midi, plus un chat dans les rues, toutes les boutiques sont fermées.

Pour les amateurs d'atmosphère antillaise, quelques visites à ne pas manquer :

◉ *Léontine Bucher* (plan couleur Centre-ville, B2, 62) : 4, rue Antoine-Siger et 5, rue Lamartine. ☎ 05-96-70-18-36. Ouvert du lundi au samedi. Une boutique où il fait bon prendre l'air du temps (l'ancien, évidemment) : tissus, chapeaux de doudous, colliers à grains (en métal doré), dentelles, passementerie et cartes postales à l'ancienne. La fille de Léontine, Éliane, a repris le flambeau en 1987.

◉ *Bazar général* (plan couleur Centre-ville, B1-2, 64) : 92, rue Antoine-Siger. Pour un autre bain d'atmosphère tropicale d'autrefois. Les employés remettent à une clientèle d'habitués litres d'eau de Cologne sans marque, statuettes de saints en terre cuite peinte, bougies d'église, fermetures Éclair d'un mètre, neuvaines à la Vierge Marie, poupées noires nues, le tout dans un décor digne du plus sinistre comptoir des « isles » au début du XXᵉ siècle.

◉ *La Boutique du Deuil* (plan couleur Centre-ville, A1, 60) : 147, rue Blénac. Ici, deux charmantes petites dames fournissent aux endeuillés de quoi se vêtir pour toutes les cérémonies. Imbattables sur les délais et les usages, elles commentent suavement les finesses du demi-deuil, prodiguant à chacun les conseils, si ce n'est en fonction du chagrin éprouvé, du moins à la mesure de celui que l'on veut afficher.

◉ *Mary-Rose Boutique* (plan couleur Centre-ville, A2, 61) : 37, rue François-Arago. À deux pas de la précédente, la minuscule devanture de Mary-Rose expose d'étonnantes coiffures de mariées et des accessoires difficilement dénichables en métropole (gants de dentelle blanche et de filoselle, couronnes de communiantes, bouquets de mariage, chapeaux). Surprenant raccourci de la vie en quelques mètres de bitume !

◉ *Doux Caprices* (plan couleur Centre-ville, C1, 65) : immeuble Foyal 2000, rue du Gouverneur-Ponton. ☎ 05-96-60-98-14. Ouvert du lundi au vendredi de 9 h à 13 h et de 15 h à 17 h 15, et le samedi de 8 h 30 à 12 h 30. En face du marché aux fruits et légumes, une adresse qui perpétue la fabrication des confiseries d'antan. Pâtes de fruits (goyave, abricot), traditionnel nougat pistache (en fait, des cacahuètes), *pilibos* (des bonbons d'autrefois), *lotchios* (boules de coco), *doucelettes* à base de lait de coco... Quant aux patates douces et aux prunes de Cythère confites, c'est un vrai régal !

➤ *DANS LES ENVIRONS DE FORT-DE-FRANCE*

La route de la Trace

Avant de vous ruer sur les plages du Sud, voici une balade d'une journée, au départ de la capitale, pour vous permettre de changer de décor et d'idées, après la visite de Fort-de-France. Ce parcours, qui permet également d'éviter les voies à grande circulation pour rejoindre le nord de l'île, emprunte la route de la Trace, une des plus sauvages de l'île. Ouverte par les jésuites au début du XVIIIᵉ siècle, c'est en fait l'ancienne voie de communication entre Fort-de-France et Le Morne-Rouge (voir plus loin le chapitre : « Autour de la montagne Pelée »).

★ *L'église de Balata :* à 7 km au nord de Fort-de-France. Prendre en fait la N3 en direction du Morne-Rouge. On peut y aller en taxi collectif ou en bus (ligne nº 25, départ rue André-Aliker, à proximité du cimetière de la Levée, au nord de Fort-de-France) ; fonctionne du lundi au samedi de 8 h 45 à 16 h 30 (fréquence : 30 à 40 mn). L'architecte s'est amusé à reproduire en 1928 une réplique (miniature !) du Sacré-Cœur de Montmartre, à la gloire des Antillais morts pour la France lors de la Première Guerre mondiale. Intérieur sans grand intérêt.

★ *Habitation La Liot (halte panoramique) :* à 9,5 km, sur la route de Balata. Ouvert tous les jours, de 8 h 30 à 14 h 30. Entrée : environ 4 €.

Un charmant petit jardin tropical, qu'on croirait peuplé de milliers de colibris, rempli d'odeurs à reconnaître au passage : vanillier, alpinia, cannelier, gingembre, etc. Une halte bien agréable, un kilomètre avant le *Jardin de Balata*. La dame qui vous reçoit est charmante et le panorama extraordinaire : on a les monts Carbets dans le dos et on voit tout le sud de la Martinique, de l'Atlantique aux Caraïbes.

★ *Le jardin de Balata :* à 10 km au nord de Fort-de-France, en prenant la N3 ; à 3 km environ après l'église de Balata, sur la gauche. ☎ 05-96-64-48-73. Possibilité de s'y rendre en bus comme précédemment ; demandez au chauffeur de vous y arrêter. Ouvert tous les jours de 9 h à 18 h (ne pas arriver après 17 h). Fermeture annuelle en septembre. Entrée : 6,50 € ; réductions. Le billet permet aussi de visiter l'Habitation Anse Latouche, près de Saint-Pierre (voir plus loin le chapitre « Anse Latouche »).

Un des temps forts de la visite de l'île. Plus de vingt années de collection ont été nécessaires à Jean-Philippe Thoze, horticulteur-paysagiste, célèbre dans toutes les Caraïbes, avant d'ouvrir au public, en 1986, ce jardin magnifique, tout autour de la maison de sa grand-mère. On y trouve des plantes du monde entier, récoltées au cours de ses nombreux voyages, dans des conditions parfois périlleuses, et aux noms aussi évocateurs que le « chapeau chinois », la « trompette d'ange », la « goutte de sang de la couronne d'épine du Christ »... Un feuillet distribué à l'entrée vous permet d'identifier les principales essences parmi les quelque 200 espèces de plantes et fleurs. Le pavillon d'accueil vous met dans l'ambiance : cette ancienne maison coloniale, conjuguant la blancheur de la structure et l'ébène de ses meubles dépouillés, ouvre en un premier panoramique sur la perspective d'une allée encadrée de palmiers du Pacifique aux troncs en fûts verts ventrus et d'autres grands palmiers, hiératiques.

Un cheminement plus sinueux vous entraîne dans les méandres de ce jardin, commencé en fait par J.-Ph. Thoze au tout début des années 1980 et agencé avec un souci d'esthétique et une remarquable variété botanique. Vous verrez là des cycas, palmiers rabougris sortis tout droit, si l'on peut dire, de la préhistoire, mais aussi des ficus étrangleurs et des fleurs, bien sûr, des *alpinia purpurata*, des balisiers ou héliconia, et ces anthuriums que ce jardinier-paysagiste passionné fut l'un des premiers à exporter il y a 35 ans.

Le sentier de découverte vous fait traverser des collections de broméliacées, étranges plantes épiphytes aux feuilles panachées rouges et vertes émergeant de troncs de fougères coupés ; plus loin, une mare envahie de nénuphars sert de prélude à une descente dans une étonnante palmeraie. Bois-canon, forêt de bambous, majestueux mahoganys composent au fil de la balade des atmosphères changeantes. On passe facilement ici de la forêt vierge à des clairières chatoyantes de couvre-sols, à travers des allées sinuant sous les bananiers et les fougères géantes.

Une des plus belles découvertes : la voûte que composent les branches des pandanus, tenant droit par des racines-échasses extérieures qui étaient ces arbres sans pivot comme autant d'arcs-boutants. À une autre échelle, de petits bégonias composent un parterre pourpre sous des palmiers de Guyane. Plus loin, le paysage s'ouvre sur les pitons du Carbet. Ailleurs, ce sont les environs de Fort-de-France qui se dessinent au-dessus d'un ravin. Le jardin se démultiplie au gré de ses sentiers : comptez 2 h pour un parcours complet, même si vous pouvez raccourcir votre périple selon votre humeur et votre envie de découverte. Un bon conseil : venez dès l'ouverture pour mieux profiter des lieux !

Un vrai petit paradis, vous l'avez compris, pour amoureux de la nature de tout âge, et une très bonne initiation au monde tropical avant de parcourir la route de la Trace jusqu'aux portes de Saint-Pierre, où vous attend le nouveau jardin d'Eden réalisé par cet homme aux doigts de fée, qui a réussi à déplacer, sinon des montagnes, du moins des tonnes de terre, pour transformer l'ancienne Habitation Anse Latouche en un lieu assez magique (voir le chapitre « Anse Latouche »).

FORT-DE-FRANCE

Si vous voulez rapporter des fleurs tropicales, passez votre commande au jardin et prenez-en réception juste avant votre départ à la *boutique du Jardin de Balata* à l'aéroport.

|●| ♟ ***Source Agathe :*** à 400 m du jardin, parking juste en face. Vous pouvez bien sûr y aller à pied, en sortant. Compter 10 € pour une pause casse-croûte. Petite adresse pratique pour boire un verre de jus de fruit frais ou une bière, en attendant les accras et le plat du jour. En regardant (et en sentant) les morceaux de poulet qui grillent sur le barbecue, vous devinez ce qui vous attend. Sympa, pour manger au vert, sur la terrasse.

★ À une dizaine de kilomètres au nord de Balata, petit ***pont de l'Alma*** où coule la *rivière Blanche*. Tables de pique-nique et petit sentier qui remonte le long de la rivière. Possibilité de remonter jusqu'aux cascades de l'Alma, et là, il faut se mouiller. Assez difficile.

★ La route, malgré les travaux d'agrandissement des bas-côtés qui ont coupé dans le rêve tropical à grandes saignées, poursuit son parcours sinueux dans une ***forêt tropicale*** qui reste encore de toute beauté. La multiplicité des essences, l'enchevêtrement incroyable de feuillages aux formes inconnues et au gigantisme étouffant vous impressionneront d'autant plus si vous venez juste d'arriver. Remettez à plus tard la suite de la découverte du nord de l'île, venez, on vous emmène d'abord sur les plages du Sud, ne serait-ce que pour mieux vous faire apprécier, plus tard, les charmes de la campagne, de la forêt et même des côtes atlantique et nord-caraïbe.

DE FORT-DE-FRANCE À SAINTE-ANNE PAR LA CÔTE

Dans cette portion de l'île se concentrent les trois quarts du parc hôtelier ainsi que la plupart des belles plages. Les paysages de l'intérieur sont avant tout composés de champs de canne à sucre battus par les vents. Peu d'images fortes, mais une terre qui ne manque pas de contrastes, alternant des villages à l'atmosphère préservée, des ports restés dans leur jus et des stations touristiques où l'avancée du béton risque de faire fuir un jour les plus tolérants des routards. Une côte qui n'a déjà plus la cote auprès de ceux qui déplorent la baisse en qualité de nombreuses prestations (de l'hôtellerie à la restauration en passant par certaines animations touristico-culturelles), mais qui reste pourtant le coin le plus fréquenté grâce à de vastes plages vraiment merveilleuses.

LE LAMENTIN (97232)

La ville doit son nom au lamantin, ce grand mammifère marin, cousin du phoque, qui jadis peuplait la baie de Fort-de-France (entre-temps, les colons sont passés par là...). Seconde agglomération de l'île, la ville en est aussi le poumon économique. Pas grand-chose à voir, malheureusement, quartiers résidentiels et centres commerciaux se succédant de toute part. L'aéroport étant situé sur la commune, on peut affirmer que tout le monde passe d'une certaine manière au Lamentin, et pourtant personne n'y va pour la ville elle-même, appelée un jour prochain à ne faire plus qu'un avec Fort-de-France. Une curiosité tout de même : la municipalité est jumelée avec Santiago de Cuba ! Et une bonne nouvelle pour les gastronomes : Jean-Charles Bredas, un des plus grands chefs de la Martinique, qui fait les beaux jours de l'*Habitation Lagrange*, dans le nord de l'île, devrait avoir ouvert, à l'heure où vous lirez ces lignes, un restaurant haut de gamme sur la route du Vert-Pré. Comme il faut être prudent avec les délais dans les îles, on ne vous en dit pas plus pour l'instant, mais ouvrez l'œil. Si vous voyez, au détour d'une petite route, un panneau annonçant l'*Habitation Bois-Carré*, allez-y de confiance. Et ne vous inquiétez pas trop des lotissements environnants. Cette propriété, qui fut certainement très agréable à vivre, a été morcelée, comme souvent, par un de ses derniers acquéreurs, pour qui la sauvegarde du patrimoine n'était pas la priorité !

Où dormir ? Où manger ?

Chez Micheline Alamou-Guillaume (gîte et table d'hôte n° 357) : sur la route du François. ☎ 05-96-51-93-10. Accès : au rond-point, au niveau de la brasserie Lorraine, prendre la direction du François ; grande maison jaune sur la gauche, 1 km plus loin après une série de virages. Compter 55 € la nuit en chambre double. Menus à 24,50 €, boissons comprises, et à 40 € avec langouste à volonté. Micheline, un amour, toujours souriante et accueillante, est une des rares femmes capitaine et pêcheur de l'île. Et sa spécialité, c'est la pêche à la langouste ! À table, elle vous régale donc de crustacés ultra-frais. Mais elle se propose aussi de vous emmener en mer pour une partie de pêche (départ à l'aube !). Micheline loue également un appartement à la semaine (compter entre 300 et 350 €), idéal pour un couple avec des enfants.

Cycase (gîte n° 108) : chez Marcelle Delaunay-Belleville. Réservations aux gîtes de France : ☎ 05-96-73-74-74. À 5 km de l'aéroport et à 2,5 km du bourg. Compter entre 280 et 310 € selon la saison. Combien de « bons baisers de Cycase » intrigants n'avons-nous pas reçus, au dos de cartes postales écrites par des lecteurs chaque fois différents mais toujours enthousiastes ? Voilà un bon gîte, bien aménagé, en rez-de-jardin, pour 4 personnes de bonne compagnie, cherchant le calme et la tranquillité d'esprit. Hôtes très accueillants, pleins d'attention. Terrasse avec coin-cuisine et séjour, jardin tropical pour se ressourcer.

Le Manoir des Îles : Grand Champ. ☎ 05-96-51-29-44 ou 06-96-25-25-35. Fax : 05-96-50-40-80. ● www.le-manoir-des-iles.fr.st ● mu.jean@outremeronline.com ● Chambres d'hôte de 64 à 80 €. Petit appartement à 300 € la semaine, grand appartement à 400 €. Perdu dans les hauteurs, isolé mais bien gardé, soyez rassuré, car la pétulante propriétaire, qui se fera un plaisir de vous guider par téléphone (elle adore ça !) est également à la tête d'une société de gardiennage. Du haut standing étonnant, à la déco quelque peu délir, surtout en ce qui concerne certaines chambres. Quant aux appartements, ils sont d'une louable propreté et très bien équipés. Un endroit idéal pour un long séjour au calme, avec la piscine. Ti-punch ou planteur offert à l'arrivée.

DUCOS   (97224)

À mi-distance entre Le Lamentin et Rivière-Salée. Bordé à l'ouest par la réserve ornithologique de la baie de Génipa, ce joli village s'articule autour de l'église Notre-Dame de la Nativité. À noter, un bourg de Ducos au nom croquignolet de « Cocotte »...

Où dormir ?

🛏 *Gîtes Taïkiki* (*n⁰ˢ 82 et 83*) : quartier Lourdes, à moins de 2 km du centre du village. ☎ 05-96-56-07-15. Deux gîtes au rez-de-chaussée de la villa familiale pouvant recevoir 2 et 4 personnes : respectivement à 202 et 263 € la semaine en basse saison, 280 et 325 € en haute saison. Table d'hôte à 13 €. Christiane Médy (appelez-la Kiki) est pleine d'attention pour ses visiteurs : pot d'accueil et petits cadeaux à l'arrivée, petit dej' d'antan le samedi (lait de coco, *ti-nain* de morue). Cette femme enthousiaste a tout compris de l'esprit gîte. Quant à son policier de mari, cela ne l'empêche pas de prendre la vie du bon côté. Un fou de foot (pour les amateurs, de bonnes soirées en perspective) et surtout un pince-sans-rire. Ce n'est pas pour rien qu'on le surnomme Docteur Médy. Son remède – la bonne humeur – vient à bout de (presque) tous les maux. Côté confort, rien à redire, c'est tout

aussi impeccable : appartements vivants et colorés (à l'image des priprios), adorables chambres à coucher en pin égayées de couvre-lit en madras, congélateur, micro-ondes, grille-pain, lave-linge, TV, etc.

🛏 *Gîte de Mme Victoire Liénafa* (*n⁰ 74*) : chemin Canal. ☎ 05-96-56-23-97. En venant de Fort-de-France, prendre après le sens giratoire la rue Toussaint-Louverture, puis la rue Bakoua ; le gîte est à 50 m. Location à 208 € la semaine en basse saison et 237 € en haute saison. Sinon, compter 38 € la nuit. Mme Liénafa, une charmante « grande personne », propose un gîte spacieux pour 2 personnes, mitoyen à sa maison. Intérieur (chambre-séjour) confortable, cuisine, salle d'eau. Belle terrasse avec vue. Barbecue. Joli parc arboré. Commerces à proximité immédiate. Apéritif offert aux lecteurs sur présentation du *GDR,* avec 10 % de réduction en juillet et août pour un séjour de 15 jours minimum.

À faire

– *Fun Kayak :* sur la 4-voies, en direction du sud, prendre au rond-point la direction « Canal Cocotte » et suivre la petite route qui descend vers la mangrove. ☎ 05-96-56-00-60. Pour découvrir la mangrove de Génipa en kayak à son propre rythme. 1 100 ha de forêt engloutie, un labyrinthe de mangles (pour parler un peu du fruit du palétuvier, et pas seulement de ses racines-échasses). Des balises le long des canaux permettent de s'orienter. Facile même pour les débutants. Bon accueil et surtout, ce qui est important, bon encadrement. Très convivial, en plus ; un arrêt boisson-gâteaux est prévu sur un îlet.

SAINT-ESPRIT   (97270)

De Ducos, prendre la N5 puis la D5 vers l'intérieur des terres. Tapie au fond d'une cuvette, au flanc de la fameuse rivière des Coulisses, la commune de Saint-Esprit jouit d'un climat doux et d'une végétation exubérante. Campagne à perte de vue, gorges profondes, arbres fruitiers, plantes vivrières, rivières et mornes...
Saint-Esprit, qui porte bien son nom, est le royaume de la quiétude et de l'authenticité. Si, au premier abord, le bourg vous paraît « éteint » et plutôt

quelconque, ne vous y fiez pas. Il recèle au contraire une magie qui opère au fur et à mesure que l'on déambule dans ses ruelles étroites. Loin de l'agitation de la côte, quel délice de flâner au « rythme antillais » pour s'imprégner de la vie des habitants au quotidien et découvrir plusieurs jolies maisons typiques en bois ! Peu de touristes ici et partout des Martiniquais adorables. Tous les matins, le *marché couvert* est le lieu de rencontre des agriculteurs de la région, qui proposent les meilleurs produits de leurs jardins créoles. Ambiance très locale.
– *Fête patronale :* fin mai.

Adresse utile

🛈 *Office du tourisme :* rue Cassien-Sainte-Claire, à côté du musée des Arts et Traditions populaires. ☎ 05-96-56-68-80. Ouvert du lundi au vendredi de 8 h à 17 h et le samedi de 8 h à 12 h. Fermé le dimanche. Accueil charmant, personnel disponible, et de bons conseils pour découvrir la région.

Où dormir ? Où manger ?

🛏 *Chez Roland Desmonières :* Bontemps-Lacour. ☎ 05-96-56-55-89. Fax : 05-96-56-53-70. À 2 km de Saint-Esprit en direction du Vauclin. Deux grands appartements type F2 (4 personnes), tout confort, à 275 et 336 € la semaine. Pour ceux qui apprécient le calme et la fraîcheur, grande maison située dans un parc, entourée de bananiers, manguiers, palmiers... Roland Desmonières vous y accueille avec sa bonne humeur naturelle et peut même aller vous chercher à l'aéroport. Possibilité de location de voiture.
🛏 ▮◐▮ *Colomba - Chez Delan :* 44, rue Schœlcher. ☎ 05-96-56-62-32. Après la mairie, sur le même trottoir.

Ouvert tous les jours de 11 h à 23 h. Chambres doubles à 33 €. Menu à 13,75 € le midi et 18,50 € le soir. Cartes de paiement acceptées. 5 chambres sans prétention au-dessus d'un bar où l'on mange créole à côté des joueurs qui « tapent » (au sens propre comme au figuré) le domino sur les tables. Ambiance locale, où l'on s'immerge le temps d'un colombo de filet de daurade servi à la bonne franquette. Décor plutôt morne, avec quelques photos anciennes pour habiller les murs. C'est assez authentique, on espère que ça le restera. Digestif offert sur présentation de ce guide.

À voir

★ *Le musée des Arts et Traditions populaires :* rue Cassien-Sainte-Claire. ☎ 05-96-56-76-51. Ouvert de 9 h à 12 h 30 et de 14 h à 17 h. Fermé le dimanche. Entrée : 4 € ; réductions.
Une association, *Trass Kreyol,* gère ce sympathique musée, qui aurait bien besoin d'une petite cure de rajeunissement. Dans l'ancien collège, trois belles salles d'exposition en pierre apparente regroupent quelques vestiges du mode de vie de la Martinique d'antan sous l'angle technologique, sociologique et culturel. Superbes photos de 1800, mobilier Louis XVI en poirier et acajou, reconstitution d'une case en bois *ti-baume* de la fin du XVIIe siècle et une multitude d'objets de la vie quotidienne, comme des jouets ingénieux ou encore un piège à crabes amusant. À voir absolument : le moulin à manioc, une technique toujours employée dans les « cases à farine ». Un petit musée instructif et hors du temps qui mérite bien le détour, d'autant plus que l'accueil y est sympathique !

– À côté du musée, un *atelier d'artisanat*, *Kalbanat d'art,* où l'on trouvera un grand choix d'instruments de musique.

★ *L'église de Saint-Esprit :* détruite par un cyclone en 1891 puis reconstruite en 1903, elle surplombe la rue Geydon du haut de ses 21 marches. Toujours fermée pour travaux, elle est célèbre pour ses quatre cloches restaurées en 1962, dont la « Sébastopol » ramenée de la guerre de Crimée. On remarquera aussi les jointures à motifs, le dallage et les pierres de taille de différentes couleurs. Les 7 statues surmontées d'une colombe perchée sur sa croix représentent les 7 dons du Saint-Esprit auxquels l'église a été dédiée (crainte de Dieu, piété, science, force, conseil, intelligence et sagesse).

SUD-OUEST

À faire

➤ Superbes *balades* dans la région : s'adresser à l'office du tourisme pour les itinéraires. Ne pas manquer de découvrir la *source Caraïbe* à morne Babet (source au pied de laquelle a été taillée à la main une vasque rectangulaire), le *morne Baldara* (vue splendide sur le sud de la Martinique) ou encore les nombreux *pitts* du coin pour qui voudrait découvrir un autre visage de la Martinique. Les combats de coqs, courts mais au cérémonial haut en couleur, se déroulent généralement le dimanche à 14 h 30. Entrée : autour de 8 €.

RIVIÈRE-SALÉE   (97215)

Contrairement à de nombreuses communes de la Martinique, celle-ci ne s'est pas développée autour d'une paroisse mais plutôt le long de la rivière Salée, bras de mer qui remonte à 6 km à l'intérieur des terres, et qui a donné son nom à la commune. Les hommes se sont d'abord installés autour du port fluvial puis à proximité des usines, notamment dans la rue Case-Nègres, si bien dépeinte par le film d'Euzhan Palcy, adapté du roman autobiographique de Joseph Zobel.

Où dormir ? Où manger ?

▪ *Hôtel Guinée Fleury :* ☎ 05-96-68-29-74. Fax : 05-96-68-24-21. Pas facile à trouver, mais l'effort en vaut la peine ; suivez le guide : du grand rond-point à l'entrée de Rivière-Salée, prendre la direction Desmarinières, poursuivre dans la même direction au second rond-point, puis tourner à gauche à l'indication « Là-Haut », continuer sur 2 km, c'est fléché. Compter 39 € pour une chambre double bien agréable. Table d'hôte le soir à 15,24 €. Une grande maison moderne, véritable havre de paix perdu en pleine campagne, avec une grande piscine. Location de voiture sur réservation. Réduction pour les séjours prolongés : 32 € la chambre à partir de 3 nuits. Boisson et café offerts en plus aux porteurs de ce guide.

▪ *Hostellerie Alamanda :* quartier Là-Haut. ☎ 05-96-68-14-72. Fax : 05-96-68-15-38. Accès par la N5 puis le CD35. Chambres doubles à 30,50 € la nuit, petit dej' compris, ou 183 € la semaine. Dans un endroit très calme, sur les hauteurs, entouré de verdure. Lucette, femme dynamique, pleine d'initiatives et au caractère bien trempé, propose 5 belles chambres en rez-de-jardin, très simples mais agréables à vivre. Réveil avec les colibris mais surtout avec les fruits du jardin, entiers ou en jus, offerts pour le petit déjeuner.

|●| *Chez Rico* : rue Schœlcher. ☎ 05-96-68-53-71. Ouvert de 12 h à 15 h et de 17 h à 23 h (minuit le week-end). Fermé en septembre. Plat du jour à 8,40 € ; compter 14,50 € pour un repas complet. Restauration créole sur place le midi du lundi au vendredi ; le soir, c'est pizza pour tout le monde, à emporter ou à consommer sur place. Le bandeau en éponge autour du front du patron n'est pas un nouveau signe distinctif, simplement une mesure d'hygiène. Accueil et cadre plutôt agréables, parts copieuses et prix corrects. Ti-rhum vieux offert en fin de repas aux porteurs de ce guide.

Où danser ?

♪ Une discothèque qui a plutôt bonne réputation : *Le Chalet,* quartier Laugier. ☎ 05-96-62-63-61. Clientèle martiniquaise, ambiance bon enfant.

Fêtes

– *Fête patronale :* fin juin.
– Le lundi du carnaval, la *Grande Parade du Sud* se déroule très souvent à Rivière-Salée : à ne pas manquer. C'est la seule commune capable d'accueillir autant de participants sans créer d'embouteillages monstres à la sortie (mais déjà, c'est pas triste !).

LES TROIS-ÎLETS (BOURG) (97229)

À 28 km de Fort-de-France et à environ 20 km de l'aéroport. Un des plus charmants villages de l'île, avec sa place de l'Église, son petit marché et son école communale. Jadis connue sous le nom de « Cul de Sac à Vaches », du fait de sa situation face à l'îlet à Vaches (devenu Gros-Îlet), la commune doit son nom actuel aux trois petites îles qui lui font face dans la baie. Rien de vraiment particulier en vérité, mais une atmosphère agréable, que la refonte totale du front de mer risque de perturber.
Le cimetière mérite un petit détour, avec ses sépultures et ses caveaux carrelés comme des salles de bains. L'église, quoique modeste, a accueilli Joséphine – la future impératrice – à l'occasion de son baptême. Comme elle est ouverte tous les jours, entre 9 h et 11 h 45, vous pouvez vous tremper (non, pas dans sa baignoire, c'est pour plus tard, voir plus loin le chapitre « Le François ») dans cette atmosphère de sérénité avant d'aller jusqu'à l'embarcadère où vous attend la navette pour Fort-de-France. Si vous préférez des nourritures plus terrestres, il y a une très bonne boulangerie-pâtisserie, tout à côté.
– *Fête patronale :* début février.

Adresses utiles

❚ *Otitour (office du tourisme ; plan B2)* : pl. de l'Église. ☎ 05-96-68-47-63. Ouvert du lundi au vendredi de 9 h à 17 h et les samedi et dimanche de 9 h à 12 h. Hôtesses disponibles et sympathiques. Bonne documentation.
✉ *Poste (plan B2)* : av. de l'Impératrice. Ouvert de 8 h à 12 h (11 h 30

le samedi) et de 14 h à 16 h (sauf le mercredi).

■ *Boulangerie-pâtisserie La Polka* (plan B1, 2) *:* rue Schœlcher. Ouvert tous les jours de 6 h à 19 h (13 h le dimanche). Large choix de sandwichs à 3 € et de bonnes pâtisseries locales : pâté salé, jalousie coco, amour caché. On peut les consommer sur place.

■ *Boucherie-charcuterie-traiteur Vigée* (plan B2, 4) *:* dans le bourg. ☎ 05-96-68-40-65. Ouvert le lundi de 16 h à 20 h et du mardi au dimanche de 8 h à 13 h et de 16 h (18 h le dimanche) à 20 h. Viandes locales, mais aussi quantité de petits plats autour de 10 €, bons et bien pratiques. Il faut simplement commander le matin pour le soir et la veille pour le midi. M. Vigée est célèbre dans l'île pour son boudin antillais. Livraison possible.

■ *Marché* (plan B2, 3) *:* pl. de l'Église, du lundi au samedi de 8 h à 13 h. Un des derniers petits marchés authentiques du Sud. Fruits et légumes à l'intérieur, expo-vente d'artisanat sur la place. Profitez-en pour acheter confiture et punch coco maison et quelques souvenirs réalisés en Martinique. Idéal pour ceux qui ne veulent pas rapporter des figurines en papier mâché d'Haïti ou du bois peint d'Amérique du Sud estampillé « Martinique » au stylo, comme on peut malheureusement en rencontrer (même dans les boutiques d'hôtels).

Où dormir ?

⌂ *Appartements Les Fruits à Pain* (plan B1-2, 10) *:* rue Neuve. ☎ 05-96-68-34-86. Fax : 05-96-68-41-60. Au cœur du bourg. Studios de 325 à 352 € la semaine en saison. Pour les amateurs de calme et de haltes authentiques. Max Renciot loue 4 petits studios bien équipés, simples mais propres, pour 2 à 3 personnes. Nichés au beau milieu d'un jardin planté de cocotiers, d'arbres à pain, de bougainvillées et de bananiers... On en viendrait presque à délaisser la plage ! À la demande, le propriétaire, qui habite la maison (200 m²) au-dessus des studios, la loue 385 € la semaine pour 2 personnes... et file se réfugier chez sa mère. Dommage que l'accueil, selon certains lecteurs, ne soit plus au top, comme avant !

⌂ *Résidence Le Ressac* (plan A1, 11) *:* 88, av. de l'Impératrice. ☎ et fax : 05-96-68-33-59. Studios à partir de 280 € la semaine. Maison créole composée de 4 studios confortables avec vue sur la mer et pouvant accueillir chacun jusqu'à 4 personnes. Bon rapport qualité-prix. Loué par *Les Comptoirs du Monde* (voir la rubrique « Les organismes de voyages » dans « Comment y aller ? » en début de guide).

Plus chic

⌂ *Résidence Poinsettia* (hors plan par B2, 12) *:* chez M. et Mme Albertini, lotissement n° 26. ☎ et fax : 05-96-68-40-90. Au rond-point des Trois-Îlets, prendre la direction Rivière Salée, puis « La Ferme » et à droite. Accueil possible à l'aéroport. Perchée sur les hauteurs dans un quartier calme et verdoyant, la résidence propose 4 appartements pour 4 à 5 personnes de 412 à 549 € la semaine et 3 studios pour 2 personnes de 336 à 397 €, selon la saison. Les logements, spacieux, parfaitement meublés et équipés, sont situés au premier étage d'une grande maison rose avec piscine. Du balcon, vue superbe sur la baie de Fort-de-France. Tout le nécessaire fourni pour préparer le petit déjeuner le premier jour. Apéritif maison offert à l'arrivée aux lecteurs du *Guide du routard*. Un bon point de départ pour visiter le sud de l'île.

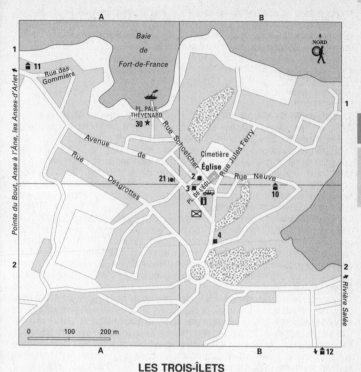

LES TROIS-ÎLETS

SUD-OUEST

■ **Adresses utiles**

🛈 Otitour (office du tourisme)
✉ Poste
⚓ Bateaux-navettes
🚐 Taxis collectifs
2 Boulangerie-pâtisserie La Polka
3 Marché
4 Boucherie-charcuterie-traiteur Vigée

🛏 **Où dormir ?**

10 Appartements Les Fruits à Pain
11 Résidence Le Ressac
12 Résidence Poinsettia

🍽 **Où manger ?**

21 Les Passagers du Vent

– **À faire**

30 Croisière-découverte de la mangrove

Où manger ?

🍽 *Les Passagers du Vent (plan A1, 21) :* av. de l'Impératrice. ☎ 05-96-68-42-11. Ouvert de 12 h à 14 h 30 et de 19 h à 22 h 30. Fermé le lundi midi et le dimanche, ainsi qu'en septembre. À la carte, compter entre 25 et 30 €. À l'entrée, un panneau nous rappelle que nous sommes à 7153 km de Saint-Malo. Dans une ancienne demeure en brique au charme rustique et convivial, un restaurant que les habitués adorent pour sa carte originale inspirée des saveurs créoles. Idéal de débuter, en apéritif, avec une *Route du rhum* (rhum, cidre doux et sucre de canne) pour se rapprocher un peu plus du Nouveau Monde. Assiette créole gourmande et langoustes du vivier. Pour les explorateurs, tartare et rillettes de poisson, bouillabaisse à la créole, thazar au lait de coco, en fonction des arrivages. Ne demandez pas l'impossible. En dessert, goûtez au carpaccio d'ananas. Service assez rapide. Expositions d'artistes locaux tous les mois.

Où plonger ?

Les spots

◄ *Le Jardin de Neptune** *(plan Les spots de plongée en Martinique Sud, 21) :* un repaire de tortues. En surface, une anse infléchit la courbe du rivage. Au fond, une petite plage de sable. Le récif corallien s'étend sous l'eau bordant le pourtour de cette enclave marine. Des *cayes* en débordent sous forme de doigts tendus vers le large. Certaines sont affleurantes sous la surface, d'autres partent de 2 à 15 m de profondeur. Deux canyons zèbrent le récif en forme de « V » : on passe à l'intérieur et souvent à la sortie, bonne surprise, on tombe nez-à-nez avec une tortue. Plongeurs débutants et randonneurs à la palme.

◄ *Trou Madame** *(plan Les spots de plongée en Martinique Sud, 22) :* une anse non loin des Trois-Îlets, à l'abri du vent. Le fond est zébré de *cayes* parallèles qui partent du rivage et viennent mourir à - 5 m. Des coraux tapissent ces avancées, et vous découvrez une multitude de petits poissons de récif, de papillons, de trompettes, de demoiselles et les éponges-cratères parsemant ce site. Pour les plongeurs débutants et les randonneurs à la palme.

◄ *La grotte à Chauves-souris** *(plan Les spots de plongée en Martinique Sud, 23) :* destination proposée à la journée ou une matinée snorkelling. La paroi d'une petite falaise bordant une anse se trouve lacérée par une faille. Celle-ci débute hors de l'eau et se prolonge ensuite dans l'élément liquide. Il est possible de s'infiltrer à l'intérieur en survolant des cailloux, puis de faire surface. Les chauves-souris tournoient au-dessus de votre tête, certaines sont accrochées en position de repli sur la paroi. Rando palmée et plongeur débutant.

➤ *DANS LES ENVIRONS DES TROIS-ÎLETS*

★ *La maison de la Canne :* pointe Vatable, sur la route de Rivière-Salée, à environ 2 km du village. ☎ 05-96-68-32-04. Ouvert de 8 h 30 à 17 h. Fermé le lundi. Entrée : 3 € ; réductions. Visite guidée. Sa gestion est assurée par le Conseil régional de la Martinique.

Ancienne fabrique très bien restaurée et transformée en musée au logo évocateur : « une terre, une plante, un peuple ». Vous êtes accueilli dans un cadre aussi paisible que verdoyant. Des panneaux explicatifs et pédagogiques retracent l'histoire de la canne à sucre, ainsi que la vie des esclaves à la Martinique. Textes bien choisis, qui permettent de mieux saisir l'importance historique de la canne dès son introduction en 1650. Instruments, machines, histoire d'une concession. Ne pas oublier de lire les panneaux consacrés au « Code noir », sur les droits et devoirs des esclaves et de leurs maîtres. Ainsi apprend-on que ces derniers pouvaient être poursuivis par le procureur s'ils ne nourrissaient pas les esclaves. En revanche, il était parfaitement légal de les enchaîner et de les battre.

D'autres panneaux s'attachent à l'explication de la fabrication du sucre depuis le système du « Père Labat » : cuves, machines à broyer, etc. Le 1er étage est consacré à la fabrication du rhum. Au rez-de-chaussée, dans une petite salle sur le côté, un film vidéo assez bien fait est projeté à la demande. Visite indispensable, même si la longueur de certains panneaux peut en décourager certains... À quand des maquettes animées ?

★ *Le musée de La Pagerie (domaine de la Petite Guinée) :* à 2 km des Trois-Îlets en direction d'Anse à l'Âne, prendre sur la gauche au carrefour de La Pointe-du-Bout (au niveau du golf). ☎ 05-96-68-33-06. Ouvert du mardi au vendredi de 9 h à 17 h 30 et les samedi et dimanche de 9 h à 13 h et de 14 h 30 à 17 h 30 ; les jours fériés, de 9 h 30 à 12 h 30. Entrée : 5 € ; réductions enfants et moins de 16 ans. Visite guidée obligatoire (et passionnante) toutes les 30 mn (dernière visite à 17 h).

C'est dans cet environnement préservé que naquit en 1763 Marie-Josèphe Rose Tascher de La Pagerie, plus connue sous le nom de Joséphine de Beauharnais. Elle épousa, à 16 ans, Alexandre de Beauharnais qui perdit la tête pour elle (il fut guillotiné sous la Terreur). Après cette époque de tourmente et de peur, le goût du rire et du plaisir éclatait partout en France. Jeune veuve de 31 ans, Joséphine avait, comme il se doit, plusieurs amants dans la haute société. Elle remarqua à peine ce jeune général Bonaparte, bien trop timide et réservé. Sur les conseils d'amis, elle l'épousa cependant, à la fois pour se ranger et pour subsister : sa famille n'était pas très riche et elle devait élever les deux enfants de son premier mariage. Napoléon, lui, éprouvait pour elle (on ne peut s'empêcher de vous raconter tout ça, c'est notre côté gazette) un amour fou, et c'est avec amertume qu'il divorça parce qu'elle ne pouvait plus avoir d'enfants. On résume, mais c'est un peu ça. Elle mourut à La Malmaison en 1814. De ce domaine de 500 ha ne subsistent aujourd'hui que les ruines d'une sucrerie, le moulin de la canne, très bien restauré, et les dépendances qui résistèrent au cyclone de 1766. La maison principale fut entièrement détruite. Dans l'ancienne cuisine, on a ouvert un petit musée exaltant la mémoire de la jeune Créole. Objets familiaux et documents, notamment une peinture rappelant « la prédiction de cette sorcière noire qui lui avait annoncé qu'elle serait plus que reine ». Pour les passionnés d'histoire et les inconditionnels de Napoléon.

★ *Le parc naturel des Floralies :* juste avant le musée. ☎ 05-96-68-34-50. Ouvert les lundi et mardi de 8 h 30 à 15 h 30, du mercredi au vendredi de 8 h 30 à 17 h 30 et les samedi et dimanche à partir de 9 h 30. Attention, les horaires d'ouverture sont parfois fantaisistes ! Entrée : 3 € ; réductions. Géré par le Parc naturel régional de la Martinique.

Ravissant théâtre de verdure, lac, aires de pique-nique et volières. Visite à la fois plaisante et instructive, avec une centaine d'espèces végétales répertoriées. Ce n'est pas Balata, mais ça vaut la balade quand même.

★ *Le village de la Poterie :* à la sortie du bourg, en direction de Rivière-Salée, sur la gauche (1 km après la maison de La Canne). Les ateliers qui forment le village sont ouverts du lundi au vendredi de 9 h à 17 h 30, le samedi de 9 h à 16 h et le dimanche de 9 h à 12 h. Entrée libre.

Sur l'ancien site d'une habitation de maître en pierre de taille du XVIIIe siècle se trouve une briqueterie restée toujours en activité depuis le début du XVIIIe siècle. Derrière, on peut voir d'anciennes rues « Case-Nègres », restées dans leur jus.

La visite vaut surtout si vous avez un cadeau à ramener à belle-maman, pour les quelques maisonnettes, craquantes et bien restaurées, en contrebas, devenues des magasins-ateliers en tout genre. Il est préférable de visiter en semaine. Différents artisans-potiers sont installés dans ce qu'on pourrait appeler la rue principale de ce village, faites votre choix. À côté des vases et autres céramiques, vous trouverez vannerie, madras, santons, etc. Faut bien vivre !

À faire

➤ *Croisière-découverte de la mangrove (plan A1, 30) :* cette belle sortie en mer parmi les palétuviers, à la découverte des crabes mantou, vous fera découvrir un visage encore méconnu de l'île, loin des bruits de la foule des stations voisines. Passionnés de sable doré et de mer azur, s'abstenir. Fonctionne toute l'année : bureau d'accueil ouvert du lundi au samedi de 8 h 30 à 12 h 30. En fonction de l'affluence, 1 à 2 sorties quotidiennes, uniquement sur réservation l'après-midi. Prix : 23 € par personne ; demi-tarif pour les enfants de 3 à 12 ans. Renseignements et réservations : *Le Mantou,* ☎ 05-96-68-39-19.

– *Équitation :* Ranch *Black Horse,* à proximité du musée de La Pagerie. ☎ 05-96-68-37-80. Balades à cheval à 23 € l'heure ; les mercredi et samedi, promenades de 2 h avec les enfants à 34 € ; compter 39 € la demi-journée et 70 € la journée, collation comprise. Importante clientèle locale.

– *Golf de l'Impératrice :* à 2 km du village en direction d'Anse à l'Âne, un peu avant le carrefour de La Pointe-du-Bout. ☎ 05-96-68-32-81. ● www.golfmartinique.com ● Ouvert tous les jours de 8 h à 18 h (17 h le week-end). Superbe 18 trous de 60 ha. Probablement l'un des plus beaux du monde, blotti entre les collines et la mer. Les plans d'eau et les bunkers ont été dessinés par le célèbre architecte des golfs, Robert Trent Jones. Pas si cher, à condition d'y aller à partir de 15 h pour un 9 trous (25 €, sans l'équipement). Formule découverte à 40 € les mardi et jeudi de 14 h à 16 h 30 : initiation et démonstration.

– *Pitt Poix Doux :* route de Beaufond. ☎ 06-96-24-67-19. Pour les passionnés ou les curieux, ou encore les clients de M. et Mme Vigée, charcutiers-traiteurs cités un peu plus haut. Quel rapport entre un combat de coq et du boudin antillais ? M. Vigée est le propriétaire de ce *pitt,* ouvert tous les dimanches de décembre à août. Orchestre, animation, repas le midi préparé par l'excellente cuisinière qu'est Mme Vigée. Le tout pour 16 €. Si vous voulez découvrir un autre aspect de la vie locale, c'est le moment.

QUITTER LES TROIS-ÎLETS (BOURG)

➢ *Pour La Pointe-du-Bout et l'Anse Mitan :* taxis collectifs *(plan B2).* Départs à peu près réguliers (toutes les heures) de 8 h à 12 h ; après, les départs se font en fonction de l'âge du capitaine, de la vitesse du vent et... des retransmissions de foot !

➢ *Pour Fort-de-France :* bateaux-navettes *(plan A1).* Les vedettes *L'Impératrice* et *Joséphine* assurent des départs du lundi au samedi de 6 h 10 à 17 h 45 (fréquence des départs : 1 à 2 h ; dernier départ à 14 h 30 le samedi). Aller-retour : 5,80 €. Renseignements : *Matinik Cruise Line,* ☎ 05-96-68-39-19. Si vous logez dans les environs, choisissez l'embarcadère des Trois-Îlets, notre préféré, car il est situé dans un décor encore préservé, avec un grand parking facile d'accès. Au retour, après une balade en ville et dans la foule, vous apprécierez de retrouver le calme du village.

LA POINTE-DU-BOUT (97229 ; commune des Trois-Îlets)

Tout au bout de la pointe, comme son nom l'indique, fermant la baie de Fort-de-France. C'est la station balnéaire par excellence, créée au départ à l'attention d'une clientèle touristique qui se voulait très exigeante en terme de confort, mais qui l'était déjà un peu moins en terme d'authenticité. Avec le temps, ça ne s'est pas arrangé. Sont regroupés là, pour ceux qui seraient allergiques à l'authenticité des chambres d'hôte et au charme des petits hôtels disséminés dans le paysage martiniquais, les plus grands hôtels de l'île. Le choc !

SUD-OUEST

Une marina qui ressemble à n'importe quelle autre marina, des boutiques clinquantes, des plages artificielles, telle fut l'image que nous en avions gardé à la fin des années 1990. Certes, la création du *Village Créole* a redonné couleurs et vie à cet univers de béton qui, des façades de certains hôtels au patio intérieur d'un mini complexe commercial, commençait à avoir triste allure. Il faudra certainement plus que quelques couches de peinture et une refonte de l'éclairage ambiant pour réussir à transformer un ensemble qui accuse son âge en même temps que ses constructeurs...

Par contre, pour les amoureux de la mer, qui n'ont d'yeux que pour elle, La Pointe-du-Bout reste le lieu de tous les départs, de toutes les rencontres. À conseiller à tous ceux qui rêvent d'une sortie à la voile mémorable ou d'aller à la bonne école, le temps d'une plongée, le monde du silence étant un refuge encore hors de portée des requins qui ont massacré le paysage terrestre.

C'est aussi à La Pointe-du-Bout que les résidents comme les Martiniquais peu touchés par la crise se retrouvent, pour boire un verre ou déjeuner sur les quais, aux terrasses de *La Marine,* faire les boutiques du *Village Créole,* et attendre que tombe la nuit. Eh oui, les temps ont changé, ce ghetto doré est le seul endroit qui bouge un peu le soir, et où l'on oublie Fort-de-France et son insécurité.

Beaucoup de monde, en pleine saison, pour boire un verre, en terrasse, au retour de la plage. Pour obtenir une table au *Ponton du Bakoua,* sauvé des eaux encore une fois (*Lenny* avait soufflé un peu fort sur le ponton), mieux vaut réserver ! Quant aux restos du *Village Créole,* où vous pouvez manger italien ou cubain, avaler quelques crêpes ou des tapas comme vous le feriez un peu partout dans le monde, ils pourront toujours vous accueillir, si vous avez envie de découvrir les nouvelles mœurs locales. Sérieusement, vous n'avez pas besoin de nous pour vous faire une opinion...

Adresses utiles

🚢 **Bateaux-navettes pour Fort-de-France :** Somatour, ☎ 05-96-73-05-53. Environ toutes les heures, de 6 h 10 à 23 h 45. Traversée : 15 mn. Départ de la marina. *Madinina* : ☎ 05-96-63-06-46. Toutes les demi-heures environ de 6 h 20 à 23 h (de 7 h à 23 h 30 dans l'autre sens). Départs moins fréquents l'après-midi, le week-end et les jours fériés. Très pratique.

■ *Crédit Agricole :* dans la marina.

Ouvert du mardi au vendredi de 7 h 30 à 12 h 30 et de 14 h 15 à 16 h et le samedi de 7 h 30 à 12 h 30. Guichet de retrait automatique disponible 24 h/24.

■ *Pharmacie :* à côté de l'école de plongée *Planète Bleue,* 100 m avant la marina.

■ *Laverie automatique Prolav :* à l'entrée de la marina, côté *Village Créole.* Tout pour laver, sécher et même repasser.

Où dormir ? Où manger ?

🛏 *Résidence Le Karacoli :* prendre la rue qui monte à droite de l'hôtel *La Pagerie,* et c'est à 100 m sur la droite. ☎ 05-96-66-02-67. Fax : 05-96-66-02-41. Fermé en juin et septembre. Code pour entrer et pour sortir : après 20 h, il n'y a plus personne à la réception. Propose la location de studios et d'appartements agréables avec kitchenette, télé-

phone et terrasse sur la mer. Compter de 42 à 74 € en basse saison, de 62 à 138 € en haute saison. AC de 20 h à 8 h, mais les chambres sont constamment rafraîchies par les alizés. À 50 m de la plage la plus proche. Bâtiment récent et calme. Joli jardin fleuri bien entretenu et clos. Beau patio en bois donnant sur une toute petite piscine. Idéal pour

SUD-OUEST

les familles avec de jeunes enfants. Séjour minimum de 7 nuits.

🔺 |●| *Résidence Le Village Créole :* à l'entrée de La Pointe-du-Bout, sur la gauche. ☎ 05-96-66-03-19. Fax : 05-96-66-07-06. ● www.villagecreole.com ● Compter entre 54 et 107 € pour une nuit. Location du studio au F2 avec mezzanine, tout équipé, pouvant accueillir 4 personnes. Bel ensemble coloré de petites maisons reconstituant un village martiniquais revu à la sauce Hollywood, avec 7 restaurants et quelque 26 boutiques au rez-de-chaussée, destinées à la clientèle « chic » de l'île. Pas de voitures mais du monde en terrasse le soir ; pensez aux boules Quies, ou descendez faire la fête. 10 % de remise à nos lecteurs sur présentation du guide.

🔺 |●| *La Pagerie :* ☎ 05-96-66-05-30. Fax : 05-96-66-00-99. ● hpagerie@cgit.com ● ♿ Pour 2 personnes, compter de 80 € en basse saison à 123 € en haute saison ;

buffet consistant à 9,10 € au petit déjeuner. Menu à 24,70 €. 75 chambres donnant sur un beau jardin intérieur. Piscine. La plupart des chambres disposent d'une kitchenette. Un certain charme, digne des meilleurs hôtels de chaîne. Très confortable.

|●| *Le Ponton du Bakoua :* à côté de l'hôtel *Bakoua*. ☎ 05-96-66-05-45. Ouvert jusqu'à 22 h. Fermé le dimanche midi et le lundi. Pas facile à trouver, en arrivant la première fois dans le *Village Créole*. Aller jusqu'au rond-point sans rentrer dans l'hôtel (à moins que vous ayez gagné le gros lot pour vous offrir le séjour !) puis prendre la ruelle à gauche qui descend à la mer. Resto-grill de charme installé sur l'eau, comme son nom l'indique, face aux voiliers et autres catamarans de l'établissement. Compter entre 18 et 25 € pour grignoter salades et brochettes de crevettes. Surveillez la cuisson de votre grillade ! Cadre et ambiance toujours aussi sympas, par contre.

Où nager ?

⬐ En arrivant, sur la gauche, plage de sable blanc offrant une superbe vue sur l'ensemble de la baie, notamment au coucher du soleil. Location de planches, ski nautique et joueurs de boules. Les plages des grands hôtels sont bien protégées... des intrus, mais rien ne vous empêche d'y aller.

À faire

Location de hors-bord (avec ou sans permis)

■ *Turquoise Yachting :* marina de La Pointe-du-Bout. ☎ 05-96-66-10-74. Jusqu'à 5 adultes. Compter 76 € la demi-journée et 122 € la journée complète ; forfait 2 bases à 137 €, avec une autre demi-journée

au départ du Marin. Bateau avec petite cabine et taud de soleil, confortable et sûr. Idéal pour aller pique-niquer sur les plages de cocotiers et les îles de la baie. Masques et tubas à disposition.

Sorties en mer à la voile

■ *Tyrus Canpeli :* marina de La Pointe-du-Bout, côté capitainerie. ☎ 05-96-21-39-49. Fermé le dimanche, ainsi qu'en septembre et octobre. Compter 36 € par personne (10 au maximum), boissons comprises. Pour amateurs de sorties « sportives » sur un trimaran de

course, racheté à un Américain sous le nom de *Rusty Pelican*. Tradition oblige, un marin ne débaptisant jamais un bateau, Christian et son fils, les nouveaux propriétaires, rusent et emploient le verlan, donnant naissance au *Tyrus Canpeli*. De 14 h à 17 h 30 (téléphoner pour réserver avant), ces deux marins chevronnés (et pédagogues) vous embarquent pour 3 h de navigation dépaysantes et instructives autour de la pointe des Nègres, Case Pilote, Cap Salomon, Les Anses-d'Arlet et le rocher du Diamant. Le tout à la voile, bien sûr !

■ *La Créole Cata :* marina de La Pointe-du-Bout. ☎ 05-96-66-10-23. Fax : 05-96-66-10-33. Sortie de 8 h 30 à 17 h. Un grand catamaran de 17,50 m, idéal pour une journée en bonne compagnie. Équipage antillais et musique itou. Compter 66 € avec un menu créole ou 75 € avec le menu langouste. Également combiné 4x4 et catamaran, qui fonctionne très bien, avec une demi-journée en bateau, le matin, de La Pointe-du-Bout

aux Anses-d'Arlet ; prix : 75 €. Après le repas, balade en 4x4 à travers les champs de canne à sucre. Possibilité également de week-end à Sainte-Lucie sur réservation.

■ *Ty Domino :* quai d'honneur, marina de La Pointe-du-Bout. ☎ 05-96-54-17-72. ● Botiveau.Castry@wanadoo.fr ● Demi-journée voile et kayak à 33 €. Compter 60 € pour une journée complète, avec le repas. Supplément plongée : 26 €. Des sorties actives (pour qui veut participer aux manœuvres) en toute sécurité, sur ce voilier facile à manœuvrer et disposant d'un grand cockpit. Possibilité de mini-croisières et sorties voile avec formation au niveau 1 de plongée sur 3 ou 4 jours.

Sorties en hélico

■ *Héliblue :* Village Créole. ☎ 05-96-66-10-80. Fax : 05-96-48-22-21. ● www.heliblue.com ● De nombreux circuits au départ du *Méridien*. Hélico moderne et bien équipé, pilote

sympa et très pro. Compter 115 € pour une demi-heure de vol dans le Sud, et 65 € pour une excursion apéritive d'un quart d'heure.

Où et comment plonger ?

Les clubs

■ *Planète Bleue :* marina de La Pointe-du-Bout. ☎ 05-96-66-08-79 ou 05-96-45-32-77. ● www.planetebleue.mq ● Sorties de 9 h à 12 h et de 15 h à 18 h. Baptême : 50 € ; plongée : 43 € ; 3 plongées : 115 € ; 6 plongées : 200 € ; plongée de nuit les mardi et vendredi : 43 €. Pour une journée complète avec 2 plongées, compter un supplément de 31 € comprenant le petit dej', le repas à bord et les boissons. Deux catamarans, *H2O* et *Planète Bleue*, l'un à côté de l'autre, dans la marina, sillonnent la mer du rocher du Diamant jusqu'à la Perle, au nord. C'est l'école de Martinique qui propose actuellement le plus grand nombre de sites, dans de bonnes conditions de sécurité et de confort. Le jeudi : départ à 8 h pour Saint-Pierre (2 plongées dans la journée et repas à bord). Au programme : l'une des

12 épaves de l'éruption volcanique de la montagne Pelée en 1902, les tombants du nord autour de la Perle. La réputation de *Planète Bleue* n'est plus à faire. Formations Ffessm/Cmas, Padi, Anmp/Cedip (capacité de 40 plongeurs par bateau). Accompagnement des plongeurs par leur famille ou leurs amis possible en fonction des places : gratuit pour les sorties à la demi-journée, participation pour la journée complète. Se consoler s'il n'y a pas de place à bord ! Aucune manutention : tout le matériel à bord ; même avec de la persévérance, les étourdis ne pourront rien oublier ! Station de gonflage *on the boat*. Petit bureau d'accueil à terre. Bonne organisation des sorties. Chèques-Vacances acceptés. Et vous pouvez même acheter une photo de votre petite personne en plongée (super pour épater les col-

lègues de bureau !). Séjour clés en main possible.

■ *Les Amis de Neptune :* marina de La Pointe-du-Bout. ☎ 05-96-66-18-02 ou 06-96-27-06-80. ● www.a neptune.com ● a.neptune@wana doo.fr ● Baptême : 40 € ; 1 plongée : 35 € ; 3 plongées : 90 € ; 6 plongées : 170 € ; 10 plongées : 250 €. Un club surtout fréquenté par les résidents, à taille plus qu'humaine. Ambiance amicale et sympathique.

Philippe, le directeur, est un moniteur très compétent, capable d'adapter chaque sortie à ses plongeurs, leur permettant de faire ainsi de nouvelles découvertes. Bateau rapide (150 ch.) permettant de rejoindre Le Diamant en 40 mn. Le bateau ne pouvant accueillir que 10 plongeurs, il est possible de le louer pour la journée, avec quelques amis, et de passer un moment étonnant, hors du temps.

ANSE MITAN   (97229 ; commune des Trois-Îlets)

Pas un village mais une plage, qui attire toujours beaucoup de monde, étant la plus proche de Fort-de-France. Comme à La Pointe-du-Bout, nombreux hôtels, malheureusement de qualité médiocre dans l'ensemble. Quelques petits restos pas désagréables. Mais la folie touristique des vingt dernières années n'a pas vraiment aidé à la préservation du cachet de l'anse.

Adresses utiles

✉ *Poste :* au carrefour à l'entrée de l'Anse Mitan. Distributeur automatique de billets.

⚓ *Bateaux-navettes pour Fort-de-France :* vedettes toutes les heures environ de 5 h 50 (9 h les di-manche et jour férié) à 18 h. Très pratique. Durée : 20 à 30 mn. Certaines passent d'abord par l'Anse à l'Âne. Pour tous renseignements, contacter *Madinina :* ☎ 05-96-63-06-46.

Où dormir ?

🛏 *La Bonne Auberge « Chez André »* : 16, rue des Anthuriums. ☎ 05-96-66-01-55. Fax : 05-96-66-04-50. Resto fermé en début de semaine. Congés annuels en octobre. Chambre double à 58,50 € avec petit dej'. Menus à partir de 19,50 €. Petit hôtel correct et propre, dans la rue qui mène à l'embarcadère. Proche de la plage mais sans vue. 30 chambres avec douche et toilettes.

🛏 *Flamboyant Beach Bay Hotel :* au sud-ouest de l'Anse Mitan, après *L'Impératrice Village,* en prenant sur la droite. ☎ 05-96-66-18-80. Fax : 05-96-66-18-95. Cet hôtel récent, situé à l'écart, propose des studios et appartements agréables, de 55 à 76 € en haute saison, de 46 à 60 € en basse saison. Clim', TV et coin cuisine. Petit dej' en option à 7 €. Demi-pension à 16 € par personne. Accueil très sympathique de la famille Saint-Rose. Possibilité de se faire livrer une voiture à l'aéroport. Accès à la mer à 100 m par un sentier. 10 % de réduction sur le prix de la chambre aux porteurs de ce guide.

🛏 *Résidences Manka et Alamanda :* ☎ 05-96-68-35-06. Un grand choix de studios et appartements gérés par *Vacances Alizés.* Les prix, pour la première, vont de 260 à 460 € la semaine, selon la saison, pour un T2, et de 382 à 610 € pour un T3. Rien à redire sur le prix, vu la propreté des lieux et la situation, face à la mer et à Fort-de-France, au loin. Pour la baignade, il n'y a qu'une petite rue à traverser...

Quant à la résidence *Alamanda*, qui s'élève – on peut le dire ! – sur une petite colline à 150 m de la plage, elle s'adresse avant tout aux couples, avec ses 27 studios d'un étage, vue sur mer, entre 244 et 360 €, selon la saison. Simple, net et très correct.

Où manger ?

De bon marché à prix moyens

|●| *Le Bachi* : à l'entrée de l'Anse Mitan. ☎ 06-96-85-22-58 (mobile uniquement). Compter entre 12 et 15 € à la carte. Le soir, on oublie vite que la terrasse donne sur un parking, et on se régale, caché sous la végétation rapportée (kitsch assuré !), de brochettes de crevettes, de poisson grillé, de salades copieuses et variées, et l'on s'amuse à reconnaître son voisin de la veille, car ici les touristes sont nombreux à s'être abonnés à la semaine, après avoir testé les autres établissements ! Digestif maison offert à nos lecteurs sur présentation du *Guide du routard*.

|●| *Chez Fanny* : face à la plage de l'Anse Mitan. ☎ 05-96-66-04-34. Fermé le mercredi, et de fin août à début octobre. Menu différent chaque jour à 11 € ; menu langouste autour de 23 €. Un resto à l'ambiance « cantine » plutôt bon enfant et conviviale. Souriante et énergique, Fanny ne quitte pas ses fourneaux où elle prépare, « comme à la maison », une cuisine simple, authentique et copieuse. Sauf pour venir servir, en plein coup de bourre, une assiette d'écrevisses accompagnée de riz créole qui vous transporte d'un bond sous les cocotiers. Planteur offert aux lecteurs sur présentation du *Guide du routard*.

Plus chic

|●| *La Villa Créole* : 18, rue des Anthuriums. ☎ 05-96-66-05-53. Fermé les dimanche et lundi midi. Le menu touristique est à 25 € ; formules nombreuses et variées à 13 €, 15,50 € et plus, si affinités. Beau décor, bonne ambiance et cuisine typique. On dîne sur une coursive donnant sur un jardin qui, ici, ne peut être que tropical avec une fontaine pour rafraîchir l'atmosphère. Au fond, une petite scène avec une piste de danse où le patron joue des airs français, italiens et... country à la guitare. Concert tous les soirs. Poisson cru mariné, poisson grillé à la créole... et excellente *piña colada*. Une bonne soirée en perspective, en amoureux ou entre copains.

|●| *Au Poisson d'Or* : 12, rue des Bougainvilliers. ☎ 05-96-66-01-80. En allant vers La Pointe-du-Bout, c'est le premier resto à droite. Fermé le lundi et en juillet. Menu du jour à 12,20 €, puis 2 menus à 21 et 30 € ; à la carte, compter 22 € environ. Cartes de paiement acceptées. Savoureuse cuisine créole (lambi grillé, pâté en pot de langouste, vivaneau au lait de coco...) qui devrait vous faire chaud au cœur une fois que vous aurez été quelque peu refroidi par le service : allez, on plaisante ; en fait, c'est pas pire qu'ailleurs. Très bon rapport qualité-prix pour l'endroit. Ambiance plutôt agréable en soirée. Préférer le fond de la terrasse, moins bruyant. Digestif maison offert à nos lecteurs sur présentation du *Guide du routard*.

|●| *Le Manureva* : près de l'embarcadère. ☎ 05-96-66-15-45. Ouvert de 12 h à 15 h et de 19 h à 23 h 30. Fermé le mardi. Menus de 13 € le midi à 32 €. Une grande adresse pour se faire plaisir entre amoureux de la vie et de la table, dans une ambiance marine de bon ton, avec une vue imprenable sur toute la baie. À la carte, plats *entre terre et mer* très bien présentés et joliment servis. On voyage entre la Normandie et Tahiti, on se régale d'un plateau de fruits de mer ou de poisson cru, on

commande un magret pas trop saignant ou un « fondu de camembert » pour faire comme les autochtones, on se tait pour écouter jouer le pianiste ou surprendre les conversations à la table à côté, on est bien. Très bon service, parfois un peu long, mais rien ne vous presse...

Où et comment plonger ?

Les clubs

■ *Lychee Plongée :* Anse Mitan. ☎ 05-96-66-05-26. • lycheeplongee @wanadoo.fr • Locaux sur le bord de la route menant à La Pointe-du-Bout. Parking à 50 m de l'école de plongée. Ouvert tous les jours à partir de 8 h 45. Sorties à 9 h et à 14 h. Plongées de nuit à la demande. Baptême : 49 € ; plongée simple : 39 € ; 3 plongées : 92 € ; plongée de nuit et plongée au rocher du Diamant : 46 € ; plongée dans le Nord : 92 €. Infrastructure très vaste. Douche et w.-c., grand vestiaire, local matériel, salle polyvalente avec bibliothèque, TV et magnétoscope. C'est là qu'on prend un petit café avant de partir ! 10 équipements avec shortys. Bloc de 6 l en alu pour les baby-plongeurs ! Gonflage de bouteilles seulement avec autocollant TIV. Le bateau *Eoléo* à la plage de l'Anse Mitan, à 10 m du club, est conçu pour 10 plongeurs. Ambiance conviviale. Trajet de 1 h 30 pour la Perle au nord et 40 mn pour le Diamant au sud. Charmantes têtes blondes (ou brunes) initiées dès 8 ans. Au retour, un planteur ou un jus de fruit ! Formations Anmp/Cedip. Fait partie du Syndicat national des entrepreneurs de la plongée loisirs. Structure attachante, comme en témoigne l'affichage d'une multitude de cartes postales envoyées par les plongeurs du monde entier. Ceux-ci y reviennent, on en a rencontré ! Accueil personnalisé.

ANSE À L'ÂNE   (97229)

Un peu au sud de l'Anse Mitan. C'était encore il y a quelques années l'une des plages les plus routardes de l'île. En dépit des grands hôtels et des résidences qui attirent beaucoup de monde, elle a su heureusement garder un peu de son charme sauvage. Ainsi, les collines du Gros Morne, au sud-ouest du bourg, offrent toujours le plus fantastique des panoramas sur Fort-de-France.

Adresses utiles

■ *DOM Car Location :* à 50 m des bungalows *Courbaril*, en retrait de la plage. ☎ 05-96-68-41-79. Tarifs corrects en dépit d'une franchise un peu lourde (457 €). Excellent accueil mais voitures un peu fatiguées.
■ *Evasion Tropic :* 2, rue des Oursins. ☎ 05-96-68-35-06. Voitures neuves (c'est agréable !) à partir de 26 € par jour en basse saison et 37 € en haute saison, sur la base d'une semaine de location, avec une franchise de 305 €.

■ *Épicerie Huit à Huit :* en arrivant des Trois-Îlets, sur le parking à gauche.
■ *Pomme Cannelle :* 1, rue des Balaous. ☎ 05-96-68-42-48. Une boutique agréable qui propose toutes sortes de fruits, fleurs, légumes pays, sans oublier les jus de fruits fraîchement pressés. On peut s'offrir en plus quelques spécialités maison (accras de morue et crevettes, poulet boucané, boudins créoles) et repartir avec une jolie composition florale, vite emballée.

SUD-OUEST

Où dormir ?

Camping

⚐ **Le Nid Tropical :** sur la plage d'Anse à l'Âne, juste après les bungalows *Courbaril*. ☎ 05-96-68-31-30. Fax : 05-96-68-47-43. Un des très rares campings de l'île. Équipements vraiment sommaires pour qui rêverait d'un nid douillet. Selon la saison, vous maudirez le petit marigot tout près qui « dégage parfois des odeurs indésirables » ou rêverez tout éveillé « devant un superbe flamboyant qui déverse ses fleurs sur une étendue d'eau où se reflètent les cocotiers », pour citer des avis très différents. C'est bien connu, « comme on voit son nid, on se couche ! ».

Gîtes de France et appartements

🏠 **Gîte de Mme Héliane Haustant** (n° 260) : La Loma, 28, rue du Caret. ☎ 05-96-68-35-76. ● Heliane.Haustant@wanadoo.fr ● À la sortie du village, en direction des Anses-d'Arlet. Pour 3 personnes, compter 395 € en haute saison et 350 € en basse saison. 2 chambres, une double et une simple avec chacune leur salle d'eau privée. Grande terrasse ouverte qui abrite le coin-cuisine, le coin salon et le hamac. Très calme et verdoyant. En revanche, à cause de cette même végétation, pas de vue sur la mer (même si on l'entend le soir, au fond du golfe clair). Professeur d'histoire-géo passionnée par les voyages (comme vous et nous), la propriétaire est adorable.

🏠 **Résidence Les Héliconias :** 4, rue du Brochet. ☎ 05-96-54-78-30. ou 06-96-94-86-53. Compter 305 € la semaine pour 2 personnes, 381 € pour 4. Appartement F2 de 55 m². Chambre avec moustiquaires aux fenêtres et ventilo, spacieux coin cuisine équipé d'un micro-ondes (mais pas de four classique), plafond en lambris, clic-clac, mini-terrasse et salon de jardin. Quoique ne résidant pas sur place, la propriétaire sait faire preuve d'attentions répétées (petit bouquet de fleurs à l'arrivée, entre autres). Épicerie, téléphone et restos à 100 m, plage à 150 m.

🏠 **Résidence Le Tulipier :** 7, rue des Oursins. ☎ 05-96-68-41-21. Fax : 05-96-68-41-54. ☒ ● www.letulipier.fr ● En entrant dans le village, venant de Trois-Îlets, prendre la 1re rue sur la droite ; c'est bien indiqué. Parking privé. De 298 € le studio à 490 € le F2 avec mezzanine pour 6 personnes maximum. Une quinzaine d'appartements de style moderne (type studio, F2 et F2 mezzanine) répartis entre 4 villas entourées d'un magnifique jardin exotique, à quelque 200 m de la plage. Chaque appartement est climatisé et entièrement équipé. Le ti-punch de bienvenue est offert à l'arrivée, ainsi que le premier petit déjeuner.

HÔTELS ET HÉBERGEMENTS DE CHARME

Plus chic

🏠 **Le Panoramic :** 15, rue du Dauphin. ☎ 05-96-68-34-34. Fax : 05-96-50-01-95. ● lepanoramichotel@cgit.com ● Emprunter la 1re route à droite après le *Coralia Club des Trois-Îlets* ; ça grimpe (très raide) sur 300 m. De 64 € en basse saison à 105 € en haute saison pour 2 personnes ; premier petit dej' offert. Un ensemble de 36 studios spacieux (de 36 m², pour que ce soit plus facile à mémoriser) et très bien équipés. Préférer ceux en étage avec une petite terrasse donnant sur la baie. Le point de vue est vraiment superbe. Difficile de ne pas craquer. Accueil et service de grande qualité. Et réduction de 10 % toute l'année pour les porteurs de ce guide.

🛏 *Habitation Desrosiers :* 17, rue du Dauphin. ☎ et fax : 05-96-68-33-87. • www.habitationdesrosiers.com • À gauche, juste après le *Panoramic.* De 245 à 290 € en basse saison et de 365 à 440 € en haute saison pour 2 à 4 personnes ; tarifs dégressifs à partir de la 2ᵉ semaine. Après avoir traversé la Martinique en touristes, les Clergeau ont jeté l'ancre, loin de leur Bretagne d'origine, sur les hauteurs de l'Anse à l'Âne où ils proposent des locations dans une « habitation » de style local. 5 appartements de type F2 (une trentaine de mètres carrés et une petite terrasse), bien entretenus et très confortables (ameublement de qualité) avec cuisine équipée. Très jolie vue sur la mer. Plage de l'Anse Mathurin à 5 mn. Premier petit déjeuner et planteur de bienvenue offerts aux lecteurs du *Guide du routard.*

🛏 *Jojo Beach Hotel :* directement sur la plage. ☎ 05-96-68-47-72. Fax : 05-96-68-48-19. • jojo.beach @wanadoo.fr • Chambres à environ 38 €. Un hôtel qui porte bien son double nom. La plage est à deux pas, les locataires des chambres 5 à 8 ont tout à la fois, la vue sur la grande bleue et les pieds dans la flotte. Et pour manger ou s'amuser, ils n'ont qu'à remettre leurs sandalettes pour aller chez *Jojo* (voir « Où manger ? ») Bon, pour lire Proust, c'est pas forcément l'idéal. Mais faut savoir ce qu'on veut, dans la vie ! Pot de bienvenue pour tous.

🛏 *Vacances Alizés :* 2, rue des Oursins. ☎ 05-96-68-35-06. • www.vacances-alizes.com • Toute une gamme d'hébergement, du studio à partir de 245 € (360 € en pleine saison) à la villa avec vue et piscine à 1754 € pour 10 personnes ; pour 4, compter en moyenne 382 €. Locations abordables avec un très bon confort. En plus, les gérants sont très sympathiques. Parmi les locations proposées, un petit coup de cœur pour la *Résidence Bleu Caraïbes,* rue de la Carangue, dans le quartier des Pêcheurs. Réduction de 5 % sur les prix de location affichés en mai, juin, septembre et octobre pour 10 nuits. Intéressant, le combiné location d'une voiture sur place, hébergement et transfert aéroport (compter entre 30 et 41 € par jour, sur la base de 7 jours).

Où manger ?

Bon marché

🍴 *Le Petit Traiteur :* ☎ 05-96-68-42-60. Prendre la 1ʳᵉ à droite en arrivant, et suivre la pancarte ; c'est une petite rue à gauche vers la plage. Ouvert du lundi au vendredi midi et le vendredi soir. Fermé en basse saison. Pas de menu, mais accras de 1,52 à 4 €, plats autour de 7 € (blaff, colombo) et dessert au planteur à 2,50 € ! Notre petit traiteur, en réalité une jeune et jolie dame, est une bien fine cuisinière qui vous propose ses plats à emporter le midi et qui vous reçoit dans son jardin, autour de quelques tables, le vendredi soir (compter autour de 20 €). C'est un rapport qualité-prix assez imbattable, et comme le bouche à oreille fonctionne bien dans le coin, c'est souvent complet, alors pensez à réserver.

🍴 *Snack Épi Soleil :* à côté du camping. ☎ 05-96-68-31-19. Une mini-chaîne qui a le mérite d'offrir chaque jour, de 8 h à 18 h, aux amoureux de la plage, des petits déjeuners pays, des sandwichs et des petits plats qui ne font pas mal au porte-monnaie, ni même au foie.

De prix moyens à plus chic

🍴 *Chez Jojo :* bar-restaurant sur la plage de l'Anse à l'Âne, face au ponton. ☎ 05-96-68-36-89 ou 05-96-68-47-72. Fermé le samedi toute la journée et le dimanche soir. Menus de 13 à 26 € ; formule du jour à 11 €. Participation de 8 € pour les soirées du vendredi (avec orchestre), ce qui a fait râler quelques lecteurs qui trouvent l'adresse plutôt fumeuse (rien à voir avec les fumeurs de cannabis qui traîneraient par là). À signaler, la fresque géante et colorée, peinte par le célèbre Khokho René Corail et représentant un jour de fête à l'Anse à l'Âne. Accueil ouvert et souriant de Marlène, la fille de la mamma Josèphe, dite Jojo, qui précise que l'on ne vient ici que pour s'amuser!

|●| *Pignon sur Mer :* sur la plage de l'Anse à l'Âne. ☎ 05-96-68-38-37. Fermé le dimanche soir et le lundi, du 15 au 30 juin et du 1er au 22 septembre. Compter environ 23 €. Un bien bon resto de poisson et langouste, fort prisé des Foyalais qui n'ont pas peur d'y aller (plaisanterie dont on ne se lasse pas!) et viennent ici par la mer en navette (à peine 15 mn). Un peu plus chic et donc un peu plus cher que les autres. Cela dit, la qualité de la cuisine (goûtez la daube de lambi aux champignons ou le « délice du Pignon ») et la terrasse sur la plage face à la mer, même grillagée, ne font pas regretter la différence de prix. Évitez quand même la table d'angle, vous aurez l'impression d'être regardé avec un étrange sourire par les nageurs et les joggeurs qui assistent, impassibles, au repas des fauves! Accueil et service font partie, comme le vin, de la réserve maison. À vous d'obtenir, avec doigté, la bonne température.

|●| *La Banquise :* parking du *Huit à Huit*. ☎ 05-96-68-39-69. Fermé le mercredi. Compter entre 12 et 20 €. Bon accueil, pas glacial pour un sou! Tenue décontractée possible (pas la peine de vous déguiser en pingouin, ici (ni dans le reste de la Martinique, d'ailleurs!). Et le poisson grillé est excellent. Sinon, vous pouvez toujours vous rabattre sur ce que certains prendront peut-être, dans une quinzaine d'années, pour une des spécialités de l'île : la pizza. En plus, c'est propre et pas très cher.

À faire

Équitation

■ *Ranch Jack :* habitation l'Espérance, morne Habitué. ☎ et fax : 05-96-68-37-69. D'Anse à l'Âne, prendre la direction des Trois-Îlets sur un petit kilomètre, puis chemin sur la droite. Fermé en septembre et octobre. Compter environ 55 € pour la demi-journée (départ à 8 h 30, retour à 12 h 30). Balades agréables dans la forêt sur des chevaux créoles, avec des guides diplômés de la Fédération des randonneurs équestres. Au passage, petite leçon de botanique, où l'on apprend à reconnaître les plantes médicinales. Autres balades possibles sur demande.

Où et comment plonger?

■ *Corail Club :* à l'hôtel *Coralia Club des Trois-Îlets*. ☎ 05-96-68-36-36. Contourner l'hôtel par la plage et aller près de la piscine. Ouvert toute la semaine. Départs en mer à 9 h et à 14 h. Baptême : 46 €; plongée : 40 €; plongée de nuit : 45 €; 3 plongées : 105 €; forfait 6 plongées : 185 €; forfait 10 plongées : 275 €. Formations Fessm/Cmas et Anmp/Cedip. Douche extérieure : celle de la piscine! 10 équipements. Une petite partie de la clientèle des plongeurs vient de l'hôtel; l'autre partie, des studios et bungalows situés aux alentours. Bon tuyau : les plongeurs extérieurs peuvent utiliser la piscine, les salons et la plage privée de l'hôtel! Une navette régulière par la mer relie l'Anse à l'Âne à Fort-de-France en 25 mn, ce qui permet d'être présent à la 1re sortie.

QUITTER ANSE À L'ÂNE

Bateaux-navettes pour Fort-de-France : le ponton est situé sur la plage, à côté de *Chez Jojo*.
➤ *Vedettes Madinina :* toutes les heures environ, de 6 h (8 h 50 les dimanche et jours fériés) à 17 h 50. Renseignements : ☎ 05-96-63-06-46.
➤ *Vedette Côte Soleil (Somatour) :* départ toutes les 2 h de 7 h à 17 h 35. ☎ 05-96-73-05-53.

Taxis collectifs pour Les Anses-d'Arlet, Les Trois-Îlets et Fort-de-France : service régulier (environ toutes les 30 mn) à partir de 6 h jusqu'en fin de matinée ; après, c'est plus aléatoire. En direction du sud, arrêt 50 m avant la station *Texaco*. Vers l'est, arrêt sur le parking après le grand virage, à la sortie du village.

SUD-OUEST

ANSE DUFOUR ET ANSE NOIRE
(97217 ; communes des Anses-d'Arlet)

Des petites criques comme on les aime, oubliées des promoteurs immobiliers. À 5 km environ au sud d'Anse à l'Âne. En haut d'une côte, prendre à droite en direction de l'*Anse Dufour* (petite pancarte). La petite route sinueuse mène 3 km plus bas à un espace dégagé où l'on peut garer sa voiture (mais le parking qui a été aménagé ne semble pas proposer assez de places pour tout le monde, c'est la rançon du succès... et cela attire un autre monde : des vols nous ont été signalés).
En contrebas, on découvre cette petite plage croquignolette avec ses eaux turquoise et son sable doré. Quelques baraques de pêcheurs, un petit troquet et une cabine téléphonique. Idéal pour pique-niquer. Dommage que pas mal de bipèdes aient la même idée.
Un peu plus loin sur la droite (en remontant par le parking), on parvient à l'*Anse Noire* par un escalier de quelque 136 marches. Un autre bijou, de sable noir celui-ci. Bien curieuse énigme géologique d'ailleurs que de trouver côte à côte deux plages, l'une blonde comme les blés, l'autre sombre comme la cendre. Bordée de cocotiers, de yoles et de filets de pêcheurs, elle est encore relativement tranquille. Mais pour combien de temps encore ? L'ancien ponton est passé à la trappe, remplacé par un vilain débarcadère en béton (hou, les affreux !). En attendant la suite...

Où dormir ?

L'Hibiscus (*chez Mme José Gouyer-Montout*) : sur les hauteurs de l'Anse Dufour. ☎ 05-96-68-65-70. Accès à pied uniquement. Sur la plage, à droite, passer le petit pont et suivre le sentier, mal tracé et assez raide (veiller à ne pas avoir trop de bagages !). Un F2 de 305 à 382 € la semaine selon la saison et un F3 de 518 à 549 €. « Qui vient en ami arrive tard et part trop tôt », telle est la devise affichée par José, dont l'hospitalité n'a d'égale que sa générosité. Elle propose deux appartements avec salle à manger impec-

cable, cuisine équipée, salle d'eau (avec eau chaude) et terrasse face à la mer. Confortable et fonctionnel. Apéritif offert (non, ce n'est pas un kir), ainsi que le premier petit déjeuner.

Le Domaine de Robinson : ☎ 05-96-68-62-82. Fax : 05-96-68-76-07. ● ansenoire@sasi.fr ● Fermé en juin. Chambres doubles entre 46 et 59 € ; pour 2 personnes, compter 322 € la semaine en basse saison, 385 € en haute saison ; moitié prix pour les enfants. Plantés en bordure de plage, 3 bungalows en matériaux locaux (bois et pierre) à l'esthétique sortie tout droit des rêves de Daniel Defoe, le père de notre cher *Robinson Crusoé*, avec plein de trouvailles (douche taillée dans une calebasse, table-bar, lit tout en bois...). Un F3 également (salon cuir, cuisine équipée) pour dépanner. Un peu de laisser-aller ; avec le temps, *Robinson* se fait vieux. (Voir également « Où manger ? »).

Où manger ?

|●| *L'Anse Noire :* restaurant du *Domaine de Robinson*. ☎ 05-96-68-62-82. Ouvert seulement de 12 h à 14 h 30. Fermé le lundi et en juin. Menu à 15,24 € avec accras ou boudin, poisson grillé, légumes et dessert au choix ; autres menus à 21 et 24 €. Accepte les cartes de paiement mais toujours pas les chèques. Le resto a toujours ses longues tables de bois disposées en étoile sous de grandes huttes en bord de plage. On ne peut que vous conseiller de venir passer la journée sur la plage et de mettre au point votre repas avant de passer à table. Accueil souriant et service attentionné. On aime le lieu pour son cadre, la température de l'eau et ce je-ne-sais-quoi de mystérieux. Café ou digestif offert aux porteurs de ce guide.

|●| *Chez Marie-Jo :* à droite de la plage, à l'Anse Dufour. ☎ 05-96-68-61-52. Ouvert de 7 h à 21 h. Fermé le dimanche soir. La gentillesse de la maîtresse des lieux, la cuisine simple et les prix très raisonnables permettent de se restaurer de façon bien sympathique entre deux bains et de tenir jusqu'à la pêche à la Senne, en fin de journée. Un conseil : même si vous craquez devant les chapeaux des pêcheurs et le spectacle de leur sombre silhouette se détachant sur fond de soleil couchant, demandez-leur l'autorisation de les photographier, ils n'aiment pas trop, en général...

Où et comment plonger ?

Les spots

≈ **Anse Noire** et **Anse Dufour**** (plan *Les spots de plongée en Martinique Sud*, 24) : impraticable avec vent du nord car en pleine exposition. Anse Noire et Anse Dufour sont séparées par un cap. Sable noir dans la première et sable blanc dans la seconde, à l'image de leur plage respective. Rejoindre sous l'eau les anses en passant par la pointe. Tombant abrupt. La pointe dépassée, le récif se garnit de coraux. Bancs de poissons-soleil, quelques barracudas isolés. Un peu plus loin, deux anfractuosités trouent la paroi. Une bulle d'air est coincée dans l'une d'elles. Faille de 50 m dans la falaise obturée par un éboulis. D'ici, un joli point de vue avec le soleil à contre-jour. Bon à savoir : la pointe Dufour est le fief des pêcheurs indépendantistes, donc on n'ouvre pas la porte des casiers aux poissons ! Pour tous niveaux.

≈ **Anse 3 Airs*** (plan *Les spots de plongée en Martinique Sud*, 25) : encerclée par une falaise aérienne abrupte. Immense plateau parsemé de gorgones, d'éponges-cratères. Murènes jaunes et noires, tortues et sergents-majors. Au milieu de ce plateau, une épave métallique de 25 m de long s'étale en direction du large. Non loin vers le fond de l'anse, curieux objet insolite : une sorte de chaudière. On s'interroge sur la présence d'un coin métallique, qui ressemble à une étrave de bateau. Pour tous niveaux de plongeurs.

≈ **La pointe de la Baleine**** (plan *Les spots de plongée en Martinique Sud*, 26) : terrasse de - 2 à - 29 m sur le sable. Constituée d'éboulis rocheux, de coraux, de spongiaires où vivent de nombreuses comatules, « cerveaux de Neptune ». Pour tous niveaux de plongeurs sachant s'équilibrer avec l'aide du gilet ! En général, visibilité de 30 m.

*L'épave Le Nahoon*** (plan Les spots de plongée en Martinique Sud, 27) :* trois-mâts en acier de 35 m coulé intentionnellement sur - 30 m. Deux mâts pointent vers la surface, le troisième couché sur le côté. Le gréement est encore en place. Passer à côté du gouvernail replié et des deux hélices, pour arriver à la barre. Une visite des cales s'impose, puis celle de la salle des machines ; à côté du mât central, observer la présence de la cuve à gazole d'un côté, puis d'une ouverture béante avec un escalier. Descendre dans la cabine avant, pour un tour d'horizon. Le guindeau relié à son moteur est visible sur le pont avant. Un de nos spots préférés. Pour plongeurs de niveau 2.

Les Petits Canyons (plan Les spots de plongée en Martinique Sud, 28) :* juste après la pointe de la Baleine, la falaise forme deux légères incurvations au centre desquelles on remarque l'entrée d'une grotte immergée, pavée de galets. Canyons perpendiculaires à la côte, séparés les uns des autres par de petits murets de 4 m de haut. Couverts de coraux. Un petit passage sous roche permet le transit d'un canyon à l'autre. À la limite du sable et de la roche, rechercher les hippocampes. Entre - 8 et - 9 m. Accessible à tous niveaux de plongeurs.

*Cap Salomon** (plan Les spots de plongée en Martinique Sud, 29) :* bordé d'une falaise de 30 m de haut. Mise à l'eau à trois endroits différents en fonction du coin visité : soit une petite anse (au nord), soit la pointe du cap devant un rocher ressemblant à un pain de sucre, soit devant un arbre mort (au sud). Au départ, vers le nord, cap bordé par une terrasse sous-marine de - 1 à - 5 m, couvert de roches et de spongiaires. Puis c'est la chute libre de la falaise jusqu'à - 20 m. Au sud, importante concentration de poissons. Remarquer les niches ressemblant à des trous d'obus dans la paroi du tombant qui permet de fixer de petits poissons de récif. Barracudas isolés. Pour tous niveaux de plongeurs selon la profondeur.

GRANDE ANSE   (97217 ; commune des Anses-d'Arlet)

À 5 km environ de l'Anse Dufour. Les Antilles comme on les aime. Longue et belle plage familiale en hémicycle, superbe frise de sable doré, bordée de cocotiers, de petites maisons et de restos ambulants. Atmosphère très populaire, endroit très prisé des autochtones le week-end. On ne sait pourquoi mais le site possède un certain charme. Son pouvoir de séduction repose sans doute sur sa simplicité ; en tout cas, c'est encore plus « léché » depuis que le front de mer a été aménagé pour les piétons et bordé de petits carbets. Il y fait bon déjeuner ou boire un verre directement sur la plage. Des locations et quelques gîtes sympas.

Adresse utile

■ *Tursiops Caraïbes :* au début de la rue piétonne. ☎ 05-96-68-74-22. Une drôle de boutique où l'on peut consulter ses e-mails, faire laver son linge, acheter du vrai artisanat local (étonnantes sculptures sur bois), échanger des livres (c'est gratuit !), faire une réserve de timbres (denrée rare en Martinique, où il n'y a pas de bureau de tabac, et où il faut patienter des heures à la poste !), ainsi que de télécartes. On peut aussi entrer pour demander un simple renseignement ou le titre du film à l'affiche au cinéma des Anses-d'Arlet !

Où dormir ?

Gîtes de France

🛏 *Gîte de Mme Rachel Mélinard* (nº 109) : 18, rue des Cocotiers. ☎ 05-96-68-60-20. Pour 4 personnes, compter 390 € la semaine, quelle que soit la saison. Une situation exceptionnelle en bord de mer, au milieu du hameau de pêcheurs. Plus d'autochtones que de touristes, ce qui donne quand même une autre atmosphère. Une maison bien agréable, sur deux niveaux, avec une petite terrasse couverte. Vraiment très sympa et bien équipée. Quand on est là, on n'a plus envie d'en bouger. Il suffit d'acheter le poisson aux pêcheurs et de se préparer de bonnes grillades. Souvent complet. S'y prendre un an à l'avance (eh oui !).

🛏 *Mme Jacqueline Mélinard-Madin* (nº 340) : juste à côté du précédent. De 370 à 390 € la semaine selon la saison. Pratiquement même vue que l'appartement voisin et même accès direct à la mer. La vue est peut-être un peu moins jolie et un peu moins dégagée mais l'appartement, un grand F2, est aussi plus sympa et plus récent. Très bien équipé.

🛏 *Appartements de Mme Évelyne Delor* (dont gîte nº 115) : à la sortie sud de Grande Anse, sur la droite.

☎ 05-96-68-65-00. À 400 m de la plage environ. Pour 4 personnes, de 300 à 340 € la semaine selon la saison. Dans une grande maison récente et confortable, trois appartements sympas pouvant recevoir 4 ou 5 personnes. Chambres équipées de moustiquaires et de brasseurs d'air. Cuisine entièrement aménagée. Vaste jardin avec pelouse plantée de palmiers et d'arbres fruitiers (délicieuses pommes-cannelle à savourer au petit dej'). Idéal pour les familles avec enfants.

🛏 *Gîtes de M. Hector Mélinard* (nºs 300 à 303) : également à la sortie sud du village ; prendre la rue sur la gauche juste après l'épicerie *L'Hippocampe* (avant le stade). ☎ 05-96-68-66-49. Plage à 600 m. Pour 2 personnes, compter de 210 à 245 € la semaine et pour 3 de 290 à 310 €. 4 appartements types studio et F2, simples mais bien agencés et impeccablement tenus. Vue dégagée sur les collines voisines. Accueil prévenant (même à l'aéroport, si besoin est). En revanche, pas mal de chiens et coqs de combat dans le lotissement, susceptibles de causer certains désagréments aux amateurs de quiétude.

Locations à la semaine

🛏 *Localizé :* Grand-Case Oukaaé, au milieu de la plage Grande Anse. ☎ 05-96-68-64-78. Fax : 05-96-68-68-88. • www.localize.fr • Selon la saison, locations à la semaine entre 294 et 371 € pour un studio côté jardin et de 350 à 483 € pour un studio face à la mer. Paiement par carte accepté. Anna et Alban vous accueillent dans leur superbe maison créole, pieds dans l'eau, sous les plus hauts cocotiers de la plage. Le rêve. Ils vous proposent 8 studios de charme à la décoration et au mobilier exotique réalisé sur mesure (teck, tatajuba du Brésil, iroko d'Afrique). De plain-pied et chacun pour 2 per-

sonnes, 4 sont face à la mer et 4 côté jardin tropical, dont deux avec une grande terrasse et un coin-salon. Possibilité de couplage de deux studios communiquant (face mer et côté jardin) pour 4 personnes. Chaque studio est équipé d'une chambre naturellement ventilée, d'une salle d'eau et d'une terrasse avec kitchenette et coin-repas. Dans le jardin de sable sur la plage, au bord de l'eau, les transats, les hamacs et le barbecue vous permettront de jouer les heureux privilégiés. Discrets mais disponibles, vos hôtes sauront vous conseiller les bons plans pour occuper le reste du temps. Proposent également des formules logement et plongée, avec leurs co-pains d'*Alpha Plongée* (voir « À faire »). Prudent de réserver.

⌂ *Appartements de M. Norbert Lamy :* à la sortie sud de Grande Anse, à droite au niveau de l'épicerie *L'Hippocampe*. ☎ 05-96-68-71-28 ou 05-96-84-08-38. Pour 2 personnes, de 275 € la semaine en basse saison à 305 € en haute saison. 3 locations types F2 et F3 dans une maison individuelle à 200 m de la mer. Sérieux et discret, Norbert Lamy est une personne de confiance. Très bon confort, terrasse individuelle, barbecue et jardin exotique exubérant entretenu à merveille. Canoës-kayaks disponibles sur place. Accueil à l'aéroport. Réduction de 30 € sur un séjour en basse saison. Un bémol : la route qui passe à côté, sur laquelle certains se croient autorisés à (se) conduire en chauffards.

⌂ *Résidence La Sucrerie :* à 400 m au sud du village, en face du stade. ☎ 05-96-68-66-45. Fax : 05-96-68-72-99. En haute saison, compter 290 € la semaine pour 2 personnes, 430 € pour 4 personnes. Location de 18 meublés, du studio au F3, neufs et confortables, avec TV. Jardin fleuri avec petite terrasse privative. Endroit sans charme et sans vue (sauf sur le stade !), mais très bien entretenu. Accueil très courtois mais pas sucré pour autant.

⌂ *Sucrerie Motel :* à côté du précédent. ☎ et fax : 05-96-68-66-66. ● www.sucrerie-motel.com ● Ouvert toute l'année. De 245 à 320 € la semaine pour un studio et de 350 à 460 € pour un F3. Lotissement qui sent encore le neuf, composé de 10 studios, F2 et F3 sans caractère mais bien équipés pour 2 à 5 personnes. TV. Barbecue collectif (à ne pas confondre avec un autodafé). Parking à l'intérieur du motel. Punch offert à l'arrivée, pour se remonter le moral.

Où manger ?

– *Épiceries :* La Providence Chez Amilie, à l'extrémité sud de la promenade, juste après le ponton ; ou encore, bien sûr, *L'Hippocampe*, à la sortie du village en direction des Anses-d'Arlet. Ouvert du lundi au dimanche de 7 h 30 à 13 h 30 et de 16 h à 20 h. Une merveille de convivialité et de douceur. Vous êtes reçu par la grand-mère créole qu'on a tous eu envie d'avoir. Cuisine savoureuse, en plus.

|●| *Bidjoul :* av. Robert-Deloy, plage de Grande Anse. ☎ 05-96-68-65-28. Ouvert tous les jours midi et soir. Bonne cuisine créole servie les « pieds dans l'eau ». Menus à partir de 15 €. On vous conseille, même si ce n'est pas d'une originalité folle, la langouste, sortie du vivier devant vous. Mais on peut aussi se contenter d'accras, poulet boucané, poisson grillé... C'est bon et pas trop cher, et ça sert de cantine aux gens du coin... qui sont tous revenus, après quelques mois de flottement, salués par vos lettres de colère, qu'on conserve précieusement pour le futur « musée du Routard ». En tout cas, même si vous n'êtes pas content du dessert, n'essayez pas de partir sans payer, Stéphen le patron est un gros costaud... Mais un costaud sympa et il saura vous accueillir en vous offrant un ti-punch ou un planteur sur présentation du *Guide du routard*.

|●| *L'Escale du Sud :* av. Robert-Deloy. ☎ 05-96-68-71-30. Fax : 05-96-68-73-46. Plats autour de 10 €. On ne vient pas ici pour l'hôtel, un peu vieillot, sans confort et sans charme, qui vient juste d'être repris. Cela dit, pour qui voudrait tenter l'aventure, c'est le seul hôtel face à la mer et même le seul hôtel dans le bourg de Grande Anse... En revanche, efforts plus louables sur le resto. Le poisson y est décliné à toutes les sauces (grillé, mariné, *blaff*, court-bouillon...), sans oublier leurs fricassées (*chatrou*, écrevisses...). Accueil un peu distant (normal, on ne vous connaît pas encore !) mais assiettes bien garnies.

Ti'Plage : 1, allée des Raisiniers. ☎ 06-96-29-59-89. Fax : 05-96-48-30-89. Au milieu de la plage de Grande Anse. Ouvert de 9 h à 19 h. Fermé le lundi. Cartes de paiement non acceptées. Un lieu en or pour déjeuner sur la plage, les pieds dans le sable, sous un grand carbet entouré de plantes et de cocotiers face au spectacle des bateaux au mouillage. Les couleurs du restaurant ont ici le goût des îles : vert anis, rose goyave et parme. Côté carte, la maison joue la carte des salades et assortiments de poisson fumé. Galettes et crêpes ont la vedette, mais il y a aussi tout plein de grillades (brochettes, z'habitants à l'ail, ouassous flambés au Pastis...). Beaux cocktails agrémentés de fruits frais. Musique pour créer l'ambiance plage. Au coucher de soleil, c'est le lieu de rendez-vous par excellence.

SUD-OUEST

À faire

Location de bateaux

■ **Localizé :** Grand-Case Oukaaé, au milieu de la plage de Grande Anse. ☎ 05-96-68-64-78. Fax : 05-96-68-68-88. Pour vivre des sensations fortes au ras de l'eau, location de bateaux à moteur, avec ou sans permis. À essayer absolument! Idéal pour visiter les anses voisines et plonger avec masques et tubas.

Où et comment plonger?

Les clubs

■ **Plongée Passion :** plage de Grande Anse. ☎ 05-96-68-71-78. Quitter la route qui mène des Trois-Îlets vers le Diamant à hauteur de la plage de Grande Anse. Sorties à 10 h et 14 h. Baptême : 46 € ; exploration : 39 € ; forfait 3 plongées : 106 € ; 6 plongées : 197 € ; 10 plongées : 305 €. Locaux enclavés dans une propriété où la plongée côtoie un bien joli snack : Ti Plage (voir « Où manger? »). Super-microcosme plein de fleurs, de cocotiers et de palmiers. Formations Anmp/Cedip et Padi. 40 équipements avec shortys. Matériel adapté aux enfants avec 2 bouteilles de 6 l acier. Un bateau prévu pour 20 plongeurs ainsi qu'un autre en embarquant 14. En dehors de la haute saison, les moniteurs sortent en mer avec 2 à 3 plongeurs seulement. Peut embarquer, hors saison, sans réservation. Gonflage de 12 l occasionnellement. Un local reçoit les plongeurs pour le ti-punch. Sites des Trois-Îlets jusqu'au Diamant. 3 à 5 mn de navigation pour la pointe Burgos. Baptêmes dans la crique Abricot. Sympa, mais un peu la foire, à certains moments. Beaucoup (trop) de niveaux et de types de plongée programmés en même temps.

■ **Alpha Plongée :** à 200 m de Localizé. ☎ 05-96-48-30-34. ● www.alpha.plongee.com ● Ouvert tous les jours sauf le lundi. Sorties à 9 h 30 et à 14 h 30. Toute la famille – enfants compris – peut en profiter. Compétence, accueil sympathique, cadre sublime, rien à redire. Plongées de nuit sur réservation, sortie à la journée au nord de l'île. Baptêmes à partir de 8 ans : 48 € ; explorations : 40 € ; forfait 3 plongées : 110 € ; 6 plongées : 200 € ; 10 plongées : 300 €. Formations tous niveaux. Photos, plongée bio... Nouveau club, matériel neuf. Belle sélection de sites superbes à quelques minutes en bateau : le rocher du Diamant, Burgos, cap Salomon, la Lézarde, la Baleine, l'épave Le Nahoon...

Les spots

*La pointe Lézarde** (plan Les spots de plongée en Martinique Sud, 31) :* falaise qui entre dans l'eau et s'y prolonge par une épine sous-marine couverte de roches et de coraux. Un courant dominant atteint parfois 2 nœuds de vitesse. Après avoir exploré le flanc nord à - 8 m, traverser l'épine sous-marine, puis rejoindre le flanc sud pour explorer les abords d'une grosse roche à - 10 m. Les poissons pélagiques remontent le courant. Thazars et barracudas. La partie corallienne de l'épine est couverte de banc de gorettes (lutjans), de poissons-anges et de sardines.

*La pointe Burgos*** (plan Les spots de plongée en Martinique Sud, 32) :* ici, chaque plongée demeure une surprise. On ne sait jamais l'importance et la direction du courant ! Décor somptueux avec beaucoup de volumes. Rencontre avec une faune inédite. Sur le flanc sud, coulées de lave presque régulièrement alignées. Perroquets verts de 50 cm de long, banc de gorettes d'une centaine de spécimens. Sur deux roches à - 10 m, toutes les variétés d'éponges. Plateau en pente douce dévalant de - 17 m à - 40 m (bas des coulées de lave). Des bancs de sardines et de chirurgiens restent comme gardiens du plateau. Dès lors, grand tombant abrupt constitué de roches et de sable jusqu'à - 57 m. Raies-pastenagues et léopards sur le tombant à l'endroit où le sable est le plus fourni. Pour plongeurs de niveau 1.

*Les Grandes Jorasses*** (plan Les spots de plongée en Martinique Sud, 33) :* les ingrédients d'une superbe plongée sont réunis ! La falaise s'achève au bout de la pointe Burgos. À ses pieds, survoler une zone sableuse à - 12 m, jusqu'à apercevoir une chaîne de montagnes immergées avec alternance de monts et de vallées. Courant parfois soutenu : astiquer ses palmes ! De là, vers le nord, de grandes coulées minérales semblables à de la lave. Comatules et éponges multiformes en très grand nombre. À l'endroit des zones sableuses, dire bonjour aux raies-léopards et aux pastenagues ! D'autres poissons pélagiques... Pour plongeurs de niveau 1.

Petite randonnée sympa

➤ *Le morne Champagne :* promenade digestive de 40 mn aller et retour. Du sud de la plage de Grande Anse, le chemin démarre entre deux maisons. Demander, car pas évident à repérer. Le sentier passe derrière les habitations et grimpe gentiment vers le morne Champagne. On rencontre en route quelques laves noirâtres. Vue sur Grande Anse. Retour par le même chemin. Dommage que le sentier soit mal entretenu et ne permette pas d'aller jusqu'à la pointe Burgos.

LES ANSES-D'ARLET   (97217)

Un peu au sud de Grande Anse, le village doit son nom au chef caraïbe Arlet, non pas « fils de David » mais frère de Pilote, en compagnie duquel il mena avec les colons les tractations sur le partage de l'île. Un collabo, en somme ! La plage est très agréable car il y a encore peu de monde (en semaine, du moins). À quelques mètres du bord de l'eau, un rocher sort de la mer qui abrite une foule de petits poissons multicolores. Idéal pour les nageurs avec masque et tuba. Peu de commerces, mais une vie locale très animée, en particulier le dimanche matin. Sinon, c'est bien le seul village où l'on vous conseillera d'aller au cinéma. Renseignez-vous sur les horaires, vous allez aimer !
– *Fête patronale :* en juillet.

Adresses utiles

✉ **Poste :** en face de la mairie, à l'angle de la place.

■ **Pharmacie :** rue Félix-Éboué, en arrivant dans le village, à gauche.

■ **Douches payantes et toilettes :** près de la plage, sur la droite. Douches ouvertes de 10 h à 18 h. Très propres et prix modique (1 €).

■ **Épicerie Chez Rosine :** au bout de la rue longeant la plage, sur la gauche. Ouvert tous les jours de 6 h à 13 h et de 17 h à 21 h. Des patrons vraiment sympathiques et accueillants. Idéal pour prendre un verre à la tombée du jour.

Où dormir ?

Hôtel

▲ **Madinakay :** en plein centre du bourg. ☎ 05-96-68-70-76. Fax : 05-96-68-70-56. ● madinakay@cara mail.com ● À 50 m de l'église. Fermé en septembre. De 46 à 58 € selon la saison pour 1 à 2 personnes. Cartes de paiement acceptées. Face à la mer, dans une belle construction entourée de végétation, 8 studios équipés avec kitchenette, AC, TV et salle d'eau. Suffisamment grands pour recevoir un couple et deux enfants. Au rez-de-chaussée, terrasse abritée avec salon de jardin et parasol, idéal pour casser la croûte le midi. Restos, épicerie et boulangerie à proximité. Le propriétaire habite dans la maison créole, juste à côté. Apéritif ou digestif offert. 10 % sur le prix de la chambre en basse saison.

Gîtes et appartements à la semaine

▲ **Villas Félicité :** lieu-dit *La Batterie,* 5, rue du Calvaire. Contact en métropole : ☎ 03-20-23-58-86 ; sur place : ☎ 05-96-68-72-19 ou 06-96-26-11-97. Fax : 05-96-68-74-56 ; réception sur place. ● perso.wanadoo. fr/arlet-tosca ● Studios pour 2 personnes de 275 à 490 € selon la saison et le nombre de personnes ; appartements pour 4 à 5 personnes de 556 à 823 €. Situées sur les hauteurs du bourg, à 2 mn à pied de la plage, belles villas construites en bois de courbaril et acajou, dans le style traditionnel. Joli jardin avec le nom des espèces végétales inscrit à proximité, et bouquet de fleurs pour vous accueillir sur une terrasse jouissant d'une vue magnifique sur la baie. Des studios et appartements neufs, propres et de bon confort (kitchenette équipée, terrasse ; TV, clim' et téléphone dans les appartements, ventilation dans les studios). Draps et linge de toilette sont fournis. Accueil très aimable. Punch créole offert, ainsi que de quoi préparer le premier petit dej' (dans le frigo, le soir de l'arrivée).

▲ **Gîtes de Suzanne Colombe, La Palombière :** morne Jacqueline. ☎ 05-96-68-62-09 ou 05-96-68-63-38. Fax : 05-96-68-68-80. ● perso. wanadoo.fr/suco ● Du bourg, prendre la direction de Petite Anse sur 2 km, repérer le grand terrain sur la droite au panneau « La Palombière ». F2 de 320 à 380 € selon la saison, F3 de 457 à 533 €. Suzanne a transformé les maisons de la vaste propriété familiale en gîtes climatisés, avec moustiquaires. On a un petit faible pour le F3 classé *Gîte de France (n° 216),* pour 5 personnes, dont la terrasse, entourée d'arbres fruitiers, surplombe la baie des Anses-d'Arlet. 3 autres F3 et 3 F2 tout neufs et très bien conçus, avec ou sans terrasse. Douche extérieure pour les retours de plage et barbecue collectif. Merveilleux accueil, on n'a pas peur de le dire. Petit déjeuner offert le premier jour.

🏠 *Gîte de France de Mme Marie-Joseph Kichenama (n°264) :* en bordure de route... et presque de plage, 4e après l'hôtel *Madinakay.* ☎ 05-96-79-70-90. De 373,50 à 405,50 € la semaine. Maison créole occupée au rez-de-chaussée par un cabinet d'infirmières. À l'étage, 3 pièces avec balcon (face à la mer) pouvant accueillir 4 à 5 personnes (un lit d'appoint pour la 5e). Coin-cuisine, moustiquaires, TV et téléphone pour appels locaux et réception d'appels (y compris de métropole). Idéal pour les amoureux de la plage et des vieux villages de pêcheurs. En revanche, les propriétaires habitant Fort-de-France, contact uniquement à l'arrivée.

Où manger ?

Plusieurs *snacks* sur la plage servent, à l'ombre des cocotiers, une cuisine créole qui ne risque pas, par elle-même, de vous en mettre plein la vue (heureusement qu'il y a la mer pour ça !). Un seul bon resto pour le soir, par contre, mais quel resto !

De bon marché à prix moyens

|●| *Snack A Kaï Nanou (À l'Ombre du Tamarin) :* sur la plage, au lieu-dit « coin des pères ». ☎ 05-96-68-67-91. Ouvert tous les jours de 12 h à 18 h. Plat du jour de 7 à 9,15 €, légumes et fruits du pays. Quelques tables les pieds dans le sable, cuisine créole préparée dans le petit camion. Goûtez aux crevettes « grand-mère » et au colombo de requin. Digestif offert à nos lecteurs sur présentation du *Guide du routard.*
|●| *Snack Le Balaou :* plage du Bourg. ☎ 05-96-68-67-79. Ouvert tous les jours en saison, de 12 h à 16 h. Fermé en septembre et octobre. Compter autour de 11 €. Un service tout sourire et plein de gentillesse, et des plats servis chauds (rare !). Poisson grillé (espadon, balaou) servi avec des légumes de la Martinique, mais aussi colombo de lambi, brochettes de crevettes, etc. Pour finir, prenez un blanc-manger en dessert. Digestif maison, ça tombe bien, offert à nos lecteurs sur présentation du *Guide du routard.*

Plus chic

|●| *Le Fatzo :* 11, rue Félix-Éboué. ☎ 05-96-68-62-79. Ouvert le soir uniquement, de 19 h à 23 h. Fermé le lundi. Compter entre 20 et 30 €. Jolie maison centenaire à la devanture blanche et aux volets bleus, au cœur du bourg, qui vous semblera peut-être abandonnée si vous passez la voir en journée. Cette vieille dame se ménage et garde ses forces pour mieux pouvoir accueillir les habitués, à la tombée de la nuit. Belle déco, lumières tamisées, tables raffinées, musique douce, accueil chaleureux : le bonheur ! Bel intérieur avec carrelages anciens, escalier en maho- gany, plafond en bois verni et belle collection de chapeaux de paille en provenance des différentes îles de la Caraïbe. Superbes cocktails à savourer au bar et bonne cuisine, française et créole (poisson cru mariné au gingembre, fricassée de chatrou, poisson en papillote... et bonnes viandes). Ambiance très animée le vendredi soir pour le couscous royal (Alain, l'âme de ces lieux, a quitté le Maroc pour s'installer en Martinique et il y a une quinzaine d'années). Prix un peu élevés. Cartes de paiement et chèques hors place acceptés (on respire !).

À voir

★ **Les maisons créoles anciennes** en bois avec galerie, face à la mer et dans les rues attenantes. Ne manquez pas de jeter un coup d'œil au **cinéma L'Atlas** qui date de 1903. C'est l'une des rares salles de cinéma du sud de la Martinique. Pour les séances, se renseigner sur place. ☎ 05-96-68-37-64.

★ À la croisée des routes de Grande Anse et du Diamant, **ruines** de la maison du gérant de l'habitation de la Sucrerie qui dominait le morne, témoin muet et pathétique d'un monde qui s'éloigne à grande vitesse.

Où plonger ?

Spot

⚓ **Le Tombant d'Arlet**** (plan Les spots de plongée en Martinique Sud, 34) : grande anse aux eaux calmes traversée par le ponton, l'Anse d'Arlet. En direction du large, dans le prolongement du ponton, un tombant sous-marin s'étendant le long de la côte. Courant, donc visibilité excellente. Plateau sur le haut du tombant recouvert de tuiles de corail à - 33 m et couvert d'éponges encroûtantes rouges, mauves et bleues. Présence de raies-pastenagues quasi garantie. Les barracudas et les thazars longent ce mur vertical de - 33 à - 44 m. Pente plus douce vers - 55 m. Pour plongeurs de niveau 2.

PETITE ANSE   (97217 ; commune des Anses-d'Arlet)

Des Anses-d'Arlet, poursuivre la route du bord de mer. Elle rejoint le Diamant en longeant la côte au plus près. Très beaux points de vue.
Petite Anse n'était, il y a quelques années, rien de plus qu'une plage battue par les vents, pas particulièrement belle, sauvage et boudée de tous. Aujourd'hui des villas résidentielles se sont (plutôt bien) intégrées au paysage, des restaurants jouent « les plaisirs de la mer », pour prolonger le vôtre, sur cette plage encore bien préservée et pas trop fréquentée. C'est pour nous l'un des coins les plus authentiques de l'île.

Où dormir ?

🏠 **Gîte de M. Yves Cuti** (n° 292) : à 600 m de la plage, vers le sud. ☎ 05-96-75-34-45. Pour 6 personnes, de 510 à 585 € la semaine selon la saison. Maison individuelle en rez-de-jardin. 3 chambres doubles avec brasseurs d'air, séjour, cuisine équipée de four, machine à laver, et TV. Terrasse avec salon de jardin et barbecue. Garage. Yves Cuti, marin-pêcheur à la retraite, est un personnage simple et prévenant. Quoique résidant dans la capitale, il sait se rendre disponible : accueil à l'aéroport, petites visites 2 à 3 fois par se-maine et, pour ceux que cela intéresse, parties de pêche au thon près du Rocher ou à Miquelon (sous-entendu au loin...).

🏠 **Les Villas de Petite Anse** : sur les hauteurs. ☎ 05-96-68-68-12. Fax : 05-96-68-63-24. ● villas@sasi.fr ● Du duplex au F3, beau choix de 420 à 728 € la semaine en basse saison, de 525 à 945 € en haute saison. Du haut de gamme bien intégré avec une architecture et une vue sur le bourg et la mer qui justifient le prix, tout autant que les aménagements intérieurs : salle de bains, kitchenette ouvrant sur le large, douches grand format, clim', TV, radio, équipement CD... sans oublier l'inévitable barbecue et la glacière. Premier petit déjeuner offert, déposé à l'arrivée dans le frigidaire.

Où manger ?

Bon marché

SUD-OUEST

– **Épicerie-bar Le Rayon :** après la plage sur la route de Diamant. Accueil sympathique et prix raisonnables pour l'île. Bar en terrasse au bord de la mer.

ı☀ı **Chez Fredo :** à l'extrémité sud de la plage. ☎ 05-96-68-60-97. Ouvert tous les jours de 8 h 30 à 22 h.

On carbure dès le matin au ti-punch. Cuisine modeste et simple (accras, crudités, colombo ou encore poulet-frites). Service un peu lent mais ici, on prend le temps de vivre. Musique reggae le soir, quand le patron est d'humeur festive.

Prix moyens

ı☀ı **Le Bois Lélé :** à Petite Anse d'Arlet. ☎ 05-96-68-74-00. Service tous les jours en saison, midi et soir. Menu du jour à 12,50 € ; menu langouste à 29 € (ti-langouste à 16 €, pour les petites bourses ou les petits appétits) ; compter 22 € à la carte. On y revient, au *Bois Lélé,* pour sa terrasse, ses petits prix et la déco qui, comme la cuisine, est vraiment faite maison. Goûtez la langouste fraîche ramenée par les pêcheurs du coin, juste grillée au beurre de corail, ou le filet de thazar à l'ananas et au gingembre. Ne pas manquer d'observer les colibris qui viennent s'abreuver à la petite fontaine sur la terrasse. Musique traditionnelle une ou deux fois par mois. Liqueur de gingembre offerte à nos lecteurs.

ı☀ı **Le Bout-Dehors :** 18, bd des Pêcheurs (face à la mer, pour qui aurait encore un doute !). ☎ 05-96-68-74-38. Fermé le mercredi. Menus de 16 à 24 €. Hans s'est contenté de changer de cadre, pas de style. Sa cote, elle, est au beau fixe, auprès du club des amateurs de camembert frit qu'il a contribué à créer sur l'île, au point que certains penseront, dans quelques décen-

nies, le placer, comme la pizza, dans les spécialités locales. Régalez-vous plutôt avec la fricassée de langoustines au bois bandé, gag qui fait toujours rire les habitués. Service assez « fumeux », parfois, autant prévenir ceux que la fumée habituelle des cigarettes fait déjà frémir !

ı☀ı **Au-dessous du Volcan :** 79, rue des Pêcheurs, quartier Degras. Sur la gauche, 1 km après la sortie sud du village, juste après *Le Bois Lélé.* ☎ et fax : 05-96-68-69-52. Fermé le jeudi. Menus de 7,50 à 12,20 € ; compter 23 € pour un repas complet à la carte. Cartes de paiement acceptées. Cadre original, dans une petite maison un peu en hauteur, perdue au milieu de la verdure. Installé sur la terrasse, on déguste toutes sortes de poissons grillés, à moins de craquer pour un filet de mérou à la gelée d'hibiscus, sans parler des autres spécialités (eh oui, il y a aussi du camembert frit !) d'une carte haute en couleur. Si vous préférez jouer la sécurité, bonne viande en provenance d'Argentine. Digestif maison offert à nos lecteurs sur présentation du *Guide du routard.*

Randonnée

➢ **Le morne Larcher** *(alt. 477 m) :* le sentier s'engage sur la gauche à la sortie sud du village (entre deux maisons, 250 m après la plage). On passe une petite chapelle après 1 km. Puis, moyennant 1 h 30 de marche (assez raide), on accède aux abords du sommet, à 414 m d'altitude. Panorama à vous couper le souffle sur la Croix-Diamant, la Grande Anse du Diamant et le rocher du même nom. Au loin apparaît Sainte-Lucie. Compter 1 h (demi-tour) à 1 h 30 pour la descente vers l'Anse Cafard (dans ce cas, prévoir une voiture à l'arrivée ou retour en stop par la route littorale). Cette randonnée peut être entreprise dans le sens inverse (voir « Dans les environs du Diamant. Randonnée »). Important : prévoir une gourde et quelques biscuits.

LE DIAMANT (97223)

La route escarpée qui y mène de Petite Anse contourne le morne Larcher et offre de superbes vues sur le rocher imposant qui a prêté son nom et son image à cette vaste baie du Diamant.

À l'époque des guerres napoléoniennes, les Anglais s'emparèrent du rocher et y installèrent des canons. Ils le déclarèrent même « navire de guerre de Sa Majesté », le *HMS Diamond Rock*. Un navire insubmersible et bien difficile à aborder, vu ses flancs abrupts ; un bastion d'où l'on pouvait contrôler la circulation dans le canal de Sainte-Lucie... Somme toute, un second Gibraltar. Après 17 mois de siège, les Français reprirent néanmoins possession du rocher à force d'assauts répétés. Encore aujourd'hui, les bateaux de guerre britanniques passant à proximité continuent à le saluer. Bizarrement, le rocher figure toujours en tant que territoire britannique sur les cartes marines...

Malgré sa beauté, la plage du Diamant n'est pas tellement fréquentée, à cause de ses hautes vagues et de sa houle. Attention, donc, aux courants dangereux. Repérer en passant les belles maisons de bois, le cimetière en bord de mer, tout carrelé de blanc et les places tranquilles.

L'aménagement du centre-ville (nouveau ponton, déplacement du marché, etc.) devrait redonner vie à ce bourg trop tranquille, surtout si des navettes maritimes se mettaient à faire des aller-retour réguliers avec Fort-de-France. À moins que la concurrence, encore une fois, ne bloque cette saine initiative qui permettrait de dégager la petite route permettant de rejoindre la nationale.

– *Fête patronale :* en janvier.

Adresses utiles

Syndicat d'initiative *(zoom D2)* : rue Justin-Roc, face à la mairie. ☎ 05-96-76-40-11 (poste 40) ou 05-96-76-14-36. Ouvert du lundi au samedi de 7 h 30 à 12 h 30, ainsi que les lundi, mercredi et vendredi de 15 h à 18 h. Fermé le dimanche.

✉ **Poste** *(zoom D2)* : rue Justin-Roc. Distributeur automatique de billets 24 h/24.

Crédit Agricole *(plan B1, 1)* : résidence Plein Sud. Ouvert du mardi au vendredi de 8 h à 12 h 45 et de 15 h à 17 h, et le samedi de 7 h 45 à 12 h 45. Distributeur automatique de billets 24 h/24.

Pharmacies *(zoom C2, 3)* : rue Justin-Roc. Ouvert du lundi au ven-

dredi de 8 h à 13 h et de 15 h à 18 h 30 (de garde certains week-ends). Ou Sainte-Rose *(zoom D2, 5)*, au rond-point, à l'entrée du Diamant. ☎ 05-96-76-29-43.

Pop's Car *(plan B1, 2)* : résidence Plein Sud. ☎ 05-96-76-29-11. Ouvert les lundi, jeudi et vendredi de 7 h 45 à 15 h, les mardi, mercredi et samedi de 7 h 45 à 12 h 30 et le dimanche de 7 h 45 à 10 h 30 Une des sociétés les plus présentes sur l'île. Très fiable.

Fint's Rent a Car *(zoom C2, 8)* : rue Justin-Roc, à côté de la boulangerie *Le Point Chaud*. ☎ 05-96-76-46-76 (bureau) ou 05-96-76-20-18 (domicile). Ouvert en principe

SUD-OUEST

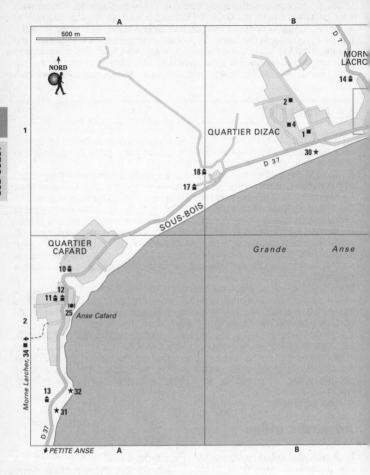

Adresses utiles

🛈 Syndicat d'initiative *(zoom)*
✉ Poste *(zoom)*
🚌 Taxis collectifs *(zoom)*
🚐 Gare routière *(zoom)*
1 Crédit Agricole *(plan)*
2 Pop's Car *(plan)*
3 et **5** Pharmacies *(zoom)*
4 Supérette Huit à Huit *(plan)*
6 Boulangerie-pâtisserie Le Point Chaud *(zoom)*
7 Station Esso *(zoom)*

8 Fint's Rent a Car *(zoom)*

Où dormir ?

10 Chambres d'hôte « Diamant Noir » *(plan)*
11 Gîte de Mme Marie-Françoise Adèle *(plan)*
12 Gîte de M. Roland Boclé *(plan)*
13 Les Océanides *(plan)*
14 Hôtel-restaurant L'Écrin Bleu *(plan)*
15 Hôtel Palm Beach *(plan)*
16 Hôtel Diamant Les Bains *(zoom)*

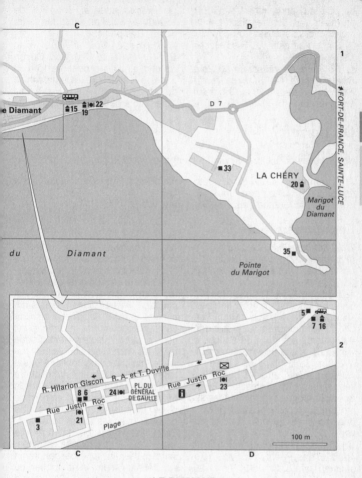

LE DIAMANT

17 Chambre d'hôte « Le Jardin Créole » *(plan)*
18 Hôtel Calypso *(plan)*
19 Résidence hôtelière Diamant Beach *(plan)*
20 Hôtel-restaurant Relais Caraïbes *(plan)*

Où manger ?

21 La Cuisine du Chef *(zoom)*
22 La Créole *(plan)*
23 Au Diamant-Plage *(zoom)*
24 La Case Créole *(zoom)*

25 Cap 110 *(plan)*

★ **À voir**

30 Marché *(plan)*
31 Maison du Bagnard *(plan)*
32 Mémorial de l'Anse Cafard *(plan)*

– **À faire**

33 Acqua Sud *(plan)*
34 Départ vers le morne Larcher *(plan)*
35 Sub Diamond Rock *(plan)*

du lundi au vendredi de 8 h à 12 h ; en réalité, les horaires fluctuent. Le moins cher des loueurs du bourg.

■ *Station-service* : Esso *(zoom D2, 7).*

■ *Boulangerie-pâtisserie Le Point Chaud (zoom C2, 6)* : rue Justin-Roc. Ouvert de 6 h 30 à 13 h (le dimanche, de 7 h 30 à 12 h 30) et

les mardi, jeudi et vendredi de 15 h 30 à 18 h. Fait aussi des sandwichs. Très pratique.

■ *Supérette Huit à Huit (plan B1, 4)* : résidence *Plein Sud.* Ouvert du lundi au samedi de 8 h à 13 h 30 et de 15 h à 19 h 30, et le dimanche de 8 h à 12 h 30. Autre *Huit à Huit* juste à côté de la station *Esso.*

Où dormir ?

Nombreuses possibilités d'hébergement dans toute la gamme de prix.

⚊ *Le camping sauvage* est autorisé pour une nuit dans les sous-bois le long de la Grande Anse du Dia-

mant (de la résidence Plein Sud à l'Anse Cafard). Attention toutefois aux vols.

Chambres d'hôte

🏠 *Chambre d'hôte Le Jardin Créole (plan A1, 17)* : quartier Dizac, 1re à droite après l'Anse Bleue. ☎ et fax : 05-96-76-48-64. ● baudeselz@wanadoo.fr ● Ouvert toute l'année. Chambres doubles à 46 € en basse saison, 55 € en haute saison, petit dej' compris (différent tous les jours). 4 chambres équipées de douche et ventilo dans une jolie maison créole à 200 m de la plage et à 20 mn à pied du centre. Terrasse, piscine privée et jardin à disposition. Pierre Baude propose des promenades sur mesure et organise des sorties plongée et pêche. Ti-punch offert à l'arrivée.

🏠 *Chambres d'hôte Diamant Noir (chez Elléna Bertin ; plan A2, 10)* : quartier Cafard. ☎ 05-96-76-41-25. Fax : 05-96-76-28-89. ● www.diamant.fr ● À 2,5 km à l'ouest du village du Diamant. Fermé en mai et juin. Chambres doubles de 34 à 54 € en basse saison et de 42 à

63 € en haute saison, petit dej' compris. 5 chambres climatisées (on a un faible pour la n° 4), au rez-de-chaussée d'une grande villa entourée d'un magnifique jardin fleuri et ombragé. Réservations : 3 nuits minimum. Cuisine équipée à disposition et barbecue dans le jardin. C'est sous le carbet que se mêlent chaque matin les vacanciers pour le petit déjeuner maison (avec confiture et salade de fruits du jardin). Atmosphère familiale. 4 autres chambres, dans la *Maison Créole* construite en bord de plage. La cuisine et le salon sont à partager avec les autres locataires. Excellente ventilation naturelle par les alizés et tranquillité assurée, sans oublier le superbe panorama sur l'Anse Cafard et le rocher du Diamant. Réduction de 10 % offerte à nos lecteurs sur présentation du *Guide du routard* pour un séjour de 7 nuits minimum (5 % pour un séjour de 3 à 6 nuits).

Gîtes de France à l'Anse Cafard

🏠 *Gîte de Mme Marie-Françoise Adèle (n° 023 ; plan A2, 11)* : sur les hauteurs du quartier résidentiel de l'Anse Cafard, le long du chemin qui monte au morne Larcher. ☎ 05-96-73-74-74. De 325 à 365 € la semaine selon la saison. Très agréable maison de pierre, joliment décorée et fort bien située, à 3 mn de la

plage. Peut accueillir 4 personnes (2 chambres). Tout confort. Cuisine séparée de la maison. À déconseiller aux familles avec de jeunes enfants à cause d'une terrasse ouverte assez dangereuse.

🏠 *Gîte de M. Roland Boclé (n° 016 ; plan A2, 12)* : quartier Cafard, en bordure de route. ☎ 05-96-

64-30-30. Pour 3 ou 4 personnes, de 310 à 365 € la semaine selon la saison. Maison plutôt agréable, bien qu'un peu tristoune, avec terrasse couverte et un beau jardin où l'on peut garer sa voiture. À 2 mn de la plage.

Hôtels et résidences

▲ *Les Océanides* (plan A2, *13*) : à l'Anse Cafard. ☎ 05-96-76-48-25. Fax : 05-96-76-49-34. • pro.wana doo.fr/oceanides • À 300 m de la mer et à 3,5 km du bourg. Chambres doubles à 60 € ; compter de 260 à 406 € la semaine selon la saison. 10 studios à louer, installés au cœur d'un petit parc dans un environnement naturel calme et boisé. Les studios sont meublés simplement mais néanmoins dotés du confort nécessaire et d'une kitchenette. Ce sont les moins chers en bord de mer. Accueil adorable de la gérante, qui offre 10 % de réduction à nos lecteurs du 1er mai au 30 juin et du 1er septembre au 31 octobre.

▲ *Hôtel-restaurant L'Écrin Bleu* (plan B1, *14*) : route des Anses-d'Arlet (D7). ☎ 05-96-76-41-92. Fax : 05-96-76-41-90. Chambres doubles avec vue sur la mer de 55 à 85 € selon la saison ; hébergement gratuit pour les enfants de moins de 12 ans dormant dans la chambre des parents. Petit hôtel de 19 chambres tenu par Yves et Dina, un couple de Marseillais fort sympathique. Surplombant le bourg du Diamant, il offre un superbe panorama sur la baie et le célèbre rocher. Lave-linge, piscine, ping-pong et salle de gym. Ne loupez pas la superbe collection de coquillages dans la « salle » de petit déjeuner.

▲ *Hôtel Palm Beach* (plan C1, *15*) : à la sortie du bourg, sur la droite en direction de Sainte-Luce. ☎ 05-96-76-47-84. Fax : 05-96-76-26-98. • palmbeach@wanadoo.fr • Chambres doubles de 58 à 74 € selon la saison, petit dej' compris. Menus de 14,50 à 20 €. Cartes de paiement acceptées. Chambres de moins en moins coquettes mais toujours avec vue sur la mer. Rien d'hollywoodien, autant vous prévenir. Un grand salon cossu fait office de réception. Petite piscine. Côté accueil : la patronne sait indéniablement recevoir. Fait aussi resto. Belle vue sur la mer, c'est sa qualité première, et cuisine correcte à prix raisonnables.

▲ *Hôtel Diamant Les Bains* (zoom D2, *16*) : dans la partie sud du village. ☎ 05-96-76-40-14. Fax : 05-96-76-27-00. • diamantlesbains@ martinique-hotels.com • ♿ Fermé une semaine en juin et tout le mois de septembre ; resto fermé le mercredi. Chambres doubles de 58 à 85 €, bungalows de 69 à 101 € selon la saison. Menus de 18 à 23 €. Édifice d'un étage, style années 1950. Derrière, un grand et joli jardin, avec une belle piscine, descendant doucement vers la plage. Demander une chambre avec vue sur la mer. Dans le jardin, quelques bungalows au bord de l'eau discrets, climatisés, sans kitchenette mais avec frigo.

▲ *Résidence hôtelière Diamant Beach* (plan C1, *19*) : ravine Gens Bois. ☎ 05-96-76-16-16. Fax : 05-96-76-16-00. • www.diamant-beach. com • À l'entrée du bourg. 49 appartements, pour 2 à 6 personnes, entre 78 et 120 € selon la saison. Demi-pension possible. Bon confort (clim', sanitaires). Idéal pour une famille. Kitchenette sur la loggia, vaisselle bien fournie, linge en abondance, changé en milieu de semaine. Lingerie avec jetons. Agréable piscine surplombant la plage, à côté du bar-resto (voir « Où manger ? »). Un univers moins concentrationnaire qu'il n'y paraît depuis la route. Très agréable même : on va faire ses courses par la plage et on se baigne sur le chemin du retour. Site tout à fait exceptionnel face au rocher, idéal pour un séjour d'une semaine. 10 % sur le prix du studio en mai, juin et de septembre à mi-décembre.

▲ *Hôtel Calypso* (plan A-B1, *18*) : domaine de Dizac, Les Hauts du Diamant. ☎ 05-96-76-40-81. Fax : 05-96-76-40-84. • hotel.calypso@ wanadoo.fr • Studios de 98 à 128 €, selon la saison, appartements de 188 à 288 €. Une adresse très courue par les résidents de l'île, à 500 m de la plage et à 900 m du bourg, avec une belle vue sur le rocher. 11 bungalows d'inspiration créole, joliment meublés, avec 36 studios de 2 à 3 personnes ainsi que des appartements de 4 à 6 personnes ; climatisés et conçus avec loggia équipée et kitchenette aménagée. Resto au bord de la piscine. Sports gratuits : initiation à la plongée sousmarine, piscine, ping-pong, pétanque, tir à l'arc. Sports payants : tennis, VTT, billard. Très bon accueil, service gentil comme tout.

🏠 *Hôtel-restaurant Relais Caraïbes (plan D1, 20) :* pointe de la Cherry. ☎ 05-96-76-44-65. Fax : 05-96-76-21-20. ● relais-caraibes@wanadoo.fr ● Chambres doubles de 94 à 156 €, bungalows pour deux de 110 à 220 €, petit déjeuner compris. 12 bungalows de charme et 3 chambres, de bon confort : pas question de passer sans le voir ce *Relais* destiné à une clientèle individuelle aimant ses aises (et l'étant naturellement aussi, à l'aise). Un lieu qui tient ses promesses, avec la piscine et le restaurant surplombant la mer, le parc on ne peut plus tropical... Une bonne adresse, donc, pour les amoureux du calme et les amoureux tout court.

Où manger ?

Ne cherchez pas trop la perle rare au Diamant ! Pâles saveurs, accueil mitigé, additions corsées furent le lot commun de trop nombreuses tables. Voici une sélection des plus convenables, avec de jolies surprises malgré tout.

Très bon marché

🍴 *La Cuisine du Chef (zoom C2, 21) :* 54, rue Justin-Roc. ☎ 05-96-76-13-00. Comptoir dans le renfoncement, à côté de *Fint's Rent a Car.* Ouvert de 9 h à 13 h et de 17 h à 20 h. Fermé le dimanche. Plats à emporter uniquement, autour de 4 à 6 €. Accras de morue, boudin créole, paella des îles... poulets entiers à 9,15 €. De bons plats à déguster à l'ombre des cocotiers sur la plage. Possibilité de livraison.

De bon marché à prix moyens

🍴 *La Créole (ou La Kéole ; plan C1, 22) :* situé dans la résidence *Diamant Beach.* ☎ 05-96-76-22-53. Ouvert midi et soir. Petit menu à 14 € ; les autres sont à 22 et 28 €. Cuisine de brasserie au léger accent local et à prix encore relativement doux. Superbe terrasse fraîche et aérée avec panorama imprenable sur le rocher du Diamant. Jolies chaises en fonte et décor rafraîchissant. Vous avez tout le temps de l'admirer car le service est d'une lenteur surprenante, vu le standing des lieux. Mais la cuisine n'est pas grande et l'équipe réduite au minimum. Comme la piscine de l'hôtel est accessible aux clients du resto, et que vous n'avez que quelques mètres à faire pour plonger dedans, profitez-en, au lieu de râler après les employés de la maison, qui gardent le sourire, il faut le reconnaître, en toutes circonstances. En plus, l'apéritif est offert, sur présentation du *Guide du routard* à l'entrée.

🍴 *Au Diamant-Plage (zoom D2, 23) :* 62, rue Justin-Roc. ☎ 05-96-76-40-48. Fermé le lundi, 15 jours en juin et 20 jours en octobre. Assiette créole à 15,24 € ; menus de 19 à 29 € ; compter autour de 24 € à la carte. Les tables sont installées sur une terrasse au bord de l'eau (peaux sensibles, gare aux moustiques !). On y mange simple et bien. Le poisson grillé est évidemment à conseiller en pareil endroit. Digestif maison offert sur présentation du *Guide du routard.*

|●| *La Case Créole* (zoom C2, 24) : dans le village, près de l'église. ☎ 05-96-76-10-14. Fermé le jeudi. Menu à 13,50 € ; compter entre 18 et 22 € à la carte. Une *Case* qui manquait, par ici. Rapidité du service, bonne et authentique cuisine créole, décoration soignée et ventilateurs au plafond. Pas la vue sur mer mais la qualité dans l'assiette : c'est une question de choix. Ce n'est peut-être pas très copieux pour un gros appétit, mais faut savoir ce que l'on veut : du bon en petite quantité ou une tambouille plutôt lourde. Digestif maison offert aux porteurs de ce guide.

|●| *Cap 110* (plan A2, 25) : en retrait de la plage de l'Anse Cafard. ☎ 05-96-76-12-99. Fermé le mardi. Compter entre 18 et 22 € à la carte. Un restaurant qui remonte le moral.

C'est vraiment une belle surprise. Des chiens, des gosses, des soiffards, des rigolards... on peut être interloqué, en arrivant. Mais tout le monde semble trouver ça normal, et quand arrive la première assiette, on n'en revient pas : c'est net, côté goût comme présentation, délicieux et copieux tout à la fois. Très bon vivaneau grillé servi avec bananes jaunes, riz au safran et petite sauce chien pour 13 €. Ce que vous pourrez trouver de mieux dans le coin, et à des prix très corrects. Le cadre est sympa, la terrasse accueillante, la vue superbe, et n'oublions pas le service, rapide et souvent folklo, si des habitués s'en mêlent. Accras costauds en amuse-gueule (si vous ne buvez pas, après ça !). Saluez en partant Web, le seul perroquet qui surfe ! Digestif maison offert aux porteurs de ce guide.

À voir. À faire

★ *Le marché* (plan B1, 30) : pl. des Fêtes, tous les jours de 7 h à 17 h (plus important le dimanche). Fruits exotiques à prix non moins exotiques, épices, fringues et souvenirs. Itinérant depuis la réfection de la place Général-de-Gaulle, il risque encore de bouger, les commerçants n'étant pas contents de leur sort. Où qu'il soit, vous n'aurez aucun mal à le repérer, de toute façon...

◈ Pour un shopping au féminin, allez plutôt jusqu'au centre commercial *Plein Sud,* faire un tour à la boutique **Pomme Cannelle.** ☎ 05-96-76-22-81.

– Tous les deux mois, le samedi, *brocante* pour toute la famille !

– Possibilité de *balades à VTT.* Il y a même un *Club équestre* au Diamant. Pour les tarifs, contacter le trésorier, M. Rose, à sa pharmacie (☎ 05-96-45-02-79).

Les plages

⌖ *La plage du Diamant*, bien entendu, est un enchantement. Très prisée des Antillais qui y font leur jogging. Lieu aussi assez couru des jeunes surfeurs du Sud qui n'ont pas la possibilité de traquer la vague de l'Atlantique plus au nord. Cependant, se méfier de la houle et des courants. PLUSIEURS ACCIDENTS SONT À DÉPLORER CHAQUE ANNÉE. ÉVITEZ PAR AILLEURS DE VOUS INSTALLER AU NIVEAU DU CIMETIÈRE, LÀ OÙ LES ÉGOUTS SE DÉVERSENT DANS LA MER.

⌖ Près du *Novotel* (à 2 km à l'est du village), deux petites *plages de sable blanc* bien abritées mais assez artificielles et souvent bondées. L'une se situe près du centre de loisirs (location de planches à voile et de dériveurs, club de plongée), l'autre, un peu moins fréquentée, se trouve avant l'entrée de l'hôtel. Au niveau de la maison du gardien, prendre le sentier sur la droite.

Où et comment plonger ?

Les clubs

■ *Sub Diamond Rock* (plan D2, *35*) : à l'hôtel *Novotel Diamant,* pointe de la Cherry. ☎ 05-96-76-10-65. En sortant du Diamant vers Sainte-Luce, tourner à droite au rond-point en direction de la pointe de la Cherry ; continuer jusqu'au *Novotel,* puis le contourner. Ouvert toute l'année. Initiation gratuite à la piscine ; plongée : 40 € ; 3 plongées : 110 € ; 6 plongées : 200 € ; plongée de nuit : 50 €. Accueil dans un bureau climatisé. 20 équipements et shortys. Baptêmes-enfants à partir de 8 ans avec matériel adapté (bouteilles de 4, 6 et 9 l). Chaque été, près de 300 enfants plongent ici ! Garde du charmant bambin par une baby-sitter. Mini-club du *Novotel* pour enfants à partir de 6 ans (seulement pour résidents). *Zita,* la yole, peut embarquer 10 plongeurs. *Diamond 2000,* la vedette, en emmène 12. Sortie du lundi au samedi à 8 h 30 et 14 h 15, avec 3 plongeurs, au minimum. Sites dans la baie du Diamant et autour du Rocher. Embarquement facile et confortable au pied des locaux au ponton du *Novotel.* Formations Ffessm, Naui, Snmp, Anmp/Cedip. École agréée par Jeunesse et Sports, donc peut accueillir des stagiaires en formation (priorité à ceux de Martinique !). Fait partie du Groupement professionnel des écoles de Martinique, donc possibilité d'acheter le carnet et plonger à tarif réduit. Équipe soucieuse du bien-être des plongeurs et de leur sécurité : le poste de réception VHF est constamment sur écoute dans le bureau pour rester en liaison avec le bateau. Malgré l'importance de l'infrastructure, subsiste encore un état d'esprit familial. Attention, l'accueil peut sembler rude. Ce centre hyper-entretenu repose entre les mains d'un homme passionné et maniaque (et le mot est faible), qui ne s'en laisse pas compter.

■ *Acqua Sud* (plan D1, *33*) : à l'hôtel *Mercure.* ☎ 05-96-76-51-01 et 06-96-90-65-57. Au rond-point, à la sortie du Diamant vers Sainte-Luce, tourner à droite vers la pointe de la Cherry, puis à nouveau à droite vers l'hôtel *Mercure.* Traverser le hall et descendre des centaines de marches pour arriver à l'école. Départs à 9 h et 14 h. Baptême : 50 € ; explo : 43 € ; 3 plongées : 115 € ; 6 plongées : 215 € ; 10 plongées : 305 €. 20 équipements complets ; une bouteille de 6 l pour enfant, baptême en mer à partir de 8 ans. Initiation en piscine gratuite. Le bateau prend les enfants accompagnés à bord selon disponibilité. En prévenant, possibilité de faire garder un enfant en bas âge. Spécialité : photo (c'est le moment de demander des tuyaux !). Sites du Rocher du Diamant (très fréquemment visité) au Nahoon en passant par le tombant de l'église, le Sec du Diamant, le Fer à Cheval, l'Arche et la pointe Burgos. Site superbe, le bureau d'accueil est une petite case de couleur qui domine la mer et le ponton. Douches chaudes. Cours devant la case sur une petite terrasse couverte. Environnement très luxueux.

Les spots

⚓ *Le Rocher du Diamant**** (plan *Les spots de plongée en Martinique Sud, 35*) : s'explore sous toutes ses faces. Mouillages pré-installés. La face ouest se caractérise par une longue faille immergée traversant de part en part le rocher. Parois intérieures constellées de coralline violette, de spongiaires encroûtantes rouges, jaunes et mauves. À l'entrée de ce boyau de 50 m, noter la présence de gorgones blanchies par le manque de lumière. Une grotte à - 12 m dans la base qui semble avoir été rongée de l'intérieur. Plus loin, un amas de roches couvert de coraux permet le passage d'un

SUD-OUEST

plongeur à la fois. Autre possibilité d'explo : rejoindre le tombant qui débute vers - 40 m, le longer jusqu'à trouver une grotte haute de 7 m et longue de 20 m. La partie est s'explore plus rarement car elle est plus exposée à la houle. Deux larges marches - 10 à - 14 m, puis de - 14 à - 35 m. Première terrasse couverte d'algues et d'éponges, seconde de grosses formations coralliennes compactes. Ensuite, blocs rocheux épars. Se tourner aussi vers le large pour découvrir des carangues à plumes, des thazars, des raies-pastenagues et parfois léopards. Grotte semi-immergée dans la paroi du rocher du Diamant avec grosse bulle d'air coincée dans son plafond. Il est dangereux d'y pénétrer à cause de la houle ! Plongeurs à partir du niveau 1 confirmé. Selon l'endroit, baptême dans la « Piscine ».

⚓ **Le Banc du Diamant***** (plan Les spots de plongée en Martinique Sud, **36**) **:** grand récif de - 8 m jusqu'à de grandes profondeurs, à l'est du Rocher du Diamant. À visiter absolument : le haut de ce récif avec de beaux tapis de coraux assez ras car la houle déferle à cet endroit, très exposé au vent ; une grosse ancre à jas fichée dans le corail ; des failles longitudinales de 15 m de long situées à - 15 et - 20 m, où crèchent des « bêtes à cornes ». Un balcon domine le bleu intense, véritable tour d'observation pour scruter l'horizon à la recherche d'ombres.

⚓ **Le Tombant du Village du Diamant**** (plan Les spots de plongée en Martinique Sud, **37**) **:** lit d'une ancienne rivière perpendiculaire au village du Diamant et sous l'eau. Fin de son trajet marqué par une cassure brutale dans l'estuaire, à l'endroit même où le tombant parallèle à la côte se prolonge. Bateau mouillé sur - 14 m, non loin d'un cirque semi-circulaire, tapissé de coraux. Entre - 10 et - 42 m, de jolies formations coralliennes et des gorgones frémissantes. Saviez-vous que les gorgones étaient des personnages féminins dans la mythologie gréco-romaine ? Il était une fois trois sœurs dont les yeux changeaient en pierre celui qui osait les regarder ; leurs cheveux n'étaient autres que des vipères et recouvraient une tête énorme. L'homopalmus considéra que les colonies arborescentes que vous avez sous les yeux en plongée ressemblaient à ces gorgones ! Pour plongeurs de niveau 1.

⚓ **Le Fer à Cheval***** (plan Les spots de plongée en Martinique Sud, **38**) **:** tombant longeant le village du Diamant. En forme d'une anse profonde, au milieu de laquelle un énorme rocher est posé. Au fond de l'anse, une ouverture : grotte longue de 7 m avec la statue d'une femme. Véritable HLM à langoustes... Ensuite, explorer le tombant est de - 3 à - 30 m en pente raide. Pour plongeurs de niveau 1.

⚓ **L'Arche**** (plan Les spots de plongée en Martinique Sud, **39**) **:** effondrement de terrain au bord du plateau récifal et une arche de 3 m d'épaisseur et de 6 m de large. Marque l'entrée d'un cirque sableux aux pentes couvertes de coraux dans lequel se promènent des raies-pastenagues. Superbe photo à faire avec un grand-angle, sous l'arche. Au-dessus, jolies gorgones avec « monnaies caraïbes ». Ces mollusques sont des prédateurs de ce type de gorgones. Pour plongeurs de niveau 1.

➤ DANS LES ENVIRONS DU DIAMANT

★ **La maison du Bagnard** (plan A2, **31**) **:** à l'**Anse Cafard,** au sud du Diamant vers Petite Anse. Une maisonnette restaurée qui mérite un arrêt nostalgique autant pour son style que pour son histoire. Cette « maison de poupée » multicolore aurait appartenu à Médard Aribot, un artiste autodidacte, solitaire et discret, condamné à 15 ans de bagne à Cayenne. Né le 9 juin 1901 à Trois-Rivières, il se fit connaître à Sainte-Luce puis au Diamant par ses sculptures (bustes, miniatures, poupées, *cabrouets*, etc.). Le 25 mai 1925, lors d'élections municipales, le colonel de Coppens (conseiller général et officier en retraite) affirme que les revendications de ses adversaires seront maîtrisées par les armes. Une heure avant la fermeture du scrutin, l'urne est enlevée par les gendarmes. Le peuple s'interpose, c'est le massacre (« la nuit rouge du Diamant »). Le colonel de Coppens est tué. Médard Aribot sera condamné au bagne pour avoir trop fidèlement réalisé le buste du défunt, acte considéré comme une grande impertinence. De retour du bagne en 1940, il s'installe au Diamant. C'est en 1950 qu'il construira de ses mains la « maison du Pêcheur », plus communément appelée la « maison du Bagnard ». Sur la falaise de l'Anse Cafard, face au rocher du Diamant et à l'horizon, il créera ses plus belles œuvres.

★ *Le mémorial de l'Anse Cafard (Cap 110, Mémoire et Fraternité ; plan A2, 32) :* le 8 avril 1830, par une nuit de tempête, un navire faisait naufrage au large du Diamant. Le lendemain, on retrouva 46 morts mais 86 captifs furent sauvés. Malgré l'interdiction officielle de la traite des esclaves en 1815, c'était un bateau négrier en provenance du golfe de Guinée. À l'occasion de la célébration du 150ᵉ anniversaire de l'abolition de l'esclavage, un jeune sculpteur martiniquais, Laurent Valère, a rendu hommage aux victimes de ce naufrage avec ces 15 statues à la tête inclinée, tournées vers le large (Cap 110) et vers le golfe de Guinée. Le monument reprend la couleur traditionnelle des sépultures de la Caraïbe.

Un hommage aussi aux 86 rescapés. Leur existence posa rapidement problème, car l'Administration française ne put leur donner un statut légal : ils n'étaient ni esclaves puisque la traite était interdite, ni libres puisqu'ils étaient noirs. On décida tout bonnement de les envoyer à Cayenne.

Beaucoup de simplicité, de force et d'émotion se dégagent de ces personnages de béton, à l'attitude identique, désincarnée mais tellement chargée de symboles.

|●| Pour vous remonter le moral, petit snack sympa juste en face, de l'autre côté de la route : *IBOS'S Snack*. ☎ 05-96-76-47-77. Accueil chaleureux et repas typique, en terrasse, face au Diamant. Bon rapport qualité-prix.

Randonnée

➤ *Le morne Larcher (point de départ : hors plan par A2, 34) :* très agréable balade à réaliser tôt le matin pour éviter les grosses chaleurs. Départ par une ruelle perpendiculaire à la route du bord de mer, à l'Anse Cafard. Prendre l'allée des Oliviers (ruelle à droite). La balade est indiquée. Promenade sportive d'environ 2 h à l'aller (pente très raide). Le chemin ne monte pas jusqu'au sommet (deux personnes sur trois cherchent la suite du chemin pour atteindre le sommet). Du haut, à quelque 400 m d'altitude, panorama fantastique sur la Grande Anse du Diamant et le rocher du même nom. Prévoir de l'eau et un peu de ravitaillement. Pour redescendre, compter environ 1 h 30. Possibilité également de poursuivre la balade et de redescendre par Petite Anse (voir à ce chapitre, plus haut, rubrique « Randonnée »).

QUITTER LE DIAMANT POUR FORT-DE-FRANCE

➤ *En taxi collectif :* départ en moyenne toutes les 30 mn de 6 h à 17 h 30, devant la gare routière *(zoom D2)*.

SAINTE-LUCE   (97228)

Gros village de pêcheurs très animé, avec de nombreux commerces. Pas de belle plage au pied des habitations, il faut s'aventurer un peu vers l'ouest, entre les quartiers Gros-Raisin et Trois-Rivières, pour découvrir des étendues de sable souvent rendues invisibles par un épais rideau de végétation. De plus en plus d'ensembles locatifs se construisent tout autour des plages à l'ouest de la commune. C'est bien simple, Sainte-Luce est devenue, avec l'ouverture plutôt réussie et relativement bien intégrée d'une résidence *Pierre et Vacances*, la commune qui possède le plus important parc hôtelier de l'île. Les hôtels poussent comme des champignons, parfois même au mépris de la règle des « 50 pas géométriques » et surtout au détriment de la mangrove qui, détruite, menace l'équilibre de l'environnement. Cependant, en dépit de leur éloignement (tout relatif) du bord de mer, on a un faible pour les gîtes plantés sur les hauteurs de la forêt de Montravail.

Un lieu véritablement privilégié pour les amoureux de la nature et des balades en forêt. Plusieurs hectares de forêt aménagés, avec route intérieure et de nombreux sentiers fléchés. Dommage, toutes les indications de balisage au départ du parking ont disparu. Que ceux qui craignent de s'engager sur les sentiers, faute de panneaux, se rassurent : vu la taille de la forêt, il y a peu de risques de se perdre.

Il est nécessaire d'avoir un véhicule, vous l'avez compris, pour séjourner ici. Pas véritablement de village, mais des maisons surplombant la vallée ou enfouies dans la végétation tropicale. Plusieurs d'entre elles sont des gîtes. Dernier avantage : beaucoup moins de moustiques qu'ailleurs (le pied !).

– *Fête patronale :* en décembre.

Adresses utiles

🛈 *Office du tourisme (zoom D3) :* pl. de la Mairie. ☎ 05-96-62-57-85. Ouvert du lundi au samedi de 8 h à 18 h.

✉ *Poste (zoom C3) :* rue Lamartine. Fermeture les mercredi et samedi après-midi.

■ *Crédit Mutuel (zoom D3, 1) :* rue Schœlcher. Distributeur automatique de billets 24 h/24.

■ *Pharmacie (zoom D3, 2) :* rue Schœlcher. ☎ 05-96-62-40-99.

■ *Supérette Bacchus (zoom C3, 3) :* rue Schœlcher.

■ *Sainte-Luce Location Autos-Motos (zoom C3, 5) :* 14, rue Schœlcher. ☎ 05-96-62-49-66. Fax : 05-96-62-44-50. Fermé le dimanche après-midi. Location de scooters et de 4x4. Livraison possible à domicile (dans le sud de l'île).

Où dormir ?

Nombreuses possibilités d'hébergement en ville, en bord de mer ou sur les hauteurs, dans toutes les gammes de prix.

Gîtes de France

🏠 *Gîtes de M. Marcel Henry (n° 348; zoom D3, 11) :* rue du Capitaine-Pierre-Rose. ☎ 05-96-62-51-85. De 435 à 555 € la semaine, selon la saison ; prix négociables. Maison en bois au milieu du bourg. 3 chambres doubles en étage, au confort correct mais assez mal insonorisées (une

SAINTE-LUCE

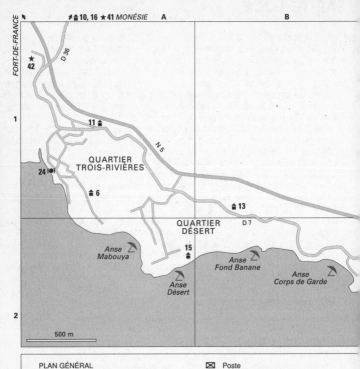

FORT-DE-FRANCE

↗🏠 **10, 16** ★ **41** *MONÉSIE* A B

★ **42**

D 36

1

11 🏠

N 5

QUARTIER
TROIS-RIVIÈRES

24 🍴

🏠 **6**

🏠 **13**

QUARTIER
DÉSERT D 7

*Anse
Mabouya*

15 🏠

*Anse
Fond Banane*

*Anse
Corps de Garde*

*Anse
Désert*

2

500 m

PLAN GÉNÉRAL

🏠 **Où dormir ?**

- 6 Gîtes de Serge Ballet
- 7 Gîtes de Gabin Salomon
- 8 Gîte de Ferdinand Nédan
- 9 Bungalow de Liliane et Raymond René
- 10 Gîtes de Camille Raveau
- 11 Hôtel Panoramique
- 12 Résidence Deville
- 13 Hôtel Caribia
- 14 Résidence Brise Marine
- 15 La Cabane
- 16 Villa Sapotille

🍴 **Où manger ?**

- 24 Côté Sud

À voir

- 42 Distillerie Trois-Rivières

PLAN ZOOM

■ **Adresses utiles**

- ℹ️ Office du tourisme

✉️ Poste
- 1 Minibus
- 2 Taxis collectifs
- 1 Crédit Mutuel
- 2 Pharmacie
- 3 Supérette Bacchus
- 5 Sainte-Luce Location Autos-Motos

🏠 **Où dormir ?**

- 11 Gîtes de M. Marcel Henry

🍴 **Où manger ?**

- 20 Paella Géante
- 21 Case Coco
- 22 Le Palmier, Chez Suzette
- 23 L'Épi Soleil

🍸 **Où boire un verre ?**

- 30 Bar Le Nautilux
- 31 Bar Chez Gilbert
- 32 Bar La Ganot

★ **À voir**

- 40 Marché

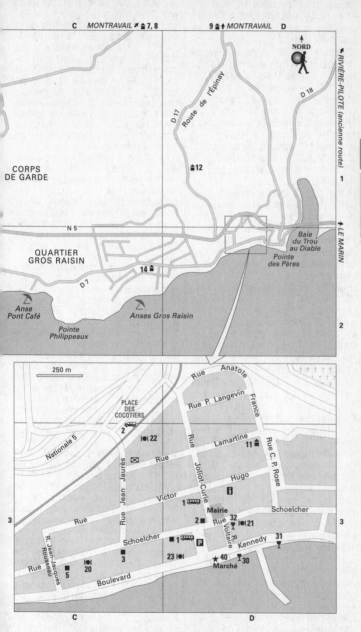

C   MONTRAVAIL ↗ ☖ 7, 8   9 ☖↑ MONTRAVAIL   D

NORD

RIVIÈRE-PILOTE (ancienne route)

D 18

CORPS
DE GARDE

D 17

Route de l'Épinay

☖ 12

N 5

1

← LE MARIN

Baie
du Trou
au Diable

QUARTIER
GROS RAISIN

14 ☖

D 7

Pointe
des Pères

2

Anse
Pont Café

Anses Gros Raisin

Pointe
Philippeaux

250 m

Rue   Anatole

Rue   P. Langevin

France

PLACE
DES
COCOTIERS

2 🚌

Rue

Lamartine

11 ☖

Rue C. P. Rose

Nationale 5

⊠

Rue

Joliot-Curie

Hugo

Victor

1 🏨

Mairie

ℹ

Rue   Jean   Jaurès

Schoelcher

3

Rue

2 ■

Rue   Voltaire

32 ▼

|●| 21

Schoelcher

3

R. Jean-Jacques
Rousseau

Schoelcher

1 🏨

P

Kennedy

31 ▼

23 |●|

★ 40

30 ▼

5 ■

|●|
20

3 ■

Boulevard

Marché

C   D

SAINTE-LUCE

simple grille fait office de plafond). Murs de lambris foncés qui donnent au gîte des airs de chalet, mais qui prennent la lumière.

🛏 **Gîtes de M. Camille Raveau** (n°s 350 et 351, hors-plan par A1, **10**) : de la 4-voies vers Sainte-Luce, prendre sur la gauche la direction Monésie-Trois-Rivières, contourner un rond-point, suivre la direction de Monésie sur 1 km puis celle de la forêt de Montravail à droite, c'est ensuite la 3e maison sur la gauche. ☎ 05-96-62-54-55 ou 06-96-35-58-15. • camille.raveau@wanadoo.fr • De 244 à 282 € pour 2 personnes et de 275 à 330 € pour 3 personnes. 2 gîtes mitoyens récents un peu à l'écart de la maison du propriétaire, sur un grand terrain arboré. Prévus pour 3 personnes maximum (une chambre, plus un divan-lit), ces gîtes bien équipés, propres et spacieux, ne manquent pas d'allure ; meubles en pin, plafond lambrissé, TV. Accueil très prévenant ; sur demande, Camille peut concocter quelques plats typiques ou vous griller des langoustes. Calme assuré. Apéritif et premier petit dej' offert à nos lecteurs sur présentation du *Guide du routard*.

🛏 **Gîtes de M. Serge Ballet** (n°s 344 à 347, plan A1, **6**) : résidence Espadon, quartier Trois-Rivières. De 365 à 455 € (gîtes n°s 344 et 346) et de 440 à 545 (gîtes n°s 345 et 347). 3 F2 et 2 F3. Un jaune, un vert, un bleu, un rouge : chacun sa couleur. Très bien décorés, très bien entretenus, ces appartements sont gais et vivants, bien conçus, on s'y sent vite chez soi. Pas de vue sur mer (on l'aperçoit juste entre les arbres), mais l'anse de Mabouya est à 100 m à pied. Très bon accueil de Mme Henry, qui a également un gîte dans le centre-ville de Sainte-Luce. Elle vous remplit le frigo d'eau fraîche et de café pour votre arrivée, et organise le vendredi soir un grand dîner en réunissant les hôtes de M. Ballet et les siens, ainsi que des sorties en mer si vous le désirez. Petit carbet également, de 360 à 420 €.

🛏 **Gîtes de M. Gabin Salomon** (n°s 36 et 139, hors plan par C1, **7**) : route des Bambous, à l'entrée de la forêt de Montravail. ☎ 05-96-62-54-57. • rosana.salomon@wanadoo.fr • ♿ De 230 à 250 € la semaine pour 2 personnes (n° 139) et de 260 à 290 € pour 4 à 6 personnes (n° 36). 2 gîtes, l'un au rez-de-chaussée, l'autre à l'étage. Confort très simple, mais cadre exceptionnel. Depuis les balcons, fabuleux panorama sur Le Diamant, l'île de Sainte-Lucie (et ses lumières vacillantes la nuit tombée) et une partie de la presqu'île des Salines. N'oublions pas les avantages du jardin fruitier et la clim' naturelle (une petite brise rafraîchit l'atmosphère à toute heure). Cela dit, attendez-vous à un réveil matinal, au chant du coq ! Fruits du jardin et jus rafraîchissants offerts à l'arrivée par les sympathiques propriétaires.

🛏 **Gîte de M. Ferdinand Nédan** (n° 35, hors plan par C1, **8**) : à côté des précédents. Réservations : ☎ 05-96-62-55-84. Compter 38 € par personne et par nuit pour le gîte ; quant à l'appartement, compter autour de 259 € la semaine pour 2 personnes (possibilité de mettre un lit enfant dans le séjour). Un gîte simple, un peu tristounet malgré les efforts des charmants propriétaires. Également un petit appartement à l'étage, avec une grande terrasse offrant une vue imprenable sur la mer. Intérieur sobre mais correct. Apéritif maison, fruits et spécialités du pays sont gentiment offerts.

🛏 **Bungalow de Liliane et Raymond René** (n° 365, hors plan par D1, **9**) : route de Lépinay, à 4 km de Sainte-Luce et à l'entrée de la forêt de Montravail, comme les précédents. ☎ 05-96-62-27-80. Pour 2 ou 3 personnes, compter 275 € la semaine en basse saison, 330 € en haute saison ; pour une nuit, compter 40 € en basse saison et 50 € en haute saison. Un grand F2 de construction récente, entouré d'un espace arboré et pentu. Prévu pour 3, (1 chambre, 1 canapé-lit) avec possibilité du lit d'appoint pour un enfant. Cuisine américaine aménagée, TV. Vue magnifique. Un cadeau de bienvenue est offert à nos lecteurs et 10 % sur le prix de la chambre en basse saison.

Autres gîtes

■ **Villa Sapotille** *(hors plan par A1, 16)* **:** à Monésie. ☎ 05-96-62-46-03. Fax : 05-96-62-46-27. Accès par la D36, direction Monésie. Chambres doubles à 46 et 62 € selon la saison, petit dej' compris. Simone, venue de Suisse en Martinique, propose 6 chambres récentes et claires dans un cadre agréable (jardin tropical) avec vue sur le rocher du Diamant. Atmosphère très conviviale avec les deux carbets où les clients peuvent nouer des contacts au moment du petit dej' (délicieuses confitures maison) ou du dîner. Table d'hôte 2 à 3 fois par semaine, à ne pas manquer : 19 € avec boisson à discrétion (et la discrétion, ça compte !). Bon accueil.

■ **La Cabane** *(plan A2, 15)* **:** Anse Désert, à l'extrémité de la plage. ☎ 05-96-79-85-16. Accès assez difficile en voiture. De 290 à 335 € la semaine pour 4 personnes. Petite bicoque au confort réduit mais au charme indéniable. Il y a quand même l'eau courante (et désormais un chauffe-eau électrique !), le téléphone et l'électricité. À réserver aux Robinson Crusoé en manque d'aventures et d'absolu ! 2 chambres, salle d'eau, coin-cuisine et barbecue, pas de séjour mais on s'habitue vite à la terrasse sous appentis, les pieds dans l'eau. Sans blague aucune, l'eau viendra vous lécher les doigts de pied par forte mer. Propriétaire sympathique, qui offre une corbeille de fruits de saison et tout ce qu'il faut pour un premier petit déjeuner. Sans oublier, afin de rester dans la tradition, bouteille de rhum, sirop et citron vert pour se mettre dans l'ambiance. Réduction à partir de 2 semaines.

HÔTELS ET RÉSIDENCES

■ **Résidence Brise Marine** *(plan C2, 14)* **:** Gros Raisin. ☎ 05-96-62-46-94. Fax : 05-96-62-57-17. ♿ Appartements pour 2 à 5 personnes de 77 à 123 € la nuit et studios de 51 à 87 € la nuit. Les appartements et les bungalows sont noyés dans la verdure d'un jardin fleuri, à deux pas du bourg. Une adresse rassurante au possible. Petit snack pour petit dej' et même carrément pour casser la graine, sans chichis, *Chez André*, en bord de plage (accès direct). Téléphone direct dans les chambres. Possibilité de louer une voiture sur place. Bon accueil. Réduction de 10 % en juin et du 1er septembre au 20 octobre.

■ **Hôtel Panoramique** *(plan A1, 11)* **:** Trois-Rivières, Sainte-Luce. ☎ 05-96-62-31-32. Fax : 05-96-62-42-99. Selon la saison, chambres doubles de 42 à 49 €. Pas le grand luxe, mais un hôtel bien situé avec une vue magnifique sur la mer et le rocher du Diamant (quand elle n'est pas bouchée par la végétation). 20 chambres avec salle d'eau, simples mais confortables. Petit resto pour grignoter près de la piscine. Réduction de 10 % sur le prix des chambres en basse saison sur présentation du *Guide du routard*.

■ **Résidence Deville** *(plan D1, 12)* **:** route de l'Épinay. ☎ 05-96-62-50-64. Fax : 05-96-62-58-78. ● residence.deville@wanadoo.fr ● Fermé le lundi, ainsi qu'en mai et juin. Les prix vont de 31 à 70 € en basse saison et de 40 à 85 € (pour 2 ou 4 personnes) en haute saison ; petit dej' à 6,15 €. 23 logements en tout, de tailles et donc de prix différents, avec des chambres plus ou moins bien équipées, des appartements et des bungalows. Ménage quotidien, piscine, salle de sport, bar-resto... Réduction selon la durée du séjour. Apéritif maison offert.

Chic

■ **Hôtel Caribia** *(plan B1, 13)* **:** quartier Désert. ☎ 05-96-62-20-62. Fax : 05-96-62-59-52. ● hcaribia@wanadoo.fr ● À 4 km du bourg. De 79 à 119 € la nuit pour 2 personnes ; gratuit pour les enfants de moins de 5 ans ; petit dej' continental à 9 €. Demi-pension possible. Entourés d'un vaste jardin, appartements de 45 m^2 composés d'une chambre climatisée, d'un salon (avec brasseur d'air) pouvant servir de 2e chambre à coucher et d'une large terrasse équipée d'une kitchenette. Déco anonyme mais chambres ultra-confortables et très propres. Piscine, resto, tennis, parking privé, jardin d'enfants et... superbe plage à 300 m. Apéritif maison offert et réduction de 10 % sur le prix de la chambre pour nos lecteurs, sur présentation du *Guide du routard*.

Où manger ?

Bon marché

⦿ *Paella Géante* (zoom C3, **20**) : l'entrée principale est située 26, rue Schœlcher (seconde entrée boulevard Kennedy par le bar *Casa Pépé*). ☎ 05-96-62-28-72. Ouvert tous les jours midi et soir jusqu'à 23 h. Plats autour de 10 €. Le patron de la bodega, un Biterrois pur jus, est un passionné de *ferias*, en attestent les multiples affiches décoratives. On aime ou on n'aime pas... Allez vous régaler de tapas au bar, avant d'aller commander votre plat à emporter. Paella, couscous, colombo, moussaka, etc. (ça tourne). Assiettes parfumées et très copieuses, à prix imbattables. Si une envie de salade ou de grillade vous prend, changez de formule : posez-vous et prenez un plat.

⦿ *Le Palmier, Chez Suzette* (zoom C3, **22**) : pl. du Dispensaire. ☎ 05-96-62-44-24. Ouvert en principe du mardi au vendredi de 7 h à 15 h et les samedi et dimanche jusqu'à 13 h (horaires assez variables en réalité).

Petite boutique en bois à côté du dispensaire. On peut déguster sur place ou emporter des accras de morue (0,15 € pièce) ou de crevettes (0,46 €), du poulet boucané, du boudin créole ou du boudin de lambi. Pas léger, léger si l'on se contente des classiques accras, mais bons plats du jour à commander le matin, de préférence, si l'on veut avoir du choix.

⦿ *L'Épi Soleil* (zoom D3, **23**) : bd Kennedy. ☎ 05-96-62-30-33. Ouvert de 6 h à 22 h. Fermé le dimanche de mai à décembre. Compter entre 6 et 14 €. Petite chaîne sympa. Quelques tables installées sur la plage, pour grignoter sur le pouce, les pieds dans l'eau. Terrasse ombragée. Pizzas, snacks, sandwichs, friands, etc., ainsi que quelques spécialités créoles (fricassée de lambi à 13 €). Après ça, une bonne sieste sur le sable chaud. Grillades les vendredi et samedi soirs. Ti-punch offert sur présentation du *Guide du routard*.

Prix moyens

⦿ *Case Coco* (zoom D3, **21**) : 58, rue Schœlcher. ☎ 05-96-62-32-26. Ouvert de 11 h 30 à 14 h 30 et de 18 h 30 à 22 h. Fermé en juin. Compter entre 12 et 15 €. Une *Case* qui manquait à Sainte-Luce. Vieille maison créole mais cuisine d'aujourd'hui pleine de saveurs. Ambiance décontractée et service très agréable, on peut même aller chercher ses cartes postales ou ses cadeaux dans la boutique à côté, entre deux plats.

⦿ *Côté Sud* (plan A1, **24**) : quartier Trois-Rivières. ☎ 05-96-62-59-63.

Ouvert tous les jours mais uniquement sur réservation le soir. Menu du pêcheur autour de 19 €, style soustaï de chatrou, thon grillé sauce basilic et blanc-manger goyave ; compter 23 € à la carte sans les boissons. Pour déjeuner face à la mer, en guettant l'arrivée des pêcheurs, ou pour dîner aux chandelles... L'adresse qu'on aime bien à Sainte-Luce, mais qui a tendance à se laisser aller. Cadre superbe, ambiance décontractée, service avec ses humeurs... Reste, il faut l'espérer, une cuisine parfumée et originale : roulé de bourse (c'est un poisson, délicieux !) au gingembre, darne de daurade en chemise de poitrine fumée, volaille à la mangue... et fricassée de fruits au ti-punch.

Où boire un verre ?

🍷 **Bar Le Nautilux** (zoom D3, 30) : 31, bd Kennedy. À même la plage, juste à côté du ponton. Ouvert de 10 h à 15 h et de 18 h à 23 h. Fermé le mercredi et le dimanche matin. Le rhum coule à flots mais le capitaine tient bon le navire. Tout beau, tout rose, on espère que cela restera le rendez-vous des pêcheurs autour d'une partie de cartes.
🍷 **Bar Chez Gilbert** (zoom D3, 31) : bd Kennedy, en face du club de plongée, le long de la plage, les pieds dans le sable, sous la tôle. Vous verrez des paillotes à côté des barques de pêcheurs. Gilbert prépare un très bon planteur maison et un non moins délectable punch coco ! L'autre rendez-vous des amis et des pêcheurs.
🍷 **Bar La Ganot** (zoom D3, 32) : 60, rue Schœlcher. Ouvert de 8 h 30 à 21 h. Intérieur au charme désuet et petit jardin agréable à l'ombre d'un gros amandier. Jolie maison en bois à étage.

À voir

★ **Le marché** (zoom D3, 40) : tous les jours de 6 h à 13 h. Fruits, légumes et artisanat local. Pour le poisson, il faut se balader le long de la plage à la rencontre des pêcheurs qui, de retour du large, installent leurs tables contre leurs frêles esquifs.

Où et comment plonger ?

Les clubs

■ **Sainte-Luce Plongée** (zoom D3) : 78, rue Schœlcher. ☎ 05-96-62-40-06. ● sainte.luce.plongee@wanadoo.fr ● À côté des barques et des filets de pêche, au cœur du village de pêcheurs. Basé également au Marin et à Sainte-Anne, au Club Med ; les trois centres disposent de 80 équipements complets renouvelés chaque année pour un confort et une sécurité maximum. 10 équipements enfants, avec des bouteilles de 6 l et, pour les plus menus, un baptême en respirant sur le double-détendeur du moniteur. Un atout confortable pour l'enfant : gilet et bouteille placés à l'envers sur le ventre, pour faciliter l'équilibre ! Dès qu'il commence à être à l'aise, on passe le matériel sur le dos. Enfants et adultes non-plongeurs acceptés sur le bateau pour rando palmée. Formations Ffessm/Cmas, Anmp/Cedip, Padi. Chacun des deux navires embarque 19 plongeurs. Équipés d'une plate-forme de mise à l'eau spécifiquement étudiée pour la plongée des handicapés. Encadrement sensibilisé à ce sujet. Une vedette rapide 7 plongeurs emmène les petits groupes sur les lieux. La zone de Sainte-Luce est classée réserve de pêche. Sites depuis le chenal de la Baie du Marin jusqu'au Rocher du Diamant. Spécialité de l'école : plongée de nuit, véritable spectacle son et lumière. 2 à 3 sorties par jour sur douze sites différents. Première à 8 h 30 avec un retour à 11 h. Seconde à 14 h 30 avec retour à 17 h. Plongées de nuit sur demande avec départ à 17 h 15 et retour à 21 h. Rendez-vous au centre 15 mn avant le départ du bateau. Sortie uniquement à la demi-journée. École qui ronronne comme une horloge, dirigée par un vrai homme d'affaires !

■ *Okeanos Club* (plan C2) : résidence *Pierre & Vacances*. ☎ 05-96-62-52-36. En venant de la voie rapide depuis Fort-de-France, sortir à « Corps de garde » et tourner à droite tout de suite sans s'engager sur la route de Sainte-Luce. Passer devant la résidence *Pierre & Vacances*. Continuer jusqu'à une borne téléphonique orange sur la gauche. Quitter la route et se garer sous les arbres. Minuscule plage publique avec du sable blanc. Se diriger vers le ponton. Local de plongée en retrait. Fermé le dimanche après-midi. Baptême : 47 € ; explo : 41 € ; pour 3 plongées : 38 € l'une ; dès 8 plongées : 29 € l'une. 25 équipements complets avec shortys. Trois vêtements pour enfants et bouteilles de 6 l. Vedette, avec un taud, emmenant 15 plongeurs. Formations Padi, Ffessm/Cmas et Anmp/Cedip. Départs en haute saison à 8 h, 10 h 30 et à 14 h 30 (retour à 16 h 30) ; rendez-vous 30 mn avant. Réserver 2 jours avant. Des « nounous » s'occupent des enfants en bas âge, jusqu'à 8 ans. Mini-club dans l'enceinte *Pierre & Vacances*. Initiation plongée enfants en piscine le mercredi après-midi. Le ramassage des plongeurs est assuré dans les hôtels *Diamant Beach Club*, *Calypso* et au village du Diamant tous les matins, jusqu'à Sainte-Luce. Plongeurs confirmés en mer le matin, débutants l'après-midi. Palanquées homogènes. Ambiance très cosmopolite. Planteur offert à l'arrivée et pique-nique possible sur place entre 12 h et 14 h. Possibilité de se ravitailler au magasin de *Pierre & Vacances*. Salades et grillades au *Mahi-Mahi*. Pour revenir au Diamant, s'arranger avec les plongeurs déjà sur place ou attendre le soir pour partir avec le véhicule d'*Okeanos*.

Les spots

🐟 *Corps de Garde*** (plan Les spots de plongée en Martinique Sud, 40) : partie de la grande caye au large de Sainte-Luce. Au moment où celle-ci est interrompue par une brèche, on se trouve au bord d'une marche d'escalier dont le début est à - 10 m et le fond à - 25 m. La paroi abrupte est lacérée de gorges d'un rayon de 10 m où le sable s'est lentement entassé au gré des courants. Il y a en général une excellente visibilité, avec parfois un bon courant, ce qui nécessite d'être détenteur du niveau 1 minimum. L'enchantement consiste à remonter en fin de balade sur le plateau couvert de gorgones, dont certaines font 1 m de haut.

🐟 *1re Anse** (plan Les spots de plongée en Martinique Sud, 41) : ainsi nommée par sa position en face de la plage de Petite Anse. Explorer un vaste plateau corallien avec pâtés de coraux. Peu de poissons. Évolution entre - 6 et - 30 m, sur un air de *Il était une fois dans l'Ouest*. Avant-goût de fin de vacances. Peut-être parce que quelques moniteurs le proposent en dernier ressort à leurs plongeurs, avant de reprendre l'avion. Grandes étendues de coraux en tuile. Énormes poissons-coffre en *grande vadrouille*. Accessible à un plongeur de niveau 1 ou *Open Water Diver*.

🐟 *2e Anse** (plan Les spots de plongée en Martinique Sud, 42) : à 300 m de celui de Gros Raisin, face à la 2e Anse. De - 10 à - 25 m avec circonvolutions et ondulations créant ainsi de petites terrasses. Coraux et éponges succédant aux bandes de sable avec une quasi-régularité déconcertante. À - 20 m, deux petites grottes de 3 m de profondeur avec langoustes, anémones et crevettes. Thazars et barracudas fréquentent les lieux. Accessible à un plongeur de niveau 1.

🐟 *Gros Raisin*** (plan Les spots de plongée en Martinique Sud, 43) : fond sous-marin curieusement recouvert d'un tapis de corail et d'éponges de - 8 à - 22 m. S'arrête brusquement pour donner place à du sable, véritable piste de ski blanche et uniforme. Se transforme en mur vertical et abrupt. Au sommet de cette piste, remarquable point de vue sur le bleu. Quelques capitaines isolés (ce sont des poissons). Accessible à tout niveau de plongeur.

Les plages

À l'ouest de Sainte-Luce en empruntant l'ancienne route (D7), voici une enfilade de petites plages paradisiaques et, par bonheur, encore assez peu fréquentées.

◿ **Anses Gros Raisin** (plan C-D2) : à quelque 300 m de la D7. Deux plages presque côte à côte, juste séparées par un grand parking. Sur la plus importante, quelques « lolos » dont un tenu par trois sœurs charmantes, *Buena Onda*, où l'accueil et la fraîcheur des produits sont deux atouts majeurs : accras pas gras du tout, salades riches en gambas, etc. Le *Snack Oceane* est très bien aussi. Cuisine créole authentique, bon marché.

◿ **Anse Pont Café** (plan C2) : à 50 m de la route, dont elle est heureusement protégée par un sous-bois. 150 m de plage.

◿ **Anse Corps de Garde** (plan B2) : à une centaine de mètres de la départementale. Longue plage cachée par les sous-bois. Parking et toilettes-douches gratuites. Plusieurs « lolos » pour casser la croûte ou se rafraîchir. Comme le *Tam-Tam Beach,* très sympa, aux prix indiscutablement honnêtes, ou le *Kaï Brésil,* idéal pour s'échauffer l'appétit. Selon certains de nos lecteurs, le *Kaï Brésil* serait un des meilleurs restos de plage de l'île.

◿ **Anse Fond Banane** (plan B2) : 200 m de belle plage ; en bordure de route, malheureusement. Pour les amateurs de poulet boucané, stop à l'*Acqua-Gril.*

◿ **Anse Désert** (plan A2) : à quelque 300 m en contrebas de l'hôtel *Les Amandiers.* Accès possible en voiture ou à pied. Superbe plage au caractère très sauvage, talonnée par les mangroves. Fréquentée presque exclusivement par les résidents des hôtels *Les Amandiers* et *Caribia,* c'est notre préférée.

◿ **Anse Mabouya** (plan A2) : comme tous les paradis perdus, elle cache son visage aux conducteurs pressés. Depuis la D7, un peu plus de 1 km en contrebas (dont 400 m de piste complètement défoncée). Minuscule plage fréquentée surtout par les locaux.

À voir

★ **La distillerie Trois-Rivières** (plan A1, *42*) : sur la RN5, à l'ouest de Sainte-Luce, près de Trois-Rivières. Panneau indicateur sur la route. ☎ 05-96-62-51-78. Visite et dégustation du lundi au vendredi de 9 h à 17 h 30 et le samedi de 9 h à 13 h. Pour la visite, compter 20 mn. 1,52 € par personne (gratuit pour les enfants). Très belle distillerie artisanale. La modestie des installations permet de bien comprendre tout le processus de fabrication du rhum depuis la coupe de la canne jusqu'à la distillation. Les machines qui fonctionnent aujourd'hui sont les mêmes qu'il y a 70 ans. Accueil sympa et compétent.

★ **La forêt domaniale** (hors plan par C1 ou D1) : en haut du quartier de Montravail, à 5 km de Sainte-Luce. Propose de bien belles promenades, malheureusement non balisées, depuis que les panneaux ont disparu. Il reste le marquage sur les arbres. Peu de risque, donc, de s'égarer, à moins de n'avoir vraiment aucun sens de l'orientation. Une dizaine de parcours en tout, ainsi qu'un sentier sportif. Pour les flemmards, une route intérieure traverse la forêt tropicale, dans laquelle on a d'ailleurs retrouvé des roches gravées, témoignant de l'occupation des Indiens caraïbes.

★ **La roche Caraïbe** (hors plan par C1 ou D1) : située sur la propriété de M. Choux, à proximité de la forêt de Montravail, la roche Caraïbe est la seule ruine archéologique encore présente à Sainte-Luce. Cette grosse roche (2 x 1,40 m), âgée de plus de 15 siècles, possède une surface lisse gravée de 11 hiéroglyphes. Ces figures sont des symboles cultuels, se fondant sur des mythes et des rituels fondamentaux. Intéressant. À savoir : M. Choux, propriétaire de ce gros caillou, qui ne veut plus travailler pour des clous, demande une petite rétribution.

★ *Sable et Terre, Art et Nature* (hors plan par A1, *41*) *:* à *Monésie.* ☎ 05-96-62-59-19. De la distillerie de Trois-Rivières, continuer sur la D7. Très bien fléché. Ouvert du lundi au vendredi de 10 h à 13 h et de 14 h 30 à 18 h ; et sur rendez-vous. Galerie de tableaux réalisés uniquement à l'aide de terres naturelles et de sable de la Martinique. En tout, 230 couleurs de terre et près de 150 sables différents recueillis uniquement dans l'île. L'artiste vous expliquera comment se forme le sable ainsi que les étapes successives de son travail. On peut, comme dans nombre de jardins, apercevoir des colibris en train de boire l'eau sucrée suspendue devant les fenêtres. Bucolique à souhait !

QUITTER SAINTE-LUCE

➤ *Vers les quartiers périphériques (Montravail, Monésie, Trois-Rivières) :* minibus urbains *(zoom D3, 1).* Départ rue Joliot-Curie, derrière la mairie. Également des taxis de place.

➤ *Vers Fort-de-France :* taxis collectifs *(zoom C2-3, 2),* arrêt sur la place des Cocotiers. Départ en moyenne toutes les 20 mn (plus espacé en fin d'après-midi) de 6 h à 17 h 30.

➤ *Vers Sainte-Anne et la plage des Salines :* les minibus de M. Poulain *(zoom D3, 1)* partent derrière la mairie, rue Joliot-Curie, à partir de 9 h. Dernier retour aux alentours de 16 h. Attention, horaires très irréguliers.

RIVIÈRE-PILOTE (97211)

Charmant village à l'intérieur des terres et à l'écart de la route vers les plages du Sud. Encore quelques jolies maisons en bois. Marché couvert style Baltard (en beaucoup plus petit !). On ne vient pas ici par hasard, les deux centres d'intérêt, le pitt Cléry et la rhumerie La Mauny, en font un lieu de passage. N'hésitez pas à arpenter les ruelles du bourg. Chacune d'elles a été baptisée (par la mairie indépendantiste) du nom d'un héros ou d'un événement des mouvements de l'indépendance. Juste pour rappeler que la dignité, cela existe ! Par ailleurs, l'air est ici plus rafraîchissant que sur la côte.

Adresse utile

■ *Crédit Agricole :* av. des Insurrections-Anti-Esclavagistes. Distributeur de billets accessible 24 h/24.

Où dormir ?

Gîtes de France

🏠 *Gîte* (n° 276) *et chambre d'hôte* (n° 277) *de Mme Amélie Psiche-Celma :* quartier Baudelle. ☎ 05-96-62-60-75. À 4 km au nord du bourg, le long de la N5, après la Mauny, au niveau de la pancarte « Morne Honorée ». Les taxis collectifs reliant Sainte-Luce et Fort-de-France passent en contrebas de la propriété. Compter de 245 à 277 € la semaine en gîte ; chambre d'hôte à 45 € la nuit pour 2 personnes, petit dej' compris. Pas besoin de faire votre plein d'eau mi-nérale : une source parfaitement pure coule en haut du jardin. Veuve d'un ancien capitaine de l'armée française, Amélie a un côté un peu vieille France (que voulez-vous, on ne se refait pas), mais tous seront d'accord pour reconnaître son dynamisme et sa générosité. Sans oublier sa demeure richement meublée : salle à manger Louis XIII, salon du Portugal, meubles thaïlandais, piano à queue, fauteuils en acajou, etc. Deux logements sur place : un gîte en bois pour 2 personnes à l'extérieur de la maison, avec kitchenette, et une chambre coquette à l'intérieur (cuisine à disposition).

▣ **Gîtes de Mme Ginette Éginer** (*Résidence Madikera*; n°s 205, 206, 224, 225, 226 et 227) **:** quartier Renée. ☎ 05-96-62-63-44. Fax : 05-96-62-74-13. • • www.madikera.com • À 7 km de Rivière-Pilote, sur la route de Saint-Esprit (N5 et D27). Compter de 290 à 325 € la semaine pour 2 personnes, de 310 à 345 € pour 4 personnes et de 335 à 375 € pour 5 personnes. 6 beaux gîtes (4 au rez-de-chaussée et 2 à l'étage) dans une maison située sur les hauteurs, avec un jardin d'agrément. Tous très bien équipés, avec une grande terrasse commune donnant sur la piscine accessible de 8 h à 18 h. Mme Éginer, femme de caractère et très pointilleuse sur son « règlement intérieur » (!) prépare des repas à la demande de ses clients. Détente assurée.

Chambres d'hôte et appartements

▣ **Villa Désirée** (*Chez Mme Jobie Laro*) **:** à l'Anse Figuier. ☎ 05-96-62-63-15. Fax : 05-96-62-84-32. • jobie. laro@wanadoo.fr • 3 appartements avec kitchenette (pour 2, 3 et 4 personnes), loués de 351 à 428 € la semaine, ainsi que 3 chambres d'hôte à 305 € la semaine, petit déjeuner compris. Grande et superbe villa tout de blanc vêtue, dominant le quartier de l'Anse Figuier. Terrasse personnelle, clim', frigo, TV, draps et linge de toilette pour tout le monde. Fantastique point de vue sur la mer.

SUD-OUEST

Hôtel

▣ **Le Roy Christophe** (*Auberge Créole*) **:** à l'Anse Figuier, à 200 m de la plage. ☎ 05-96-62-76-17. Fax : 05-96-62-79-90. Chambres à 39 € avec salle d'eau et clim' et 54 € avec kitchenette à l'équipement limité, et terrasse en plus en basse saison ; en haute saison, pour une double côté mer, compter 60 €. Entouré d'hibiscus et de bougainvillées, hôtel dans les tons rose et vert proposant 20 petites chambres à la décoration assez kitchounette. Petit déjeuner à 6 €. Fait aussi resto (de décembre à avril, ainsi qu'en été, tous les jours sauf le dimanche). Plat du jour à 10 €. Menu à 18 €.

Où manger ?

▣ **L'Oasis** (*Chez Génite*) **:** av. des Insurrections-Anti-Esclavagistes. ☎ 05-96-62-69-58. Au centre du bourg, non loin du *Crédit Agricole*. Menu du jour servi le midi pour 9,15 €. Une petite adresse de dépannage sur la route des distilleries agricoles. Le soir, brochettes (lambi, rognon, poisson) accompagnées de riz pour un prix vraiment modique.

▣ **Le Roi de la Grille :** quartier Baudelle. ☎ 05-96-62-93-62. En arrivant de Petit-Bourg, à droite, à l'entrée de Rivière-Pilote. Petit bar-restaurant à 100 m de chez Mme Psiche-Celma (voir « Où dormir ? »). Très copieux, sympa et pas cher. Pas de la grande gastronomie, mais cuisine familiale. Ça repose la tête et remplit le ventre, on n'en demande pas plus.

À voir

Sur la route de Fort-de-France

★ **Le pitt Cléry :** à 3 km au nord du village par la N8. ☎ 05-96-62-81-92. Entrée : 9 €. Tous les dimanches à partir de 14 h 30. Le seul pitt aux Antilles à proposer, en plus des combats de coqs, des combats de serpents contre mangoustes. Environ 400 personnes se réunissent chaque semaine pour assister à ces batailles dans une atmosphère survoltée, entre les cris des parieurs et ceux des bêtes. Le duel entre la mangouste et le serpent trigonocéphale « fer de lance » sous une cloche de verre est particulièrement cruel. Que ne ferait-on pas sous prétexte du respect de la tradition ? L'esclavage était une tradition. Faut-il pour autant tout conserver ?

★ *La rhumerie La Mauny :* un peu après le pitt Cléry, en direction du nord. ☎ 05-96-62-62-08. Ouvert du lundi au vendredi de 9 h à 17 h 30 et le samedi de 9 h à 13 h. Fermé le dimanche. Visite guidée et dégustation. La plus importante rhumerie du sud de l'île. Site exceptionnel et visite intéressante. La meilleure période pour visiter les distilleries se situe, comme toujours, de février à juin lorsque les machines fonctionnent (le bruit gêne un peu les explications... au mégaphone). Attention, le stockage ferme à 15 h 30. Dégustation gratuite.

À l'Anse Figuier

⌂ *La plage de l'Anse Figuier :* aménagée par la mairie de Rivière-Pilote avec des douches, des tables en bois, un kiosque où l'on vend frites et boissons, des espaces de jeux à l'arrière, des toilettes et un terrain de foot. L'endroit idéal pour une famille. Attention : il est bien précisé que le nudisme est interdit « sous toutes ses formes » ! La plage est bien protégée et descend en pente très douce vers le large. Beaux fonds à droite de la plage en longeant les rochers. Un véritable aquarium tropical en fin de journée. À vos masques et tubas !

★ *L'écomusée :* au bord de la plage. ☎ 05-96-62-79-14. Installé dans une jolie maison créole typique. Ouvert du mardi au vendredi de 9 h à 17 h et les samedi et dimanche de 9 h à 13 h et de 14 h à 17 h ; dernière admission à 16 h 30. Fermé le lundi. Entrée : 3,05 €.
À l'intérieur, on peut voir plusieurs des vestiges caraïbes trouvés en 1992 à l'Anse Figuier, ancien site amérindien. À l'entrée, une grande maquette retrace la vie des Caraïbes, puis toutes les composantes de la société martiniquaise, les grandes cultures (tabac, coton, cacao...) et les traditions sont représentées avec des d'objets, des photos et des textes simples. Au 1er étage, on découvre les différentes pièces de la maison traditionnelle avec leur mobilier. Petite expo sur le matériel découvert en fouillant. Une visite instructive et agréable (personnel charmant).

Fête et manifestation

– Grande *foire agricole* annuelle : début avril. Elle vous permettra d'approcher la Martinique profonde. Laissez votre voiture à l'Anse Figuier et prenez une navette gratuite.
– *Fête patronale :* en décembre.

LE MARIN   (97290)

Retiré au fond d'une baie en cul-de-sac protégée par la pointe Borgnesse et la pointe Marin, le bourg est l'un des plus anciens sites habités de la Martinique. La région est aussi l'une des premières à avoir accueilli les Français. Le Marin est particulièrement bien nommé puisque les activités de plaisance s'y sont développées. Avec 42 000 plaisanciers par an (sur les 60 000 que compte le département), la marina du Marin fait figure de grande dans les Caraïbes.

Élevée au rang de sous-préfecture depuis pas mal d'années, la commune a obtenu le label « Station voile ». C'est donc logiquement au Marin que sont regroupées la plupart des sociétés de location de bateaux (une quinzaine de loueurs pour une flotte de 350 unités au total !). Grâce à la loi Pons (concernant les investissements dans les DOM), les investisseurs au long cours furent avides de contribuer à leur manière au développement de ce coin de la Martinique ! Cela dit, la bourgade ne présente que peu de charme en dehors de son église du XVIIe siècle, d'architecture jésuite – à la voûte en forme de carène de navire renversée. L'autel était destiné à l'origine à la cathédrale de Lima (Pérou), mais un caprice de la mer le fit échouer ici...
– **Fête patronale :** en janvier.

Adresses utiles

Office du tourisme : 3, pl. Joffre. ☎ 05-96-74-63-21. En face de l'église. Ouvert en saison du lundi au vendredi de 8 h à 17 h 30, le samedi jusqu'à midi.
■ **Distributeurs de billets 24 h/24 :** *Crédit Agricole,* rue Osman-Duquesnay. Un autre distributeur à la *BNP,* sur l'avenue François-Mitterrand, ainsi qu'au *Crédit Mutuel,* dans le centre commercial *Annette.*
■ **Centre commercial Annette :** à droite, juste avant d'arriver au Marin

lorsqu'on est en route vers le sud. Le point de ravitaillement classique des familles qui résident en gîte dans le sud de l'île (Sainte-Luce, Sainte-Anne). On achète le pain et les sandwichs à *l'Épi Soleil,* le poulet rôti et les accras au *Ti-Grill.* Ouvert tous les jours de 8 h à 19 h 30.
■ **Bateau pour Sainte-Lucie :** port de plaisance, Société *Silver Line.* ☎ 05-96-74-81-90. Navette rapide (1 h 30) et pratique pour un départ au sud de l'île.

Où dormir ?

Studio à louer Alizé Fun : 20, les Quatre-Chemins. ☎ 05-96-74-71-58. Fax : 05-96-74-79-31. ● alize fun@wanadoo.fr ● Sur la route du Marin à Sainte-Anne, 1re rue à gauche après la gendarmerie, en direction de cap Macré, juste avant le rond-point. Ouvert tous les jours jusqu'au 15 septembre ; du 15 sep-

tembre au 30 novembre, uniquement les week-ends, jours fériés et pendant les vacances. Studio à 300 € la semaine en basse saison et 335 € en haute saison ; nuitée à 50 €. En rez-de-jardin de la maison du propriétaire. Bien équipé. Jolie vue. Une heure libre de planche à voile offerte aux routards de passage.

Gîtes de France

Gîtes de M. Alex Louis-Joseph (n°s 193 à 197) : sur les hauteurs, au morne Pérou. ☎ 05-96-74-88-36. Prendre la N6 vers Le Vauclin, puis à gauche la D32 ; après 1,5 km environ, c'est à droite. Pour une semaine à 2 personnes, compter de 185 à 220 € pour un gîte, de 245 à 290 € pour les deux suivants ; pour 4 personnes, deux autres gîtes encore, de 295 à 350 € selon la saison. 5 gîtes perchés sur le morne, dans une maison récente, tranquille mais pas « morne » pour autant (surtout quand vos voi-

sins font la fête !). Endroit calme s'il en est, en pleine campagne (ah, la fraîcheur !), entouré d'un beau jardin. Vue sur la mer.
Gîtes de M. Gabriel Louis-Joseph (n°s 053 et 091 à 093) : situés au même endroit que les précédents, mais continuer la route sur 1 km environ, c'est à gauche. ☎ 05-96-74-84-13. Selon la saison, compter de 220 à 255 € la semaine pour 2 personnes et de 325 à 365 € pour 4 ou 5 personnes. 5 gîtes, pour 2 à 8 personnes. Vue superbe sur les planta-

tions voisines. Très calme. Jeux pour enfants dans le jardin. Bon accueil. Le n° 093, très aéré, est notre préféré pour un couple. Animation pour les fêtes (Carnaval, Pâques, etc.).

🏠 *Gîtes de M. Lamon, villa Man Léa (n°s 335 à 339) :* 14, lotissement des Quatre-Chemins. ☎ 01-96-73-74-74 ou 01-40-30-51-77. Quitter Le Marin direction Sainte-Anne ; au 1er rond-point après la gendarmerie, prendre la direction « Cap Macré » : les gîtes sont à 100 m sur la gauche, dans la grande maison qui surplombe la route. Selon la saison, de 255 à 365 € la semaine pour 2 personnes, de 395 à 535 € pour 4 personnes et de 470 à 655 € pour 6 personnes. Dans une grande villa sur deux niveaux, avec jardin, 5 gîtes dont le fleuron est incontestablement l'appartement pour 6 personnes, très spacieux (119 m² !) avec son immense séjour, une belle cuisine et 3 chambres, sans compter une décoration intérieure très soignée.

Où manger ?

|●| *Au Crock'Marin (Chez Mamie) :* 17, rue Diaka. ☎ 05-96-74-62-45. Sur la rue principale pour aller à Sainte-Anne par le centre-ville, en face de la *Banque Populaire.* Ouvert toute la semaine de 6 h à 14 h et de 16 h à 20 h. 15 mètres carrés où l'on trouve à boire et à manger, des cartes, des timbres, des cigarettes. Sandwichs à 2,50 €. Cette adorable mamie fait aussi des accras sensas et propose un plat du jour copieux. Dans son minuscule magasin, gaiement habillé de madras, vous pouvez aussi venir boire un café accompagné d'une brioche pomme-cannelle !

|●| *La Carène :* dans le centre de carénage, à droite avant d'arriver au Marin ; le resto est situé à l'étage, juste au-dessus de l'atelier. ☎ 05-96-74-70-22. Fermé le dimanche. Une bonne cuisine créole roborative (le midi, c'est un peu la cantine de ceux qui travaillent au centre de carénage). Organise de temps à autre des soirées piano-bar.

|●| *Marin Mouillage :* au port de plaisance. ☎ 05-96-74-65-54. Ouvert de 8 h à 18 h ; soirées les vendredi et samedi jusqu'à 1 h. Fermé le dimanche. Plat du jour le midi à 8 € ; compter entre 15 et 20 € en soirée le week-end. Petit snack où l'on peut toujours passer en se disant qu'on va trouver de quoi se régaler, localement, simplement. Bonnes grillades servies avec légumes pays et gratin de christophines. Le week-end, en soirée, chaude ambiance : mieux vaut réserver pour un des deux services.

|●| *Le Mango Bay :* bd Allègre (marina). ☎ 05-96-74-60-89. Ouvert tous les jours. On y va le matin boire un café après avoir acheté ses petits pâtés à la viande à la boulangerie *Délifrance* en face, on y retourne pour le plat du jour autour de 9,15 €, on repasse faire un tour au bar à 18 h (*happy hour,* comme on dit en créole !). Ribs, accras et cocktails sont excellents. Après, quand on voit tanguer les yachts qui semblent bien proches, tout à coup, quand on sent se lever le vent dans les voiles des voiliers, on quitte discrètement cet univers bâti sur pilotis pour retrouver, discrètement, le plancher des vaches...

À faire

■ *Vision sous-marine en « Aquabulle » :* port de plaisance. ☎ 05-96-74-69-69. Toute l'année. Départs de 9 h (en saison), 10 h 45 (sortie de 1 h 30) et 14 h 45 (sortie de 2 h). La sortie de l'après-midi inclut une baignade de 30 mn (en plus de la demi-heure d'observation), avec possibilité de plongée en apnée au niveau de la pointe Borgnesse. Tarif : 22 € le matin et 26 € l'après-midi ; demi-tarif pour les moins de 16 ans ; gratuit pour 1 enfant de moins de 10 ans accompagnant 2 adultes. Ça vaut le (prix du) voyage, surtout avec des enfants. Une seconde vedette permet une sortie supplémentaire en cas d'affluence. Excellent accueil. Punch, goûter l'après-midi et jus de fruits offerts à chaque voyage. Idéal pour ceux qui n'osent pas se lancer dans la plongée et veulent voir poissons et coraux sans se mouiller ! N'espérez pas trop, par contre, entrer dans le « vrai monde du silence », le babillement incessant des touristes empêchant parfois d'entendre les commentaires du guide, pourtant fort intéressants...

■ *Alizé Yole :* port de plaisance. ☎ 05-96-74-91-21. Fax : 05-96-74-94-84. Ouvert de 9 h à 17 h. Fermé le dimanche. Pour vous initier à cette spécialité martiniquaise qu'est la yole ronde. Compter 29 € par personne pour 1 h 30. *Alizé Yole* propose également d'autres prestations (balades à cheval, découverte de la mangrove et croisières).

■ *Le Marin Pêcheur :* port de plaisance. ☎ 05-96-74-67-54. ● marin pecheur@wanadoo.fr ● Fermé le lundi. Pour qui cherche à pêcher à la traîne, une bonne aubaine. À cette adresse, on vous propose différentes sorties en mer, dont une avec guide pour 3 personnes (et un accompagnateur) à 244 € la demi-journée, matériel compris. Possibilité de louer bateaux, cannes, moulinets...

■ *Bateau Passion :* face à l'Aquabulle, sur le port. ☎ 05-96-66-03-39. Excursions à la journée à 74 €, ou journée à Sainte-Lucie à 119 € (buffet le midi et boissons à volonté). Danielle et Gilles Grainville naviguent depuis des années dans la mer des Caraïbes, vous pouvez y aller en toute sécurité.

■ *Journées en yole avec Myrtille Évasion :* ponton de Duprey. ☎ 05-96-62-65-80. Une bonne façon de voir du pays. Compter de 29 à 60 € (avec programme à la carte (plongée, pique-nique, etc.). Il y a même, pour les moins sportifs et les amoureux du vert, une promenade « entre terre et mer ».

SAINTE-ANNE ET LA POINTE SUD

➤ DANS LES ENVIRONS DU MARIN

➤ *L'îlet Duquesnay :* quartier La Duprey. À 3 km avant Le Marin (venant de Sainte-Luce par la N5), à la sortie d'un virage. D'une superficie de 76 ares, l'îlet a été aménagé par l'Office national des forêts. Sur chaque arbre, un panonceau indiquant sa dénomination et son origine : très pédagogique. Un sentier borné de galets permet de faire le tour de l'île jusqu'à la table d'orientation face à la baie du Marin. Au sud, on aperçoit les installations du *Club Méditerranée*, à l'extrémité de la pointe Marin. Le quartier étant le fief des pêcheurs de lambis, il est facile de se faire embarquer. Départ du ponton reliant le petit îlet à la terre.

➤ *Le piton de Crève-Cœur :* balade de 1 h 30, sympathique et décontractée, sur un piton culminant à 200 m. Du Marin, emprunter la D9 vers Sainte-Anne sur 2,5 km. Prendre à gauche au rond-point, direction Cap Chevalier sur 1 km. Ensuite à droite sur 2 km, puis poursuivre tout droit le chemin non asphalté. Se garer près des ruines de la sucrerie. Sur la droite débute le chemin, facile et confortable (les personnes âgées et les enfants auront peut-être plus de mal à suivre). Depuis les 2 sommets, panorama complet sur la presqu'île sud de l'île.

LA POINTE SUD

L'extrémité sud de l'île offre les plus belles plages aux touristes en mal de farniente. La végétation et les paysages intérieurs sont moins puissants. Tout se passe donc sur les côtes... et tout à côté.

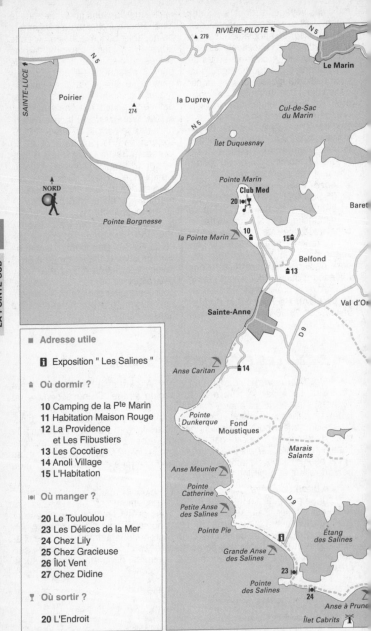

■ **Adresse utile**

🅸 Exposition " Les Salines "

⌂ **Où dormir ?**

10 Camping de la Pte Marin
11 Habitation Maison Rouge
12 La Providence
   et Les Flibustiers
13 Les Cocotiers
14 Anoli Village
15 L'Habitation

|◦| **Où manger ?**

20 Le Touloulou
23 Les Délices de la Mer
24 Chez Lily
25 Chez Gracieuse
26 Îlot Vent
27 Chez Didine

🍸 **Où sortir ?**

20 L'Endroit

169

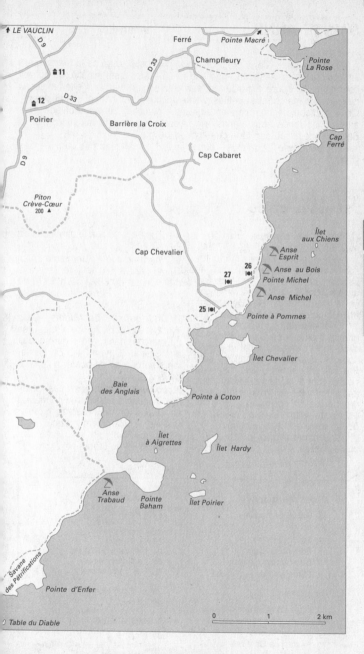

SAINTE-ANNE ET LA POINTE SUD

LA POINTE SUD

SAINTE-ANNE (97227)

À la pointe sud de l'île, à proximité de la plus belle plage de la Martinique : les *Salines*. C'est à Sainte-Anne que le *Club Med* s'est installé, ce qui est bon signe. Le bourg a gardé tout son pittoresque avec ses jolies maisons peintes, son marché, ses petites places animées, ses bars et ses pêcheurs. On y pratique de nombreuses activités : planche, dériveur, balade pour admirer les fonds sous-marins, etc. Ajoutons qu'on mange plutôt bien à Sainte-Anne, et autour. Que demande le peuple ?

– *Fête patronale :* fin juillet - début août. Ne manquez pas l'arrivée des yoles.

Adresses utiles

ℹ *Office du tourisme* (plan B1) : av. Frantz-Fanon. ☎ 05-96-76-73-45. À l'entrée du bourg, avant la montée sur la gauche. Ouvert du lundi au vendredi de 8 h 30 à 17 h, le samedi de 8 h 30 à 15 h 30 et le dimanche de 9 h à 12 h 30. Dynamique et compétent, l'office organise le 1er week-end de chaque mois « Les grands marchés de Sainte-Anne » : expo-vente, artisanat local et animations les samedi et dimanche soir. Par ailleurs, quelque 350 livres de poche sont à la disposition de tous (sans compter les vôtres qui viendront grossir la collection...).

✉ *Poste* (plan A2) : à l'entrée du bourg, juste après la fourche.

■ *Pharmacie Bigno* (plan A2, 1) : pl. de l'Église. Ouvert du lundi au samedi de 8 h à 19 h et le dimanche de 8 h à 12 h.

■ *Pharmacie du Panorama* (plan B1, 4) : après le cimetière, face à la mer. Ouvert de 8 h à 12 h 30 et de 15 h à 19 h. Fermé le dimanche après-midi.

■ *Distributeur de billets* (plan A3, 2) : au *Crédit Agricole*, tout près du marché, dans la rue qui conduit aux Salines. Ouvert 24 h/24. Également au bureau de poste, à l'entrée de la ville.

■ *Location de voitures :* pas moins de 10 agences à Sainte-Anne même ! La plupart ont leur bureau quartier Belfond, notamment *Pop's Car* (☎ 05-96-76-88-88) et *Jumbo Car* (☎ 05-96-76-80-82).

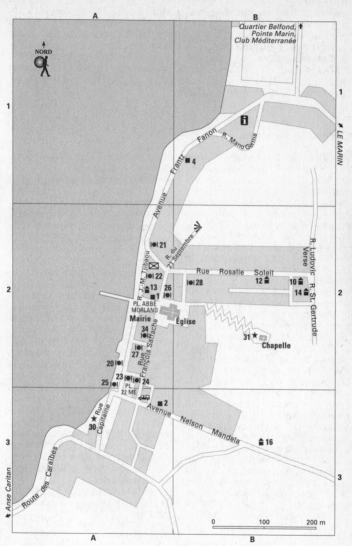

SAINTE-ANNE

Où dormir ?

Campings

⛺ *Camping de la pointe Marin (plan La pointe Sud, 10)* : ☎ 05-96-76-72-79. Système très procédurier : une caution est exigée à l'installation dans le camping, il faut réserver... Des lecteurs se sont plaints de l'accueil, d'autres du reste, nous livrant des lettres d'anthologie dignes de figurer dans le futur « musée du *Routard* ». Vous ne pourrez pas dire qu'on ne vous aura pas prévenu... Dommage pour l'emplacement.

🏕 *Camping nature :* des aires ont été aménagées (et d'autres vont bientôt voir le jour) un peu partout sur la presqu'île (Grande Anse des Salines, Anse à Prunes, baie des Anglais, Anse Michel, Anse au Bois). On peut installer sa tente dans les zones délimitées sans autorisation préalable. Par contre, plusieurs plaintes de campeurs inquiets de l'aspect coupe-gorge de certaines aires.

Gîtes de France

🏠 *Gîtes de M. Armand Belmo* (*n^{os}* 066 et 067; plan Sainte-Anne, B2, 10) : dans le quartier de Derrière-Morne, à quelques centaines de mètres du centre et autant de la mer, dans un coin bien calme mais un peu privé de verdure. ☎ 05-96-76-71-31. Pour 3 personnes, compter de 205 à 255 € la semaine selon la saison; pour 4 personnes, de 250 à 305 €. 2 petites maisons mitoyennes bien situées. 2 gîtes en rez-de-chaussée, au confort correct et équipés convenablement. Moustiquaires aux fenêtres, ce qui, dans cette région, n'est pas un luxe.

🏠 *Gîtes de M. Jean Prales* (*n^{os}* 020 et 080; plan Sainte-Anne, B2, 12) : toujours dans le quartier de Derrière-Morne, à côté du précédent. ☎ 05-96-71-88-86. Selon la saison, de 315 à 400 € la semaine. 2 gîtes dans une même maison, chacun pouvant accueillir jusqu'à 5 personnes; l'un au rez-de-chaussée, l'autre au 1er étage. Très bon confort (chambres équipées de la clim', four à micro-ondes, téléphone et TV). Uniformément couvertes de carreaux blancs, les larges terrasses ont un peu l'allure des salles de bains de nos grand-mères. Mais on s'y fait. Assez bourru au premier abord, le proprio n'en est pas moins généreux et disponible.

🏠 *Habitation Maison Rouge* (gîtes *n^{os}* 248 et 297; plan La pointe Sud, 11) : chez Mme Amélie de Crény. ☎ 05-96-76-97-11. Petit chemin à gauche après la gendarmerie et le rond-point, en venant du Marin. Sur la gauche, la propriété est juchée au sommet d'une colline. Selon la saison, compter de 310 à 410 € la semaine pour 4 personnes et de 455 à 580 € pour 6 personnes. 2 gîtes : le premier, accolé à la splendide maison familiale du XVIIIe siècle (conçue par l'architecte de l'Habitation Clément), est prévu pour 4 personnes. Moustiquaires, persiennes, kiosque avec vue sur la mer et mille et un petits détails qui donnent à ces lieux un charme unique. Le second (*n^o* 297), un pavillon tout neuf, au fond du jardin, a été construit dans le style créole et meublé avec énormément de goût. Pergola à l'arrière. Vraiment superbe, 3 chambres, 2 salles de bains, idéal pour 6, voire 7 personnes. Une adresse réellement exceptionnelle, d'autant que le propriétaire tient en elle tous les secrets de « l'esprit gîte ». Apéritif maison offert.

Bungalows et meublés de tourisme

🏠 *La Providence* (plan La pointe Sud, 12) : sur la route du Cap Chevalier, quartier Poirier. ☎ 05-96-71-71-31. Fax : 05-96-64-00-00. Pour 2 personnes, de 305 € la semaine en basse saison à 350 € en haute saison; pour 4 personnes, compter environ 385 € en haute saison. Un ensemble de bungalows pour 4 à 5 personnes, composés de 2 chambres et d'un grand salon. Le cadre est plutôt quelconque, mais les appartements sont neufs, propres et bien conçus. À quelques minutes des plages. Peut également se charger de la location de voitures : environ de 520 à 580 € la villa + la voiture. Très bon rapport qualité-prix pour le coin. Remise de 10 % sur présentation du *Guide du routard* en haute saison.

🛏 **Les Flibustiers** *(plan La pointe Sud, 12)* **:** sur la route du cap Chevalier, quartier Poirier. ☎ 05-96-76-86-76. Fax : 05-96-76-86-77. Compter 54 € pour une nuit et autour de 373 € pour une semaine en haute saison. À mi-chemin de Sainte-Anne et du Marin (3,5 km), 9 villas sommairement meublées, avec un carbet où les résidents peuvent se restaurer. L'amabilité de la famille Justine n'a d'égale que sa simplicité.

🛏 **Les Cocotiers** *(plan La pointe Sud, 13)* **:** domaine de Belfond. ☎ 05-96-76-70-59. Fax : 05-96-76-79-04. ♿ Juste à l'entrée de Sainte-Anne, sur la droite en venant de Fort-de-France. De 283 à 458 € la semaine pour 2 personnes, selon la saison ; tarifs dégressifs en fonction du nombre d'occupants. Bungalows climatisés, tout équipés, avec téléphone, pouvant recevoir de 2 à 4 personnes. Belle vue. Plage à 10 mn, centre-ville à 30 mn. 3 nouveaux bungalows, aux mêmes prix, un peu plus loin dans la rue. Pour les nouveaux arrivants, premier petit dej' offert.

🛏 **Salines Studios** *(plan Sainte-Anne, A2, 13)* **:** 3, rue Jean-Marie-Tjibaou. ☎ 05-96-76-90-92. Fax : 05-96-76-71-04. Dans la rue principale. De 340 à 375 € la semaine pour 2 personnes, de 587 à 672 € pour 4 personnes, selon la saison. N'accepte pas les cartes de paiement. Au cœur du bourg, 7 studios climatisés pouvant accueillir de 2 à 4 personnes. Très bien situés. Trop, même, car un poil bruyants dans la journée, et même la nuit, avec la rue principale tout à côté. Grand confort (kitchenette, terrasse, téléphone direct et TV) et propreté irréprochable. Accueil chaleureux.

🛏 **Résidence Caramel** *(plan Sainte-Anne, B2, 14)* **:** rue Ludovic-Versé, Derrière-Morne. ☎ 05-96-76-77-03. Studios de 286 à 350 € la semaine

et appartements de 427 à 503 €, selon la saison. À 400 m au-dessus du centre-ville, un lieu de résidence au calme, pas très loin des plages. Propre, net, gentiment aménagé, agréablement meublé et ventilé naturellement, un lieu de résidence très correct pour un séjour d'une semaine au sud de l'île. Petit balcon pour petit déjeuner dans la verdure, grand lit pour grande sieste...

🛏 **Anoli Village** *(plan La pointe Sud, 14)* **:** sur les hauteurs du quartier Bellevue. ☎ 05-96-76-80-56. ● anoli-village@wanadoo.fr ● Studios et F2 à 46 € par jour en basse saison et de 62 à 76 € en haute saison. Repas complets livrés sur commande à 12 €. 10 bungalows construits au-dessus d'un morne encore vert, avec vue imprenable sur la baie du Marin et les plages de l'Anse Caritan. Pour qui cherche la tranquillité, aucun bruit à part le chant du coq. Les bungalows comportent 2 appartements (rez-de-chaussée et étage) meublés en style balinais, avec cuisine équipée, chambre avec grand lit et lit d'appoint pour un enfant, TV, lavabo, douche et w.-c. Ils sont largement ventilés et il y a la piscine pour se rafraîchir, au cas où. La propriétaire est très ouverte et sympathique.

🛏 **L'Habitation** *(plan La pointe Sud,15)* **:** 116, Domaine de Belfond, BP 13. ☎ 05-96-76-93-60. Semaine à 275 € en basse saison et 373,50 € en haute saison. Situées seulement à 10 mn à pied de la plage, ces petites cases logées dans une végétation luxuriante par nature vous offrent un logement pour 2 ou 4 personnes, très couleur locale. Entretien pointilleux, AC, kitchenette on ne peut plus équipée, terrasse, mezzanine... rien à redire. Martine Caussé et Anne Bezaudun vous accueillent à bras ouverts, avec corbeille de fruits et astuces en tout genre pour faciliter votre séjour. Elles habitent dans la même enceinte et sont toujours disponibles, même pour une sortie en kayak.

Hôtel de charme

🛏 **Manoir de Beauregard** *(plan Sainte-Anne, B3, 16)* **:** chemin des Salines ☎ 05-96-76-73-40. Fax : 05-96-76-93-24. Chambres doubles de 91 à 313 € en haute saison, petit dej' compris ; tarifs dégressifs à la semaine. Demi-pension possible. Vieille demeure de chevalier du XVIIIᵉ siècle, reconvertie en hôtel de charme de 11 chambres avec vue sur la baie. Sans oublier la piscine et le jardin. Maison principale constituée d'un grand salon monumental (anciennes grilles de la cathédrale de Fort-de-France, carrelage de marbre, sofa Louis-Philippe, armoires Louis XV, tables-araignées et berceuses) et de 3 vastes chambres. Les nᵒˢ 1 et 2, respectivement de style 1900 (avec lit droit) et Empire (lit bateau) sont bien singulières. Les 8 autres chambres sont superbement décorées de meubles créoles (lits à colonne). Beaucoup de charme, mais qui se paie. Il est conseillé de réserver au moins deux mois à l'avance en haute saison.

Où manger ?

Très bon marché

🍴 **L'Épi Soleil** *(plan Sainte-Anne, A2, 20)* **:** ouvert sans interruption de 7 h à 18 h 30. Petite chaîne bien méritante. Sandwichs, boissons fraîches et glaces. Terrasse à même la plage. Également des viennoiseries... Idéal pour un petit déjeuner à la fraîche, côté carbet, avec quelques pains à la viande ou au crabe.

🍴 **Chez Yolaine** *(plan Sainte-Anne, A2, 21)* **:** ouvert de 16 h (13 h le dimanche) à 19 h. Fermé le lundi. Dans son étroite cahute, Doudou concocte ses fameuses tartes salées et sucrées (goyave, citron, coco, etc.). Un délice ! Aussitôt faites, aussitôt vendues ! Le dimanche, on fait la queue dans la cour. Pas cher du tout : 1,52 € les deux parts de gâteau. Une de chaque sorte, un jus de fruits, et l'affaire est entendue pour le déjeuner...

🍴 **Chez Zami** *(plan Sainte-Anne, A2, 22)* **:** en face du magasin de souvenirs *Le Santal*. Ouvert chaque jour de 8 h à 13 h et de 16 h à 19 h. Cédez encore à la gourmandise en vous arrêtant devant cette minuscule porte en bois, sans panneau ni nom. La discrète Zami y vend des pâtisseries maison dont vous nous direz des nouvelles. Tartes et quatre-quarts au coco, à la goyave, à la banane et au chocolat, parts généreuses et pas chères : moins de 1 € pour certaines.

Bon marché

🍴 **Le Touloulou** *(plan La pointe Sud, 20)* **:** au bout de la plage de Sainte-Anne, avant l'entrée (côté plage) du *Club Med*. ☎ 05-96-76-73-27. Ouvert tous les jours en saison, midi et soir jusqu'à 23 h. Fermé les dimanche soir et lundi en juin et septembre. Animation musicale le mercredi soir. Premier menu à 10 € servi le midi en semaine ; menu touristique à 14 € et menu créole à 21 €, mais évitez de vous mettre en frais, vous seriez déçu ; la qualité pouvant être inégale. Cartes de paiement acceptées. Arriver tôt car c'est vite plein le midi.

🍴 **La Terrasse** *(plan Sainte-Anne, A2, 23)* et **Le Resto du 22 Mé** *(plan A2, 24)* **:** sur la place du 22-Mé. Ouverts le soir jusqu'à 21 h. 2 petits snacks en plein air proposant des plats créoles autour de 9,15 €. Une des solutions « faciles » pour manger typique et pas trop cher à Sainte-Anne, tout en profitant du spectacle de la rue.

🍴 **Chez « la » Martine** *(plan Sainte-Anne, A2, 27)* **:** à l'angle de la rue

Capitaine-Romain. ☎ 05-96-76-73-55. Une épicerie-bistrot haute en couleur, tenue par des femmes toniques, Nadyège et Évelyne. On traîne les chaises dans la rue, on déguste et on discute. Comptez 6 accras de morue pour 1,52 € et 4 accras de crevettes pour le même prix. Punch coco et planteur pour accompagner le mouvement.

|●| *Le Rendez-vous* (plan Sainte-Anne, A2, 25) : rue Jean-Marie-Tjibaou. ☎ 05-96-76-90-36. Un lieu chaleureux, tenu par Rita, une mamma avec du répondant, que les habitués réclament. Restaurant ouvert toute la journée. Fermé le dimanche soir. Menus à 12 € le midi, 14 et 17 €. Accueil à la bonne franquette, bons jus de fruits, plats honnêtes et copieux comme le curry de porc au coco. Essayez d'avoir une table côté mer, pour profiter de la vue. Mieux encore : demandez la n° 15, pour avoir et la mer et la mamma en direct de sa cuisine ! Digestif offert aux lecteurs du *Guide du routard*.

De prix moyens à plus chic

|●| *Le Coco Nèg* (plan Sainte-Anne, B2, 28) : 4, rue Abbé-Hurard (derrière l'église). ☎ 05-96-76-94-82 ou 06-96-27-93-18. Ouvert tous les soirs de 19 h 45 à 23 h (et le midi sur réservation). Menu à 16 € ; compter 23 € à la carte. Un petit restaurant à l'atmosphère reposante, tenu par un couple de jeunes Martiniquais, Alain et Sandrina, qui ont à cœur de perpétuer la cuisine d'autrefois. Ce qu'ils proposent est à la fois simple et raffiné, à base de produits frais : poisson et légumes en provenance directe de la mer et de la campagne avoisinantes. Quelques spécialités d'antan à la carte : soupe de calaou, pâté en pot, accras de tiriri, ragoût de cochon, colombo de cabri... Salle intime, accueil chaleureux, décor soigné, ambiance sympathique, sur fond de musiques caribéennes... voilà qui devrait plaire aux amoureux de la cuisine comme de l'ambiance traditionnelles. Prenez un ti-punch ou deux, et soyez patient : certains soirs, Alain est fatigué, et la cuisine a du mal à suivre. Mais la surprise est dans l'assiette !

|●| *Les Tamariniers* (plan Sainte-Anne, A2, 26) : pl. de l'Église. ☎ 05-96-76-75-62. Fermé le mercredi et en juin. Compter en moyenne 23 € le repas. Des toiles représentant la femme martiniquaise en habit traditionnel ornent les murs, et les assiettes déclinent une gamme de produits appartenant à la cuisine locale : filets de mérou, vivaneau royal, petit loup caraïbe... Service chaleureux. Prenez le temps de vivre. La musique, qui s'égare volontiers sur des airs vénézuéliens, est là pour rappeler qu'on est en vacances ! Espérons seulement que l'équipe en place l'hiver dernier sera toujours là pour vous accueillir, les changements fréquents en salle comme en cuisine expliquent les différences d'accueil et de traitement signalés par certains lecteurs. Ti-rhum offert sur présentation du *Guide du routard*.

|●| *Le Sud* (plan Sainte-Anne, A2, 34) : 19, rue Abbé-Saffache. ☎ 05-96-76-91-51. Fermé le jeudi et en septembre. Menu à 9,50 € le midi ; compter 25 € à la carte. Intérieur sobre et lumineux, couleurs harmonieuses, accueil cordial de Laurence et Bruno, un couple de jeunes Bordelais. Vue sur la mer et le jardin, ou sur le salon des voisins (toujours vide, car tout le monde ici se reçoit sur le pas de la porte) depuis les fenêtres de l'étage. Le midi, formule rapide et bon marché : assiette créole ou carpaccio-frites. Service souriant et attentionné, cuisine appliquée. Presque tout est fait maison, le poisson est acheté aux pêcheurs (bon pavé de daurade, coriphène aux poivrons confits et purée d'ail). S'il y en a, goûtez au crabe farci, servi en quenelle, relevé juste comme il faut. Quant à la viande, on peut faire confiance à Bruno pour sélectionner et cuire à la perfection les morceaux choisis. Précisons,

pour ne pas aiguiller vers *le Sud* des affamés, qu'on vient dans cette maison pour le plaisir des papilles et pas pour se faire péter la sous-ventrière.

Ils louent également 2 grands studios meublés côté mer ou côté église à 320 € la semaine.

Vie nocturne

♀ ♪ L'Endroit *(plan La pointe Sud, 20) :* plage de la pointe Marin, attenant au *Touloulou.* ☎ 05-96-76-76-74. Fermé le lundi en basse saison. À la fois restaurant (midi et soir, jusqu'à minuit : compter entre 13 et 28 € pour les menus), bar et dancing (de 21 h à l'aube). Mais c'est surtout pour le bar qu'on y revient. Animations chaque soir et parfois jusqu'à 2 h du matin. Compter entre 7 et 9 € pour une consommation, la nuit. Concert live le samedi soir (entrée : 10 €). Billard. Ti-punch de bienvenue offert aux lecteurs munis du *Guide du routard.*

À voir

★ **Le marché** *(plan Sainte-Anne, A3, 30) :* tous les jours de 7 h à 13 h. On y trouve fruits et légumes, épices, alcools locaux, fleurs, artisanat local et même des voyagistes venus promouvoir leurs excursions. Plus authentique le week-end, quand les Saint-Annais viennent faire leurs courses. Le poisson est vendu à l'extérieur du marché, sur la gauche en sortant. Pas d'horaires fixes, ils varient en fonction du retour des marins-pêcheurs. Le dimanche, la vie s'arrête au coup de midi... messe oblige !

★ **Le point de vue « Le Calvaire »** *(plan Sainte-Anne, B2, 31) :* suivre le panneau face à l'église. 15 mn de grimpette qui donne des ailes arrivé au sommet. Magnifique panorama. Chaque 19 septembre, quelque 3 000 pèlerins se rassemblent ici pour prier Notre-Dame-de-la-Salette.

À faire

– **Navigation sur petits catamarans « Hobie Cat »** *(plan La pointe Sud) :* au sud de la plage de la pointe Marin. Renseignements : *Robby Cat.* ☎ 05-96-76-90-77. Ouvert tous les jours de 9 h à 18 h. À partir de 30,50 € l'heure. Également bateau à moteur, ski nautique, kayak de mer...

– **Forfait journalier au Club Med Les Boucaniers** *(plan La pointe Sud) :* le *Club Med* est ouvert aux visiteurs extérieurs. Renseignements : ☎ 05-96-76-72-72. Différentes formules : journée complète, de 11 h à l'aube, à 53 €, ou soirée seulement (dîner, spectacle, night-club) à 30 €. Pour 38 €, vous pouvez profiter de tous les sports, ainsi que du buffet gargantuesque le midi (la plongée sous-marine et le ski nautique ne sont toutefois pas compris dans le forfait). Un bon plan pour les sportifs, les affamés... ou les dragueurs. Tarifs différents le week-end (plus cher, évidemment). Demi-tarif pour les moins de 12 ans. N'oubliez pas de vous munir de votre carte d'identité, elle vous sera demandée à l'entrée en échange d'un badge visiteur.

■ **Détente Caraïbes - Chez Max** *(plan La pointe Sud) :* plage de la Pointe Marin, pas très loin du *Club Med.* ☎ 06-96-33-42-65. Ouvert tous les jours de 9 h à 18 h. *Chez Max* vous propose de faire des randonnées en scooter des mers. 23 € pour 10 minutes, 31 € pour 15 minutes, 54 € pour la demi-heure (tarif dégressif). L'accueil est sympathique et les machines propres. 10 % de réduction sur présentation du *Guide du routard* de l'année.

Où et comment plonger ?

Les clubs

■ **Plongée Caritan :** hôtel *Caritan.* ☎ 05-96-76-81-31. ● caritan.plongee@wanadoo.fr ● Se diriger vers le centre de Sainte-Anne. À la petite patte d'oie, partir vers la droite le long de la petite route qui longe la mer, tourner à gauche à l'indication « Club nautique/Hydravion ». Contourner l'hôtel *Caritan* pour arriver sur une petite plage publique. Se garer sur le parking et traverser la terrasse du restaurant. Baptême : 53 € ; coût dégressif pour les plongées suivantes (de 44 à 20 €, entre la 1re et la 6e). Sortie au Rocher du Diamant ou côté l'Atlantique : 45 €. Plongeurs « autonomes » : réduction de 10 %. Locaux spacieux. Terrasse abritée dominant la plage, où sont donnés les cours ou réunions après la plongée. 30 équipements. Trois blocs de 6 l destinés aux enfants. Une véritable flotte ! Une yole reçoit 16 plongeurs, une autre est prévue pour 10 « homo-palmus ». Pas de portage par les plongeurs. Peut accueillir des stagiaires. Formations Ffessm/Cmas et Anmp/Cedip. Sites de Sainte-Anne aux Trois-Îlets. Le Rocher du Diamant est atteint en 20 mn. Partenaire de *Nouvelles Frontières.* Permanence téléphonique assurée.

■ **Kalinago :** pointe Marin. ☎ 05-96-76-92-98. Au 1er rond-point à l'entrée de Sainte-Anne, intersection Belfont, quitter la route principale et entrer sur le parking de droite. Face à l'office de tourisme, école au fond à droite. Baptême : 46 € ; explo : 39 € ; 3 plongées : 100 €. 25 équipements. 3 bouteilles de 6 l avec shortys adaptées aux enfants. Le *Kalinago,* une vedette américaine (qui doit son nom à une épreuve infligée aux jeunes gens qui entraient alors dans le monde des adultes), reçoit 19 plongeurs. Baptême enfant à partir de 8 ans. Celui-ci peut rester avec un accompagnateur sur le bateau. Formations Naui, Padi, Ffessm, Cmas. Sorties à 9 h et à 14 h. Terrain de « jeu » des plongeurs : du Rocher du Diamant au plateau datant de 4 millions d'années, devant la baie de Sainte-Anne. Particularités de *Kalinago* : baptême en casque bulle (opération tenue discrète au nom de code « Bully »). Vous êtes l'acteur de la plus grande aventure depuis qu'on a marché sur la lune ! Débute sur un catamaran qui va sur la plateforme mouillée devant le *Club Med* de Sainte-Anne. S'asseoir sur l'un des 5 fauteuils aux dossiers accolés et se positionner sous le casque et la collerette. La nacelle descend doucement dans l'eau : rester assis. L'eau ne peut entrer à l'intérieur. Pas de souci : on ne peut pas perdre la bulle ! Une fois au fond, se lever et marcher sur le sable. À 300 m des côtes, à - 3 m non loin des pâtés coralliens du site de plongée de Wakawa. En prévision, une bulle pour enfants. Accueil sympa (au ti-punch) et personnalisé. Table et bancs à l'extérieur pour le pique-nique entre midi et 14 h et barbecue le soir entre plongeurs. Ambiance décontractée à bord du *Kalinago.* Plongées par palanquée de plongeurs de niveau homogène. Excellente compétence des 4 moniteurs, qui ne plaisantent pas avec la sécurité.

Les spots

〰️ **La pointe Borgnesse*** (plan Les spots de plongée en Martinique Sud, 44) :** récif sous-marin le long de la côte. Suit le relief de la pointe Borgnesse. S'arrête à l'entrée du Cul-de-Sac Marin, mais reprend de l'autre côté du chenal pour border Sainte-Anne. Il se prolonge vers le sud. Plateau récifal de toute beauté entre - 5 et - 15 m ! Coraux si denses qu'on n'y voit ni raie ni tortue : elles ne peuvent s'enfouir dans le sable. Vers le bord du tombant, c'est le territoire des demoiselles. Des nuages de petits poissons noirs qui picorent la peau tant ils sont furieux d'être dérangés par les plongeurs ! Pas de problème tout de même : ce ne sont que des castagnoles ! Pente sableuse à 45° précédant une paroi verticale chutant à - 60 m. Accessible à tout niveau de plongeur.

⚓ **Les Trois Vallées***** *(plan Les spots de plongée en Martinique Sud, 45)* : appelées aussi les Trois-Rivières. Endroit réservé à des plongeurs confirmés de niveau 2 ou Rescue Diver mini. À 250 m environ du site de L'Arbre Mort. Mouillage à - 10 m. S'élancer sur l'une des deux pistes de ski sableuses, larges chacune de 50 m, environnée de coraux, de virgulaires et d'éponges-cratères. Balistes, thazars et barracudas nous accompagnent ! Exceptionnellement, requin pointe-noire, tortue luth ou raie-manta. Très beau point de vue au bas de la pente en se retournant.

⚓ **L'Arbre Mort***** *(plan Les spots de plongée en Martinique Sud, 46)* : un pèlerinage à L'Arbre Mort en souvenir d'un arbre arraché lors d'un cyclone et qui resta au fond de l'eau très longtemps. Site de rencontre de barracudas en banc compact de 20 m de diamètre. Entrer à l'intérieur de ce banc qui s'entrouvre puis se referme juste après. Tombant de - 3 à - 30 m. Se révèle aussi riche que le plateau de Borgnesse, avec éponges-cratères hautes de 1,50 m. Ensuite, de - 30 à - 60 m, pente radoucie et sableuse. Accessible à tout niveau de plongeur sachant s'équilibrer sous l'eau.

⚓ **Le Petit Mur*** *(plan Les spots de plongée en Martinique Sud, 47)* : une avancée dans le récif à l'endroit où passe le chenal laisse l'imagination s'emballer : on se croirait au sommet d'une tour de garde, dominant le vide. La paroi chute de - 7 à - 20 m, tel un mur abrupt tapissé d'éponges, puis continue plus doucement jusqu'à - 60 m avec une alternance de sable et de pâtés coralliens. Tortues et barracudas dans le voisinage.

⚓ **Le Petit Voilier*** *(plan Les spots de plongée en Martinique Sud, 48)* : chute libre du bateau jusqu'au pied du mouillage à - 18 m. Rassemblement de lambis sur le sable. Pâtés coralliens assez espacés peuplés d'araignées dans les anfractuosités. À - 13 m, épave de voilier sur le sable, habitée par des poissons-anges et un diodon d'un mètre de long. Barracudas solitaires. Pour tout niveau de plongeur.

⚓ **L'Aquarium*** *(plan Les spots de plongée en Martinique Sud, 49)* : récif, à marée basse, à - 1,20 m sous la surface. Aussi des bateaux s'y sont-ils échoués. Une ancre « Miséricorde » s'accroche encore sur le bord du tombant. Une belle gorgone mauve semble la signaler. Le récif s'incurve en arc de cercle. Une grande piste de sable blanc dévale la pente. Petites anémones rondes qui, lâchées en pleine eau, semblent s'envoler sous les bulles des plongeurs. Tortues non loin d'une anfractuosité profonde d'au moins 2 m, à l'ouest de l'ancre. Pour tout niveau de plongeur.

⚓ **La Caye du Poisson Pêcheur*** *(plan Les spots de plongée en Martinique Sud, 50)* : à l'angle du récif surmonté d'un haut fond. Un ou plusieurs poissons-pêcheurs au-dessus de cette caye ou sur une éponge en orgue, guettant leur proie, appâtent à l'aide d'une petite canne à pêche à hauteur du front. En descendant le long du tombant au-dessus du sable, quelques raies guettent les intrus. Pour tout niveau de plongeur.

⚓ **Wakawa*** *(plan Les spots de plongée en Martinique Sud, 51)* : à la sortie du Cul-de-Sac Marin, non loin de la bouée rouge marquant l'entrée du chenal. Dédale de pâtés coralliens. De - 3 à - 20 m, tombant parcouru par une sorte de coulée de lave qui continue jusqu'à - 30 m. Coraux disparaissant peu à peu pour laisser apparaître le sable. Rendez-vous avec les raies qui se laissent même caresser (avec du doigté... et de la prudence !). Les approcher de côté tout doucement, sans mouvement brusque. Vol de raies-aigles dans le bleu en sortant du Cul-de-Sac Marin.

Les plages dans les environs

Toute cette partie sud de l'île, à l'est comme à l'ouest, est bordée de plages tout simplement superbes. Au total, 9,5 km de plages rien que sur la commune de Sainte-Anne. Bien entendu, la plus connue et la plus fréquentée est celle des Salines. Mais tout autour, notamment sur la côte est, se succèdent de nombreuses petites plages abritées et de grandes anses sablonneuses beaucoup moins fréquentées. Nous en citons quelques-unes que l'on peut rejoindre des Salines au cours d'une belle balade, mais il en existe bien d'autres que vous découvrirez par vous-même.

⌂ **La pointe Marin** *(plan La pointe Sud) :* à quelques centaines de mètres du village. Plage familiale et eau très propre. Parking payant à l'entrée (3,05 € par jour). On peut également garer son véhicule quartier Belfond et y accéder à pied. Un peu avant l'entrée principale du *Club Med,* sur la gauche, il y a une ouverture dans le grillage (accès libre bien évidemment). Locations en tout genre : dériveur, scooter des mers, planche à voile, etc.

⌂ **Anse Caritan** *(plan La pointe Sud) :* le littoral est ici particulièrement calme, idéal pour les enfants. Caritan, c'est aussi le point de départ d'une balade sympa (et facile) à destination des Salines. 4,5 km, soit 1 h 30 de marche à un rythme léger, dont une partie se fait sous les arbres si l'on ne veut pas suivre le chemin côtier. Quel dommage qu'il n'y ait pas un sentier pédestre partant du centre-ville ! Si la municipalité pouvait se décider à penser un peu aux marcheurs, ce serait... le pied !

➤ **Balade en hydravion :** expérience exceptionnelle que de survoler l'île et ses plages merveilleuses, ses barrières de coraux, mais aussi sa végétation plus luxuriante qu'on pourrait l'imaginer.

■ **Alizés Air Services :** sur la plage même de l'Anse Caritan, facile à repérer puisqu'on voit l'avion (se garer au parking de l'hôtel *Caritan*). Réservations : ☎ 05-96-62-24-25 et 05-96-62-56-39. Plusieurs circuits : baptêmes de 15 mn à 50 €, 30 mn à 86 €, 45 mn à 107 € et 1 h à 132 € (prix par personne quand il y a 3 personnes à bord). 10 % de réduction sur tous les vols pour les routards : entre nous, le tour de 30 mn est extra et pas si cher pour le moment d'émotion. D'autant plus qu'il n'y a pas d'hydravion en métropole ! Et puis, si vous êtes sage, Nicolas vous laissera tenir un peu le manche.

⌂ **Anse Meunier** *(plan La pointe Sud) :* un peu avant d'arriver aux Salines, une piste sur la droite vous y mène. Moins fréquentée que les Salines et pourtant tout aussi agréable. Possibilité de rejoindre la Grande Anse des Salines via la *Petite Anse des Salines (plan La pointe Sud).*

ATTENTION, pour qui l'ignorerait, c'est le rendez-vous des naturistes, avec un coin carrément gay, ce qui ne signifie pas que le reste est plus triste, bien sûr. Pas la peine de vous faire un dessin si vous avez l'idée d'y aller pique-niquer en famille avec belle-maman et les enfants (c'est surtout belle-maman qui risque d'être surprise !).

Comme partout, mais là on insiste, évitez d'aller faire le beau (ou la belle) dans l'eau ou de vous promener dans le bois pour voir si le loup n'y est pas, en laissant vos affaires sans surveillance. Vous auriez l'air malin en revenant à votre hôtel à pied, sans rien d'autre que quelques coups de soleil bien placés, tout le reste ayant été discrètement enlevé par quelques personnages que vous imaginiez peut-être en train de rôder pour des motifs tout différents, mais qui n'avaient d'yeux que pour vos sacs, vos montres et vos vêtements...

⌂ **Grande Anse des Salines** *(plan La pointe Sud) :* à 5 km de Sainte-Anne, vers le sud. Un service de taxis urbains relie Sainte-Anne aux Salines.

Penser à demander au chauffeur les horaires des retours. Avec son sable blanc et ses cocotiers penchés sur la mer c'est, à notre avis, la plus belle plage de la Martinique. On n'est pas les seuls à la trouver jolie, d'ailleurs ; elle est toujours bondée, et le dimanche, c'est pire ! Un conseil : pour en profiter vraiment, venir de 8 h à 10 h ou de 16 h 30 au coucher du soleil.

Pour plus de calme, préférer l'extrémité nord de la plage. Mais ça ne résoudra pas vos problèmes de retour le soir... Embouteillages garantis pour remonter vers le nord. Pas d'hôtels, peu de vent, eau calme et sable fin, ombre et cocotiers pour suspendre son hamac, bref, l'idéal pour les familles. Tout le long, cocotiers, raisiniers, poiriers et... mancenilliers (arbres produisant un lait particulièrement toxique ; voir la rubrique « Santé » dans les généralités au début du guide). Par temps de pluie, dangereux de s'y abriter (ils sont marqués d'un trait rouge). Pour ceux qui ont une petite faim : à l'arrivée sur la plage, sous une toile, Madame Renée et son fils vendent noix de coco fraîches et fruits savoureux (5 € la savoureuse salade de fruits). Par ailleurs, on a un faible pour un monsieur charmant et son fils qui arpentent la plage avec un plateau de beignets en chantant « Le Régal du Palais ». Très sympa, la « doudou de glace » qui se déplace en méhari rose, sur un air qui rappellera aux fans de Stephen King un célèbre film d'épouvante tiré d'un de ses romans. Bonnes glaces.

🛈 Exposition « Les Salines » *(plan La pointe Sud)* : à l'entrée de la plage. Renseignements : ☎ 05-96-76-89-99. Ouvert de 8 h 30 à 17 h. Entrée gratuite. Mise sur pied par les bénévoles d'*AMEPAS (Association Mémoire et Patrimoine des Salines),* cette expo présente la spécificité géologique du site, sa biodiversité et son histoire récente au travers des salines, de son activité sucrière et de la pêche. La meilleure des sensibilisations au respect de l'environnement. Par ailleurs, des circuits « découverte » sont organisés chaque semaine vers Fond Moustique, les marais salants, la mangrove, le Grand Étang et la Savane des Pétrifications.

🏕 Camping nature : autorisé dans les emplacements délimités. Eh oui ! On peut camper sur la plus belle plage de l'île. Site vraiment fantastique. Douches (gratuites) et w.-c. dans les sous-bois derrière la plage, mais ils sont souvent pris d'assaut. Attention tout de même : certains lecteurs nous ont signalé des vols de tentes, entre autres désagréments. Tables de pique-nique tout au long de la plage, sous les arbres.

🍽 Les Délices de la Mer *(plan La pointe Sud, 23)* : à l'extrême sud de la plage des Salines, soit à 600 m sur la gauche. ☎ 05-96-76-85-39. Ouvert tous les jours, le midi seulement. Fermé 15 jours en juin et en septembre. Plat du jour autour de 11 € ; assiette à 15,50 € ; menus complets de 15,30 à 21 €. Une grande terrasse en bois, pour avoir l'impression de manger les pieds dans l'eau. Le plat du jour (poulet aux crevettes, poisson frit ou encore curry d'agneau, par exemple) est bien suffisant.

🍽 Sur la gauche et la droite, juste à l'entrée des Salines, plusieurs *cabanes* ou *caravanes* à sandwichs, poulet-frites et accras. Pour varier les plaisirs, jouez la carte africaine. Pour les fans de poulet yassa, pousser jusqu'au snack *Le Pallène* ou arrêtez-vous au *Piment Vert.* Pas la découverte du siècle, mais sympa quand même.

⌂ Anse à Prunes *(plan La pointe Sud)* : en longeant la plage des Salines, après avoir passé la pointe, on aborde une autre superbe plage, plus petite, moins carte postale, plus houleuse que Les Salines. On est en face de l'îlet Cabrits, extrême pointe de l'île, frontière entre la mer des Caraïbes et l'Atlantique. Sur cette plage également, aire de camping aménagée et tables de pique-nique, toilettes et douches en construction. Attention quand même, nombreux mancenilliers.

|●| *Chez Lily (plan La pointe Sud, 24) :* un peu avant l'Anse à Prunes, un panneau indique cette petite caravane où l'on peut déguster les pieds dans l'eau – ou presque – accras et poisson grillé à l'heure du déjeuner. Vraiment sympa.

Belles balades en suivant la côte

Le sentier démarre à l'extrémité de l'Anse à Prunes, au niveau du parking. Après quelques minutes, on franchit à gué un petit pont de bois. À faire de préférence en matinée, l'après-midi le soleil cogne dur !

➤ *La Savane des Pétrifications (plan La pointe Sud) :* la Savane est un espace désertique, un paradis pour les géologues. C'est une promenade récréative digestive, accessible à tous et sans grande difficulté, excepté quelques montées dans les pierres basaltiques.
On longe les falaises de la pointe d'Enfer, mélange des Yorkshire Moors du nord de l'Angleterre et des plaines arides du Mexique. Sur 2 km environ, on traverse ce curieux paysage mort où l'on pouvait voir jadis, çà et là, des troncs fossiles. Ils ont tous été volés depuis bien longtemps.

➤ *Anse Trabaud (plan La pointe Sud) :* en poursuivant un peu plus loin encore, on parvient à l'Anse Trabaud, plage absolument superbe. Attention, le chemin d'accès peut être très mauvais. Un petit coin de paradis, un de plus, pour les romantiques qui savent se contenter de la beauté du ciel, de la mer et du sable fin. La plage est belle, mais l'endroit commence à être fréquenté, notamment par les naturistes, tendance hétéros ceux-là (parfois dragueurs et voyeurs, à éviter peut-être si l'on est seule).

➤ *La baie des Anglais (plan La pointe Sud) :* toujours en longeant la côte, peu après l'Anse Trabaud (balisage absent). L'Atlantique signe enfin sa marque ! Une grande baie en demi-cercle, bordée de palétuviers, assez ventée et très sauvage.
– On peut également accéder à l'Anse Trabaud et à la baie des Anglais par un chemin privé dont l'entrée est situé 2 km avant Sainte-Anne, au niveau des ruines du Val-d'Or. Un panneau indique l'entrée de la baie des Anglais. Comme c'est un chemin privé, le proprio fait payer un droit d'entrée (3 €). Barrière à 3 km ouverte de 8 h à 18 h, dernière entrée vers 16 h. Cela dit, c'est bien plus sympa d'aller jusqu'à l'Anse à Prunes et de gagner l'Anse Trabaud et la Baie des Anglais à pied ; en plus, c'est gratuit.
– Au large de la baie des Anglais, des *îlets*, sortes de tables rocheuses qui présentent des falaises du côté atlantique et des plages du côté ouest. Les 4 principaux îlets (*Hardy, Poirier, Burgeaux* et *Percé*) sont des refuges pour une faune très riche qui fait le bonheur des ornithologues : cette zone est en effet un des principaux lieux de nidification des oiseaux de mer comme les sternes, les paille-en-queue ou encore les frégates. Ces îlets sont gérés par l'Office national des forêts.

Et encore d'autres plages

Quelques bijoux sauvages, totalement préservés. Si ces plages n'ont pas la beauté classique et entendue des Salines, il s'en dégage une force, un caractère très personnel. Situées au nord de la baie des Anglais, sur la côte est, on y accède en voiture au départ de Sainte-Anne. Du sud vers le nord, vous découvrirez successivement :

➤ *L'îlet Chevalier (plan La pointe Sud) :* prendre la direction du Cap Chevalier puis, sur la droite à l'avant-dernière fourche, c'est indiqué. Le *Taxi Cap* (☎ 05-96-74-76-61) vous conduit en bateau sur l'îlet Chevalier. Départ toutes les demi-heures de 8 h à 17 h 30 (du mardi au vendredi). Prix : 4 € aller-retour par personne ; demi-tarif pour les enfants. Les mardi, mercredi (et parfois vendredi), ils organisent des journées aux Fonds Blancs à 38 €, déjeuner compris ; tarif enfants : 15 €. Départ à 10 h, retour à 16 h 30. Sinon, demandez aux pêcheurs de vous y conduire. Sur l'îlet, près de l'embarcadère, on trouve quelques belles langues de sable blanc (rien de mieux pour vous lécher les pieds... Wouaf ! Wouaf !). N'oubliez pas masque et tuba : les coraux sont de toute beauté.

|●| *Chez Gracieuse* (plan La pointe Sud, 25) : en face de *Taxi Cap.* ☎ 05-96-76-93-10. Sert uniquement le midi, jusqu'à 15 h environ. Fermé le lundi. Menu du jour à 15,50 €. Cartes de paiement acceptées. Grande maison en bois. Terrasse agréable face à la petite baie fermée où quelques yoles et pêcheurs se reposent (les bagnoles aussi, mais c'est déjà moins poétique !). Excellente langouste au lait de coco. Gracieuse (qui l'est vraiment !) loue également quelques appartements neufs à 1 km de là. Tout simple et calme. Digestif maison offert aux lecteurs du *Guide du routard.*

⌂ *Anse Michel* (plan La pointe Sud) : à 5 km au nord de Sainte-Anne toujours en direction du *cap Chevalier*. Étonnant de découvrir cette série de plages aux eaux turquoise, tourmentées par les vents. Sous les raisiniers, possibilité de camper gratuitement, eau et toilettes à disposition. Plage désertée par les fanatiques du bronzage mais peuplée de véliplanchistes et, le dimanche, de familles martiniquaises qui viennent y pique-niquer. Dommage que personne ne nettoie ensuite : ces anses de rêve virent parfois au cauchemar, avec un petit côté bidonville en sous-bois où certains s'affairent discrètement autour du désossage de véhicules à 2 ou 4 roues...

|●| *Chez Didine* (plan La pointe Sud, 27) : moins de 1 km avant d'arriver à l'Anse Michel. ☎ 05-96-76-73-28. Ouvert à midi. Compter environ 15 €. On mange en terrasse autour d'une petite case créole. Cuisine créole familiale, poisson grillé, court-bouillon, colombo de cabri. Plats à emporter également. Bien agréable.

Deux adresses pour louer du matériel ou organiser des sorties en kayak :

■ *Alizé Fun Dillon :* ☎ 05-96-74-71-58. Fax : 05-96-74-79-31. Ouvert tous les jours. Le repaire des véliplanchistes en Martinique. Matériel récent. Possibilité de location sur plusieurs jours. Propose aussi des forfaits : planche à voile, hébergement et véhicule. Téléphoner pour plus de renseignements ou écrire (voir « Où dormir ? » au Marin).

■ *Caraïbe Coast Kayak :* juste à côté du précédent. ☎ et fax : 05-96-76-76-02. Ouvert tous les jours. 48 € la journée. Organise des sorties en kayak à la découverte de l'îlet aux Oiseaux, des Fonds Blancs ou encore des entrelacs de la mangrove. Bonne organisation. Roger, le guide, est très sympa. Règles strictes : pas d'accostage mais de quoi s'en mettre plein la vue, à l'affût.

⌂ *Anse au Bois* (plan La pointe Sud) : une de nos préférées. Plus de pêcheurs que de touristes. Juchées sur des radeaux de fortune, quelques silhouettes impressionnantes perpétuent le maniement du filet, répétant sans relâche les gestes de leurs ancêtres. Quelques yoles colorées. Le camping est autorisé sur une partie de la plage. Très belle végétation sur toute cette partie de la côte, encore très peu connue. À quelques minutes de marche, l'*Anse Esprit* (plan La pointe Sud), une autre plage tout aussi sauvage.

|●| *Îlot Vent* (plan La pointe Sud, 26) : ☎ 05-96-76-88-47. Fermé le mercredi et en septembre. Menus à 11,43 et 21,34 €, ainsi que des sandwichs copieux confectionnés par Gilbert et sa femme. Maison dans les tons bleu et blanc donnant sur la mer. Cuisine familiale.

★ *Le cap Ferré :* on peut explorer la région et sa côte très découpée. Suivre la D33. À gauche à la première fourche (direction « La Casse »).

➤ *Randonnées à dos d'âne :* balade d'une demi-journée au départ du cap Ferré tous les jours sauf le lundi, à 9 h et 14 h ; réservation 48 h à l'avance au ☎ 05-96-74-02-45. Compter 13 € pour une balade de 2 h ; 23 € la journée pour un enfant à partir de 7 ans. Une façon drôle et insolite de découvrir, au pas, le littoral de Sainte-Anne, sa végétation, sa faune et ses plages inaccessibles en voiture. Arrêt baignade et rafraîchissement servi sur le bord de la plage.

⌇ *Le cap Macré :* plus au nord encore. Prendre l'indication « Champ Fleury ». Descendre tout au bout et garer la voiture sur le petit parking aménagé. On est alors sur la commune du Marin (d'où l'on peut accéder au cap Macré directement en suivant la direction indiquée depuis le 1er rond-point à la sortie du Marin). Suivre à pied le sentier sur la gauche (balisé en blanc et bleu). Tout au long du chemin, vous découvrirez des petites criques de sable blanc et d'eau turquoise. Au bout, vous échouerez à l'**Anse Grosse Roche**, une immense plage de sable plus blanc que blanc, déserte en prime, et bordée de cocotiers. Et quand vous regarderez la mer danser, gardez vos affaires bien en vue entre la mer et vous. Là aussi, de soi-disant pêcheurs de crabe vous subtilisent vos sacs en moins de deux (mètres !). Pas de quoi en faire une psychose, il suffit d'être prudent, comme toujours.

◾ Pour les amateurs d'équitation, le **Ranch des Caps** propose de découvrir à cheval le sud de la côte atlantique. Cap Beaux-Chênes, sur la commune du Marin. Réservations : ☎ 05-96-74-70-65. Demi-journée à 40 €, journée à 60 € avec le repas. 4 h de randonnée par des chemins oubliés et sur les plages quasi inaccessibles à pied !

– Bien entendu, pas besoin d'aller jusqu'au cap Macré pour trouver des plages de rêve, il y en a partout. Carte en main, les aventuriers partiront sans nul doute à la recherche d'autres coins bien sympas et tout à fait déserts.

QUITTER SAINTE-ANNE

➤ *Vers Fort-de-France :* en taxi collectif. Départs de la gare routière *(plan A3)*, à l'angle de la place du 22-Mé, en moyenne toutes les heures de 5 h 30 à 18 h 30 (plus espacé en fin d'après-midi). Les samedi après-midi et dimanche, 2 à 3 départs au maximum. Demander sur place.

➤ *Vers les Salines, Belfond et le cap Chevalier :* taxis urbains au départ de la place du 22-Mé *(plan A3)*, toutes les heures à partir de 7 h 30. Dernier retour aux alentours de 16 h 30 - 17 h. Aux Salines, l'arrêt se trouve à l'entrée de la plage ; quartier Belfond, face à l'hôtel *Anchorage*.

LA CÔTE EST

Après la Martinique touristique et docile, cette côte propose une vision différente de l'île, plus sauvage et davantage conforme à nos rêves de Robinson. Les villages ne voient pas défiler énormément de touristes. L'Atlantique, avec sa forte houle et ses vents parfois violents, empêche de profiter des quelques plages. Ici et là, une barrière de corail préserve la côte, comme au François ou au Robert. Vous traverserez des villages aux maisons en bois parfois colorées, qui bordent la mer où les yoles des pêcheurs attendent la prochaine sortie. Tartane, sur la pointe de la Caravelle, est un de nos villages préférés.

Le paysage, au fur et à mesure qu'on se dirige vers le nord, prend une dimension différente. Doucement, les « gentilles » plages du Sud sont oubliées. Elles laissent la place à des côtes déchirées, à des îlets déserts, à des falaises rocailleuses plongeant dans des eaux limpides, et surtout à une végétation tropicale... une superbe jungle ! C'est la côte nord-atlantique, chargée d'histoire, que les grands flots touristiques n'ont jamais vraiment perturbée. Il ne faut pas manquer de suivre doucement cette côte jusqu'à Grand'Rivière pour pouvoir prétendre connaître les aspects si différents de l'île.

LE VAUCLIN (97280)

De la plage du Macabou aux Fonds Blancs de la pointe Faula, en passant par la mangrove de Massy-Massy et l'îlet Petite Grenade, la région du Vauclin offre un éventail contrasté de paysages côtiers. Premier port de pêche de la Martinique, le village en lui-même ne présente que peu de charme. Est-ce la raison pour laquelle il est assez peu touché par le tourisme ?
En arrivant par la route de Saint-Esprit, paysages superbes depuis les contreforts de la montagne du Vauclin (sommet culminant du sud de l'île).
– *Fête patronale :* fin juin - début juillet.

Adresses utiles

Office du tourisme : 6, rue de la République. ☎ 05-96-74-15-32. Dans une rue à sens unique et difficile d'accès en voiture. Ouvert du lundi au vendredi de 8 h à 13 h et de 14 h à 18 h (ou 17 h), et le samedi de 8 h à 12 h.
Poste : rue de la République, non loin de l'office du tourisme.
Crédit Agricole : centre commercial *Alizés Sud*, cité Les Floralies. Guichet automatique 24 h/24.

Pharmacie de la plage : bd Louis-Landa, face à la plage. À mi-chemin entre le marché et le port.
Pharmacie Fonrose : rue Victor-Hugo, au rond-point. ☎ 05-96-74-41-75.
Boulangerie-pâtisserie : face au marché. Ouvert tous les jours dès 6 h. Beaucoup de choix (pizza, quiches) et possibilité de grignoter ce qu'on y a acheté assis à la terrasse.

Où dormir ?

Camping

⚕ **Camping nature :** pointe Faula. S'adresser à la mairie : ☎ 05-96-74-40-40. Autorisé uniquement du 24 juin au 30 septembre.

Locations

🏠 **Résidence Côte Est :** rue Jean-Jaurès. ☎ 05-96-54-86-73. Fax : 05-96-54-68-86. À 50 m du bord de mer. On vient vous chercher à l'aéroport. T2 à 535 € pour deux semaines, par exemple. Un petit immeuble de 2 étages, tout neuf. Très confortable : clim' dans la chambre, réfrigérateur, TV, cuisine bien équipée, serviettes de bain, etc. Le ti-punch est là pour vous souhaiter la bienvenue, et pour les petites faims il y a des roulottes à 50 m, comme *Chez Douleur*, où le poulet grillé fait hurler, mais de bonheur...

🔺 *Villa Bleu Azur :* baie des Mulets, à 5 km au nord du Vauclin. ☎ 05-96-54-21-15 ou 05-96-74-34-92. Fax : 05-96-54-69-63. À droite après l'épicerie *Foxie* ; à 1 km, prendre le chemin qui monte à gauche de la cabine téléphonique. On vient vous chercher à l'aéroport pour 16 €. Compter 335 € (la semaine) pour un F2 et 360 € pour un F3, drap et linge de maison fournis. Superbe maison de plain-pied de 120 m² dans les tons bleu et blanc. Mobilier de bon goût et confort excellent (micro-ondes, mini-lave-linge, TV, moustiquaires, persiennes aux fenêtres). Terrasse et balcon surplombant la baie : vue splendide. Garage. Passionnés de musique et de peinture (Denis en a même fait son métier), les propriétaires sont non seulement intéressants mais aussi prévenants. Réduction de 10 % de mi-septembre à fin octobre accordée aux lecteurs du *Guide du routard,* et l'apéro avec ses accras est offert à l'arrivée.

Hôtels

🔺 *Chez Julot :* rue Gabriel-Péri, derrière la pharmacie. ☎ 05-96-74-40-93. Fermé de mi-septembre à mi-octobre ; resto fermé le dimanche soir. Chambre double à 43 €, petit déjeuner compris. Menus à partir de 13 €. Immeuble récent, pas très gai. 10 petites chambres sobres (néanmoins climatisées et disposant de TV avec Canal+) avec salle de bains, et balcon donnant sur la mer pour certaines – surtout la n° 8 (double) et la n° 9 (triple). Petit restaurant au rez-de-chaussée, tout simple, avec ses petites nappes à carreaux. Spécialités de crabes farcis et de langoustes grillées. Digestif offert aux lecteurs du *Guide du routard.*

Où manger ?

Bon marché

🍴 *Cabana Plage :* pointe Faula. ☎ 05-96-74-32-08. Ouvert tous les jours en haute saison, midi et soir (service jusqu'à 22 h) ; en basse saison, fermé le soir pendant le week-end. Toujours le menu à 15 € ; à la carte, compter entre 12 et 25 €. Spécialités antillaises, pizzas au feu de bois et salades tahitiennes. Un lieu où l'on se sent bien mais où l'on ne vient pas pour jouer les gastronomes, ceci dit au cas où vous auriez l'idée de faire des folies, genre langouste grillée. Digestif offert sur présentation du *Guide du routard.*

Prix moyens

🍴 *Sous les Cocotiers :* pointe Faula, à côté du précédent. ☎ 05-96-74-35-62. 🦽 Accès par un petit chemin de terre. Fermé le lundi, ainsi que de septembre à mi-octobre. Formule vacances à 11,45 € ; menus à 14 € et... 34 € (pour faire connaissance avec la langouste locale) ; compter 23 € à la carte. Petit resto sympa autour de trois cocotiers, face aux Fonds Blancs (dommage qu'il y ait ce sacré parking entre les deux). Spécialités de palourdes, langouste locale grillée, thon aux petits lardons ou encore gratin de fruit à pain extra. Soirées dansantes le vendredi (réserver). Bonne ambiance et accueil courtois. Café ou digestif offert aux lecteurs du *Guide du routard.*

🍴 *Le Toucan :* pointe Faula, à côté de la boutique de souvenirs. ☎ 05-96-74-25-88. Ouvert tous les jours le midi en saison ; barbecue les vendredi et samedi en soirée. Menu du jour à 12 € ; menu langouste à 25 €. Quelle jolie surprise que ce restaurant de bord de plage, repris par un jeune cuisinier réalisant une cuisine créole et traditionnelle délicieuse ! Les assiettes, copieuses, jouent des mélanges de saveurs et de couleurs (fruits, crudités, sauces mangue et passion accompagnent les poissons). Patronne très accueillante, cadre coloré et chaleureux, ambiance conviviale : tout le monde il est beau, tout le monde il est content. Pourvu que ça dure...

À voir

★ *Le marché aux poissons :* au marché couvert (fruits et légumes), en bordure de plage. Les premiers canots rentrent au port en fin de matinée, mais c'est surtout à la tombée de la nuit que le marché bat son plein, avec le retour des pêcheurs au filet. Les femmes débitent, nettoient puis vendent poissons et fruits de mer sur des stands improvisés. 100 % authentique.

★ *Le musée de la Pêche :* pointe Athanase, à proximité du stade de foot. Pas de téléphone. Ouvert du mardi au vendredi de 9 h à 12 h et de 14 h à 17 h, et les samedi et dimanche de 8 h 30 à 13 h. Fermé le lundi. Entrée : 3 € ; réductions. Un lieu réservé aux amateurs d'insolite. Passionné par la mer, Awoi a rassemblé pêle-mêle toutes sortes de témoignages sur le monde de la pêche. Au hasard de l'expo, vous tomberez nez à nez avec une mâchoire de requin, un squelette de dauphin, un filet de pêche des années 1930 ou encore un masque de plongée de 1946... Atmosphère *Le Monde du Silence.*

À faire

➤ *Promenade en mer à bord du « Britannicus » :* au programme de cette journée en compagnie de personnages hauts en couleur, visite des îlets au large du Vauclin, découverte de la mangrove, déjeuner sur l'îlet Petite Grenade et baignade aux Fonds Blancs. Renseignements : Louis-Félix Racine, ☎ 05-96-74-36-26. Jusqu'à 3 excursions par semaine. Embarquement au port de pêche vers 10 h, retour vers 17 h. Tarif : 39 € par personne. Bonne ambiance, c'est rien de le dire, et bien moins de monde qu'au François.
– S'il n'y a plus de place, autre petit bateau qui va sur l'eau : *« Passe Sud »*. ☎ 06-96-26-52-47 ou 05-96-74-52-76 (le soir). Compter 45 € par personne, repas préparé par *Le Toucan* compris.

➤ *Randonnée sur la montagne du Vauclin :* pas de panique, la montagne en question culmine à 504 m et le dénivelé ne dépasse pas les 150 m. Quittez le bourg par la RD5 en direction de Saint-Esprit, puis suivez une voie communale qui traverse le quartier Coulée d'Or. En haut de la côte, laissez votre véhicule ; la grimpette proprement dite, assez raide, commence. Originalité, c'est un chemin de croix dont vous suivez les différentes stations (à éviter le Vendredi saint, ainsi que le 15 septembre, jours d'affluence... et hors saison, à cause de la pente et du terrain très gras : deux pas en avant, un pas en arrière).
Une fois arrivé à la chapelle, on a une belle vue sur toute la côte sud-est de l'île et en particulier sur les 8 îlets du François. Possibilité de faire une boucle en redescendant par le quartier Endsfelder. Compter 4 h en tout.

Manifestation

– *La foire aux crabes :* le samedi qui précède le week-end de Pâques a lieu une grande expo-vente qui vous permettra de devenir incollable sur les différents crabes de Martinique. On peut y déguster tous les plats à base de ce crustacé.

Les plages

⌂ **La pointe Faula :** au sud du village après le port de pêche, à 1 km. Jolie plage de gazon (avec quelques morceaux de verre ici ou là, faites gaffe !), assez peu fréquentée en semaine. À l'ombre des cocotiers, beaucoup de Martiniquais par contre le week-end. Tables et bancs pour pique-niquer. Douche et w.-c. publics. On peut se baigner dans les Fonds Blancs en partant directement du bord (ce qui en fait tout l'intérêt). On regrette tout de même que le parking soit si présent. Mais le chemin cimenté, qui va du parking à la mer, permet au moins un accès facile aux fauteuils roulants et aux poussettes d'enfant...

Au bout de la plage, un endroit accueillant, le *Titiri,* pour les amateurs d'accras du même nom. Pensez à acheter, en passant, cartes postales ou matériel de plage à *Bleu Soleil,* une boutique de souvenirs sympathique. Si vous avez oublié le paréo ou le maillot de bain, c'est même conseillé !

■ **Club nautique du Vauclin :** ☎ 05-96-74-50-83. Fax : 05-96-74-27-70. Ouvert tous les jours. Fermé en septembre. Location de planches à voile avec ou sans dérive à partir de 12 € l'heure. École française de voile et centre de funboard et F2 arrows.

⌂ **Petit Macabou et Grand Macabou :** à 2 km du Vauclin en direction du Marin, tourner au niveau du panneau Macabou, indiqué sur la gauche ; à la fourche, prendre à droite. Garer sa voiture avant la barrière en arrivant au lotissement, on évite ainsi de payer les 2 € de droit d'entrée (mais il n'y a pas toujours quelqu'un). La première plage juste en face est Petit Macabou, une longue bande de sable fin, léchée par une eau calme. Malheureusement, elle tendrait à devenir de plus en plus sale. Poursuivre le long de la mer, franchir les rochers en bout de plage, on surplombe ensuite l'anse, avant de redescendre sur Grand Macabou, la deuxième très belle plage du coin (compter 15 mn de marche du parking). Une piste mène bien théoriquement à Grand Macabou, cependant elle est souvent impraticable pour les voitures. Mer plus agitée mais site très attrayant. Attention, pas d'ombre. Désert en semaine, Macabou attire un peu plus de foule le week-end. Prévoir un solide casse-croûte et des boissons si vous y restez la journée.

QUITTER LE VAUCLIN

➢ **À destination du François et de Fort-de-France :** les taxis collectifs fonctionnent de 5 h 30 à 17 h. Fréquence moyenne : 15 à 20 mn. Mais horaires aléatoires.

LE FRANÇOIS   (97240)

Village animé devenu le lieu de rendez-vous favori des békés. Pourquoi ? Pour les Fonds Blancs, pardi ! Ces hauts fonds sablonneux qui donnent à l'eau sa merveilleuse couleur, un subtil mélange de turquoise et de vert d'eau à la transparence irréelle. Les riches békés avaient trouvé une activité élitiste, le grand jeu consistant donc à se rendre en bateau entre les îlets disséminés dans cette mer limpide, et se baigner dans ce décor de rêve, avec de l'eau jusqu'à la taille, en sirotant un punch tout en parlant business. Mais petit à petit, la sortie aux Fonds Blancs s'est démocratisée. Tous les dimanches, tous ceux qui possèdent un bateau, qu'ils soient ou non békés, s'y retrouvent, et ils ne sont pas les seuls puisque les touristes sont désor-

SUD-EST

mais de la partie. Les Fonds Blancs ! Une expérience très martiniquaise, à vivre absolument. Dommage que les cohortes de touristes qui y déferlent ne soient pas plus respectueux de ce site splendide.

D'un autre côté, trop nombreux sont encore les visiteurs qui ne garderont de leur bref passage sur la côte atlantique que le souvenir de leur baptême du rhum. Pourtant, deux raisons font de la région un lieu de séjour idéal : non seulement elle occupe une position médiane sur l'île, très appréciable pour ceux qui désirent la visiter en profondeur, mais aussi elle abrite quelques-uns de ses meilleurs gîtes.

Au 2e rang des communes de la Martinique par sa superficie de 5 393 ha, Le François doit au commerce de la banane l'essentiel de son activité économique. En 2e position vient la culture de la canne à sucre, même si, de nos jours, les usines sucrières ont cessé leurs activités dans la ville même. L'Habitation du domaine Acajou ne produit plus de rhum depuis 1986. Ce qui ne l'empêche pas de recevoir quelques 100 000 visiteurs par an. Non, ne la cherchez pas sur la carte, elle est plus connue sous le nom de l'alcool qui, quoique fabriqué ailleurs, vient vieillir doucement ici : le *rhum Clément*.

Sinon, la ville du François a été, comme bien d'autres hélas, défigurée par des constructions à l'architecture plutôt hasardeuse. Mais qui donne donc les permis de construire au François ?

Adresses utiles

SUD-EST

ℹ️ *Syndicat d'initiative :* bd du Soleil-Levant, en direction de la marina. ☎ 05-96-54-67-50. Ouvert en principe les lundi et mardi de 8 h à 17 h, le mercredi de 9 h à 16 h, les jeudi et vendredi de 8 h à 17 h et le samedi de 9 h à 12 h. Personnel sympathique.

✉️ *Poste :* rue Delgrés, non loin de la mairie. Distributeur automatique de billets.

■ *Distributeurs de billets :* au *Crédit Agricole* et à la *BNP*, rue Clément. Également à la poste.

■ *Pharmacie centrale :* 35, rue Clément. ☎ 05-96-54-33-86.

■ *Supermarché Champion :* près du grand rond-point La Martienne, en bordure de la N6.

■ *Épicerie Chez Marie :* à l'entrée de l'usine de ciment, route du Vauclin. ☎ 05-96-54-92-19. Vue imprenable sur les bananeraies. On y trouve de tout, et on y boit un coup.

Où dormir ?

Gîtes de France

🏠 *Gîtes de M. Charles Virassamy* (*nos 077 et 078*) **:** Habitation Belle-vue. ☎ 05-96-54-42-27. ♿ À 2 km du centre sur la route du Robert. Propriété en pleine campagne, au milieu d'une bananeraie (bien se faire confirmer la route). Pour 3 personnes, de 170 à 200 € (la semaine) pour le *no 078* et de 190 à 220 € pour le *no 077*. 2 petits gîtes bien équipés, entourés d'une vaste pelouse plantée d'arbres fruitiers et entretenue à merveille (visite guidée sur demande). On a une petite préférence pour le *no 078*, une ancienne maison d'ouvrier agricole entièrement rénovée, très claire et bien ventilée. Pour les amoureux de calme total et de verdure. 3 couchages dans chaque gîte. Rapport qualité-prix incomparable. Apéritif maison offert.

🏠 *L'Arbre à Pain* (*nos 373 et 374*) **:** Hauteur Bellevue. ☎ et fax : 05-96-65-74-06. ● Colette.rosinet@wanadoo.fr ● Du François, prendre la D1 en direction du Robert ; au carrefour de Chopotte, prendre la D29 et continuer sur 600 m, la maison est sur la droite. De 255 à 345 € la semaine pour 2 personnes. Superbe maison traditionnelle, toute de bois vert. 2 gîtes flambant neufs, très bien équipés (TV, lave-linge...) et admirablement décorés. Confortablement installé dans les fauteuils en osier, on profite d'une superbe vue sur la végétation environnante. Rien ne manque à ce paysage champêtre (sauf peut-être quelques épis de blé !), ni le chant des oiseaux le matin, ni le bruit du vent dans les arbres fruitiers (où vous êtes invité à cueillir et à goûter les fruits). Accueil excellent.

🏠 **Gîte de M. et Mme Alex Paviot** (n° 255) : quartier Perriolat, La Digue. ☎ 05-96-54-99-59. Du bourg, suivre la direction du Vauclin sur 7 km puis à droite par la D31. Après 2 km, la propriété est indiquée sur la gauche, au fond d'une piste agricole, enfouie parmi les bananiers. Pour 4 personnes, de 320 à 380 € selon la saison. Large séjour, 2 chambres, l'une bien meublée, l'autre plus simple. Cuisine avec congélateur, terrasse de 35 m² et barbecue. Gros coup de cœur pour l'accueil, simple et discret mais d'une générosité débordante : un bouquet de fleurs vous attend à votre arrivée, ainsi qu'une documentation exhaustive sur l'île. Si vous arrivez en soirée, Jocelyne fera en sorte que vous mettiez les pieds sous la table avant tout autre chose. Quant à Alex, exploitant agricole, il vous fera profiter des produits du terroir (bananes, tomates, laitues...).

🏠 **Chez Mme Gisèle Grandin :** quartier Bois Soldat, à 3 km du François. ☎ 05-96-54-30-89. À 1 km avant le point de vue sur les îlets (cf. « À voir », plus bas). 275 € la semaine pour un couple. 2 gîtes, simples mais très bien tenus, comprenant un séjour, une cuisine avec balcon et une ou deux chambres. Gisèle tient au rez-de-chaussée une petite épicerie-bar (ouverte tous les jours) où l'on sirote un excellent planteur. Accueil chaleureux, accompagné de délicates attentions. Une adresse très authentique. Amateurs de foule, adeptes de La Pointe-du-Bout, s'abstenir. Super balade de 2 km (aller-retour) vers les hauteurs du quartier d'où l'on découvre la côte atlantique : on ne s'en lasse pas. Apéritif offert aux lecteurs du *Guide du routard*.

Plus chic

🏠 **Les Bungalows de la Prairie :** pointe Madeleine, à 5 km au sud du François. ☎ 05-96-54-94-16. Fax : 05-96-54-95-48. Après le pont de la rivière Simon, prendre à gauche et aller jusqu'au littoral, 2 km plus loin. Bungalows pour 1 à 4 personnes de 67 à 98 € par jour suivant la saison. Admirablement situés au bout d'une pointe à la douce harmonie, une dizaine de bungalows discrètement disséminés sur un vaste terrain entretenu avec soin. Pas de plage, mais le terrain gazonné descend en pente douce jusqu'à l'eau (très claire). Superbe vue sur l'Atlantique. Bungalows pour 4 personnes vraiment bien conçus, avec terrasse, cuisine, salle d'eau et mezzanine. La déco est typique des années 1970 ; ça finit par avoir un certain charme. Possibilité de se baigner depuis le ponton car une barrière de corail arrête les vagues au loin. 10 % de réduction hors saison.

🏠 **La Frégate Bleue :** à 5 km du François, en direction du Vauclin, sur la gauche juste avant *Chez Léger*. ☎ 05-96-54-54-66. Fax : 05-96-54-78-48. Chambres doubles de 107 à 137 € en basse saison et de 152 à 183 € en haute saison, petit déjeuner compris. Pour goûter à l'art de vivre martiniquais à l'ancienne, 7 belles chambres (w.-c., douche, kitchenette, TV et AC), dont la plupart donnent sur l'océan et la superbe baie du François. « Chic, chouette, charmant, sympa, accueillant et calme », comme dit sa pétulante propriétaire. Néanmoins un peu cher en saison, pour un budget de routard. Lits à colonnes et meubles en acajou, il faut dire. Le soir, un bon repas (compter entre 20 et 24 €) est proposé au bord de la piscine. Atmosphère très agréable.

Encore plus chic

🛏 *Maison d'hôte Plein Soleil :* pointe Thalémont. ☎ 05-96-38-07-77. Fax : 05-96-65-58-13. Infos et réservations en métropole : ☎ 01-42-58-70-70. ● pleinsoleil@sasi.fr ● 6 km après Le François en direction du Robert, pancarte sur la droite ; la villa se trouve 2 km plus loin, au bout d'un chemin cahotant. De 75 à 115 € la nuit en chambre ventilée (avec kitchenette et véranda) et de 95 à 145 € en suite climatisée avec cuisine, téléphone et 3e couchage. Table d'hôte sur demande, à 24 € le midi et 28 € le soir. Remarquable de qualité, d'inventivité, de recherche dans la présentation des plats. Dominant les îlets du François, un lieu de charme aux couleurs chatoyantes, inspirées des maisons créoles du XVIIIe siècle. Le mobilier et la décoration participent au rêve exotique : lits à colonnes martiniquais, salons indonésiens, rideaux ivoiriens, etc. Tout semble avoir été fait pour vous permettre de profiter au mieux des éléments naturels : le vent, l'eau (piscine en contrebas)... et le soleil. Vu l'isolement relatif de la propriété, c'est l'occasion pour les amoureux du jogging et de la marche à pied de découvrir la campagne franciscaine. Pots d'accueil et de départ.

🛏 *La Maison de l'îlet Oscar :* BP 12. ☎ 05-96-65-82-30 et 05-96-45-46-17. Fax : 05-96-53-50-58. Compter 10 mn de bateau pour s'y rendre. Une maison créole en bois, exceptionnelle, à un prix... élevé : de 100 à 151 € la nuit en chambre double, petit dej' compris. Le prix, variable selon la saison, comprend le transfert en yole. Un endroit fabuleux quand on est amoureux (ne serait-ce que de la vie !). À proximité, les célèbres Fonds Blancs. La maison, construite à l'origine sur l'îlet Thierry, en face, fut transportée pierre par pierre (ou plutôt planche par planche) sur l'îlet Oscar. Les Robinson du voisinage peuvent aussi y déjeuner à partir de 23 € (sur réservation, un pêcheur vous attend au ponton du François). Barbecue le midi avec poisson grillé ou langouste. Le soir, cuisine créole un peu plus élaborée. 10 % de réduction et pot d'accueil offerts aux lecteurs sur présentation du *Guide du routard.*

Où manger ?

De bon marché à prix moyens

|●| *Snack Le Dady :* pl. de l'Église. ☎ 05-96-54-79-49. Ouvert du mardi au dimanche midi. Compter entre 9 et 12 €. Et si on s'offrait un bon poulet-frites à 4 € la part, pour changer ? Ici, le vendredi, on se régale avec la paella maison au chatrou frais (6 €). Possibilité de manger sur place ou vente à emporter.

|●| *Chez Léger :* quartier Dostaly, à 5 km du François en direction du Vauclin (se garer sur la droite). ☎ 05-96-54-52-83. Plats du jour à 9,15 € ; brochettes autour de 3 € ; menu langouste sur commande. La maison ne paie vraiment pas de mine, et pourtant... Tous les pêcheurs et les habitants du François s'y donnent rendez-vous pour manger de merveilleuses langoustes grillées à la sauce chien (se renseigner avant sur l'arrivage). Si vous passez par là le midi, faites comme tout le monde, mangez le poulet grillé ou le plat que la maison propose, à un prix toujours imbattable et avec de vrais bons accompagnements ! Nous, on a choisi de manger « léger » le soir avec les brochettes de poulet, poisson ou crevettes. Un endroit rare, à coup sûr. Avis aux amateurs. Difficile de trouver une table libre le vendredi soir.

|●| *Kaï Nono :* en face de la marina. ☎ 05-96-54-32-76. Fermé le lundi et en juin. Menu à 10 € en semaine. Cartes de paiement acceptées. Avant et après une balade aux Fonds Blancs, petit snack à la bonne franquette, rendez-vous des gens du

coin. L'accueil peut manquer d'entrain, mais ce n'est pas ce qui doit | vous faire fuir (*kaï, kaï, kaï*, comme on dit ici). Belle vue sur la mer.

À voir

★ *Les courses de yoles* : célèbre dans toute la Martinique, l'équipe de yoleurs du François est l'une des plus brillantes. Si vous avez l'occasion d'assister à une compétition, notamment lors de la fête patronale en octobre, ne loupez pas le spectacle.

À faire

➤ *Les Fonds Blancs* : il s'agit de remontées de sable au milieu de l'eau, qui font qu'on est immergé jusqu'à la taille et c'est bien agréable. Embarquement le matin de la marina du François. Plusieurs bateaux proposent des excursions à la journée sur les îlets. Au programme : baignade dans les Fonds Blancs, baptême du rhum, déjeuner, activités nautiques... Attention, concurrence féroce entre les différentes agences. Certaines n'hésitent pas à affirmer qu'untel n'existe plus pour récupérer des clients. Rien ne les arrête ! Préférez les sorties organisées par la *Société touristique de l'îlet Long (STIL)* sur le *River Cat* (☎ 05-96-74-96-79), un poil plus cher qu'*Albert Mongin* (à éviter si vous n'aimez pas être noyé dans la foule : bateaux de 200 personnes et plus, c'est vraiment l'usine à la mer !) mais tellement plus agréable et convivial (sans compter que l'on vous sert un vrai repas). Ou, mieux, vous pouvez vous adresser à *Denise Egremonte* (☎ 05-96-54-96-46 ou 05-96-54-95-57) qui organise ses excursions sur *La Belle Kréole* au départ de la baie du Simon, 5 km au sud du François ; familial, chaleureux et animé.
Notre solution préférée consiste à « aller à la pêche aux yoles ». L'idéal : arriver assez tôt (vers 9 h), de préférence le lundi car c'est en général le jour où il y a le moins de monde (mais pas toujours), et s'arranger directement avec un pêcheur qui vous dépose en yole sur l'îlet de votre choix pour le temps que vous souhaitez. Sympa et économique si vous êtes plusieurs (6 personnes maximum). Il vous en coûtera entre 38 et 40 € l'aller-retour par personne ; demi-tarif pour les enfants. Et repas bien arrosé pour le prix. Adressez-vous, par exemple, à *Denis Devonin* (☎ 06-96-29-67-26) qui part vers 9 h sur sa yole *Maria Delmar*. Intarissable, il ne ménage pas sa peine pour « prouver aux touristes qu'en Martinique il n'y a pas que la mer et le rhum, mais aussi une culture », qu'il a fortement envie de faire connaître. Sinon, d'autres pêcheurs en eau claire sont là pour vous transporter d'aise, comme *Manu*, alias Bernard-Emmanuel Antiste, qui vous dépose sur l'îlet Oscar et n'est pas avare d'accras ni de planteur. Avec ses copains pêcheurs, il emmène ensuite ses clients déjeuner généralement sur l'îlet Anonyme. Chaude ambiance si la musique s'en mêle... et si les corps s'emmêlent ! Autre pêcheur sympa, *Fred Antiste* est propriétaire d'une yole ne pouvant transporter que 6 personnes, d'où un côté convivial certain. On peut le joindre au ☎ 05-96-54-69-45 ou au ☎ 06-96-21-11-11.

➤ DANS LES ENVIRONS DU FRANÇOIS

★ *L'Habitation Clément* : domaine de l'Acajou, à la sortie du François, en direction de Saint-Esprit. ☎ 05-96-54-62-07. Ouvert tous les jours de 9 h à 18 h (ne pas arriver après 17 h). Fermé en septembre. Entrée : 7 € ; moins de 16 ans : 4 € ; gratuit pour les moins de 7 ans.
Un lieu de mémoire assez magique, à visiter loin des foules en délire (100 000 visiteurs par an) pour l'apprécier à sa juste valeur. Plus encore que

la distillerie et ses chais de vieillissement où mûrissent rhums vieux et cuvées spéciales, vous allez aimer (un peu, beaucoup, à la folie...) la seule maison d'habitation du XVIIIe siècle restaurée et remeublée d'époque à être ouverte à la visite dans l'île ; un grand moment, si l'on est tant soit peu sensible aux atmosphères. Enfin, pour les amoureux des jardins, un parc aux arbres centenaires entoure la maison, ce qui est rare en Martinique compte tenu des cyclones, et un panneau descriptif permet d'identifier les principales essences. Dégustation gratuite de *rhum Clément* pour les amateurs de travaux pratiques. On peut aussi voir, dans un environnement tout à fait adéquat, un film de 12 mn retraçant l'histoire du rhum.

★ *Le point de vue sur les îlets de l'océan Atlantique (alt. 198 m) :* à 4 km au sud du François, entre les quartiers Bois Soldat et Petite France. Prendre la direction Le Vauclin, tourner à droite après 2 km (D16), puis, 500 m plus loin, suivre à gauche le panneau « Pitt Bois Soldat » et continuer 1 km après l'épicerie *Grandin.* Un des panoramas les plus grandioses de toute l'île se déploie devant vous : la côte atlantique de la pointe Sud à la presqu'île de la Caravelle. Carte en main, vous retrouverez un par un les huit îlets du François dont vous devrez mémoriser les noms en souvenir de vos vacances : Anonyme, Frégate, Lapin, Lavigne, Long, Oscar, sans oublier les îlets Pelé et Thierry, connus pour abriter le bain de siège supposé de la plus « chaude » des personnalités du cru : la « baignoire de Joséphine ».

🍴 Venez de préférence en fin d'après-midi. En repartant, arrêtez-vous *chez Marie-Thérèse :* quand vous voyez les arbres du voyageur et entendez aboyer, vous êtes arrivé. Si elle est là, elle vous servira un punch coco maison du tonnerre (on peut même en acheter).

Retour vers Fort-de-France

➤ *Des taxis collectifs* font le trajet. Départ rue Clément, presque en face de la station *Esso.*
La route grimpe et sinue parmi de verdoyantes collines, champs de canne ondulants ou bananeraies dont les régimes sont enveloppés dans un sac de plastique bleu qui les protège des maladies et surtout des insectes, mais à l'esthétique discutable, surtout quand il est abandonné ensuite sur les chemins. Les problèmes d'environnement furent, longtemps, la dernière roue de la charrette en Martinique. La quête d'une nouvelle forme de tourisme va peut-être sauver le paysage de l'île...

LE ROBERT   (97231)

Village d'agriculteurs et de pêcheurs au fond d'une baie de 8 km de long sur 5 km de large, la commune du Robert est protégée par deux avancées : la pointe Larose au sud et la pointe Rouge au nord. Ici, vous n'aurez aucune excuse si vous manquez la sortie en mer, commentée et « arrosée » par des guides locaux passionnés car amoureux de cet univers qu'ils entendent préserver absolument.
Tout un chapelet d'îles à découvrir, parmi lesquelles l'îlet Madame, réputé pour ses Fonds Blancs, ou encore l'îlet Chancel qui abrite aujourd'hui encore une colonie d'iguanes. Impossible de résister, là aussi, au désir de tous vous les nommer : Petit Vincent, Petite Martinique, Boisseaux, Lougarou (à ne pas aborder les nuits de pleine lune), Petit Piton, La Grotte, sans oublier l'îlet à Eaux et l'îlet Rat. La traversée vous permet d'assister à la danse des pêcheurs de praires, étranges oiseaux de mer au visage protégé par un cha-

peau de paille, dont les pieds tapent en cadence pour repérer les fameux coquillages... À l'approche du rivage, difficile par contre de ne pas évoquer la croissance de la mangrove locale, due en fait à la dégradation du site, selon certains chercheurs.

Comme Le François, Le Robert occupe une position assez centrale sur l'île – Sainte-Anne n'est qu'à 20 mn en voiture. Cela en fait un lieu de séjour pratique pour rayonner sur toute la Martinique. L'église, dont l'extérieur est peint en bleu et blanc, a un certain cachet, de même que le mur du marché couvert en face. Très animé le matin.

– *Fête patronale de Sainte-Rose :* en septembre. Occasion de grandes fêtes nautiques.

Adresse utile

✉ *Poste :* dans le centre, avec distributeur automatique de billets.

Où dormir ? Où manger ?

Gîtes de France

🛏 *Gîte de M. et Mme Didier William* (n° 282) : lotissement Mont-Vert, route du Vert-Pré. ☎ 05-96-65-07-16. ♿ À 1 km par la RD1. De 245 à 275 € la semaine. 2 chambres dans un joli gîte plein de charme pour 4 personnes, à côté de la maison des proprios. Poutres apparentes, terrasse couverte, cuisine équipée jusqu'au mixeur pour se concocter des jus de fruits maison, TV. On cueille les fruits du jardin : mangues, goyaves, prunes de Cythère, carambole... Élena vous montre ensuite comment les préparer. Un délice ! Dans le superbe jardin tropical, chaises longues et hamacs. Accueil possible et gratuit à l'aéroport pour les lecteurs du *Guide du routard*. Jus de fruits maison offert à l'arrivée. Autre gîte à proximité (n° 334) de 235 à 275 €.

🛏 *Gîte de M. Fred Miram Marthe Rose* (n° 046) : quartier Fonds-Brûlé. ☎ 05-96-65-30-19. À 5 km du Robert par la N1, à gauche au carrefour Pelletier. Compter de 210 à 245 € la semaine pour 4 à 5 personnes. Gîte en rez-de-jardin, sans charme particulier mais extrêmement bien tenu et bon marché. Eau chaude, ventilateurs et moustiquaires. De la terrasse orientée au nord, vue dégagée sur les collines environnantes et les Pitons du Carbet. À la fois amical et discret, Fred est particulièrement dévoué à la cause associative : il partage son temps entre ses deux casquettes, celle de lieutenant des pompiers et celle de dirigeant de la ligue de football de la Martinique. Suivant ses disponibilités, il peut vous proposer une visite en bateau des îlets et des Fonds Blancs. Remise de 10 % sur le prix de la chambre en long séjour. Verre de l'amitié à l'arrivée.

🛏 *Gîte de Mme Lyna Limmois* (n° 314) : *Villa Eden Gil,* quartier Sables Blancs. ☎ 05-96-65-25-40. À mi-chemin entre Le Robert et Le François, à l'extrémité de la pointe Larose. De 340 à 405 € la semaine. Un peu perdu. Jolie maison entourée d'un non moins joli jardin ouvert sur la mer. Un grand gîte avec 2 chambres, 2 salles d'eau, cuisine extérieure, en pleine verdure, terrasse avec salon de jardin, bains de soleil, moustiquaires, ventilateurs et... quelques bons livres de chevet pour vos longues soirées tropicales. Mais on a un coup de cœur pour le petit bungalow climatisé à 300 €, parfait pour un couple avec ou sans enfants, donnant directement sur l'eau, sans aucun vis-à-vis. Plage de galets pour vous tout seul. Accueil assez désinvolte et paiement en espèces uniquement.

🛏 *Gîtes de M. Mazarin Éric* (gîtes 361 à 364) : Résidence Magellan. ☎ 05-96-65-53-39. Fax : 05-96-50-

53-96. À 1 km du bourg. De 260 à 290 € la semaine selon la saison. 4 petits gîtes pour 2 personnes, de 21 à 35 m^2, au rez-de-chaussée de la maison du propriétaire. Tous avec une chambre climatisée, un petit séjour, un coin-cuisine et la TV (machine à laver à disposition). À deux, pas de problème, la terrasse et le jardin ouvrant sur la baie du Robert empêchent de se sentir à l'étroit. Tout au fond, un ponton sur lequel ont été installés kiosque et hamac pour les après-midi de farniente. Quand vous en aurez assez de vous détendre (!), M. Mazarin vous emmènera faire une balade aux îlets. Une très bonne adresse. Apéritif maison offert aux lecteurs du *Guide du routard*.

Hôtels

🛏 *Moulin à Vent Village :* route du Vert-Pré. ☎ 05-96-65-48-96. Fax : 05-96-65-35-54. À 1 km du centre. De nuit, se repérer aux ailes illuminées du moulin. Studios climatisés pouvant accueillir un couple (éventuellement avec un enfant), de 230 à 275 € la semaine. Également des chambres climatisées louées à partir de 38 € la nuit, TV dans certaines chambres seulement. Piscine. Calme la plupart du temps... mais il leur arrive d'accueillir des soirées privées qui peuvent se prolonger tard dans la nuit.

🛏 *Caraïbe Ti Larose :* bd Henri-Auzé, face au port. ☎ 05-96-65-13-31. Fax : 05-96-65-13-48. ♿ Fermé en juin et juillet. Compter 45 € la nuit, et 245 € la semaine pour les chambres ; F2 à 305 € la semaine avec vue sur jardin et les Fonds Blancs. Loue 3 chambres assez petites mais bien meublées ; salle d'eau sur le palier. Loue également quelques F2 en dehors du bourg. Quant au resto, fermé le dimanche, il n'a pas de prétention culinaire mais il peut en dépanner plus d'un.

NORD-EST

Où dormir ? Où manger dans les environs ?

🛏 |●| *Table d'hôte et chambres La Marionette :* au Vert-Pré, dans les hauteurs du Robert. ☎ 05-96-65-92-74. En arrivant au village, prendre sur la droite la direction Trinité : une fois passée la supérette *Proxy,* prendre le petit chemin de terre, très pentu, sur la droite. Repas uniquement sur réservation, autour de 27 €. Patrick Catherine a un jour décidé d'oublier ses multiples diplômes d'ingénieur et de sociologie, pour se lancer dans la cuisine. Il s'est offert des formations chez les plus grands chefs de métropole, s'est penché sur l'histoire et les saveurs de son pays, et le résultat vaut le détour ! Il joue des goûts et des couleurs et vous régale de recettes insolites et personnelles (comme la Tatin de mangue et fruits de mer). À savourer, en terrasse, le regard perdu sur les bleus et verts qui dansent au loin, bercé par une petite brise bienvenue. Un coup de cœur, et un regret : comme ce garçon a d'autres passions, qui lui prennent du temps (les courses à la voile) et travaille par ailleurs, il faut réserver longtemps à l'avance. Sinon, réservez une chambre, toute simple, chez sa mère, tout à côté (entre 34 et 39 €), et prenez même pension chez elle, car elle est fine cuisinière. Rien que pour la vue et la végétation aux alentours, si généreuse, avec ses chants d'oiseaux la journée, et ceux des grillons et des grenouilles en soirée, on ne vous plaindra pas !

À faire

➤ *Les Fonds Blancs avec les pêcheurs :* tout comme Le François, Le Robert est un point de départ pour les îlets situés au large de la baie, tout aussi beaux et beaucoup moins fréquentés. Pour vous y rendre, allez voir *Hugues Nomel,* un marin-pêcheur qui emmène les touristes depuis plus de 20 ans et fait visiter 9 îlets. ☎ 05-96-65-16-50. Il loue ses services et son bateau pour un maximum de 6 personnes. Départ à 9 h, retour vers 16 h. Balade parmi les îlets et pique-nique (non compris) à l'*îlet Madame,* le plus réputé. Arrêt sur les Fonds Blancs. Prévoir un bon casse-croûte et, bien sûr, du rhum en quantité suffisante. Vous trouverez Hugues le plus souvent à proximité de sa pancarte en face de l'office municipal de la culture et des loisirs.

D'autres pêcheurs (que vous trouverez à l'embarcadère), *Viviane Vovimbia* (☎ 05-96-65-04-11) par exemple, proposent leurs services aux mêmes conditions que Hugues. Viviane, une femme capitaine, fera tout pour que vous passiez une journée inoubliable dans des îlets et n'hésitera pas à vous faire sortir des sentiers battus et du circuit classique (mêmes tarifs et mêmes conditions que le premier). Évitez seulement, si possible, les jours d'affluence, car la tentation est grande de charger un peu trop le bateau...

Autres sorties en mer

■ *Bleu & Or (catamaran) :* ☎ 06-96-45-72-00 et 05-96-65-11-01. Le départ de l'embarcadère du Robert se fait vers 9 h. Compter 21 € par personne pour une journée (retour vers 16 h 30) comprenant la visite guidée et la baignade. Plusieurs arrêts en mer pour apercevoir les cages d'élevage des poissons et ces étranges danseurs que sont les traditionnels pêcheurs de praires, tapant du pied pour repérer les coquillages. Arrêt sur l'îlet Chancel, pour visiter les ruines de l'habitation *Dubuc de Ramville,* gardée par ces étonnants lézards préhistoriques que sont les iguanes. Tommy vous apprendra à les repérer, cachés dans les branches du samana, tout en vous racontant à sa façon l'histoire de l'île (vous n'échapperez pas, ensuite, au passage dans le cachot des esclaves, assez émouvant, avec ces dessins de barques réalisés par les captifs rêvant d'évasion !)...Une balade chaleureuse et intelligemment conçue, pour découvrir les Fonds Blancs sous un angle un peu plus culturel que le bain de siège de Joséphine.

Location de kayaks

■ *Ocean Kayak :* quartier Sables Blancs, pointe Larose. ☎ 05-96-65-69-59 ou 06-96-28-97-51. Piste sur la gauche 5 km au sud du Robert en direction du François (au niveau du rond-point) ; continuer sur 4,4 km (précis !). Location de kayaks. Jean-Michel Ternot organise aussi des après-midi kayak + plongée (avec masques, tubas et gilets de sauvetage) à destination de la mangrove, des Sables Blancs et de l'îlet Madame. Prestations de qualité et tarifs modérés. Excellents échos de cette escapade loin des usines à touristes. Compter entre 23 et 28 € (demi-journée ou journée).

■ *Les Kayaks du Robert :* pointe Savane, au nord-est du Robert, en face de l'îlet Chancel. Réservations : ☎ 05-96-65-33-89 ou 05-96-65-70-68. Location de kayaks de mer à la journée pour 21 € ou à la demi-journée pour 13 €. Tarifs intéressants. Très bon accueil. Mieux vaut arriver tôt et démarrer immédiatement si l'on veut éviter la foule (avant midi)... Planteur offert au retour. L'îlet Chancel, avec ses iguanes, est bien évidemment l'attraction n° 1. Mais par pitié, laissez-les vivre en paix ! Et si vous voyez des guides locaux s'amuser avec, ou les traîner sur la plage (cela s'est vu...) pour le plaisir de quelques touristes irrespectueux, insurgez-vous !

Où et comment plonger ?

Spot

◟ *Loup-Bordelais :* récif de corail, au large, sur 18 m de fond remontant à 2 m de la surface. Faune et flore variées. Niveau 2.

GROS-MORNE (97213)

Deuxième commune de l'île par sa superficie, Gros-Morne est un bourg à vocation essentiellement agricole, profondément ancré dans les traditions du terroir. Ses activités agro-industrielles se limitent à la rhumerie Saint-Étienne et à l'usine de jus de fruits et confitures Royal. Nombreuses sources et rivières à proximité.

Entre avril et juillet et d'octobre à décembre, vous pourrez assister à la récolte des ananas. De différentes tailles par nature, ils sont rendus cylindriques et prêts à être mis en boîte (c'est leur vocation, plus que la vente directe) par les calibreuses qui enlèvent les yeux et la peau (âmes sensibles, s'abstenir !) avant qu'on ne leur arrache le cœur, c'est-à-dire la partie centrale fibreuse ; puis on les découpe en tranches.

– *Fête patronale :* mi-juillet.

Adresses utiles

🛈 *Office du tourisme :* rue Immeuble-Vautor. ☎ 05-96-67-60-73. Ouvert du lundi au vendredi de 7 h 30 à 16 h 30 et le samedi de 7 h 30 à 13 h 30. Fermé le dimanche.

✉ *Poste :* rue Jules-Ferry, pas loin de l'église.

■ *Marché :* a lieu tous les jours de 6 h à 11 h, et plus particulièrement animé le week-end. Ici s'effectuait jadis le commerce des esclaves.

■ *Supérette Madimarché :* quartier La Fraîcheur, face à la gare routière.

Où dormir dans les environs ?

Gîtes de France

🛏 *L'Escale du Voyageur (Chez M. Clotaire Bertin) :* quartier Flamboyant. ☎ 05-96-67-50-41. Fax : 05-96-67-74-74. ● escale-du-voyageur @wanadoo.fr ● À 2 km du bourg par la route de Saint-Pierre (D1). Compter 31 € la nuit et 227 € la semaine pour 2 à 3 personnes (gîte n° 038). Juste au-dessous du logement des propriétaires, mais au milieu d'une nature exubérante. Verger planté d'arbres exotiques (commode à l'heure du petit dej'). Barbecue, buanderie et parking. Accueil possible à l'aéroport. Infirmier psychiatrique, Clotaire éprouve parfois le besoin de décompresser de retour au foyer... Pas triste, Gros-Morne, avec lui ! Apéritif maison offert à nos lecteurs et 10 % de réduction toute l'année sur présentation du *GDR*.

🛏 *Gîtes de M. et Mme Albert Baroux (n°s 332 et 333) :* chemin Croix-Girin. ☎ 05-96-58-34-11. En venant du Robert par Vert-Pré, prendre l'entrée Croix-Girin sur la gauche, 300 m environ avant d'arriver au bourg de Gros-Morne ; les gîtes sont 400 m plus loin sur la droite, en pleine campagne. 2 pavillons indépendants, l'un pour 2 personnes de 265 à 290 € selon la saison, l'autre pour 4 personnes (2 chambres) de 345 à 410 €. Ces gîtes récents sont bien équipés (cuisine américaine, lave-linge, TV) ; on a même pensé à la douche extérieure pour se débarrasser du sable en rentrant de la plage. Beaucoup d'espace autour, terrain plat et fleuri. Calme assuré et fraîcheur relative le soir. Accueil personnalisé autour d'un punch.

🏠 **Gîtes de M. Lucien Milia** (n° 386 à 389) : ☎ 05-96-73-74-74 (central de réservations). Prendre la sortie Poirier sur la droite et continuer jusqu'au panneau « Gîtes de France ». 4 petites maisons très agréables pour 2 ou 3 personnes, de 315 € en basse saison à 365 € en haute saison. Situés sur une propriété agricole, en hauteur, avec vue sur un paysage déjà reposant en lui-même, des gîtes très cosy avec une chambre équipée d'un grand lit, un séjour comprenant un coin-cuisine, une salle d'eau très pratique et une grande terrasse avec meubles de jardin donnant sur le verger. TV, barbecue. Le propriétaire est par nature très accueillant : à moins que vous ayez vraiment mauvais caractère, il vous invite volontiers à partager ti-punch au miel ou repas improvisé, vous emmène visiter sa ferme et vous propose même de faire de l'équitation, si vous en avez envie. Prix très doux, vu les prestations. Bon poulet, fleurs et fruits du jardin à proximité. À l'arrivée, on va même vous chercher à l'aéroport.

🏠 **Gîtes de M. Daniel Alphonse** (n° 391) : chemin Lessema (à la sortie du bourg en direction de Morne-des-Esses). ☎ 05-96-73-74-74 (central de réservations). Pour 4 personnes, compter entre 285 et 320 € la semaine. Pour qui cherche un F3 en pleine campagne, dans un cadre on ne peut plus reposant (n'oubliez pas qu'on est à Gros-Morne), une maison sur deux niveaux, avec 2 chambres et 2 salles d'eau au 1er étage ; le séjour est au 2e étage, ainsi que la cuisine, la salle à manger et la terrasse. Jardin, garage.

Autres gîtes et résidences

🏠 **Au Bon Accueil :** quartier Bois-Lézard, en direction de Morne-des-Esses. ☎ 05-96-67-53-44. De 230 à 380 € la semaine pour 2 ou 4 personnes. Environnement calme, entouré de collines arborées. Gîte contigu à la maison d'Anne-Marie Reine. On aime bien cet appartement de 2 chambres (draps et linge de maison fournis), somme toute modeste, tenu par une dame à la retraite, d'une gentillesse sans pareille. Un petit bouquet par-ci, quelques légumes du jardin par-là, le sirop de fruit et la confiture maison, etc., quand elle ne vous invite pas tout bonnement à partager le repas familial. Petit commerce à proximité.

🏠 **L'Habitation Petite Tracée :** quartier Petite Tracée. ☎ 05-96-67-90-02. Fax. 05-96-67-90-03. • www.petitetracee.com • Fermé du 5 au 25 octobre et du 3 au 15 novembre environ. De 75 à 100 € la nuit en haute saison, de 64 à 86 € en basse saison. Pour la demi-pension, compter 12,20 € par jour. 10 jolis bungalows, colorés et spacieux, aux tissus en madras et au mobilier coordonnés, neufs et bien équipés. Jolie piscine dans un joli cadre. Un gardien est là en permanence pour tout régler en cas de pépin, et vous avez le choix entre l'ensoleillement, la fraîcheur et l'isolement. Pour le calme, *pa ni problem*. À vous de préciser vos souhaits lors de la réservation. Pour le petit dej', y'a qu'à cueillir les fruits du jardin ! Réduction de 5 % sur les prix affichés pour les lecteurs sur présentation du *Guide du routard*.

🏠 **Studios chez Judes Joseph et Henriette Guannel :** Petite Tracée. ☎ 05-96-67-69-50. À environ 1 km de Gros-Morne en direction de La Trinité, prendre sur la gauche au panneau « Pompes funèbres » (!) ; c'est la 3e habitation sur la droite. Compter de 170 à 270 € la semaine selon la taille du gîte. En contrebas de la maison des proprios, deux studios, l'un prévu pour 2 personnes, l'autre pouvant accueillir jusqu'à 5 personnes. Terrasse avec hamacs et barbecue. Vue sur une nature luxuriante. Très calme. Accueil à l'aéroport et frigo rempli à votre arrivée pour le premier petit déjeuner et repas à la table familiale le premier soir.

🛏 **Résidence Palcy :** Petite Tracée. ☎ 05-96-67-83-02. À environ 1,5 km du centre du Bourg en direction de La Trinité. De la gare routière de Gros-Morne, rue de la Liberté, empruntez la ligne 1 des minibus urbains ; donnez votre destination au chauffeur, il vous déposera 10 mn plus tard en face de la résidence. Compter 46 € la nuit pour deux. M. et Mme Palcy vous accueilleront un verre de jus de fruits frais du jardin (et quel jardin !) à la main. Derrière la maison des propriétaires vous attend un bungalow charmant avec ses rideaux en madras, confortable comme tout. Idéal pour les amoureux de calme, de tranquillité et d'histoires locales. Sachez que les maîtres des lieux ont une fille célèbre, Euzhan Palcy, réalisatrice du film *Rue Case-Nègres* (chronique de la vie antillaise dans les années 1930) qui a obtenu le Lion d'Argent à Venise en 1983.

Où acheter des fleurs ?

🌸 **La Maison de l'Anthurium (chez Mme Marthe Goyette) :** quartier Deux-Terres. ☎ 05-96-67-50-02. Du bourg, prendre la direction de Fort-de-France ; après 2 km, à gauche au carrefour avec la D15 (indication Croix-Blanche) ; la boutique se trouve à 400 m sur la droite. Une des maisons horticoles les moins chères de toute l'île (21 fleurs pour 27 €). En revanche, le choix des fleurs est quelque peu restreint. Emballage spécial soute d'avion et livraison gratuite à l'aéroport. Commande de préférence du lundi au mercredi.

▶ ## DANS LES ENVIRONS DE GROS-MORNE

★ **La cascade du Saut Argis :** quartier Dumaine, un peu avant Bois Lézard. Succession de deux cascades, bassin entouré d'une végétation diversifiée. L'aménagement du site a été complètement repris : sentier d'approche partiellement empierré, grillages anti-éboulis, main courante. Les tables-bancs en font une aire de pique-nique privilégiée.

QUITTER GROS-MORNE (BOURG)

➤ **À destination de Fort-de-France et La Trinité :** gare routière en face de *Madimarché*. Taxis collectifs dans les deux sens de 5 h 30 à 17 h 30. Fréquence moyenne : 30 mn.

➤ **À destination des quartiers proches (Deux-Terres, Bois Lézard, Tracée...) :** 7 lignes de minibus urbains. Départ en face du dispensaire, toutes les 45 mn de 6 h à 19 h environ, plus aléatoire le week-end. Renseignements à la *Compagnie Antillaise de Déplacement.* ☎ 05-96-67-95-65. Du lundi au vendredi de 8 h à 16 h et le samedi de 10 h à 13 h.

SAINT-JOSEPH   (97212)

Un village plus proche de Fort-de-France que de la côte atlantique mais qui, comme Gros-Morne ou Morne-des-Esses, peut offrir une solution de remplacement intéressante pour ceux qui préfèrent le calme de l'arrière-pays, quitte à rouler un peu plus pour rejoindre la côte. Sans y loger, on peut aussi y passer pour éviter les embouteillages de la rocade de Fort-de-France en rejoignant la préfecture par la N4 qui fait arriver par les hauteurs de la ville (attention : route très sinueuse et très fréquentée également aux heures de pointe). Magnifique parcours au milieu des bananeraies.

Saint-Joseph est l'une des communes les plus vertes de l'île : le site de promenade appelé « Cœur-Bouliki », très connu des Martiniquais, est parfaitement aménagé pour le pique-nique dominical.

– *Fête patronale :* en mars.

Où dormir ?

Gîtes de France

Gîtes de M. et Mme Jean-Marie Massolin (*nos 355 et 356*) **:** quartier Gouraud. ☎ 05-96-57-68-71. Fax : 05-96-57-65-09. ● jean-marie.mas solin@wanadoo.fr ● En arrivant à Saint-Joseph depuis Fort-de-France, suivre la direction Morne des Oliviers au niveau du stade, passer devant la grotte de Lourdes (!) et, 150 m après la cabine téléphonique, prendre l'entrée à droite ; c'est à 50 m. 2 gîtes contigus pour 4 personnes, l'un de 260 à 305 €, l'autre de 275 à 330 €, selon la saison. Situés au rez-de-chaussée de la maison des propriétaires, ces gîtes spacieux disposent chacun de 2 chambres, d'un beau séjour avec terrasse (cuisine américaine dans le gîte le plus cher). Déco toute rose, un peu chargée. TV, lave-linge, téléphone. Très bien situés, randonnées possibles au départ des gîtes mêmes.

À voir

★ **Bélya, la fête au pays d'antan :** quartier Rivière Monsieur. À 4 km après l'église de Redoute. Représentations les mercredi et dimanche à 10 h ou à la demande, pour un groupe. Uniquement sur réservation. ☎ 05-96-57-37-57. Fax : 05-96-52-12-67. Entrée : 11 €. Une tentative originale de lier nature et traditions et de refaire vivre, le temps d'un spectacle, un petit village tel qu'il en existait dans les années 1940-1950, avec ses jardins, ses cases, ses activités usuelles et festives.

Vous êtes accueilli par une troupe de Carnaval, suivez un beau masque sur un sentier qui sillonne entre des plantes et arbustes déjà vus ici et là : balisier, anthurium, alpinia, pachystacys à fleurs jaunes, yucca et bien d'autres. Émouvant, le *jardin rimed razié*, rempli de plantes médicinales, grand comme un rond de sorcière, avec du *qui vivra verra* pour bénir les morts (il est même recommandé aux bons vivants d'en avoir sur soi comme viatique), du boldo pour les lendemains difficiles, du patchouli pour aller à la messe, du brisé odorant, de l'aloès...

Au détour d'un sentier, vous croisez *Man Cia*, une vieille femme agrippée à son bâton de nœuds, pipe à la bouche. Elle vous fera découvrir sa case reconstituée, préparera le café ou la cuisine dans le coco-nègre. Des éclats de voix ? Seulement des marchandes et des « djobeurs », vendeurs à la criée qui vous invitent ensuite à partir à la recherche des boissons et des danses ancestrales oubliées, les unes n'allant pas sans les autres.

Tous sont en fait des comédiens-musiciens ayant décidé, un beau jour, de se constituer en troupe pour jeter un pont entre ce qui a été et ce qui est visible encore aujourd'hui mais en cherchant bien. Bélya ressuscite ainsi des émotions, des odeurs qui ont des significations profondes, autant pour les touristes qui ne veulent pas bronzer idiots que pour les indigènes désireux de (re)connaître leurs origines.

LA TRINITÉ   (97220)

Petite sous-préfecture, située au bord d'une baie, à l'entrée de la presqu'île de la Caravelle, un des plus beaux sites naturels de la Martinique. Le bord de mer s'est maintenant égayé d'arbres. Très animé le soir par les gamins du village. Voir le marché, qui a lieu tous les matins sauf le dimanche. La plage des Raisiniers, qui ferme la baie à 400 m vers le sud, est assez jolie et peu fréquentée. D'ailleurs, d'une manière générale, on ne compte pas d'invasion de touristes à La Trinité.

On lui préfère tout de même Tartane – petit port de pêche voisin appartenant en fait à la commune de La Trinité mais en voie d'autonomie (cela dit sans arrière-pensée politique) –, qui a beaucoup plus de charme.

Adresses et infos utiles

🛈 *Office du tourisme (plan A1) :* centre d'affaires Le Galion. ☎ 05-96-58-69-98. ● www.ot-trinitemartinique.fr ● Ouvert du lundi au vendredi de 9 h à 17 h et le samedi de 8 h 30 à 12 h 30. Installée dans des locaux neufs, une équipe 100 % féminine, ô combien dynamique, souriante et efficace. Expos fréquentes. Organise des visites guidées à la demande pour les petits groupes. Visitez leur site Internet, pour en savoir plus.

✉ *Poste (plan A1) :* rue Joseph-Lagrosilière, après le marché. Ouvert du lundi au vendredi de 7 h 30 à 17 h 15 et le samedi de 7 h à 12 h. Le distributeur automatique de billets se trouve ailleurs, au 1er étage du centre *Le Galion.*

■ *Distributeurs de billets 24 h/24 :* au *Crédit Agricole (plan B2, 2)* et à la *BNP (plan A2, 3),* rue Victor-Hugo. Également au 1er étage du centre d'affaires *Le Galion.*

■ *Centre hospitalier Louis Domergue :* ☎ 05-96-66-46-00.

■ *Pharmacie (plan A2, 1) :* rue Victor-Hugo.

■ *Marché (plan A1, 4) :* on s'y retrouve du lundi au samedi de 6 h 30 à 15 h environ.

■ *Ecomax (plan A1, 5) :* rue Victor-Hugo. *Supermarché Match (plan A-B 2, 6) :* rue Épinette.

Où dormir ?

Si vous ne trouvez pas votre bonheur au cœur de La Trinité, nous vous conseillons de jeter votre dévolu sur les adresses de Tartane, à 5 km (voir plus loin). Néanmoins, voici quelques solutions locales.

🛏 *Gîtes de M. Dominique Licide (nos 207, 286 et 287; hors plan par A2, 13) :* quartier Bellevue. ☎ 05-96-58-70-21. À 7 km du bourg, en pleine campagne, près d'une opulente bananeraie. 2 gîtes pour 4 personnes de 290 à 305 €, au rez-de-chaussée de la maison, et un pour 6 personnes de 475 à 530 €, juste au-dessus. Un certain confort (certains diront même un confort certain) et une fraîcheur bienvenue, à 300 m au-dessus du niveau de la mer. Pour qui aime les bananes, il n'y a pas loin à aller pour se faire un régime complet.

🛏 *Maison F. Crochemar (hors plan par A1, 11) :* quartier la Crique, La Trinité-Nord, près de l'Anse Cosmy. ☎ 05-96-58-67-30. ♿ Sur la route de Sainte-Marie, tourner à gauche à la station *Total,* c'est à 300 m. Compter entre 35 et 38 € la nuit, 244 et 260 € la semaine, selon la saison. Dans une belle maison neuve toute blanche, 2 beaux studios indépendants pouvant accueillir 3 personnes chacun, très clairs,

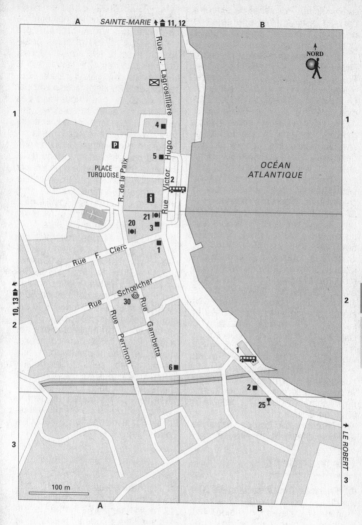

SAINTE-MARIE ↑ 🚆 11, 12

Rue J. Lagrosillière

Rue Victor Hugo

R. de la Paix

PLACE TURQUOISE

OCÉAN ATLANTIQUE

NORD

P

4

5

2

i

20 21

3

1

Rue F. Clerc

Schœlcher

Rue

30

Rue Gambetta

Rue Perrinon

6

10, 13 →

1

2

25 Ƴ

100 m

LE ROBERT →

NORD-EST

LA TRINITÉ

■ **Adresses utiles**
  🛈 Office du tourisme
  ✉ Poste
  🚎 1 Gare interurbaine
  🚎 2 Gare urbaine
  1 Pharmacie
  2 Crédit Agricole
  3 BNP
  4 Marché

5 Ecomax
6 Supermarché Match

🚆 **Où dormir ?**
10 Les Mimy
11 Maison F. Crochemar
12 Villa Bleu Marine
13 Gîtes de M. Dominique Licide

🍴 **Où manger ?**
20 Snack La Turquoise
21 Delifrance

Ƴ **Où boire un verre ?**
25 La Sora

🛍 **Achats**
30 Créations Floridora

avec cuisine. Possibilité de barboter dans la piscine. Pour une semaine de location, premier dîner et premier petit dej' offerts.

🛏 **Entre mer et soleil :** résidence l'Autre Bord, n° 9. ☎ 05-96-58-12-14. Fax : 05-96-58-12-13. ● entremeret soleil@wanadoo.fr ● À la sortie de La Trinité, sur la route de Tartane. Studios de 290 à 336 € et F2 de 427 à 473 €, selon la saison. Grande maison moderne dominant la baie de La Trinité. Ambiance très cool et accueil gentil de Danielle Rousseau. Déco fraîche et jolie. Coin-cuisine et balcon pour manger face à la mer. Premier petit déjeuner offert. Matériel pour la plage fourni. Ti-punch à l'arrivée.

🛏 **Les Mimy** (hors plan par A2, **10**) : dans le quartier de Brin d'Amour, sur les hauteurs de La Trinité. ☎ 05-96-58-27-61. Fax : 05-96-58-48-37. Chambres doubles à 39 €, petit déjeuner compris. Une grande maison moderne avec parking. 10 chambres avec douche et toilettes, toutes simples. Très propres, avec des stores-moustiquaires. Petit déjeuner servi sur une grande terrasse d'où l'on profite d'une belle vue sur la baie de La Trinité. Fait également table d'hôte en haute saison : menu à 13 €. Goûter absolument aux liqueurs de fruits maison. Un régal ! Accueil chaleureux. 10 % sur le prix de la chambre de mai à octobre à partir de 2 nuits.

🛏 **Ressource de France** (Josianne et Rose Mazarin) : morne Poirier.

☎ 05-96-58-29-22 (domicile). Fax : 05-96-58-44-30. Sur les hauteurs de La Trinité, à 5 km du centre. Accès par la D25A, à 200 m après l'intersection avec la N1, sur la gauche. Compter dans les 47 € la nuit, 305 € la semaine en haute saison. Ensemble de 9 bungalows (disposés par blocs de 3), un peu exigus mais très fonctionnels avec mezzanine, terrasse et kitchenette, et pouvant accueillir un couple et deux enfants. Jalousies aux fenêtres. On a une préférence pour le dernier au fond de la propriété (bloc C, dernière porte), car il bénéficie d'un joli point de vue sur les mornes de l'intérieur de l'île. Propriétaires dynamiques. Apéritif maison offert, ainsi qu'une remise de 10 % sur le prix de la chambre.

🛏 **Villa Bleu Marine** (hors plan par A1, **12**) : quartier La Crique, La Trinité-Nord, près de l'anse Cosmy. ☎ 05-96-58-14-14. Fax : 05-96-58-14-15. ● villa-bleu-marine@wanadoo.fr ● Chambres doubles de 59 à 70 € la nuit et de 320 à 480 € la semaine, selon la saison ; petit déjeuner à 5,50 €. Un mini-complexe hôtelier qui n'en fait pas (de complexe, suivez un peu !) par rapport aux grands, avec ses studios-duplex bien équipés, tous équipés d'une kitchenette, d'une loggia avec salon de jardin, etc. La piscine est au centre, avec un jacuzzi. Il y a même tout un lot de BD à disposition à l'accueil. Pot de bienvenue offert.

Où manger ?

🍴 **Snack La Turquoise** (plan A2, **20**) : rue de la Paix. Ouvert de 7 h à 16 h. Traiteur et restauration rapide. 4 à 5 tables au plus. Cuisine très couleur locale : écrevisses, morue et sandwichs au gésier ou au rognon. Pas cher du tout. La cantine préférée des employés du centre le midi.

🍴 **Delifrance** (plan A2, **21**) : 15, rue Victor-Hugo. Ouvert de 6 h à 17 h (13 h le samedi). Fermé le dimanche. Des crêpes au sucre, de la tarte à la frangipane... mais également des sandwichs à emporter ou à manger sur place. Fait aussi boulangerie et snack.

Où boire un verre ?

🍸 **La Sora** (plan B3, **25**) : au bout du front de mer, en allant vers Tartane, pas loin du *Crédit Agricole*. ☎ 05-96-58-49-43. Ouvert de 8 h à 18 h. Fermé le dimanche. Un endroit étonnant, reposant, hors du temps, où l'on peut déguster d'excellents jus frais de canne, de corossol, de maracuja, ainsi que des pâtisseries. M. Lourel, le patron, expose également des objets anciens qui parlent à la mémoire de tous les hommes, dans son petit écomusée personnel. Accueil adorable.

Où sortir ?

♪ *Discothèque Le Top* : ZAC en bordure de la N1, direction Le Robert. ☎ 05-96-58-61-43. Ouvert les vendredi et samedi soir à partir de 21 h (presque tous les soirs en période de vacances scolaires). Ambiance très *zouk*.

Achats

☸ *Créations Floridora* (plan A2, **30**) : 23, rue Gambetta. ☎ 05-96-58-35-47. Styliste, Agnès Séjean est aussi et surtout une passionnée de la tradition qu'elle perpétue avec zèle au travers de coiffes et costumes (jupes en madras, grandes robes, corsages brodés, etc.). On en redemande. Micromusée de poupées en costume.

☸ *La fabrique de tambours de M. Laport* : quartier Tracé, sur la route de Vert-Pré (D3). ☎ 05-96-67-58-15. Un des derniers artisans *roots* de la Martinique. Une tradition ancestrale.

Fêtes et animations

– *Route du Sucre* : en avril, à l'usine *Le Galion* (seule sucrerie de Martinique que l'on peut encore visiter ; uniquement de février à juin, pendant la récolte). Se renseigner à l'office du tourisme.

– *Fête patronale* : fin juin - début juillet.

– *Fête du Trempage* : au grand marché couvert en juillet et août. L'occasion de découvrir un des vieux plats de fête du Nord martiniquais, d'autant plus propice à la convivialité que tout le monde mange avec ses mains, plongeant à même dans la grande feuille de bananier où a été mis à tremper du pain mélangé avec des miettes de morue et tout ce que les pêcheurs peuvent rapporter... l'important, c'est l'assaisonnement et ce qu'on boit avec !

QUITTER LA TRINITÉ

➤ *Pour Fort-de-France, Le Robert, Gros-Morne et la côte nord-est (Sainte-Marie, Grand'Rivière)* : taxis collectifs au départ de la gare interurbaine *(plan B2, 1)* de 6 h à 17 h 30. Bonne fréquence.

➤ *Pour Saint-Pierre* : 2 bus quotidiens au départ de la gare interurbaine *(plan B2, 1)*. Horaires à vérifier sur place.

➤ *À destination des quartiers proches (Tartane, quartier Poirier, etc.)* : départ de la gare urbaine *(plan A1, 2)*.

★ LA PRESQU'ÎLE DE LA CARAVELLE

Une presqu'île longue d'une douzaine de kilomètres, avec des panoramas superbes qui vous donnent le frisson. Toute l'extrémité est une réserve naturelle gérée par le Parc naturel régional de la Martinique. Du sommet du morne Poirier, à quelques kilomètres de La Trinité, très belle vue sur l'ensemble de la presqu'île, les plages et la mer écumante, qui s'écrase contre la barrière de corail. La pointe de la presqu'île possède une force naturelle émouvante. On pense au Finistère, avec ses falaises déchiquetées au creux desquelles de paisibles plages sont venues se blottir. Une image de côte ouest, à découvrir.

Une route traverse la Caravelle mais s'arrête à l'entrée du parc et revient en boucle au superbe village de la presqu'île, Tartane (voir ci-dessous). Ça tombe bien, on y trouve aussi les plus belles plages. Pour les marcheurs, la presqu'île offre plusieurs balades sans difficulté avec de très jolis points de vue sur l'extrémité de l'île.

TARTANE　　(97220 ; commune de La Trinité)

Véritable village de pêcheurs au fond d'une anse protégée par la barrière de corail, Tartane est en passe de devenir une vraie petite station à la mode... du pays.

Très tranquille et pas encore trop touristique, il y a seulement dix ans, le bourg est devenu, sans le savoir, le symbole espéré du renouveau martiniquais : ici, les erreurs architecturales ont été évitées (sauf une, côté hôtellerie, à la sortie du village). Par contre, on constate peu de transformations de mode de vie qui ont fait le cauchemar des routards et des amoureux de la Martinique.

Belle plage très calme sur la droite du village, à environ 300 m, bordée de cocotiers. Mer calme, tables de pique-nique, douches et w.-c. Plus loin, superbe baie de l'Anse l'Étang. Bref, on adore ce village encore préservé, et on croise les doigts pour que les requins (de la finance) ne s'intéressent pas à cette côte qui a un peu trop la cote, désormais.

L'autre moitié de la presqu'île est, heureusement, un site naturel protégé, et vous offre les balades les plus sublimes de l'île.

Où dormir ?

D'assez bon marché à prix moyens

🛏 *Résidence Océane* (plan, 11) : ☎ 05-96-58-73-73. Fax : 05-96-58-07-03. ● residence-oceane@wanadoo.fr ● www.residence-oceane.fr.st ● À la sortie du village, prendre la rue qui descend vers la mer. Chambres doubles de 49 € en basse saison à 89 € en haute saison ; promotions en juin, septembre et octobre ; gratuit pour les moins de 12 ans. Superbes bungalows en bois magnifiquement situés au bord de l'une des plus belles plages de la Martinique. 25 chambres à 2 ou 4 lits (idéal pour les enfants). Téléphone direct. Grand balcon indépendant avec kitchenette et hamac offrant un panorama sur la presqu'île de la Caravelle (inconstructible, donc sauvage). Piscine à débordement. Il s'agit d'une résidence hôtelière 2 étoiles. Linge fourni et ménage fait

tous les jours. Juste en dessous, l'Anse Bonneville, le meilleur spot de l'île pour les surfeurs. Grande plage sans danger pour les enfants qui peuvent se baigner dans de grandes vasques peu profondes. Possibilité de faire de la pêche au gros avec un pêcheur professionnel au départ de la résidence. L'une de nos meilleures adresses en Martinique. Réduction de 10 % sur le prix des chambres pour les lecteurs du *Guide du routard*.

🛏 *Le Manguier* (plan, 12) : lot Morne Pavillon, au-dessus du stade. ☎ 05-96-58-48-95. Fax : 05-96-58-27-58. ● hotel.le.manguier@wanadoo.fr ● www.hotel-le-manguier.fr.st ● Chambres doubles de 46 à 69 € en basse saison et de 69 à 99 € en haute saison ; gratuit pour les moins de 12 ans ; forfaits à la semaine.

NORD-EST

Splendides bungalows en bois de style créole, composés chacun de quatre studios entièrement équipés, indépendants et sans vis-à-vis avec une superbe vue sur la mer (sauf les nos 3, 13 et 24). Les chambres disposent d'une terrasse avec kitchenette, et, pour certaines, d'un ou deux lits d'appoint pour les enfants. Elles sont dotées de puissants brasseurs d'air ou de la clim'. Chez Brigitte et Alain Loos, on se sent vite entre amis. Cela commence dès le premier jour par un pot de bienvenue. Piscine éclairée la nuit. Plage toute proche sans danger pour les plus jeunes (rare sur cette côte). Les ados peuvent jouer au basket et au foot sur le stade avec les gamins du village. Location de voitures. Une de nos adresses préférées dans un site authentique. Le rêve! Et donnez le bonjour à Berthe, Marlène et Dudule (ce dernier ressemble sacrément à Elton John!). Promenade en mer et pêche au gros. Réduction de 10 % sur le prix des chambres pour les lecteurs du *Guide du routard*.

▲ *Hôtel Paradîles (plan, 13) :* quartier de la Distillerie. ☎ 05-96-58-66-92. Fax : 05-96-58-29-67. • paradiles@cgit.com • ⚓ À 300 m de la mer, dans un endroit calme. Chambres doubles de 42 à 50 € ; studios de 45 à 70 € ; gratuit pour les moins de 12 ans ; petit déjeuner à 7 €. 6 chambres et 12 studios climatisés, avec téléphone. Ambiance décontractée, très sympathique, qui donne le ton du séjour et invite au farniente général. Resto-grill, tout simple, avec des plats typiques à partir de 12 € (sur commande uniquement). Sinon, glaces, boissons habituelles. Jardin avec piscine. Apéritif offert à l'arrivée. 10 % de remise pour les lecteurs du *Guide du routard*.

▲ *Hôtel La Caravelle (plan, 14) :* un peu après Tartane, sur la route de la pointe. ☎ 05-96-58-07-32. Fax : 05-96-58-07-90. • perso.wanadoo.fr//hotelcaravelle • Chambres

doubles de 45 à 66 € par jour, selon la saison ; compter de 270 à 396 € la semaine pour un studio ; petit déjeuner à 8 €. À 200 m de la plage de l'Anse l'Étang, surplombant la baie, une série de 15 studios installés en terrasses dans un site superbe. Belle vue sur la mer, calme olympien et accueil très professionnel. Studios fonctionnels, bien équipés, avec toilettes, cuisine, réfrigérateur et petit balcon. Pas de piscine, malheureusement. Mais une saladerie-crêperie pour grignoter le midi et un bon resto pour le soir (voir « Où manger ? Plus chic »). 7e nuit offerte aux lecteurs du *Guide du routard* pour tout séjour d'une semaine.

▲ *Centre VVF de l'Anse l'Étang (plan, 15) :* à 1,5 km après Tartane. ☎ 05-96-58-03-83. Fax : 05-96-58-07-79. Possibilité de réserver de Paris, auprès de *VVF* : 172, bd de la Villette, 75019. ☎ 0803-808-808 (n° Indigo ; 0,15 €/mn). Fermé en septembre et octobre. De 45 à 52 € la nuit pour 2 personnes, selon la saison (4 nuits minimum) ; petit déjeuner - buffet à 7 €. Demi-pension de novembre à avril. Menus de 15,30 à 18,30 €. 44 bungalows de 2 studios chacun, fonctionnels, simples et propres, avec kitchenette et sanitaires complets. Lits faits à l'arrivée et ménage une fois par semaine. Apéritif offert à l'arrivée.

▲ *Le Village de Tartane (plan, 16) :* à l'Anse l'Étang. ☎ 05-96-76-11-12. Central de réservation : ☎ 05-96-58-06-33. Fax : 05-96-76-25-21. Chambres doubles entre 84 et 92 € ; petit déjeuner à 6,10 €. Au resto, menus de 15,25 à 21,40 €. Hôtel-resto genre petit centre de vacances. Bungalows tout neufs et bien équipés autour d'une jolie piscine, mais sur un terrain peu ombragé et sans personnalité. Heureusement, la plage est à deux pas (mer assez agitée pour les jeunes enfants, mais eau de très bonne qualité). Moderne et confortable.

Où manger ?

Plusieurs petits restos en bord de mer, où l'on retrouve les pêcheurs. Attention, la plupart ferment aux alentours de 21 h. Pour ceux qui disposent d'une

NORD-EST

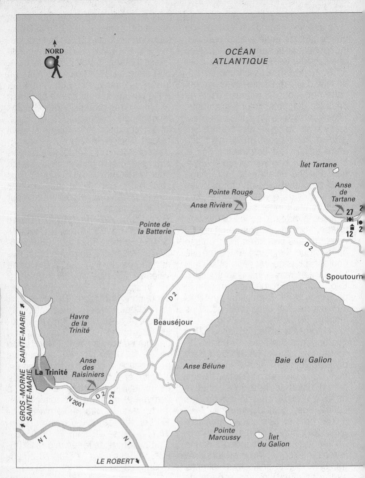

cuisine, les pêcheurs continuent à vendre leur poisson au bord de l'eau. Négocier un peu les prix. Avec un sourire, tout est possible.

Bon marché

|●| *New Point Show (plan, 21) :* sur le front de mer, 100 m après *Chez Tatie Lise.* ☎ 05-96-58-26-77. Ouvert tous les jours de 7 h 30 (pour le petit dej') à 23 h. Fermé le mardi toute la journée et le mercredi midi de septembre à décembre. Pizzas, grillades et plats locaux (fricassée de lambi ou *chatrou,* poisson mariné) à prix raisonnables (à partir de 10 €). Livraison gratuite à domicile à partir de 18 h : très appréciable après une longue journée d'excursion. Service très agréable, mais pas toujours rapide. Apéritif offert à nos lecteurs sur présentation du *Guide du routard.*

|●| *Mini-Golf Beach Club (plan, 22) :* plage de l'Anse l'Étang. ☎ 05-96-58-02-90. Compter autour de 14 €. Outre

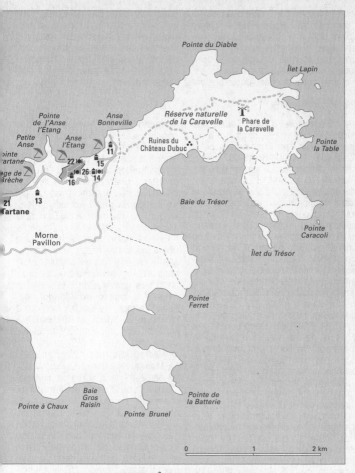

LA PRESQU'ÎLE DE LA CARAVELLE

⌂ Où dormir ?	ⱋ Où manger ?
11 Résidence Océane	**14** La Caravelle
12 Le Manguier	**21** New Point Show
13 Hôtel Paradîles	**22** Mini-Golf Beach Club
14 Hôtel La Caravelle	**23** Rose-Hélène Régis
15 Centre VVF de l'Anse l'Étang	**24** L'Escapade, Chez Tatie Lise
16 Le Village de Tartane	**25** Le Don de la Mer
	26 Maracudja
	27 Le Jardin

le fait qu'on y mange à peu près correctement, c'est un des rares endroits de la presqu'île où l'on peut dîner tardivement (jusqu'à 22 h en semaine, minuit le samedi). Bonnes pizzas et bon poisson grillé. Le samedi soir, la jeunesse locale s'y retrouve pour le *zouk,* au son d'un orchestre caraïbe. On aime bien. Café ou digestif offert.

|●| Ne passez pas à côté des poulets boucanés de ***Rose-Hélène Régis*** *(plan, 23) :* ☎ 05-96-58-39-07 (en semaine, téléphoner la veille). Dans une maison rose à côté de l'école, face à la cabine téléphonique, Rose-Hélène prépare des poulets dont vous nous direz des nouvelles. Rien que pour le sourire, timide mais adorable, de la patronne, on reviendra chercher des accras de crevettes ou de morue et des boudins créoles. Pour 10 €, vous avez déjà de quoi casse-croûter.

Prix moyens

|●| ***L'Escapade, Chez Tatie Lise*** *(plan, 24) :* au village, dans la rue qui longe la mer vers la presqu'île de la Caravelle. ☎ 05-96-58-43-08. ⚒ Fermé le dimanche soir et en octobre. Plats de 10 à 16 €. Sous une tente, des tables et des chaises en plastique blanc comme on en voit, hélas, partout. On déguste, en plein air, de petits plats simples (notamment du poisson grillé et la fricassée de crevettes) à un prix abordable, même si le rapport qualité-prix n'est plus ce qu'il était. Tatie Lise prépare aussi des plats à emporter. Digestif offert à nos lecteurs sur présentation du *Guide du routard*.

|●| ***Le Jardin*** *(plan, 27) :* à l'entrée du bourg, face à la station-service. ☎ 05-96-58-01-52. Ouvert de 11 h à 15 h et de 18 h à 23 h. Fermé le mercredi. Un lieu plutôt mignonnet, qui incite à la tranquillité (même si personne n'est vraiment stressé, à Tartane) le temps d'avaler pizzas, lasagnes, tartiflettes et autres plats devenus depuis quelque temps très « exotiques » en Martinique. Mais les habitués recommandent cette cuisine toute simple au feu de bois. Belle carte de salades, sinon. Accueil chaleureux et ambiance musicale agréable, qui ajoutent au charme de l'endroit. Ti-punch ou planteur de bienvenue.

|●| ***Le Don de la Mer*** *(plan, 25) :* rue Galba. ☎ 05-96-58-26-85. Menus de 13,20 à 23 €; à la carte, compter autour de 23 €. Cuisine créole familiale que l'on aime bien. Grimpez sans regret jusqu'à cette salle de resto où la TV reste en fond sonore, souvenir des soirées où il n'y avait pas tant de passage en ces lieux. Excellent accueil de la « Maman-Louison », à qui l'on pardonne de rester, comme le lieu lui-même, un peu trop dans son jus. On ne comprend pas ceux qui, amers, lui gardent une dent, à ce *Don de la Mer* qui sent encore l'air du large (le fils de la maison est pêcheur). Une nourriture toute simple, toute bonne, servie nature, sans chichis mais sans se moquer du monde non plus. Belle vue derrière les baies vitrées jusqu'à la pointe du Marigot, par beau temps. Assiette d'accras offerte (mais il faut être patient...) à l'apéritif, sur présentation du *Guide du routard.*

|●| ***Maracudja*** *(plan, 26) :* allée de La Mandarine, Anse L'Étang. ☎ 05-96-58-06-89. À la sortie de Tartane. Ouvert midi et soir (sauf mardi et mercredi). Formule à 11 € le midi; menu à 18,30 €; carte autour de 27 €. Une formule maligne qui a fait ses preuves (par) ailleurs : la bonne vieille pierrade de la famille Pierrafeu, revue à la mode martiniquaise avec thazar, daurade, crevettes, poivrons pour 15 €! Ce resto, repris par un Antillais et une Vendéenne décontractés, a déjà le mérite de l'originalité. Belle terrasse ventilée et ombragée au milieu d'arbres illuminés à la nuit tombée. Cadre naturel très agréable. Ti-punch offert aux porteurs de ce guide.

Plus chic

|●| ***La Caravelle*** *(plan, 14) :* sur la route de la pointe. ☎ 05-96-58-07-32. Restaurant de l'hôtel du même nom. Ouvert uniquement le soir, de 19 h à 21 h 30. Menu à 20 €; à la carte, compter autour de 30 €. On y goûte, au calme, une cuisine d'une grande probité. Ne venez pas pour l'ambiance mais pour découvrir la magie des métissages à travers des plats qui font le charme d'une carte très attractive : tartare de mé-

rou aux achards antillais, colombo de requin, *calalou* aux crabes, papillote de sarde rouge au lait de coco, cuisse de canard au jus de tamarin... Bref, le genre d'adresse qui a le mérite de tenir le cap, sans trop faiblir, malgré les difficultés du moment... Apéritif maison offert aux lecteurs du *Guide du routard*.

À voir

La route de crête qui longe la côte offre des panoramas de toute beauté. Vous aurez déjà aperçu plusieurs plages, notamment entre la baie de Tartane et l'Anse l'Étang avant d'arriver au bout de la route goudronnée. À la fourche, poursuivez le chemin carrossable sur la droite jusqu'au château Dubuc. À gauche (laisser la voiture), chemin jusqu'au phare.

★ **Le château Dubuc :** pratiquement à l'extrémité de la presqu'île, dans un cadre exceptionnel dominant de jolies petites baies qui ont su trouver leur place dans ce relief accidenté aux accents de Bretagne. Ouvert tous les jours de 8 h à 18 h. Entrée : 3 € ; réductions.
Le prétentieux château Dubuc se résume aujourd'hui à des ruines, qui se dressent tels des menhirs, lui donnant ainsi des airs de Carnac ou de Stonehedge. Il s'agit, en fait, d'une habitation du XVIIe siècle ayant appartenu à de riches exploitants de canne à sucre. Les Dubuc de Rivery, bien connus dans la région, se livraient par ailleurs à une active contrebande et à un fructueux trafic d'esclaves. D'autres ruines à visiter, comme celle du cachot des esclaves, disséminées dans le beau parc, très bien entretenu. À côté, un *micromusée* conserve quelques souvenirs. Vue magnifique sur la baie du Trésor.

Randonnées sur la pointe de la Caravelle

Belle balade balisée, à éviter par temps de pluie ou peu après. Prendre la départementale qui traverse la presqu'île et poursuivre sur 1 km la route non goudronnée. Puis, à l'embranchement, tourner à droite sur la route cimentée qui descend vers le château Dubuc. Deux randonnées ont été aménagées par le parc naturel, avec la collaboration de l'ONF, avec des sentiers entièrement retracés. Impossible de se perdre !
ATTENTION : sauf sur le petit sentier, l'ombre se fait rare, surtout lorsqu'on quitte la mangrove, et l'eau (douce) est carrément absente. Donc, emportez impérativement de l'eau et un chapeau.

➤ **Petit sentier** (1 h 40), balisé en blanc cerclé de jaune : accessible à tous, il permet de découvrir la mangrove, cet étrange milieu entre terre et eau où prolifèrent des milliers de crabes et où poussent les palétuviers. Dans les endroits les plus humides, des passerelles en bois ont été jetées sur les marais. De nombreux panneaux indiquent le nom des arbres ; même si certains sont blanchis par le soleil, vous serez incollable sur le bois-chique, le gommier rouge, le mangle blanc ou le mapon. Une explosion de senteurs et de couleurs : ouvrez l'œil, respirez à fond. Ce sentier est en boucle et revient au point de départ.

➤ **Grand sentier** (3 h 30), balisé en blanc cerclé de bleu : superbe balade qui emprunte sur une bonne partie le petit sentier, puis s'en va rejoindre l'extrémité de la presqu'île (la pointe Caracoli, d'une beauté sauvage indescriptible...) avant d'obliquer à gauche et de longer la côte atlantique. On atteint la station météo à partir de laquelle une route cimentée (qui monte dur !) permet de rejoindre l'embranchement d'où l'on redescend sur le château Dubuc. Noter qu'à mi-parcours un sentier secondaire permet de rejoindre la station météo sans passer par la pointe Caracoli. On pense aux plus flemmards !

Le contraste entre la beauté paisible et lumineuse des anses du sud de la Caravelle et la sauvagerie de la côte nord, battue par les houles violentes de l'Atlantique, est tout à fait frappant. Ceux qui ne sont pas trop courageux pourront tout de même profiter du paysage en montant, au départ du même parking, en 30 mn environ, au *phare de la Caravelle*; vue magnifique avec table d'orientation.

Si vous commencez le tour par le nord de bon matin, vous pourrez pique-niquer sur une des plages de la baie du Trésor, au niveau de la mangrove. Elles sont à l'ombre et nettement plus accessibles que celles du nord.

Les plages

Parmi bien d'autres, voici quelques coins où vous pourrez vous débarrasser de votre « marcel » (même si celui-ci aurait tendance à revenir à la mode, ici : mais, porté par un Antillais sportif, ça ne fait pas le même effet, faut l'avouer!).

➤ *Anse Bonneville :* localement connue comme la plage des surfeurs. Cette dénomination explique son succès. En contrebas des bungalows de la *Résidence Océane* (voir « Où dormir ? », plus haut). Notre plage préférée.

➤ *Anse des Raisiniers :* à la sortie de La Trinité, elle est assez peu fréquentée par les « métros ».

➤ *Anse Rivière :* 2 km avant Tartane, venant de La Trinité. Au détour d'un grand virage, vous verrez une aire de repos sur la gauche. Elle dessert en contrebas une plage sauvage et quasi déserte, limitée à l'est par la pointe Rouge. 5 à 10 mn de marche à pied. Piste d'accès ravinée par la pluie; éviter de descendre en voiture, ça passe vraiment limite... surtout quand deux véhicules se présentent face à face.

➤ *Anse de Tartane :* à défaut d'être la plus belle, c'est la plus authentique de toutes (surtout fréquentée par les pêcheurs).

➤ *Anse de la Brèche :* minuscule plage délimitée de part et d'autre par Tartane et l'Anse l'Étang à laquelle elle ne doit rien.

|●| *Ti-Carbet Snack :* en bordure de plage, à l'ombre des sous-bois. Sympa mais ne pas arriver trop tard car il n'y aura plus rien à manger !

➤ *Anse l'Étang :* est-il encore utile de vous la présenter ? Succès oblige, elle attire le plus gros des vacanciers de la presqu'île.

➤ Les explorateurs en herbe auront repéré les nombreuses plages désertes tout autour de la pointe de la Caravelle. Sur la presqu'île, mais en dehors de la réserve, petite randonnée conseillée pour y arriver, à partir de Spoutourne (voir ci-dessous) : continuer la piste jusqu'à une ferme (lieu-dit Blin), puis suivre le chemin balisé jusqu'à la baie Gros-Raisin et la pointe Brunel. Plages désertes, à moins que vous n'y rencontriez d'autres routards (40 mn pour y aller).

Sports nautiques

■ *École de surf Bliss et de bodyboard :* à l'Anse Bonneville. ☎ et fax : 05-96-58-00-96. À la sortie sud de Tartane, juste à côté de la résidence Océane. Ouvert tous les jours. Pour apprendre le surf et le bodyboard en toute sécurité avec du matériel adapté. Cours individuels ou collectifs avec des pros, diplômés d'État, pour enfants, ados ou adultes. Location de matériel.

■ *Atlantic Reef :* base de l'Anse Spoutourne. ☎ 05-96-58-05-94. Ouvert tous les jours. Centre de plongée sous-marine : baptêmes et découvertes de récifs.

■ *Spoutourne Location :* base de l'Anse Spoutourne. ☎ 05-96-58-56-67. Location de bateaux, skurf, surf, dériveurs, planches à voile, kayak de mer, etc. À partir de 28 € la journée (location à l'heure et à la

NORD-EST

demi-journée également). On peut même vous déposer en taxi-plage sur les plages les plus inaccessibles de la presqu'île, telle Gros Raisin.

Où et comment plonger ?

Les spots

~ *Baie de Grand-Jean :* idéal pour l'initiation. Spectacle garanti : corail, langoustes, poissons chirurgiens... Tous niveaux.

~ *Rocher de la Caravelle :* au large, cet îlet est réservé aux initiés (courants fréquents). Faune : barracudas, carangues, platax... Niveau 2 minimum.

LA CÔTE NORD-ATLANTIQUE

SAINTE-MARIE (97230)

Plus ancienne paroisse du Nord-Atlantique, Sainte-Marie connut, grâce à la production de sucre et de rhum, une prospérité sans pareille au cours des XVIIIe et XIXe siècles, avant d'entamer une lente récession. De nos jours, c'est une bourgade paisible et assez peu visitée en dépit de richesses naturelles et culturelles bien réelles. Néanmoins, les attentions portées sur l'aménagement du bord de mer, l'entretien des plages et aussi l'animation touristique (semaine de la Gastronomie en mai, fête du Tambour en juillet, rallye de la Découverte, Tradition et Patrimoine en septembre et octobre, etc.) augurent des lendemains meilleurs. Pour qui rêve d'un vrai Noël antillais, un vrai « chanté Noël » est organisé avec les habitants ; il suffit d'apporter sa contribution en amenant qui du *schrubb* (une liqueur à base d'écorce d'orange à damner un saint), qui des pâtés salés, qui des gâteaux...

NORD-EST

Adresses utiles

🖹 *Osatour (office samaritain du tourisme) :* pl. Félix-Lorne. ☎ 05-96-69-13-83. Près de la mer. Ouvert du lundi au vendredi de 8 h à 17 h et les samedi et dimanche de 8 h à 12 h 30. Accueil très chaleureux. Ils organisent chaque année la semaine de la Gastronomie (du jeudi de l'Ascension au mardi suivant).

✉ *Poste :* rue Schœlcher.
■ *Distributeurs de billets 24 h/24 :* à la *BNP* sur le front de mer, ainsi qu'à la poste et au *Crédit Agricole,* à gauche, au bout de la rue Schœlcher.
■ *Supérette Huit à Huit :* rue Schœlcher.

Où manger ?

Bon marché

|●| *Le Père Labat :* 4, rue du Pavé. ☎ 05-96-69-32-25. Sur la route de Fond Saint-Jacques, juste au carrefour avec la RN, tout près du centre

NORD-EST

culturel. Resto à l'étage. Ouvert de 6 h à 22 h (14 h le dimanche). Menu à 12 € servi le midi ; plats antillais accompagnés de haricots rouges et légumes de pays à partir de 7 €. Encore une adresse franchement populaire, fréquentée presque exclusivement par les gens du coin. Ceux-ci sont encore surpris quand un « métro » vient à se pointer... Sandwichs pour les plus pressés.

|●| *Chez Bruno* (*Le Coin des Pêcheurs*) : bd Désir-Jox. ☎ 05-96-69-42-22. Près de la poste, entre la plage et les halles. Ouvert du lundi au vendredi de 8 h 30 à 23 h et le samedi jusqu'à 14 h. Le midi, plat unique à 6,15 € ; le soir, brochettes variées (lambi, crevettes, rognons, testicules, etc.) autour de 6 €, mais aussi paella aux fruits de mer, glaces, sans oublier le punch qui coule à flots. Si vous passez dans les parages un samedi matin, ne manquez sous aucun prétexte le très traditionnel trempage à base d'abats, crabes et poissons. Bruno, le patron, adore s'attabler avec les rares touristes de passage. Hygiène loin d'être satisfaisante selon certains lecteurs, mais folklore assuré.

|●| *Le Calypso* (*Chez Vahala*) : 24, rue Schœlcher. ☎ 05-96-69-36-58. Une petite adresse recommandée par les habitants de Sainte-Marie. Un cadre simple et agréable, avec vue sur Sainte-Marie et la mer, qu'on voit danser, ici, quand elle est en forme... La cuisine familiale est plutôt bonne, l'accueil plutôt sympathique, les prix plutôt modérés.

|●| *Le Point de Vue* : Anse Charpentier. ☎ 05-96-69-05-22. À 2 km au nord de Sainte-Marie, direction Le Marigot. Ouvert de 11 h à 16 h. Menus de 13 à 19 €. Sympathique cabane posée à flanc de colline et dominant la superbe anse Charpentier. Grande et belle terrasse protégée. Bonne cuisine créole, simple et familiale. Un bon rapport qualité-prix. Du colombo de poulet aux écrevisses à la créole, en passant par le poisson en daube... c'est le choix du plat qui détermine le prix du menu. Délicieux jus frais. Digestif maison – ou rhum vieux – offert aux lecteurs sur présentation du *Guide du routard*.

Prix moyens

|●| *Le Collier Choux* : 3, rue de Kaïdons, Villeneuve. ☎ 05-96-69-31-67. À proximité de la mairie. Ouvert le midi. Fermé le dimanche et le mercredi. Bon menu à près de 14 € ; compter 22 € à la carte. La réputation de cet établissement ouvert depuis près de 40 ans dépasse de loin les frontières du village. Cuisine familiale plusieurs fois primée, entre autres pour sa marmite maison (la bouillabaisse locale, uniquement sur commande), sa langouste à l'indienne ou encore son filet de vivaneau à la crème de coco. Personnel très serviable. Les oursins, qui étaient la base de spécialités maison, sont malheureusement devenus rares et chers...

|●| *Le Saint-James* : dans l'enceinte du musée du Rhum. ☎ 05-96-69-07-33. Ouvert uniquement le midi. Menu du jour à 16 €, précédé d'un ti-punch de bienvenue (l'inverse nous aurait surpris). Menu « prestige » à 23 € ; beaucoup plus cher à la carte. Salle rose bonbon, tendre et chaleureuse, décorée des toiles de l'artiste haïtienne Francine Laroche. À la carte, savourez filet de vivaneau au coulis d'écrevisses, ainsi que toutes sortes de spécialités créoles.

Plage

⌐ *Petite Anse* : plage de Sainte-Marie (bourg). Elle est bordée côté nord par l'*îlet Sainte-Marie*, fameux pour avoir servi de port au début du XX\ :^e: siècle. Un chemin de fer y était même installé, pour embarquer les tonneaux de rhum et le sirop de canne. Phénomène naturel insolite : poussé par les alizés, le sable s'accumule chaque année en fin d'hivernage jusqu'à former un véritable cordon (ou tombolo) qui, l'espace de quatre mois, relie l'îlot à la terre.

➤ DANS LES ENVIRONS DE SAINTE-MARIE

★ *La rhumerie Saint-James :* à la sortie nord de la bourgade. ☎ 05-96-69-30-02. Ouvert tous les jours de 9 h à 17 h (13 h le week-end). Entrée gratuite.

Un petit musée, installé dans une jolie maison créole soigneusement entretenue : machines, cuves, charrettes et outils. Petite vidéo expliquant l'histoire et la culture de la canne à sucre, ainsi que la fabrication et la dégustation du rhum. Les visites de la distillerie (avec écouteur : 6 €) sont organisées de 10 h à 14 h pendant la période de distillation (de février à juin). Dégustation et vente. Très bon rhum, et les bouteilles ont une bien jolie forme. Évitez de tomber au milieu d'un car de touristes si vous voulez apprécier et le rhum et les lieux.

Deux grands moments à ne pas manquer, pour qui ne craint pas la foule : la fête de fin de récolte en juin, et, six mois après, celle du rhum en décembre. Danses, musique, expo-vente, concours de dégustateurs de rhum et... « chanté Noël » ! Chaude ambiance garantie.

En projet, une autre animation : les *Rails de la canne*. Il s'agit en fait d'une réhabilitation des anciens rails, devant permettre une jolie balade à travers les champs de canne à sucre et de bananiers, derrière une vieille loco. Celle-ci reliera, en 20 mn environ, le musée à celui de la Banane, autre attraction à ne pas manquer.

★ *Le musée de la Banane :* en venant de Fort-de-France, après Sainte-Marie, tourner sur la D24 (après *Texaco*). ☎ 05-96-69-45-52. Ouvert de 9 h à 17 h. Fermé le dimanche après-midi d'avril à décembre. Entrée : 5 € ; demi-tarif pour les enfants.

Au cœur de la plantation bananière « Le Limbé » (4 ha). Des panneaux retracent l'histoire de la banane, de son origine jusqu'à nos jours, recettes comprises, en même temps que la vie d'une plantation au XIXe siècle. La visite se poursuit à travers la bananeraie où se côtoient une trentaine de variétés de bananes et quelques beaux spécimens de la flore exotique. Une balade agréable et rafraîchissante. Le hangar à bananes permet de découvrir le traitement et le conditionnement des fruits. La Martinique comptant 50 espèces de bananes (sur quelque 300 comestibles dans le monde), à vos notes ! Parions que vous auriez eu bien du mal, avant cette visite, à distinguer la grande naine de la figue-tisane, la banane « Gros Michel » de la banane-corne, ou encore la kakambou de la banane-serpent ! Bref, une visite instructive et originale. Il s'agit d'une bananeraie en activité, il faut donc comprendre que la visite se plie à certains impératifs, et se renseigner avant quant au fonctionnement du hangar à bananes. Dégustation de bananes et vente de produits dérivés à la sortie : jus de banane frais (délicieux), liqueur, gâteau de banane maison : bon et pas cher. On en redemande.

★ *Le monastère de Fond Saint-Jacques :* à 2 km au nord de Sainte-Marie, tourner à gauche en direction du Pain de Sucre. ☎ 05-96-69-10-12. Ouvert tous les jours de 9 h à 17 h. Entrée : 3 €.

Les bâtiments en pierre d'une ancienne usine à sucre du XVIIe siècle ont été admirablement restaurés. Le père Labat, abbé et industriel de génie, en avait fait une sucrerie très prospère jusqu'à la Révolution. Le monastère accueillit ensuite des activités très diverses, puisqu'il fut tour à tour maison de correction pour délinquants, puis centre d'hébergement pour la main-d'œuvre indienne. La purgerie, long bâtiment de 30 m, possède une admirable charpente de bois. C'était là que l'on entreposait le sucre pour qu'il achève de perdre sa mélasse. Dans le jardin, on voit encore les ruines de l'aqueduc et de l'ancien moulin.

➤ *Sentier de découverte de la Forêt-la-Philippe :* à 3 km du centre, en allant vers Le Marigot, sur la droite. Aire de pique-nique et sentier aménagé par l'ONF dans un bois surplombant les falaises littorales. Beaucoup d'essences différentes à découvrir, avec en prime de magnifiques points de vue sur la baie. La dernière partie du sentier, qui offre le meilleur point de vue, est un peu escarpée et pas vraiment recommandée par temps humide.

Les plages

➤ *Anse Azérot :* avant Sainte-Marie en arrivant du sud, tourner à droite après l'épicerie *Pourquoi pas ?* Puis emprunter le petit chemin à gauche qui descend à pic vers la mer. Les champs de canne vous font comme une haie d'honneur. Petite plage calme et ombragée, fréquentée principalement par les gens du village et... malheureusement, ces derniers temps, par des vendeurs de drogue (pas la peine de l'avoir non plus « à zéro », ils sont plus gênants que dangereux). Belle vue sur l'anse, encadrée majestueusement par deux rochers. L'une des dernières plages en partant vers le nord. Un sentier balisé (traces rouge et jaune sur les arbres) vous permet de rejoindre à pied la pointe Martineau (vers le nord). En route, vous longerez la très sauvage anse Dufour, bordée de quelques manguliers.

➤ *Anse Charpentier :* 2 km avant Le Marigot. Dominée par le fameux *Pain de Sucre*. Puissantes vagues déferlantes. La baignade est interdite.

QUITTER SAINTE-MARIE

➤ *Pour Fort-de-France, La Trinité, Le Robert et la côte nord-est (Le Marigot, Grand'Rivière) :* taxis collectifs au départ de la gare routière le long de la N 1 (abribus) de 5 h 30 à 18 h.

➤ *Pour Saint-Pierre :* 2 bus quotidiens partent de la gare routière n° 2, place des Enfants-du-Monde. Horaires à vérifier sur place.

➤ *À destination de Morne-des-Esses et Fond Saint-Jacques :* départ toutes les demi-heures de 6 h à 16 h, respectivement de la place Ravenaud (front de mer) et de la place des Enfants-du-Monde.

MORNE-DES-ESSES (97230 ; commune de Sainte-Marie)

À 6 km en retrait de la route nationale, le village des « nègres marron » (esclaves en fuite) fut le premier à se libérer du joug des colonisateurs. C'est aussi le berceau de la culture africaine, et du reste le seul endroit où perdure la culture caraïbe. Pays de sorciers, on y vient encore de nos jours chercher conseils et soulagements auprès des derniers *quimboiseurs*. Après tout cela, vous ne serez pas surpris de rencontrer une population tout à la fois fière, solidaire et chaleureuse. À l'attention des amateurs de danse créole, c'est le village du chanteur de *bèlè* Ti-Raoul, dernier tenant d'une tradition et d'un style musical en voie de disparition.

Où dormir ? Où manger ?

🏠 *Les Z'amandines :* quartier Saint-Laurent. ☎ 05-96-69-89-49. De 215 à 250 € la semaine selon la saison. Pour les vrais aventuriers, amateurs de verdure et de calme, ne cherchant surtout pas l'adresse béton. 8 bungalows indépendants au confort rudimentaire, c'est rien de le dire pour certains, construits autour d'un étonnant kiosque – l'âme des lieux en quelque sorte – avec un salon en acajou du Honduras. Amoureux de sa région et de ses racines, Patrick Duchel est un personnage haut, très haut en couleur, qui cultive sa différence en art de vivre. Disponible, il peut vous organiser des randonnées pédestres (il est guide de moyenne montagne) ou équestres, des sorties en mer... à moins que vous ne préfériez aller à la rencontre des derniers sorciers. Table d'hôte sur demande le soir. Fruits et légumes dans le jardin. ▐●▌ *Le Colibri :* allée du Colibri, au cœur du village. ☎ 05-96-69-91-95. Fermé le lundi en basse saison.

Compter 20 € pour un repas complet. La salle donne sur de larges baies vitrées ouvertes sur l'océan. Une maison réputée pour sa savoureuse cuisine couleur locale. Pas de menu, mais à la carte figurent en bonne place, quand il y en a, oursins en coquille Saint-Jacques, tourtes aux *lambis*, cailles farcies ou encore cochon de lait, accompagnés de légumes du pays (gratin de papaye, fruit à pain, christophine, etc.). Le service bon enfant tourne à allure modérée car tout est cuisiné frais. Le temps passe... agréablement, au rythme des vieilles chansons créoles, et cela dure depuis presque un demi-siècle.

À voir

★ *L'atelier de vannerie La Paille Caraïbe :* 2, rue de la Vannerie. ☎ 05-96-69-83-74. Ouvert les lundi, mardi, jeudi et vendredi de 8 h 30 à 12 h 30 et de 13 h 30 à 17 h 30, et les mercredi et samedi matin. Héritage du savoir-faire d'une réserve d'Indiens caraïbes installée ici. Grand choix de chapeaux, paniers, lampes, réalisés en fibres végétales de cachibou et d'aroman. Les teintes (noir, roux, ivoire) sont obtenues par des processus naturels. Les prix sont raisonnables pour un travail minutieux, exigeant parfois un savoir-faire de 50 années. On a beaucoup aimé le « ramène-doudou »... On vous laisse bien sûr deviner son utilité !

LE MARIGOT (97225)

La commune, qui doit son nom à un de ces petits marais inondés qu'aiment tant ces satanés moustiques (heureusement qu'il y a les gentilles écrevisses pour les détruire dans l'œuf !), a su tirer profit de ses nombreux plans d'eau pour développer l'aquaculture en complément de l'agriculture (bananes, avocats, produits maraîchers) et de l'élevage des volailles.
– *Fête patronale :* fin juin - début juillet.

Adresse utile

🛈 *Syndicat d'initiative :* dans le centre, sur la RN1, à droite, dans un petit kiosque fermé. ☎ 05-96-53- 62-07. Ouvert du lundi au vendredi de 8 h 30 à 17 h et le samedi de 8 h 30 à 12 h 30.

Où dormir ?

Gîtes de France

🏠 *Résidence Gokoé (gîtes n° 396 et 397) :* chez M. Florentin ☎ 05-96- 53-60-57. ● residence-gokoe@wanadoo.fr ● Suivre la route de l'Habitation-Lagrange au niveau du parc aquacole, à la sortie du village (à gauche, en allant vers le nord). Compter de 235 à 275 € pour un gîte et de 290 à 365 € pour l'autre, selon la saison. Un propriétaire entrepreneur et entreprenant – il fallait être les deux – a eu le mérite de transformer deux dépendances en ruine de l'usine de l'*Habitation La-grange,* où poussaient figuiers et plantes en tout genre, en maisons où il fait bon vivre, pour sa famille comme pour les visiteurs de passage. Intérieur jaune et bleu, pierres d'origine, cuisine extérieure... Ne manquent encore que les petits détails qui en feraient un vrai lieu de charme. Clôture et parc paysager en cours de réalisation.

Hôtel de charme

🏠 |●| *Habitation Lagrange :* juste après le précédent. ☎ 05-96-53-60-60. Fax : 05-96-53-50-58. ● www. habitation-lagrange.com ● De 190 à 250 € la chambre double ; suite à 320 € ; petit dej' à 20 €. À la carte, compter de 28 à 50 €. Pour un coup de folie. Exceptionnelle maison coloniale au milieu d'une forêt tropicale. Ici, le temps s'est arrêté : ni radio ni TV. Pour un séjour de rêve, à s'offrir ou se faire offrir une fois dans sa vie (une première ou une seconde lune de miel, par exemple !). On peut aussi se contenter, si l'on peut dire, d'un repas mémorable dans un cadre digne de *Autant en emporte le vent.* Car l'équipe actuellement en place continue dans la voie gastronomique tracée dès l'ouverture, par le chef Jean-Charles Brédas, un des meilleurs de l'île, toujours présent en coulisses. Une maison témoin de toute une époque. Y arriver bien avant la nuit pour profiter du coucher du soleil, en savourant un verre en terrasse, près de la piscine. 10 % de réduction sur le prix des chambres et pot d'accueil offerts aux lecteurs sur présentation du *Guide du routard.*

Où manger ?

|●| *Le Coin des Braves :* 53 bis, rue Principale. ☎ 05-96-53-50-14. Plats entre 6 et 11 € ; à la carte, compter 13 €. Une adresse routard, à ne pas louper, dans le virage, 20 m après l'entrée de l'église. Avec une vue du tonnerre sur l'anse de Marigot et ses immenses vagues déferlantes (un vrai son et lumière) ; une cuisine et une ambiance typiquement créoles, avec un temps d'attente pas triste entre deux plats ! Un accueil extrêmement chaleureux, par contre. Ne partez pas sans goûter aux écrevisses sauce curry-coco, qui font la fierté de la dynamique patronne ! Petite cour pouvant accueillir quelques voitures.

|●| *Le Ghetto (Le Grand Bleu) :* le long de la N1, dans un virage près de la pharmacie. ☎ 05-96-53-59-65. Ouvert le midi. Menu du jour à 12 € ; comptez au moins le double si vous voulez vous offrir une langouste ou des z'habitants. Pas forcément le resto de vos rêves, vu de l'extérieur. Côté cuisine, plats courants et spécialités de la mer (poisson grillé, *chatrou,* crabe farci, etc.). Le service est sans chichis. Si vous le souhaitez, le maître des lieux, Félix Fleury, par ailleurs chanteur et percussionniste à ses heures, vous initiera aux liqueurs maison (jujube, anis, liqueur « du Pendu » d'inspiration bretonne...). Aux dernières nouvelles, les liqueurs de cola et gingembre seraient les plus prisées ! Mise en bouche offerte.

À voir

★ *L'aquaculture d'écrevisses Séguineau :* à la sortie du village du Marigot, sur la gauche. ☎ 05-96-53-52-88. Ouvert du lundi au vendredi de 8 h 30 à 16 h 30 et le samedi de 8 h 30 à 12 h 30. La plus grande surface aquacole de Martinique. Possibilité d'acheter des écrevisses. Le problème est de savoir les cuisiner aussi bien que les Martiniquais. Pour vous y aider, on vous donne un prospectus avec quelques recettes créoles à base d'écrevisses. À vos toques!

LE LORRAIN (97214)

Petite ville vivante et colorée, où l'on ne fait souvent que passer sans se rendre compte que la côte devient ici superbe. Les paysages verdoyants s'arrêtent net et tombent à-pic dans l'Atlantique, qui prend souvent des allures sévères dans les tons gris-bleu. Si vous avez choisi les romans de Raphaël Confiant comme livres de chevet, vous aurez peut-être longtemps cherché le village de *Grand Anse* dont parlait l'auteur. C'est tout simplement l'ancien nom de cette petite cité, ô combien plus imagé. Les vagues puissantes, forcées par la houle, viennent s'abattre contre les falaises ou s'étirent longuement sur les plages de sable noir qui n'ont jamais vu un seul touriste. Ces rivages attirèrent pourtant Arawaks et Caraïbes, comme en témoignent certaines fouilles archéologiques entreprises sur les ruines des habitations Vivé et Capot. Cette dernière, abandonnée au début de la Seconde Guerre mondiale, était l'une des plus importantes de l'île.
À propos, arrêtez-vous devant le monument aux morts de 1914-1918, un des plus colorés mais aussi un des plus attachants témoignages de ce qu'un auteur appela l'art patriotico-tumulaire. Elle représente un soldat, enfant du pays, au bel uniforme bleu horizon et aux guêtres blanches, dont le visage, d'un touchant angélisme, ne laisse en rien présager des horreurs de la guerre qui l'attendent en métropole.
– *Fête patronale :* la 2e quinzaine d'août.

Adresses utiles

🛈 *Office du tourisme :* rue Schœlcher. ☎ 05-96-53-47-19. Ouvert du lundi au vendredi de 8 h à 13 h et de 14 h à 17 h 30 (16 h le vendredi).
■ *Distributeur de billets 24 h/24 :* au *Crédit Agricole,* à la *BNP,* à la *Bred* et à la Poste.
🚐 *Taxis collectifs :* rue Schœlcher. Kiosque dans le virage à l'entrée du bourg (en venant du sud).

Où dormir ?

Gîtes de France

🏠 *Gîtes de M. David Joco (n°s 209 et 320) :* morne Maxime, sur les hauteurs du Lorrain. ☎ 05-96-53-44-88. Compter autour de 457 € pour le grand gîte, 247 € pour le bungalow. Un grand appartement de 100 m² avec 3 chambres (pour 6 personnes), au 1er étage d'une maison charmante. Impeccable, très confortable et décoré avec goût. Chaque chambre a sa salle de bains. Belle terrasse qui donne sur un jardin en pente douce où l'on trouve tous les fruits et légumes du pays. Le tout au milieu des bananeraies. Et surtout, s'étend devant vous l'un des plus fantastiques panoramas qui soient. Par beau temps, on aperçoit au loin l'île de la Dominique. *Home, sweet home...* Qui plus est, M. Joco, un ancien conducteur de taxi parisien, est adorable. Également un petit bungalow créole pour 4 (dont 2 enfants).

Où manger ?

Très bon marché

|●| *Chez Henriette :* dans la rue qui mène à la mer, en face de l'hôtel de ville. ☎ 05-96-53-72-40. Sert jusqu'à 16 h. Fermé le dimanche. Pour les routards en mal de contacts authentiques, un snack-bar idéal pour se mêler rapidement à la population. Au fond d'une impasse, dans une ambiance très vivante, Henriette vous servira avec le sourire un copieux poulet-frites à prix imbattable. Plats à emporter et sandwichs.

Prix moyens

|●| *La Sikri :* dans le quartier Étoile. ☎ 05-96-53-81-00. Fax : 05-96-53-78-73. À la sortie sud de la ville, à 2 km dans les terres, au pied du morne Jacob. Ouvert le midi (sauf le dimanche) ; le soir, sur réservation. Fermé en septembre et octobre. Menus de 17 à 23 €. La route grimpe dans la bananeraie. *La Sikri* est une ferme-auberge affiliée à l'*Accueil paysan*. Maison moderne sans grand charme, mais cuisine créole fameuse. Les légumes sont cultivés dans les serres du jardin. Un must, à l'écart de la route. 8 chambres simples à l'étage pour ceux qui recherchent le calme de la campagne. Compter 38 € la nuit (réduction à partir de la 2e nuit).

Où déguster une glace ?

♥ *Chez Jeanne :* 5, rue Joseph-Lagrosillière. ☎ 05-96-53-40-25. Dans la 2e rue à gauche, derrière l'église. Ouvert de 10 h à 13 h et de 15 h à 19 h. Une jolie petite maison et une bien bonne adresse. On fabrique (et déguste) ici probablement les meilleures glaces à l'italienne de toute la Martinique.

À voir. À faire

★ *La fabrique artisanale de sirop de batterie de M. Lucien Jouan :* dans le quartier de Morne-Bois. ☎ 05-96-53-41-22. Ouvert en semaine ; démonstration avec la jeep (faute d'autres chevaux) de 8 h à 10 h 30. Entrée : 2,30 € ; enfants : 1,52 €. Le sirop de batterie est la phase ultime de la préparation du sucre, par condensation du jus de canne avant raffinage. Sombre et parfumé, il a les mêmes usages que le miel ou le sirop d'érable, et a une forte valeur énergétique.

★ *La Maison de la Poupée martiniquaise :* quartier Vallon. ☎ 05-96-53-78-50. Chemin d'accès difficile. Ouvert tous les jours de 9 h à 18 h. Entrée : 3 €. 260 poupées *Barbie* habillées de façon artisanale et sagement rangées sur des étagères tapissées de bleu, présentent les grands moments de la vie quotidienne et les métiers traditionnels de l'Afrique et des Antilles. Les vêtements ont tous été fabriqués par la tante ou la mère de la propriétaire. Manège à l'ancienne pour les routards en culotte courte. Accueil charmant pour tous. Petit snack pour faire la dînette sur place.

➤ *Promenade de la Crabière :* entre Fond-Brûlé et Vivé, cette randonnée pédestre de 2 h aller-retour mène aux ruines de l'ancienne usine sucrière *Vivé,* perdue en pleine nature. On découvrira les traces des rails qui menaient jusqu'à l'usine encore prospère il y a 100 ans. Revenir par le même chemin une fois les ruines atteintes (le sentier, lui, continue jusqu'à la mer). Sympa et accessible à tous en temps de « carême », physique et sportif à la saison des pluies. Ne pas hésiter à se renseigner auprès de l'office du tourisme, qui vous donnera un dépliant très bien fait, d'autant plus utile que le sentier n'est pas facile à trouver : quand on vient du sud, traverser le village ; à la sortie, vers la station *Shell*, passer le petit pont, prendre à droite puis, à la fourche, à gauche.

Fête

– *Le festival de la Banane :* tous les deux ans, le 1er week-end de juillet. Le prochain tombe, c'est pas de chance, en 2004. Durant deux jours, les rues du Lorrain se remplissent de monde et de commerçants dans une joyeuse ambiance de fête patronale ! Danses, musique et dégustations de produits autour de la banane.

QUITTER LE LORRAIN

À 6 ou 7 km au nord du Lorrain, deux possibilités : continuer sur la N1 et poursuivre la route de la côte vers le nord, jusqu'à Grand-Rivière, ou bifurquer à gauche vers Ajoupa-Bouillon et la montagne Pelée, en suivant la N3 jusqu'au Morne-Rouge. Nous traiterons plus loin cette jolie *balade de la montagne Pelée* (petit clin d'œil aux lecteurs de Corto Maltese).

Pour le moment, poursuivons vers le nord. Ici, avec un peu d'imagination, vous retrouverez l'image de l'île telle qu'elle était encore au XVIIIe siècle : grands domaines, maisons de maître cachées au regard, ruines des distilleries envahies par la végétation, cases en dur des travailleurs de la plantation, désormais habitées par les descendants des émigrés indiens !

NORD

BASSE-POINTE   (97218)

On entre dans la Martinique sauvage. Malgré la poussée récente du béton, celle-ci n'a pas encore livré tous ses secrets. Le village est intéressant pour deux faits historiques. D'abord, la minorité de religion hindoue est ici assez importante. Après l'abolition de l'esclavage, en 1848, les Noirs refusèrent de travailler pendant quelques années. Les colons embauchèrent alors des travailleurs dans les comptoirs français de l'Inde. Leurs descendants possèdent leurs propres temples, dans lesquels ils pratiquent encore quelques sacrifices de coqs ou de moutons. Et puis, c'est la patrie d'Aimé Césaire, à la fois écrivain et homme politique, champion de la négritude et maire de Fort-de-France pendant 53 ans (de 1945 à 2001).

On a un faible pour les villages du nord de l'île. Isolés, désolés, ils sont restés un peu coupés du monde. Ce n'est plus la Martinique du farniente et de la facilité. La végétation, très dense, n'a plus rien à voir avec les collines gazonnées du sud de l'île. La forêt tropicale, le vent, les falaises, la mer houleuse, tout contribue à donner de la personnalité à cette région. Les villages n'ont rien de particulier à offrir, il n'y a pas vraiment de site à visiter. Pourtant, il s'en dégage une force, un romantisme émouvant. On ressent ou non cette vibration des éléments, selon sa sensibilité.

Pas de logement à Basse-Pointe, à part la *Plantation Leyritz,* qui reste incontournable, même le temps d'une visite rapide entre deux bus de touristes. Par contre, n'espérez plus vous arrêter chez *Paulette,* en traversant le village. Sa pâtisserie-buvette a été rasée pour cause d'urbanisme galopant.

Versez une larme en passant devant ce qui fut un lieu haut en couleur, où l'on adorait faire une pause devant un pâté à la banane ou aux ananas.
– **Fête patronale :** fin juin.

Adresses utiles

▸ **Office du tourisme :** quartier Tapis Vert, en arrivant du Lorrain. ☎ 05-96-78-99-01.
▪ **Distributeur de billets 24 h/24 :** au *Crédit Agricole,* rue du Docteur-Madestin. Le long de la nationale.
▪ **Supérette Louison :** bien approvisionnée mais pas toujours très propre.

Où dormir ? Où manger ?

▲ |●| **Hôtel-restaurant de la plantation Leyritz :** ☎ 05-96-78-53-92. Fax : 05-96-78-92-44. À 1 km avant le centre de Basse-Pointe, prendre à gauche la D21. Chambres dans l'ancienne sucrerie, de 69 à 111 € selon la saison, petit dej' compris. Menu le midi à 20 € ; buffet créole le dimanche à 25 €. Quel plaisir de se réveiller avec le chant des oiseaux ! Les chambres ont été aménagées dans d'anciennes cases nègres (!) mais vous pouvez aussi loger dans des bungalows plus modernes, avec vue côté mer. Si vous séjournez à l'hôtel, vous profiterez du parc, de la piscine, du terrain de tennis. Cadre agréable et rafraîchissant que celui de la salle de restaurant, agrémentée de plantes et de fleurs et baignée par la douce musique de l'eau ruisselante qui actionnait autrefois le moulin à cannes. L'atmosphère y est donc paisible, le service agréable... jusqu'à l'arrivée des cars de touristes, venus faire leur pause habituelle après la visite du musée du Rhum. Un bon conseil : venez très tôt pour savourer en paix le gombo de thon rouge en feuille de banane ou votre poisson grillé, délicieux. Quand viendra l'heure du dessert, hélas, vous n'aurez qu'une envie : partir ! Quel dommage...

|●| **Restaurant Chez Mally :** 2, ruelle Saint-Jean. ☎ 05-96-78-51-18. Ouvert tous les jours le midi. Menu du jour à 10,70 € ; menu écrevisses à 19 € et menu langouste à 23 €. Une adresse qui reste une valeur sûre pour qui veut comprendre la vie et la cuisine martiniquaises. Depuis plusieurs décennies, on y prépare une vraie cuisine locale à prix honnête. Mally s'est retirée, mais elle veille toujours au grain. Ce resto, tenu par une autre femme qui ne manque pas de personnalité, Martine Hugé, est surtout l'un des derniers endroits où l'on peut déguster de vraies écrevisses de rivière, les fameux *z'habitants* (suivant l'arrivage et force est de reconnaître que ces *z'habitants* se font rares). Ne pas confondre avec la soupe du marché qui porte le même nom, vous diront les *gens-banane* – les travailleurs du coin – que vous côtoierez à table. Si vous êtes en quête d'authenticité, goûtez le pâté en pot (en fait, un potage avec abats et légumes) et achetez un pot de confiture de cornichons *(pilimbi).* Planteur offert aux lecteurs du *Guide du routard.*

|●| **Chez Valence - Le Petit Palais :** plus bas que *Chez Mally,* dans la même ruelle. ☎ 05-96-78-52-20. Fermé le dimanche soir. 3 menus à partir de 11,50 €. Cuisine traditionnelle (personne ne se vante du contraire, en fait, par ici !) à prix raisonnable. Salle à l'étage avec une belle terrasse (dommage qu'on voie surtout les toits). Service qu'on a connu plus rapide et plus souriant. Grand choix de digestifs maison (avant de monter en salle, jetez un coup d'œil aux bocaux de fruits qui macèrent dans le rhum). On vous en offre un, au passage, si ça vous fait plaisir.

À voir

★ *La plantation Leyritz :* ☎ 05-96-78-53-92. À 1 km avant le centre de Basse-Pointe, prendre à gauche la D21. Ouvert de 9 h à 18 h. Entrée : 2,50 €.

Au début du XVIIIᵉ siècle, la plantation possédait jusqu'à 350 esclaves. Devenus des « travailleurs » à l'abolition de l'esclavage en mai 1848, ils occupèrent les cases jusqu'en 1970, date à laquelle cette propriété de 8 ha, qui appartint à une famille de planteurs pendant près de trois siècles, fut transformée en hôtel (voir plus haut « Où dormir ? Où manger ? »). Le chemin balisé longe les anciens pavillons des esclaves célibataires (restaurés en chambres coquettes). On remonte ensuite vers la maison du planteur, véritable poste d'observation d'où le maître pouvait surveiller tout le pays et notamment ce qui se passait plus bas, rue Case-Nègres. Comment peut-on laisser à l'abandon une telle demeure qui, à sa façon, en dit long sur tout le passé d'un peuple ? Dans le bâtiment de la réception, en repartant, ne vous croyez pas obligé d'aller admirer, dans son réduit, la collection de poupées végétales, réalisées par Will Fenton, « un grand couturier de la flore martiniquaise ».

★ Au bout du village, descendez la ruelle du bord de mer, pavée, et allez voir, depuis le petit kiosque en surplomb, les vagues s'écraser contre les *falaises* où parvient à s'agripper un peu de végétation. Le petit port et les falaises possèdent un romantisme tout particulier. Beau coucher de soleil. Habitués à ce spectacle, les pêcheurs, une fois leurs yoles rentrées, disputent une partie de boules au bord de l'eau. C'est également un endroit fréquenté pour son « spot » de surf.

★ Après le village, à la rivière Pocquet, face à un étang, on peut demander à visiter un *temple hindou* dans une bananeraie.

★ *L'église* a été refaite en 1934. L'intérieur est en bois peint brun et blanc. Bel ensemble.

★ *Un pitt* typique attend les amateurs de combats de coqs au bout de l'allée Demarre. Accueil coloré et ambiance garantie.

★ Possibilité de visiter sept des anciennes *habitations* (sucrerie, distillerie, etc.) qui firent un jour la pluie et le beau temps sur ce coin de terre. Se renseigner auprès de l'office du tourisme pour les itinéraires.

NORD

MACOUBA   (97218 ; commune de Basse-Pointe)

Un autre petit village sur la route de Grand'Rivière, surnommé « la ville indienne du Nord ». *Macouba* en langage caraïbe est le nom d'un poisson ayant « la peau noire et fort fine, la chair très blanche, grasse et délicieuse », pour reprendre les mots du chroniqueur gastronomique de l'époque, l'infatigable père Labat, qui fut curé de la paroisse à la fin du XVIIᵉ siècle. Ce fut lui, est-il besoin de le rappeler à ceux qui ont déjà un palmarès chargé côté visites, qui améliora considérablement les méthodes de distillation du rhum, avant de partir pour la Guadeloupe. Joli cimetière blanc dominant la mer, juste derrière la petite église.
– *Fête patronale :* fin juillet.

Où dormir ?

🏠 **Chez Mme Claude Felim** (gîtes n°s 380 et 381) : à l'entrée du bourg, après le 1er abri sur la droite, prendre l'entrée sur la droite. Réservation aux *Gîtes de France :* ☎ 05-96-73-74-74. Pour les amoureux de la nature et du grand air, 2 gîtes en pleine campagne avec séjour, cuisine bien équipée, salle d'eau, véranda avec barbecue et meubles de jardin. Pour un séjour de conte de fées, ne manquent que les nains...

Où manger dans les environs ?

– **Aire de pique-nique** en pleine nature, au bord de la rivière Macouba, 500 m après la sortie du bourg en direction de Grand'Rivière.
|●| **La Pointe Nord :** à Perpigna. ☎ et fax : 05-96-78-56-56. Environ 3 km après Macouba, dans un virage, c'est bien fléché. Ouvert uniquement le midi, de 12 h à 15 h. Menus de 12 à 29 €. Menus variés aussi nombreux que dans un resto chinois, pour tous les goûts et toutes les bourses. Aménagé dans une ancienne distillerie du Nord en ruine, un restaurant réputé depuis quelques décennies déjà pour son coquelet mariné au vin rouge. Grande salle à l'étage, ouverte à tout vent, face à la Dominique que l'on voit très bien par temps dégagé.

➤ **DANS LES ENVIRONS DE MACOUBA**

À voir

NORD

★ **Nord Plage :** on y accède du parking de l'église de Macouba par une route qui dévale jusqu'à la mer. Inutile de s'y engager si l'on n'aime que modérément les démarrages en côte, ça descend, certes, mais il faut pouvoir remonter. L'animation de la rue s'estompe au fur et à mesure que l'on descend vers le rivage. Là, un ensemble d'habitations vétustes, malmenées par les intempéries, désolées comme un paysage d'après-guerre, défie le temps. Seuls quelques habitants s'accrochent encore à leurs derniers murs. Une curieuse histoire se rattache à cet endroit : on raconte que la statue de la Vierge serait apparue dans une grotte du littoral, à deux pas des vieilles masures. Le prêtre l'installa dans le village. Pour peu de temps, puisque la sainte statue se volatilisa pour resurgir à l'endroit même de sa première apparition. Depuis, on lui a dressé un autel non loin de sa grotte d'origine. Elle n'en a pas bougé depuis 1953 et fait l'objet d'un pèlerinage chaque Vendredi saint.

★ **Rhum J. M. :** Habitation Bellevue, à **Fonds-Préville.** ☎ 05-96-78-92-55 ou 05-96-78-53-40. Sur la gauche, avant d'arriver à Macouba. Ouvert de 7 h à 12 h et de 13 h à 16 h. Fermé le dimanche et les jours fériés.
C'est ici qu'est distillé l'un des plus fameux vieux rhums de l'île. À la seule évocation des initiales *J M*, les connaisseurs pensent « Crassous de Médeuil », un nom propre (sans jeu de mot !) qui réussit toujours à mettre en joie les papilles gustatives les plus blasées ! Ce rhum, en particulier le rhum vieux, jouit d'une réputation incomparable dans l'île. Visite intéressante d'avril à juin, lorsque les machines déversent leur enivrant nectar. Les ouvriers jouent le jeu et vous expliquent le processus de distillation. On vous fera même goûter à la canne à sucre coupée dans les champs entourant la propriété, elle se suce comme un bâton de réglisse. En dehors de cette pé-

riode, on y va surtout pour goûter et acheter mais la visite, instructive et bien menée, avec des panneaux explicatifs bien conçus, est une bonne mise en bouche.

GRAND'RIVIÈRE (97218 ; commune de Basse-Pointe)

La route qui y mène est l'une de nos préférées. Paysages surprenants, d'une étourdissante beauté. Au milieu d'une jungle profonde, composée d'arbres gigantesques et de fantastiques bouquets de bambous, l'étroite et sinueuse bande d'asphalte plonge dans les ravines, puis remonte, abrupte, pour offrir quelques vues magnifiques sur la mer étincelante. Profondeurs vertigineuses.

Au loin, par beau temps, on aperçoit la Dominique qui possède une végétation très voisine. Poursuivant son chemin, on parvient au dernier village de l'île, battu toute l'année par les vents de l'Atlantique.

À Grand'Rivière, le « bout du bout », la route s'arrête. Pour rejoindre le village le plus proche, sur la côte nord-caraïbe, il va falloir enfiler les chaussures de marche : un des plus beaux sentiers de randonnée de l'île, passant au travers de la forêt tropicale, démarre ici...

On peut aussi passer des heures à regarder les pêcheurs rentrer avec leurs superbes yoles multicolores. Les anciens sont là à attendre leur retour pour aider à remonter les barques sur le sable et voir le produit de la pêche. Leur courage est admiré dans toute l'île. Personne n'ignore que la passe entre la Martinique et la Dominique est dangereuse. N'empêche, c'est là que les pêcheurs, chaque jour, à bord de leurs fragiles embarcations, traquent la daurade, le thon et le requin. Le soir, en fin de semaine, il n'est pas rare que les pêcheurs et fils de pêcheurs aillent faire un tour à la Dominique, histoire de passer la soirée. De nuit, à bord de leurs bateaux, ils affrontent à nouveau la passe, pour le plaisir...

Quant au village proprement dit, avec ses rues étroites, comme pour se tenir chaud, et ses maisons de bord de mer, toutes portes ouvertes, il donna longtemps le sentiment que Grand'Rivière était une seule et grande famille. L'atmosphère y était calme et nonchalante, le visiteur bien reçu. Et puis, en l'espace de quelques années seulement, on a pu assister à une lente dégradation de la vie au quotidien. À commencer par ce qui fut, durant plusieurs décennies, la raison de la venue des familles martiniquaises et des gastronomes du monde entier : les fameux *z'habitants*... de Grand'Rivière.

Adresses utiles

🛈 **Un point d'information,** installé dans un charmant petit kiosque à l'entrée du village, quartier Beauséjour, donne une foule de renseignements sur Grand'Rivière et sa commune. On vous conseille de vous y arrêter, ne serait-ce que pour profiter du splendide point de vue sur le village en contrebas.

🛈 **Syndicat d'initiative riviérain** *(plan B2)* : Bellevue, presque en face de l'église. ☎ 05-96-55-72-74. Ouvert du lundi au vendredi de 8 h à 17 h et le week-end de 9 h à 13 h (16 h en saison). Personnel très sympa. Renseignez-vous ici pour les excursions nautiques, et les différentes randonnées pédestres à destination du Prêcheur (18 km, niveau 2) ou de Beauséjour (10 km, niveau 1) et la remontée de la rivière Trois-Bras (16 km, niveau 2-3). Compter 34 € (16 € sans le resto) pour les premières, avec départ pour les Anses à 9 h 30, et de 28 à 37 € (23 € sans le déjeuner) pour les se-

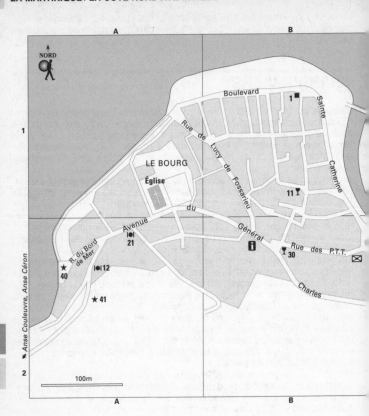

condes, avec l'accompagnement des guides, le retour en yole ou en bus selon le parcours, le déjeuner sur le site ou dans un resto. Retour uniquement en yole : 11 € (voir plus loin).

✉ **Poste** *(plan B2)*.

■ ***Épicerie La Boutique des Passants*** *(plan B1,1) :* bd Sainte-Catherine, sur le front de mer. Ouvert tous les jours de 7 h à 20 h.

Où dormir ?

Le choix de logement ici est limité et nous n'avons pas eu de véritable coup de cœur pour une adresse à Grand'Rivière. Il est préférable de faire le déplacement et de loger aux environs ou même plus loin.
On déconseille aussi les meublés de M. Victor Désiré *(Le Bout du Bout),* qui déteste les routards. Ça tombe bien, on déteste ses studios qui ne conviennent ni aux routards, ni aux autres...

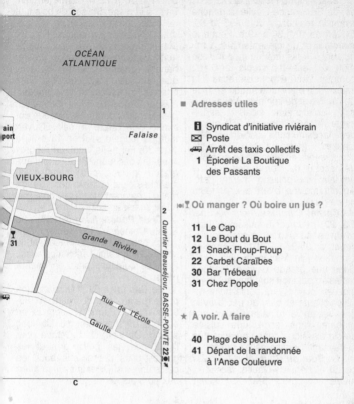

GRAND'RIVIÈRE

Où manger ? Où boire un jus ?

Certains continuent de traverser l'île, salivant déjà, le bavoir quasiment autour du cou, pour déguster les fameuses écrevisses qui ont fait autrefois la réputation de Grand'Rivière ; et s'étonnent de rester des heures, assis sur des chaises en plastique, à attendre qu'on s'intéresse à eux. Ici, la règle d'or consiste à venir en semaine, d'abord, à ne pas bousculer le service, qui n'aime pas ça, et à se faire une raison, si le temps file, mais au compte-goutte, entre deux plats. Évitez le dimanche, à moins d'aimer le spectacle des repas interminables. Les touristes pressés ont des snacks à leur disposition, se disent les doudous, que l'arrivée des touristes en short, énervés, se bousculant pour prendre une table en terrasse, ne fait plus sourire. On n'est plus dans les années 1950, on peut le regretter, mais qu'y faire ? Si l'on ne peut faire de miracles en multipliant à la demande écrevisses et langoustes, on espère du moins que la nouvelle génération de femmes cuisinières, les filles ou nièces des mammas réputées d'antan, saura reprendre le chemin de la sagesse (côté prix) et de l'accueil (côté sourire). En attendant, voici quelques adresses sympas pour ne pas mourir de faim.

|●| Snack Floup-Floup *(plan A2, 21)* : av. du Général-de-Gaulle, à gauche avant la mairie. ☎ 05-96-55-71-60. Ouvert de 10 h 30 à 19 h. Fermé le mercredi et de mi-septembre à mi-octobre. Petits menus à partir de 4,60 € ; assiette créole à 6 € ; compter 11,50 € pour un repas à la carte. Petit étal sur le trottoir en face de l'église et de la mairie. Voilà, on y est... En costume local, la séduisante Marylin fabrique elle-même des glaces au coco absolument délicieuses. Également, pour les petits creux, servis en terrasse ou en salle, des accras de morue, des boudins antillais, du poisson mariné, etc. Apéritif maison offert aux porteurs de ce guide.

|●| Carbet Caraïbes *(hors plan par C2, 22)* : quartier Beauséjour, juste avant le point d'information touristique. ☎ 05-96-55-73-11. Fermé le soir et en juin. Menus de 13 à 25 €. Sous une grande paillote, longues tables en bambou surplombant le village et l'océan, une petite halte rafraîchissante et bien agréable avec une vue extraordinaire. On vous y prépare, sans façon, une cuisine créole classique dans un cadre très dépaysant. Service assez rapide.

|●| Le Bout du Bout *(plan A2, 12)* : bd du Général-de-Gaulle, face à la mairie. ☎ 05-96-55-72-00. Ouvert de 11 h 30 à 22 h. Fermé en juin. Face à la plage. Maison de bois tout de rose et blanc à l'allure de guimauve, idéalement placée. Rosette Marajo propose de savoureux jus de fruits frais pressés (orange amère, banane, ananas). Sandwichs, ainsi que quelques plats cuisinés. Café offert sur présentation de ce guide.

🍸 Bar Trébeau *(Chez Guitteaud ; plan B2, 30)* : bordant la placette dominée par l'arbre à pain. Ouvert toute la journée sauf de 13 h 30 à 17 h 30. Fermé le lundi. Le rendez-vous des pêcheurs. Beaucoup d'animation le week-end ; certains dimanches c'est la fiesta dès 10 h du matin. Le gérant est très sympa. Fait aussi snack en soirée.

🍸 Chez Popole *(plan C2, 31)* : bd Sainte-Catherine. Un second bar-snack dans le style du précédent, le sourire est garanti, l'ambiance aussi. Propose quelques plats en dépannage.

🍸 Le Cap *(plan B1, 11)* : dans une petite rue au cœur du village. ☎ 05-96-55-71-73. Fermé le jeudi et en octobre. Un snack-bar, qui fait tabac et loto. On vient chez Octave pour l'ambiance, les petits prix et les grands plats. Sandwichs pour les petits appétits. Digestif maison offert aux porteurs de ce guide.

À voir. À faire

★ **Le vieux bourg** *(plan C1-2)* : traverser le pont jeté sur la (Grande) Rivière. Rien de spécial sinon un sourire, une rencontre au détour d'une ruelle... Derrière le vieux bourg, au pied de la falaise, s'engage une ancienne piste qui rejoignait autrefois Macouba. Avec la houle, elle a en partie disparu.

★ Tout au bout du village, allez voir la falaise au pied de laquelle une *plage* minuscule *(plan A2, 40)* accueille les longs gommiers des pêcheurs. Pour qui rêverait de partir en leur compagnie, possibilité d'assister à une partie de « pêche aventure » (organisée selon disponibilité par le syndicat d'initiative).

➤ **La côte entre Grand'Rivière et Le Prêcheur vue de la mer** : absolument magnifique. Une heure de sensation forte : ça tangue un peu, certains jours, sur les vagues du canal de la Dominique. Ravines escarpées, plages de sable noir, pointes battues par les vents : à faire au moins une fois, si vous avez le temps. Renseignez-vous auprès du syndicat d'initiative (et même longtemps à l'avance) pour réserver auprès des pêcheurs qui proposent la balade. Ou allez directement à leur rencontre sur la plage *(plan A2, 40)*. Un barème a été établi en partenariat avec la municipalité (voir plus haut) ; si vous êtes plusieurs, essayez de marchander un tarif de groupe.

➤ **Randonnée pédestre à l'Anse Couleuvre** : juste au-dessus de la petite plage sur laquelle arrivent les pêcheurs, un chemin qui grimpe sur la gauche indique le point de départ *(plan A2, 41)* d'une très belle randonnée à travers l'une des plus belles forêts de l'île, dernier échantillon de la forêt primitive. Attention, le chemin est parfois fermé en saison des pluies (jusqu'en décembre, théoriquement) suite à divers glissements de terrain. D'où l'intérêt de toujours passer par le syndicat d'initiative avant de partir à plusieurs, toujours (on rabâche, mais c'est conseillé), pour cette célèbre randonnée de 18,2 km reliant Grand'Rivière à l'Anse Couleuvre, sur la côte ouest. Compter 5 à 6 h aller. La randonnée, d'un niveau de difficulté moyenne, est décrite dans la rubrique « Dans les environs du Prêcheur. À faire ».

Pensez, si vous ne voulez pas revenir à pied, à réserver votre yole la veille auprès du syndicat d'initiative, et comptez 11 € environ par personne. Hors saison, le retour en yole n'est possible que le week-end et en prévenant 48 h à l'avance. De plus, la plupart du temps, il faut un nombre suffisant de participants. Dites-vous bien que les pêcheurs ayant la licence pour transporter des passagers de Grand'Rivière à l'Anse Couleuvre ne courent plus les rues, ni même le canal, à l'heure actuelle, et qu'ils ne sont pas à la disposition des randonneurs égarés...

Fêtes

Depuis les dernières élections municipales, c'est peu dire que la vie du village est perturbée. Se renseigner pour savoir quelles fêtes seront ou non maintenues dans ce drôle de village qui, il y a peu, se payait le luxe d'entretenir à la fois un office du tourisme et un syndicat d'initiative, l'un et l'autre défendant les couleurs d'un des principaux opposants politiques...

– *Samedi Gloria :* le samedi précédant Pâques. Randonnée nocturne avec retraite aux flambeaux, entomologie (étude des insectes) appliquée et repas dans la forêt. Se renseigner à l'*association Cécédille* : ☎ 05-96-55-75-65.

– *La Pince d'Or :* cette manifestation se déroule chaque année, le lundi de Pâques sur les berges de la rivière et propose diverses animations, avec notamment le concours du meilleur *matoutou* (préparation culinaire à base de crabe, qui n'est pas faite pour les chiens, quoiqu'on en dise !).

– *La quinzaine des Trois Dimensions :* durant quinze jours entre fin juillet et début août, Grand'Rivière organise une série d'activités touristiques, culturelles et sportives. Se renseigner auprès de l'office du tourisme pour le détail des festivités.

– *La fête patronale de fin novembre - début décembre :* défilés, groupes folkloriques, animations, jeux durant 2 week-ends consécutifs.

QUITTER GRAND'RIVIÈRE

🚌 *Arrêt des taxis collectifs (plan C2) :* av. du Général-de-Gaulle.

➤ *Pour la côte nord-est (Macouba, Basse-Pointe, La Trinité) :* départ des taxis collectifs du lundi au samedi toutes les heures de 5 h à 14 h.

➤ *Pour Fort-de-France :* nombreux taxis collectifs. Un minibus circule quotidiennement. Départ : 8 h ; il est direct.

AUTOUR DE LA MONTAGNE PELÉE

Retour obligé sur Basse-Pointe par la route de la côte. 6 ou 7 km avant d'arriver au Lorrain, bifurquer sur la droite en direction d'Ajoupa-Bouillon et de la montagne Pelée.

NORD-OUEST

Par une belle route de montagne, vous pénétrez ici au cœur de l'île, un autre monde, une autre végétation. Des contreforts de la montagne Pelée à ceux du Carbet, toutes les essences tropicales sont au rendez-vous. Pour les randonneurs et les amateurs de jardins, c'est le paradis. Logique, on est aux portes de Saint-Pierre.

Bordée de bambous, de fougères arborescentes, d'arbres chargés de broméliacées, d'orchidées et d'autres épiphytes, la RN3 vous conduira jusqu'au Morne-Rouge, avant de vous laisser le choix : descendre avec nous sur Saint-Pierre et la côte caraïbe, ou revenir directement sur Fort-de-France, par la route de la Trace.

AJOUPA-BOUILLON (97216)

Aussi charmant que son nom le laisse présager : si l'*ajoupa* chez les Caraïbes pouvait servir de cuisine, ce Bouillon-là est en fait le nom de l'homme qui construisit ici un abri précaire contre les intempéries. Un optimiste, s'il pensait ainsi ne rien devoir craindre du volcan ! Un des villages, sinon, les mieux entretenus et les plus fleuris de Martinique. Cela dit, pas grand-chose à voir. Quand on le traverse, on a l'impression d'une rue en pente interminable sans qu'il y ait de véritable centre.

– *Fête patronale :* en décembre.

Adresses utiles

ℹ *Syndicat d'initiative :* immeuble Boulon, en centre-ville. ☎ 05-96-53-32-87. Ouvert du lundi au samedi de 8 h à 16 h et le dimanche de 8 h à 14 h.

■ *La maison du pays d'accueil touristique Plein Nord Martinique :* quartier Sancé, à la sortie d'Ajoupa-Bouillon, direction Basse-Pointe.

Où dormir ? Où manger ?

🛏 *Résidence Cacao (meublés de Mme Pierrette Honoré) :* quartier Fonds-Cacao. ☎ 05-96-53-33-85 ou 05-96-53-32-87. Un peu avant les gorges de la Falaise en venant d'Ajoupa. En haute saison, 38 € pour 2 personnes et 54 € pour 4 personnes. En pleine nature, grande maison bétonnée à étage sans grand charme mais au confort dit moderne. Elle comprend 6 studios pour 2 personnes et 4 F2 pour 4 personnes. Quelques efforts dans la décoration intérieure (plafond en lambris, salon en bambou, nappes en madras), cuisine entièrement équipée, TV dans les chambres et point-phone dans le kiosque collectif au rez-de-chaussée. Petit plus assez sympathique : la visite des champs d'ananas.

🛏 |●| *L'Abri :* Auberge Verte, quartier Sancé. ☎ 05-96-53-33-94. Fax : 05-96-53-32-13. Avant l'entrée du village, dans un virage, chemin sur la gauche (panneau). Chambres doubles de 38 à 46,50 €. Menus de 11 à 23 €. Tout en haut d'un mamelon, 12 chambres dans de charmants bungalows en bois. Tout confort. Très propres. Le grand calme en pleine nature exubérante, près des gorges de la Falaise et du Saut Babin. Petite piscine depuis laquelle on devine un autre bleu, celui de l'Atlantique. En revanche, petit dej' blistérisé (un plateau sous film plastique) et accueil mitigé.

|●| *Chez Lélène :* sur la route, à droite, en venant de Basse-Pointe, tout au bord de la rivière Falaise. ☎ 05-96-53-36-64. Difficile de la

manquer, près du pont. Pour un peu plus de 10 €, vous aurez droit non pas à la poule mais au pâté en pot (soupe consistante), à une petite fricassée de ouassous avec riz créole et légumes locaux, un dessert et un café. Bon accueil.

|●| **Restaurant Le Louis d'Or :** dans le village. ☎ 05-96-53-39-27. Fax : 05-96-53-32-86. Ouvert le midi ; le soir, sur réservation. Menu du jour à 15,24 €. Très agréable, tant pour le cadre que pour l'accueil courtois. Savoureuse cuisine créole et française. Goûtez à la salade de *ti-nain*, véritable petit déjeuner-pays (banane verte et morue, huile d'olive, avocat) et au poulet farci aux *ti-boucs* de rivière. Délicieux cocktail de fruits *ti-moun*, sans alcool. Pour un repas complet à la carte, l'addition grimpe assez vite, les spécialités maison étant autour de 12 €.

➤ DANS LES ENVIRONS D'AJOUPA-BOUILLON

★ **Les gorges de la Falaise :** à 1,5 km après Ajoupa-Bouillon (direction Saint-Pierre), une route bétonnée sur la droite conduit au sentier. Renseignements auprès de la SEGF : ☎ 05-96-53-37-56. Ouvert de 8 h à 17 h ; dernière entrée vers 15 h 30 (16 h 30 en haute saison). Compter 1 h de balade et jusqu'à 30 mn d'attente pour le départ du groupe. Fermé par temps de pluie. Dans tous les cas, renseignez-vous sur les conditions météo : une fois dans les gorges, il n'existe aucune échappatoire. Évitez de vous y engager après une forte pluie ou si elle menace, car le niveau de l'eau peut monter vite. Autre danger, les chutes de pierres en période humide. Un de nos lecteurs nous a signalé avoir eu la peur de sa vie lorsqu'une pierre d'une trentaine de kilos est tombée entre sa fille et lui-même. Accès : 8 € avec le guide, le container étanche, une paire de sandalettes et une assurance. Un dernier conseil : le parking est surveillé, alors, allégez-vous au maximum ! Et si vous voulez prendre des photos, pensez aux jetables waterproof... Équipement idéal : maillot de bain, petit pull pour la remontée et baskets (à condition d'avoir une paire de rechange), sinon possibilité de se procurer sur place des sandales en plastique.

Une des plus belles randonnées de l'île, classée niveau 2 par l'ONF. En clair, pas de grosses difficultés techniques, mieux vaut quand même être en bonne forme car certains passages requièrent de l'équilibre (sentier abrupt, roches recouvertes de mousse). Beaucoup plus impressionnant que dangereux, c'est un souvenir inoubliable. En tout cas, soyez sage et suivez le guide... Au départ, la randonnée emprunte un chemin et un long escalier avant de pénétrer dans les gorges, véritables couloirs taillés dans la pierre, en pleine forêt tropicale. Certains passages nécessitent quelques prises d'escalade avant de sauter dans une eau fraîchement bonne et de déboucher sur une belle cascade tombant de plusieurs dizaines de mètres. Vraiment exaltant... et rafraîchissant !

★ **Les Ombrages :** à la sortie d'Ajoupa-Bouillon (direction Grand'Rivière), à 200 m de *L'Abri*, juste avant le pont de la Falaise sur la N3. ☎ 05-96-53-31-90. Ouvert tous les jours, de 8 h 30 à 16 h 30 (ne pas arriver après 15 h 45) de novembre à mi-février et de 9 h à 17 h de mi-février à octobre. Entrée : 3,05 € ; réductions.

Le sentier botanique, qui débute à cet endroit, occupe le fond et les flancs d'une ravine où coulent sources et ruisseaux. La végétation est dense et variée : figuiers et fromagers séculaires, immortels grands bois (qui se couvrent de fleurs rouge corail à la saison sèche), multiples plantes et espèces florales. Un jardin créole a été aménagé parmi les vestiges d'anciennes cultures de cacao et de bananes. Lié au petit artisanat, il constitue, avec le jardin *bo kai* (potager traditionnel qui ceinture la maison de ran-

gées d'ignames et de papayers), un élément typique des campagnes martiniquaises.

C'est un ensemble de cultures complexe, à vocation touristique et pédagogique, où prédomine la culture vivrière. Les sources et cascades créent
une ambiance à la fois vivifiante et reposante. Les fougères et bambous
complètent la touche tropicale de l'ensemble. La promenade (durée : 45 mn)
se termine juste devant les ruines d'une ancienne distillerie. Vente de produits artisanaux à l'entrée.

★ **Le Saut Babin :** pour le moment, accès totalement interdit par arrêté
municipal, et ce, jusqu'à nouvel ordre. Ce qui n'empêche pas nombre de
résidents et de touristes d'affronter marches et escaliers pour aller y pique-
niquer. Attention, aux abords de la chute, les pierres peuvent être glissantes.
Évitez de toute façon la saison des pluies.

★ **La Maison de l'Ananas :** repérer la pancarte et le snack *Aux Ananas* sur
la route entre Ajoupa-Bouillon et Basse-Pointe. ☎ 05-96-53-39-18. Visite :
8 €.

Pendant une demi-heure, Bernard vous embarque dans son 4x4 (6 personnes maximum) pour une visite complète et détaillée des champs d'ananas, de canne à sucre et des bananeraies. Bonne humeur de rigueur pour
une balade intéressante et « dépaysante », s'il est en forme, avant une
dégustation d'ananas (en fonction de l'importance de la récolte) qui fait tout
le charme de la balade, pour beaucoup. C'est fou tout ce qu'on peut faire à
partir de l'ananas ; du miel, de la bière, des beignets... Au fait, si vous cherchez un coin pour grignoter ou simplement vous désaltérer, n'allez pas plus
loin. Très bons jus à 3 €.

★ **Les jardins de l'Ajoupa :** ☎ 05-96-53-32-10. ● fleurajoupa@wanadoo.
fr ● Prendre une petite route en face de l'église et suivre les pancartes sur
2 km. Fermé les samedi, dimanche et jours fériés.

Sur 15 ha, la plus grande pépinière de la région. Un millier de variétés de
plantes différentes, une collection de palmiers rouges assez rare, une pépinière d'ombre avec toutes les plantes prévues pour l'exportation à découvrir
librement, en prenant son temps, personne n'étant pressé de s'occuper de
vous. Essayez quand même de trouver quelqu'un à qui parler dans le hangar, d'où partent les fleurs tropicales, coupées et emballées, que vous retrouverez à votre départ, si vous voulez passer commande. Si la visite est
gratuite, la vente, elle, est aux prix habituels.

LA MONTAGNE PELÉE

De loin, quand on la voit si dénudée sur ses flancs ouest et sud, on s'ima-
ginerait transporté en Auvergne, sur la chaîne des puys. Avec ses malheureux 1 397 m, la montagne Pelée, point culminant de la Martinique, sait
pourtant se faire craindre de la population. L'éruption de 1902 a laissé de terribles souvenirs dans la mémoire collective. Un siècle après, on en reparle
plus que jamais, moins pour veiller les morts que pour restituer les faits dans
leur vrai contexte.

Même s'il semble être plongé dans un profond sommeil, le volcan est toujours considéré comme actif. Il a donné son nom à un type d'éruption volcanique, dit péléen, qui ne prévient pas ! Ainsi, en 1902, malgré de nombreuses nuées ardentes et quelques éruptions de boues fumantes,
personne ne pouvait prédire la catastrophe. Car ses laves acides ne provo-
quèrent que peu d'écoulements et se solidifièrent dans la cheminée princi-

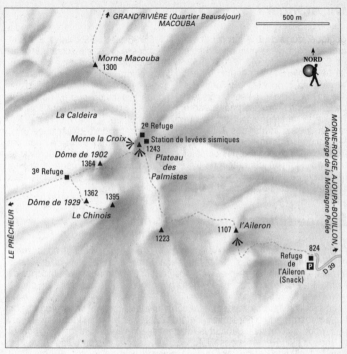

↑ GRAND'RIVIÈRE (Quartier Beauséjour)
MACOUBA

500 m

NORD

Morne Macouba
1300

La Caldeira

2e Refuge

Morne la Croix ▲ ■ Station de levées sismiques
1243

Dôme de 1902
1364 ▲

Plateau
des
Palmistes

3e Refuge ■

1362 ▲ ▲ 1395

Dôme de 1929 ▲

Le Chinois

▲
1223

1107 ▲ l'Aileron

824
Refuge
de
l'Aileron
(Snack)
P
D 39

LE PRÊCHEUR →

MORNE-ROUGE-AJOUPA-BOUILLON,
Auberge de la Montagne Pelée

LA MONTAGNE PELÉE

NORD-OUEST

pale pour en obstruer l'entrée. Sans soupape de sécurité, pas de coup de semonce, et le couvercle de la cocotte sauta sans prévenir. 90 secondes plus tard, tout était terminé.

Comment y aller?

➤ Prendre la D39 située entre Ajoupa-Bouillon et Le Morne-Rouge, vers L'Aileron, qui mène à un parking, point de départ du sentier. Ne rien laisser de trop visible dans les voitures. Des vols ont été signalés.

Quand y aller?

Avant tout, il faut savoir que le sommet est quasiment toujours dans les nuages. Seuls le hasard et les prières à saint Christophe (patron des voyageurs), voire les deux réunis, accordent le privilège d'apercevoir le sommet (faites un vœu, dans ce cas; si vous demandez à revenir bientôt en Martinique ce jour-là, il paraît que c'est gagné d'avance!). On ne conseille pas vraiment d'entreprendre l'excursion par temps couvert: on ne voit rien. La meilleure période s'étend de décembre à avril, pendant la saison sèche. Partir à l'aube pour ne pas subir le soleil à la montée et arriver sur le dôme avant les nuages. Évitez la saison des pluies: ici, il tombe plus de 4 m d'eau par an.

Où manger?

|●| **Le Refuge de L'Aileron :** 1ᵉʳ refuge au pied de la montagne Pelée (à 820 m d'altitude). ☎ 05-96-52-38-08. Ouvert de 9 h à 18 h. Snack le plus haut de l'île, où l'on vous servira gentiment salades, glaces, punch au lait. Terrasse pour prendre l'air de la montagne tout en savourant la vue sur la mer des Antilles et l'Atlantique. Pas cher du tout : autour de 15 € pour un repas complet à la carte ; plat du jour autour de 6 €.
|●| **Auberge de la Montagne Pelée :** un peu en contrebas par la D39.

☎ 05-96-52-32-09. Menu à 15 €. Plus chère, plus touristiquement correcte pour des groupes, elle bénéficie, malgré un intérieur et un accueil n'ayant rien d'enthousiasmant, d'une bonne réputation auprès des Martiniquais et d'un grand atout : sa vue panoramique sur la montagne Pelée – quand celle-ci est dégagée... Sinon, contentez-vous de regarder votre assiette : le gratin d'écrevisses et le colombo de cabri devraient vous redonner des couleurs, aux jours gris.

Équipement et conseils divers

– Un imperméable (genre K-Way), un pull, une paire de bonnes chaussures de marche fermées, des chaussettes (ça paraît évident, mais on a vu des touristes partir en tee-shirt et les pieds chaussés de tongs!), et emporter de l'eau bien entendu (discours des gens en tongs : « T'as pris de l'eau, chéri ? – Non, non, j'ai pas soif. »).
– Le brouillard peut tomber en quelques minutes, rendant votre progression hasardeuse (perte d'orientation, sol instable). Par ailleurs, le balisage n'est pas rigoureux et les pancartes disparaissent régulièrement. En conséquence, il est vivement conseillé de louer les services d'un guide. À ce propos, la vigilance est de mise car de plus en plus de jeunes s'improvisent accompagnateurs à la sauvette, sans notion des risques liés à la montagne, ni équipement adéquat (on a même vu un soi-disant guide chaussé de mocassins!). Pour votre sécurité, exigez de votre guide compétences (un brevet d'État d'alpinisme, par exemple) et assurance. Contacts : la *Maison des Volcans* (☎ 05-96-52-45-45) au Morne-Rouge ou encore le *bureau de la Randonnée* (☎ 05-96-78-30-77) à Saint-Pierre.

L'ascension du Chinois

Compter 5 h aller et retour, dont 3 h pour la montée. Pendant toute la grimpette, panorama exceptionnel sur une grande partie de la côte atlantique, jusqu'à la presqu'île de la Caravelle.
La piste (balisage rouge) démarre un peu au-dessus du parking, au niveau du pylône du relais de télévision. Le sentier ne présente pas d'énormes difficultés, mais quelques montées un peu raides et certains passages étroits. On atteint ainsi *L'Aileron* (1 108 m). On longe ensuite le *plateau des Palmistes* pour gagner le deuxième refuge (le premier étant sur le parking de départ) à 1 280 m. Toute cette partie offre de beaux points de vue, assez impressionnants. Notre parcours se poursuit sur la crête nord du cratère en bordure de la *Caldeira* (sentier balisé d'un cercle vert et blanc) pour enfin atteindre le troisième refuge (en piteux état, inutilisable, comme le second). Enfin, il reste 500 m vers le sud pour terminer l'ascension (balisage vert) du *Chinois*. Dans cette dernière portion, se méfier des trous et crevasses parfois couverts de végétation. Du sommet, par temps dégagé, vue exceptionnelle. Retour par le même chemin.

LE MORNE-ROUGE (97260)

Un nom à faire frémir les amateurs de films fantastiques. En fait, ce gros bourg, poussé sur un col s'étirant entre deux mornes, doit son nom aux Caraïbes (toujours eux !), qui avaient une peur bleue des lueurs rouges montant dans le ciel depuis la « montagne de feu ».

Commune la plus élevée de la Martinique, à 450 m d'altitude, Le Morne-Rouge est un village un peu morne (facile !) au pied de la montagne Pelée. On lui accorde des circonstances atténuantes. Il a été dévasté par une éruption de la montagne Pelée, quatre mois après la tragédie qui ravagea Saint-Pierre, en 1902.

Après cette éruption, les subventions pour reloger les gens furent vite détournées. L'administration demanda alors aux habitants du Morne-Rouge de revenir chez eux. Là, une seconde éruption tua 2 000 personnes... qui venaient d'arriver.

Beaucoup d'activités en rapport avec la montagne et la nature en général. Distant de 6 km de Saint-Pierre, ce gros bourg en était la banlieue verte vers le milieu du XVIIᵉ siècle, les commerçants et les bourgeois aisés de la ville côtière se retirant sur ses hauteurs non seulement pour prendre le frais mais aussi pour jouir de sa pureté atmosphérique. Ici est exploitée l'eau de source *Chanflor*, que vous retrouvez sur toutes les tables de l'île. Si la canne à sucre a disparu du paysage, les bananeraies sont quant à elles bien présentes, ainsi que de nombreuses cultures maraîchères.

– *Fête patronale :* fin août - début septembre. Le Morne-Rouge est un lieu de pèlerinage réputé.

Adresses utiles

🏠 *Office du tourisme et de la culture :* 1, rue Émile-Maurice. ☎ 05-96-52-45-98. Ouvert du lundi au vendredi de 8 h à 18 h et les samedi et dimanche de 8 h à 12 h.

✉ *Poste :* av. Edgar-Nestoret (N3), 100 m après la mairie en direction de Saint-Pierre.

■ *Crédit Agricole :* av. Edgar-Nestoret, face à la place du 22-Mai-1948. Guichet automatique 24 h/24.

■ *Pharmacie :* à 100 m du précédent, trottoir opposé.

Où dormir ?

🛏 *Auberge de jeunesse :* av. Jean-Jaurès. ☎ 05-96-52-39-81. Fax : 05-96-52-39-64. À l'entrée du bourg en venant d'Ajoupa. Compter 15 € la nuit par personne, petit déj' compris, en chambre de 1 ou 2 lits ; moins cher pour les moins de 26 ans. Location des draps : 3 €. Adhésion obligatoire. La seule auberge de jeunesse de l'île, point de ralliement idéal pour une nuit de récup', avant de grimper sur le volcan à la première heure ! Une adresse bien utile, pour les randonneurs à petits budgets. 41 lits répartis en chambres ou en dortoirs (un peu moins cher). Repas à 7,50 €, servis à 12 h et à 19 h précises. Accueil idéal après une bonne marche (il est sans chaleur !). Horaires modulables, il est conseillé d'appeler avant.

🛏 *Domaine de la Vallée :* Habitation Mespont. ☎ 05-96-58-52-48. Compter 535 € pour une semaine relaxante dans une des trois maisonnettes tout en bois de ce domaine de 9 ha en pleine forêt tropicale. Difficile de trouver plus calme et plus vert, à moins que la présence de deux rivières mutines, de quelques poules, canards d'ornement (oubliez vos rêves de magrets!), oies et autres « chien-fers » peu féroces ne vous dérangent. Du charme, mais aussi du confort : kitchenette, salle d'eau, véranda, deux chambres dans chaque maison. Également une formule chambre d'hôte à moitié prix, si vous préférez. Pour les randonneurs qui aiment aussi leur confort, après l'effort.

🛏 *Chambres d'hôte Olga Lampla :* plateau Sable, lieu-dit Réduit. ☎ 05-96-52-30-07. Compter 36 € pour deux, petit déjeuner compris. À côté d'un des derniers moulins à eau de la Martinique, sur la Roxelane. Belle maison traditionnelle sur ce plateau qui aligne ses bananiers au bord du volcan. Une maison accueillante, dans un jardin rempli de fleurs et d'oiseaux de paradis... Un bémol : cette route nationale très passante, dès potron-minet.

Où manger ?

Récompense pour les marcheurs, voici de bien bonnes adresses, faciles à trouver pour qui nous suit « à la Trace ». Il y en a d'autres, certes, que vous ne manquez pas de nous signaler par lettres, notamment une, qui distribue ses *flyers* jusqu'aux portes du jardin de Balata, et qui n'a pas vraiment besoin de nous pour vivre.

🍽 *Le Havre du Voyageur :* quartier Pilori, Fonds Marie-Reine. ☎ 05-96-52-40-00. Un panneau, depuis la sortie de la route de la Trace, vous conduit vers une maison en bois noyée dans la verdure, à flanc de colline. Fermé le lundi et le dimanche soir, et de mi-août fin septembre. Snack de 10 h à 16 h. Repas à la table d'hôte à 13 € sur réservation; menu-découverte accompagné d'une visite du verger à 19,20 €; plat du jour autour de 10 € et sandwichs au crabe ou à la morue autour de 3 € pour les visiteurs pressés. Car ici, même si vous n'avez pas réservé, Marius et Marlette ne vous laisseront pas mourir de faim (gratins aux légumes du jardin, poisson grillé, etc.), ni même de soif, grâce à de savoureux cocktails de fruits frais (délicieux lait de coco glacé : à coup sûr, Woody Allen y verrait la preuve de l'existence de Dieu!). En dessert, un sorbet à l'ananas (entre autres) vient mettre fin à ce pur moment de bonheur. Les plus avides de découverte participeront à la réalisation du fameux « trempage » (pain rassis mouillé, pressé, étalé sur des feuilles de bananier puis arrosé d'une préparation à base de morue) à manger avec les doigts! L'accueil est d'une rare gentillesse.

🍽 *Restaurant Chez Malou :* quartier Fonds-Marie-Reine ☎ 05-96-52-41-51. Ouvert tous les jours le midi; le soir, sur réservation. Menus de 9,15 à 13 €; plats à emporter bon marché. Décor couleur locale sans prétention mais chaleureux : paniers en osier, coiffes, nappes en madras, etc. Marie-Louise prépare une bonne fricassée de cabri ou d'écrevisses et un excellent colombo de poulet. Billard. Excellent accueil, en principe du moins, dans le genre typique. Dommage que ce soit devenu une escale très fréquentée par les tour-opérateurs. Ti-punch maison offert.

🍽 *La Chaudière :* quartier Propreté. ☎ 05-96-52-34-47. Ouvert tous les jours le midi. Menu à 9,15 €. Notre nouveau coup de cœur nord-martiniquais. Une entrée accueillante, un bar bon enfant et une jolie salle, mais surtout une étonnante terrasse pour déjeuner avec vue sur le jardin et le piton de la Fournaise (non, on n'a pas abusé de ti-punch, on n'est pas en Guadeloupe), en fond de décor typiquement tropical. Accueil simple et souriant, même si le service est dans le jus. Mieux vaut réserver, car on vient de loin pour goûter la cuisine raffinée d'une authentique cuisinière du pays, qui a remis au goût du jour les anciens plats du pauvre : soupe z'habitants d'une grande douceur, pâté en pot d'écrevisses, ciriques farcis, titiris à l'étouffée, dombré de chatrou... S'il y a du requin à la carte, vous allez vous régaler. Desserts locaux excellents (goûtez le flan coco !). Et vous pourrez même profiter des fruits du jardin, que le mari de la patronne, s'il a suffisamment de temps, vous fera visiter (une bonne occasion de vérifier si vous savez toujours reconnaître un cotonnier, un caféier, etc.) Boutique à sandwichs à l'entrée et paniers pique-nique au cas où il n'y aurait plus de place. Ti-punch offert avec des accras en plus pour faire patienter les gastronomes qui viendront avec ce guide.

À voir

★ **Les Jardins de la Pelée :** rue Joseph-Labarde. ☎ 05-96-52-42-51. C'est fléché à partir du centre et facile à trouver. Ouvert tous les jours de 9 h à 18 h. Entrée : 6 € ; réductions.
Sur 5 ha, un jardin d'un nouveau genre et qui revendique d'ailleurs le titre de *Centre d'éco-interprétation de la montagne Pelée*. Plusieurs thèmes de visite, à développer selon vos propres centres d'intérêt : parcours volcanique, découverte de la faune et de la flore, parcours fraîcheur-détente. Également vente de plantes médicinales.
Une petite colline, avec un petit sentier en colimaçon, faisant face à l'imposant volcan. Tout le long du sentier, vous trouvez les espèces végétales tropicales les plus courantes mais aussi les plus rares, et tout en cheminant, on vous raconte in situ les dernières éruptions meurtrières de la Pelée. On vous raconte aussi que la Martinique était « autrefois » constituée de deux îles distinctes et que le bras de mer qui les séparait s'est peu à peu comblé, que la montagne représente $1/8^e$ de la superficie de l'île et qu'elle a complètement façonné son relief et forgé son caractère... Et rien ne paraît plus évident, quand on est perché en haut de ce morne, avec à gauche les Caraïbes, à droite l'Atlantique, et en face la Pelée...

★ **La Maison des Volcans :** immeuble Magalo, Haut du Bourg, juste à côté de l'office du tourisme. ☎ 05-96-52-45-45. Ouvert du lundi au samedi de 8 h 30 à 17 h (16 h le samedi). Entrée : 3 €.
Expositions, projections de films vidéo intéressantes, documentation et présentation de roches volcaniques. Station d'observation de la montagne Pelée. Service de guides de randonnée qualifiés. On croyait que la célébration du centenaire de l'éruption de 1902 allait redonner vie à ce musée, mais il faudra encore du temps avant de voir se multiplier dans l'avenir les initiatives autour des lieux « chauds » du Nord... du moins peut-on espérer qu'il ne faudra pas attendre 2102 !

> ## DANS LES ENVIRONS DU MORNE-ROUGE

★ **Le domaine des Alpinias :** Sica Champflore. ☎ 05-96-52-59-34. Une piste s'engage sur la gauche, 1 km après Fonds Marie-Reine, en direction de Fort-de-France. Visite du lundi au vendredi de 9 h à 17 h ; le samedi sur réservation. Gratuit.
La visite est conduite par Frantz (un Rubie-Mornais pur jus) ou son épouse Nelly (Bretonne, quant à elle). Très sympas. Demander à voir le *roukou*, cette fleur dont se servaient jadis les Indiens caraïbes, Peaux-Rouges, pour se maquiller le visage. Bien entendu, à la fin de la promenade, ils prennent les commandes ! Livraisons à l'aéroport possibles, expédition par Chronopost en 48 h.

★ **La plantation Macintosh :** ☎ 05-96-52-34-21 ou 05-96-52-47-47. ● www.mac-intosh.com ● Pour y aller en venant de Saint-Pierre, à 400 m après

NORD-OUEST

l'église, sur la droite, petite départementale D12A vers Savane Petit ; suivre la route sur environ 5 km, c'est fléché. Ouvert tous les jours de 9 h à 17 h. Entrée : 4 € ; réductions. Le billet donne droit à l'accès au parc et au musée. Possibilité de déjeuner sur place (restaurant et sandwicherie).

Cette plantation est aujourd'hui en pleine activité, et vous trouverez en vente un peu partout sur l'île (notamment à l'aéroport) les fleurs cultivées ici. Visite sans grand intérêt, accueil inexistant. La plantation MacIntosh s'est enrichie d'un *musée Amérindien* qui compte 200 pièces appartenant à une collection privée, collectées depuis une trentaine d'années.

★ *La Maison de la Nature :* route de la Trace, carrefour Deux-Choux. ☎ 05-96-64-42-59. Ouvert tous les jours de 8 h à 17 h. Visite guidée sur demande. Gérée par le Parc régional, la Maison de la Nature permet de découvrir, à son rythme, sur 3 km de sentiers botaniques, ce qu'est une forêt hygrophile : 24 ha de sous-bois pluviaux, très exploités (trop même) mais qui reconstituent peu à peu leur milieu naturel. Plusieurs parcours possibles, selon le temps dont vous disposez (entre 15 mn et 1 h 15).

QUITTER LE MORNE-ROUGE

Les taxis collectifs fonctionnent environ de 5 h à 17 h. Fréquence moyenne : 15 à 30 mn.

➤ *Pour Fort-de-France :* départs place du 22-Mai-1948, le long de la N3.

➤ *Pour Saint-Pierre :* arrêt dans la même rue, 400 m plus haut (vers la Maison des Volcans).

LA ROUTE DE LA TRACE

La route de la Trace, ouverte par les jésuites au début du XVIIIᵉ siècle, est l'ancienne voie de communication entre Saint-Pierre et Fort-de-France, la seule et unique à l'époque où la route côtière n'existait pas. Prendre la N3 à la sortie du Morne-Rouge pour rejoindre les hauts de Balata (voir plus haut le chapitre « La route de la Trace » après « Fort-de-France »).

Végétation fantastique (fougères arborescentes, écheveaux de lianes), arbres gigantesques qui ombragent la route de leur feuillage épais : le paysage rappelle celui de la Dominique, malgré les coupes sombres de part et d'autre pour faciliter la traversée, en voiture, de la partie la plus tropicale de la Martinique.

À faire

➤ *La trace des Jésuites :* balade de 3 h aller et retour (à un rythme très soutenu et sans faire de pause) réservée aux véritables amoureux de la nature et de la végétation exubérante. Peu après la sortie de la forêt Propreté, un parking indique le début de la trace. La balade aboutit sur la D1, sur la route de Gros-Morne. Bien sûr, cet itinéraire peut s'effectuer dans l'autre sens.

Terrain parfois boueux par temps de pluie. Balade qui permet de s'enfoncer dans l'épaisse forêt tropicale aux espèces innombrables : magnolias aux belles fleurs blanches odorantes, fougères arborescentes de deux mètres de haut, bégonias tapissant le sol, gommiers blancs aux fûts droits et cylindriques odorants, châtaigniers-pays et bois-rivières aux contreforts puissants, tous habillés de lianes, de mousses, de plantes épiphytes (ananas-bois, philodendrons aux formes étranges et démesurées, etc.). Un seul challenge pour tous : la course à la lumière. Vous, par contre, avez tout votre temps. Éviter d'entreprendre la balade en solo, comme toujours.

➤ *Les pitons du Carbet :* ascension difficile, mal indiquée. Point de départ sur le plateau du Boucher. Si vous souhaitez l'entreprendre, adressez-vous à un guide. Randonnée de 6 h. Emportez eau, nourriture, bonnes chaussures, K-Way et une carte détaillée. S'il pleut, renoncez à votre projet ; les fortes pentes deviennent alors très glissantes, voire dangereuses. On passe respectivement les *pitons Boucher* (1 070 m), *Lacroix* (1 196 m), *de l'Alma* (1 105 m). Paysages surprenants, végétation très variée. Renseignements auprès de l'ONF (Office national des forêts).

FONDS-SAINT-DENIS
(97250)

C'est à coup sûr le village le plus fleuri et le plus verdoyant de l'île. Il s'étire nonchalamment, à flanc de montagne, le long de la très belle petite route qui mène à Saint-Pierre, à travers une végétation luxuriante (c'est rare, par ici, de trouver de la steppe !). Une route sinueuse... interdite à la circulation par suite d'éboulements, mais tous les riverains y passent. Soyez prudent quand même !
Avant l'ouverture de la Trace goudronnée ouverte dans l'épaisse forêt tropicale, entre Le Morne-Rouge et Deux-Choux, Fonds-Saint-Denis était l'étape obligatoire sur le chemin de Fort-de-France.
C'est une petite vallée-jardin, un havre de paix et d'air pur. Essentiellement agricole, le territoire héberge pourtant un édifice essentiel : l'Observatoire de sismologie et de volcanologie de l'Arc Antillais, situé sur le morne des Cadets.
Pas grand-chose à faire, sinon marcher, alors on en profite pour ouvrir les yeux, respirer et voler un peu de ce paysage qu'on épinglerait bien dans sa mémoire (en prévision du retour). C'est ici que commence la randonnée le long du canal de Beauregard (voir ci-dessous) mais, pour les pisteurs endurcis, deux traces importantes à signaler également : la trace du Caplet, qui relie le village au Morne-Vert, et celle de Yang Ting qui le relie au Morne-Rouge par le col de Yang Ting. Renseignements auprès de la *Maison pour Tous :* au centre du village, pas très loin de l'église. ☎ 05-96-55-80-34. Ouvert du lundi au vendredi de 8 h à 12 h. Elle abrite le syndicat d'initiative.

Où dormir ? Où manger ?

🛏 🍴 *Le Relais de la Maison Rousse :* ☎ 05-96-55-85-49. • maisonrousse @wanadoo.fr • Quartier Fonds Mascret (sur le sentier du canal de Beauregard, dit « des Esclaves »). Dans le village, prendre la 1ʳᵉ route à droite 100 m après l'église, puis, 1,6 km plus bas, la route se termine : vous êtes arrivé. Fermé du 10 septembre au 20 octobre. 4 chambres de 42 à 49 € selon la saison, petit déjeuner compris. Demi-pension à 9 €. Menus à 13 et 15 €. Un établissement entièrement rénové, établi à l'emplacement d'une ancienne habitation fondée en 1777 par le Sieur Rousse (tout s'explique !). Des chambres neuves, sobres, au calme, avec salle de bains et clim', idéales pour se refaire une santé.

Et une table toute simple, toute bonne, pour vous éviter de refaire des kilomètres le ventre vide. Le soir, table d'hôte réservée aux demi-pensionnaires. Apéritif maison offert à nos lecteurs.

🛏 *L'Auberge du Mont-Béni :* quartier Mont-Béni. ☎ 05-96-55-85-75. À gauche sur la D1 entre Saint-Pierre et Fonds-Saint-Denis. Restaurant ouvert tous les jours en saison entre 11 h et 15 h ; se renseigner hors saison. Menus à partir de 10 €. Beau menu « queues de z'habitants » à 14 € (rassurez-vous, vous n'êtes pas arrivé en territoire cannibale !). Cuisine d'autant plus délicieuse qu'elle est réalisée avec les produits frais de la ferme. Choix restreint, forcément, variant au fil des saisons :

accras de giraumon, écrevisses servies avec une sauce aux fruits de la passion, proposées avec un jus frais maison. Quant au gratin de christophine, c'est le bon dieu en culottes de velours (normal, le mont est béni !). Les locaux sont vétustes mais la propreté est impeccable. On déjeune sur une terrasse offrant une vue fantastique sur une vallée, avec la mer au fond.

À voir. À faire

➢ **Le canal de Beauregard :** pourquoi ce canal ? Pour apporter de l'eau fraîche aux distilleries de Saint-Pierre et du Carbet, tout simplement. Une idée lumineuse des colons au XVIIIᵉ siècle, qui mirent les esclaves au travail, durant de longs et pénibles mois, pour la réaliser.
Difficile d'imaginer, en se baladant sur cette « langue de pierre jetée dans la forêt, retrouvant la vallée », le nombre de cailloux charriés à dos d'homme, les centaines d'arbres abattus. Si vous êtes sensible aux atmosphères, n'y pensez pas. Si vous êtes sujet au vertige, n'y allez SURTOUT PAS : sous le muret qui retient l'eau, il n'y a rien pour vous rattraper. Pour vous tenir compagnie, une multitude de crabes d'eau, à carapace jaune clair (ceci dit au cas où vous voudriez faire trempette !), de quoi pimenter cette marche agréable, le long d'un petit canal dont la largeur de la bordure ne dépasse pas 30 ou 40 cm, parfois. Marche à l'ombre, la plupart du temps, mais aussi à découvert, évidemment (voir aussi plus loin le chapitre « Le Carbet »). Renseignements auprès de la *Maison pour Tous* : ☎ 05-96-55-80-34. Ouvert du lundi au vendredi de 8 h à 12 h.

★ **La cascade du Saut Gendarme** (et non du sot !) **:** entre la route de la Trace et Fonds-Saint-Denis. Parking au bord de la D1. On se dirige vers la chute en suivant un petit sentier aménagé par l'ONF (descente des escaliers en 5 mn). Promenade pour tous (marches faciles). Les enfants peuvent faire trempette, les grands pique-niquer.

★ **L'observatoire de la Pelée :** morne des Cadets. 1ʳᵉ route à droite en entrant dans le village, depuis Saint-Pierre. Ouvert du lundi au jeudi de 9 h 30 à 16 h et le vendredi de 9 h 30 à 12 h. Construit en 1932 pour étudier la montagne Pelée, l'observatoire est aussi le prétexte à une belle balade parmi les champs de bananiers. De là-haut, panorama unique sur la montagne Pelée, mais aussi sur Saint-Pierre et l'océan. Y aller seulement par temps clair et de préférence en fin d'après-midi. Intéressant musée consacré aux mouvements des entrailles de la terre.

LA CÔTE NORD-CARAÏBE AU NORD DE SAINT-PIERRE

Belle route aussi touristique que sinueuse (départementale D1) à travers une végétation dense pour rejoindre Saint-Pierre, l'ancienne capitale de la Martinique, qui renaît lentement à la vie, après des années d'oubli (on y a célébré le 100ᵉ anniversaire de l'éruption de la montagne Pelée en 2002). En arrivant dans Saint-Pierre, filez directement en direction du Prêcheur, pour terminer en beauté votre découverte du grand Nord... martiniquais. La côte nord-ouest, assez peu prisée des touristes, ne manque pas de charme. Le sable blond du Sud laisse ici la place au sable noir. Les petits villages, encore très traditionnels, n'ont pas été envahis par les grands hôtels. Les villages du Nord sont les plus charmants mais aussi les plus décontractés.

LE PRÊCHEUR (97250)

Son nom provient d'un îlet, aujourd'hui disparu, dont la forme rappelait un prédicateur en chaire. Mer étincelante d'un côté et belle végétation juste au-dessus. La plage, volcanique, n'est pas très large, ce qui n'empêche pas les jeunes du coin de se baigner et de jouer au foot au bord de l'eau. À l'entrée du Prêcheur, une route désigne le départ d'une ascension vers la montagne Pelée. Le village lui-même s'étire sur deux bons kilomètres. Sans grand intérêt, si ce n'est de voir vivre les Martiniquais dans toute leur nonchalance.

C'est au Prêcheur que vécut quelques années un personnage assez bizarre, pour ne pas dire plus, Constant d'Aubigné, fils d'Agrippa et père de la future Mme de Maintenon, seconde épouse de Louis XIV. Celle-ci quitta les Antilles à l'âge de douze ans, ce qui limite l'intérêt pour la bonne dame.

Adresse utile

ℹ️ Syndicat d'initiative : dans la rue principale, près de la pharmacie. ☎ 05-96-52-91-43. Ouvert du lundi au vendredi de 9 h à 15 h et les samedi et dimanche de 9 h à 13 h. Petite équipe dynamique et ô combien sympathique. En souvenir de Mme de Maintenon (qui adorait les oranges du Prêcheur), le syndicat organise chaque mardi soir un *pot de Maintenon* avec les nouveaux résidents du village et les visiteurs de passage.

Où dormir ?

Possibilités d'hébergement vraiment réduites.

🛏️ Chambre d'hôte Le Jardin des Internautes : quartier La Charmeuse. ☎ 05-96-52-92-38. À l'entrée du Prêcheur, sur la droite avant le cimetière. Compter 38,50 € la nuit, petit déj' compris. Repas complet à 12,20 €. Chambrette équipée de 2 lits d'une personne (w.-c. et salle d'eau indépendant hors de la chambre), avec vue sur la montagne Pelée. Réveil au chant des oiseaux et des grillons. Libre accès à toute la maison (cuisine, etc.). Roselyne Etifier prépare, sur demande, un vrai repas créole accompagné de son beurre d'avocat épicé (non pimenté) ou encore de son féroce à base de farine de manioc et de morue ha-ché. Demander à goûter un de ces blancs-mangers dont elle a le secret (coco, maracuja, mangue, etc.). Un régal ! Café offert.

🛏️ Gîte de France de M. Armand Clovis (n° 150) **:** quartier La Charmeuse, sur les hauteurs de Morne Folie (des noms qui incitent à de douces folies, mais ne vous emballez pas quand même !). ☎ 05-96-52-90-89. ● armand-clovis@wanadoo.fr ● Compter 189 € la semaine en basse saison, 231 € en haute saison. Appartement calme et spacieux pour 4 personnes, avec une petite terrasse face à la mer. À Verger, plage à 300 m.

Où manger dans le bourg ?

En basse saison, la plupart des restos ne fonctionnent que sur réservation. Par chance, Saint-Pierre n'est qu'à 9 km.

|●| *Le Relais Prêchotain :* sur la route principale. ☎ 05-96-52-92-99. Facilement repérable aux couleurs bariolées de sa façade. Ouvert tous les midis, le soir sur réservation. Menu du jour à 13 €. Cadre très agréable avec sa terrasse avancée sur la plage et les tons chauds de la déco. Pas de carte, mais un menu comprenant une entrée et un plat (écrevisses, poisson grillé, colombo...). Accueil charmant.

|●| *Chez Ginette :* Les Abymes, un peu avant *Le Mélodie,* sur la droite en allant vers Anse Couleuvre. ☎ 05-96-52-90-28. Ouvert tous les jours le midi ; le soir, sur réservation. Menus divers et variés de 11,50 à 27,50 €. Les murs habillés de fresques retraçant des épisodes de l'histoire martiniquaise servent de cadre à une cuisine créole qui tient la route. Si vous faites partie des adorateurs de petits boudins, allez vite réserver une table. Sinon, bonne fricassée maison pour les amateurs d'écrevisses.

Quant à l'accueil, ça reste le point fort de la maison.

|●| *Restaurant Le Mélodie :* Les Abymes. ☎ 05-96-52-90-31. Service tous les jours le midi, et le soir en fin de semaine. Menus de 12 à 26 €. *Mélodie 2,* le retour. Vu le lieu-dit, certains avaient déjà imaginé une nouvelle version de *Mélodie en Sous-Sol.* Un resto tout neuf, c'est ce que le cyclone a fait sortir des Abymes, pour le plus grand plaisir des habitués d'un établissement où l'on vient, de loin, manger les pieds dans l'eau. La cuisine (daurade à l'ananas, poulet au lait de coco) et l'accueil sont encore au beau fixe, mais méfiez-vous des jours d'affluence : la cuisine s'en ressent et l'attente peut être très longue. On ne vous oblige pas non plus à prendre le menu langouste, ni à avaler trois plats. Remarquez, ensuite, il y a les transats, pour la sieste... Pour la balade en yole, par contre, il faut penser à réserver (23 € avec le repas) !

Où manger dans les anses ?

|●| *Le Matebis :* Anse Belleville, un peu avant l'Anse Céron. ☎ 05-96-52-97-49. Ouvert du mardi au dimanche de 11 h à 15 h 30 et les vendredi et samedi soir sur réservation. Fermé le lundi. Menus de 7 à 18 €. Face à la mer, un restaurant très agréable et bien tenu, créé et géré par Geneviève, pour aider à la réinsertion des chômeurs (vaste programme, par ici). Elle organise également des balades en yole qui ont le don de vous mettre en appétit (38 € pour la journée, avec le repas). L'accueil est excellent, on patiente avec quelques accras et on se régale ensuite avec un gratin à la patate douce, un poisson ou une langouste grillés, avant de terminer par une salade de fruits ou un autre gratin, à la banane cette fois.

|●| *Habitation Céron :* à l'Anse Céron (6 km). ☎ 05-96-52-94-53. ● habitation.ceron@wanadoo.fr ● Service tous les jours entre 12 h et 14 h 30. Menu très attractif à 22 € ; autres menus à 27 € (menu chatrou) et à 30 €, ce dernier permettant de

se régaler avec une mémorable fricassée d'écrevisses. Restaurant à l'entrée d'un des plus beaux sites touristiques de la Martinique du Nord, que l'on peut – c'est même une obligation morale – visiter par ailleurs (voir « Dans les environs du Prêcheur »). Un restaurant au cœur de la forêt tropicale, au décor des plus rustiques (tables en bois, nappes en madras pour la couleur locale, au bord de la rivière. Certains jours, mieux vaut venir à l'ouverture, si vous n'aimez pas trop la foule. Rhum vieux offert aux lecteurs sur présentation (discrète) du *Guide du routard.*

|●| *Restaurant Moana :* à l'Anse Couleuvre, dans les ruines d'une des sept grandes habitations qui réglaient autrefois la vie par ici. ☎ 05-96-52-97-74. Pour s'y rendre, se garer sur le parking (la route est un cul-de-sac) et emprunter le chemin de la plage. Ouvert pour le déjeuner ; le soir, sur réservation. Fermé le mercredi. Compter 20 € l'assiette Moana. Au bout de l'île, dans une

anse encadrée de deux pitons rocheux, à l'ombre de manguiers et de cocotiers géants. Spécialités : langouste et poisson grillé servis sur une feuille de bananier. Pour profiter de ce cadre enchanteur, vous pouvez simplement y prendre un verre. Des hamacs encerclent le resto pour la sieste ou pour une nuit à la belle étoile. Point de départ pour une superbe randonnée pédestre (voir plus loin).

Où plonger ?

Les spots

☜ **Le Récif du Sous-Marin*** *(plan Les spots de plongée en Martinique Nord, 19) :* site faisant partie de la trilogie des plongées les plus connues avec le Rocher du Diamant et la Pointe de Burgos. À l'exception des épaves au large de Saint-Pierre ! À hauteur de l'Anse Couleuvre, barrière minérale immergée sur 150 m perpendiculaire au rivage. Endroit rêvé pour prendre des photos d'ambiance. Quelques pointes rocheuses de ce curieux Sous-Marin émergent à la surface. Tunnels de 5 m de long environ traversant cette formation de la face nord à la face sud. Entonnoirs qui favorisent la violence du courant, tantôt inexistant tantôt de 3 nœuds. Visibilité de 40 m. Plongeurs de niveau 1 confirmé.

☜ **Rocher de la Perle*** *(plan Les spots de plongée en Martinique Nord, 20) :* rocher version Pain-de-sucre remontant de - 30 m ; dans le prolongement du lieu dit le « Récif du Sous-Marin ». L'ensemble est un peu comme un point d'exclamation ! Paroi nord très intéressante. Véritable mur vertical, couvert de gorgones et d'éponges. Saumons-pays de couleur arc-en-ciel, sardes à queue jaune, barracudas, thazars et tortues. Sur la face est : corail cierge de 1 m de haut sur le flanc du rocher à - 15 m. Courant parfois important et belle visibilité promettent une plongée intéressante. Plongeurs de niveau 1.

➤ *DANS LES ENVIRONS DU PRÊCHEUR*

À voir

★ **Le Coffre à Morts :** 4 km avant d'arriver au Prêcheur, à Rivière-Sèche. Formation calcaire sur la gauche de la route. Pas grand-chose à voir, en fait. C'est là que les derniers Caraïbes se seraient suicidés, pourchassés par les colons. L'endroit est appelé aussi *Tombeau des Caraïbes*.

★ **L'Habitation Céron :** Anse Céron, Le Prêcheur. ☎ 05-96-52-94-53. Ouvert tous les jours de 9 h 30 à 17 h. Entrée : 6 € ; réductions ; gratuit pour ceux qui déjeunent sur place (voir « Où manger ? »).
Membre d'une puissante famille béké, Louis Des Grottes, ancien navigateur, s'est attelé à mains nues, avec la seule aide de son fils et de son épouse, au sauvetage des bâtiments d'une ancienne sucrerie du XVIIe siècle. Il continue d'ailleurs de travailler sur le site et se fait un plaisir d'improviser une visite guidée des ruines arrachées à l'engloutissement végétal et d'un parc de toute beauté, avec son parcours dessiné entre les arbres et les bosquets redevenus sauvages. Œil clair, mains calleuses, pieds nus dans la boue et les pierres, léger accent créole, cet homme-là est un vrai passionné qui mérite d'être encouragé et soutenu. Un des projets qui lui tenaient à cœur a déjà été réalisé pour le plus grand bonheur des gastronomes en culottes courtes (pratique, pour les taches) : il vous permet de vous régaler, au restaurant, d'écrevisses fraîchement pêchées...

À faire

➤ **La route du Prêcheur à l'Anse Couleuvre :** elle rétrécit doucement pour aller se perdre à l'Anse Couleuvre. On longe l'**Anse Céron** qui possède une adorable petite plage de sable gris abritée par des cocotiers. À l'extrémité nord de la plage, si vous avez masque et tuba, un joli spectacle vous attend : poissons tropicaux, oursins, reliefs variés, couleur turquoise. Une baignade magnifique, sans plongeurs aux alentours. Quelques tables de pique-nique, des poubelles un peu partout, w.-c., douches, panneaux de présentation des arbres, l'Office national des forêts a fait un sacré boulot. Poursuivre la route qui grimpe maintenant dans la forêt tropicale pour enfin atteindre le parking-terminus (après 1,5 km).

➤ **Anse Couleuvre** est à 200 m en contrebas. Superbe plage pour son côté sauvage (attention aux rouleaux !), son sable gris, sa forme en hémicycle, ses allures un peu secrètes à la James Bond, protégée de chaque côté par de hautes collines. C'est l'une de nos préférées. Malheureusement, le coin devient connu et la plage est de plus en plus prise d'assaut, notamment le week-end, où l'accès en voiture devient un véritable casse-tête.

➤ **Randonnée Anse Couleuvre - Grand'Rivière :** à notre avis, la plus belle balade de l'île. À ne pas manquer si vous n'avez pas déjà tenté l'aventure depuis Grand'Rivière.
– Laissez la voiture au parking de l'Anse Couleuvre où commence le sentier balisé en rouge et blanc. Vous trouverez aisément le début de cette superbe balade reliant l'Anse Couleuvre à Grand'Rivière en... 20 km. Pour les courageux ! 6 h pour gagner l'extrême pointe nord de la côte. Le parcours ne présente pas de réelles difficultés si ce n'est sa longueur. À ne pas faire par temps de pluie. Vous ne rencontrerez aucune habitation et pas grand monde. Tout le long, belle végétation composée notamment, à certains endroits, de cacaoyers, manguiers, caféiers. De-ci, de-là, un chemin mène à une plage (*Anse à Voile,* par exemple). Les randonneurs acharnés tout comme les marcheurs amateurs ne louperont pas cette promenade un peu sportive. Pour les amoureux de cascades, pousser jusqu'à celle de la rivière Trois Bras. Compter 2 h de plus aller et retour. Quelques passages encordés, balade assez sportive.
Emporter de l'eau et des fruits. Prendre des chaussures fermées et un vêtement imperméable. Si possible, partir tôt le matin, il fait moins chaud et les couleurs baignent le paysage d'une tonalité particulière.
Pour le retour, deux solutions : soit le plus fainéant de vos amis a gardé la voiture et est venu vous chercher à Grand'Rivière, soit il vous faudra rentrer en bateau, si la mer est calme. Indispensable de réserver la veille auprès des responsables du tourisme de Grand'Rivière car très peu de pêcheurs sont habilités à assurer la liaison (voir plus haut le chapitre « Grand'Rivière »).
– Pour les moins courageux, suivre le même chemin balisé rouge et blanc et, au 1er croisement, laisser ce chemin sur la droite et continuer tout droit. Les balises sont toujours plus ou moins présentes. On descend droit sur l'**Anse Lévrier**, bien plus belle que l'Anse Couleuvre, et, surtout, encore totalement préservée. Tout au bout de la plage, prendre un autre chemin qui démarre à droite le long du ruisseau, le suivre un moment. Puis emprunter à gauche un chemin de nouveau balisé en rouge et blanc qui descend sur l'**Anse à Voile**, encore plus belle que la précédente. Admirer les superbes cocotiers qui semblent sagement installés devant leurs maîtres, la mer et le vent, les petits devant et les grands derrière. C'est l'une des plages les plus au nord de l'île. On voit très bien la Dominique toute proche. Pour retourner au parking, faire le chemin en sens inverse.
– Demandez sinon aux pêcheurs de vous emmener faire une *balade en bateau* jusque vers le **cap Saint-Martin**. La découverte de cette superbe côte déchirée, rythmée par quelques anses de sable gris, constitue un must.

– *Anse Lévrier, Anse à Voile, Anse des Galets* et même *Grand'Rivière* peuvent être ainsi découvertes par la mer au départ du Prêcheur ou de l'Anse Couleuvre. Renseignements auprès de chaque syndicat d'initiative, qui saura vous aiguiller. Compter autour de 11 € par personne. Bien évidemment, vous pouvez vous y faire déposer et revenir par le chemin de randonnée.

➢ **L'ascension de la montagne Pelée par la Grande Savane :** le seul accès à la Pelée par la côte caraïbe, « sous le vent ». Accès quartier Grande Savane, à l'entrée du Prêcheur (juste avant le cimetière). En voiture, suivre la voie communale de la Charmeuse pendant 5 km jusqu'au point de départ de la randonnée, à 640 m d'altitude. 3,5 km aller simple. Dénivelée de 500 m. Pas de grandes difficultés, mais un inconvénient majeur : pas d'ombre ; prévoir beaucoup d'eau. Comme précédemment, la présence d'un accompagnateur de montagne est hautement recommandée.

QUITTER LE PRÊCHEUR (BOURG)

➢ **Vers Saint-Pierre, Fort-de-France et l'Anse Belleville :** taxis collectifs dans les deux sens de 5 h 30 à 16 h 30, au départ de la place de l'Église (près des 3 cloches).

SAINT-PIERRE   (97250)

Surnommée autrefois le « Petit Paris des Antilles », celle qui fut, au XIXe siècle, la capitale économique et culturelle de la Martinique connut un destin tragique en raison de l'éruption de la montagne Pelée en 1902. La cité fut dévastée en 90 secondes, comme tout ce qui était encore vivant à ce moment précis sur terre et même sur mer, sur plus de 60 km². 30 000 habitants périrent asphyxiés ou carbonisés et Saint-Pierre fut enfouie sous les nuées ardentes (gaz et cendres).

Cent ans après, la petite ville s'est reconstruite autour des ruines de son passé prestigieux. La vie a repris, mais Saint-Pierre porte toujours les stigmates de son supplice et compte bien sur les promesses des politiciens locaux et de tous leurs invités, venus en grand nombre assister aux fêtes du centenaire, en 2002, pour mettre en œuvre une vaste politique de restauration et de mise en valeur du patrimoine... Un juste retour des choses, pour une ville méconnue des touristes qui reste une des plus attachantes de la Martinique, par son histoire tragique, certes, mais aussi par son site et par ses possibilités d'avenir !

UN PEU D'HISTOIRE

La côte nord-ouest de la Martinique fut la première colonisée, avec l'arrivée d'une centaine d'hommes de tout poil venus de l'île de Saint-Christophe aux côtés de son gouverneur, Pierre Belain d'Esnambuc. C'est dans les environs du lieu de leur débarquement qu'on trouve encore les plus anciennes maisons de la Martinique.

La ville fondée par eux fut le siège du premier gouvernement de la colonie et se dota d'un fort. 1 200 habitants en 1645, 5 310 en 1660 : Saint-Pierre est alors la plus grande cité de la Martinique. Quand Fort-de-France devint la capitale administrative, en 1692, Saint-Pierre tint bon et développa son rôle économique. Flibustiers et corsaires firent marcher le commerce. La rade était alors pleine de glorieux vaisseaux, de navires marchands venus de Nantes, de Bordeaux, de La Rochelle...

La ville s'enorgueillit alors de posséder, entre autres, le plus grand théâtre des Antilles, une cathédrale, un tramway, une maison de la Bourse, un centre médical et la maison coloniale de la Santé. Ce fut aussi une ville de plaisirs : les maisons closes y étaient nombreuses et donnaient à Saint-Pierre une réputation de ville de débauche entre toutes dans les Caraïbes... Les plus beaux mollets des Caraïbes descendaient, dit-on, les hautes marches pour descendre au port accueillir les marins.

Cette réputation était contrebalancée par les nombreuses églises et chapelles présentes dans la cité. Comme si les Pierrotins compensaient pour se laver de leurs péchés !

C'était une ville qui ne manquait pas d'air, et pas d'eau non plus : on ne comptait plus les fontaines, et les grandes familles locales étaient fières de leur très beau jardin botanique. Les couleurs dominantes restaient malgré tout le bleu de la baie, magnifique, et le vert de la montagne Pelée, ce géant aux allures débonnaire qui grondait bien, parfois, pour rappeler sa présence...

LE 8 MAI 1902

Ceux qui eurent le temps de lire un des derniers numéros du quotidien local, en ce début de mai 1902, durent se sentir rassurés : « La montagne Pelée n'offre pas plus de danger pour notre ville que le Vésuve pour Naples. »

À l'aube du 8 mai, après une pluie torrentielle qui dévasta la côte nord-est, le soleil est au rendez-vous. 18 bateaux sont au mouillage, la vie quotidienne continue. À 8 h, ce fut l'enfer sur ce coin de terre et même sur la mer, tous les bateaux sauf un, ancré au large, furent anéantis en quelques instants. Deux minutes plus tard, la capitale martiniquaise avait disparu.

Son destin apparaît encore plus tragique quand on connaît les circonstances ! Dès le mois de février, une forte odeur de soufre s'était répandue, à laquelle succédèrent de légères fumées s'élevant du cratère. La terre

SAINT-PIERRE

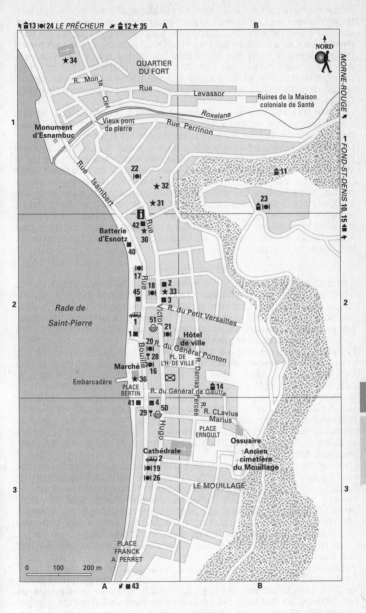

★13 🏛24 🍴 *LE PRÊCHEUR* ✈ 🏛12 ★35 **A**　　**B**

NORD

QUARTIER
DU FORT

R. Mon te
Ciel

Rue　Levassor

Ruines de la Maison
coloniale de Santé

Roxelane

Vieux pont
de pierre
Rue　Perrinon

**Monument
d'Esnambuc**

Rue　Isambert

MORNE-ROUGE

FOND-ST-DENIS 10, 15

1

🏛11

22
🍴

★32

★31

23
🏛🍴

i
42
★
30

**Batterie
d'Esnotz**

40

Rade de
Saint-Pierre

🍴17
18 ■2
🍴 ★33
45 ■3

R. du Petit Versailles

1
1 ■

51 ⚙

21
🍴

**Hôtel
de ville**

R. du Général Ponton

20 R.
🍴
28 ▼
16

PL. DE
L'H. DE VILLE

R.
Victor

Bouillé

Marché

Embarcadère

★36

✉

R. du Général de Gaulle

R. Damas Percée

🏛14

2

3

PLACE
BERTIN

41 ■

■4
29 ▼ ⚙50

R. CLavius
Marius

PLACE
ERNOULT

**Ossuaire
Ancien
cimetière
du Mouillage**

Hugo

Cathédrale ✝

🍴2

🍴19
🍴26

LE MOUILLAGE

PLACE
FRANCK
A. PERRET

0　100　200 m

A　✈ ■43　**B**

SAINT-PIERRE

SAINT-PIERRE

se mit même à trembler le 23 avril, tandis que le 25, des cendres se mettaient à tomber sur Le Prêcheur. Mais la catastrophe ne faisait que commencer... Le gouverneur Mouttet, quant à lui, était trop occupé par les élections législatives pour avoir le temps de s'inquiéter. Au contraire, tracassé par les rumeurs d'exode, alors que l'échéance du 11 mai approchait, il chercha désespérément à rassurer les Pierrotins. C'était quand même pas un volcan qui allait venir contrarier son élection ! Quand tout le monde voulut partir, il décida de faire revenir son épouse auprès de lui, pour donner l'exemple. C'était le 7 mai...

Le matin du 8 mai, une forte déflagration précéda une terrifiante projection de matières solides, mêlées à des vapeurs d'eau et à des gaz. Dix fois, vous diront les guides, la puissance de la bombe atomique sur Hiroshima !

L'histoire n'a retenu qu'un seul survivant, un certain *Cyparis,* qui avait été jeté en prison pour bagarres en état d'ébriété ! Il fut gracié et engagé par le cirque *Barnum* ! En fait, on oublie un autre survivant, un cordonnier, Léon Compère. La suite a été volontairement gommée. Seules quelques vieilles photos, accrochées au mur d'un petit musée (manquant cruellement de ressources pour protéger ces témoignages que le temps n'a pas épargné), montrent les recherches et la bénédiction des cadavres mais fait l'impasse sur les pilleurs qui ont fait main basse sur la fortune colossale enfouie sous terre... Certains n'hésitèrent pas à s'attaquer aux lobes d'oreilles, ni à couper des doigts pour récupérer l'or.

IL FAUT SAUVER SAINT-PIERRE !

L'antagonisme séculaire entre Saint-Pierre et Fort-de-France prit fin avec la catastrophe, donnant définitivement l'avantage à cette dernière. Il fallut du temps pour qu'un bourg, même de taille modeste, soit reconstruit et attire une population nouvelle qui n'avait pas forcément d'attache avec ces rues, ces ruines, d'où l'avalanche, si l'on peut dire, de bâtisses construites dans l'urgence, détruisant à chaque fois un peu plus de la mémoire de la ville.

Les municipalités successives n'ont pas réussi à enrayer – pas pu ou pas voulu, difficile de savoir vraiment – le lent déclin de la ville. Des choix ont été faits, malheureux parfois, entraînant la disparition de lieux historiques pour reloger dans des HLM toutes neuves une population sans ressource.

Aujourd'hui, Saint-Pierre, « ville d'art et d'histoire », cherche à vivre de son passé mais souffre de n'être qu'un lieu de passage rapide pour les touristes massivement installés dans le sud de l'île. Combien d'entre eux prennent-ils seulement le « petit train de la mémoire », véritable phénomène de société avec ses deux guides capables de faire revivre, par le seul pouvoir du verbe, un passé enfoui sous les ruines ?...

L'arrivée des croisiéristes, en grande partie américains, s'arrêtant 10 mn par vague pour visiter le musée (du moins ses toilettes) et acheter quelques produits du coin, a pu, durant quelques (belles) années, donner une illusion de vie à la cité. Il aura suffi d'une décrue touristique et d'un ouragan pour stopper net l'illusion. Reste maintenant, avec les projets muséographiques suscités par les commémorations du centenaire du 8 mai 1902, à espérer trouver une troisième voie, grâce au tourisme vert et culturel. Mais où trouver les fonds nécessaires pour faire de tout le centre-ville un musée bien vivant et non plus une ville morte ?

Aujourd'hui en baisse, l'important trafic de poids lourds que connut Saint-Pierre pendant des années a laissé les rues de la ville complètement défoncées et une circulation toujours plus difficile. Imaginez le passage de 600 camions par jour dans ces rues étroites, spectacle hallucinant, subi par une population acceptant l'inéluctable. Difficile de vivre, de dormir à Saint-Pierre, en dehors de quelques rares heures de sommeil gagnées sur la nuit. Saint-Pierre vit et meurt, une seconde fois, de son volcan ! Des carrières d'extraction de pierres ponces et de roches volcaniques alimentent tout le secteur du bâtiment de l'île. Cette activité a engendré un tel trafic de poids lourds et provoqué tant de nuisances qu'on comprend la colère de ceux qui maudissent les politiques et les responsables de tous bords qui n'ont rien fait depuis des décennies. Il aurait été si facile d'instaurer un système de barges pour effectuer le transport par mer jusqu'à la capitale ! Quant au contournement routier de la ville, véritable serpent de mer qui resurgit à chaque élection, il pourrait à la fois permettre de libérer l'accès aux communes voisines et rendre aux piétons et aux touristes la rue principale d'une ville-mémoire, tout entière témoin de son temps. Difficile d'imputer le blocage des projets au syndicat des chauffeurs routiers ou aux taxis, collectifs ou non. Il faudrait déjà, pour faciliter la circulation dans des rues bloquées à longueur de journée par des automobilistes se garant « à la martiniquaise », instaurer des parkings extérieurs (la place ne manque pas) et interdire le stationnement dans le centre même. On peut encore sauver Saint-Pierre. Mais il faut faire vite !

Adresses utiles

▣ *Office du tourisme (plan A1-2) :* rue Victor-Hugo. ☎ 05-96-78-15-41. ● office-de-tourisme-de-st-pierre@ wanadoo.fr ● Ouvert du lundi au vendredi de 9 h à 17 h et les week-ends et jours fériés de 9 h à 13 h. Liste des hébergements à votre disposition. Hôtesses souriantes et compétentes.

✉ *Poste (plan A2) :* rue Victor-Hugo. Ouvert du lundi au vendredi de 7 h 30 à 12 h et de 13 h 30 à 16 h, et le samedi jusqu'à 11 h 30. Distributeur automatique de billets.

■ *Crédit Agricole (plan A2, 2) :* rue Victor-Hugo. Distributeur automatique de billets 24 h/24 (également au *Crédit Mutuel* et à la *Bred*).

■ *Pharmacie du Bord de Mer (plan A2, 1) :* pl. Félix-Boisson. ☎ 05-96-78-17-41.

■ *Location de voitures : Pop's Car,* rue Victor-Hugo, ☎ 05-96-78-28-78. *Saint-Pierre Location,* quartier du Fort. ☎ 05-96-78-25-22.

Où dormir ?

Gîtes

🛏 *Gîtes de M. Victor Mélézan (hors plan par B2, 10) :* quartier Saint-James. ☎ 05-96-78-32-52. Sur les hauteurs de Saint-Pierre en direction de Fonds-Saint-Denis. De 248 à 278 € selon la saison. Aucune habitation proche ne vient déranger la solitude de ces 5 chalets en pleine verdure. Lit de deux personnes et un canapé-lit dans le séjour, terrasse et salon de jardin. Accueil chaleureux du propriétaire. De l'espace... à l'extérieur, car les chalets sont tout de même bien exigus... Accueil possible à l'aéroport.

🛏 *Gîte de Mme Pierrette Couloute (n° 052 ; plan B1, 11) :* jardin des Plantes. ☎ 05-96-78-23-96. Sur les hauteurs, à l'entrée de Saint-Pierre en venant du Morne-Rouge, dans un quartier assez résidentiel. À 800 m environ du centre. Pour 2 personnes, de 195 à 235 € la semaine selon la saison. Calme, au-dessous de la maison du proprio. Sans grand charme, peut-être, mais propre, fonctionnel et bon marché. Mme Couloute s'adapte à l'humeur de ses hôtes. Pas de vue sur la mer.

🛏 *Kréol Location (plan B2, 14) :* rue du Général-de-Gaulle. ☎ 05-96-55-50-92. Fax : 05-96-78-31-38. ● Kreol-location@yahoo.fr ● À 2 mn du ponton, au cœur de Saint-Pierre. De 275 à 305 € la semaine pour 2 personnes, de 90 à 122 € le week-end. À l'écart de la circulation, 4 gîtes pour 2 personnes, dont un, d'angle, ne manquant pas de charme. Les pierres et la ventilation sont naturelles. Calme, verdure et tout le charme du bois.

Résidences et hôtels

🛏 *Résidence Surcouf* (hors plan par A1, *12*) *:* allée Pécoul (Raoul !). ☎ 05-96-78-32-73. Fax : 05-96-78-13-82.● info@residencesurcouf.com● ♿. À 1,5 km de Saint-Pierre, au pied de la montagne Pelée. Pour 2 personnes, 57 € la nuit et 345 € la semaine en haute saison, 40 € la nuit et 245 € la semaine en basse saison. Plusieurs bungalows récents pour 2 à 4 personnes, dans un grand jardin. Oubliez l'état du toit, l'intérieur est impec. Piscine. La résidence a ouvert son propre centre de plongée, le *Surcouf Dive*. Plongée : 37 € ; 6 plongées : 197 € ; 10 plongées : 303 € ; réduction pour les plongées en groupe et tarif promotionnel hébergement + 5 plongées. 10 % sur le prix de la chambre à partir d'une semaine en basse saison.

🛏 *Centre UCPA* (hors plan par A1, *13*) *:* quartier Fond-Corré. ☎ 05-96-78-21-03. Fax : 05-96-78-19-42. Réservations en métropole : ☎ 0803-820-830 (n° Indigo ; 0,15 €/mn). À 2,5 km de Saint-Pierre, sur la route du Prêcheur. Fermé de fin mai à mi-juillet. La semaine tout compris (avion, plongée, hébergement) de 1 015 à 1 335 €. Chambres doubles très confortables avec sanitaires particuliers, au cœur d'une grande cocoteraie et à quelques pas de la plage. Stages de plongée sous-marine dans un site unique, sur les épaves de Saint-Pierre coulées lors de l'éruption de la montagne Pelée en 1902. Très belle plongée au rocher de la Perle. Débutants ou confirmés et enfants dès 12 ans. Certificat médical exigé. Combinaison fournie.

🛏 *Les Maisonnettes du Volcan* (hors plan par B2, *15*) *:* quartier Saint-James. ☎ 05-96-78-21-66. Fax : 05-96-78-19-30. Dans les hauteurs de la baie de Saint-Pierre, bungalows de charme à 458 € la semaine en basse saison et 534 € en haute saison. 2 maisonnettes adorables de construction traditionnelle en bois, au milieu d'un parc, à 100 m de la route reliant Saint-Pierre à Fonds-Saint-Denis. Chacune dispose de 2 chambres séparées. Une grande terrasse, couverte et partiellement fermée, abrite le séjour et la cuisine, très bien équipée. Vue panoramique assez exceptionnelle sur la montagne Pelée et la plaine de la distillerie Depaz. Pour un séjour au calme et au vert, avec la mer à côté, difficile de trouver mieux. Le soir de l'arrivée, un punch planteur vous souhaite la bienvenue, ainsi qu'un dîner tout préparé. On vous offre en plus de quoi préparer le petit déjeuner du lendemain, et une corbeille de fruits frais.

🛏 *Le Fromager* (plan B1, *23*) *:* sur la route reliant Saint-Pierre à Fonds-Saint-Denis, avec une superbe vue sur la baie. ☎ 05-96-78-19-07. Fax : 05-96-70-77-64. Difficile de manquer l'énorme fromager que l'on aperçoit à quelques dizaines de mètres et qui serait le seul arbre à avoir survécu à l'éruption de la montagne Pelée. À côté du resto (voir « Où manger ? ») célèbre dans toute l'île pour ses déjeuners dominicaux, possibilité de louer 4 très agréables bungalows en bois à 38,15 € la nuit. Bon rapport qualité-prix.

Où manger ?

■ *Épicerie Huit à Huit* (plan A3, *4*) *:* rue Victor-Hugo.

■ *Pâtisserie Chez Phenise* (plan A2, *3*) *:* rue Victor-Hugo. ☎ 05-96-78-13-33. Ouvert du lundi au samedi de 9 h à 13 h et de 16 h à 20 h, et le dimanche matin. Tenue par une vieille dame souriante. Pâtisseries traditionnelles : gâteaux au coco, à la banane ou encore à la goyave, madeleines, etc.

Bon marché

|●| **Marina** (plan A2, 18) : rue Victor-Hugo. ☎ 05-96-78-12-01. Ouvert tous les jours de 10 h 30 à 15 h et de 18 h 30 à 23 h. Un petit resto familial sans prétention mais bon, où l'on mange le plat du jour de la mamma (coq au vin, paella, gigot d'agneau...). Vous pouvez toujours essayer de partir avec un des galets racontant, à leur façon, l'histoire de ces murs : bon courage pour les desceller !

|●| **La Paillote** (plan A2, 17) : 54, rue Bouillé. ☎ 05-96-78-29-58. Celle-là ne risque pas de brûler, étant installée en dur, face à la mer (entrée également côté rue). Compter entre 10 et 12 €. Situation idéale, à côté du départ du petit train et de la promenade du bord de mer, qui pourrait inquiéter si l'on venait ici faire de la gastronomie. En fait, on se retrouve là pour manger une pizza ou le plat du jour en terrasse, sans se poser de questions existentielles.

|●| **Le Central** (plan A2, 16) : rue Bouillé. ☎ 05-96-78-19-58. Ouvert tous les jours de 11 h à 16 h et de 19 h à 22 h et plus. Spécialités créoles (poisson sauce coco, colombo de poulet et autre plat du jour) autour de 10 € ; menus de 18 à 32 € : coq au vin ou langouste, à vous et à votre portefeuille de choisir. Plus sympa en soirée, sur fond de fresques rappelant l'histoire vécue par ces lieux. Nouveau décor, nouvelle équipe. Digestif offert sur présentation de ce guide.

|●| **Le Royal Belleville** (plan A2, 21) : rue Victor-Hugo. ☎ 05-96-78-10-69. Ouvert de 11 h 30 à 14 h 30 et de 18 h 30 à 22 h. Fermé le mercredi et le dimanche soir. Menu à 10 € particulièrement copieux ; plats autour de 6,15 € ; compter 16 € à la carte. M. Tsang (en quelque sorte un « métro » lui aussi) a choisi de nous faire découvrir sa Chine natale au travers de sa cuisine, mais comme il faut bien vivre, il propose aussi pizzas et accras. Salle climatisée dans les tons verts et rehaussée de rideaux fleuris. Propreté exemplaire. Ambiance musicale plus créole qu'asiatique. Café offert aux lecteurs du Guide du routard.

|●| **Cyparis Station** (hors plan par A1, 24) : route de la Galère. ☎ 05-96-78-36-73. À la sortie de Saint-Pierre direction Le Prêcheur. Ouvert le midi, ainsi que les vendredi et samedi soir. Fermé le mercredi et en juin. Menus de 11,50 à 15,25 € ; assiette créole très copieuse à 9,15 € ; menu-enfants à 7 €. Une bonne petite adresse sans prétention, face à la mer. Spécialités de poisson, comme il se doit. Patronne très prévenante, service attentionné. Digestif maison offert sur présentation de ce guide.

Prix moyens

|●| **Habitation Joséphine** (plan A2, 20) : rue Bouillé, face à la place Félix-Boisson (hips !). ☎ 05-96-78-34-28. Fermé le dimanche soir, ainsi qu'en septembre. Menus de 9,15 à 17 €. On mange non pas dans la vieille maison coloniale sur la grand-rue (dont l'intérieur a été décoré avec les moyens du bord), mais dans une courette aménagée ou dans la salle du 1er étage, avec vue sur le bord de mer ou la cuisine, selon ses goûts. Offrez-vous une liqueur aux fruits exotiques, avant d'attaquer une viande boucanée maison. Les plats sont accompagnés de fruits à pain, gratin de ti-nain (banane verte), banane jaune et... riz persillé au curry (hmm...). Les grillades sont cuites à la canne à sucre. Petit flan au giraumon (genre de potiron) en dessert. Service tout sourire et assez rapide.

|●| **La Tartine** (plan A3, 19) : rue Gabriel-Péri. ☎ 05-96-29-46-39. Fermé le mardi. Tartines de 7 à 13 € ; cassolettes à 9 € ; salades ou plat du jour à 10 € ; planches de 11 € (saucisses et andouillette) à 16 € (côte de bœuf) ; menus à 11,50 et 13,80 €. Bon, pas la peine de trop tartiner, vous savez presque tout, après ça. Reste à imaginer non pas le lieu, grande salle en bois retapée

à la va-vite, mais le couple de proprios, qui mérite à lui seul votre visite. Françoise et Bernard sont deux vraies figures locales qui ont quitté un beau jour la métropole sans nostalgie : « ça nous grattait trop sous les pieds » (jolie image pour exprimer l'envie de partir !). Si vous accrochez, vous trouverez l'endroit sympa et original.

|●| *Tamaya (plan A3, 26) :* rue Gabriel-Péri. ☎ 05-96-78-29-09. Ouvert de 11 h à 14 h 30 et de 19 h à 21 h 30. Menus à 13 et 24 €. Ouvert par un couple de « métros » venus « échouer » en bateau sur les côtes de la Martinique, ce resto tranquille ravira les nostalgiques d'une cuisine de marché à base de produits frais, et de sauce maison. Le décor (dans le style marin breton) est nickel, et les assiettes bonnes et copieuses. Mais ne venez pas chercher ici le dépaysement, même si la plupart des spécialités du coin sont proposées à la carte. Du sérieux, jusque dans l'ambiance. Café offert sur présentation du *Guide du routard*.

|●| *Le Bleu des Îles (plan A1, 22) :* 75, rue Victor-Hugo. ☎ 05-96-78-26-60. À proximité des ruines du théâtre et du cachot de Cyparis. À l'étage. Ouvert le midi. Menu à 13,75 € et plat du jour autour de 10 €. Oubliez vite la circulation infernale, et réfugiez-vous dans le petit jardin caché à l'arrière de ce petit resto inventif qui s'attache à réunir cuisines créole et française. Sur la carte, les mets figurent en nombre très limité, ce qui est plutôt un gage de qualité et de fraîcheur. Parmi eux, spécialité d'éventail d'écrevisses. En dessert, savoureuses glaces artisanales aux fruits exotiques (pomme-cannelle, prune de Cythère, banane).

|●| *Le Fromager (plan B1, 23) :* voir « Où dormir ? ». ☎ 05-96-78-19-07. ☆ Sur la route reliant Saint-Pierre à Fonds-Saint-Denis, avec une superbe vue sur la baie. Ouvert tous les jours, le midi seulement. Fermé de mi-septembre à mi-octobre. Menus de 15 à 22 €. Construction en bois de style créole facilement repérable grâce à l'énorme fromager à qui ce restaurant doit son nom. Quant à sa renommée, il la doit à la qualité suivie et à l'originalité de sa cuisine (quelque peu épicée, mieux vaut prévenir) ; on a craqué pour le féroce d'avocat, à base de morue et de banane verte, et pour le poisson grillé. Mais la grande spécialité reste le colombo d'écrevisses. Du copieux, du sérieux. Le dimanche, il y a foule, et là, c'est plutôt bon signe.

Où boire un verre ?

▼ *Le S'Kafé (plan A2, 28) :* rue Bouillé. ☎ 05-96-78-21-88. Ouvert de 9 h à 4 h du matin. Fermé le dimanche. Pour ne pas dire qu'on ne passe que la journée à Saint-Pierre... Nul ne s'étonnera qu'un des cocktails maison s'appelle ici « le volcan » ! Un lieu « show », il fallait oser, à Saint-Pierre...

▼ *Le Caraïbe (plan A3, 29) :* face à la Bourse. ☎ 05-96-78-30-23. Ouvert de 9 h 30 à minuit (plus tard du vendredi au dimanche). Coin-terrasse sympathique pour guetter le coucher du soleil.

À voir

★ *Le Musée vulcanologique Franck-Perret (plan A2, 30) :* rue Victor-Hugo. ☎ 05-96-78-15-16. Ouvert depuis 1933. Visite tous les jours, de 9 h à 17 h. Entrée : 3 €.

Dans une grande salle ont été réunis, comme dans un reliquaire, tous les témoignages et traces de la catastrophe. S'imaginer est une chose, voir des tas d'objets fondus, calcinés, déformés, en est une autre. Très impressionnante, la cloche de l'église retrouvée après l'éruption, énorme « cloche en chocolat laissée au soleil un jour de Pâques », pour reprendre les mots d'un lecteur iconoclaste. Plusieurs vitrines présentent des éléments de la vie de tous les jours recueillis dans les décombres : pain carbonisé, instruments déformés, verres fondus, etc. Quelques photos rappellent la ville d'avant et montrent celle d'après. Émouvant. Dommage cependant que le musée soit si petit et si mal placé ! Plutôt que ce bloc de béton, verrue plantée sur le passage des bus, entre les toilettes et les marchands de souvenirs, on le verrait mieux installé dans une des maisons historiques du centre. Là aussi, on espère que tous ceux, officiels ou non, qui auront beaucoup pleuré sur le sort de la ville en 2002 auront à cœur de trouver un autre lieu de mémoire, plus digne d'elle, en attendant de transformer tout le centre en véritable musée vivant.

★ **L'ancien théâtre** (plan A1, **31**) : à côté du musée. Reproduction du théâtre de Bordeaux, en plus petit. Seuls subsistent l'escalier, le dallage et quelques pans de mur. Quant à la statue, à l'entrée, ce n'est pas le moulage du corps calciné d'une femme, retrouvé soi-disant sous la cendre (certains accompagnateurs de cars osent encore le prétendre, pour pimenter leur balade). Seulement une œuvre d'art déposée là par un artiste local inspiré...

★ **Le cachot de Cyparis** (plan A1, **32**) : cachot de l'unique survivant célèbre de la catastrophe (il y en aurait eu d'autres selon le tableau explicatif), tout près de l'ancien théâtre, rue de la Prison (eh oui !).

★ **Le Musée historique** (plan A2, **33**) : dans la même rue que le cachot de Cyparis. Ouvert de 10 h à 17 h 30 (13 h les dimanche et jours fériés). Entrée : 3 €.
Retrace l'histoire de Saint-Pierre avant 1902 jusqu'aux signes annonciateurs de la catastrophe. Photos, coupures de journaux et témoignages sur l'éruption. Assez sommaire, et pathétique, on peut le dire.

★ **L'ancienne église du Fort** (plan A1, **34**) : un peu au nord de la rivière, après le vieux pont. En ruine et très touchante. Conservée en l'état. L'entrée, soufflée par l'extraordinaire éruption, barre encore la ruelle de ses énormes blocs de pierre calcinée. On devine sans mal le plan de l'église, les chapelles, le chœur et les colonnes renversées. Elle fut la première église de l'île.

★ **La distillerie Depaz** (hors plan par A1, **35**) : ☎ 05-96-78-13-14. Ouvert du lundi au samedi de 9 h à 17 h. Entrée libre. C'est à Victor Depaz que l'on doit la reconstruction de la propriété familiale, l'habitation Pécoul La Montagne, l'une des plus anciennes de la Martinique. La cathédrale du quartier du Mouillage fut aussi rebâtie grâce à lui. Visite fléchée de la distillerie, et dégustation gratuite. Superbe point de vue sur la rade de Saint-Pierre. C'est sans doute l'une des plus jolies distilleries à visiter, surtout depuis la création d'un petit musée vapeur et la reconstitution d'un moulin à traction animale.

★ **Le marché** (plan A2, **36**) : du lundi au samedi, de 4 h à 13 h, sur la place Félix-Boisson. Avis aux lève-tôt : pour goûter l'ambiance la plus authentique, il faut être là entre 4 h et 10 h. L'activité est à son comble les vendredi et samedi. Selon nous, l'un des plus beaux marchés de Martinique ! Typique et coloré. Très animé et bien approvisionné. À la sortie, vente de jus de fruits frais bienvenue.

Plages

⊿ Plage agréable à Saint-Pierre même et une succession de plages calmes en allant vers Le Prêcheur.

SAINT-PIERRE

À faire

Ceux et celles qui se contenteraient de traverser Saint-Pierre en touristes sont certains de conserver de la ville une mauvaise image. Deux façons de s'en sortir avec les honneurs, et même trois, si le projet de Laurent Valère ne tombe pas à l'eau :

Visite culturelle de Saint-Pierre en petit train...

■ *Cyparis Express* (plan A2, **40**) : ☎ 05-96-55-50-92 ou 05-96-78-31-41. Fonctionne du lundi au vendredi : en principe, hors saison, départs du lundi au vendredi à 11 h et 14 h 30 ; les samedi et dimanche, uniquement sur rendez-vous ; normalement tous les jours en saison. Adultes : 8 € ; enfants : 4 €. Visites guidées et commentées de Saint-Pierre à bord de ce petit train. Durée : 50 mn. Ne vous laissez pas influencer par les images de petits trains aperçus voiturant des foules indifférentes dans des villes ayant vendu leur âme au diable. Prenez vite place. Le plus passionnant, le plus vivant voyage à travers l'histoire vous attend, grâce à un guide passionné capable de vous faire revivre les grandes heures de sa ville. Jamais voyage dans le temps n'a été ressenti par les participants avec autant de force, et surtout en si peu de temps. Façon astucieuse de traîner vos bambins et le reste dans la famille sans qu'ils fassent la tête ! Ici, les arrêts sur sites deviennent vraiment intéressants. Fernand Pain est un guide étonnant. Avec lui, on imagine la ville telle qu'elle était avant, on découvre les prémices de la catastrophe, on revit les derniers moments de Saint-Pierre, on suit les traces encore visibles, témoins muets qui deviennent d'un coup très éloquents : une rampe de théâtre, un cachot, un pont, un escalier, des soubassements de maison, quelques pierres réutilisées ici et là... S'il n'est pas encore arrivé, ne vous inquiétez pas, c'est qu'il est à la pêche. Vous avez alors tout le temps de parler avec son épouse, qui ne demande, elle aussi, qu'à mieux vous faire connaître le petit monde du pays nord-caraïbe.

... ou à pied

■ *Animation du patrimoine* (plan A3, **41**) : Maison de la Bourse, pl. Bertin. ☎ 05-96-78-10-39. Fax : 05-96-78-16-93. Du lundi au vendredi de 9 h à 17 h ; les samedi, dimanche et jours fériés sur rendez-vous. Promenade d'environ 1 h 30 (une le matin, une l'après-midi), comprenant la visite du musée vulcanologique. Le complément idéal de la visite en petit train, pour un petit groupe déjà sensibilisé au patrimoine. Adultes : 5,35 € ; demi-tarif pour enfants et scolaires. Renseignements sur place.

... ou encore en tubalade sous l'eau

■ *Balade sous-marine avec tuba, palmes et masque* (hors plan par A3, **43**) : à 100 m du bord, entre l'Anse Latouche et l'entrée du bourg. *Tropicasub* (voir « Où plonger ? ») est à l'origine de ce projet commandé à l'artiste martiniquais Laurent Valère (le mémorial de l'Anse Cafard, c'était déjà lui !) à l'occasion du centenaire de l'éruption de la montagne Pelée. Sa nouvelle œuvre, déposée par 10 mètres de fond en face de la pointe Sainte-Marthe, devrait être assez facile d'accès. Il suffit de prévoir le maillot de bain et les palmes, avec le masque et le tuba. Sinon, location sur place, chez *Tropicasub* (pour 5 €).

Randonnées

■ **Le bureau de la Randonnée** (*plan A2, 42*) : rue Victor-Hugo, juste à côté de l'office du tourisme. ☎ et fax : 05-96-78-30-77. Ouvert les lundi, mardi et jeudi de 9 h à 17 h, le vendredi de 9 h à 16 h et le samedi de 9 h à 13 h. Centre d'information du Parc naturel régional de la Martinique. Une idée originale et futée, avec ce premier regroupement en Martinique de travailleurs indépendants titulaires d'une carte professionnelle du SNAM (Syndicat national accompagnateur en montagne).

Le bureau de la Randonnée propose de nombreuses prestations à travers toute l'île et met un point d'honneur à répondre à « n'importe quelle demande, n'importe quand ! ». Au programme : bivouacs, randonnées pédestres et aquatiques, canyoning, hors piste, remontées de rivières, et également des séjours constitués sur la Martinique. L'équipe du bureau réalise à la demande des devis personnalisés pour des sorties « à la carte ».

Où et comment plonger ?

Les clubs

■ **Tropicasub** (*hors plan par A3, 43*) : résidence Madi Créole, Anse Latouche. ☎ 05-96-78-38-03. Fax : 05-96-52-46-82. ● www.tropicasub. com ● Sur la droite en arrivant du Carbet, à l'entrée de Saint-Pierre. Ouvert du mardi au dimanche. Sorties à 9 h 30 et à 14 h 30. Baptême : 50 € ; explo à 43 € et les 10 plongées à 305 € ; plongée de nuit : 46 €. 20 équipements avec shortys. Gonflage occasionnel de 12 l. Conseillé d'emporter son petit matériel (palmes, masque et tuba). Vedette pour 20 personnes, au mouillage à 50 m du local. 25 mn de trajet jusqu'au rocher de la Perle. Zone d'exploration sous-marine encore au-delà vers le nord, sur des *cayes* dont le patron a le secret. Au programme : épaves, massifs coralliens frangeants et tombants abyssaux. Formations Anmp/Cedip et Padi. Facilité de se garer sur le parking de l'hô-

tel, puisque le plus vieux centre de plongée n'a fait que déménager de quelques centaines de mètres, à la suite du raz de marée de l'hiver 1999. Formule de séjour-plongée à prix préférentiels.

■ **Club de plongée Papa D'Lo** (*plan A2, 45*) : 102, rue Bouillé. ☎ 05-96-78-12-06. Cotisation à l'association : 45 € ; possibilité de prendre une carte à la journée, 8 € ; plongées de 15 à 23 € selon l'équipement, et pas tous les jours (sur rendez-vous). Un club associatif qui tourne sous la houlette de Jacky Imbert, lequel a une longue expérience de la baie de Saint-Pierre (et qui a contribué au livre *Les Épaves du Volcan* paru aux éditions Glénat en 1997). Prendre une licence (assurance). À signaler qu'il s'agit du seul club martiniquais où l'on plonge au mélange (trimix et nitrox) ainsi qu'au recycleur.

Les spots

Les épaves de la baie

Au moment de l'éruption volcanique de 1902, 40 grands voiliers se trouvaient au mouillage dans la baie de Saint-Pierre. Tous disparurent instantanément, submergés par l'immense nuée ardente qui dévala la montagne. Le plongeur Michel Météry a redécouvert 14 épaves. Parmi elles, le *Tamaya*, un fameux trois-mâts qui gît par 85 m de fond. Il est très difficile d'y plonger en solo car les normes de sécurité de plongée dans le cadre professionnel ne dépassent pas les 60 m (décret 90-277 du 28 mars 1990 !). Sa cloche a été remontée et elle est présentée au musée. Également le *Roraima*, un grand vapeur métallique, qui offre aujourd'hui ses coursives aux plongeurs.

🔱 **Le Roraima***** *(plan Les spots de plongée en Martinique Nord, 11) :* navire de 130 m fractionné en 3 parties distinctes. Repose bien droit sur sa quille. Proue pratiquement intacte. Mouillage pré-installé à l'avant de l'épave. Descendre doucement à - 50 m au-dessus de la proue, puis en contrebas de la superbe étrave. Coque extérieure couverte de virgulaires, sorte de longs cheveux blancs. Coup d'œil dans le puits de chaîne. Passer le long d'une grande coursive. Au bout, la première cassure. Franchir l'espace vide et entrer dans la deuxième partie, à savoir la cabine du commandant. À voir, les w.-c., la cambuse (cuisine), le carré, puis l'entrée béante menant à la salle des machines. Plus loin, entrée et sortie de la grande cale centrale. Mât de charge cassé entre les deux ouvertures. Enfin la troisième partie fracturée. En regagnant la proue, passer au-dessus de la cheminée dont il ne reste plus qu'un trou béant... Petit détail pour les nostalgiques : une bulle d'air a été coincée dans le puits de chaîne au moment du naufrage... et s'y trouve encore ! Pour plongeurs de niveau 3.

🔱 **Le Diamant**** *(plan Les spots de plongée en Martinique Nord, 12) :* vestiges d'un remorqueur. Proue tournée vers le large et poupe éventrée. Peut-être à cause de l'explosion des chaudières à vapeur au moment du passage de la nuée ardente ? Superstructures très concrétionnées, trouées comme du gruyère. Poissons-soldats. Épave couchée sur tribord à - 30 m. Ancre encore à poste sur la proue. Voir la machine à vapeur. Il est possible, sur les instructions du moniteur, de passer à l'intérieur de la salle des machines, par les trous béants du pont. Dernière vision de la poupe : treuil encore reconnaissable. Pour plongeurs de niveau 2.

🔱 **Le Dahlia**** *(plan Les spots de plongée en Martinique Nord, 13) :* dragueur de mines coulé en 1957 pour des raisons inconnues. L'épave du *Dahlia* se situe à 30 m environ de la *Gabrielle*. À - 30 m, cela ressemble à un gigantesque millefeuille de tôles. Poissons de récif. À 50 m de là, on aperçoit le *Diamant*. Pour plongeurs de niveau 2.

🔱 **La Gabrielle**** *(plan Les spots de plongée en Martinique Nord, 14) :* goélette trois-mâts qui sombra par - 30 m. Inclinée sur son flanc, non loin d'un petit tombant d'éboulis. Les mâts cassés gisent du même côté. Avec un petit je-ne-sais-quoi de romantique. Formes ovoïdes concrétionnées laissant suggérer la présence de tonneaux au moment du naufrage. Treuil à l'avant et réservoir sur le pont arrière. Plus loin que la proue, une ancre éternellement figée au sol. Visibilité de 10 à 30 m. La proue se découpe du fond et s'érige vers la surface : ressemblance avec un sec qui surgit de la vase, tant la nature a repris ses droits sur le travail de l'homme. Nombreux objets usuels (vaisselle et bouteilles) remontés de cette épave (que certains ont depuis rebaptisé le *Biscaye* !) pour orner les étagères du musée de Saint-Pierre. Pour plongeurs de niveau 2.

🔱 D'autres voiliers ont été répertoriés par les services de l'archéologie sous-marine : un voilier nommé par les plongeurs le **North America** (ou *Yacht Italien*), qui se trouve à - 23 m, la **Clémentina**, avec sa coque qui repose sur sa quille par - 45 m, ou encore le **Thérésa Io Vogo**, voilier en bois à coque doublée de cuivre, qui repose par - 38 m de fond et est très endommagé et très envasé. Pour les débutants, enfin, il faut signaler un petit paradis perdu en face de l'Anse Turin, le **Résinier**. Cette épave peu profonde (entre 5 et 10 m) comblera les plongeurs de tous niveaux par sa clarté et la richesse de son véritable petit récif artificiel. Ce trois-mâts de commerce, selon Lionel Lafond, de *Tropicasub*, qui le connaît bien, faisait du cabotage sur les Petites Antilles et transportait des produits de première nécessité. La faible profondeur fait que ce bateau est disloqué.

Les autres sites

⚓ **Rivière Claire*** (plan Les spots de plongée en Martinique Nord, **15**) : à 150 m de l'embouchure de Rivière Claire. Trois *cayes* de 100 m de long, allongés les uns à côté des autres. De - 3 m à - 25 m pour les deux premières, à - 50 m pour la dernière. Profusion de coraux, d'éponges (cratères et tubes), de madrépores. Poissons-trompettes, sergents-majors, demoiselles noires. Peu ou pas de courant. Visibilité variable. Les sites de Rivière Claire, Source Chaude et Trou Bleu ont les mêmes caractéristiques et la même configuration. Du niveau baptême à plongeur confirmé, selon les profondeurs.

⚓ **La Coucoune**** (plan Les spots de plongée en Martinique Nord, **16**) : appellations différentes comme « Tombant de Pointe La Mare » ou « Barrière » (du nom d'un douanier qui habite la maison servant de point de repère sur le rivage). Peu de « gros » poissons. En revanche, beau relief. Bateau mouillé, en général, au départ de la ligne d'effondrement du plateau. Tombant qui se prolonge vers le large en s'accentuant. Couvert de formations coralliennes et de gorgones. Commence par des dunes qui évoluent en roches. Serpente en formant un angle à 90°. À cet endroit, vers - 25 m, plaques de corail superposées en tuiles. Pour plongeurs de niveau 1 minimum.

⚓ **Babody**** (plan Les spots de plongée en Martinique nord, **17**) : plateau sous-marin lacéré de gorges pleines de sable, tel un labyrinthe de couloirs d'au moins 100 m de long, de - 10 m, lieu du mouillage du bateau, jusqu'à - 30 m, voire - 50 m. Madrépores se balançant au gré des courants. Poissons pélagiques, thazars et barracudas. Architecture du site agréable. Banc de sorbes au bout des canyons et crabes-sommeil (appelé aussi localement maman-crabe) dans les anfractuosités. Courant nul allant parfois jusqu'à 1 nœud de vitesse. Visibilité de 20 à 50 m. Accessible aux plongeurs de niveau 1 confirmé.

⚓ **La Citadelle**** (plan Les spots de plongée en Martinique Nord, **18**) : au large des Abymes. Endroit où le plateau s'est chargé de gros amalgames rocheux recouverts de coraux et culminant à - 15 m. Le plateau s'effondre brusquement de - 25 à - 35 m et donne naissance à un canyon de 70 m de large, ressemblant à un immense « T » vu du dessus. Grande surface à parcourir pour obtenir une vue d'ensemble des variations du terrain. Barracudas, thazars et tortues, langoustes. Balade entre - 15 et - 30 m. Plongeurs de niveau 1.

Achats

⚙ **La Boutique d'Émilie** (plan A3, **50**) : rue Victor-Hugo. ☎ 05-96-78-16-91. Ouvert du lundi au vendredi de 9 h à 13 h et de 14 h 30 à 17 h 30, et le samedi jusqu'à 13 h. Magasin de souvenirs tenu par Émilie, actrice à ses heures perdues. Branchez-la sur *L'Étrange voyage de Sidonie*, ou sur Paris, à défaut. Coiffes et tabliers en tissu madras, adorables petits ensembles pour enfants, hamacs... Préférable de venir après 10 h, au cas où Émilie aurait fait fort la veille !

⚙ **La Mercerie Créole** (plan A2, **51**) : 46, rue Victor-Hugo. ☎ 05-96-78-33-08. Ouvert du lundi au vendredi de 8 h à 13 h et de 15 h à 17 h, et le samedi matin. Tissus et articles en madras de nombreux coloris pour les cousettes. La jeune gérante est particulièrement aimable.

QUITTER SAINT-PIERRE

➢ **Vers Fort-de-France, Le Morne-Rouge et Le Prêcheur** (plan A2, **1**) : taxis collectifs. Départs en moyenne toutes les 20 à 30 mn de 6 h à 17 h 30.

➢ **Vers Fort-de-France, Fonds-Saint-Denis, Le Carbe et Le Morne-Vert** (plan A3, **2**) : taxis collectifs. Mêmes horaires que précédemment.

LA CÔTE NORD-CARAÏBE AU SUD DE SAINT-PIERRE

En fin de journée, le retour par la côte jusqu'à Fort-de-France, sur fond de coucher de soleil pour cartes postales, offre un joli moment à vivre et à partager.

ANSE LATOUCHE   (97221 ; commune du Carbet)

C'est la première plage que vous trouverez, en quittant Saint-Pierre. Comme partout dans le nord de la Martinique, le sable, d'origine volcanique, est de couleur grise ou noire.

Où dormir ? Où manger ?

🛏 *Madi Créole :* Anse Latouche. ☎ 05-96-78-26-75. Fax : 05-96-78-39-78. Compter de 61 à 95 € pour 2 ou 4 personnes, selon la saison ; tarifs dégressifs pour 7 nuits : de 435 € pour un studio à 1 115 € pour la villa. Au nord de la commune, à la limite de Saint-Pierre, une petite résidence de charme, avec vue sur une petite crique jouxtant la baie. Studios et F2 bien aménagés, climatisés, avec vue sur la mer, du moins depuis la terrasse où est installé le coin-cuisine. Mobilier en rotin et accueil adorable. La piscine est devant vous, la plage n'est pas loin : il suffit de traverser la route, en évitant les camions qui n'ont pas trouvé d'autre endroit où passer. À l'entrée, centre de plongée *Tropicasub*. Il vous accueille à 9 h et 14 h pour des départs une demi-heure plus tard. Service de location de voitures à la demande.

🍴 *Le 1643 :* à la sortie de Saint-Pierre et à l'entrée du Carbet, juste avant *Madi Créole*. ☎ 05-96-78-17-81. Jours de fermeture et horaires assez fantaisistes. Menu créole à 15 € ; compter 24 € à la carte. Didier Balland a choisi de confectionner une courte carte à son image, puisant selon l'humeur dans les spécialités françaises aussi bien que dans les plats typiques de la côte caraïbe. Site très agréable, à l'ombre généreuse de magnifiques tamariniers, *bakouas* et autres manguiers. Une pierre, gravée à la date de fondation de l'habitation (1643), a donné son nom à ce resto ouvert sur un parc qui faisait partie intégrante autrefois de l'habitation *Anse Latouche* (voir ci-dessous).

À voir

★ *L'Habitation Anse-Latouche :* Anse Latouche. ☎ 05-96-78-19-19. Ouvert du lundi au samedi de 10 h à 16 h 30. Fermé le dimanche. Entrée commune avec *Le jardin de Balata* (voir plus haut « La route de la Trace » après « Fort-de-France ») : 6,50 €.

J.-Ph. Thoze, le créateur du jardin de Balata, s'est amusé à concevoir, dans les murs de l'ancienne habitation, fondée en 1643 par Guillaume d'Orange et détruite en grande partie en 1902, un vrai jardin du paradis. Un jardin littéralement modelé dans la nature, pour lequel il aura fallu enlever des centaines de tonnes de cailloux afin de replanter. Un jardin où même les ruines, témoins muets de la catastrophe, s'inscrivent désormais dans un décor éclatant de couleurs, changeant au fil des saisons.

À l'entrée se dresse l'ancienne structure de l'habitation, ses murs et les fenêtres rescapées comme un portique ouvrant sur un premier tableau à la française : quatre parterres autour d'un bassin central, les palmiers au tronc rouge venant de suite donner le ton antillais. De là, les allées vous entraînent dans une promenade redevenue exotique sans plus d'équivoque. Le sentier sillonne entre les flancs de deux mornes, suivant la rivière, elle-même doublée d'un aqueduc qui aboutit au plus ancien barrage de la Martinique.

À droite, une ancienne serre abrite désormais une collection assez fantastique de cactées aux formes et aux noms sympathiques. À gauche, le flanc de la colline livre un étonnant tableau, à la fois abstrait et sensuel, hésitant entre les fauves et les nabis, avec de grands à-plats de couleurs comme l'arrière-plan agrandi d'un tableau de Gauguin. Cet effet est rendu par un étagement de couleurs, jaune, rose, rouge sombre, réalisé par la plantation de milliers de couvre-sols tapissant le sol, au-dessus desquels émergent quelques arbres majestueux au tronc blanc. Étonnante composition que cette masse végétale devenue picturale, d'une beauté saisissante, d'un exotisme plus puissant que la présentation des usuelles fleurs tropicales, par sa richesse de tonalités qui tranchent sur le bleu du ciel tropical.

Un jardin à rendre jaloux les créateurs les plus chevronnés ou inventifs : ici s'exprime une liberté de création que seule l'exubérance naturelle de la flore peut permettre. L'art de J.-Ph. Thoze est d'avoir su l'utiliser pour révéler le caractère de la Martinique, pour en donner une synthèse florale sous forme d'une abstraction colorée, plus forte qu'une collection détaillée typique.

Sur le flanc droit, si l'on continue après la serre aux cactées, l'aspect est plus conforme à ce que l'on attend d'une promenade botanique. Le traitement reste original par l'opposition des couleurs, *crescea* violets en talus sous des palmiers verts, parterres de fines et hautes orchidées violettes se balançant sur fond de murets, que surmontent des ricins pourpres, balisiers amenant leurs profils aigus de becs d'oiseau, yuccas dominant de leurs plumets vert acide le bord de la falaise bordé d'un fourreau continu de couvre-sols pourpres et se détachant sur un fond sombre de forêt tropicale.

Les vestiges quant à eux racontent, si on les fait parler, l'histoire d'une habitation fondée en 1643, dont le sucre fut la production principale avant d'être remplacée, dès la fin du XIXᵉ siècle, par la production de rhum. Pour connaître les diverses occupations des travailleurs de l'habitation, il suffit de regarder les bassins d'indigo, la rue Cases-Nègres, le four à manioc ou encore les restes de la distillerie, facile à identifier à cause de son générateur tubulaire, ses fragments de serpentins, la grande roue et sa cheminée, qui domine la vallée.

Sur le chemin du retour, si vous l'avez manqué à l'aller, repassez par le *jardin de Balata,* où l'aventure a démarré. Il vous suffit, si vous ne voulez pas revivre les embouteillages de Fort-de-France, de nous quitter ici et de reprendre la route de la Trace, en passant par Fonds-Saint-Denis ou Le Morne-Rouge.

L'ANSE TURIN   (97221 ; commune du Carbet)

Une autre belle plage de sable noir à 1 km au sud de Saint-Pierre. Sa fierté ? Gauguin y a vécu quelques mois avant de s'établir en Polynésie. Peu de monde, essentiellement des Martiniquais.

À voir

★ *Le musée Paul-Gauguin :* ☎ 05-96-78-22-66 ou 05-96-72-52-49. Ouvert tous les jours de 9 h à 17 h 30. Entrée : 3 € ; réductions.

En retrait, dans une très belle maison à l'architecture originale, un petit musée un peu fourre-tout mais aux efforts touchants. Les salles consacrées au célèbre peintre retracent sa courte période martiniquaise (il resta 5 mois dans l'île, en 1887) et celle, plus connue, de son séjour à Tahiti. C'est pourtant au cours de ce séjour – décisif pour la suite de son œuvre – qu'il rompit définitivement avec l'impressionnisme : en peignant *Au bord de l'étang,* il réalise un ultime clin d'œil aux années de Pont-Aven (pas des années « galettes », pour lui). C'est ici, face à des paysages qu'il retrouvera plus ou moins en Polynésie, qu'il peindra de très belles toiles, dont *Végétation tropicale.* Vu les prix atteints par les œuvres de l'artiste, il n'y a aucun original, mais seulement quelques copies (assez libres et exécutées par des amateurs locaux !). Gauguin est mort un an jour pour jour après l'éruption de la montagne Pelée. Pour lui rendre hommage, des plasticiens ont réalisé des œuvres à partir de tessons de faïence brûlés et retrouvés après la catastrophe de 1902 (il fallait établir le rapport !). Original. Au sous-sol, réunion de mannequins vêtus de costumes du XIXe siècle, hérités des Amérindiens. Jetez un œil en bas de l'escalier sur les différentes coiffes et leurs significations. Vous en dire plus déflorerait le sujet ! Ne manquez pas, à l'entrée, la vitrine des poupées végétales.

LE CARBET

(97221)

Dans le village même, très belle plage de sable gris, bordée de cabanes de pêcheurs et de yoles. Centre de peuplement amérindien, le bourg tire son nom du carbet des Caraïbes, qui était certainement la case principale où ils faisaient leurs assemblées. C'est au Carbet que, selon la légende, Christophe Colomb aurait débarqué en 1502. Tout le long de la route qui traverse ce bourg qui s'étire en longueur, jolies maisons en bois typiques, à défaut de pouvoir espérer trouver d'authentiques maisons indiennes.

– *Fête patronale :* fin juillet.

Adresses utiles

🛈 *Syndicat d'initiative :* dans la rue principale. ☎ 05-96-78-05-19. Ouvert du lundi au vendredi de 8 h (ou 9 h) à 16 h et les samedi et dimanche jusqu'à 12 h.

■ *Épicerie Huit à Huit :* à côté de l'hôtel *Le Christophe Colomb.*
■ *Location de voitures :* *Pop's Car* (☎ 05-96-78-40-40) à l'hôtel-club *Paladier Le Marouba.*

Où dormir ?

Gîtes

🛏 *Chambres et table d'hôte de M. Raymond Maizeroi-Eugène :* villa Micatclo, morne Savane. ☎ et fax : 05-96-78-09-92. Situé au départ de la balade du canal des

Esclaves ; si vous voulez, Raymond vient vous chercher à la station *Elf* qui borde la N2. Compter entre 35 et 40 € la nuit pour deux, petit dej' inclus. Repas à 15 €, vin et dessert compris. 5 belles chambres, avec ou sans salle de bains privée, dans la maison du propriétaire, spacieuse, ouverte à tout vent et très chic. Vue panoramique sur la mer des Caraïbes. Salle de musculation. Raymond a le sens de la fête : chaque année, pendant le carnaval (Lundi gras), il organise l'une des soirées les plus en vue de toute l'île. Ti-punch et digestif offerts en plus aux lecteurs du *Guide du routard*.

🛏 *Gîte de M. Guy Paul-Joseph (no 130) :* quartier Bel-Évent, sur la route du Morne-Vert. ☎ 05-96-61-48-64. De 205 à 245 € selon la saison. Pour une envie de campagne. Un gîte agréable pour 4 à 5 personnes. Très calme et frais. Belle vue sur la mer et sur les pitons du Carbet.

🛏 *Gîtes de Mme Annick Kromwel :* quartier Bel Évent, sur la route du Morne-Vert (à 3 km). ☎ 05-96-55-58-75. Accès compliqué : le plus simple est d'appeler, on viendra vous chercher. De 30 à 50 € la nuit selon le nombre de personnes ; de 55 à 65 € si vous louez, pour 4, 5 ou 6 personnes, la chambre et le studio. Villa au milieu d'un jardin planté de bougainvillées et de pins araucarias. Panorama sur la mer des Caraïbes et la montagne Pelée. Annick loue un studio tout confort (terrasse,

cuisine bien équipée, lave-linge et lave-vaisselle), meublé et décoré avec goût et discrétion (meubles en osier, rocking-chair, hamac...). Également une chambre double avec salle d'eau, w.-c. intérieurs et terrasse avec coin cuisine. Le linge de maison est fourni, l'accueil à l'aéroport systématique. Vu le rapport prestation-prix-sourire (tout bonnement exceptionnel), le bouche à oreille fonctionne à merveille, vous devrez donc vous y prendre (très) longtemps à l'avance. À votre arrivée vous attendent l'apéritif, les accras qui vont avec, et tout ce qu'il faut pour votre premier petit dej'.

🛏 *Vacances Caraïbes (gîtes nos 054, 055 et 056) :* à Bout-Bois. ☎ 05-96-78-10-81. Fax : 05-96-78-39-82. À 3,5 km environ au-dessus de l'Anse Turin, entre Le Carbet et Saint-Pierre. Bien indiqué. Pour une semaine, compter entre 210 et 340 €. 3 gîtes situés dans un endroit pittoresque et très calme, en pleine campagne. Superbe vue sur l'Anse Turin. Bon accueil de M. Benoît Maizeroi. 2 studios pour 2 personnes et un bel appartement pour 4. Confortables, bien équipés et très propres. À proximité du départ du sentier du canal de Beauregard, pour les marcheurs.

Hôtels

🛏 *Le Christophe Colomb :* ☎ 05-96-78-05-38. Fax : 05-96-78-06-42. L'entrée jouxte l'épicerie *Huit à Huit*. Selon la saison, chambres doubles de 39 à 43 € avec douche et w.-c., de 31 à 34 € avec douche seulement (w.-c. à l'extérieur) ; studios à la semaine de 228 à 304 € ; petit déj' à 4 €. Tenu par un couple très sympa. En bordure de plage, un ensemble de 4 studios et 5 chambres, simples mais très agréables, bien qu'un peu bruyantes (proximité de la nationale). Belle salle tout en osier où l'on prend le petit dej'.

🛏 *Hôtel-club Paladien Le Marouba :* en bord de plage, au sud du Carbet. ☎ 05-96-78-00-21. Fax : 05-96-78-05-65. Vendu par *Nouvelles Fron-*

tières. Renseignements en France : ☎ 0825-000-825 (0,15 €/mn). ● www.nouvelles-frontieres.fr ● Séjour d'une semaine en chambre double et en demi-pension, vol aller-retour inclus : à partir de 1 107 €. Dans un parc tropical, des pavillons d'un étage abritant des chambres confortables et toutes climatisées. Restaurant, bar et snack autour de la piscine, boutique et discothèque. Multiples activités gratuites : tennis, ping-pong, base nautique. Avec supplément : ski nautique, scooter de mer, plongée (voir « Où et comment plonger ? »), etc. Également tout un programme d'excursions à partir de l'hôtel. Idéal pour les familles puisque des animateurs prennent en charge les enfants de 3 à 12 ans.

Où manger ?

Bon marché

|●| *O Ra La Lam'* : près de *La Datcha*, dans le coin des pêcheurs. ☎ 05-96-78-02-35. Fermé le dimanche soir. Menus de 11 à 15 €. Cuisine typiquement créole, sandwichs et jus de fruits frais. Idéal pour les petits budgets. La patronne est très sympathique.

|●| *La Case à Jacko* : à l'entrée du village en venant de Fort-de-France, sur la droite, à côté du *Huit à Huit*. Tout simple, tout bon, un bar-resto où l'on passe au barbecue les poissons frais pêchés, que vous n'avez plus qu'à déguster, peinard, dans la cour. Pas cher, rapide, sympa, « pourvou que ça doure », comme disait la maman de Napoléon (pour une fois qu'on parle d'elle, et pas de Joséphine, ici !).

|●| *Chez les Pêcheurs* : Grand-Anse. ☎ 05-96-78-05-72. Ouvert tous les jours de 9 h à minuit. Balade en mer, pêche au gros, vente de poisson le samedi matin et, bien sûr, dégustation de poisson frais tous les jours. Compter autour de 12,50 € pour un plat complet. Écrevisses grillées et fricassées les jeudi et vendredi soir. Ambiance très conviviale, les pieds dans le sable. Prix raisonnables. Le service, quant à lui, pêche carrément !

Prix moyens

|●| *La Datcha* : plage du Coin. ☎ 05-96-78-04-45. Du bourg, prendre la ruelle à côté d'une vieille façade bleu ciel à l'entrée du Carbet (en venant de Fort-de-France, cette fois). Fermé le lundi soir. Compter de 22 à 27 € pour un repas. Face à une mer des Caraïbes paisible, au milieu des yoles et des filets de pêcheurs, ce resto possède un vivier relié à la mer dans lequel vous choisirez votre langouste, si ça vous tente. Également un excellent colombo de poisson. Le samedi soir, un orchestre fait « zouker » jusqu'à l'aube dans une ambiance très martiniquaise. Malheureusement, accueil un peu rustre, service parfois dépassé et prix aléatoires... Cela dit, les pêcheurs ont su créer un endroit sympa et les produits sont ultra-frais. Punch offert pour patienter.

Où manger de bonnes glaces ?

⸸ *Ziouka Glaces* : 1, pl. Jules-Grévy. ☎ 05-96-79-49-40. Un jeune artisan-glacier propose plusieurs parfums de glaces et sorbets, notamment aux fruits locaux, à déguster sur place ou à emporter. On a craqué pour les glaces à la noix de coco, à la vanille et à la farine de manioc. Prix doux.

À voir

★ *La distillerie Neisson* : domaines Thieubert. ☎ 05-96-78-03-70. ● www.neisson.com ● Visite libre et dégustation gratuite du lundi au vendredi de 8 h à 16 h 30 et le samedi de 8 h à 11 h 30 ; visites guidées de 9 h à 15 h 30. Fermé le dimanche.
Cette distillerie est célèbre pour produire l'un des meilleurs sinon le meilleur rhum de l'île. Et vous pourrez bien sûr le déguster et l'acheter ici. Mais la visite guidée est tout aussi intéressante, car *Neisson* est également l'une des plus petites distilleries de l'île. Les machines, admirablement briquées, ont une échelle humaine, et on comprend ici bien mieux qu'ailleurs le che-

minement de la canne. On a aussi l'impression (peut-être naïve mais en tout cas agréable) que le personnel se sent plus concerné par la vie de la distillerie ; ce sont d'ailleurs les ouvrières, comme Marianne, qui vous font la visite. Le meilleur rhum blanc pour les connaisseurs (sublimé dans un ti-punch au miel). Ce rhum n'a pas le désagrément de la partie volatile qui envahit instantanément le palais chez la plupart des autres rhums blancs.

Où et comment plonger ?

Les clubs

■ *Norcasub Plongée :* hôtel *Marouba,* en bord de plage, au sud du Carbet. ☎ 05-96-78-40-04, 05-96-55-57-76 ou ☎ 06-96-28-11-33. Quitter la route au Carbet à l'endroit du grand virage pour entrer dans l'enceinte de l'hôtel *Marouba* géré par *Nouvelles Frontières.* Aller droit vers la plage et tourner à gauche vers les falaises. Ouvre à 8 h 30. Fermé le samedi. Sorties à 9 h (avec retour à 11 h) et à 14 h (jusqu'à 16 h). Plongée de nuit à 18 h. Baptême à 40 €. Plongée à 35 €. 3 plongées à 110 €. 6 plongées à 190 €. 25 équipements. S'équiper au local, puis rejoindre la yole à 50 m dans l'eau. Bateau de pêche traditionnel prévu pour 10 personnes. Ne pas se fier à son nom évocateur, *Vingt Hommes* ! Formations Anmp/Cedip et Ffessm/Cmas. Cours sur la terrasse. Départ des amateurs de rando palmée en même temps que les plongeurs. Initiations en piscine. Les enfants plongent dès 8 ans. Possible de faire garder les enfants à partir de 3 ans au mini-club de l'hôtel *Marouba.* Trajet aux sites du sud et du nord entre 3 mn et 25 mn. À partir de 6 personnes, sorties à la demi-journée ou à la journée : promenade avec la pêche à la traîne, plongées, rando palmée et repas dans un resto local ! Gonflage occasionnel d'un 12 l. Douches extérieures. Transfert assez sportif par les plongeurs de leur bouteille du bateau à la plage, gilets gonflés. S'attendre à de la manutention. Peu d'explications avant de plonger. Pas de sortie à moins de 3 plongeurs. Exiger la présence d'un moniteur en cas d'achat d'un forfait de plongée encadrée. Il est préférable d'être un plongeur déjà confirmé pour aller dans cette école, bien située par rapport aux sites.

➤ *DANS LES ENVIRONS DU CARBET*

À faire

➤ *Le canal de Beauregard :* à l'entrée du Carbet, prendre la CD62 à droite (entre la station-service et le cimetière). Après 1,5 km, la route devient plus étroite et monte vers le quartier de Bout-Bois (une pancarte indique la direction du canal). Puis, 2 km plus loin, vous trouverez le départ du sentier à droite dans un virage. Balade de 3,5 km balisée en jaune et blanc. Compter environ 3 à 4 h de marche aller et retour (1 h 30 à 2 h pour arriver à Fonds-Saint-Denis). À éviter en période de pluie. Personnes sujettes au vertige et jeunes enfants, s'abstenir, car il y a des à-pic de 30 à 130 m. C'est une promenade très agréable et ombragée que l'on fait sur le bord extérieur d'un ancien canal d'irrigation, baptisé également « canal des Esclaves », accroché à flanc de morne. Construit en 1760, ce canal alimentait les distilleries du Carbet et celles de Saint-Pierre. En 1953, il coulait encore jusqu'à Saint-Pierre. Tout au long, on aperçoit des crabes d'eau douce à carapace jaune clair. On traverse les plantations d'anthuriums et d'alpinias de M. Maizeroi-

Eugène à Fonds-Mascret (tarifs très intéressants, livraison possible à l'aéroport, ☎ 05-96-55-80-01). Vue superbe sur la vallée de la rivière du Carbet. À l'horizon, les pitons du Carbet.

🏠 |◉| ▼ Lorsque vous arriverez au tunnel qu'emprunte le canal, une bonne surprise pour les affamés ou les assoiffés : *Le Relais de la Maison Rousse* (voir, plus haut, le chapitre consacré à Fonds-Saint-Denis) est en haut de l'escalier par-dessus le tunnel. Cuisine créole à prix raisonnables le midi. Quelques chambres et une table d'hôte le soir, en demi-pension. ☎ 05-96-55-85-49.

LE MORNE-VERT (97226)

Du Carbet, prendre la D20 vers l'intérieur des terres. Situé à quelques kilomètres de la côte, ce village mérite plus qu'un détour ! La région, surnommée « la petite Suisse », est un véritable havre de paix, au cœur d'une végétation luxuriante et de paysages grandioses. Dotée d'un climat frais et sec (sans moustiques !), la campagne est perchée sur les hauteurs et encadrée par la mer et la montagne. Points de vue somptueux sur les pitons du Carbet et la montagne Pelée. Le bourg, très paisible, s'anime surtout le dimanche autour de sa jolie église et de son petit cimetière blanc. Pour les amoureux de nature. Un grand bol d'air dont on ne se lasse pas !
– *Fête patronale :* en novembre.

Adresse utile

📖 *Syndicat d'initiative :* ☎ 05-96-55-57-57.

Où dormir ?

🏠 *Gîtes Les Alpinias (Gîte de France n° 019) :* quartier Bois-Lézard. ☎ et fax : 05-96-70-13-56. À gauche de l'église, passer devant le cimetière et continuer jusqu'au petit carrefour à droite (à 700 m environ). Pour 4 personnes, compter 310 € la semaine en basse saison et 330 € en haute saison ; réduction possible pour un long séjour. Accueillants et attentionnés, Eucher et Julia Gratien louent un appartement avec balcon au premier étage d'une grande maison. Spacieux (70 m²), impeccable et parfaitement équipé (TV, réfrigérateur, four, lave-linge, chaises longues, etc.), l'appartement dispose de 2 chambres et d'un canapé-lit. Des meubles en bois et une déco chaleureuse accentuent encore la délicieuse impression de se sentir chez soi. De la loggia, panorama sublime sur les pitons du Carbet, le « canton suisse » et la mer. Environnement calme et parfumé. Eucher et Julia se feront un plaisir de vous indiquer les multiples randonnées à effectuer dans la région. Bouteille de rhum offerte au moment du départ aux lecteurs du *Guide du routard*.

🏠 *La Ferme de la Montagne, chez Mme Élie Florentin :* quartier Rivière Coco. ☎ 05-96-55-59-22. À la sortie du village en direction de Bellefontaine, à gauche au 1er carrefour par la D20, poursuivre sur 3 km. Compter 36 € la nuit en couple, légitime ou non, 54 € pour 3 ou 4 personnes. Fait aussi table d'hôte (voir « Où manger ? »). Installée le long de la rivière La Mare, ferme piscicole tenue par une institutrice à la retraite, très sympa. 2 bungalows en bois pouvant accueillir 4 personnes, avec salle d'eau, w.-c. et cuisine, le tout néanmoins très simple et assez vétuste, face aux bassins. L'accueil à l'aéroport est possible. Dîner d'accueil et café offerts aux lecteurs du *Guide du routard*.

🏠 *Gîte de M. Fabien André (n° 138)* : quartier La Croix. ☎ 05-96-55-50-64. Du bourg du Morne-Vert, prendre direction Le Carbet et, à la hauteur de l'abri-bus La Croix, tourner à droite (attention, ça grimpe sec) ; c'est la 1re maison à droite. Pour deux, compter de 240 à 270 €.

la semaine. Un rez-de-jardin, sous la maison des propriétaires, très sympathiques et prêts à vous laisser profiter des fruits du verger et à vous expliquer toutes les vertus du rhum autour du petit tonnelet qui trône à l'extrémité du kiosque. Assez spacieux (40 m² et grande terrasse), correctement équipé, mobilier récent, TV. Possibilité d'ajouter un lit d'enfant.

Où manger ?

|●| *Chez Julie* : en face de l'église. Ouvert du lundi au samedi de 7 h à 21 h et le dimanche de 8 h à 12 h. Plats à emporter, copieux et typiques. Épicerie, fruits et légumes, produits fermiers. Très sympa !

|●| *Table d'hôte La Ferme de la Montagne, chez Mme Élie Florentin* : quartier Rivière Coco. ☎ 05-96-55-59-22. Table d'hôte à 12,20 € pour les résidents ; sinon, compter 23 € pour un repas complet. Nos amis de la ferme aquacole et piscicole (voir « Où dormir ? ») peuvent également fournir le couvert (y compris pour les non-résidents) avec les produits de la maison (poisson grillé au feu de bois, fricassée d'écrevisses...). Bonne table et décor sympa. Réservation conseillée. Apéritif maison offert aux lecteurs du *Guide du routard* et, en bonus, visite de l'exploitation.

|●| *Auberge Couleurs locales* : au centre du bourg, derrière *Chez Julie*. ☎ 05-96-55-59-12. Fermé les dimanche soir, lundi soir et mardi toute la journée. Menus à 12,20 et 21 € ; carte autour de 24 €. M. Marie-Sainte propose des repas créoles (plutôt gastronomiques mais pas à des prix astronomiques). Cuisine fine et originale : velouté de crevettes, roussi de porc (en décembre), ragoût de cabri, blaff à base de langoustes, ciriques et poissons... Et toutes sortes d'excursions, en plus, des journées de randonnée (le dimanche notamment), de découverte de la région par des chemins détournés, en compagnie de véritables passionnés : le tourisme rural comme on l'aime, destiné aussi bien aux autochtones qu'aux touristes. Une initiative plutôt rare, qui fait plaisir. En plus, chambres pour randonneurs autour de 50 €, petit déjeuner compris.

BELLEFONTAINE (97222)

Village de pêcheurs au joli nom que l'on traverse vite, si l'on ne s'intéresse pas au spectacle des gommiers multicolores et aux filets séchant au soleil. Ces filets servent à la fameuse pêche à la senne et peuvent atteindre 40 m de large et 700 m de long. Si vous n'avez jamais pu assister à un retour de pêche, c'est le moment.

C'est la senne qui balaie les fonds sableux tandis que les pêcheurs frappent l'eau à coups de rame pour rabattre les poissons. Sur la rive, arc-boutés, les habitants présents halent le filet, pendant tout ce temps.

Vous remarquerez aussi de la route, même si l'heure n'est pas à la pêche à la senne, au fond d'une ruelle accrochée au flanc d'une colline, la *maison Torgileo*, devenue un restaurant, dont la façade a la forme significative d'une proue de navire.

Si vous êtes en voiture, ne manquez pas l'ascension vers le *quartier Verrier*. Prendre la D63, puis, 100 m plus loin, immédiatement à gauche. Une vague pancarte noire à moitié visible indique la direction. Ascension pénible (pour la voiture) de 5 km. De là-haut, point de vue étonnant sur la mer des Caraïbes, surtout au coucher du soleil.

Adresse utile

🛈 *Syndicat d'initiative :* cour Tamarin, face au jardin. ☎ 05-96-55-07-03.

À faire

■ *Coup de Senne :* quartier Jeannot. ☎ 05-96-55-05-00. Sur réservation, le samedi et le dimanche. Compter 38 € par personne. Un produit touristique à la journée pour un groupe d'amoureux de la pêche. Rencontre à 8 h avec les marins-pêcheurs pour le « décollage » géant (ti-punch, jus local, accras, poissons marinés frits, hareng-saur, etc.), cours théorique, suivi de la pratique du *coup de senne* avec tambour. Dégustation ensuite de fruits de mer, et bain pour qui est tenté. Visite du quartier Verrier et des fours à manioc. Déjeuner au retour, au bourg, autour d'une daube de thon frais, par exemple. Si vous avez été sage, remise solennelle du diplôme de « sennateur » en milieu d'après-midi. Ambiance vraiment chaleureuse, à la bonne franquette.

Où plonger ?

Les spots

⚓ *Bellefontaine** *(plan Les spots de plongée en Martinique Nord, 9) :* à côté d'une digue. La falaise terrestre se transforme en petite plate-forme en surface, puis dégringole en pente raide jusqu'à une dizaine de mètres de profondeur. Petits acroporas, cerveaux de Neptune et madrépores. Grand champ d'hétérocongres peu après le mouillage du bateau, à - 6 m. Endroit adapté pour la macrophotographie car à Bellefontaine le sable renvoie une bonne luminosité ! Petits hippocampes jaunes et blancs ou de couleur brique. Pour plongeurs de tous niveaux.

⚓ *La Caye de Pothiaud** *(plan Les spots de plongée en Martinique Nord, 10) :* face à une falaise de 40 m de haut où les seuls habitants sont des chauves-souris. Voilier coulé en 1974, à - 10 m. Proue à - 12 m, bloc moteur et gouvernail. Grotte haute de 1,50 m et large de 3 m, abritant mombins et langoustes. Pothiaud est à la limite de la zone de sable volcanique gris. Agréable à voir, tous les spécimens d'animaux marins connus dans le nord de la Martinique : tortues, raies-pastenagues, thazars, tarpons et carangues. Visibilité variable de 10 à 30 m ; tout dépend de la houle. Le courant est nul ou important, sans transition. Pour tous niveaux de plongeurs.

CASE-PILOTE (97222)

Village tranquille de part et d'autre de la nationale. C'est ici que s'établirent les premiers jésuites. *Pilote*, le chef caraïbe, avait accueilli les Français à bras ouverts. Seul le centre du village, avec sa petite place entourée de maisons en bois, a une allure craquante et débonnaire.

L'église est sans doute la plus intéressante de l'île et l'une des plus anciennes. De style baroque (XVIIIᵉ siècle), son toit est couvert de jolies tuiles rondes. Belle nef de bois, en forme de carène renversée. Dans le chœur, panneaux de bois peint. Bénitier rococo italien.

L'autre curiosité du village est un groupe de trois canons anglais passés par-dessus bord en 1762 et visibles à 2 m de profondeur seulement, à proximité du village. Se renseigner auprès du club de plongée.

– **Fête patronale :** fin août.

Adresses utiles

Office du tourisme : pl. Gaston-Monnerville. ☎ 05-96-78-74-04. Fax : 05-96-78-78-87. Ouvert du lundi au vendredi de 9 h à 17 h et le samedi de 8 h à 12 h.

Location de voitures : *Good Loc*, entrée chemin Maniba. ☎ 05-96-78-65-66 ou 05-96-45-02-01. Livraison et récupération gratuite à l'aéroport à partir d'une semaine de location.

Où manger ?

Snack de la Plage : sur la mer, comme son nom l'indique. ☎ 05-96-78-80-07. Fermé le dimanche. Plat du jour à 7 €. Une bonne petite adresse sans prétention. Sandwichs pour ceux qui ne font que passer.

Plus chic

Les Deux Gros : lieu-dit Fond Bellemare, légèrement en retrait de la RN2. ☎ 05-96-61-60-34. Fermé le dimanche soir et le lundi toute la journée. Menus de 21 à 48 € ; compter environ 38 € à la carte. Adresse un rien chic, où les locaux viennent se régaler de spécialités créoles et de métropole, tout en regardant la mer des Caraïbes. Des poissons parfaitement cuits et leurs sauces exquises ont fait la réputation de cette honorable maison, où vous dînerez face à la mer, sur une terrasse ombragée, en vous laissant bercer par le clapotis des vagues. S'il y en a à la carte, craquez pour le carpaccio de noix de Saint-Jacques. Une excellente adresse à moins de 10 km de Fort-de-France.

Où et comment plonger ?

Club

Club Subaquatique de Case-Pilote : sur la mer, près de la petite conserverie. ☎ 05-96-78-73-75. ● CSCP plongee@rocketmail.com ● Sorties du mardi au samedi à 9 h 30 et 14 h 30. Compter 21 € la plongée, 19 € pour les moins de 16 ans. Club associatif sympa. Initiation et perfectionnement. Idéal pour les jeunes, qui bénéficient ici d'un tarif hyper-préférentiel. Propose également de la nage avec palmes.

Les spots

Case-Pilote* *(plan Les spots de plongée en Martinique Nord, 3) :* devant les tétrapodes de la jetée située devant Case-Pilote. Gros blocs de rochers parsèment le long d'une pente douce qui continue jusqu'à - 18 m. Lieu de prédilection pour langoustes, cigales et bancs de gorettes *(lutjans)*. Courant inexistant. Visibilité de 30 m. Plongeurs de niveau 1 minimum.

Batterie* *(plan Les spots de plongée en Martinique Nord, 4) :* après Cap Enragé, suivre le bord d'une falaise de 30 m de haut. Bateau mouillé à - 4 m, à la lisière d'un tombant d'éboulis de - 5 à - 22 m, sur 50 m environ. En avril et mai, courant violent drainant thazars, barracudas et carangues. Au mois de mai, poissons juvéniles particulièrement nombreux. Époque de la ponte des éponges-cratères ! En s'approchant d'elles, on constate qu'elles ressemblent à des volcans crachant des milliers d'œufs blancs. Ils se répandent en tapis tout autour d'elles. Tortues visibles toute l'année, mais ponte en juin, juillet et août. Courant en général faible, sauf au moment de la renverse. Plongeurs de niveau 1 au minimum.

Cap Enragé (plan *Les spots de plongée en Martinique Nord, 5*) : le cap se prolonge sous l'eau. Ce qui est vu au-dessus se continue dessous. Épine s'avançant vers le large. Plateau de - 4 à - 8 m. Tombants abrupts recouverts par une faune assez dense. Dans le sens de la longueur, cap coupé par une faille de 20 m de long, à explorer avec attention. Au large, 6 à 7 thazars blancs de 1 m de long. Plongée très intéressante, mais le courant, parfois violent, impose au plongeur d'avoir un niveau 1 confirmé. Surface d'environ 7 m² de coraux cierges hauts de 1,50 m.

Fond Boucher (plan *Les spots de plongée en Martinique Nord, 6*) : relief pratiquement identique à celui de Cap Tranquille, dont il est le prolongement. En revanche, le mouillage du bateau a lieu dans l'anse (le « fond »). Explorer le coin de Cap Tranquille de - 10 à - 22 m. Sur le sable, pâtés coralliens de 5 m de diamètre recouverts de coraux. Capitaine (le poisson !) de 50 cm de long. Le long du tombant : beaucoup de faune fixée.

Cap Tranquille (plan *Les spots de plongée en Martinique Nord, 7*) : la falaise plonge à cet endroit dans l'eau. Forme un tombant long de 50 m qui débute à - 3 m et qui s'achève à - 22 m. Quelques roches au pied de ce mur recouvertes de gorgones et d'éponges jaunes en tuyaux d'orgues. Murène verte de 15 kg. Visibilité de 30 m. Pas de courant. À visiter par des plongeurs niveau 1 confirmé.

Trou aux Moines (plan *Les spots de plongée en Martinique Nord, 8*) : côte déchiquetée. Non loin du mouillage, les jours de houle, on voit un trou souffleur. La mer s'engouffre avec violence sous la falaise et ressort par un trou qu'elle a lentement façonné. La gerbe d'eau s'élève à plusieurs mètres de hauteur, dans un bruit de claquement caractéristique. Découvrir des canyons de - 4 à - 9 m, parallèlement à la côte. Deux tortues nagent non loin de là. Beaucoup de comatules dans les éponges et les anfractuosités diverses. Visibilité de 20 à 40 m. Courant nul. Conditions idéales pour les débutants. Les plus confirmés trouveront - 22 m vers la zone sableuse.

SCHŒLCHER

(97200)

Collé à Fort-de-France, porte du Nord-Caraïbe, Schœlcher se bat contre des moulins pour affirmer son identité et pour attirer les touristes. Cette commune portait jadis le nom de Case-Navire : mouillage exceptionnel sur la côte caraïbe, réputé pour l'abondance et la qualité de ses eaux, c'était – comme son nom l'indiquait – un endroit rêvé pour l'escale et l'approvisionnement des navires. Elle porte aujourd'hui celui de Schœlcher en hommage au député qui lutta pour obtenir l'abolition de l'esclavage en 1848.
Schœlcher, qui n'est finalement que l'extension de Fort-de-France vers le nord-ouest, est une agglomération animée, jeune et sportive d'environ 21 000 habitants. Cette ville dans la ville, avec ses quartiers résidentiels sur les hauteurs et ses administrations (comme le rectorat, l'université...), est un passage obligé pour toute personne qui s'attarde un peu sur l'île, avec une grande salle de spectacles, un grand centre commercial, un cinéma multiplexe et son casino (le plus grand de Martinique et le 2e des Caraïbes)... sans oublier un centre de petit village, malgré tout, autour de la rue Fessenheim.

Les embouteillages risquent par contre de décourager ceux qui, à la différence des résidents, ne connaissent pas les chemins de traverse ou n'ont pas leur patience (et leur dextérité) pour contourner les difficultés. Mieux vaut s'y prendre avant les sorties de bureau si l'on veut pouvoir siroter tranquillement son ti-punch sur la plage de *Madiana*.

Adresse utile

▪ *Office du tourisme :* rond-point des Écoles, BP 7135, 97277 Schœlcher Cedex. ☎ 05-96-61-83-92. Fax : 05-96-61-83-93. ● odt-schoelcher@wanadoo.fr ● Ouvert du lundi au vendredi de 8 h à 18 h et le samedi de 8 h à 12 h. Équipe passionnée et compétente, qui se charge d'orienter ou d'informer tous ceux qui cherchent gîte et couvert. Plus d'une centaine de meublés de tourisme.

Où dormir ?

🛏 *CROUS Antilles Guyanne :* BP 7208, 97275 Schœlcher Cedex. ☎ 05-96-61-36-73. Fax : 05-96-61-34-81. C'est bon à savoir, la résidence universitaire propose des logements pour tous, étudiants ou non, à des tarifs défiant toute concurrence : 12 € la nuit et 270 € le mois dans les chambres les « plus » confortables ; un poil plus cher pour les non-étudiants ; un poil moins cher avec les sanitaires sur le palier. Règlement à l'arrivée, uniquement en espèces. Une bonne solution pour les célibataires fauchés. 675 chambres d'étudiants en tout. Vous y prendre à l'avance.

Gîtes de France

🛏 *Gîte de M. et Mme Charles Arcade* (n°011) : lotissement Fond Rousseau. ☎ 05-96-52-08-84. Direction Schœlcher Nord, vers Terreville. Fermé en juillet et août. Compter 305 € la semaine, quelle que soit la saison. Depuis 25 ans, ce couple offre le gîte avec chaleur et sourire. Située dans un quartier résidentiel très calme, leur maison abrite un appartement en rez-de-chaussée, propre et équipé avec une chambre à deux lits, canapé-lit, séjour, salle de bains, TV, rangements et coin-cuisine. Il mériterait un peu plus d'efforts dans la déco, mais on y est reçu comme si on faisait partie de la famille et Mme Arcade, qui fait des mélanges de jus frais extraordinaires, se met en quatre pour satisfaire ses clients ! Le ravissant jardin offre un panel intéressant des arbres fruitiers de la Martinique. Le kiosque ombragé au milieu des bougainvillées est un lieu privilégié et convivial pour prendre l'apéro, offert à l'arrivée.

🛏 *Gîte de Mme Camille Vulcain* (n° 028) : 7, rue Caïus, quartier Enclos. ☎ 05-96-52-09-10. Après le dos-d'âne devant l'entrée de Grand-Village, en direction de Terreville, faire 100 m puis prendre la 1re rue à gauche. 305 € la semaine pour un appartement de 70 m² (+ véranda) au rez-de-chaussée d'une grande maison, dans un quartier calme et résidentiel. Mme Vulcain veille scrupuleusement à la propreté de sa maison et l'appartement est impeccable, élégamment meublé, bien ventilé et équipé de tout le confort. Le jardin autour est fleuri et parfaitement entretenu. Sympa, Mme Vulcain peut vous accueillir à l'aéroport et se mettra en quatre pour rendre votre séjour agréable. La plage du Lido et le cercle nautique sont à environ 30 mn de marche de la maison.

Plages

⚲ On trouve quelques plages (eaux de baignade de qualité moyenne, en général) à proximité de Schœlcher et Fort-de-France : la plage de sable noir de Fond Nigaud, plus communément appelée *plage de Madiana,* propre et bien aménagée (espaces verts en front de mer, jeux pour enfants, etc.), ainsi que la petite *plage de l'Anse Madame* près du centre nautique, au nord-est de la rivière Case-Navire (eaux de baignade par contre de très bonne qualité) et celle de l'Anse Colla, ou *Lido* (très fréquentée sur ses 240 m de sable gris). En tout, ce sont 7 anses de sable volcanique et 2 clubs de plongée qui se partagent les 5 km de long du littoral.

À faire

La ville est fière de ses nombreuses infrastructures et de ses clubs multi-sports (tennis, foot, fitness, danse, triathlon, natation, randonnées, sans oublier toutes les activités nautiques...).

■ *Tennis :* devant l'hôtel *Framis-sina - La Batelière* ou, si l'on préfère, derrière le casino du même nom. ☎ 05-96-61-64-52. Ou encore au *Country Club*; le plus grand court de l'île, c'est là que sont venus s'entraîner Noah, Forget, Leconte...

■ *Cercle nautique :* dans l'Anse Madame. ☎ 05-96-61-20-83 ou 05-96-61-61-04. Fax : 05-96-61-57-51. Ouvert du lundi au samedi de 8 h à 17 h 30. C'est le plus important centre nautique de Martinique. Il organise chaque année la *Semaine nautique internationale* pendant la période du carnaval (entre fin février et mi-mars). Accueil des régates début juin. Déjà titulaire du label « École française de voile » (dans les huit meilleures françaises), ce centre a obtenu le label « Station Voile » en 1997.

Randonnées

De magnifiques vallées fluviales encaissées, comme Fonds Lahaye, Fond Rousseau, Fonds Bellemare et Fond Nigaud, sont propices à de très belles randonnées et ont fait l'objet d'aménagements de tourisme rural le long des rivières. En outre, les mornes les plus élevés comme la Colline, la Démarche, Terreville, Ravine Touza constituent à la fois des sites résidentiels et touristiques offrant d'imprenables vues sur la baie de Fort-de-France, les Trois-Îlets et l'île de Sainte-Lucie.

Où et comment plonger ?

Club

■ *Tropicasub IDC :* hôtel *Framis-sina - La Batelière.* ☎ 05-96-61-49-49. À la sortie de Fort-de-France, se diriger vers Saint-Pierre. Au grand carrefour de la Batelière, prendre à gauche vers la mer, laisser le casino à droite. Aller jusqu'au bout de la ruelle. Parking du véhicule à l'extérieur de l'hôtel. Traverser le hall et tourner à droite pour descendre vers la plage. Le local ressemble à une guérite à l'entrée du bar. Reçoit les plongeurs indépendamment de l'hôtel. Pour les prix, se renseigner directement auprès de *Fram.* ☎ à Paris : 01-40-26-30-31. La yole reçoit 10 plongeurs. 12 équipements. Formations Anmp/ Cedip et Padi. Le site se prête à un départ de la plage pour redescendre vers le sud en rando palmée. S'écarter du bord pour rester au-dessus d'un fond de - 5 m. Roches intéressantes couvertes d'éponges avec petits poissons de récif. Sur les zones de sable, hippocampes et plies aux taches bleues. L'intérêt de plonger ici : le *Lady V*, situé au bout du ponton de l'hôtel à 80 m de nage à - 10 m. Ce bateau a brusquement coulé en une nuit.

Les spots

◁ **Le Lady V**** *(plan Les spots de plongée en Martinique Nord, 1)* **:** ce bateau de plaisance a coulé en une nuit en 1989 à 80 m de l'hôtel *La Batelière*. Départ de la plage. Sable puis petit récif miniature avec un couple d'hippocampes gris et un poisson-pierre. L'épave se situe un peu plus loin, entre - 10 et - 15 m. Passer devant le guindeau. Entrer dans la cabine aux ouvertures béantes. Louvoyer au milieu des superstructures. Sauter au-dessus d'un amas de tôles et de câbles pour arriver enfin au tableau arrière. Deux barracudas d'un mètre de long. Un couple d'anges royaux à l'intérieur. Murène noire et blanche au niveau de la poupe. Accessible aux plongeurs débutants en formation niveau 1.

◁ **Vétiver*** *(plan Les spots de plongée en Martinique Nord, 2)* **:** de grandes *cayes* (pâtés coralliens) en plateaux concentriques créant des canyons sur fond sableux. Rocher isolé au cœur de cette formation avec superbe éponge de 2 m de haut (un peu comme un totem !). Thazars et maquereaux jaunes. *Cayes* d'environ 150 m de long, recouvertes de tables coralliennes, de cornes de cerf, d'éponges mauves et en forme de calice. Faire la différence entre la murène vipérine, passible du délit de « sale gueule » tant elle est laide, et la murène des sables qui s'enfouit par la queue dans les sédiments. Tapoter doucement le sable pour qu'elle s'en extirpe. Elle se déroule ! Visibilité de 40 m, dès qu'on passe sous la couche laiteuse près de la surface. Courant nul ou violent. Plongeurs de niveau 1 au minimum.

QUITTER SCHŒLCHER

➤ **Vers Fort-de-France et l'aéroport du Lamentin :** taxis collectifs dans les deux sens de 5 h 30 à 16 h 30. Avec les embouteillages, prévoyez large, surtout si vous voulez retourner directement à l'aéroport sans passer par le centre-ville. Suivez la quatre-voies.

LA CÔTE DE SAINT-PIERRE À FORT-DE-FRANCE

LA DOMINIQUE : GÉNÉRALITÉS

●●

Pour la carte de la Dominique, voir le cahier couleur

CARTE D'IDENTITÉ

- *Superficie :* 754 km^2.
- *Capitale :* Roseau.
- *Régime :* république parlementaire. La Dominique fait partie du Commonwealth.
- *Président :* Vernon Lordon Shaw.
- *Chef du gouvernement :* Pierre Charles.
- *Population :* 72 000 habitants environ.
- *Densité :* 94 hab./km^2.
- *Monnaie :* le dollar des Caraïbes orientales (EC : Eastern Caribbean dollar).
- *Langues :* l'anglais, le créole.

Nous voici chez Robinson ! En tout cas, dans l'une des îles les plus sauvages des Antilles. C'est sans doute la raison pour laquelle les habitants sont persuadés que c'est la seule île que Christophe Colomb reconnaîtrait s'il revenait, tant elle a peu changé. À ne pas confondre avec la République dominicaine. La Dominique (*Dominica,* prononcez « Domineeka ») est une île d'aventure, une île pour les chasseurs d'images et d'impressions fortes. Une jungle, 365 rivières, une pour chaque jour de l'année, un parfum de mystère, des endroits complètement isolés de la civilisation moderne, des violences climatiques. Les mots pour la décrire se bousculent : sauvage, primitive, splendide, mélancolique, paresseuse... C'est aussi probablement l'une des îles les plus saines des Antilles. Peu de voitures, peu de bateaux, faible infrastructure. L'île possède un air très pur et des eaux d'une grande transparence.

D'origine volcanique, elle se présente comme un gros piton totalement recouvert d'une épaisse forêt tropicale. Elle est traversée par un axe montagneux nord-sud, découpé par d'importantes ravines. Ses côtes déchirées offrent assez peu de plages propices à la baignade. Peu importe, ici on oublie le tourisme passif. On vient là pour la plongée, les baleines, la nature, mais surtout pour découvrir l'intérieur de l'île, pas sa coquille. Un de ses plus grands attraits consiste à remonter les rivières jusqu'aux chutes d'eau. Les randonnées en forêt, dans le calme parfait des éléments, procurent un plaisir sans fin. Sous l'eau, c'est tout aussi spectaculaire.

COMMENT Y ALLER ?

En avion

➤ **De France :** vols *Air France, Air Lib, Corsair,* entre autres lignes régulières, et charters jusqu'à la Martinique ou la Guadeloupe, puis vol *Air Caraïbes* ou *Liat.* Vols quotidiens. *Liat :* « Leave Island at Any Time » ! (« Quitte l'île à n'importe quel moment ! »). C'est ainsi que les habitants de Sainte-Lucie et de la Dominique surnomment cette compagnie. Les horaires subissent souvent quelques modifications, autour de 2 h de retard. Charmants impondérables qui vous transportent immédiatement dans l'ambiance locale.

➤ **De Miami :** *American* ou *BWIA.* Vols quotidiens de Miami pour Antigua, Barbade, Saint-Martin et la Dominique. Ou *Eastern Airlines* jusqu'à Antigua, ensuite *Air France* jusqu'à la Martinique ou la Guadeloupe.

En bateau

➤ **De Guadeloupe ou de Martinique :** La compagnie *L'Express des Îles* assure des liaisons par bateau rapide. Si la mer est agitée, attention au mal de mer quasi assuré : le trajet est alors douloureux. En principe, 6 liaisons Pointe-à-Pitre - Roseau et Roseau - Pointe-à-Pitre par semaine (1 h 45 par trajet) et autant entre Fort-de-France et Roseau.

■ **L'Express des Îles :** dans les locaux de *HHV Whitchurch,* PO Box 771, Old Street, Roseau, Dominique. ☎ (001-767) 448-21-81. • www.ex press-des-iles.com • À Pointe-à-Pitre : ☎ 05-90-83-12-45. À Fort-de-France : ☎ 05-96-63-12-11.

➤ **Des Saintes :** le *Yacht-Club service d'île-en-île,* basé aux Saintes (☎ 05-90-99-57-82), propose des traversées pour la Dominique deux fois par semaine, les jeudi et dimanche, à bord d'un voilier de 18 m. Pour 88 € par personne (jusqu'à 18 passagers, taxes douanières, traversée et repas compris), environ 3 h aller-retour de promenade nautique sur un superbe catamaran.

AVANT LE DÉPART

Adresses utiles

■ **Eastern Caribbean States :** rue des Aduatiques, 10, Bruxelles 1040. ☎ 02-733-43-28. Ouvert du lundi au vendredi de 9 h 30 à 18 h. Pour tous renseignements administratifs et touristiques.
■ **Division of Tourism of The National Development Corporation of Dominica :** PO Box 293, Roseau. ☎ (001-767) 448-20-45. Fax : (001-767) 448-58-40. • www.ndcdomini ca.dm • ndc@cwdom.dm • Depuis qu'il n'y a plus d'office du tourisme en France, le meilleur moyen pour s'informer. Vous pouvez leur écrire, ils vous enverront quelques brochures utiles pour la préparation de votre voyage.

Formalités, vaccinations

– **Passeport touristique :** depuis quelques années, il est obligatoire de payer des droits d'entrée pour tous les sites naturels de l'île. On peut acheter un ticket pour chaque visite, ou bien un *pass* valable pour la journée ou la semaine. On peut se les procurer à l'entrée des sites, à la Forestery Division du National Park Office situé dans le jardin botanique ou à l'agence de voyages *Whitchurch* à Roseau (2 US$ pour un site, 5 US$ pour la journée et

10 US$ pour la semaine). L'argent ainsi récolté est sensé servir à l'entretien et à l'amélioration des voies d'accès et des sentiers.

– **Carte d'identité** (pour les Français qui y séjournent moins de 3 jours) ou **passeport** en cours de validité et billet aller-retour sont indispensables. Pas de visa nécessaire pour un séjour de moins d'un mois.

– **Permis de conduire :** ici, il ne s'obtient pas sur épreuve, il s'achète ! Si vous devez conduire, achetez votre permis au bureau de l'immigration de l'aéroport. Il est délivré sur présentation du permis de conduire de votre pays d'origine, à condition que celui-ci date d'au moins 2 ans, et que vous ayez plus de 25 ans. On peut également l'acheter au *Driving Licensing Department* à Roseau (High Street, ☎ 448-22-22). Certaines agences de location de voitures le procurent aussi. Environ 30 EC$ (12 €). Valable un mois. N'oubliez pas qu'ici, on roule à gauche.

– **Taxe de sortie :** 50 EC$ (20,50 €) à payer si vous partez en avion, quelle que soit votre destination. Par bateau, la taxe est de 45 EC$ (18,50 €). Les enfants ne paient pas.

– **Pas de vaccin** obligatoire, sauf si vous êtes en provenance d'une zone infectée par la fièvre jaune.

– ATTENTION, on n'apporte pas de produits frais en Dominique.

ARGENT, BANQUES, CHANGE

– **La monnaie locale** est l'*Eastern Caribbean dollar* (= *EC*, prononcer « ici »), qui vaut approximativement 2,6 fois moins que le dollar américain. Attention, quand on vous donne un prix en dollars, il peut s'agir aussi bien de EC que de US$; se le faire préciser pour éviter les surprises. On peut payer en US$ partout. Les grands hôtels acceptent généralement les euros.

– **Change** d'argent et de chèques de voyage dans toutes les banques. Elles sont ouvertes du lundi au jeudi de 8 h à 15 h et le vendredi de 8 h à 17 h. Une seule banque française : la *Banque Française Commerciale*.

– À Roseau, plusieurs banques sont désormais équipées d'un **distributeur automatique de billets** accessible 24 h/24 : *Royal Bank of Canada* située sur le front de mer, *Scotiabank*, *Barclays Bank*. Cartes *Visa* et *MasterCard* acceptées. La plupart des hôtels, restaurants et agences de voyages acceptent également les cartes de paiement.

BOISSONS

– **L'eau :** celle du robinet est potable. Mais il existe aussi de l'eau capsulée, *Eau de Loubière*.

– **La bière** de la Dominique s'appelle la *Kubuli*. Elle reprend le premier nom de l'île : *Waitukubuli*. Fabriquée à Loubière, c'est une bière blonde, pas très forte.

– La Dominique produit trois **rhums** différents : le *Macouchery Rum,* obtenu à partir d'un pur jus de canne à sucre, le *Soca Rum* et le *D-Spécial Rum*.

BUDGET

Hébergement

Se loger à la Dominique revient cher. Les prix se sont vite alignés sur les standards occidentaux, parfois même en les dépassant.

Il y a deux saisons. La haute saison s'étale, grosso modo, de mi-décembre à mi-avril. Le reste de l'année, les prix baissent de 10 à 20 % dans la catégorie « Chic », ainsi que pour certains établissements de catégorie « Prix moyens ». En revanche, pas de changement pour « Prix modérés » et « Bon marché ».

Les prix indiqués dans le guide sont en US$. Ils correspondent à une chambre pour une nuit à deux, en haute saison, taxes incluses ; petit dej' rarement compris. Pour les routards qui voyagent seuls, enlever de 15 à 25 %, en moyenne. De rares *guesthouses* affichent un tarif par personne ; dans ce cas, nous l'indiquons. Certaines chambres peuvent accueillir 3 ou 4 personnes ; ajouter alors de 10 à 30 US$ environ par personne. Réductions souvent accordées pour les enfants de moins de 12 ans.

Autre détail, et pas des moindres, les hôtels « chic » ont l'habitude d'ajouter 15 % sur l'addition (voir la rubrique « Taxes »). Certains établissements de la catégorie « Prix moyens » se distinguent également par cette pratique. Soyez vigilant lorsque vous demandez les tarifs !

Dans la catégorie « Bon marché », pas beaucoup de choix ; vous aurez une chambre généralement propre mais avec un confort sobre (salle de bains et w.-c. souvent communs). Ce qui peut être tout à fait suffisant. Mais pour ceux qui craignent la chaleur (et parfois, il peut faire chaud !), compter un minimum de 50 à 60 US$ pour une chambre avec clim'. Si vous êtes 3 ou 4, la formule *cottages* ou appartements avec cuisine équipée est certainement la plus séduisante.

– *Bon marché :* moins de 30 US$.
– *Prix modérés :* entre 30 et 50 US$.
– *Prix moyens :* entre 50 et 90 US$.
– *Chic :* entre 90 et 180 US$.
– *Beaucoup plus chic :* au-delà de 180 US$.

Nourriture

Là encore, les prix sont relativement élevés pour un rapport qualité-prix qui n'est pas toujours au rendez-vous. Rassurez-vous, on a tout de même déniché quelques petits restos tout à fait sympas !

Contrairement aux hôtels, les restos affichent leurs prix en EC$. Nous aussi (et nous indiquons l'équivalence en euros). Il est difficile d'évaluer le coût précis d'un repas... tout dépend évidemment de votre appétit, si vous avez escaladé ou pas le morne Diablotins dans la journée... De manière générale, les restaurants ne proposent pas de menu. C'est à la carte. Il est bon de savoir que les plats sont souvent roboratifs, surtout s'ils contiennent une garniture traditionnelle créole. Sous ces latitudes, un repas est constitué, la plupart du temps, d'un plat principal et d'un dessert ou d'une entrée. C'est notre base pour l'évaluation des prix indiqués dans le guide (avec la boisson, bien évidemment). Malgré tout, si vous avez une petite faim, la plupart des restos proposent des sandwichs pour 5 à 15 EC$ (2 à 6 €) et des salades pour 10 à 20 EC$ (4 à 8 €).

Voilà notre fourchette :

– *Bon marché :* entre 10 et 25 EC$ (4 et 10 €).
– *Prix modérés :* entre 25 et 45 EC$ (10 et 18,50 €).
– *Prix moyens :* entre 45 et 65 US$ (18,50 et 26,50 €).
– *Chic :* au delà de 65 EC$ (26,50 €).

CLIMAT

Températures moyennes de 23 à 29 °C. La saison la plus sèche s'étend de janvier à mai. Le relief provoque de nombreuses petites précipitations, surtout sur les hauteurs, mais rien de méchant (sauf quelques pluies abondantes sur la côte est d'août à septembre).

En septembre, Jupiter se réveille et déchaîne de terribles tempêtes sur la Dominique. Septembre 1995 laisse un souvenir douloureux. Trois ouragans : *Harris, Marilyn* et *Louis* ont dévasté les côtes dominicaines.

Plus récemment, en décembre 1999, l'ouragan *Lenny* a fortement touché la côte caraïbe, et les dégâts sont encore visibles.

CUISINE

Les restaurants sont peu nombreux et la nourriture simple. Pourtant, quelques spécialités émergent.

– La plus originale est le *mountain chicken* (« poulet de montagne »), qui n'est autre que des *cuisses de grenouilles*. Assez cocasse de s'apercevoir que cette ex-colonie britannique a pour spécialité culinaire les *frogs*, aimable surnom utilisé par les Anglais pour désigner les Français, précisément parce qu'ils mangent... des grenouilles. Joli pied de nez à nos amis anglo-saxons, qui sont décidément incorrigibles. La chasse au « poulet de montagne » n'est ouverte que de septembre à mars et on ne trouve des grenouilles qu'à l'intérieur des terres. Le meilleur moment pour les attraper est la nuit, quand il pleut. Cependant, on peut en manger toute l'année car elles sont stockées dans les congélateurs.

– Goûter aussi le *civet d'agouti* (un genre de lièvre local), qui est quelquefois servi au restaurant.

– Théoriquement, une autre des spécialités est le *gâteau au crabe*, mais là encore, on ne le voit pas sur tous les menus.

– Et puis quelques *fruits exotiques*, goyaves, papayes, bananes, ananas, etc.

Les prix des restos sont très élevés pour une nourriture globalement moyenne. Les meilleures tables se trouvent dans les hôtels. Dans certaines gargotes, on vous demandera ce que vous souhaitez manger et on ira l'acheter pour vous. Sinon, il faut se rabattre sur les hot-dogs et autres *burgers & Co*. Attention, la plupart des restos ne servent plus au-delà de 21 h ou 21 h 30. Les jours de fête, ils finissent le service encore plus tôt et n'acceptent bien souvent que les clients qui ont déjà réservé.

DÉCALAGE HORAIRE

Quand nous sommes à l'heure d'été en métropole, il y a 6 h de décalage avec la Dominique ; l'hiver, il y en a 5. Quand il est midi à Paris en hiver, il est 7 h du matin à Roseau.

ÉCONOMIE

Le relief est difficile, le climat incertain (cyclones) mais on trouve tout de même les cultures tropicales habituelles : le café, le cacao, les agrumes, la vanille et surtout la banane et la noix de coco, utilisée notamment pour la fabrication de savon et d'huile. La banane a été longtemps le commerce le plus rentable. Mais dans les années 1990, la production et les exportations ont fortement diminué. À cela, plusieurs raisons. *Geest Industries Ltd* se charge d'exporter les fruits en Grande-Bretagne. Malheureusement, *Geest* a récemment perdu le marché européen, l'Union européenne ayant préféré des importations de pays d'Amérique du Sud. Cette nouvelle a plongé l'île dans une véritable spirale infernale. L'ouragan *Lenny* a également porté un rude coup à l'agriculture, mais il ne faut pas perdre de vue que la population agricole active a diminué d'environ 40 % en 5 ans ! Des programmes sont en cours pour réussir la restructuration du secteur qui en a bien besoin, avec notamment l'aide technique et financière de l'Union européenne.

Reste maintenant au gouvernement à se diversifier vers le tourisme. C'est ce qu'il essaie de faire. Et le pays risque de drôlement changer dans les années à venir. Pourtant, c'est une phase importante pour le gouvernement comme pour le pays.

Le gouvernement s'est tourné vers un type de tourisme particulièrement à la mode et qui est quasiment devenu sa seule ressource depuis le début des années 1990 : l'écotourisme. Il cherche ainsi à capitaliser sur son atout majeur, la nature, et ses activités propres, qui sont nombreuses dans l'île ou alentour.

Pour accueillir davantage de visiteurs, un certain nombre d'hôtels de plusieurs centaines de chambres doivent donc voir le jour en *joint-venture* avec des entreprises privées principalement étrangères, du côté de Portsmouth notamment. Le but recherché est de réaliser dans les deux ans des établissements de grand standing.

Enfin, il faut savoir que la Dominique est devenue l'une des premières destinations des Caraïbes pour les gros bateaux de croisière. Chaque semaine, ce sont ainsi plusieurs milliers de touristes (parfois près de 5 000 dans un seul bateau, soit près de 15 % de la population totale de l'île!) qui débarquent, avec toutes les nuisances que cela peut comporter.

Par ailleurs, les efforts du gouvernement devraient porter sur le développement des infrastructures, comme les routes, notamment, qui sont souvent en mauvais état.

Mais il ne faudrait pas tuer la poule aux œufs d'or. Le tourisme de masse aurait bien vite raison d'un équilibre écologique déjà menacé de toutes parts. Espérons que la transition ne sera pas trop brutale et se fera en cohérence avec les paysages et la mentalité des Dominiquais...

ENVIRONNEMENT

Un relief montagneux, souvent inaccessible, des précipitations abondantes et des températures élevées ont favorisé l'apparition d'une biodiversité très importante. La Dominique possède aujourd'hui plusieurs espèces animales et végétales rares et endémiques.

Au sein d'une végétation tropicale et luxuriante, on compte 200 espèces de fougères, de très nombreuses orchidées, 22 plantes endémiques...

Près de 170 espèces d'oiseaux ont été recensées. L'oiseau le plus typique est le *perroquet sisserou* ou *perroquet impérial,* au plumage multicolore. C'est d'ailleurs lui qui apparaît sur le drapeau du pays. À la différence de ses cousins d'Amérique centrale et d'Amérique du Sud, il n'a pas évolué et est resté à l'état primitif. On peut l'apercevoir lors de randonnées en pleine forêt vierge. De même, le *perroquet à cou rouge* ou *Jaco* est une espèce menacée et protégée. Au cours d'une promenade, vous entendrez peut-être le *mountain whistler* («siffleur des montagnes»), ou le *colibri madère.* Pour un *bird watching* (observation des oiseaux), prendre contact avec Bertrand, un scientifique et guide passionné d'ornithologie (*Forestery Division* au jardin botanique de Roseau, ☎ 448-27-33).

Pour préserver ce patrimoine, le Parc national du morne Trois-Pitons a vu le jour en 1975, suivi du Parc national de Cabrits en 1986. Il existe aussi deux réserves forestières et la réserve marine de Soufrière.

La Dominique est également l'une des îles des Antilles les plus propices au *whale watching* (observation des baleines ; voir ci-dessous) et dispose de fonds marins fabuleux (voir plus loin la rubrique « Plongée sous-marine » dans « Sports et loisirs »).

Baleines

La mer des Caraïbes est l'un des derniers repaires au monde de baleines et donc le lieu idéal pour le *whale watching.* Les côtes de la Dominique, au même titre que celles des Açores, sont particulièrement appréciées de ces grands cétacés. Souvent, les baleines viennent mettre leurs bébés au monde dans le coin. Les eaux sont calmes et assez profondes. L'espace d'une demi-journée, imitez donc feu le commandant Cousteau en allant les observer à bord d'embarcations modernes. Il se peut qu'elles ne se montrent pas très sociables et que vous rentriez bredouille (ce qui est tout de même assez rare), mais mettez toutes les chances de votre côté. On peut les observer toute l'année, mais la meilleure période est de novembre à fin mars. Ciel dégagé, mer d'huile et vent calme. Cachalots, dauphins et nombreuses espèces de baleines, dont les baleines à bosse, n'auront bientôt plus de secrets pour vous. Au total, jusqu'à 33 espèces de cétacés ont été vues dans les eaux de la Dominique. Les observations se font en général l'après-midi. Prévoir 4 h et 50 US$ environ. Se renseigner auprès d'*Anchorage Hotel* ou de *Dive Dominica* à Roseau, ou auprès de *Nature Island Dive* à Soufrière (voir plus loin la rubrique « Plongée sous-marine » dans « Sports et loisirs).

FÊTES ET JOURS FÉRIÉS

– *1er janvier*.
– *Carnaval :* les deux jours qui précèdent le mercredi des Cendres sont fériés et correspondent aux temps forts du Carnaval. Les Dominiquais défilent à Roseau dans des costumes riches en couleur. La musique envahit la ville tandis que la bière et le délire s'emparent des esprits. Un moment absolument fabuleux pour nous Européens, peu familiers de ce genre de manifestations.
– *Le Vendredi saint* et le *Lundi de Pâques* sont fériés.
– *1er mai*.
– *Mai :* tournoi international de pêche au gros, qui dure généralement 3 jours, sur toute l'île.
– *Lundi de Pentecôte*.
– *Juillet :* fête de la mer. Surtout dans le Sud. Pendant une semaine, nombreuses manifestations consacrées aux sports nautiques (plongée, planche à voile, cayak...). C'est alors l'occasion de s'initier à certaines activités gratuitement.
– *Début août :* fête marine de Portsmouth.
– *1er lundi d'août :* Emancipation Day, qui commémore l'abolition de l'esclavage.
– *Fin octobre :* Festival mondial de Musique créole. Nombreux groupes de musique qui se produisent et improvisent des concerts gratuits un peu partout. Festival qui a acquis une notoriété internationale.
– *Dernier vendredi d'octobre :* journée Kweyol consacrée à la culture traditionnelle. Ce jour-là, on parle, on s'habille et on mange créole.
– *3 et 4 novembre :* anniversaire de l'indépendance de l'île (1978), suivi de la Journée nationale de Solidarité.
– *25 et 26 décembre :* Noël et Boxing Day.
Lors des différentes fêtes, et particulièrement aux environs de Noël et du Jour de l'An, presque tout est fermé. Les lendemains de fête, il est tout aussi difficile de trouver un cachet d'aspirine ou un paquet de cigarettes !

GÉOGRAPHIE

Située entre la Martinique et la Guadeloupe, la Dominique est l'île la plus montagneuse des Caraïbes. Le morne Diablotins, qui est le sommet le plus haut des Antilles, s'élève à 1 447 m. Plus au sud, le morne Trois-Pitons, inscrit au titre du patrimoine mondial de l'Unesco, atteint 1 388 m. L'île possède environ 365 cours d'eau fraîche, qui font la joie des gamins des villages. La pénétration humaine à l'intérieur de l'île est très faible, et les routes se contentent de longer sagement les côtes. Une seule saignée traverse l'île d'est en ouest.
Cette petite île (754 km²), avec ses 50 km de long et ses 24 km de large, se caractérise surtout par la complexité de son relief, recouvert partout d'une épaisse jungle. C'est sans doute pourquoi quelques centaines d'Indiens caraïbes sont parvenues à y survivre. La Dominique est, de fait, la seule île qui possède encore une population indigène.

L'île compte 72 000 habitants environ, dont une bonne partie réside à Roseau, la capitale.

HÉBERGEMENT

Globalement, se loger à la Dominique revient cher (voir plus haut la rubrique « Budget »). Le camping étant interdit, vous aurez le choix entre trois types d'hébergement :

– *les hôtels*, qui ne sont pas très nombreux et dont les prix sont élevés, voire très élevés, que ce soit justifié ou non. À côté de chambres doubles classiques, la plupart disposent de suites spacieuses avec d'immenses lits. Ils sont surtout situés à Roseau ou le long de la côte caraïbe, jusqu'à Portsmouth.

– *Les « guesthouses »*, à des prix plus abordables, mais encore souvent élevés... L'ambiance est généralement plus familiale. Souvent, les *guesthouses* sont dotées d'une cuisine équipée et d'un petit salon à partager avec les autres locataires... histoire de faire un brin de causette et d'échanger vos impressions ou vos tuyaux avec d'autres routards...

– *Les « apartments » ou « cottages »* : souvent spacieux et équipés d'une cuisine avec frigo, cuisinière (parfois même d'un micro-ondes), vaisselle, grille-pain... C'est la solution la plus intéressante pour 3 ou 4 personnes.

HISTOIRE

Comme d'habitude (ça devient lassant), c'est Christophe Colomb qui découvrit l'île en 1493. Comme c'était dimanche et qu'il était à court d'idées, il appela l'île *Dominique*. Ici vivaient deux bons milliers d'Amérindiens caraïbes et certainement quelques Arawaks, que les premiers devaient garder pour le dessert. Pendant plusieurs siècles, les colons n'exploitèrent pas cette île, qu'ils ne savaient par quel bout prendre. Les Caraïbes continuèrent donc à vaquer à leurs occupations, un traité entre la France et l'Angleterre stipulant que l'île devait être laissée aux Caraïbes.

Il faut attendre le XVIIIe siècle pour que les Français rompent l'accord et s'installent, suivis bien entendu de près par nos amis anglais. Tout au long de ce siècle, l'île change de mains à de nombreuses reprises, au cours de sempiternelles chamailleries dont les deux pays sont coutumiers, sous l'œil interloqué des Amérindiens. La Dominique devient finalement anglaise au début du XIXe siècle, après que les Français eurent mis le feu à la capitale, histoire de laisser un souvenir de leur passage !

Devenue république parlementaire, membre du Commonwealth, l'île a obtenu son indépendance en 1978. Un an plus tard, un violent cyclone, *David*, ravageait l'île, comme une punition. On déplora plusieurs dizaines de morts, et plus des deux tiers des habitants se retrouvèrent sans abri. L'économie de l'île, déjà peu brillante, fut réduite à néant.

Les institutions sont spécifiques, le Président est élu pour 5 ans, le Parlement est constitué de 30 membres également pour 5 ans : 21 sont des élus des différentes circonscriptions de l'île et 9 sont désignés par le Président (dont 5 sur proposition du Premier ministre et 4 sur proposition du chef de l'opposition). Le Premier ministre, quant à lui, est élu par le Parlement.

LANGUES

L'anglais est la langue officielle, mais la population parle aussi le créole (patois ou *broken French)* et bredouille le français.

LA DOMINIQUE

POPULATION

91 % de la population sont d'origine africaine. La Dominique compte, en outre, 6 % de métis, 3 000 Amérindiens, dont 650 dits « de pure souche », et quelques Blancs qui représentent moins de 1 % de la population. La population, selon les statistiques officielles (recensement de 2001 qui donne 71 727 habitants), ne s'accroît plus, l'émigration étant légèrement plus importante que le solde positif des naissances. Une curiosité : sur l'île vivait la doyenne de l'humanité, née en janvier 1875 ! Pour dire la vérité, on n'est pas allé vérifier son acte de naissance...

Les Dominiquais n'ont pas tous bien compris l'intérêt économique du tourisme et peuvent parfois surprendre par leur comportement. Ils sont très gentils mais imaginent que vous avez de l'argent parce que vous êtes blanc. Ils sont en effet habitués aux touristes américains débarquant de leur bateau de croisière. Vous serez donc sollicité, parfois roulé par certains guides. Heureusement, il ne s'agit là que d'une faible minorité. Le comportement à respecter est celui d'un routard classique : être poli, ouvert. Les Dominiquais sont très attachés aux signes de politesse : un bonjour amical, et tout baigne. Ils sont également très curieux par rapport à notre culture, nos habitudes. Notre différence les fascine. La démarche doit être réciproque. Découvrez-les, la plupart sont extrêmement sympathiques.

Vous rencontrerez des *rastas,* repérables à leurs cheveux longs (locks), leurs bonnets de laine (rouge, jaune, vert) et leur allure nonchalante. Voir la rubrique « Rastas » dans les généralités sur la Martinique.

POURBOIRES ET TAXES

UN RAPPEL : dans les hôtels, demander les prix « toutes taxes comprises ». En effet, certains établissements ajoutent 10 % de service + 5 % de *Government Room Tax.*

Pour les restaurants, il existe également des taxes, mais elles sont déjà intégrées dans les prix.

RELIGION

Plus des trois quarts de la population sont catholiques. Là encore, les Français ont été plus influents que les Anglais.

SANTÉ

Se reporter à la rubrique « Santé » dans les généralités sur la Martinique.

SITES INTERNET

• *www.delphis.dm* • Site généraliste d'informations sur la Dominique. Clair et bien conçu, de même que • *www.ndcdominica.dm* •

• *www.calisbishiecoast.com* • Petit site local, centré sur la côte nord-est de la Dominique.

• *www.centrelink.org/Dominica.html* • Regroupe un certain nombre de sites permettant d'en savoir plus sur les Indiens caraïbes de la Dominique.

SPORTS ET LOISIRS

Randonnées en forêt et remontées (ou descentes) de cours d'eau

Le must de l'île ! On ne vient pas ici pour les plages, mais pour la forêt et la beauté des paysages, pour l'exploration de cette nature restée vierge. Une quarantaine de sentiers plus ou moins balisés permettent l'accès à cette jungle mystérieuse. Si certains parcours ne présentent aucune difficulté, d'autres en revanche nécessitent une bonne condition physique et il est vivement recommandé, voire indispensable, de partir avec un guide ; le sentier peut parfois s'évanouir quelques mètres. Les meilleures cartes de l'île (au 1/50 000) sont vendues au *Land & Surveys Division* (à Bath Estate, ☎ 448-28-98).

Guides

Il existe des guides touristiques formés par le ministère du Tourisme. Mieux vaut s'adresser à eux ; en cas de problème, c'est toujours plus facile. Comme les chauffeurs de taxis sur le port à Roseau, ils sont certifiés et disposent chacun d'un badge nominatif, avec leur photo. Évidemment, se méfier des contrefaçons en s'assurant que les badges portent bien mention du ministère du Tourisme. Les guides officiels subissent des tests de connaissance minutieux sur leur île et devraient donc pouvoir assouvir votre curiosité. S'adresser à l'office du tourisme, qui dispose de la liste des guides et pourra les contacter, ou à des agences de voyages en ville.
– La Dominique, c'est aussi près de 365 rivières ! Le jeu consiste à les remonter sur quelques mètres, jusqu'aux chutes d'eau. Certaines sont très réputées, d'autres, tout aussi belles, le sont moins. À vous de les découvrir. Pour ceux qui sont en quête de sensations fortes et d'endroits totalement isolés, il est désormais possible de pratiquer de la randonnée aquatique, du canyoning, de la descente en bouée ou en rappel, du parcours suspendu, du rafting...
Prévoir des chaussures de marche pour escalader les rochers le long des rivières. Attention aussi aux fortes variations de température d'un jour à l'autre, ou tout simplement au cours de la même journée. Pensez donc à emporter un bon pull et un anorak, surtout lorsque vous partez en randonnée, car il peut pleuvoir plusieurs jours.

■ *Escape :* PO Box 2150, Roseau. ☎ et fax : 448-52-40 de novembre à mai ; le reste de l'année, ☎ et fax : 04-93-04-89-73. ● escape2dominica@ yahoo.fr ● Éric et Michaël, deux guides professionnels de l'escalade et de l'accompagnement en montagne, proposent des parcours de différents niveaux (découverte, sportif ou... extrême) dans les secteurs de Laudat, Wotten Waven, la Plaine, ou encore aux Sari-Sari Falls. À partir de 50 US$ pour un niveau découverte (transport non compris). Randonnées pédestres à partir de 15 US$. Possibilité de *package* week-end. Éric et Michaël sont très sympas et ils connaissent bien la Dominique.

Pour des treks importants, vous pouvez aussi vous adresser à :

■ *Ken's Hinterland Adventure Tours :* PO Box 1652, Roseau. Dans l'enceinte du *Fort Young Hotel.* ☎ 448-48-50 ; ou, le soir : ☎ 448-35-17. Propose des circuits ou des randonnées pédestres. Tenu par des gens sérieux.

Plongée sous-marine

Pour les dilettantes qui souhaitent s'émerveiller, la Dominique possède des fonds marins grandioses. Avec un masque, un tuba et des palmes, certains endroits sont de véritables aquariums fantastiques avec des récifs de coraux, des poissons multicolores, des cratères sulfureux (plus connus localement sous le nom de *Champagne* à Pointe Michel). La location de matériel pour le snorkelling revient environ à 15 US$ par jour.

Pour les amateurs un peu plus avertis, la Dominique est l'endroit idéal. Les hôtels au sud de Roseau ont très souvent des clubs de plongée. Nous avons sélectionné pour vous ceux qui sont agréés par des organismes reconnus au niveau international et éprouvés (voir la rubrique « Sports et loisirs » au début du chapitre sur la Martinique). Évitez les autres. Ne plongez pas avec un particulier non homologué ou des amateurs. De même, ne plongez jamais seul, surtout si vous pensez vous y connaître. Mieux vaut toujours demander l'avis des professionnels locaux dont c'est le métier. Les fonds marins sont vraisemblablement parmi les plus beaux de la mer des Caraïbes et même du globe (selon la revue *Skin Diving,* la Dominique est classée au 5e rang mondial) ! Ils sont extrêmement divers : récifs de coraux, épaves riches en flore et faune, cratères sous-marins. 150 moyens de se régaler et de garder un souvenir impérissable de la Dominique. Compter aux alentours de 50 US$ pour une plongée et 80 US$ pour deux, matériel compris. Tous les centres proposent différents *packages*.

Voici les centres que vous pouvez contacter :

■ *Anchorage Dive Centre :* dans l'enceinte d'*Anchorage Hotel,* à la sortie sud de Roseau. ☎ 448-26-38. ● www.delphis.dm/anchor.htm ●

■ *Dive Dominica :* centre de plongée du *Castel Comfort Lodge* à Roseau, juste après *Anchorage Hotel.* ☎ 448-21-88. ● www.divedominica. com ●

■ *Seaside Dive Center :* à Canefield. Après le pont en venant de Roseau, panneau indicateur sur la gauche. ☎ 449-31-01. ● www.sea side.fr.st ● Centre récent. Plutôt familial.

■ *Nature Island Dive :* à Soufrière. ☎ 449-81-81. ● www.natureislanddive. dm ● Location de kayaks et de VTT également.

■ *Dive Castaways :* centre de plongée *du Castaways Beach Hotel* au nord de Saint-Joseph. ☎ 449-62-44. ● www.divecastaways.dm ●

■ *East Carib Dive :* à Salisbury. ☎ 449-65-75. ● www.east-carib-dive. dm ● Centre francophone.

■ *Cabrits Dive Centre :* à Portsmouth. ☎ 445-30-10. ● www.ca britsdive.com ● Très prisé par les étudiants américains.

TÉLÉPHONE

– *Dominique* → *France :* 011 + 33 + numéro de votre correspondant.
– *France* → *Dominique :* 001 + 767 + numéro de votre correspondant. Compter 0,11 € pour les 5 premières secondes, puis 1,41 €/mn en heures pleines et 1,07 €/mn en heures creuses.
– *Télécartes* disponibles (5 US$, 10 US$, 20 US$, 40 US$) chez *Cable and Wireless.* ☎ 448-10-00. Fax : 448-11-11. ● www.cwdom.dm ● Et dans certains magasins.

TRANSPORTS

À savoir : il existe des prix fixes pour les bus et taxis collectifs, disponibles notamment à l'office du tourisme.

Taxis

À l'aéroport. Environ 15 fois plus cher que le bus.

Bus, ou plutôt minibus

Ce sont des petits bus d'une quinzaine de places, qui circulent sur les grands axes de l'île. Attention aux yeux. Ils roulent à fond la caisse, musique plein pot. Là, c'est vraiment typique. Ils sont très fréquents sur la côte ouest de Portsmouth à Scotts Head. Pour l'est de l'île, ils sont en revanche plus rares. Comme ils sont gérés par des particuliers, il faut attendre que le bus soit complet pour partir. Si le nombre de voyageurs est insuffisant, pas de départ (à moins que vous ne payiez les places inoccupées !). Ce sont les aléas de la loi du marché.

> *Points de départ des bus à Roseau :* vers le sud, à côté du vieux marché ; *vers l'est,* à partir de Queen Mary's Street ; et *vers le nord,* à partir de Bridge River Bank. Les prix sont très bas, environ 4 EC$ (un peu plus de 1,50 €) pour Roseau-Scotts Head et 7,5 EC$ (3 €) pour Roseau-Portsmouth.

Ports

À quelques centaines de mètres de Roseau, à *Woodbridge Bay,* un port en eaux profondes peut accueillir les bateaux de plaisance. Un autre port à *Portsmouth,* dans le nord-ouest de l'île, et un troisième à l'*Anse du Mai* à l'est de l'île. Il est interdit d'amarrer dans la réserve marine de la baie de Soufrière et de Scotts Head.

Location de voitures

On peut louer une voiture une journée pour faire le tour de l'île. Préférez les 4x4, plus petites et plus maniables, si votre budget vous le permet. Il ne vous en sera que plus facile de circuler partout dans l'île. La plupart des agences demandent des cautions (parfois élevées) en dollars américains. Sachez enfin qu'il n'y a pas de problème pour trouver de l'essence ; stations *Texaco* et *West Indies* dans les principaux villages. Prudence tout de même le dimanche, mieux vaut faire le plein la veille si vous en avez la possibilité.

■ *Valley Rent-a-Car :* PO Box 3, Goodwill Road, Roseau. ☎ 448-32-33. ● www.valleycarrentals.com ● L'agence se trouve à la sortie nord de Roseau, sur la droite. Également présent à Portsmouth : ☎ 445-52-52. Pas plus cher que les autres et fiable. Ils sont très arrangeants.
■ *A.C.S Car Rental-Avis :* 4 High Street, Roseau. ☎ 448-04-13. Derrière la station *Texaco.* Ouvert du lundi au samedi de 8 h à 18 h ; le dimanche, sur rendez-vous.
■ *Island Car Rentals :* PO Box 40, Goodwill Road, Roseau. ☎ 448-28-86 ou 448-07-38. Fax : 448-07-37. À côté de *Valley Rent-a-Car.* Sérieux mais un peu cher.

Conduite

À GAUCHE, comme en Grande-Bretagne.
ATTENTION aux camions de livraison de bananes au port. Imaginez Alesi poursuivi par Hill, avec chacun une cargaison de bananes dans le dos. Histoire de faire moins de voyages, les producteurs chargent leurs véhicules au maximum. Dans les virages, pris largement au centre de la chaussée, il arrive qu'une caisse ou deux s'échappent de la cargaison.
Pas toujours facile de conduire à gauche quand on n'est pas habitué. Surtout quand les routes sont sinueuses, étroites, pleines de nids-de-poule... et que les locaux foncent à tombeau ouvert, même la nuit. Un conseil : écartez-vous, ils ne le feront pas pour vous. Il est très fortement déconseillé de rouler de nuit.

Stop

Peu de voitures, mais les gens s'arrêtent.

LA DOMINIQUE

Arrivée à l'aéroport

✈ **L'aéroport de Canefield** est à 3 km au nord de la capitale. C'est le plus « moderne », mais il n'est pratiquement plus utilisé. Quelques vols d'*Air Caraïbes* pour la Guadeloupe et Saint-Martin.

✈ Il est de moins en moins possible d'éviter d'arriver à l'**aéroport de Melville Hall**, au nord-est de l'île. Pas de change possible.

🛈 **Petit office du tourisme :** à l'aéroport de Melville Hall. Ouvert tous les jours de 6 h 30 à 18 h. Ils devraient pouvoir passer quelques coups de fil dans les *guesthouses* pour savoir s'il y a de la place.

■ **Location de voitures :** dans le hall départ, deux agences. *Atlantic Auto Rental :* ☎ 445-77-77. ● atlantic@cubdom.dm ● *Island Car Rental :* ☎ 445-87-89.

➤ Essayer de prendre un **bus collectif.** Les tarifs officiels sont affichés à l'entrée de l'aéroport ; compter environ 42 EC$ (17,14 €) pour Roseau.

ROSEAU

Une petite capitale aux allures de gros village. Un village pauvre, cependant. On s'attend à une ville trépidante et colorée, on trouve des maisons en bois bringuebalantes et de paisibles habitants. Toutes les maisons sont de plain-pied, les rues tracées au carré, selon la règle coloniale. Passé le moment d'étonnement, on s'habitue à la vie tranquille et nonchalante de ce bourg quasi désert ; on lui trouverait presque du charme.

Pour passer quelques jours dans une paix royale, pour apprendre à connaître la vie de ces gens nonchalants, souriants et doués d'une gentillesse naturelle étonnante, on y fait une halte sans déplaisir. De toute manière, c'est ici qu'on trouve les *guesthouses* les moins chères.

Adresses utiles

🛈 **Office du tourisme** (plan B2) : à l'Old Post Office, sur le front de mer. ☎ 448-20-45. Ouvert du lundi au vendredi de 8 h à 16 h et le samedi de 9 h à 14 h. Bureau frais, nombreuses brochures. Personnel sympa bien que nonchalant.

✉ **Poste** (plan B2) : à l'angle de Hillsborough Street et de Bay Street. ☎ 448-24-01. Les lettres mettent grosso modo 12 jours pour arriver en France.

@ **Cyber Café :** l'endroit le plus sympa est le *Corner House* (voir « Où manger ? »). Vous pouvez également envoyer un e-mail ou surfer sur le Web à *Cable & Wireless*. Dans les hôtels, c'est en général plus cher. Éviter le Business Centre du *Fort Young Hotel,* hors de prix !

■ **Consulat de France** (plan B3, 6) : 3 Victoria Street. ☎ 448-05-08. Fax : 449-88-07. Ouvert du lundi au vendredi de 8 h 30 à 13 h 30. Mais c'est l'**ambassade de France à Sainte-Lucie** qui a autorité sur l'ensemble des Petites Antilles. De la métropole : ☎ (001-758) 452-58-77 ou 452-24-62. De la Dominique : ☎ (1-758) 452-58-77 ou 452-24-62. ● www.am bafrance.lc.org ● frenchembassy@candw.lc ●

Banques

■ **Royal Bank of Canada** (plan B2, 4) : Bay Front, PO Box 19. ☎ 448-27-71 ou 448-27-74.
■ **Scotiabank** (plan B1, 5) : 28 Hillsborough St., PO Box 520. ☎ 448-58-00.

■ **Banque Française Commerciale** (plan B-C1, 3) : PO Box 166 ; à l'angle de Independence Street et Gate Marlborough Street. ☎ 448-40-40.

Urgences

■ **Police :** ☎ 999.
■ **Urgences médicales :** Princess Margaret Hospital, à Goodwill. ☎ 448-22-31 ou 448-08-13. À la sortie nord de Roseau.

Loisirs

■ **Dominica Festival Commission** (plan B1-2, 7) : 23 Great Malborough Street. ☎ 448-48-33. ● dfc@cwdom.dm ● Ouvert du lundi au vendredi de 8 h à 13 h et de 14 h à 16 h. Infos disponibles sur les différentes manifestations culturelles de l'année. Jeter un coup d'œil à la revue Da Vibe, éditée pour chacun des festivals.

■ **Alliance française :** Elmshall Box 251. ☎ 448-45-57. À la sortie est de la ville, après le jardin botanique, en direction de Laudat. Ouvert du lundi au vendredi de 9 h à 18 h 30. Des échanges interculturels, des cours en français, entre autres, y sont organisés.

Compagnies aériennes

■ **Air Caraïbes** (plan B2, 8) : représenté par Whitchurch, Old Street. ☎ 448-21-81. Fax : 448-57-87. Vols quotidiens pour la Guadeloupe, la Martinique, Sainte-Lucie, Saint-Martin et Saint-Barthélemy.

■ **Liat** (plan C1-2, 9) : 64 King George V Street, PO Box 122. ☎ 448-24-21 ou 448-75-75. Nombreux vols vers la plupart des îles des Petites Antilles.

LA DOMINIQUE

Où dormir ?

Dans le centre-ville

De bon marché à prix modérés

☖ **Vena's Hotel** (plan C1, 20) : à l'angle de Independence Street et Cork Street. ☎ 448-32-86. ● venas@cwdom.dm ● Chambres doubles avec douche à partir de 27 US$. 15 chambres simples, dans une grande maison où l'accueil laisse parfois à désirer. Évitez les chambres côté rue, très bruyantes. Celles situées à l'étage sont un peu moins tristounettes. Vena est un personnage. Elle essaie de tenir sa maison

LA DOMINIQUE

■ **Adresses utiles**

🛈 Office du tourisme
✉ Poste
3 Banque Française Commerciale
4 Royal Bank of Canada
5 Scotiabank
6 Consulat de France
7 Dominica Festival Commission
8 Air-Caraïbes H.H.V. Whitchurch
9 Liat

🛏 **Où dormir ?**

20 Vena's Hotel
21 Cherry's Lodge
22 Continental Inn
23 Kent Anthony Guesthouse
24 Sutton Place Hotel
25 Fort Young Hotel
26 Ma Bass Guest House

🍴 **Où manger ?**

30 Guiyave Restaurant
31 Pearl's Cuisine
32 Cartweel Café
33 Corner House
34 La Robe Créole
35 Paiho Chinese Restaurant
36 World of Food
37 Ti'caz Café

🍸 **Où boire un verre ? Où danser ?**

33 Corner House
40 The Cellar's
41 Symes Zee
42 Ashma

🛍 **Achats**

50 Tropicrafts Island Mats
51 Island Stuff Dominica
52 The Crazy Banana

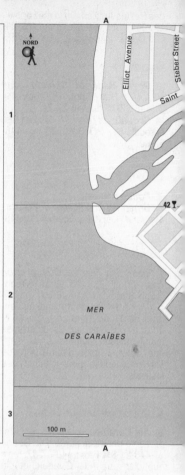

avec poigne. Pas facile, d'autant plus qu'il faut qu'elle s'occupe du salon de coiffure et de sa boutique en même temps. Dans la cour au fond, resto agréable, *World of Food* (voir « Où manger ? »). Vena possède également une autre maison, en pleine forêt, sur la route entre Layou et Pont Cassé. 4 appartements au calme total pour 65 US$.

🛏 *Kent Anthony Guesthouse (plan B2, 23)* : 3 Great Marlborough Street. ☎ 448-27-30. Compter 30 US$ pour une double avec salle de bains extérieure. Petit immeuble sans grand caractère mais chambres récemment rénovées et pro-
pres, avec ou sans douche. Bon rapport qualité-prix.

🛏 *Cherry's Lodge (plan B2, 21)* : 20 Kennedy Avenue. ☎ 448-23-66. Rien n'est indiqué à l'extérieur ; frappez à la grande porte en bois. Chambres avec ou sans douche, avec ou sans balcon, à partir de 32 US$. Grande maison tout en bois, avec un charme certain. 6 chambres modestes, à la literie pas terrible mais correctement tenues. Attention, certaines communiquent entre elles par le haut, d'autres n'ont pas d'eau chaude. Au rez-de-chaussée, grand salon aux allures coloniales.

ROSEAU

Prix moyens

🏠 *Ma Bass Central Guesthouse* (plan C2, 26) : 44 Fields Lane. ☎ 448-29-99. Dans un bâtiment récent, une dizaine de chambres propres et confortables, avec salle de bains, à partir de 50 US$; sous les toits, dans une ambiance de petit chalet montagnard, 3 chambres plus modestes, avec douche commune (pas hyper-pratique !), à partir de 35 US$. Idéal pour 3 ou 4 personnes. Cuisine collective bien équipée et

petit salon coquet. Adressez-vous à Theresa, qui tient la boutique en sous-sol.

🏠 *Continental Inn* (plan C1, 22) : 37 Independence Street. ☎ 448-22-14. Fax : 448-70-22. Petites chambres très simples aux alentours de 46 US$. Compter un peu plus de 60 US$ pour avoir salle de bains, clim', TV. Prendre plutôt une chambre à l'étage, en évitant le côté rue. Globalement un peu défraîchi... et un peu cher.

Chic

▲ **Sutton Place Hotel** (plan B2, 24) : 25 Old Street. ☎ 449-87-00. Fax : 448-30-45. ● www.delphis.dm/sutton.htm ● Chambres doubles à 110 US$; suite à 155 US$, avec cuisine équipée. Installées dans une maison coloniale, toutes les chambres ont en commun le confort (AC, TV câblée, sèche-cheveux), le charme des parquets et des meubles anciens, mais divergent au niveau de la déco. Une chambre sera dans les tons sobres marron, tandis que sa voisine sera d'un vert plus éclatant. Une adresse sûre.

▲ **Fort Young Hotel** (plan C3, 25) : PO Box 519. ☎ 448-50-00. Fax : 448-50-06. ● fortyoung@cwdom.dm ● À la sortie de Roseau, en bord de mer. Prix à l'américaine, comme dans tant d'endroits sur l'île ! Toute une gamme de prix, de 115 à 285 US$ environ pour une suite en front de mer. Ancien fort construit en 1770, transformé en hôtel avec beaucoup de goût. Cadre de vieilles pierres avec tout le confort moderne. 53 chambres avec air conditionné et ventilos, TV câblée et téléphone. La plupart surplombent la mer. Piscine, bar et resto. En fin d'année, nombreuses parties privées où les tenues de soirée sont les bienvenues. Dommage que le front de mer ait été entièrement bétonné par la municipalité.

Au sud de la ville

Les hôtels suivants sont tous situés au sud de la ville et plutôt chic. Ils sont tous accessibles en bus pour 1 EC$ (0,4 €). L'ambiance le soir n'est pas délirante. Musique douce genre salon de thé. Repas conventionnel : tenue habillée, chandelles et Frank Sinatra. De quoi choper le blues si l'on est célibataire ! Parfois, quelques concerts viennent distraire les clients. Les clubs de plongée de Castle Comfort Lodge et d'Anchorage Hotel sont ouverts au public.

▲ **Anchorage Hotel :** à 1,5 km environ au sud de Roseau, sur la route de Soufrière ; PO Box 34. ☎ 449-84-11. Fax : 448-56-80. ● anchorage@cwdom.dm ● Pour deux, compter entre 110 et 130 US$. 32 chambres en tout, dans une sorte de motel à deux étages, très classique et sans véritable personnalité. Piscine et squash. Au bord d'une plage de galets où il est possible de se baigner. Centre de plongée.

▲ **Castle Comfort Lodge :** grosse bâtisse blanche située entre l'Anchorage et l'Ever Green ; PO Box 63. ☎ 448-21-88. ● www.castelcomfort divelodge.com ● Chambres doubles à environ 125 US$. Le personnel est chaleureux. Les chambres sont toutes simples et moins spacieuses que dans l'établissement précédent, mais intéressant pour les amoureux de fonds marins. Les photos de coraux et de poissons multicolores qui ornent l'hôtel donnent particulièrement envie ! Excursions en mer pour admirer dauphins et baleines, et plongée quotidienne avec des spécialistes certifiés PADI. Propose des initiations et des formules tout compris.

▲ **Ever Green Hotel :** à 2 km au sud de Roseau, en bord de mer. PO Box 309. ☎ 448-32-88 ou 448-32-76. Fax : 448-68-00. ● www.delphis.dm/evergreen.htm ● Compter entre 125 et 160 US$ la chambre double, American breakfast compris. 10 chambres propres, coquettes, avec douche, w.-c., TV, AC, meubles en rotin blanc... 2 murs rose saumon et 2 murs vert pastel. Agréable et frais. Dommage que le rivage soit si dénaturé à cet endroit.

Où manger ?

De bon marché à prix modérés

Cartweel Café (plan B2, 32) : Bay Street. ☎ 448-53-53. Ouvert jusqu'à 14 h 30. Fermé le dimanche et le mardi. Repas autour de 25 EC$ (10 €). Petite salle dans une « grange » en pierre, plutôt intime. L'intérieur est aménagé avec goût. Les couleurs blanches des poutres, le bleu et le rose se marient harmonieusement avec le gris des vieilles pierres. Tenu par une Européenne, on y mange des sandwichs, grillades de viande ou poisson, et de délicieux gâteaux (surtout le gâteau au chocolat !), servis rapidement.

Corner House (plan B2, 33) : 6 King George V Street. ☎ 449-90-00. Ouvert de 8 h à 22 h (minuit les mercredi et vendredi). Fermé le dimanche. Compter 30 EC$ (12 €) environ le repas ; sandwichs ou salades entre 10 et 15 EC$ (environ 4 et 6 €). Vieille maison créole tout en bois, aménagée avec beaucoup de goût par deux jeunes Canadiens. Mariage réussi de teintes bleues, vertes, jaunes. Petit salon avec fauteuils confortables pour faire la causette en sirotant un jus de fruit fait maison, bouquiner une revue ou un livre piochés sur l'étagère en bois. Balcon surplombant l'effervescence de la rue à midi et salle réservée pour les internautes. Un endroit chaleureux et vivant, qui vous séduit irrésistiblement dès que vous entrez ! Idéal pour une petite pause.

Guiyave Restaurant (plan B2, 30) : à l'angle de Cork Street et de King's Lane. ☎ 448-29-30. Ouvert jusqu'à 15 h. Fermé le dimanche. Petit dej' copieux. Le midi, plat du jour à 35 EC$ (14 €) environ. Chouette petit endroit en étage, bien propret, avec quelques tables sur le balcon de bois. Décoration de plantes qui donne de la fraîcheur. Atmosphère presque californienne.

Ti'caz Café (plan B2, 37) : plus connu localement sous le nom de **Cocorico**. ☎ 449-86-86. À l'angle de Bay Front et Kennedy Avenue. Ouvert jusqu'à 16 h (14 h le samedi). Fermé le dimanche. Le midi, pour 35 à 40 EC$ (14 à 16,50 €), vous serez rassasié. Petit café aéré à l'ambiance marine, tenu par deux Français, Sidonie et Frédéric. Fenêtres sans vitre avec vue sur la mer, murs blancs et parquet jaune donnent beaucoup de luminosité. Sandwichs, grande diversité de salades, de délicieuses omelettes, de crêpes salées ou sucrées, glaces. Excellent jus de pastèque ! Pour ceux qui veulent s'initier aux rhums antillais, vous n'aurez que l'embarras du choix. Au sous-sol, petit magasin de vin, charcuterie et quelques fromages français.

Prix moyens

Pearl's Cuisine (plan C2, 31) : King George V Street ; fait l'angle avec Independence Street. ☎ 448-87-07. Fermé le dimanche. Le midi, environ 35 EC$ (14 €) le repas ; le soir, l'addition dépasse facilement 45 EC$ (18,50 €). Cartes de paiement acceptées. Repérable à sa couleur verte et à son architecture typiquement créole. Bar au rez-de-chaussée ; le resto est au 1er étage. Ambiance familiale et animée. Agréable de manger sur le balcon. Pas toujours de carte, mais des plats du jour copieux. Petit choix de vins français. L'un des meilleurs rapports qualité-prix de Roseau.

Paiho Chinese Restaurant (plan C2, 35) : 10 Church Street. ☎ 449-89-99. Compter entre 30 et 60 EC$ (12 et 24,50 €) le plat. Xie Xie Ni vous reçoit comme chez elle dans le meilleur (et aussi l'un des seuls) restaurant chinois de l'île. Au 1er étage aéré de sa belle maison créole en bois peint, 4 vastes tables pour déguster une très bonne cuisine, réputée pour sa fraîcheur. Quand on sait les difficultés d'approvisionnement, chapeau ! Excellents *kabar beef sting* et *fried pork dumpkins*. Ne pas oublier non plus les crevettes. Accueil sympa. Que demander de plus ?

|●| ***World of Food*** *(plan C1, 36)* : Fields Lane. Plats à partir de 35 EC$ (14 €). Dans une cour intérieure agréable, abritée par un énorme manguier. Même propriétaire que le *Vena's Hotel*. Grande variété de sandwichs, salades, poissons, sans oublier le crabe farci ou la langouste. Cuisine simple et bonne.

Chic

|●| ***La Robe Créole*** *(plan B3, 34)* : 3 Victoria Street. ☎ 448-28-96. L'un des rares restaurants ouverts le soir. Fermé le dimanche. Le midi, le repas revient à 50 EC$ (20,50 €) environ ; le soir, ajouter facilement 30 EC$ (12 €). Déco soignée avec murs en pierre apparente, tables en bois, ventilo... Une petite taverne colorée par les tissus créoles. Un rien d'atmosphère coloniale, si ce n'est qu'il est interdit d'y fumer. La clientèle est avant tout celle des propriétaires de yachts et des businessmen égarés dans l'île. Poulet créole, spécialités de fruits de mer, à base de crevettes notamment. Bonne cuisine, même si elle a un peu perdu de sa réputation. Certains jours, mieux vaut ne pas être trop pressé.

Où boire un verre ? Où danser ?

L'île est calme toute la semaine. Roseau aussi ! Les vendredi et samedi soir, en revanche, c'est la fête. Trois boîtes drainent la jeunesse de l'île. Ambiance incroyable.

🍸 ***Corner House*** *(plan B2, 33)* : voir « Où manger ? ». *Quiz night* le mercredi soir. Très convivial.

🍸 🎵 ***The Cellar's*** *(plan B2, 40)* : en sous-sol du *Sutton Place Hotel* (voir « Où dormir ? »). Fermé le dimanche. Petite pièce style café-concert, aux murs de pierre et aux tables en bois. Plutôt calme sauf le mercredi, avec un concert de jazz payant, et le vendredi, avec une soirée karaoké.

🍸 🎵 ***Symes Zee*** *(plan C2, 41)* : 34 King George V Street. ☎ 448-24-94. Si vous avez raté le groupe de jazz au *Cellar's*, vous pourrez assister ici à son concert, le jeudi. On vient d'ailleurs d'assez loin pour profiter de l'ambiance chaleureuse et populaire de cette soirée. Pas avant 23 h. Le reste de la semaine, le lieu est un peu tristounet.

🍸 ***Ashma*** *(plan A1-2, 42)* : à l'angle de River Street et Hanover Street. Une petite gargote fréquentée surtout le week-end, où les Dominiquais viennent grignoter un poulet grillé ou siroter une *Kubuli*, assis sur un banc, en bordure de rue. Au fur et à mesure que la soirée avance, l'atmosphère gagne la rue... Chacun y va de sa petite chorégraphie improvisée sur une musique généreusement distribuée par les énormes bafles du *Wykie's*, le bar d'à côté.

Boîtes

Un bon conseil : pas la peine de vous déplacer avant minuit.

🎵 ***Warehouse :*** venant de Roseau, c'est juste après l'aéroport, sur le côté droit de la route. La boîte du samedi soir (aussi ouverte le vendredi). Dans une ancienne sucrerie tout en pierre, qu'on a eu l'idée de transformer en boîte et dont le nom est peint sur la haute cheminée. 200 m² de piste pour que les corps ondoient dans l'obscurité, pour que décollent les esprits aux rythmes endiablés de la *calypso* ou du *zouk*.

Les yeux rougis par les fumées de toute sorte, les rastas vont jusqu'au bout de la nuit à pas cadencés. Qu'importe la fatigue, on a toute la semaine pour se reposer ! Boule à miroirs multifacettes, laser, DJ perché dans sa cabine et reggae collant, étouffant : tout est là pour une ambiance réussie. Une bonne soirée, mais aussi une véritable rencontre avec la jeunesse de l'île. Sourire et désespoir.

♪ **Dominican Club** (dit aussi *Q-Club*) **:** au sud de Roseau, à l'angle de Bass Road et High Street. Pour la petite histoire, *Q* fait référence à *Kubuli* qui veut dire Dominique en indigène (comme la bière locale qui porte ce nom). Vaste piste de danse et quelques tables où de rares coopérants sirotent tranquillement un planteur. Ouverture épisodique.

À voir

★ **Le jardin botanique :** c'est immense (40 ha). Endroit frais et calme pour se reposer sous de grands arbres majestueux. Pas d'un immense intérêt, mais on peut tout de même y voir le *sisserou*, emblème de l'île : dans le mini-zoo où il se trouve avec son copain Jaco et sur le bus décoré aux couleurs du perroquet.
Au cœur du jardin, un parc sert de base à l'agriculture locale. Les plans y sont réalisés pour satisfaire les besoins des fermiers dominiquais.

★ **Dominica Museum :** sur Bay Street, à côté de l'office du tourisme. ☎ 448-89-23. Ouvert du lundi au vendredi de 9 h à 16 h et le samedi de 9 h à 12 h. Fondé par Lennox Honeychurch, écrivain, journaliste, historien, ce musée explique la civilisation et le mode de vie des Amérindiens caraïbes. Une visite pédagogique pour ceux qui souhaitent en savoir un peu plus sur cette île et ses habitants.

★ **La cathédrale :** sur la colline située au sud de la ville. Architecture en pierre qui contraste avec les baraques en bois plus typiques. À l'intérieur, elle est peinte de couleurs pastel. Pas d'œuvre d'art qui vaille particulièrement le détour, mais c'est très « couleur locale ». Une autre petite église juste à côté. Le dimanche, à 10 h, on peut assister à la messe. Très beaux chants. Tous les fidèles revêtent leurs plus beaux atours. C'est un festival coloré de dentelles et de robes à volants et à fleurs.

★ **Gallery n° 4 :** 4 Hanover Street. À 100 m de *Cable & Wireless*. Ouvert du lundi au vendredi de 9 h à 16 h. Lieu de création et d'exposition pour quatre peintres dominiquais. Dans une petite cour intérieure et une salle attenante, quelques tableaux évoquant essentiellement les paysages et les couleurs de la Dominique.

★ **Old Mill Cultural Centre :** à 4,5 km environ au nord de Roseau, sur la droite. ☎ 449-18-04. ● ncc@cwdom.dm ● Centre culturel aménagé dans une ancienne distillerie. Quelques expositions de peintures, de photos, des concerts de *steel band*... Pour le programme, se renseigner auprès de l'office du tourisme.

Achats

⊛ **Tropicrafts Island Mats** (plan C2, 50) **:** situé à l'angle de Independence Street et de Turkey Lane, en haut de la colline au sud de la ville. Ouvert du lundi au vendredi de 8 h à 17 h et le samedi de 9 h à 13 h.

Magasin de souvenirs. Nombreux objets fabriqués dans la réserve indienne : paniers, chapeaux, également du rhum, du café, des lotions de la Dominique. Toute l'originalité de ce magasin réside dans l'atelier de vétiver au fond de la boutique. Le vétiver est une plante cultivée en Inde et aux Antilles, célèbre pour son parfum. Les femmes tissent aussi de grands tapis devant vous. Vous serez sidéré par l'aisance et la rapidité avec lesquelles elles tressent ces ronds qu'elles assemblent ensuite pour faire les tapis.

⊛ *Island Stuff Dominica* (plan B2, 51) : à l'angle de Hanover St. et Hillsborough St. Quelques objets également issus de l'artisanat local : vannerie, poterie, pièces de bois peint. Prix un peu élevés.

⊛ *The Crazy Banana* (plan C2-3, 52) : 17 Castel Street. Petite boutique de souvenirs, pas très fournie. Rhums de la Dominique et des autres îles des Antilles, sans oublier bien sûr les célèbres bouteilles peintes à la main.

Randonnées dans les environs

À partir de Roseau, il est possible d'effectuer plusieurs remontées de rivières vraiment chouettes, ainsi que quelques randonnées. Voici les plus belles balades pédestres, de la promenade toute gentille à la randonnée un peu sportive.

Attention, la route qui pénètre la *Central Forest Reserve* n'est pas terrible. Mais elle est superbe. C'est l'une des rares routes qui permettent de traverser l'île de Roseau à l'aéroport de Melville Hall.

➤ *Trafalgar Falls :* l'une des excursions les plus réputées de l'île. Se rendre au village de Trafalgar (10 km vers Laudat à partir de Roseau). Possible sans guide. Méfiez-vous des « guides » locaux qui s'imposent un peu lourdement. Après la centrale hydroélectrique, remonter jusqu'au pylône où débute un chemin qui s'enfonce dans la forêt. Grimpette d'une dizaine de minutes pour arriver aux deux cascades qui convergent dans *Rocky Pools,* éclaboussant d'énormes pierres noires autour desquelles poussent des orchidées et des fougères. De là, il est possible de remonter la rivière ; éventuellement se faire guider par un gars du coin pour atteindre les premières chutes, qui font tout l'intérêt de la visite.

Ce site, vraiment superbe, a malheureusement perdu la moitié de son charme, car les pierres se sont effondrées depuis la dernière tempête. À proximité de l'hôtel *Papillote Wilderness Retreat,* une source chaude, idéale pour se dégourdir de la fatigue, ainsi qu'une petite chute.

🛏 |●| *Papillote Wilderness Retreat :* PO Box 2287. ☎ 448-22-87. Fax : 448-22-85. ● papillote@cwdom.dm ● À deux pas du point de départ de la balade. Fermé de début septembre à mi-octobre. Chambres doubles à partir de 110 US$. Adorable auberge en pleine jungle. Dommage que la centrale hydroélectrique voisine face un bruit de fond permanent ! 5 chambres et 1 *cottage* dans une maison entourée d'une végétation luxuriante. Confort simple et suffisant, qui sied à merveille à ceux qui viennent chercher repos et méditation. Pour écrire un bouquin, ou se remettre d'une rupture douloureuse, c'est l'endroit rêvé. Confortable mais sans luxe inutile, charmant mais sans frime. Pas donné en tout cas. Préférable de réserver. Si vous ne pouvez séjourner à l'hôtel, essayez de déjeuner au restaurant après la balade aux chutes. Entre 25 et 60 EC$ (10 et 24,50 €), selon que vous prendrez un sandwich ou un repas complet. Sur une terrasse qui semble plantée en pleine forêt, égayée par un cours d'eau, on déguste de savoureux plats locaux avec des dérives européennes. Goûter leur pain maison.

➤ *Wotten Waven Sulphur Springs :* du centre-ville de Roseau, prendre King George V Street en direction de la montagne. Longer le jardin botanique, puis passer le pont récemment élargi. Arrivé à un carrefour avec plein de panneaux, 1er embranchement sur la droite puis, à la 2e bifurcation, continuer tout droit jusqu'au village de *Wotten Waven*. Se garer au bout du village. Cinq petites minutes de marche pour voir cette grosse baignoire jaunâtre d'où jaillissent de grosses bulles. Odeur puissante de soufre. À faire sans guide.

▲ *End of Eden :* à 3,5 km environ de Roseau, sur la route de Wotten Waven. ☎ et fax : 448-82-72. Chambres doubles de 32 à 45 US$, avec ou sans salle de bains ; également 2 appartements, intéressants pour 3 personnes. Dans une vieille bâtisse massive, édifiée en 1830 par des esclaves et bien entretenue. Clément, le propriétaire, est un personnage attachant qui vous proposera certainement de vous cuisiner un poisson qu'il aura lui-même attrapé dans son petit bassin. Bon rapport qualité-prix.

▲ *Chez Ophélia Cottage Aparte-* *ments :* sur la route de Wotten Waven, un peu plus loin que *End of Eden*. PO Box 152. ☎ 448-34-38. Fax : 448-34-33. ● mariem@ cwdom.dm ● Fermé les trois dernières semaines de septembre. Compter autour de 95 US$ pour 4 personnes. Une dizaine de bungalows en bois, avec cuisine équipée, dans un petit jardin à flanc de montagne. Accueil cordial. Le patron parle le français et Ophélia, son épouse, est une chanteuse de *zouk* appréciée dans les Caraïbes. Elle anime parfois des soirées pour les clients, entre deux tournées.

Quelques balades au départ de Laudat

De Roseau, prendre la même route que précédemment vers Trafalgar. Du centre-ville de Roseau, suivre le même itinéraire que pour Sulphur Springs (voir plus haut). Arrivé au carrefour, bifurquer sur la gauche vers *Laudat*. Dans ce minuscule village, deux endroits pour dormir, mais voici notre préféré.

▲ *Roxy's Mountain Lodge :* PO Box 265. ☎ et fax : 448-48-45. ● www.delphis.dm/eiroxys.htm ● À 7,5 km de Roseau. Chambres doubles de 60 à 100 US$ environ, selon le standing recherché ; petit dej' en supplément. Prix relativement élevés mais intéressants pour 4 personnes ou quand on y séjourne au moins une semaine. Un chalet spécialement équipé pour les groupes. En tout, 11 chambres propres, confortables, douche avec eau chaude, kitchenette. Salle commune avec TV mais, hélas, en travaux qui s'éternisent... De l'autre côté du jardin, grande maison avec plusieurs chambres spacieuses, belle vue sur le parc national du morne Trois-Pitons. Au sous-sol, un petit bar. Marie-Louise, qui comprend le français, prépare des pique-niques pour les grandes randos. Vend aussi des passeports touristiques pour les sites naturels. Un peu cher tout de même.

Voici quelques suggestions de balades, à faire avec ou sans guide. Nous le précisons selon les cas.

➢ *Titou Gorge :* dans le village de Laudat, tourner à gauche pour atteindre et longer le réservoir et suivre ensuite le pipeline qui court le long de la rivière et qui conduit aux gorges (à pied, compter 15 mn environ au départ de *Roxy's Mountain Lodge*). Des guides locaux proposent leurs services ; pas franchement nécessaire. En raison des travaux liés à la centrale hydro-électrique, le site a entièrement changé et a perdu une grande partie de son charme. Le niveau des eaux a singulièrement baissé et il n'est plus possible de nager que sur une trentaine de mètres. Bons nageurs uniquement !

➤ **Fresh Water Lake :** également à partir de Laudat, à 4 km au nord du village. À l'entrée du village, prendre le chemin rocailleux qui monte à gauche (carrossable uniquement en 4x4). Laisser son véhicule et suivre à pied le chemin qui mène en 50 mn à un joli lac de cratère, plein de charme. Plusieurs sources d'eau sulfureuse s'y jettent. Elles sont reconnaissables au dépôt orangé qu'elles laissent sur les pierres et les végétaux. L'eau du lac est captée pour la production d'électricité lorsqu'elle descend vers Titou Gorge. Ensuite, en continuant le chemin, on parvient à la queue du lac. Sur la droite, un petit sentier escarpé avec des marches en rondins permet d'accéder à un promontoire qui offre une vaste vue panoramique sur l'île. Un peu plus loin, une pancarte « Grand Fond » indique le passage de l'ancienne route utilisée par les habitants pour relier Roseau à la côte atlantique au début du XXe siècle. Pour les fanas d'ornithologie, nombreuses sortes de colibris (les *fous-fous* en créole), avec une crête bleutée, une gorge tirant sur le bordeaux, le vert, ou encore le bleu ! Sortez vos jumelles et vos téléobjectifs.

➤ **Boeri Lake :** en arrivant à Fresh Water Lake, sur la gauche on peut poursuivre jusqu'à cet autre lac de cratère. Mais éteint cette fois-ci, avec de l'eau froide. 45 mn de promenade supplémentaires dans une véritable jungle. Marche assez facile, sauf quand il a plu, le sentier devenant alors très glissant.

➤ **Middle Ham Fall :** toujours à partir de Laudat. 45 mn de marche pour atteindre cette autre belle chute sauvage, beaucoup plus étonnante que Trafalgar Falls. Le chemin est balisé, il n'est donc pas nécessaire d'avoir un guide. Possibilité de baignade.

➤ **Boiling Lake :** manifestement, la rando la plus intéressante de l'île. Il faut absolument prendre un guide, même si le gouvernement a fait des efforts pour la signalisation et que le sentier a été aménagé jusqu'au point de vue (voir au *Sea Bird Restaurant* ou au *Roxy's Mountain Lodge*). Compter environ 65 EC\$ (26,50 €) par personne en groupe (seul, c'est 40 US\$). La balade est longue : 4 h aller et autant pour le retour, environ 10 km. Il est donc préférable de mettre au point votre randonnée avec le guide que vous aurez choisi et de revenir tôt le lendemain pour l'effectuer. UNIQUEMENT POUR BONS MARCHEURS.

Le sentier est étroit. Il n'y a pas de marches ou de balises. Les deux premières heures se déroulent en pleine jungle, au cœur de la forêt tropicale : « châtaigniers » géants, palmiers, *bois bandé*, bambous, acajous, fougères arborescentes ponctuent la balade. On atteint ensuite la vallée de la *Breakfast River*, ainsi nommée car c'est là en principe que les marcheurs font la première pause casse-croûte. La végétation est très dense. L'heure qui suit est plus sportive, on monte sur le *morne Nicholls*. De là, la vue est splendide. On aperçoit la Guadeloupe. Parfois, quelques émanations de soufre envahissent les narines, les *Sulphur Springs* (sources sulfureuses) de la *vallée de la Désolation* sont tout proches. Cet endroit est probablement l'un des plus sauvages de la Dominique, on y trouve des eaux bouillonnantes, des piscines de boue grise et des rivières rendues multicolores par la présence des minéraux. La végétation a depuis longtemps déclaré forfait dans cette zone éminemment volcanique. Tout au fond, c'est le *Boiling Lake*, le plus grand lac de cratère du monde (environ 60 m de diamètre). C'est une éruption volcanique du XIXe siècle qui a façonné cette vallée. Soyez vigilant et écoutez bien les conseils de votre guide. Balade sportive mais passionnante.

DE ROSEAU À PORTSMOUTH

Sur ce parcours, la route est bonne. Elle longe la côte et offre de belles vues sur quelques plages tranquilles. C'est la partie la plus sèche et rocailleuse de l'île.

★ **Les villages de Massacre, Mahaut, Saint-Joseph :** après l'aéroport, on traverse deux minuscules villages aux maisons de bois, très pauvres. Ici, pas d'eau courante.

Poursuivant vers le nord, à l'embouchure de la Layou River, le village de *Saint-Joseph* est pudiquement évité par la route. Si vous vous intéressez aux gens qui habitent l'île, ce petit bourg, incroyable imbrication de cabanes en bois rafistolées de toute part, mérite une petite visite. Rien à voir de particulier, mais on prend plaisir à partager les sourires que l'on croise en jouant avec le soleil qui se faufile dans les étroites ruelles en pente. Le village, posé à flanc de colline, permet à tous les habitants de profiter des beaux couchers de soleil.

– Allez donc faire un tour chez **Ma Mill Bakery** dans le village de Layou, une petite dame qui fait son pain (et ses biscuits) dans un vieux four. Elle est réputée dans l'île. Demandez votre chemin, tout le monde la connaît. Nombreux champs de bananiers.

La plage de Castaways : un peu au nord de Saint-Joseph. Belle plage de sable noir, idéale pour la baignade et pour admirer le coucher de soleil. Station-service *Texaco* à l'entrée du village sur la route de Roseau.

★ **La distillerie de Macoucherie :** à 2 km au nord de Saint-Joseph. ☎ 449-64-09 ou 449-62-24. Ouvert du lundi au vendredi de 7 h à 15 h ; prévenir la veille. Entrée payante.
C'est ici qu'est fabriqué le *Macouchery Rum,* l'un des rhums les plus réputés de la Dominique. Petite visite de 15 mn qui permet de voir les différentes phases de la production, depuis le broyage des cannes à sucre jusqu'à la distillation. Attention mesdemoiselles et mesdames, vous n'aurez pas le droit d'entrer dans la salle de fermentation... pour ne pas incommoder le délicat processus bactériologique ! Les photos ne sont pas les bienvenues.

Sunset Bay Club : sur Batalie Beach à Coulibistri, au nord de Castaways. ☎ 446-65-22. Fax : 446-65-23. ● www.sunsetbayclub.com ● Chambres ou suite pour 2 personnes de 120 à 132 US$, petit dej' compris ; formule *all inclusive* de 211 à 225 US$ comprenant, en plus, un panier pique-nique pour le déjeuner, et le dîner ; pour un repas seul, l'addition dépasse vite 60 EC$ (24,50 €). Tenu par des Belges, Roger et Marcella. Excellent accueil. Chambres très propres et confortables. Certaines possèdent 4 lits. Plage, piscine, sauna et activités nautiques. Possibilité de baby-sitting. Resto également en front de mer, ouvert tous les jours, midi et soir. La cuisine de Roger est très réputée.

Castaways Beach Hotel : PO Box 5, Roseau. ☎ 449-62-44. Fax : 449-62-46. ● www.castaways. dm ● Chambres doubles à partir de 120 US$, et jusqu'à 165 US$ pour un appartement. En bord de mer. Les chambres sont enfouies dans un jardin tropical ombragé par les cocotiers. Mais certaines, un peu défraîchies, donneraient presque le bourdon ! En revanche, les appartements récemment rénovés sont adorables et intéressants à plusieurs. Centre de plongée et de pêche au gros. Des *packages* sont proposés. Tennis. Resto. Les fauchés se contenteront d'un verre à la terrasse du bar qui surplombe la plage.

➤ **Randonnées dans la Northern Forest Reserve :** deux balades possibles pour découvrir ce secteur moins fréquenté de l'île. *The Syndicate Nature Trail,* au pied du morne Diablotins, est un parcours sans difficulté d'une petite heure, qui ne nécessite pas de guide. Avec un peu de chance, vous pourrez observer le perroquet *sisserou* et, de manière plus certaine, les immenses gommiers, dont les troncs étaient utilisés pour la fabrication des pirogues.
Les plus sportifs peuvent gravir le morne Diablotins. Compter 6 à 7 h de rando avec guide. Au sommet, la vue est superbe... par temps clair, on peut voir la Guadeloupe et la Martinique.

Après le village de Dublanc, suivre les panneaux indicateurs sur la droite. Pour un guide, prendre contact avec *Syndicate Rainforest Tour Guide Association* : ☎ 446-63-93. Du lundi au mercredi toute la journée et le vendredi de 13 h à 17 h.

▵ *Coconut Beach :* au sud de Portsmouth, une belle plage de sable doré, en retrait de la route. Très agréable et quasi déserte.

🛏 |●| *Sister Sea Lodge :* à 1 km environ au sud de Roseau. ☎ et fax : 445-52-11. ● sangow@cwdom.dm ● Compter environ 70 US$ pour 2 personnes ; pour 4 personnes, les prix sont particulièrement intéressants. Repas aux alentours de 45 EC$ (18,50 €). N'accepte pas les cartes de paiement. Propose des bungalows très confortables, avec cuisine bien équipée. Salle de bains tout en pierre. Ambiance plutôt conviviale. On prend ses repas ou on sirote un petit rhum fait maison sur une terrasse face à la mer, qui inspire la sérénité. Pour les repas, prévenir à l'avance.

🛏 *Coconut Beach Hotel :* ☎ 445-53-93. Fax : 445-56-93. ● cbh89ck@netscape.net ● À 2 km au sud de Portsmouth. Panneau indicateur sur la gauche. Se repère facilement à sa couleur orange vif. En haute saison, chambres, bungalows et suites de 85 à 140 US$. Malgré les cyclones qui ne l'ont pas épargné, c'est tout de même encore un bel endroit, avec une longue plage. Isolé en pleine nature, l'établissement offre une belle vue sur la baie de Portsmouth et les Saintes. Chambres avec tissus à grosses fleurs. Bungalows spacieux, avec cuisine équipée sur le balcon, salle de bains et w.-c. L'accueil est très sympathique. Fait aussi restaurant. Soirées souvent organisées le vendredi soir.

🛏 |●| *Picard Beach Resort et Portsmouth Beach Hotel :* à environ 1,5 km au sud de Portsmouth ; PO Box 34. ☎ 445-51-31. Fax : 445-55-99. ● picardbeach@cwdom.dm ● pbh@cwdom.dm ● Superbe complexe qui comprend un nouvel hôtel (*Portsmouth Beach Hotel*) de 160 chambres à partir de 60 US$ et une vingtaine de bungalows (*Picard Beach Resort*), entièrement rénovés, à 175 US$ en haute saison. Les *cottages* en bois sont répartis dans un grand jardin frais et agréable. Préférer ceux sur le front de mer. La plupart des chambres ont vue sur la baie toute proche. Air conditionné, salle de bains avec douche et w.-c., petit balcon. Piscine et... plage ! Resto. Même propriétaire que l'*Anchorage Hotel* à Roseau, possibilité de « Dive Packages ».

PORTSMOUTH

Gros village souriant, au creux d'une jolie anse, deuxième localité de l'île. Les nombreux bateaux échoués dans la baie rappellent combien cette région a été durement frappée par les ouragans depuis 1995. C'est ici que les Amérindiens caraïbes s'étaient regroupés et vécurent jusqu'au milieu du XVIIe siècle.

Aujourd'hui, l'économie de Portsmouth est atypique. Elle abrite l'École privée américaine de Médecine. Les conséquences en sont nombreuses : 700 élèves vivent au sud de la ville. Tous les hôtels sont véritablement assiégés pendant les semestres de scolarité ; il est donc nécessaire de réserver. En outre, les Dominiquais et les étudiants communiquent très peu. À dire vrai, il s'agit de deux mondes qui cohabitent assez mal. Pour les étudiants, la Dominique est une prison dorée d'où ils s'évadent dès que possible. Pour les Dominiquais, les étudiants font fuir les vrais touristes qui, eux, développeraient de manière plus significative l'économie locale...

Adresses utiles

■ **Change :** possible dans deux banques. *Barclays Bank :* sur la route de Marigot. ☎ 445-52-71. Dispose d'un distributeur acceptant la carte *Visa. National Commercial Bank :* à l'entrée de Portsmouth, en venant de Roseau. ☎ 448-54-30.

◉ **Internet :** *Cable & Wireless,* dans la rue principale. ☎ 448-11-91. Non loin, *Alpha-2-Omega Computing* dispose également de quelques ordinateurs.

■ **Whitchurch Travel :** dans la rue principale. ☎ 445-43-31. Agence de voyages représentant l'*Express des Îles* et *Air Caraïbes.* Ouvert du lundi au vendredi de 8 h à 16 h et le samedi de 8 h à 13 h.

Où dormir ? Où manger ?

Pas grand-chose pour se loger à Portsmouth. Si vos finances vous le permettent, les meilleurs hôtels se trouvent à 1 ou 2 km, sur la route de Roseau (secteur de *Coconut Beach*).

De bon marché à prix modérés

🛏 **Casaropa Apartments :** dans le centre, sur le côté de la route, au bord de l'eau. ☎ 445-52-77. Fax : 445-45-36. Chambres doubles avec lavabo, w.-c. et TV satellite autour de 30 US$; compter environ 40 US$ pour une chambre avec frigo, cuisinière et clim' ; 10 % de réduction à partir d'une semaine. Construction plutôt propre, simple mais un peu triste. Possibilité de prendre ses repas au resto à proximité.

|◉| **Blue Bay Restaurant :** un resto sympa, sur la plage, à 100 m de l'adresse précédente. ☎ 445-49-85. Tables sur une belle terrasse où Cylma et Michel font la cuisine comme chez eux. D'ailleurs, vous y êtes... chez eux ! Spécialités locales comme le *mountain chicken,* mais aussi délicieux langoustes et colombos. Très bonne ambiance, surtout le vendredi soir.

Prix moyens

|◉| **Purple Turtle Beach Club :** à 800 m au nord de Portsmouth, sur la route du Fort Shirley. ☎ 445-52-96. Plats entre 25 et 45 EC$ (10 et 18,50 €). Il y avait jadis des tortues sur la plage, mais cela fait longtemps qu'on n'en voit plus. Horrible petite baraque en béton et terrasse en teck plutôt impersonnelle. Le rendez-vous des croisiéristes qui débarquent à Fort Shirley. Sandwichs et restauration légère à base de produits locaux, mais aussi langouste et poisson frais. Pour manger ou bien seulement boire un verre.

À faire

➤ **Le Parc national de Cabrits :** au nord du village, aller se balader jusqu'au **Fort Shirley**, sur la presqu'île de Cabrits, construit par les Anglais pour se défendre contre les Français. Pas grand-chose à voir, mais promenade agréable. Quelques sentiers avec panneaux d'interprétation. Petit musée relatant l'histoire du site, juste à l'entrée. Ne pas oublier d'acheter un ticket pour accéder au Parc national, les gardiens sont du genre intransigeant.

➤ **Balade sur l'Indian River :** petite rivière aux eaux calmes, qui s'enfonce dans la jungle à partir de Portsmouth. Plusieurs jeunes (ou moins jeunes) du

LA DOMINIQUE

village, regroupés en association, proposent leurs embarcations pour effectuer la promenade au milieu des palétuviers. Compter près de 10 US$ par personne pour une balade de 1 h. Agréable moment.

DE PORTSMOUTH À CASTLE BRUCE

De Portsmouth, on traverse la pointe nord de l'île en passant entre le *morne aux Diables* et le *morne Diablotins* ; on rejoint la côte atlantique à l'*Anse du Mé*. Le paysage change, le vent souffle ; c'est sur cette côte que les plages sont les plus belles, mais les baignades sont dangereuses. La végétation contraste fortement avec celle de l'ouest. Palmeraies, cocoteraies et bananeraies égaient le paysage. Côte sauvage, découpée, battue par les vents et oubliée des hommes.

★ CALIBISHIE

Gentille petite localité. Sur la plage de Calibishie, baignade possible mais avec des chaussures appropriées. Ne pas dépasser les vagues, les courants sont très puissants. Il faut absolument assister au retour des pêcheurs, la criée est un vrai spectacle. Au bout du village. Sinon, pas grand-chose, et c'est déjà beaucoup. Station-service en plein centre du village.

Où dormir ? Où manger ?

▬ *Veranda View :* au bord de l'eau, juste à côté du *Domcan's Café*. ☎ 445-89-00. Compter près de 60 US$ pour 2 personnes et de 70 à 110 US$ pour 4 personnes. Jolie vue sur la baie de la terrasse, au 1er étage. 2 chambres simples, tout en bois et assez chaleureuses.

▬ *Windswept Guesthouse :* ☎ 445-74-21. • windswept19@hotmail.com • À 2 km au sud de Calibishie, sur la droite. Un petit panneau bleu très discret en indique l'entrée. Autour de 65 US$ la chambre double. Dans une maison bien tenue, 3 chambres propres et confortables, avec kitchenette et douche. Pas d'air conditionné, il peut y faire chaud. Restauration sur demande et accueil sympa de Lisa, dans l'hôtellerie depuis 30 ans. Ah oui ! elle parle le français.

▬ *Sea Cliff Cottages :* à 1,5 km à la sortie sud de Calibishie, à gauche ; c'est indiqué. ☎ 445-89-98. • www.dominica-cottages.com • sea cliff@dominica-cottages.com • De 70 à 105 US$ la chambre double ; intéressant quand on est plusieurs : 630 US$ environ par semaine pour 4 à 6 personnes. Ensemble de 4 *cottages* récents surplombant la mer, avec vue dégagée. Question confort : eau chaude et électricité.

Par un petit chemin en terre, on peut accéder à une superbe plage bordée de cocotiers à l'embouchure d'une rivière... Une bonne adresse.

▬ *Pointe Baptiste Guesthouse :* à 1 km au sud de Calibishie, panneau indicateur sur la gauche, vers Pointe Baptiste. ☎ et fax : 445-84-95. • guinguette@cwdom.dm • Adressez-vous à Annick Giraud pour les réservations, une Française qui habite à Calibishie depuis plusieurs années. De 85 US$ par jour pour 2 ou 3 personnes à 260 US$ pour 6 personnes. Une adresse exceptionnelle, la plus sauvage et la plus charmante de l'île. Calme et sérénité assurés ! Deux maisons tout en bois, au sommet d'une falaise de la pointe Baptiste, face à la mer, entourée d'un grand jardin. La grande possède un salon qui s'ouvre sur une véranda, dans le style californien ; vieux meubles et photos de famille jaunies. La plus petite peut accueillir 3 personnes, l'autre de 6 à 10 personnes. Toutes les deux sont équipées (cuisine, salle d'eau, frigo, etc.). De plus, on bénéficie d'un service hôtelier puisque 2 personnes viennent faire le ménage, les lits et la cuisine tous les jours. Seuls les achats d'ordre alimentaire sont à votre charge. Guide et voiture de location à la demande. Il y a du *Autant en emporte le vent,* là-dedans !

|●| *Domcan's Café :* sur la plage, en face de l'église catholique. ☎ 445-87-69. Ouvert de 10 h à 22 h. Sandwichs variés copieux allant de 3 à 5 US$ (3 à 5,50 €) ; plats aux alentours de 25 EC$ (10 €). Vraiment juste les pieds dans l'eau et resto ouvert aux quatre vents ! Plats à base de poulet, bœuf ou poisson, servis avec un assortiment de légumes. Excellents jus de fruits frais. Harry, Canadien de son état et proprio des lieux, est très sympathique.

➤ La route poursuit sa sinueuse descente le long des côtes difficiles tout en offrant quelques échappées sur la mer. De très belles anses au sable doré, où déferlent de longues vagues féroces.

Où manger dans le coin ?

|●| *Theo's Courtyard :* à la sortie du village de Wesley, à 5 km de Marigot. ☎ 445-88-65. Ouvert tous les jours. Compter 20 EC$ (8 €) environ le repas. Petit resto dans une bâtisse récente sans réel caractère. Déco très dépouillée : murs blancs et quelques tissus créoles accrochés aux fenêtres. Musiques qui évoquent étrangement le registre de la « Chance aux chansons ». Mais Théona, la patronne, cuisine très bien et a le sourire chaleureux. Excellent poulet à la sauce de soja.

★ *MARIGOT*

Petit village très pauvre, composé de quelques baraques en bois, mais qui a son importance, puisque c'est la 4e localité de l'île. En tout, à peine 3000 âmes y vivent ! Petit musée anachronique, l'un des seuls de l'île.
Si vous êtes en voiture, pas de panique, il y a une station *Texaco* à l'entrée du village, sur la route de Roseau. Le dimanche, la station ouverte la plus proche se trouve à Wesley.

Où dormir ? Où manger ?

▣ *Olive's Guesthouse :* Atkinson Village. ☎ 445-75-21. Avant d'arriver dans le territoire indien en venant de Marigot. Sur la route principale, à droite. Près de 15 US$ par personne. Certainement l'une des adresses les plus originales du guide. De la route, vous apercevez une terrasse avec un hamac. En s'approchant, on découvre une gentille maison bien tenue. Jusqu'ici, rien d'extraordinaire. Demandez à voir une chambre et là, vous serez vraiment surpris. Derrière la maison, des bungalows très respectables sont dispersés dans un joli jardin tropical. La vue sur la côte atlantique est digne des plus grands hôtels des Caraïbes. Calme et sérénité seront vos compagnons. Côté confort : eau chaude dans les douches communes. S'arrêter absolument pour au moins y boire un verre et goûter la fameuse confiture de cacao. L'ensemble est relativement bien tenu et plutôt accueillant.

▣ *Thomas Guesthouse :* au centre de Marigot, à 5 mn de l'aéroport. ☎ 445-72-64. Compter 20 US$ environ par personne. Petite maison avec 3 chambres propres. Salle de bains, w.-c., cuisine équipée et salon communs. Lorsque c'est complet, Theresa propose également des chambres dans sa maison au même prix. Simple et pratique pour prendre un avion très tôt le lendemain !

▣ |●| *Floral Gardens :* situé dans le village de Concord, sur la route qui va d'Atkinson à Roseau. ☎ 445-76-36. Fax : 445-73-33. Compter de 70 à 90 US$; certaines chambres peuvent accueillir 5 personnes. Le repas revient vite à 60 EC$ (environ 24 €). L'hôtel est à 15 mn de l'aéroport et des plus belles plages de sable blanc de Woodford Hill et de Hampstead. Un endroit romantique et reposant. La rivière Pagua, qui marque la frontière du territoire indien, sert de piscine naturelle aux clients. Un grand jardin tropical complète le tableau. Les chambres sont simples. Dommage que la pro-preté soit parfois douteuse et l'accueil incertain.

|●| **Snack :** à deux pas de *Thomas Guesthouse,* petit snack sans nom, ouvert curieusement le samedi et dimanche soir, uniquement. Compter environ 15 EC$ (6 €) le repas. Toute petite baraque en bois. On mange accoudé au comptoir, ou sur deux minuscules tables adossées au mur. Poulet ou poisson frites dans des barquettes prêtes à emporter.

À voir dans le coin

★ **Museum exhibition of French articles (musée Chabert) :** à 2,5 km au sud de Marigot, sur la gauche. ☎ 445-72-18. Ouvert de 9 h à 16 h. Fermé le mardi. Entrée payante. Ancienne demeure du marquis de Chabert, qui distillait du rhum et possédait des plantations sur l'île au XVIIe siècle, du temps de la présence française. A été restaurée il y a une vingtaine d'années. Écriteaux en français qui expliquent le pourquoi du comment... On y trouve une panoplie d'objets insolites en os de baleine, des médailles, des épées. Joli petit jardin tropical. Le tout est assez poussiéreux et sent un peu le renfermé. Possède tout de même un certain cachet.

★ **La réserve caraïbe :** à 5 km au sud de Marigot. La dernière des Antilles, dans la région de l'Anse Maho. Elle s'étend jusqu'à Castle Bruce. Pas vraiment de village. Quelques cabanes le long de la route et des Amérindiens qui semblent attendre que le temps passe. Ils regardent les voitures filer et font un peu de vannerie qu'ils proposent aux touristes dans de modestes cahutes. Cache-pots, dessous-de-plat, éventails. Rien de bien convaincant. Cette communauté, qui se résume à quelques centaines d'âmes complètement acculturées, est le fruit d'une colonisation franchement pas réussie.
Les Amérindiens caraïbes vivent toujours de manière un peu autonome. Ils élisent un chef pour cinq ans et possèdent quelques lois spécifiques qui s'intègrent, en théorie, aux lois de l'île. Par exemple, il est impossible à un individu ne faisant pas partie de la communauté de construire sa maison dans la réserve. Pour conserver la « race », si une femme se marie avec un étranger, elle n'est plus considérée comme caraïbe. Pourtant, une étrangère peut intégrer la communauté, si son mari est caraïbe...

★ Dans le village de *Salybia*, ne pas rater l'*église*. Construite sur une pirogue, c'est un chef-d'œuvre.

★ Plus au sud, dans la région de *Castle Bruce,* plantations de noix de coco et de bananes.

L'INTÉRIEUR, DE CASTLE BRUCE À ROSEAU

Passé Castle Bruce, prendre la route de l'intérieur sur la droite. On traverse l'île au milieu d'une épaisse végétation tropicale. Après quelques kilomètres, sur la droite, pancarte et aire de parking d'Emerald Pool.

★ **Emerald Pool :** du parking débute un petit sentier en pleine forêt tropicale. Sans conteste le site le plus visité de l'île : normal, les croisiéristes s'y rendent tous en minibus en excursions organisées. À éviter le mardi, donc. Mais, fort heureusement, c'est toujours très bien entretenu. Après 10 mn de marche, on tombe sur un magnifique petit cirque, ombragé par d'épais feuillages d'où émerge une croquignolette chute d'eau qui étourdit une gentille piscine naturelle à l'eau fraîche. Lianes, lumière diffuse et rochers moussus. Image d'Épinal, version Caraïbes sans Tarzan ni Jane. Agréable endroit pour pique-niquer au frais, mais aussi stands de burgers et de souvenirs. Des aménagements pour l'accueil sont en construction à la lisière de la forêt, mais est-ce bien raisonnable ? De là, on peut rejoindre Pont Cassé ou Roseau assez rapidement. En effet, la route est la meilleure et la plus large de toute l'île. Normal c'est l'une des plus fréquentées par les touristes.

Où dormir ?

🛏 **Springfield Plantation :** PO Box 456. ☎ 449-14-01. Fax : 449-21-60. ● springfield@cwdom.dm ● Au carrefour de Pont Cassé, prendre la route vers Roseau sur 7 km environ ; puis c'est sur la droite. Chambres doubles aux alentours de 100 US$, petit dej' anglais copieux compris. Ancienne maison de planteur datant de 1840, tout en bois, avec vue sur la mer entre les palmiers. Ambiance tranquille, vieillotte et très anglaise (portraits de la famille royale). Au dîner : porc bouilli agrémenté de sauce à la menthe. Les deux chambres de maître (les n°s 11 et 15) sont majestueuses. Juste à côté, centre de recherche sur les ressources naturelles et l'environnement.

LA CÔTE SUD-EST, DE ROSALIE À DÉLICES

Seuls les acharnés, fouineurs insatiables, vrais curieux, amateurs d'images nouvelles et de beauté simple emprunteront ce parcours. Certains diront « bof ! », d'autres seront touchés par les gens qui vivent dans ce paradis qui prend si souvent des allures d'enfer.
Route sinueuse en altitude avec, de temps à autre, de beaux panoramas sur l'Atlantique. De l'autre côté, la montagne se dresse fièrement avec sa carapace tropicale. La route, bien que côtière, boude souvent les plus pauvres de l'île, si tant est qu'une échelle de pauvreté ait ici un sens.

★ **La Plaine :** village très étendu, sans centre véritable, très fleuri, chaque maison en bois possède ses quelques bosquets de couleurs. De même, les habitations en bord de route sont peintes dans des tons colorés : vert d'eau, rose, bleu. Ici débute une remontée de rivière qui mène à *Sari-Sari Falls*. Prenez à droite la route qui passe devant l'église et montez jusqu'au christ. Puis suivez la route à droite de ce christ et montez tout au bout du village à travers les bananeraies. Remarquez les baraques en bois, montées de quelques pierres branlantes. Là où la route se scinde en deux, garez votre véhicule et demandez à un jeune de vous guider pour une somme modique, par exemple à la cabane en bois bleu turquoise qui fait office de bar. Une petite heure de grimpette en remontant la rivière, en jouant à la marelle avec les rochers. Jolie chute très peu connue.

★ **Délices :** un autre village minuscule. De là, on peut remonter la *rivière Blanc*, tout au bout de la route, où les jeunes du village viennent pique-niquer le dimanche. L'endroit n'est pas nickel. Si l'envie vous en prend, vous remonterez la rivière jusqu'aux *Victoria Falls* avec un jeune du coin.

DE ROSEAU À LA POINTE SUD

Parcours à effectuer si vous louez une voiture et qu'il vous reste un peu de temps. Quelques kilomètres après Roseau, la route se rétrécit étrangement. On sent que peu de gens passent par ici. On traverse quelques villages minuscules, où le tout-à-l'égout et l'eau courante sont encore un rêve ; la plage sert donc de décharge publique.

★ *SOUFRIÈRE*

Du village, superbe panorama sur la baie et la pointe sud, bien abritée.

Où dormir ?

🛏 *Gallette Cottages :* à la sortie de Soufrière, sur la route de Scotts Head. ☎ 449-81-81. Fax : 449-81-82. ● www.natureislanddive.dm ● Compter près de 145 US$ pour deux. À trois ou quatre, c'est l'idéal. Deux ravissants appartements en front de mer très bien équipés et récemment restaurés, suite au désatreux passage de *Lenny* ! Ameublement en bois blanc dans l'un, en bois plus foncé dans l'autre. Même propriétaire que *Nature Island Dive.*

🛏 À l'entrée du village, un panneau indique sur la gauche *Petit Coulibri*,

l'hôtel le plus surprenant de l'île. ☎ 446-31-50. Fax : 446-31-51. Il est très difficile d'y accéder sans 4x4. Plusieurs bungalows luxueux au sommet d'un piton rocheux verdoyant, avec une vue vertigineuse sur la mer. Piscine exceptionnelle. Le couple d'Américains qui tient l'établissement est aux petits soins. Ce site féerique leur vaut d'avoir fait la une de plusieurs magazines américains. Magique pour une nuit de noces ou un Jour de l'An. Prix à la hauteur du lieu, ça va de soi !

Où manger ?

🍴 *Seabird Café :* juste à la sortie de Soufrière en direction de Scotts Head. ☎ 448-77-25. Ouvert tous les jours le midi ; le soir, uniquement sur réservation. Fermé pendant les fêtes de fin d'année. Bon marché. Chris a décoré avec goût l'étage et la terrasse de sa maison. Elle prépare avec amour de l'excellent poisson frais, des salades copieuses et des sandwichs pour la plage. Son mari, Jep, est l'un des meilleurs guides de la Dominique. Ses récits et commentaires ont été publiés trois fois dans le *National Geographic Traveller.*

Faites appel à lui pour vos randos, c'est une mine d'or.

🍴 *Forest Bistro :* ☎ 448-71-05. Dans le village de Soufrière, prendre la route de Sulphur Springs ; c'est indiqué à 400 m sur la gauche. Avec 40 EC$ (16,50 €), vous aurez bien mangé. Endroit très nature, où l'on arrive au terme d'un chemin caillouteux, accueilli par une superbe allée de cocotiers et une plantation de citronniers. André et Joyce Charles préparent de bons petits plats uniquement sur réservation. Joli jardin tropical avec vue sur la mer.

À voir dans le coin

★ *Soufrière Sulphur Springs :* à Soufrière, prendre la route qui mène au *Petit Coulibri*. Ne pas confondre avec le site de *Wotten Waven Sulphur Springs,* plus connu, dans la vallée de Roseau. Entrée payante. Petite piscine pour profiter des vertus de l'eau soufrée. Un sentier bien aménagé remonte le cours d'eau à travers la forêt jusqu'à un dépôt de soufre naturel d'ou s'échappent quelques fumerolles. Rien de très exceptionnel mais petite balade agréable.

★ À *Pointe Guignard*, entre Pointe Michel et Soufrière, une *source sulfureuse* (connue sous le nom de *Champagne*) bouillonne à quelques mètres du rivage. Marcher jusqu'au bout de la plage en direction de la pointe.

Ensuite, on accède à la source à la nage avec masque et tuba. À voir absolument ; on sent l'eau se réchauffer, puis on découvre un cratère sous-marin en ébullition.

★ Poursuivant vers le sud, on atteint **Scotts Head Village**, un petit village de pêcheurs typique, et une anse reliée à un îlet qui marque la bordure sud d'un cratère sous-marin. Pas vraiment de plage, ou alors pas très propre. Pas d'eau courante, seulement des robinets dans la rue, que les femmes utilisent pour laver le linge. Scotts Head vaut quand même le détour, ne serait-ce que pour ses fonds marins absolument superbes. En revanche, pour manger, éviter le *Sundowner Café,* c'est hors de prix et en plus, les Dominiquais n'y sont pas les bienvenus. Autant dire que l'on n'aime pas trop ! Le *Herche's Place Hotel,* juste en face, appartient au même propriétaire. Pas mieux !

★ À Scotts Head, le meilleur endroit pour plonger avec masque et tuba se trouve sur la **presqu'île de Fort Cachacrou**. Une minuscule plage de sable blond sert de point de rendez-vous des avisés. Dès les premiers mètres, vous observerez des récifs de coraux et des poissons multicolores. En nageant sur la pointe de la presqu'île, vous atteignez l'endroit le plus intéressant, le « Cerveau » : un énorme récif avec une multitude d'espèces de poissons, tous plus magnifiques les uns que les autres.

LA DOMINIQUE

SAINTE-LUCIE : GÉNÉRALITÉS

● ●

Pour la carte de Sainte-Lucie, voir le cahier couleur

CARTE D'IDENTITÉ

- *Superficie :* 620 km^2.
- *Capitale :* Castries.
- *Régime :* monarchie parlementaire, même si depuis 1979 Sainte-Lucie est indépendante du Commonwealth. La reine Elizabeth II est représentée par un gouverneur général, Pearlette Louisy. Le Premier ministre est le docteur Kenny Anthony. Il tient le rôle de chef du gouvernement et dispose d'un réel pouvoir sur l'administration de l'île.
- *Population :* 158 000 habitants (Castries : 60 000).
- *Densité :* 254 hab./km^2.
- *Monnaie :* le dollar des Caraïbes orientales. Le change est d'environ 1 EC pour 0,41 €.
- *Langues :* l'anglais, le créole (à base de français et d'anglais). Il existe des dictionnaires français/créole.

Située au sud de la Martinique et au nord de Saint-Vincent, Sainte-Lucie fait partie de ces îles que l'on appelle du joli nom d'« îles au Vent » ou « Sous-le-Vent ». Cette île montagneuse, qui émerge d'un relief sous-marin souvent ébranlé par des perturbations sismiques, offre sur seulement 620 km^2 le charme d'une végétation encore sauvage, plusieurs jolies plages, quelques cours d'eau et un volcan majestueux formé de deux pitons dressés à la verticale au-dessus de la mer. Ces pics jumeaux dominent tout le paysage. Cônes volcaniques en forme de pains de sucre, ils veillent sur la côte ouest, naturellement.

Désormais, Sainte-Lucie propose deux visages. L'un, au sud, qui est celui d'un enfant souriant, spontané, rebelle, exubérant, et donc terriblement séduisant. L'autre, au nord, plus sage, plus doux, sûr de lui et de ses charmes, qu'il met dangereusement en valeur ! Ainsi, les *Saint Lucian people*, comme ils s'appellent eux-mêmes, sont d'une gentillesse et d'une hospitalité parfois désarmantes. Et puis l'île, pas trop surfaite, est aussi réputée pour sa vie nocturne. Les Martiniquais s'y précipitent le vendredi soir pour la *soca* et les *street parties* à Gros Islet. Nous aussi !

COMMENT Y ALLER?

En avion

➤ *De Paris :* vols avec *Air France, Air Lib* ou *Corsair* jusqu'à Fort-de-France, puis correspondance pour Sainte-Lucie avec *Air Caraïbes* ou *Liat Caribbean Airlines.* Arrivée alors à Vigie Airport, à côté de Castries.

➤ *De Londres :* deux vols directs avec *British Airways* et *BWIA.* Arrivée à Hewanorra Airport, au sud de l'île, à Vieux Fort.

En bateau de la Martinique et de la Guadeloupe

Des liaisons régulières sur de gros catamarans de plusieurs centaines de places. Compter environ 1 h 30 de trajet entre Fort-de-France et Castries et 5 h 50 de Pointe-à-Pitre à Castries.

■ *Express des Îles :* Cox & Co LTD, PO Box 88. Wm Peter boulevard, Castries, Sainte-Lucie. ☎ 445-22-11. ● www.express-des-iles.com ● À Fort-de-France : ☎ 05-96-63-12-11.

➤ *Liaisons Martinique - Sainte-Lucie :* compter 5 liaisons par semaine.

➤ *Liaisons Sainte-Lucie - Martinique :* compter également 5 liaisons par semaine.

➤ *Liaisons Guadeloupe - Sainte-Lucie :* 2 à 4 liaisons par semaine.

➤ *Liaisons Sainte-Lucie - Guadeloupe :* 3 à 4 liaisons par semaine.

À l'arrivée (comme au départ d'ailleurs), sévère interrogatoire : lieu de provenance, motif du séjour, fouille des bagages... Sécurité de l'État oblige ! On se croirait dans une république bananière.

Également une nouvelle petite compagnie maritime, *Silver Line*, qui relie Le Marin (Martinique) à Rodney Bay. Renseignements : ☎ 05-96-74-81-90. Fax : 05-96-74-77-12. 1 h 30 de traversée.

AVANT LE DÉPART

Le Web utile

Il n'existe pas de représentation diplomatique ou touristique de Sainte-Lucie en France. Mais voilà le site web et l'adresse e-mail de l'office du tourisme à Castries : ● www.stlucia.com.lc ● slutour@candwlc ●

Formalités, vaccinations

– *Passeport* en cours de validité et billet aller-retour. Pas de visa nécessaire pour un séjour de moins de 42 jours.

– *Permis de conduire :* nécessité d'avoir un permis local valable 3 mois. S'obtient gratuitement sur présentation du permis international visé par le bureau d'immigration des aéroports de Hewanorra et Vigie. Payant sur présentation du permis de conduire national (environ 54 EC$, soit 22 €). Les agences de location de voitures le délivrent. Il est également impératif d'avoir plus de 25 ans et deux ans de permis.

– *Taxe d'aéroport :* pour sortir de Sainte-Lucie, peu importe la destination, il vous en coûtera 54 EC$ (22 €).

– *Pas de vaccin* exigé.

SAINTE-LUCIE

ARGENT, BANQUES, CHANGE

– **La monnaie** est l'*Eastern Caribbean dollar* ou *EC$* (prononcer « ici » ou
« biwi »). Le dollar américain est accepté partout, ainsi que les cartes internationales de paiement.

– **Les banques** sont ouvertes du lundi au jeudi de 8 h à 15 h et le vendredi
de 8 h à 17 h. ATTENTION : elles sont fermées tout le week-end ainsi que
les jours fériés, sauf à Rodney Bay : les *National Commercial Bank, Barclays
Bank* et *Royal Bank of Canada* sont ouvertes de 8 h à 12 h le samedi matin.
À Roseau et à Rodney Bay, plusieurs distributeurs de billets disponibles
24 h/24 acceptent cartes *Visa* et *MasterCard*. Le change dans les banques
(autour de 0,41 € pour 1 EC$) est plus avantageux que dans les hôtels, res-
taurants et commerces (autour de 0,40 € pour 1 EC$). Donc, pour un séjour
de plusieurs jours, essayez de transformer vos US dollars en EC dollars. En
outre, cela facilite les négociations.

BOISSONS

– On peut boire *l'eau* du robinet, mais il est très facile de trouver de l'eau en
bouteille *Naturel Water, Andre Springs, Piton Pure Spring Water.*
– **La bière** nationale est la *Piton,* brassée à Vieux-Fort. Sur l'étiquette, les
deux pitons, l'emblème de l'île. Elle est blonde, se boit bien... et est plutôt
forte.
– **Du rhum** est également distillé à Sainte-Lucie. Le plus connu est le
Bounty Rum (The Spirit of St. Lucia !). C'est un rhum brun, produit dans la
vallée de Roseau, au sud de Castries. Le *Spice Rum,* très populaire, est
obtenu à base de rhum blanc dans lequel on laisse macérer différentes
plantes. Beaucoup de vertus lui sont traditionnellement attribuées, notamment celle d'être tout aussi efficace que le Viagra ! Allez, voilà la recette...
Dans 2/3 de litre de rhum (blanc uniquement), ajouter des racines de *bois
bandé,* de la cannelle, des clous de girofle, de l'anis, des feuilles de laurier,
de la grenadine, des raisins, des cerises. Compléter avec un sirop local
Falernum, pour obtenir un litre. Une semaine après, vous pouvez boire cul-
sec pour les plus téméraires, ou bien siroter, plus calmement, avec de la
glace... mais toujours avec modération.

BUDGET

Côté budget, ceux qui connaissent la Dominique ne seront pas dépaysés.
Que se soit pour l'hébergement ou la nourriture, les prix sont sensiblement
identiques, et donc globalement élevés. Normal, le dollar des Caraïbes a un
taux de change indexé sur le dollar américain.

Hébergement

Nous indiquons les prix, toutes taxes incluses, pour une nuit à deux et en
haute saison ; petit dej' généralement non compris (prévoir de 5 à 15 US$).
Les prix sont exprimés en US$, comme le font les établissements :
– **Bon marché :** moins de 30 US$.
– **Prix modérés :** entre 30 et 50 US$.
– **Prix moyens :** entre 50 et 90 US$.
– **Chic :** entre 90 et 180 US$.
Si vous souhaitez un certain confort (chambre avec clim' notamment), il fau-
dra plutôt viser la catégorie « Prix moyens ». À 3 ou 4 personnes, il est pos-
sible de louer des *cottages* ou des appartements à des prix tout à fait inté-
ressants ; ajouter alors environ 20 US$ par personne supplémentaire.

PLANS ET CARTES EN COULEURS

SOMMAIRE

LES ANTILLES

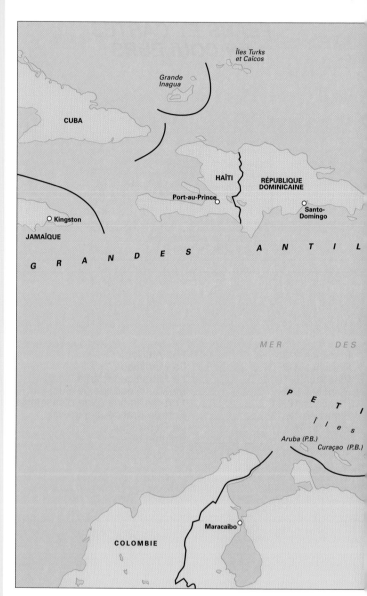

Îles Turks
et Caïcos

Grande
Inagua

CUBA

HAÏTI

RÉPUBLIQUE
DOMINICAINE

Port-au-Prince

Santo-
Domingo

Kingston

JAMAÏQUE

G R A N D E S   A N T I L L

MER   DES

P E T I

Îles

Aruba (P.B.)

Curaçao (P.B.)

Maracaibo

COLOMBIE

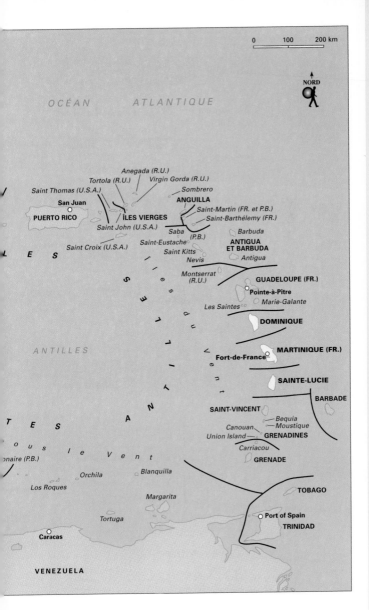

LES ANTILLES

LES ANTILLES

4

LA MARTINIQUE

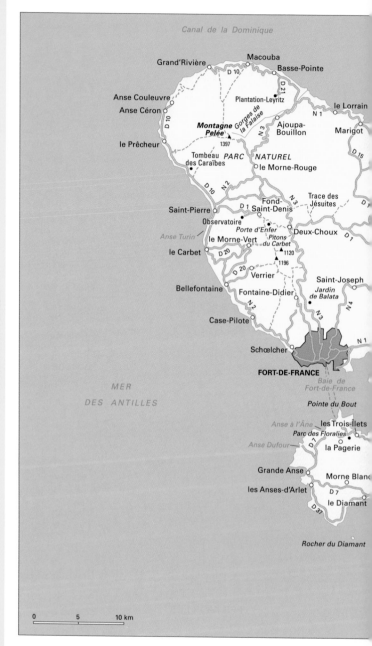

Canal de la Dominique

Grand'Rivière
Macouba
Basse-Pointe
D 10
D 21
Anse Couleuvre
Anse Céron
Plantation-Leyritz
le Lorrain
N 1
D 10
Montagne Pelée
Gorges de la Falaise
N 3
Ajoupa-Bouillon
Marigot
le Prêcheur
1397
D 15
Tombeau des Caraïbes
PARC
NATUREL
le Morne-Rouge
D 2
Trace des Jésuites
D 7
Saint-Pierre
D 1
Fond-Saint-Denis
N 3
Observatoire
Porte d'Enfer
Deux-Choux
D 1
Anse Turin
le Morne-Vert
Pitons du Carbet
le Carbet
D 20
1120
1196
D 20
Verrier
Saint-Joseph
Bellefontaine
Fontaine-Didier
Jardin de Balata
N 4
N 2
N 3
Case-Pilote
N 1
Schœlcher
FORT-DE-FRANCE
Baie de Fort-de-France

MER
DES ANTILLES

Pointe du Bout
Anse à l'Âne
les Trois-Îlets
Parc des Floralies
D 7
Anse Dufour
la Pagerie
Grande Anse
Morne Blanc
les Anses-d'Arlet
D 7
le Diamant
D 37

Rocher du Diamant

0   5   10 km

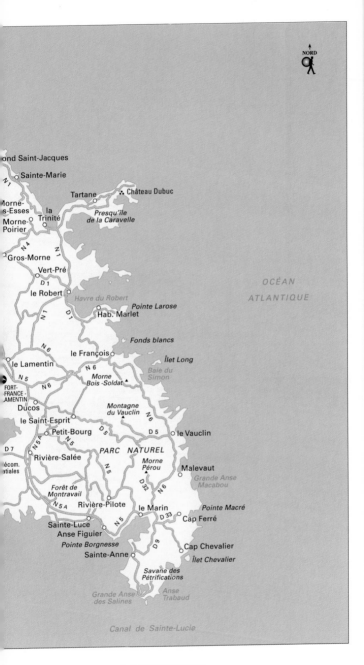

LA MARTINIQUE

LA MARTINIQUE (PARTIE NORD)

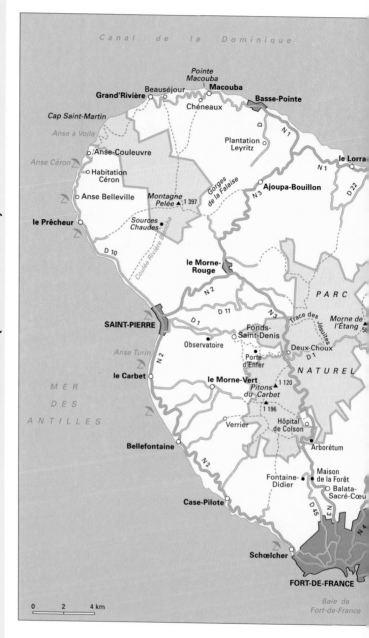

Canal de la Dominique

Pointe Macouba
Macouba
Grand'Rivière Beauséjour
Chéneaux
Basse-Pointe

Cap Saint-Martin

Anse à Voile

Plantation Leyritz

Anse Céron

Anse-Couleuvre

le Lorra

N 1

N 1

Habitation Céron

D 22

Anse Belleville
Montagne Pelée ▲ 1 397
Gorges de la Falaise

Ajoupa-Bouillon

N 3

le Prêcheur

Sources Chaudes

Coulée Rivière Blanche

D 10

le Morne-Rouge

N 2

PARC

D 11

N 3

Trace des Jésuites

Morne de l'Etang ▲ 58

SAINT-PIERRE

D 1

Fonds-Saint-Denis

Observatoire

Deux-Choux

D 1

Anse Turin

N 2

Porte d'Enfer

NATUREL

le Carbet

le Morne-Vert

Pitons du Carbet ▲ 1 120

MER

▲ 1 196

DES

Verrier

Hôpital de Colson

ANTILLES

Arborétum

Bellefontaine

N 2

Fontaine-Didier

Maison de la Forêt

Balata-Sacré-Cœur

D 45

N 3

Case-Pilote

N 4

Schœlcher

FORT-DE-FRANCE

Baie de Fort-de-France

0   2   4 km

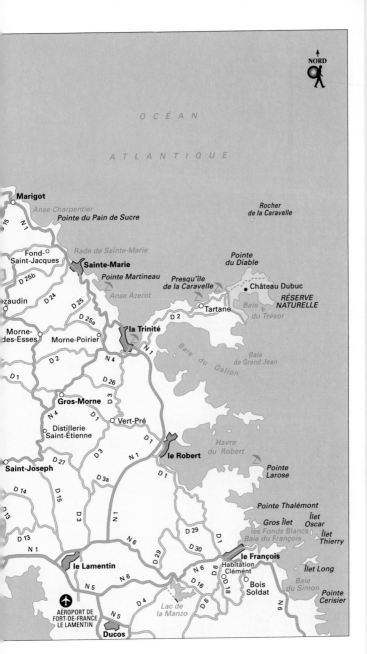

LA MARTINIQUE (PARTIE NORD)

8

LA MARTINIQUE (PARTIE SUD)

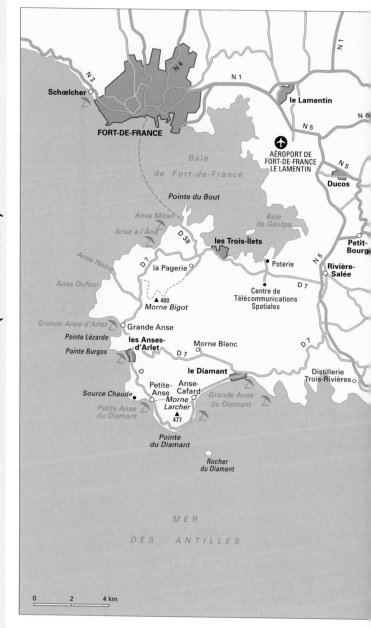

0 2 4 km

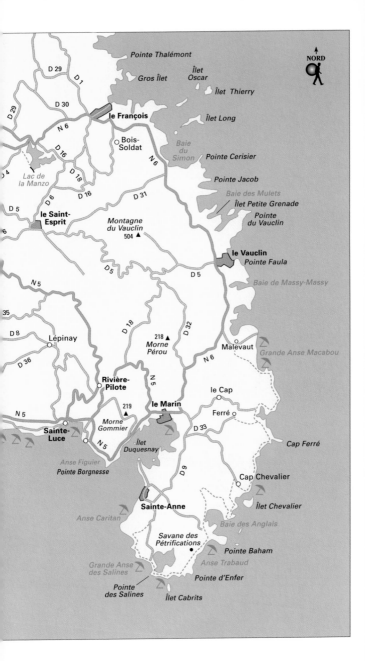

LA MARTINIQUE (PARTIE SUD)

FORT-DE-FRANCE (PLAN D'ENSEMBLE)

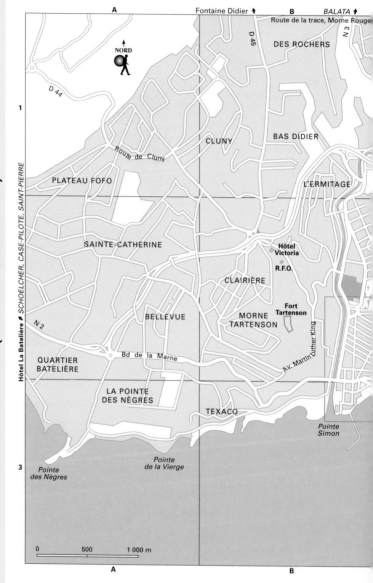

Hôtel La Batelière ✈ SCHOELCHER, CASE-PILOTE, SAINT-PIERRE

Fontaine Didier ↑

BALATA ↑

Route de la trace, Morne Rouge

NORD

A

B

D 45

N 3

D 44

DES ROCHERS

1

CLUNY

BAS DIDIER

Route de Cluny

L'ERMITAGE

PLATEAU FOFO

SAINTE-CATHERINE

Hôtel
Victoria

R.F.O.

CLAIRIÈRE

Fort
Tartenson

BELLEVUE

MORNE
TARTENSON

N 2

Av. Martin Luther King

QUARTIER
BATELIÈRE

Bd de la Marne

LA POINTE
DES NÈGRES

TEXACO

Pointe
Simon

3

Pointe
des Nègres

Pointe
de la Vierge

0   500   1 000 m

A

B

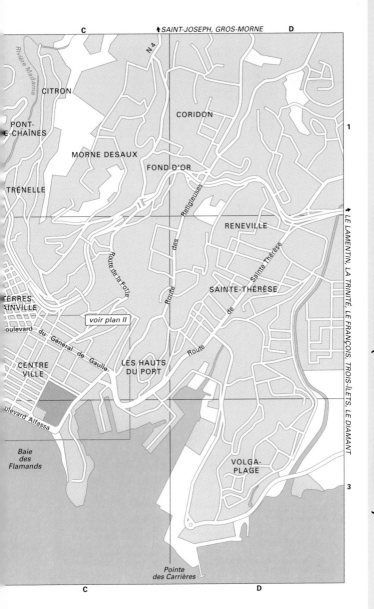

SAINT-JOSEPH, GROS-MORNE

C   D

CITRON

PONT-
-CHAÎNES

CORIDON

1

MORNE DESAUX

FOND D'OR

TRÉNELLE

RENEVILLE

Route des Religieuses

Route de la Folie

Route de Sainte Thérèse

SAINTE-THÉRÈSE

TERRES-
SAINVILLE

voir plan II

Boulevard du Général de Gaulle

CENTRE
VILLE

LES HAUTS
DU PORT

Route de

Boulevard Alfassa

Baie
des
Flamands

VOLGA-
PLAGE

3

Pointe
des Carrières

C   D

Rivière Madame

LE LAMENTIN, LA TRINITÉ, LE FRANÇOIS, TROIS-ÎLETS, LE DIAMANT

FORT-DE-FRANCE (PLAN D'ENSEMBLE)

FORT-DE-FRANCE (PLAN D'ENSEMBLE)

FORT-DE-FRANCE (CENTRE-VILLE)

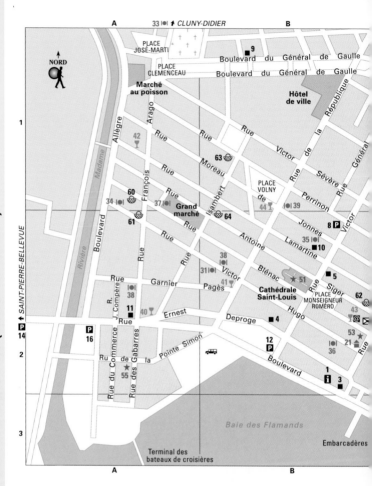

33 |●| ✦ CLUNY-DIDIER

A   B

PLACE JOSÉ-MARTI

NORD

PLACE CLEMENCEAU

Boulevard du Général de Gaulle

Boulevard du Général de Gaulle

Marché au poisson

Hôtel de ville

Madame

Allègre

Arago

Rue

Rue

Rue

Victor

de la République

42

Rue

Moreau

63

Rue

Sévère

PLACE VOLNY de

Perrinon

44 |●| 39

60

34 |●|

37 |●|

Grand marché

64

Jonnes

8 P

61

Rue

Antoine

Lamartine

35 |●|

10

Rivière

Boulevard

Rue

Rue

Rue

Garnier

38

31 |●|

Victor

Pagès

41

Blénac

★ 51

5

Siger

62

Cathédrale Saint-Louis

PLACE MONSEIGNEUR ROMERO

43

R. J. Compère

38

11

40

Rue

Ernest

Deproge

Hugo

4

53 ★

21

1

SAINT-PIERRE-BELLEVUE

P

14

P

16

Rue

Rue du Commerce

Rue des Gabarres

de la Pointe Simon

12 P

36

Boulevard

3

55

Baie des Flamands

Terminal des bateaux de croisières

Embarcadères

A   B

■ **Adresses utiles**

🏢 1 Office départemental du tourisme
🏢 2 Office du tourisme de Fort-de-France
🚐 Terminal des taxis collectifs
    Bateaux-navettes
✉ Poste centrale
3 Air France
4 Air Lib
5 Nouvelles Frontières - Corsair
6 Gîtes de France
7 BNP
8 Parking Renan
9 Crédit Agricole
10 Banque des Antilles Françaises (BDAF)
11 Supermarché *Leader Price*

12 Parking Gilbert Gratiant
13 Parking de la Savane
14 Parking des Almadies
15 Pharmacie Glaudon
16 Parking Pointe Simon
17 Parking Lafcadio Hearn

🛏 **Où dormir ?**

21 Hôtel Malmaison
22 Hôtel L'Impératrice
24 Hôtel Le Beauséjour
25 Hôtel Akena Foyatel

|●| **Où manger ?**

30 Le Lauréat
31 Pâtisserie Marie-Anne Surena

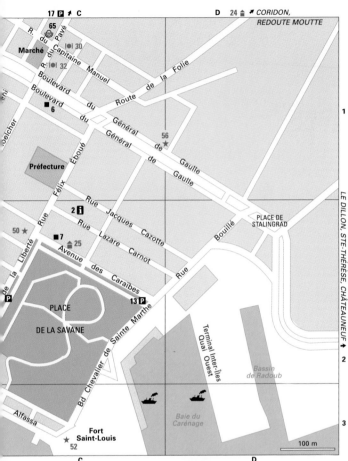

FORT-DE-FRANCE (CENTRE-VILLE)

FORT-DE-FRANCE (CENTRE-VILLE)

32 Centre Serveur	★ À voir
33 Mille et Une Brindilles	
34 Le Marie-Sainte	50 Bibliothèque Schœlcher
35 Au Fin Palais	51 Cathédrale Saint-Louis
36 Lina's	52 Fort Saint-Louis
37 Vitafruit - Chez Carole	53 Musée départemental d'Archéolo-
38 Djiole Dou	gie précolombienne
39 Restaurant Arawak-Babaorum Kafé	55 Musée du Carnaval
	56 Musée régional d'Histoire et d'Eth-
Où boire un verre ?	nographie
40 Bar Le Terminal	Achats
41 Aux Trois Pointes	
42 Tropical Juice	60 La Boutique du Deuil
43 Cyber Café	61 Mary-Rose Boutique
44 I Bon Minme	62 Léontine Bucher
	64 Bazar général
	65 Doux Caprices

LA DOMINIQUE

LA DOMINIQUE

SAINTE-LUCIE

Plus de 550 adresses nouvelles
DES COUPS DE CŒUR,
PAS DES COUPS DE BAMBOU !

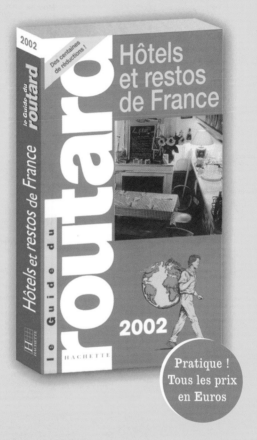

Adorables auberges de campagne, Chefs redonnant
un coup de jeune à nos recettes de grand-mère...
Avec en plus, le sens de l'hospitalité.

et des centaines de réductions !

Hachette Tourisme

À Sainte-Lucie, les prix évoluent en fonction de la saison touristique. Contrairement à la Dominique, les dates de haute saison sont beaucoup plus fluctuantes. Globalement, elle débute mi-décembre pour s'achever mi-mai (quand il fait le plus beau, logique !). Attention, quelques établissements augmentent leurs prix à partir de mi-octobre. Il n'est pas à exclure que les plus « chic » rajoutent encore un « extra » pour la période des fêtes de fin d'année. Sympa ! En basse saison, enlever 10 à 20 % dans les catégories « Prix moyens » et « Chic ». Certains hôtels très chic offrent jusqu'à 40 % de rabais !

Enfin, sachez que de nombreux établissements facturent en plus 18 % de taxe (10 % de *service charge* + 8 % de *government tax*). Faites donc attention quand vous demandez les prix.

Nourriture

Dans les restaurants, les prix sont indiqués en EC$.

Pas de menu, mais un choix à la carte ou souvent un plat du jour très consistant. Nous avons évalué le coût d'un dîner sur la base d'un plat accompagné d'un dessert (ou d'une entrée) et avec lequel, normalement, vous devriez être repu. Les restaurants des catégories « Prix moyens » et « Chic » ont habituellement des cartes différentes à midi et le soir ; pour un déjeuner, compter alors 20 % de moins environ.

– *Bon marché :* de 10 à 25 EC$ (environ 4 à 10 €).
– *Prix modérés :* de 25 à 45 EC$ (10 à 18,50 €).
– *Prix moyens :* de 45 à 65 US$ (18,50 à 26 €).
– *Chic :* au-delà de 65 EC$ (plus de 26 €).

Mais pour un petit creux, la plupart des établissements proposent des sandwichs de 5 à 15 EC$ (2 à 6 €) ou des salades pour 10 à 20 EC$ (4 à 8 €). Sachez aussi qu'une taxe de 10 % *(service charge)* majore souvent l'addition. Nos prix indicatifs en tiennent compte.

CLIMAT

De type tropical, le climat est, tout au long de l'année, tempéré par les alizés. La saison sèche s'étend de janvier à mai et la saison des pluies de juin à décembre. La température moyenne annuelle est de 27 °C (minimum 19 °C, maximum 32 °C). La saison la plus chaude s'étend généralement de juin à août, où il peut faire facilement 35 °C. Quelques brises fraîches fort sympathiques cependant.

En raison du caractère tropical du climat, des habits légers sont recommandés. Pour les soirées, plus fraîches, pensez quand même à emporter un bon pull ou un blouson, qui sera utile, notamment, s'il pleut pendant plusieurs jours.

CUISINE

Ce n'est pas vraiment le point fort de l'île. En raison de sa faible superficie et du nombre de visiteurs, la plupart des aliments sont malheureusement aujourd'hui importés. Par ailleurs, la terre n'est pas la plus fertile qui soit, et enfin le nombre de touristes américains a vite fait de mettre la gastronomie de Sainte-Lucie au pas. On trouve donc de plus en plus de burgers, de frites et de pizzas. Pourtant, certains restaurateurs perpétuent une cuisine locale de qualité en sélectionnant vraiment les produits qu'ils vous proposent. Nous avons, bien entendu, tenu compte de ces critères dans les adresses que nous avons sélectionnées pour nos lecteurs.

Dans l'ensemble, les restaurants sont donc chers, surtout si vous souhaitez un repas dans la grande tradition, avec des plats de luxe comme la langouste ou parfois du crabe. Parmi les traditions culinaires créoles de Sainte-Lucie, les steaks de thon ou autres poissons frais à la sauce créole relevée d'épices, les crabes farcis, les colombos ou encore les bananes plantains frites.

DÉCALAGE HORAIRE

En été, lorsqu'il est midi à Paris, il est 6 h du matin à Sainte-Lucie. En hiver, il est 7 h.

ÉCONOMIE

Autrefois basée sur un système mixte, l'économie de Sainte-Lucie était partagée entre le tourisme et l'agriculture (banane, noix de coco, coprah, cacao, agrumes et noix de muscade). Il reste de nombreuses plantations de bananes mais les petits producteurs tendent à disparaître au profit des plus grosses exploitations (eh oui... on connaît malheureusement la chanson !). Il reste encore près de 11 % de la population active employée dans l'agriculture mais, comme partout, on compte de moins en moins de bras dans ce secteur. Compte tenu de la crise économique de la banane, le gouvernement s'est tourné depuis quelques années vers le développement du tourisme. C'est désormais la principale source de revenus de l'île. Des efforts conséquents ont été réalisés à cet effet, à travers l'augmentation de la capacité des chambres d'hôtel, comme en Dominique. Mais, parallèlement, le gouvernement s'est engagé auprès des habitants à ne pas tuer la poule aux œufs d'or et à ne pas ruiner l'environnement. La notion d'écotourisme, très prisée en Europe comme aux États-Unis, est donc apparue comme un bon argumentaire de vente pour le tourisme saint-lucien. D'ailleurs, quelques initiatives intéressantes ont été soutenues récemment ; à signaler notamment la création de *St. Lucia Heritage Tours* qui vise à structurer un réseau de sites naturels (voir rubrique « Sports et loisirs »).

Mais développer un tourisme durable et respectueux des richesses naturelles de l'île est un exercice difficile. Des projets immobiliers sont encore prévus pour être en mesure d'accueillir les touristes toujours un peu plus nombreux. Espérons qu'ils ne nuiront pas au précieux équilibre écologique de l'île.

ENVIRONNEMENT

Le climat tropical de Sainte-Lucie offre une végétation abondante et variée ; bananiers, cocotiers, avocatiers, manguiers, goyaviers, pamplemoussiers, caféiers, amandiers et autres. La flore doit surtout sa richesse à l'importation d'espèces variées telles que le manguier et le tamarin qui viennent d'Inde, le cacaoyer d'Amérique centrale, l'arbre à pain de Tahiti... Une des seules espèces originaires de Sainte-Lucie est le manioc.

Ayant eu du mal à s'adapter au changement végétal, la faune s'est appauvrie et certaines espèces ont définitivement disparu. D'autres sont menacées, comme les perroquets, emblèmes de l'île. Très recherchés pour leur plumage, ils ont fait l'objet d'un trafic qui a cessé il y a une dizaine d'années seulement.

Cependant, il reste un certain nombre d'espèces locales, surtout des oiseaux, comme le gobe-mouche, le roitelet ou le moqueur à plastron blanc. Les meilleurs endroits pour les observer dans leur environnement naturel sont la mangrove à Savannes ou le marécage de Bois d'Orange.

À certaines périodes de l'année, on peut assister à la ponte des tortues marines ou à la migration des baleines à bosse. Plus simplement, on peut admirer les nombreux poissons multicolores de la Caraïbe qui se faufilent entre les oursins et les *lambis,* de gros coquillages dont la chair est très appréciée aux Antilles.

FÊTES ET JOURS FÉRIÉS

– *22 février :* anniversaire de l'indépendance de l'île (1979).
– *Mai :* festival de Jazz. L'un des grands événements culturels de Sainte-Lucie. Pendant une semaine, l'île vit au rythme des saxos et contrebasses. Des artistes renommés comme Wynton Marsalis, Joe Sample ou encore Betty Carter se donnent en spectacle ou animent les soirées aux quatre coins de l'île.
– *29 juin :* fête des Pêcheurs. Ces derniers décorent joliment leurs bateaux en hommage à leur saint patron.
– *Le Carnaval de Sainte-Lucie :* en juillet, et non plus avant le mercredi des Cendres, comme autrefois. Les festivités unissent l'ensemble de la population pendant un peu plus d'une semaine. Plusieurs groupes déguisés défilent dans le centre de Castries. C'est la folie : la fièvre du *calypso* et les percussions rythment le mouvement, la chaleur et l'alcool débrident les esprits. Le défilé se termine en *jump up* dans la rue. Le délire, la joie, l'excitation guident les pas. On se montre, on se touche, on joue avec son corps. Une fête sans pudeur, qui donne une couleur bien timorée à nos soirées européennes.
– *1er lundi d'août :* Emancipation Day, jour qui commémore l'abolition de l'esclavage.
– *30 août :* fête de sainte Rose de Lima. Défilés des membres de la société florale La Rose, déguisés en rois, princesses, médecins, infirmiers, soldats, agents de police.
– *Octobre* est le mois de la culture créole. Plusieurs manifestations organisées par *The Folk Research Centre.* Fin octobre, le *Creole Day* est célébré par tous les pays de langue créole.
– *5 octobre :* Thanksgiving.
– *22 novembre :* fête de sainte Cécile, patronne des musiciens. C'est l'occasion d'écouter de la musique dans toute l'île.
– *Décembre :* Sainte-Lucie accueille l'*Atlantic Rally for Cruisers,* une course transatlantique partie des Canaries fin novembre. Pendant quinze jours, quelques soirées et concerts, organisés à Rodney Bay essentiellement.
– *13 décembre :* fête nationale qui commémore la découverte de Sainte-Lucie en 1502 par Christophe Colomb, à ne pas confondre avec la fête de l'Indépendance. Ce jour-là, c'est aussi la fête des lumières dans Castries.

GÉOGRAPHIE

Sainte-Lucie appartient à l'archipel des îles au Vent. Elle est située entre la Martinique (40 km au nord) et Saint-Vincent (32 km au sud). Les deux sont visibles de Sainte-Lucie par temps clair. Quant à la Barbade, où l'on trouve de l'excellent rhum (ne faites pas le détour pour autant!), elle se situe à 175 km.
L'image la plus marquante de l'île est celle des deux pitons, le grand et le petit, qui bordent la côte. D'origine volcanique, l'île (43 km de longueur pour 22 km de largeur) est montagneuse, avec de nombreux cours d'eau qui dévalent les pentes du mont Gimie (950 m), au cœur de la *Rain Forest.* Contrairement à ceux de la Dominique, on ne peut pas aisément remonter ces ruisseaux. À Sainte-Lucie, on ne manquera pas d'aller voir le seul volcan du monde qui peut se visiter en voiture.

Belles plages, aussi bien sur la côte atlantique que caraïbe, situées pour la plupart dans le nord de l'île. On trouve également quelques jolies criques vers La Soufrière. ATTENTION, afin de limiter le saccage des barrières de coraux, l'achat de tels souvenirs aux pêcheurs locaux est puni, avec raison, d'une amende élevée à la sortie de l'île.

HÉBERGEMENT

Vous aurez le choix, si l'on peut dire, entre quelques *guesthouses* à prix abordables et de nombreux hôtels à prix élevés ; il y a en effet peu d'hébergements intermédiaires à Sainte-Lucie. C'est dans le nord de l'île, près de Rodney Bay, que se concentrent la plupart des hôtels ; c'est aussi là que vous rencontrerez les touristes. À Castries, les hébergements sont éloignés du centre et se trouvent au nord, pas très loin de l'aéroport, ou au sud, sur les hauteurs du morne Fortune. En revanche, on peut loger pour pas cher à La Soufrière, un joli village blotti au creux d'une anse et protégé par les deux pitons. Quelques très chouettes hébergements également dans le secteur de Laborie. Une autre possibilité très intéressante, pour 3 ou 4 personnes, consiste à louer un *cottage* ou *apartment* doté d'une cuisine en général bien équipée (frigo, cuisinière ou plaques chauffantes, vaisselle).
Les hôteliers sont accueillants et prêts à vous renseigner, n'hésitez pas à faire appel à leurs conseils.

HISTOIRE

On retrouve nos amis arawaks entre les IIe et Ve siècles apr. J.-C. Puis viennent les Caraïbes vers l'an 800. Le premier Européen qui s'installa à Sainte-Lucie fut François de Clerc, surnommé « Jambe de bois », un pirate qui établit une base sur Pigeon Island, d'où il s'amusait à attaquer les bateaux espagnols de passage.
Au XVIIe siècle et jusqu'à la fin du XVIIIe, Français et Anglais n'ont cessé de s'affronter pour s'approprier l'île. Fierté mal placée et soif de pouvoir ont provoqué de part et d'autre des attaques à n'en plus finir, si bien que Sainte-Lucie changea quatorze fois de mains au cours de cette période. En 1814, l'île revint finalement aux Anglais.
Indépendante depuis 1979, elle est membre du Commonwealth ; la reine y est représentée par un gouverneur. S'il faut en croire la revendication locale, l'épouse de Napoléon, Joséphine, aurait vu le jour à Sainte-Lucie, au nordest de l'île, à Morne Paix Bouche Estate. Sa famille aurait vécu ici jusqu'en 1771, puis émigré à la Martinique, aux Trois-Îlets, comme l'indiquent nos manuels d'histoire. D'autres prétendent même qu'elle serait en fait née à la Guadeloupe !
La devise de Sainte-Lucie : « Terre, Peuple et Lumière ». Lorsque vous verrez leur drapeau, sachez que le jaune symbolise la lumière, le noir représente le peuple et le blanc, la terre. Le triangle, c'est bien sûr le Piton !
Monarchie constitutionnelle, Sainte-Lucie est donc encore placée sous l'autorité de la reine d'Angleterre. Son représentant est le gouverneur général et le Premier ministre (depuis le 23 mai 1997, le docteur Kenny Anthony, du parti travailliste) est désigné par une assemblée de 17 membres élus au suffrage universel pour 5 ans.
La deuxième assemblée du bicaméralisme de Sainte-Lucie est le Sénat. 6 membres y sont nommés par le Premier ministre, 3 par le leader de l'opposition et 2 par le gouverneur général. L'ensemble du système législatif s'inspire directement du code Napoléon comme du code de lois anglais.

MAGASINS

Généralement ouverts du lundi au vendredi de 8 h 30 à 12 h 30 et de 13 h 30 à 16 h 30, et le samedi de 8 h 30 à 12 h 30. À la sortie nord de Castries et à Rodney Bay, il existe quelques centres commerciaux récents *(Shopping Malls)* qui ferment à 19 h ou 20 h.

Il n'y a quasiment pas de différence de prix entre les supermarchés et les petites échoppes. Sur le marché, un conseil : demandez les prix à un auto-chtone sympa et réglo (exemple : un bâton de vanille autour de 4 EC$, soit 1,63 €) et faites-les respecter lors de vos emplettes. Parfois, pour les touristes, les prix s'envolent un peu ; soyez vigilant, c'est tout.

POPULATION

Même type de population qu'à la Dominique, d'origine africaine, mais en plus grand nombre. L'île compte aujourd'hui 158 000 habitants, dont un bon tiers à Castries, et plus de la moitié a moins de 20 ans.

Sainte-Lucie peut s'enorgueillir de la vivacité intellectuelle de sa population. Est-ce lié au climat, à la douceur des alizés ? Quoi qu'il en soit, deux prix Nobel – Arthur Lewis, prix Nobel d'économie en 1979 pour ses travaux sur les méthodes de développement post-colonial des Antilles, et Derek Walcott, prix Nobel de littérature en 1992 (prix qui récompense « un style littéraire sensible et mélodieux ») – chatouillent l'amour-propre des Saint-Luciens.

RELIGION

Majorité de catholiques romains (90 %). Les autres sont protestants (7 %) et anglicans (3 %).

SANTÉ

Se reporter à la rubrique « Santé » dans les généralités sur la Martinique.

SITES INTERNET

- *www.skyviews.com* • Un site pour s'informer sur toutes les îles des Caraïbes.
- *www.sluonestop.com* • Un bon site généraliste consacré à de nombreux aspects de l'île (jusqu'aux recettes saint-luciennes). Voir également, pour compléter • *www.stlucia.org* •
- *www.interknowledge.com/st-lucia* • Le site officiel de l'office du tourisme de Sainte-Lucie.
- *www.membres.lycos.fr/schmittg/index.shtml* • Une bonne présentation de Sainte-Lucie avec de nombreuses photos, des cartes et une liste complète d'organismes touristiques et gouvernementaux.
- *www.blackorama.com/saint-lucia/french* • Pour prendre, entre autres, vos premières leçons de créole saint-lucien !

SPORTS ET LOISIRS

Plongée sous-marine

Les sites de plongée (l'eau est très claire) sont répartis le long de la côte caraïbe. Le secteur d'Anse Chastanet, avec ses fonds accidentés et d'étonnants massifs de coraux assez proches du rivage, jusqu'à Key Hole Pinnacles et ses récifs mouvementés, est très réputé. Les deux pitons constituent un site idéal pour la plongée. Enfin, les fonds marins entre Canaries et Anse La Raye sont également prisés. Les amateurs d'épaves ne rateront pas le site du *Lesleen* (coulé volontairement en 1986) au large d'Anse Cochon. Pour ceux qui ne veulent pas plonger, sachez qu'on peut louer palmes et tuba et pratiquer le snorkelling, qui permet d'avoir une première approche.

ATTENTION, il est vivement déconseillé de plonger seul ou de faire appel à des amateurs (se reporter à la rubrique « Sports et loisirs » dans les généralités sur la Martinique).

Voici les principaux centres de plongée homologués PADI. Ils proposent tous différents *packages*. À l'unité, les plongées sont assez chères (compter dans les 60 US$).

■ **Buddies Scuba :** dans la marina de Rodney Bay. ☎ 450-84-06.

■ **Rosemond's Trench Diver :** à Rodney Bay. ☎ 451-47-61. Organise des plongées dans les différents sites de l'île.

■ **Scuba Saint-Lucia :** en bordure d'Anse Chastenet, à La Soufrière. ☎ 459-77-55. Fax : 459-71-28. ● www.scubastlucia.com ● Location également de matériel pour le snorkelling.

■ **Dive Fair Helen :** basée à Vigie, Castries, ainsi qu'au *Marigot Beach Club* et à *Ti Kaye Village.* ☎ 451-77-16. Fax : 451-93-11. ● www.dive fairhelen.com ● Tenu par un environnementaliste spécialisé en recherche marine.

■ **Frogs :** basé au *Windjammer Landing Villa Beach Resort,* au niveau de Labrelotte Bay, ainsi qu'à La Soufrière et à The Still Plantation. ☎ 452-09-13. ● www.frogsdiving.com ●

Sports nautiques

À l'évidence, Sainte-Lucie offre tous les sports nautiques et aquatiques possibles et imaginables. La plongée mise à part, on peut pratiquer la planche à voile, le ski nautique, la voile avec des dériveurs ou des voiliers (à Rodney Bay ou à Marigot), la pêche au gros et en haute mer...

Pour ceux qui n'ont pas le pied marin, qu'ils se rassurent : deux parcours de golf, tennis, squash, équitation ou location de VTT sont à disposition, pour une initiation ou tout simplement pour s'entraîner. Sans parler des balades à pied et des trekkings dans la forêt.

Randonnées pédestres

Avec son relief montagneux et ses forêts tropicales luxuriantes, Sainte-Lucie offre la possibilité de réaliser de très belles balades ; certaines demandent de bonnes conditions physiques, comme par exemple l'ascension du Gros Piton, d'autres en revanche restent tout à fait accessibles pour ceux qui pratiquent de manière occasionnelle. Pour les plus importantes, un guide est nécessaire ; certains sentiers ne sont pas toujours bien balisés et puis, c'est l'occasion d'apprendre plein d'anecdotes intéressantes. Bien évidemment, pour le choix du guide, s'en remettre aux structures spécialisées.

Selon les balades que vous souhaiterez réaliser, vous ne vous adresserez pas au même organisme. Eh oui, à Sainte-Lucie, chacun a un petit peu sa « chasse gardée ». Pas forcément facile de s'y retrouver au début...

■ Pour des randos en forêt (de nombreux sentiers cheminent dans l'*Edmond Forest Reserve,* la *Quilesse Forest Reserve,* la *Barre de l'Isle Ridge*), contacter **Forest & Land**

Department (☎ 450-22-31 ou 450-20-78), qui fournit des guides. La plupart des sentiers étant situés dans des réserves naturelles, il faut payer un droit d'entrée de 25 EC$ (10 €).

■ *St. Lucia National Trust :* association affiliée à l'Union Internationale pour la Conservation de la Nature (UICN), qui vise à préserver et promouvoir le patrimoine naturel et culturel de l'île. Au-delà de la mission de sensibilisation, elle œuvre pour la mise en place et la gestion d'un réseau d'espaces protégés. *St. Lucia National Trust* a aménagé plusieurs sentiers de randonnée sur la côte atlantique et gère Fregate Islands, Praslin Island ainsi que Maria Islands.

■ *St. Lucia Heritage Tours :* organisation récente, créée à l'initiative du ministère du Tourisme. Elle structure un réseau d'une quinzaine de sites naturels et historiques, dont certains appartiennent à des privés. Sur demande, elle organise des excursions à partir de 35 US$ par personne (guide, transport, droit d'entrée pour un minimum de 4 personnes), ou réserve simplement des guides locaux compétents. Mais si vous disposez d'une voiture, il est tout aussi simple et moins onéreux de visiter le site par vous-même, lorsque le guide n'est pas nécessaire. Droit d'entrée aux alentours de 15 EC$ (6 €), mais parfois plus cher. Bien se renseigner. Basée à Pointe Séraphine, Castries. ☎ 451-60-58 ou 458-15-87.

ATTENTION, pour une balade le week-end, ne pas oublier de contacter ces organismes le vendredi, pour qu'ils aient le temps de prévenir un guide.

TÉLÉPHONE

Cabines à pièces (25 cents minimum) et de plus en plus à cartes. On se procure les télécartes (10 EC$, 20 EC$, 40 EC$, 53 EC$, soit environ 4, 8, 16,50 et 21,50 €) dans les bureaux de *Cable & Wireless,* les aéroports, les offices du tourisme, à la poste, dans certains magasins et stations-service. Elles ont l'avantage d'être valables dans toutes les îles des Antilles britanniques.

– *Sainte-Lucie → France :* 011 + 33 + numéro de votre correspondant avec l'indicatif local mais sans le 0. Exemple, pour Paris : 011 + 33 + 1.

– *France → Sainte-Lucie :* 001 + 758 + numéro de votre correspondant. Compter 0,11 € pour les 5 premières secondes, puis 1,41 €/mn en heures pleines et 1,07 €/mn en heures creuses.

TRANSPORTS

Taxis

Ils sont nombreux, faciles à trouver mais un peu chers. Les chauffeurs sont peu aimables. Il vaut mieux fixer le prix de la course avant de partir, d'autant plus que certains ne disposent pas de compteurs. Il faut alors parfois négocier. Mais sachez qu'il existe une grille de tarifs officiels selon la course, disponible auprès de l'office du tourisme. Le minimum est d'environ 15 EC$ (6 €), même pour 100 m !

Minibus

Nombreux et pratiques (surtout dans le Nord), ils sillonnent toutes les routes. Facilement reconnaissables, la route qu'ils desservent est inscrite en jaune sur leur pare-brise (route 1A : Cap Estate-Castries). Ils s'arrêtent à la demande et leur prix est dérisoire (compter environ 2 EC$, soit un peu moins de 1 €, entre Castries et Gros Islet). La station principale se situe derrière le marché de Castries, sur Jeremy Street. C'est le moyen de transport quotidien des Saint-Luciens, ambiance assurée : musique et vitesse ! Voilà les principales routes : de Castries à Gros Islet (route n° 1), de Castries à Vieux-Fort par Dennery (route n° 2), de Castries à La Soufrière (route n° 3), de Vieux-Fort à La Soufrière (route n° 4), environs de Castries (route n° 5).

Auto-stop

Assez facile car il y a de nombreuses voitures. C'est un moyen de transport également utilisé par la population locale. Les écoliers en sont adeptes.

Ports

Sur la côte caraïbe, les zones de mouillage sont nombreuses. Mais il existe uniquement 5 ports d'entrée officiels pour les bateaux de plaisance. Rodney Bay, avec sa marina, est le plus important (service de l'immigration à Rodney Bay, ☎ 452-02-35). Les autres sont à Castries, Marigot, La Soufrière et Vieux-Fort.

Plusieurs réserves marines ont été délimitées afin de préserver la richesse des écosystèmes littoraux (mangroves, récifs de coraux...) et gérer les activités humaines. Dans ces zones, le mouillage est très réglementé ; il peut être interdit, autorisé uniquement à certaines heures ou bien en permanence, et nécessite le paiement d'une taxe. Contacter le *Department of Fisheries* : ☎ 452-39-87 ou 452-25-26.

Location de voitures

La meilleure solution si vous êtes en nombre suffisant et si vous disposez de peu de temps. Location dans les deux aéroports : *Avis, Budget, Hertz, National* et *Royal Rental*. Attention, si vous réservez une voiture depuis la France, précisez bien l'aéroport par lequel vous arrivez ! La plupart des hôtels proposent aussi des véhicules, souvent à des tarifs prohibitifs ; nous vous conseillons donc de les éviter. Jetez un coup d'œil sur l'état général de la voiture avant de partir.

ATTENTION, la conduite se fait à gauche et le levier de vitesse est adapté en fonction, ce qui complique toujours un peu plus. *Hertz* a l'avantage de proposer des voitures avec boîte automatique. Les automobilistes sont très imprudents et ce n'est pas l'état des routes (bien qu'en voie de sérieuse amélioration) qui amène une plus grande sécurité. Gare aux nids-de-poule ! Éviter de rouler la nuit.

Minibus à la carte

Stationnés à Pointe Séraphine, c'est une bonne solution si vous ne désirez pas conduire. Un chauffeur se met à votre disposition pour vous conduire où vous le désirez. Tarif raisonnable à plusieurs. Le prix acceptable pour une semaine tourne autour de 315 US$ pour des excursions dans l'île, dont une journée à La Soufrière. Contacter *Esso* : ☎ 450-00-93. Chauffeur de taxi sérieux et ponctuel. Ne pas hésiter à négocier et à se présenter avec le *Guide du routard.*

Comment visiter Sainte-Lucie ?

En bateau

➤ Longer la *côte caraïbe* pour avoir une vue d'ensemble, découvrir la nature sauvage et verdoyante de l'île et ses nombreuses petites criques. Une journée suffit pour aller admirer les deux pitons de la mer et revenir.

– Une halte s'impose à *Marigot Bay*, l'anse la plus belle de l'île, une marina naturelle dessinée pour abriter les voiliers et les yachts. Une merveille de la nature.

– À la hauteur d'*Anse Cochon*, les amateurs de plongée pourront découvrir un bateau coulé à quelques dizaines de mètres de profondeur.

– À *Anse Chastanet* se trouvent de beaux fonds marins faciles d'accès.

– Arrêtez-vous ensuite à *La Soufrière*, petit village typique avec ses maisons coloniales colorées. À ne pas manquer.

– Vous finirez votre périple par une superbe vue sur les deux pitons, sombres et imposants ; ils sont la fierté des Saint-Luciens.

– On peut louer un voilier avec ou sans skipper – mais cette solution est très chère – ou se joindre à l'un des bateaux qui effectuent quotidiennement ce trajet au départ des principaux grands hôtels ou de *Rodney Bay*. Il faudra alors accepter de partager les joies de la découverte avec plusieurs dizaines de convives. Compter environ 80 US$ par personne. L'une des principales compagnies : *Endless Summer*, à Rodnay Bay. ☎ 450-86-51.

– Avis aux cinéphiles : l'*Unicorn*, un bateau construit en 1946 et utilisé pour le tournage du film *Roots*, copie conforme des grands bricks du XIXe siècle, est ancré au port du Petit Carénage, à Castries ; son propriétaire propose lui aussi la même escapade certains jours, pour un prix légèrement plus élevé. ☎ 452-68-11.

Nous vous conseillons de demander à un pêcheur de vous conduire. Pour un prix très raisonnable, vous découvrirez Sainte-Lucie, l'accueil chaleureux de ses habitants et les joies de la pêche. Si vous partez de Castries, allez au port du Petit Carénage et demandez John Emmanuel, pêcheur connu de tous sous le pseudonyme de « Rabbit ». Si vous partez de Labories, demandez Kent, il habite après le terrain de football.

– Il existe aussi l'*Association des water-taxis*, basée à La Soufrière, qui propose différents circuits (réguliers ou pas) pour faire le tour de l'île ou tout simplement se rendre d'un point à l'autre à votre guise. Propose également l'observation de baleines, la pêche en mer. Un peu cher tout de même. Renseignements : ☎ 454-54-20 ou 459-72-39.

En voiture

Si vous préférez découvrir l'île par voie terrestre, on vous conseille de louer une voiture. Cela permet de s'échapper de Castries rapidement et d'aller soit vers La Soufrière en empruntant la route qui longe la côte ouest, soit vers Gros Islet au nord ou enfin vers Vieux-Fort par la route qui longe la côte est. Ainsi, en peu de temps, vous aurez une bonne idée de ce que propose Sainte-Lucie. L'office du tourisme donne quelques cartes qui ne sont pas très détaillées mais qui peuvent suffire. Sinon, s'en procurer avant de partir dans une librairie spécialisée. Pour l'essence, pas de problème ; on trouve des stations service (*Texaco* et *Shell*) dans les principales villes et certains petits villages.

En hélicoptère

■ *Santa Lucia Helicopters Ltd :* ☎ 453-69-50. ● www.stluciahelicopters.com ● Si vous aimez les sensations fortes et que vos moyens vous le permettent, offrez-vous un survol de l'île en 10 mn pour le nord et 20 mn pour le sud (coûte deux fois plus cher, évidemment). Les départs se font de Pointe Séraphine à Castries. Mieux vaut réserver.

À bicyclette

Très peu répandu. Quelques rares hôtels mettent des vélos à la disposition de leurs pensionnaires. Ce moyen de transport est pratique pour visiter Castries et le nord, mais dangereux. De plus, le cycliste s'expose à de nombreuses averses. Avis aux téméraires !

Arrivée à l'aéroport

Vigie Airport

✈ Si vous venez de Martinique ou d'une autre île des Antilles, vous atterrirez à *Vigie Airport* (aussi appelé *George Charles Inter Island Airport*), à côté de Castries. ☎ 452-11-56 et 452-25-96.
L'aéroport se trouve sur la tranquille et très belle plage de Vigie. Comme presque toutes les plages publiques de l'île, elle est nettoyée régulièrement par des prisonniers.

ℹ *Office du tourisme :* juste après la fouille des bagages. ☎ 452-25-96. Généralement ouvert tous les jours de 8 h à 21 h. Ils peuvent réserver des chambres dans les *guesthouses*.
■ *Banque :* change et retrait d'argent à *St. Lucia Cooperative Bank*, installée dans le hall départ. Ouvert tous les jours de 7 h à 19 h.
■ *Location de voitures :* juste en face de l'office du tourisme. Nombreuses compagnies représentées. *Hertz :* ☎ 451-73-51. *Avis :* ☎ 452-20-46. *National Car Rental :* ☎ 452-30-50. Bureaux ouverts de 7 h à 20 h. Si vous avez réservé, ils attendent l'avion en général. On trouve aussi les compagnies *Avis* et *National* à proximité du dock d'accueil des bateaux de croisières.
■ *Ambassade de France* (plan A1, 6) : en sortant de Vigie Airport, prendre à gauche ; c'est en haut de la côte. ☎ 452-24-62 ou 452-58-77. ● www.ambafrance.org.lc ● french embassy@candw.lc ● Ouvert du lundi au vendredi de 8 h à 15 h.
■ *St. Lucia National Trust* (plan A1, 11) : à 50 m de l'ambassade de France. ☎ 452-50-05. ● natrust @candw.lc ● Infos pratiques sur les sites qu'ils gèrent et centre de documentation sur le patrimoine naturel.

Hewanorra Airport

✈ Si vous arrivez par un vol direct international, vous atterrirez à *Hewanorra Airport,* au sud de l'île, à Vieux-Fort. ☎ 454-63-55.

ℹ *Office du tourisme :* ☎ 454-66-44. Ouvert tous les jours de 8 h jusqu'au dernier vol, si celui-ci n'est pas trop tard... Ils peuvent également faire des réservations de *guesthouses*.
■ *Banque :* National Commercial Bank of St. Lucia, à côté de l'office

du tourisme. ☎ 454-77-80. Ouvert tous les jours de 13 h jusqu'au dernier vol. Distributeur de billets.

■ *Location de voitures :* les compagnies *Avis* (☎ 454-63-25), *Natio-* *nal Car Rental* (☎ 454-66-99), *Hertz* (☎ 454-96-36) et *Budget* (☎ 454-53-11) ont un comptoir à Hewanorra Airport.

CASTRIES

Capitale économique et principale ville de l'île, entourée de collines et logée au fond d'une baie. Ce port doit son nom au ministre de la Marine de Louis XVI, le maréchal de Castries, qui contraignit les Anglais à renoncer à l'île en concluant le traité de Versailles en 1783. Active et animée dans la journée, c'est une ville morte le soir. À dire vrai, le charme n'opère pas. Cependant, pour l'apprécier, il faut se promener aux alentours de Derek Walcott Square, où il y a encore de jolies maisons. Mais ce sont peut-être ses habitants qui la caractérisent le plus. Ils vous charmeront par leur gentillesse et leur joie de vivre. On retrouve chez eux un savant mélange de fair-play tout à fait britannique et une touche de vivacité bien à eux, qu'ils expriment au travers de leur danse et de leur musique. Les rythmes proches du reggae sont communément appelés *dub* ; ceux plus rapides, voisins du *zouk*, *calypso*. On vous proposera de vous guider, de vous vendre toutes sortes de bricoles, mais personne ne s'obstinera après un refus de votre part, ce qui est bien agréable.

UN PEU D'HISTOIRE

À la fin du XVIIIe siècle, le paisible village, cerné par les marais, avait bien du mal à vivre. Plusieurs fois détruit par les incendies, Castries n'a gardé que peu de vieilles maisons évoquant le passé. Il faut donc les contempler avec le respect et l'émotion qu'elles méritent.

Adresses et infos utiles

🛈 *Office du tourisme* (plan A-B3) : Sure Line Building, Ide Bouteille. ☎ 452-40-94 ou 452-59-68. Fax : 453-11-21. À 100 m environ sur la droite après le rond-point de l'aéroport, en allant vers Gros Islet ; grand bâtiment vert et bleu. Ouvert du lundi au vendredi de 8 h à 16 h 30. Petite permanence dans le hall d'arrivée des bateaux à Pointe Séraphine, les jours de croisière. Permanence dans le centre de Castries, sur Jeremie Street, en face du poste de pompiers. ☎ 452-24-79. Ouvert également le samedi de 9 h à 13 h.
✉ *Poste et téléphone* (plan A3) : sur Bridge Street, à côté de la *Barclay's Bank*. Comptoir spécial pour les philatélistes, très belle collection. Il est bon de savoir qu'une carte postale met environ 12 jours pour arriver en France.
@ *Internet :* possibilité de surfer à la permanence de l'office du tourisme sur Jeremie Street, à l'Alliance française, et à Pointe Séraphine dans le hall d'arrivée des bateaux.
– *The Tropical Traveller :* mensuel destiné aux touristes, distribué gratuitement dans les hôtels et les lieux publics. Adresses et calendrier des activités.

Banques

Les banques acceptent l'euro, les chèques de voyage et les cartes de paiement internationales sans problème. Distributeurs de billets 24 h/24 avec *Visa* et *MasterCard*.

SAINTE-LUCIE

■ *Scotiabank* (plan A3, 3) : sur William Peter Boulevard, juste à côté de *Royal Bank of Canada.* ☎ 456-21-00. Également à l'angle de Chaussee Road et High Street. ☎ 452-37-97.

■ *Barclay's Bank* (plan A3, 4) : sur Bridge Street. ☎ 452-33-06.
■ *Royal Bank of Canada* (plan A3, 5) : sur William Peter Boulevard. ☎ 456-92-00.

Urgences

■ *Urgences médicales* : Victoria Hospital, ☎ 452-24-21. Pour les petits bobos. Clinique privée : *Tapion,* Tapion Reef, La Toc Road. ☎ 459-20-00 ou 459-20-01. Meilleure réputation mais beaucoup plus cher.

Pour avoir un médecin parlant le français, demander le docteur Didier.
■ *Port Police Station* : Jeremie Street. ☎ 452-23-72 ou 999 (numéro d'urgence).

Compagnies aériennes

■ *Liat* (plan A3, 7) : Brazil Street, face à Derek Walcott Square. ☎ 452-30-51 ou 452-30-52. • www.liatairline.com • Ouvert du lundi au vendredi de 8 h à 17 h. Vols quotidiens vers les autres îles des Caraïbes.
■ *Air Caraïbes* : à l'aéroport de Vigie. ☎ 452-24-63. • info@airca

raibes.com • Plusieurs vols quotidiens vers la Martinique.
■ *Air Jamaica* (plan B3, 8) : mêmes locaux que *Ec'Xpress.* ☎ 453-66-11. Fax : 459-05-92. • www.airjamaica.com • Dessert les principales îles des Antilles. Vols pour les États-Unis également.

Transports

🚕 *Taxis :* ils sont partout, notamment à Pointe Séraphine, sur William Peter Boulevard et près du marché. Les chauffeurs vous aborderont avant que vous n'ayez eu le temps de les chercher !

🚤 Le départ des excursions en *bateau* se fait à Pointe Séraphine (plan A2). Il existe un service de *taxiboat* qui relie le marché de Jeremie Street à l'Anse du Petit Carénage, avec une halte à Pointe Séraphine.

■ **Adresses utiles**
- 🛈 Offices du tourisme
- ✉ Poste et téléphone
- 3 Scotiabank
- 4 Barclay's Bank
- 5 Royal Bank of Canada
- 6 Ambassade de France
- 7 Liat
- 8 Air Jamaica
- 9 Central Library
- 10 St. Lucia Heritage Tours
- 11 St. Lucia National Trust

Où dormir ?
- 20 Château Blanc Guesthouse
- 21 Modern Inn
- 22 Bon Appétit Guesthouse
- 23 Harbourg Light Inn
- 24 Edgewater Beach Club
- 25 Top of Morne Fortune Apartments
- 26 Green Parrots

Où manger ?
- 30 Snack
- 31 Calypso's
- 32 Kimlan's
- 33 D's Restaurant
- 34 Froggie Jack's
- 35 Le Coal Pot

★ **À voir**
- 40 Marché de Jeremie Street
- 41 Cathédrale
- 42 Massav
- 43 Galerie Artsibit
- 44 Marché aux poissons
- 45 Pointe Séraphine
- 46 Pyramide de l'Alliance française

Achats
- 26 Caribbean Perfumes
- 50 Centre Duty Free
- 51 Bryden and Partners Ltd

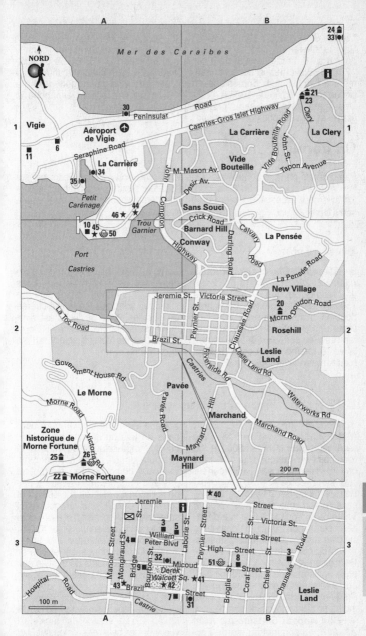

CASTRIES

Loisirs

■ **Central Library** (plan A3, 9) : sur Micoud Street, face à Derek Walcott Square. Ouvert du lundi au vendredi de 9 h à 18 h et le samedi de 9 h à 12 h 30. Bibliothèque dans un bâtiment à l'architecture britannique en brique rouge, édifié de 1923 à 1925. Des livres en français au premier étage et des quotidiens internationaux au rez-de-chaussée.

■ **St. Lucia Heritage Tours** (plan A2, 10) : à Pointe Séraphine, dans le hall principal. ☎ 451-60-58 ou 458-15-87. ● sluheritage@candw.lc ● Ouvert du lundi au samedi de 9 h à 16 h ; permanence le dimanche si bateau de croisière.

Où dormir ?

Pas d'hôtels dans le centre-ville. Quelques *guesthouses* à prix corrects sur les hauteurs du morne Fortune, dans le quartier résidentiel dominant la baie (difficilement accessible à pied) ou au nord, en prenant la route qui mène à Gros Islet.

Bon marché

🛏 **Château Blanc Guesthouse** (plan B2, 20) : ☎ 452-18-51. Prendre Morne Doudon Road, c'est à 150 m sur la droite. Chambres doubles aux environs de 30 US$. Dans une maison à l'ambiance très familiale, au sein d'un quartier populaire. 10 chambres au confort plutôt rudimentaire, avec ou sans douches et w.-c. Petit bar et grande table conviviale pour prendre les repas sous une véranda. S'agissant de l'une des adresses les moins chères de Castries, voire de l'île, il est vivement conseillé de réserver ! Dommage que les voisins soient parfois si bruyants.

De prix modérés à prix moyens

🛏 **Modern Inn** (plan B1, 21) : ☎ 452-40-01. Fax : 453-73-13. ● moderninn@candw.lc ● À 200 m du rond-point de l'aéroport, sur la route de Gros Islet ; panneau indicateur sur la droite. De 35 à 45 US$ pour deux. Bâtisse moderne à flanc de colline, sans grand charme mais propre. Vaste balcon qui offre une vue dégagée sur Choc Bay. 5 chambres simples avec salle de bains et w.-c. privés ou communs, clim' ou ventilo. Petit salon et cuisine à l'entrée. Dispose également de 3 appartements à prix intéressants pour 3 personnes. Préférer les chambres côté colline, moins bruyantes. Accueil sympa.

🛏 **Bon Appétit Guesthouse** (plan A3, 22) : au sommet du morne Fortune. ☎ 452-27-57. En venant de Castries, juste après *Top of Morne Fortune Apartments*. Grande pancarte en bas du chemin pour l'indiquer. Compter autour de 40 US$ la chambre double, petit dej' compris. Extérieur blanc un peu décrépi et pas très engageant. Ne vous y fiez pas : l'intérieur est très chaleureux et convivial. Cheryl, une charmante et surprenante Antillaise, et son mari Renato, un excellent cuisinier italien, ont décoré leur intérieur à la mode *Sixties*. Cheryl adore aussi les chats : elle n'en a pas moins de 9 ; avis aux allergiques ! Ils proposent quelques chambres simples avec douche, w.-c. et TV. Restaurant fameux. L'addition dépasse vite 50 EC$ (20,50 €). Le service est rapide, la vue sur la baie est splendide, et l'ambiance très romantique. Jolie petite terrasse avec jardinet. Réservation recommandée. Excellent rapport qualité-prix.

🛏 *Harbour Light Inn* (plan B1, *23*) : tout près du rond-point de l'aéroport. ☎ 452-35-06. Fax : 451-94-55. De 40 à 50 US$ la chambre double avec ventilo ou clim', douche et w.-c. ; appartements à partir de 55 US$. Cartes de paiement acceptées. Grosse bâtisse blanche et verte (avec des marches éprouvantes) sans cachet particulier. 16 chambres propres et spacieuses. Toutes ont la TV mais 8 seulement bénéficient de la climatisation. Sympa, car il est possible de se faire à manger dans une jolie cuisine. Dommage, c'est situé à côté de l'aéroport et, surtout, en bordure de route ; à déconseiller pour les grasses matinées. En revanche, les appartements sont beaucoup plus calmes et plus récents. Excellent accueil. Petit resto avec spécialités de poisson. 10 % de réduction offerts aux lecteurs toute l'année sur présentation du *Guide du routard*.

🛏 *Edgewater Beach Club* (plan B1, *24*) : ☎ et fax, 452-48-72. En allant vers Gros Islet, avant de passer devant *American Drywall*, prendre un chemin de terre sur la gauche. Compter autour de 60 US$ la chambre double avec clim' et petite cuisine, à partir de 100 US$ pour un bungalow. Cadre superbe. Chambres vastes ou bungalows en bordure de plage. Mais les chambres ne vieillissent pas très bien... ! Le personnel est sympathique. À 20 mn à pied de l'aéroport, pour ceux qui ne désirent pas louer de voiture.

Plus chic

🛏 *Le couvent des bénédictines* : ☎ 452-12-82. Prendre la route vers le sud au départ de Castries, tourner à droite après la station *Shell*, puis prendre la 2e à droite ; vous entrez alors dans le parc de Coubaril ; suivre la route principale goudronnée, ne prendre ni à droite, ni à gauche. Hébergement en demi-pension ou pension complète. Prix intéressants. Une des meilleures adresses de Castries. Magnifique jardin avec une belle vue sur Castries. 7 sœurs vivent dans ce couvent et orientent leurs activités vers l'hôtellerie. Bâtiment tout neuf comprenant 22 chambres très bien aménagées (salle de bains, balcon, clim') et impeccables, évidemment. Les anciennes chambres ont maintenant fait place à une salle de réception. La nourriture est délicieuse et copieuse. Jolies fresques sur les murs de la salle à manger, peintes par une sœur de 90 ans.

🛏 *Top of Morne Fortune Apartments* (plan A3, *25*) : toujours sur le morne Fortune, juste après *Bon Appétit Guesthouse*. ☎ 452-36-03 ou 452-35-31. Fax : 459-09-36. ● tomel @candw.lc ● Compter de 95 à 150 US$ pour deux. Cartes de paiement acceptées. Dominant la ville, cette longue bâtisse tout en brique ocre est en fait une ancienne caserne anglaise. Du caractère, très agréable et calme. Petite piscine, avec vue sur la mer. Location de 12 appartements spacieux, pour 2 ou 5 personnes. Cuisine équipée, bibliothèque, téléphone. Déco très soignée avec parquet, mobilier en rotin, grand salon, etc. 10 % de ristourne pour un séjour d'une semaine. Location de voiture. Attention, la réception ferme à 17 h ; ne pas oublier de réserver si vous arrivez en soirée.

🛏 *Green Parrots* (plan A3, *26*) : sur le morne Fortune. ☎ 452-33-99 ou 452-31-67. Fax : 452-22-72. Se diriger vers le haut du morne Fortune, c'est bien indiqué par des panneaux ornés d'un perroquet... bleu ! Compter environ 105 US$ la chambre double ; pendant le festival de Jazz, les prix ont tendance à s'envoler ! Bel hôtel en pierre, dont le restaurant est très réputé, mais qui a pris un coup de vieux. Plus cher que les précédents, mais hors saison c'est abordable. Demandez une chambre au 1er étage, la vue y est encore plus agréable. TV et climatisation. Le lundi soir, le menu est gratuit pour les filles en couple au sens large... profitez-en ! Ambiance chaude, capitonnée. Maison plantée dans la montagne au milieu d'une

SAINTE-LUCIE

végétation superbe. *Parrots* comme perroquets. Eh oui ! Mais en cage. Toute petite piscine. Magnifique vue sur Castries, y aller au moins pour prendre un verre. Dispose aussi d'une cabine téléphonique.

Où manger ?

Bien manger à Sainte-Lucie coûte cher. Se nourrir, en revanche, reste possible même pour des budgets limités. Cela dit, à la terrasse d'un grand restaurant comme dans les endroits plus modestes, il faudra oublier sa montre. Parfois, vous patienterez une heure pour un plat tout simple. C'est ainsi. Le spectacle est partout, alors profitez de ces moments pour l'observer... Dernier détail : le dimanche, vous n'aurez guère le choix ; ce sera Rodney Bay ou le resto de votre hôtel ou de votre *guesthouse* !

De bon marché à prix modérés

|●| Derrière le marché de fruits et légumes, une dizaine de petits *restos* populaires le long d'une rue couverte et très animée le midi. Vous serez rassasié pour 10 EC$ (4 €) environ. Sur des tables blanches de jardin, à l'extérieur, on mange du poisson grillé, toutes sortes de poulets, ou des sandwichs. C'est l'occasion de goûter aux *roti shells,* sortes de crêpes locales garnies à la viande et aux légumes.

|●| *Snack* (plan A1, 30) : sur la plage de Vigie, en face de l'aéroport, 4 Antillaises ont installé une véritable cuisine dans une roulotte et servent pour déjeuner des assiettes copieuses (poisson, poulet, bœuf ou mouton, accompagnés de nombreux légumes). Cuisine locale simple mais bonne et à un prix défiant toute concurrence ; moins de 15 EC$ (6,12 €) pour être repu. Goûtez leurs jus de fruits locaux !

|●| *Calypso's* (plan B3, 31) : 31 Brazil Sreet. ☎ 458-13-07. À côté de Dereck Walcott Square. Fermé le dimanche. Le repas entre 15 et 20 EC$ (environ 6 et 8 €). On peut aussi y prendre le petit déjeuner. Petit resto récemment rénové. Ne peut pas se rater avec sa façade violette et ses volets orange et vert. Ambiance snack. Déco sobre, mais c'est tellement agréable de manger sur des tables aux nappes blanches et propres ! Pizzas, sandwichs ou poisson avec garniture traditionnelle (haricots rouges, chou-fleur, igname, plantain...). Jus de pamplemousse très rafraîchissant.

|●| *Kimlan's* (plan A3, 32) : sur Derek Walcott Square. ☎ 452-11-36. Plat du jour à environ 15 EC$ (6 €). Un genre de self essentiellement fréquenté par des Saint-Luciens. Petit balcon en bois agréable. Nourriture roborative.

|●| *D's Restaurant* (plan B1, 33) : ☎ 453-79-31. À la sortie de Castries, en allant vers le nord, sur la gauche, prendre le même chemin que l'*Edgewater Beach Club* ; c'est juste à côté. Fermé le dimanche. Repas aux alentours de 35 EC$ (14 €). Terrasse bétonnée quelconque, mais en bordure immédiate de la plage. Ambiance agréable. Bonnes salades, soupes, poulet et poisson à la sauce créole. Dispose d'une cabine téléphonique à cartes.

De prix moyens à plus chic

|●| *Froggie Jack's* (plan A1, 34) : au port du Petit Carénage, en allant vers Vigie Marina. ☎ 458-19-00. Fermé le samedi midi, le dimanche et en août. Le soir, compter dans les 90 à 100 EC$ (35 à 40 €) ; le midi, avec 50 EC$ (20 €) c'est jouable. Ambiance et cadre très agréables. Vous avez le choix entre une petite terrasse en bois, au bord de l'eau, ou une table plus intime dans le jardin verdoyant. Grand choix de cocktails, de poisson, de viande et de vin du monde entier. Très bonne cuisine. Apéritif maison offert sur présentation du *Guide du routard.*

lol *Le Coal Pot* (plan A1, **35**) : Vigie Cove. ☎ 452-55-66 ou 453-67-76. En venant de Castries, prendre la 1ʳᵉ route à gauche avant la piste de l'aéroport ; continuer tout droit : c'est sur la droite, au bout d'un petit chemin de terre. Ouvert midi et soir. Fermé le samedi midi et le dimanche. Le soir, compter entre 95 et 120 EC$ (39 et 50 €) le repas complet ; le midi, c'est 30 % moins cher environ ; ouf ! Il faut absolument y aller. C'est la meilleure table de l'île. Inutile de tergiverser, tout le monde le sait. Cadre très agréable au bord de l'eau. Le chef Xavier est français et avec sa femme, Michelle, qui a peint tous les tableaux qui se trouvent là, ils vous concoctent des spécialités à base de produits de la mer qu'on ne trouve nulle part ailleurs. Coquilles Saint-Jacques, langoustes, gambas... Les plats changent tous les jours au gré des arrivages. Grand choix de vins français et étrangers. Excellent vin chilien du domaine Fransisco de Aguirre. Évidemment, ce n'est pas donné, mais bon...

À voir

Bien que Castries ne soit pas une jolie ville, elle vaut la peine d'être visitée lorsqu'elle est en pleine effervescence, c'est-à-dire en milieu de journée. On se sent tout de suite intégré dans cette atmosphère active et accueillante. Des images colorées, une musique toujours présente et le sourire des citadins font oublier l'architecture médiocre de cette petite capitale. Il reste quelques jolies *maisons en bois* peintes de couleurs vives autour de Derek Walcott Square. On peut également monter sur la Government House Road, très étroite, pour conducteurs sûrs d'eux uniquement ; d'en haut, très joli panorama sur la ville.

★ *Le marché de Jeremie Street* (plan B3, **40**) : en deux parties. Une grosse bâtisse métallique à la Baltard, avec un toit rouge que l'on distingue parfaitement du morne Fortune, rassemble les paysans et artisans jusqu'à 17 h. On y trouve fruits, légumes, épices, rhums (dont le *Spice Rum*), vannerie, poteries... Plutôt bon marché, à condition de négocier ou de faire ses courses avec un ami saint-lucien. La surface disponible étant insuffisante pour accueillir tous les stands, beaucoup se retrouvaient dehors et exposaient dans la rue. Le gouvernement a alors construit une annexe, face au port, qui ressemble plus à un immense hangar et réunit surtout les vendeurs de souvenirs et de tee-shirts, ainsi que les objets rastas, jaune, rouge et vert.

★ *La cathédrale* (plan B3, **41**) : à côté de Derek Walcott Square (ancienne place Colombus). Construite entre 1895 et 1899. D'aspect massif, elle rebute un peu. Pourtant l'intérieur, très aérien avec sa structure de métal, possède quelques grandes fresques bibliques peintes sur les parois de la nef. Elles sont l'œuvre de Dustan Saint-Omer, un élève de Puvis de Chavannes. Si vous avez l'opportunité d'assister à la sortie d'une messe, vous aurez alors l'occasion d'admirer les tenues et coiffures des Saint-Luciennes : couleurs vives et dentelles se font concurrence.

★ *L'acajou*, appelé *massav* (plan A3, **42**) : en bordure de Derek Walcott Square se dresse un immense saman (une espèce d'arbre). Le nom *massav* est une déformation du mot *passav* qui veut dire « je ne sais pas ». On avait demandé à un Saint-Lucien le nom de cet arbre ; comme il répondit qu'il l'ignorait, on prit sa réponse pour le nom de l'arbre.

★ *La galerie d'art Artsibit* (plan A3, **43**) : Mongiraud Street. ☎ 452-87-65. Ouvert du lundi au vendredi de 9 h à 17 h et le samedi de 9 h 30 à 13 h. C'est très chouette. Il y a de tout : poteries, peintures, sculptures sur bois, reproductions, même des cartes postales, et pour toutes les bourses. Rares sont ceux qui feront chou blanc. Des œuvres très animées de Derek Walcott, les toiles abstraites d'Arnold Toulon ou les naïfs de Ron Savory éveilleront votre sensibilité. La plupart des artistes contemporains de l'île y exposent. D'ailleurs, beaucoup mériteraient d'être connus. La responsable se fera une joie de vous renseigner et de vous conseiller pour les encadrements. Il y a aussi une petite succursale à Rodney Bay en face du *Lime,* mais elle est moins bien fournie.

★ *Le marché aux poissons (plan A1, 44) :* la pêcherie est un bâtiment bleu à côté de Pointe Séraphine, sur la route à gauche. Y aller en fin d'après-midi, lorsque les pêcheurs rentrent avec leurs barques de toutes les couleurs.

★ Nouveau centre appelé *Pointe Séraphine (plan A2, 45) :* complexe de magasins chers pour touristes (*Centre Duty Free ; plan A2, 50*; voir plus loin la rubrique « Achats »). Cet endroit est sans charme et les gens pas toujours aimables. C'est aussi là qu'amarrent les paquebots de croisière. Point de départ également des minibus à la carte et des taxis. Permanence de l'office du tourisme dans le dernier bâtiment, et, juste à côté, point de vente pour les philatélistes.

★ *La pyramide de l'Alliance française (plan A1, 46) :* Pointe Séraphine. ☎ 452-66-02. ● csnaf@candw.lc ● Ouvert tous les jours de 9 h à 19 h (14 h le samedi). Inaugurée en juin 1992. Elle se voit de partout. L'architecture de ce bâtiment moderne suscite même de nombreux commentaires. À vous de juger ! Disons que le bon goût français n'est pas vraiment bien représenté. Au rez-de-chaussée, médiathèque où revues, livres français, vidéo et CD-Rom sont à votre disposition. Parfois, exposition ou spectacle. Possibilité de prendre un verre ou manger un sandwich en naviguant sur le Web. Prix intéressants. Si vous avez le temps, passez-y.

★ *Caribelle Batik :* Howelton House. ☎ 452-37-85. En montant vers le morne Fortune (panneaux indicateurs). Ouvert du lundi au vendredi de 8 h 30 à 16 h et le samedi de 8 h 30 à 12 h 30. Très jolie maison caribéenne restaurée, d'architecture victorienne. C'est une fabrique de tissus batiks. Vous assisterez à la démonstration d'un procédé vieux de 2 000 ans : les femmes travaillent devant vous, certaines teignent, d'autres dessinent. Si vous désirez en savoir plus, à vous de les questionner ! Les habits et tissus sont à vendre, il y a beaucoup de choix mais c'est cher... Demandez le coin des soldes ! Vous pouvez également boire un verre sur la terrasse joliment décorée et admirer la vue sur la baie de Castries.

Achats

◈ *Centre Duty Free (plan A2, 50) :* Pointe Séraphine. Nombreuses boutiques assez chères qui vendent parfums, fringues de marque, bijoux... Heureusement, on est encore loin de Saint-Barth ! Le seul magasin qui se distingue de ce bazar de luxe est *Saint Lucia Fine Art,* qui expose des artistes locaux. Llewellyn Xavier, qui a déjà exposé de par le monde, est très talentueux, et ses peintures, inspirées par les paysages et la faune du cru, sont très colorées. Renseignements : ☎ 450-91-55. Sur rendez-vous seulement.

◈ Un autre *Centre Duty Free :* place Carénage, sur Jeremie Street.

◈ Signalons la boutique de souvenirs *Caribbean Perfumes :* près du salon principal du *Green Parrots (plan A3, 26).* ☎ 453-72-49. Normalement ouvert du lundi au vendredi de 8 h 45 à 16 h 30 et le samedi de 9 h à 12 h, mais ça reste approximatif. Très européen dans le choix de ses articles, ce magasin propose un choix original de parfums créés à Sainte-Lucie avec des arômes naturels. Assez cher malgré tout.

◈ *Bryden and Partners Ltd (plan B3, 51) :* sur Micoud Street. Petite surface spécialisée en alcool. Rhum de Sainte-Lucie, de la Barbade, bière *Piton* très bon marché. On y trouve également d'autres liqueurs tout aussi paradisiaques et des ci-garettes, mais ce n'est pas un *duty free*.

Excursions dans les environs

➤ *Randonnées en forêt :* Castries est le point de départ pour des balades dans le secteur *de Barre de l'Isle,* situé dans la réserve naturelle au sud-est de la ville. Prendre contact avec *Forest & Land Department,* ☎ 450-22-31. Agréable balade de 1 h. De très beaux points de vue sur la côte atlantique. Le sentier est bien balisé avec des marches confortables pour une boucle. Les plus sportifs peuvent gravir le *Morne Lascombe,* vraiment plus difficile. La balade se termine par un point de vue panoramique splendide.

➤ *Observation de tortues :* de mars à juillet, il est possible d'observer des tortues sur la plage préservée de Grande Anse. Contacter Wilfred Moses, membre de *St. Lucia National Trust* : ☎ 450-22-31. Rendez-vous sur la plage vers 17 h. L'observation se fait de nuit, alors évitez juste de vous endormir pendant votre tour de garde. Levée du camp le lendemain matin vers 6 h. Une expérience assez unique !

VERS LE NORD, DE CASTRIES À CAP ESTATE (11 KM)

De Castries, une seule route mène dans le nord de l'île. Très fréquentée par les bus, elle est tout de même en bon état et conduit notamment à la marina de *Rodney Bay,* à *Gros Islet* puis à *Cap Estate,* donc aux grands hôtels, aux restaurants et aux belles plages de sable blond. Bref, au coin le plus déve-loppé de l'île, et bien entendu le plus animé le soir.

★ *CHOC BAY ET LABRELOTTE BAY*

Le long de Choc Bay, jolie plage au nord de Castries, agréable pour les grandes promenades à pied. Dommage qu'elle ne soit pas nettoyée plus souvent. Le week-end, de nombreuses familles viennent y passer la journée. En semaine, c'est désert. L'hôtel *Windjammer Landing* est installé sur cette plage. Il suffit de suivre les panneaux.

Où dormir ?

Prix modérés

🛏 *Golden Arrow Inn :* À Marisule, petit hameau à mi-chemin entre Castries et Gros Islet ; panneau indi-cateur en bordure de route, sur la gauche. ☎ 450-18-32. Fax : 452-23-29. Compter autour de 40 US$ la chambre double, petit déjeuner com-pris. Bâtiment récemment restauré et propre. 17 chambres simples avec douche et w.-c. Certaines peuvent accueillir 3 personnes. Pour le même prix, demander une chambre avec balcon donnant sur la baie. Pe-tite cuisine équipée commune. Bar et snack ouverts tous les jours. La patronne est martiniquaise et peut donner de bons tuyaux.

De prix moyens à plus chic

🛏 *Orange Grove Hotel :* ☎ 452-00-21. Fax : 452-80-94. À 8 km de Castries, prendre sur la gauche, puis la route en face de *Chez Laurel's.* Une pancarte l'indique clairement. De 70 US$ la chambre double à 100 US$ pour une suite ; majoration d'environ 30 % pour les fêtes de fin d'année. Au sommet d'une douce colline, avec vue sur la mer d'un côté, sur une vallée de l'autre. Hôtel moderne pour ceux qui recherchent le calme. 62 chambres ou suites propres et vastes avec clim', TV, balcon, dans plusieurs bâtiments récents sans grand charme. Attention, la literie laisse parfois à désirer. En revanche, restaurant dans une ravissante maison en bois, à l'architecture coloniale. Nécessité d'avoir une voiture ; navettes quotidiennes entre l'hôtel et Pigeon Island. Piscine de taille respectable, avec barbecue. Billard. Accueil charmant. Un bon rapport qualité-prix.

🛏 *Villa Beach Cottages :* ☎ 452-28-84. Fax : 452-54-16. ● www.villa beachcottages.com ● Au bord de Choc Bay, juste après le *Sandals Halycon* vers le nord. De 130 à 200 US$ pour deux. Chalets en bois vert et blanc avec cuisine, salle de bains, clim', chambre et séjour convertible en chambre. Appartements alignés en front de mer, avec un brin d'atmosphère de station balnéaire. Idéal à plusieurs. Bien tenu.

Beaucoup plus chic

🛏 *Windjammer Landing :* ☎ 452-09-13. Fax : 452-94-54. ● www.wind jammer-landing.com ● En allant vers le nord, prendre une route à gauche, au niveau de Labrelotte Bay, c'est indiqué ; puis continuer tout droit, jusqu'à la mer. Sans conteste le plus bel hôtel de l'île si l'on n'est pas allergique aux grands complexes. En fait, c'est aussi l'un des plus chers ; toute une gamme de prix... de 220 à 360 US$ la nuit pour deux en demi-pension (et dans une chambre standard) ; nombreuses autres formules, dont certaines à la semaine, beaucoup plus intéressantes. Une merveille construite avec beaucoup de goût. Un peu plus de 200 chambres complètement indépendantes (certaines disposent de piscines privatives), dans de grandes maisons disséminées dans un immense et superbe espace arboré, au bord d'une plage de sable blanc. C'est tellement grand qu'une navette vient vous chercher pour vous déplacer dans l'hôtel ! Chambres de grand standing, carrelées et décorées sobrement. Douche ou bains avec w.-c., TV satellite, clim', téléphone, sèche-cheveux ; bref, la totale. Comptez au moins deux piscines, un supermarché, sports nautiques gratuits, tennis éclairés le soir, 3 restos, dont un remarquable de spécialités créoles. Pour le cadre, et si vous désirez profiter de la piscine, allez-y pour le *brunch* du dimanche (buffet appétissant entre 10 h 30 et 14 h 30) ou pour prendre un verre au *Café Labrelotte.* Prix abordables. Le personnel est sympathique.

🛏 À proximité se trouve le *Sandals Halycon,* grand hôtel hyper-luxueux, réservé aux couples... beaux, riches, intelligents, mais malheureusement souvent âgés. Chasse gardée interdite aux touristes fauchés. Compter autour de 300 US$ la nuit par personne... Vous pourrez cependant, en prenant votre air le plus distingué, participer à certaines soirées ouvertes au public. N'oubliez pas, c'est réservé aux couples ! Par ailleurs, en se promenant sur Choc Bay, il est possible de profiter de la plage du *Sandals,* de faire des emplettes dans la boutique *Sandals* et de tomber d'émerveillement devant le luxe de ce complexe. Ceux qui sont séduits et qui ont les moyens se renseigneront à l'agence *Sandals/Beaches France,* 21, rue du Docteur-Defossez, 92210 Saint-Cloud. ☎ 01-55-57-93-93. ● sandals@club-internet.fr ● L'addition semble lourde, mais elle comprend tout : l'hôtel, le restaurant, le club de voile, la salle de musculation, le tennis...

Où manger ?

|●| *Chez Laurel's :* à Bois d'Orange. ☎ 452-85-47. En allant vers le nord, prendre à gauche la route du *Windjammer Landing,* ce petit restaurant se trouve à 100 m sur votre droite. Fermé le dimanche. Selon votre faim, un repas vous coûtera entre 20 et 40 EC$ (environ 8 et 16 €). Atmosphère et cuisine très locales à des prix honnêtes : salades, poulet aux épices, poisson sauce créole. Chanteur et ambiance assurés les mercredi et vendredi soir... jusqu'à une heure avancée de la nuit.

|●| *Shopping Mall Gablewoods :* centre commercial, à droite sur la route de Castries. Petit complexe moderne et sans charme. C'est la dernière nouveauté de l'île, et les Saint-Luciens en sont fiers. Vous y trouverez, entre autres, quatre restos : asiatique, italien, mexicain et américain. Leur seul intérêt : on y mange à n'importe quelle heure et ils sont ouverts tous les soirs tard. Tout autour gravitent diverses boutiques assez chères. En revanche, deux services utiles : médecin et banque. Si vous entendez de la musique, laissez-vous guider et montez au sommet de la petite tour, où se trouve une salle de danse à la mode. Cours d'aérobic ouverts à tous : voir les spécimens qui se défoulent selon la méthode américaine.

★ *RODNEY BAY ET GROS ISLET*

Rodney Bay ne présente qu'assez peu d'intérêt en dehors de sa marina, c'est peu dire. On y trouve un complexe touristique avec restos, bars, boutiques et banques. Le pied, quoi ! Le bon plan – qui n'en est malheureusement pas toujours un pour les routards –, c'est que le nombre de restos et de bars augmente ici plus vite que l'inflation. L'activité s'est déplacée vers Reduit Beach. Ambiance très sympa le soir et le week-end. Attention, la plupart de ces établissements sont fermés au déjeuner.

Quel contraste avec Gros Islet, qui est un petit village de pêcheurs plein de charme ! Les maisons en bois très modestes, sagement rangées le long des ruelles, font penser à un village de poupée. Microcosme qui a gardé une identité bien personnelle, il faut s'y promener à pied en se laissant guider par la musique ou les bonnes odeurs. À propos, vous trouverez ici l'une des meilleures boulangeries de l'île. Ses petits pains croustillants et chauds osent faire concurrence à la meilleure baguette française ! Quant aux fameuses soirées du vendredi, les *street parties* où l'on danse la *soca* dans la rue, vous vous devez d'y aller. De plus en plus de « toutous », mais cela reste avant tout une fête locale très appréciée.

Adresses utiles

✉ *Poste :* dans le centre commercial de *JQ Charles Shopping Mall.*

@ *Internet :* accès possible à l'agence de voyages *Seasons Travels & Tours,* dans le centre commercial. À *Jambe de Bois* également (voir « Où manger ? »).

■ Plusieurs *banques* ouvertes le samedi de 9 h à 12 h, avec distributeurs de billets. *Scotiabank :* à Reduit, sur la rue principale. ☎ 452-88-05. *Royal Bank of Canada :* dans la marina de Rodney Bay. ☎ 452-09-21. *St. Lucia Cooperative Bank :* dans le centre commercial de *JQ Charles Shopping Mall.* ☎ 452-88-82.

Où dormir ?

Rien de bon marché dans le coin. Il y a quelques locations d'appartements qui permettent de partager les frais à plusieurs ou encore quelques *guesthouses*.

De prix modérés à prix moyens

🛏 *Henry's La Panache Guesthouse :* Cas-en-Bas Road, PO Box 2074, Gros Islet. ☎ 450-07-65. Fax : 450-04-53. • www.lapanache.com • En face du carrefour du village de Gros Islet (qui se trouve sur la gauche), emprunter le chemin qui part à droite ; c'est à 300 m sur la gauche. Compter autour de 45 US$ la chambre double avec douche et w.-c. Il vaut mieux réserver. C'est la meilleure adresse du nord de l'île. Tout y est. Tout d'abord, la personnalité attachante d'Henry. Celui-ci s'efforce de représenter par son jardin les arbres typiques de l'île, par sa cuisine les spécialités, et par sa gentillesse et ses histoires le caractère intrinsèque des Saint-Luciens. La cerise sur le gâteau, c'est le calme de l'endroit et la chouette vue sur la baie, à 1 km. Quelques chambres mignonnettes et appartements propres, avec kitchenette. Le bungalow construit à côté de la maison est un petit bar-restaurant où l'on peut à toute heure prendre un snack. Bon petit dej' à l'anglaise. Resto le mercredi soir pour environ 50 EC$ (20,50 €). Henry fait aussi le change, pour dépanner. 10 % de réduction de mai à novembre.

🛏 *The Bay Miniguesthouse :* ☎ et fax, 450-89-56. • baymini@hotmail.com • Sur le front de mer, au début de la plage de Gros Islet, c'est la dernière maison orange à gauche, quand on vient du village. De 35 à 45 US$ la chambre double face à la mer. Tenu par Klaus, un Allemand qui a émigré il y a un quart de siècle, sans doute à cause du froid. 4 chambres dotées d'un confort que ne renieraient pas ses anciens compatriotes : ventilo, douche, w.-c., frigo, moustiquaire. Le tout dans un décor de bois blanc qui rappelle l'Europe du Nord. Préférez les chambres sur mer, un peu plus chères mais qui disposent aussi d'une cuisine.

🛏 *Daphil's Hotel :* Marie-Therese Street. ☎ 450-93-18. Fax : 452-43-87. Dans le centre de Gros Islet. Une dizaine de chambres autour de 40 US$ pour deux. Simple mais propre. Un peu cher pour ce que c'est. Plage à 2 mn, mais bruyant le vendredi soir à cause de la fête de Gros Islet.

Chic

🛏 *Bay Gardens :* Rodney Bay. ☎ 452-80-60. Fax : 452-80-59. • www.baygardenshotel.com • De 100 à 150 US$ la chambre double ou la suite. Cartes de paiement acceptées. Hôtel confortable à l'architecture moderne. Chambres claires et spacieuses avec TV, clim' et minibar, salle de bains agréable avec baignoire. Piscines, jacuzzi, barbecue dans un mignon jardinet. Bien situé, à deux pas de la discothèque *Indies*, à 5 mn à pied de la plage du *Rex San Lucian*, à 5 mn du *Lime*. Petit déjeuner à l'anglaise : buffet salé-sucré avec salade, charcuterie et gâteaux. Rapport qualité-prix moyen.

🛏 *Harmony Suites :* à Lagon Reduit, à 6 km de Castries. ☎ 452-03-36. Fax : 452-86-77. • www.harmonysuites.com • Prendre la route en face du *Rex San Lucian*, c'est à 100 m, sur la droite. À 5 mn de la marina de Rodney Bay. Chambres doubles et appartements entre 135 et 175 US$; pour 4 personnes, c'est intéressant. Déco de meubles en rotin, tissus à grosses fleurs, terrasse et balcon, kitchenette équipée, salle de bains, le tout entouré d'une pelouse donnant sur un petit lagon où s'abritent les bateaux. Certains appartements (les plus chers !) disposent d'une grande baie vitrée donnant directement sur la baie. Ambiance un peu policée tout de même. Il vaut mieux réserver. Fait aussi resto.

🛏 *Candyo Inn :* à l'entrée de Rodney Bay ; au rond-point, prendre sur la gauche. ☎ 452-07-12. Fax : 452-07-74. • candyoinn@candw.lc • De 90 à 105 US$ pour deux en haute saison. Même standing que *Bay Gardens.* Une grande maison particulière, toute blanche, avec 4 chambres et 8 suites avec cuisine. Dans chaque chambre, clim', téléphone et TV. Petite piscine. Préférer celles donnant sur jardin et piscine. Propreté irréprochable.

Où manger ?

Certains hôtels sont trop chers pour y séjourner ou même pour y déjeuner, mais il y a possibilité de profiter de leurs cadres exceptionnels en prenant un cocktail en *happy hour :* c'est en général entre 17 h et 18 h. On vous offre 2 cocktails pour le prix d'un ! Un seul hic, souvent les boissons non alcoolisées ne sont pas offertes à l'*happy hour.* Pour les bières et les cocktails alcoolisés, en revanche, aucun problème. Notre préféré, la *piña colada :* du rhum, de l'ananas et de la noix de coco ; divin !

Bon marché

– *Des petites échoppes* proposent du poisson et du poulet grillé arrosés de bière locale. « Piton i bon ! La bière Sent Lisi » deviendra rapidement votre devise !

🍴 *Village Gate :* en bordure de Dauphin Street, la rue principale de Gros Islet. ☎ 450-97-49. À 2 mn du bord de mer. Plat du jour très copieux à moins de 15 EC$ (6 €). Resto et bar populaire dans une petite maison en bois qui reste ouverte même le dimanche. Parfois, en fin d'après-midi, l'ambiance s'anime comme par magie, à la faveur d'un concert improvisé. C'est alors l'occasion de siroter une *Piton* bien fraîche !

🍴 *The Triangle Pub :* à Rodney Bay, en face du *Lime.* Possibilité de se restaurer pour moins de 20 EC$ (8 €). Sorte de snack, dans une cour extérieure, en bordure de route. Poulet grillé et poisson avec nombreuses garnitures au choix. Très fréquenté le soir (voir aussi « Où boire un verre ? »).

De prix modérés à prix moyens

🍴 *Jambe de Bois :* à Pigeon Island National Park. ☎ 452-03-21. Ouvert tous les jours midi et soir, sauf le lundi soir. Repas aux alentours de 30 EC$ (12 €). Superbe petite baraque au bord de l'eau. Un coin-salon avec des fauteuils confortablement disposés face à la baie, invite à faire une pause en bouquinant une revue ou en sirotant un jus de fruit en toute quiétude. Salle réservée pour surfer sur le Web (un peu cher). On y mange des sandwichs ou quelques plats à base de poisson. Affluence parfois importante les jours de croisière. Une précision : il faut payer le droit d'entrée dans le Parc national pour accéder à *Jambe de Bois.* Mais il n'est pas interdit de négocier...

🍴 *The Lime :* à Rodney Bay, face au *Triangle Pub.* ☎ 452-07-61. À la fois snack et restaurant. Les touristes y dînent et les Saint-Luciens sont dehors, au snack. La jeunesse de l'île s'y donne rendez-vous. Goûtez les *rotis,* grosses crêpes locales à la viande et aux légumes. Carte variée. Excellent rapport qualité-prix-ambiance (surtout les soirs de karaoké, le mercredi). Voir aussi « Où boire un verre ? »

🍴 *Le Nouveau Bistro :* dans la marina de Rodney Bay, au bord de l'eau. ☎ 452-94-94. Ouvert tous les jours, midi et soir. Grand choix de plats entre 30 et 45 EC$ (12 et 18,50 €). Terrasse et ponton sur la marina. Ambiance sympathique et cadre fort plaisant. Groupe local le vendredi soir. Une carte bien fournie : soupes, nombreuses salades copieuses, spécialités délicieuses de fruits de mer et poisson. Bonne cuisine, à l'instar du pain grillé beurré aux fines herbes, délectable. La carte des boissons n'est pas moins impressionnante... et il est bien difficile de choisir entre les 101 cocktails différents ! *Happy hours* tous les jours de 17 h à 19 h. Le dimanche, ça commence à midi. Alors, ne boudez pas votre plaisir....

|●| ***Razmataz :*** à Rodney Bay.

☎ 452-98-00. Dans la rue du *Rex San Lucian,* laisser le *Lime* sur la droite, c'est un peu plus loin. Ouvert uniquement le soir. Fermé le jeudi. Compter au moins de 50 EC$ (20,50 €) le dîner. Sans conteste l'un des plus fréquentés du coin. Cadre aéré et décor un peu néo-colonial. Carte variée de spécialités indiennes soigneusement préparées. Bon accueil. Conseillé aussi pour boire un verre entre 17 h et 19 h, lors des *happy hours.*

|●| ***Key Largo :*** ☎ 452-02-82. Situé juste avant la marina de Rodney Bay, sur la droite. Bonnes pizzas cuites au feu de bois. Ambiance sympathique dans un décor à l'américaine. Assez réputé.

Un peu plus chic

|●| ***The French Restaurant :*** ☎ 450-00-22. Au bord de la marina. Fermé le mardi. Un repas revient vite à 60 EC$ (24,50 €) ; spécialités du chef entre 55 et 120 EC$ (22,50 et 49 €). Joli restaurant en bois sur pilotis, très agréable. Le décor blanc et bleu rappelle les couleurs des yachts ancrés sous vos yeux, et on a l'impression d'être dans les cales d'un vieux gréement. Nourriture créole exquise. Grand choix de plats, depuis les soupes jusqu'aux desserts. Spécialités de fruits de mer : crevettes, poulpes, langouste. Accueil digne de la légendaire hospitalité des Saint-Luciens.

|●| ***Le Café des Arts :*** à Rodney Bay, prendre la route qui fait l'angle avec *The Lime,* c'est à 100 m.

☎ 452-94-63. Ouvert à partir de 16 h. Compter entre 60 et 80 EC$ (24,50 et 32,50 €) pour un bon dîner. Un cadre chaleureux, tout en bois, qui évoquerait presque les chalets du Grand Nord canadien. Tables disposées dans une petite salle intime et colorée par les tissus créoles. Carte fournie en poisson (saumon aux herbes de Provence, filet de perche...), fruits de mer et viande. Nourriture fine et délicieuse, préparée par le chef cuisinier, Guy ; le tout accompagné par un petit ballon ! Bar circulaire surplombant la rue et fréquenté par quelques habitués. Intéressant pour les *happy hours* qui débutent à 19 h et se prolongent jusqu'à 21 h. Soirée dansante le mercredi.

Où boire un verre ? Où sortir ?

♟ ***San Lucian :*** à Rodney Bay, après le *Lime.* Grand hôtel luxueux. Sans y dormir, vous pouvez en profiter en allant boire un verre au bord de la piscine au moment du *happy hour,* de 17 h 30 à 18 h 30. C'est là que logea Derek Walcott, lors de sa dernière visite officielle !

♟ ♪ ***The Triangle Pub :*** voir « Où manger ? ». Bar populaire en plein air, très fréquenté en soirée. Am-

biance décontractée et bon enfant, qui fait oublier un cadre très dépouillé. Karaoké ou concert de *steel band* le lundi soir.

♟ ***The Lime :*** voir « Où manger ? ». C'est l'une des adresses incontournables de Rodney Bay. Le week-end, les tables manquent souvent et on sympathise rapidement avec ses voisins. On enchaîne les bières *Piton.* Ensuite, certains continuent au club (qui change souvent de nom) situé au-dessus du restaurant : *The Late Lime.* Ouvert du mercredi au samedi. Là, l'ambiance est plus intime, les lumières plus tamisées. Une teinte musicale par soirée, mais la *soca* l'emporte largement.

🍸 ♪ D'autres filent à la boîte de nuit *Indies,* à 100 m du *Bay Garden.* Ouvert les mercredi, vendredi et samedi. Une discothèque réputée pour sa bonne ambiance. Air climatisé. Il est interdit de fumer sur la piste. Population très mélangée entre les Saint-Luciens et les gens de passage. C'est vraiment agréable. De plus, c'est gratuit le mercredi soir pour les filles. Nombreux cocktails à prix très abordables.

🍸 ♪ *Shamrocks Pub :* à l'entrée de Rodney Bay, à droite. ☎ 452-87-25. En bordure de la marina, avec une agréable terrasse en bois sur pilotis. Un endroit animé, parfois même bondé, le mercredi lors des cours de salsa, le jeudi pour la soirée karaoké et le vendredi lors des concerts de groupes locaux.

Où danser à Gros Islet ?

Phénomène incroyable, ce petit village aux maisons en bois, aux rues rectilignes, aux habitants nonchalants, cache bien son jeu. Le vendredi soir, Docteur Jekyll devient Mister Hyde... La rue principale est bouclée, d'énormes baffles sont placés à chaque extrémité, et en avant la musique ! La rue se transforme en une gigantesque boîte de nuit. Les mammas dressent des petits stands de nourriture, préparant d'excellentes cuisses de poulet boucané ou des brochettes. D'autres proposent de la bière. Tous les habitants qui ne dansent pas vendent quelque chose. Quelques stands de jeu aussi. Sur des rythmes reggae, funky, rock ou *dub*, la fièvre monte, le front en sueur, jusqu'au petit matin. C'est le *jump up party*. Une expérience à ne pas manquer.

Tout cela a commencé timidement il y a plus de dix ans. Puis quelques touristes sont venus, attirant ainsi la jeunesse de l'île. Aujourd'hui, c'est le rendez-vous classique du vendredi soir. Les vieux restent éveillés, regardant de la fenêtre de leur cabane cette gentille agitation qui mêle les peaux différentes sur des rythmes venus d'Afrique et sous les yeux d'une police omniprésente et plutôt bon enfant. Pourtant, un malaise s'empare du danseur ! Aucune femme de couleur ne participe à la danse. Seulement de jeunes Blacks et des touristes blancs, hommes et femmes. Après vérification, il s'avère qu'il est très mal vu pour une jeune Noire de participer à la fête. Seuls les hommes ont le droit de draguer la femme blanche. L'atmosphère et la fête prennent alors une allure un peu malsaine.

À voir. À faire

🔖 *La plage de l'hôtel San Lucian* est la plus fréquentée par les touristes. Il faut dire qu'elle réunit tous les avantages : sable fin, jolie vue, eau transparente. Elle est bordée de plusieurs hôtels. Seul inconvénient, il y a trop de monde. Possibilité de louer transat et parasol en arrivant tôt le matin.

🔖 *La plage de Pigeon Point,* qui prolonge celle du *San Lucian,* est en revanche déserte en semaine et tout aussi belle. On y accède par la route du nord, puis par la première route goudronnée sur la gauche après Gros Islet. Beaucoup de petits barbecues où il est possible de grignoter du poulet grillé accompagné de beignets locaux, et de se désaltérer avec des boissons fraîches. En guise de digestif, vous pourrez goûter au *spice rum,* tout le monde en propose ! Le week-end, elle est envahie par les Saint-Luciens. C'est l'occasion de faire une étude sociologique ! Leurs voitures sont garées face à la mer, l'autoradio à fond. Certains restent couchés sur une banquette et contemplent les merveilles de la nature... pendant que d'autres se lancent à cœur joie dans les jeux nautiques. Ambiance très sympathique. Notre plage préférée.

★ *Pigeon Island National Park :* ouvert de 9 h à 17 h. Entrée : autour de 10 EC$ (environ 4 €), valable pour la journée ; réductions.
Presqu'île transformée en Parc national depuis les années 1970. Bordée par l'Atlantique et la mer des Caraïbes. On y trouve des vestiges, forts, ruines de bâtiments militaires et d'anciennes fortifications, des grottes (des trésors de pirates) qui témoignent de l'importance stratégique de cette île. C'est l'endroit d'où Rodney, l'amiral anglais, est parti guerroyer contre nos ancêtres. Plusieurs sentiers avec panneaux d'interprétation. Un *musée* a été aménagé dans l'ancien mess des officiers. Il explique la vie des brigands, la violence des combats... Également, un restaurant côté mer des Caraïbes : *Jambe de Bois* (voir « Où manger ? »).

⌂ *La plage de Cas-en-Bas :* sur le chemin de Cap Estate, tournez à droite en face de la bifurcation pour Gros Islet. Continuez tout droit jusqu'à la mer. Route défoncée, 4x4 indispensable. À pied, compter 45 mn environ. C'est le rendez-vous des *windsurfers*. La plage est belle et la côte sauvage. Ambiance sympathique.

Où monter à cheval ?

■ *Trim's National Riding :* à Cas-en-Bas et Cap Estate. ☎ 450-82-73. Prendre la route vers Cap Estate puis tourner à droite à peu près au niveau de la marina de Rodney Bay (il y a un panneau indicateur). Des promenades à cheval de 1 h 30 ou à la journée sont proposées sur les plages atlantiques et caraïbes, pour un prix tout à fait abordable. Appeler avant.
■ *International Riding Stables :* à proximité de Gros Islet. ☎ 452-81-39. ● www.stluciatravelcom.lc/internat.htm ● Prendre à droite en direction de *Henry's Guesthouse*. C'est à 1,5 km à l'intérieur de Beausejour Estate. Demander Floria di Stefano, une Italienne qui a élu domicile ici par amour de la nature et des chevaux. De la promenade de 2 h à celle d'une journée avec accompagnateur, en passant par la demi-journée et le pique-nique sur la plage de Cas-en-Bas, il y en a pour tous les niveaux et tous les portefeuilles. Sérieux garanti.

★ CAP ESTATE

➤ *La pointe nord de l'île :* très beaux paysages. Un grand centre touristique y a été bâti, avec un superbe golf, le *Club Saint-Lucia* ! Nous vous conseillons d'aller au-delà en suivant une route pas toujours goudronnée qui monte jusqu'à une superbe maison coloniale rose. Tournez ensuite à droite derrière celle-ci et prenez le chemin de terre. Vous serez récompensé par un superbe panorama sur l'île, sa côte est et ouest. Derrière vous, on aperçoit la Martinique par temps clair ! Avec du temps, cette excursion peut se faire à pied.

Où manger ?

|●| *The Great House :* à Cap Estate, après le *Club Saint-Lucia*. ☎ 450-04-50. Ouvert seulement pour le dîner. Fermé le lundi. Plat principal à partir de 55 EC$ (22,50 €) ; l'addition dépasse vite 100 EC$ (41 €). Dans un environnement superbe, une maison coloniale reconstituée dominant Anse Bécune et Pigeon Island. La meilleure table

de Sainte-Lucie, ce n'est donc pas donné. Sorbets de fruits locaux délicieux. Si vous le désirez, vous pouvez profiter de l'*happy hour* de 17 h 30 à 18 h 30 ou du *tea afternoon* sur le balcon. Concerts organisés au *Derek Walcott Theatre,* lors du festival de Jazz.

VERS LE SUD, DE CASTRIES À LA SOUFRIÈRE

Le plus bel itinéraire de l'île. On traverse de ravissants villages, une végétation luxuriante et sauvage, et les points de vue sont superbes. La route est très bonne jusqu'à La Soufrière, mais la conduite nécessite une vigilance de tout moment. Il y avait longtemps qu'elle était en travaux (un véhicule tout-terrain était nécessaire en cas de pluie). Fini l'aventure! Mais rien ne vous empêche de sortir des sentiers battus si vous disposez du véhicule adéquat.

★ *MARIGOT BAY*

À droite sur la route de La Soufrière (panneau indicateur). Le paradis pour les voiliers! On y accède par une route qui mène à un petit embarcadère. De là, un canoteur vous conduit pour une somme modique (environ 1 US$) de l'autre côté de la baie. Vous serez charmé par ce paysage dont la verdure flamboyante des collines contraste joliment avec le bleu de la mer. Très belle plage. Allez donc prendre un thé à la terrasse du *Doolittle's* au coucher du soleil, juste au moment de l'*happy hour.* Eh oui! C'est ici que fut en partie tourné le film des studios Walt Disney, *Dr Doolittle.* Pour les besoins du film, des bêtes venues du monde entier furent amenées dans la baie, et les autochtones durent se déguiser en « sauvages »! Moment divin que cette halte à Marigot, mais si vous décidez d'y rester, sachez que les hôtels y sont assez chers. À proximité, caché par la végétation, un hôtel pour gens fortunés.

Où manger?

|●| *Château Mygo :* sur la droite, en arrivant dans la baie. ☎ 451-47-72. Le midi, plats entre 20 et 45 EC$ (8 et 18,50 €). Pour toutes les bourses. Une petite bâtisse en bois aux couleurs vives, bien aérée, avec vue privilégiée sur la baie depuis la terrasse. Tables avec nappes créoles. Très agréable. Soupes, sandwichs, salades, ou plats à base de viande, de poisson. Idéal pour prendre un verre en fin d'après-midi, lors de l'*happy hour.* Concerts le mardi soir. |●| *JJ's :* sur le chemin de Marigot Bay, à 5 mn de la baie à pied. ☎ 451-40-76. En allant vers la baie, c'est sur la gauche. Le soir, compter dans les 100 EC$ (41 €) par personne. Autrefois l'une des meilleures tables de Sainte-Lucie, sa réputation a été quelque peu entamée mais on y mange toujours bien. C'est l'histoire d'un navigateur, ancien équipier sur le *Vendredi 13,* qui décide de jeter l'ancre définitivement et de monter son restaurant. Il parle un français impeccable et son accueil chaleureux vous met tout de suite à l'aise. Une bonne adresse. Le midi, n'arrivez pas trop tard; le soir, si vous aimez danser, venez plutôt le mercredi, le vendredi ou le samedi. Demandez un *Mix,* assortiment de fruits de mer façon caraïbe. Sinon, excellent poisson. Les courageux amateurs de cocktails demanderont un *Zombi,* ça décoiffe! 7 alcools mélangés, on peut leur faire confiance...

À voir. À faire

★ *Rhythm of Rum* : à 1,5 km après Marigot Bay, sur la droite. Ouvert du lundi au vendredi de 9 h à 15 h. Entrée : 10 US$, avec guide. ☎ 451-45-28. Petit musée et visite judicieusement pensée dans l'unique distillerie de Sainte-Lucie en activité. Tout commence dans une cale de bateau, par une vidéo sur l'histoire du site. Les senteurs de mélasse vous attirent alors vers le hangar de fermentation et de distillation. C'est ensuite les effluves de rhum, vieilli pendant 2 à 15 ans dans une cave retirée, qui vous chatouillent les narines. Pour couronner le tout, vous aurez un aperçu de l'ambiance et des couleurs du carnaval de Sainte-Lucie, avant une petite dégustation de rhums... qui sont aussi en vente.

★ *Anse La Raye* : la route qui mène à ce ravissant village de pêcheurs traverse la plus grande plantation de bananes de l'île. Blottie au fond d'une jolie crique, Anse La Raye nous laisse admiratifs et même songeurs quant à notre propre mode de vie. Ce village possède bien sûr les atouts les plus charmeurs : petites maisons en bois de toutes les couleurs bien alignées le long d'étroites ruelles, un lavoir traditionnel, des murs recouverts de peintures naïves représentant des scènes de la vie quotidienne, des petites échoppes comme il n'en existe plus et, pour couronner le tout, des habitants heureux de vivre et curieux de vous rencontrer. L'une d'entre eux est particulièrement touchante : Virginie Licea est boulangère-pâtissière sur Saint Louis Street. C'est extraordinaire, elle travaille sans eau courante, ni électricité. Oui, sans pétrin, avec un four à bois ! Et ses petits pains rivalisent avec nos meilleurs croissants ! Mais la modestie des habitants de ce village ne leur permet pas de croire que vous êtes là pour eux ; à peine commencez-vous à ralentir que déjà plusieurs personnes vous indiquent la route pour La Soufrière, pensant que vous êtes perdu.

À l'entrée du village, un chemin sur la gauche conduit au *River Rock Waterfall*, un petit bar perdu au fond d'une vallée tropicale et en bordure d'une cascade aménagée où il est possible de se baigner. Site plein de charme, mais pour prendre juste un verre, vous devrez quand même payer un droit d'accès (5 EC$, soit 2,04 €). Ça, c'est moins sympa !

⌅ *Anse Cochon* : magnifique plage. Des fonds marins superbes. Avec un masque et un tuba, vous plongez dans un aquarium de rêve. Cette baie reste très agréable, même si elle a perdu une grande partie de son charme depuis qu'un chemin a été récemment créé pour la construction d'un petit hôtel.

⌅ *Anse Jambette* : quelques très beaux points de vue de la route avant d'atteindre cette petite crique (panneau). Laisser la voiture et descendre pendant un bon quart d'heure vers cette petite plage de sable noir. Profiter alors d'une baignade en solitaire bien agréable. Il y a un petit restaurant qui accueille les plongeurs d'Anse Chastanet, une fois la semaine. Gardez des forces pour le retour.

★ *Canaries* : à l'image du précédent village, peut-être un peu plus grand et prospère. On retrouve la même atmosphère, chacun vit sur le pas de sa porte, les femmes lavent leur linge, les hommes discutent et les rastas jouent au foot.

La route poursuit son étrange ballet parmi les mornes aux essences multiples. Pour un point de vue merveilleux, du haut d'un téton, on s'enfonce plus profondément dans l'obscure végétation. *La Soufrière* se découpe au fond, fière de son double piton, le Gros et le Petit. Les sages vallées ouvertes et dénudées de Castries sont loin derrière. Ici, c'est le Sud, encaissé et mystérieux...

⌂ **Anse Chastanet :** pour s'y rendre, on peut prendre un *taxi-boat* ; en voiture, la route qui descend est très défoncée mais praticable avec un 4x4. On achète les billets près du poste de police de La Soufrière, sur le front de mer. Le coup de cœur après le coup de massue (10 US$ aller-retour par personne) ! Enserrée entre deux collines, cette bande de sable noir possède bien du charme. Pas facile d'y accéder, mais la récompense est de taille ! Les plages n'ont rien d'inoubliable, mais dans cet environnement, la promenade avec ses pitons rocheux plongeant dans la mer s'avère merveilleuse. Le superbe *hôtel d'Anse Chastanet,* dont les chambres sont disséminées habilement dans la végétation, possède un club de plongée sur la plage. Inutile de vous dire que c'est hors de prix. Vous vous contenterez d'apporter masque et tuba pour admirer la beauté des fonds marins.

Vous avez peut-être entendu parler d'un éléphant qui vivait dans le coin... Eh bien, oui ! Ceux qui en parlent n'ont pas bu trop de punch ! Malheureusement, l'animal est mort en avril 1993. Laissez-nous tout de même vous raconter son histoire. Il a été ramené d'Inde par un Anglais quelque peu original. On dit que cet homme très riche vit dans une case, comme un pauvre hère, à Sainte-Lucie. Toute une légende court sur ce personnage. Fiction ou réalité ? On raconte également que cet éléphant aurait été descendu ici pour le tournage d'un film et que, lorsque ce dernier fut achevé, l'équipe abandonna le pachyderme, ne sachant comment le remonter. En tout cas, si l'éléphant n'est plus là, il reste dans toutes les mémoires.

LA SOUFRIÈRE

La deuxième « ville » de l'île par ordre d'importance, mais la plus ancienne historiquement, est en fait un adorable gros village qui vit au rythme d'un vieux 33 tours fatigué. Principal port d'exportation du café et du cacao, la ville, fondée en 1746 par les Français, est retombée comme un soufflé lors du déclin de ces produits au XXᵉ siècle. Un violent incendie contribua à effacer toute trace de richesse. Mais La Soufrière a des atouts : cadre radieux, jolie baie, forêt tropicale à deux pas, maisons en bois bien alignées et proprettes, petit square et vie... très tranquille. Notre coup de cœur de l'île ! Peu de touristes séjournent ici. En revanche, presque tous y font halte, en bateau. Normal, la ville possède toutes les richesses et curiosités touristiques de l'île. Grand marché très coloré le samedi, surtout consacré aux produits agricoles. La place du marché, avec ses peintures murales et ses maisons en bois, vaut d'ailleurs le détour à elle seule.

Le secteur de La Soufrière, c'est aussi un site naturel fabuleux, avec ses deux pitons (une démarche est engagée pour les inscrire au titre du patrimoine mondial de l'Unesco) et des fonds marins d'une très grande richesse, d'une beauté époustouflante. Face à une pression humaine importante qui générait de nombreux conflits et mettait en danger les ressources naturelles, une négociation a été mise en place entre différents partenaires (pêcheurs, professionnels du tourisme...). Ce processus a abouti à la création de *Soufrière Marine Management Area* (SMMA), qui définit plusieurs zones consacrées aujourd'hui à différents usages, depuis Anse Jambon jusqu'à Anse l'Ivrogne : réserves marines, sites de plongée, zones de mouillage, zones prioritaires de pêche... Chacune est délimitée par des bouées de couleurs différentes. Les taxes perçues par la SMMA (permis de plongée et taxes pour le mouillage) servent à financer un programme de protection des récifs coralliens.

Tous les jeunes chercheront à vous guider vers les différents points touristiques de La Soufrière : jardin botanique, sources et bains sulfureux... Ces petits malins qui se contentent de guider les touristes auront vite fait de vous persuader qu'ils sont indispensables. En réalité, aucune de ces balades ne nécessite un guide. Seules l'ascension d'un piton, le mont Gimie, ou l'incursion dans la forêt tropicale demandent à être réalisées avec une assistance.

Comment y aller ?

➤ *De Castries à La Soufrière :* plusieurs compagnies *(Mango Tango, Endless Summer, Carnival...)* organisent des petites croisières au départ de Rodney Bay ou de Castries. Départs quotidiens. Sinon, en minibus, de Castries (Jeremie Street), très bon marché. Pas de souci côté horaire, ils sont fréquents (toutes les demi-heures). La route qui longe la côte caraïbe est désormais en bon état. Compter environ 1 h 15 en voiture.

➤ *De La Soufrière à Vieux-Fort*, il faut une bonne heure.

Adresses utiles

🛈 *Office du tourisme :* sur le front de mer. ☎ 454-74-19. Ouvert du lundi au vendredi de 8 h à 16 h et le samedi de 8 h à 12 h, et parfois quand il y a des bateaux de croisière. Accueil charmant bien que nonchalant. Peuvent contacter des *guesthouses,* confirmer des billets d'avion... Vente de télécartes. Pas mal de brochures pratiques.

✉ *Poste :* sur le front de mer. Ouvert du lundi au vendredi de 8 h 30 à 16 h 30.

■ *National Commercial Bank :* sur Bridge Street. ☎ 459-74-50. Distributeur de billets 24 h/24 acceptant les cartes *Visa* et *MasterCard.*

■ *Barclay's Bank :* sur Bridge Street, à côté du square. ☎ 459-72-55. Effectue le change dans les deux sens. Accepte les chèques de voyage ainsi que les cartes *Visa* et *MasterCard.* Distributeur automatique, cartes *Visa* uniquement.

■ *Médecin :* sur Bridge Street, un docteur officie en permanence à la pharmacie *Alexis* (☎ 459-72-57). Sinon, voir *Clark's Pharmacy,* toujours sur Bridge Street (☎ 459-53-40).

■ *Petit marché :* sur la place. Épicerie juste à côté.

■ *Petit marché couvert d'artisanat :* sur le front de mer, à droite quand on regarde vers le large. Pas très intéressant, il n'y a vraiment que des babioles. Mieux vaut s'abstenir, sauf si la frénésie du shopping vous démange.

■ *Stations-service :* station *Shell* à l'entrée de la ville sur la route de Castries et station *Texaco* sur le front de mer tout au sud.

■ *Water-Taxi Association :* Bay Street, à proximité du poste de police. ☎ 459-72-39. Ouvert du lundi au samedi de 8 h à 17 h. Le dimanche : ☎ 455-96-34.

■ *SMMA :* Bay Street. ☎ 459-55-00. ● www.smma.org.lc ● Pour plus d'informations sur l'aire marine protégée de La Soufrière. Petite boutique où sont vendus quelques souvenirs.

Où dormir ?

De bon marché à prix modérés

🛏 *Chambres à louer :* se rendre à la boutique *Claudina's,* Maurice Masson Road, près de l'office du tourisme, sur la gauche en regardant la mer. ☎ 459-75-67. Compter autour de 15 US$ par personne. 4 chambres très modestes mais propres, avec ventilos. Pour non-fumeurs seulement. Salle de bains commune dans la cour, avec w.-c. et douche. Ne pas y aller pour consommer votre lune de miel, les chambres communiquent entre elles par le haut... pas vraiment intime ! Possibilité d'utiliser la cuisine.

🛏 *Home Hotel :* ☎ 459-73-18. Un nom pour deux hôtels. L'un situé en centre-ville, sur la charmante place centrale, avec la grosse église qui monte la garde et les gentilles maisons de bois tout autour, et l'autre dans la forêt. Selon votre « budget nuit », on vous proposera une chambre avec salle de bains commune, en centre-ville (aux alentours de 30 US$ la double), ou une plus luxueuse. L'accueil se fait au *Home Hotel* du centre-ville. Les chambres sont propres et lumineuses. Possibilité d'utiliser la cuisine pour le petit déjeuner ou, moyennant un petit supplément, pour les autres repas. En centre-ville, grand salon aéré, décoré d'une fresque naïve.

De prix moyens à plus chic

🛏 *Camilla's Guesthouse :* 7 Bridge Street. ☎ 459-53-79, ou 459-75-32. Fax : 459-56-84. En plein centre-ville. S'adresser à Camilla directement dans le resto (voir « Où manger ? »). Fermé les 3 dernières semaines d'août. Compter environ 65 US$ la double. Quelques chambres sont disponibles au-dessus du resto, ainsi que 7 autres (3 triples, 4 doubles) dans une maison très bien équipée, au croisement de Church Street et de Boulevard Street. TV dans les chambres, mais salle de bains et w.-c. extérieurs. Cuisine commune, avec machine à laver. C'est propret.

🛏 *The Still :* à l'entrée de La Soufrière, prendre le chemin sur la gauche pour Anse Chastanet ou bien la route pour les Diamond Falls. ☎ 459-51-79 ou 459-72-24. Fax : 459-53-69. ● www.thestillresort.com ● De 60 à 120 US$ pour deux. Un hôtel, mais deux possibilités. La première : dormir dans des studios modernes dans la plantation (voir « Où manger ? »). La seconde : loger dans une autre résidence sur le front de mer (2 studios de 2 lits ; c'est plus cher). Propre et bien décoré avec des meubles en bois, confortable. Toutes les chambres disposent de ventilos et certaines de kitchenettes.

🛏 *Humming Bird Beach Resort :* ☎ 459-72-32 ou 459-74-92. Fax : 459-70-33. Sur la route qui va vers Anse Chastanet, sur la gauche à l'entrée de La Soufrière, en venant de Castries. Toute une gamme de prix : d'environ 80 US$ la chambre double à 200 US$ la suite avec vue sur les pitons. Fait aussi resto. Jolie vue et jardin tropical qui donne sur la plage de La Soufrière. Pour les routards voileux, il y a des pontons où amarrer les bateaux. 10 jolis bungalows en bois, répartis harmonieusement autour d'une petite piscine. Grand lit avec moustiquaire. Plus cher que le précédent, mais beaucoup plus de charme. Climatisation ou ventilo dans toutes les chambres. Resto (voir « Où manger ? »).

Pour ceux qui ont gagné au Loto

🛏 *Hilton Jalousie :* incontestablement l'un des hôtels les plus chers de l'île. Plus de 470 US$ pour une nuit ! Il faut dire que, même si le bâtiment manque de charme, sa situation est enviable : il se trouve entre les deux pitons, les pieds dans l'eau. Évidemment, héliport, quelques trous de golf, tennis, piscine et superbe plage ! Vous aurez peu de chance de pouvoir ne serait-ce qu'y jeter un coup d'œil, même si certains de nos lecteurs semblent avoir réussi... C'est une chasse gardée pour les touristes milliardaires ! Allez, on ne sait jamais : ☎ 459-76-66. Fax : 459-76-67.

SAINTE-LUCIE

Où manger ?

Bon marché

|●| Plusieurs petits *snacks* et *restos* locaux où il est possible de manger des plats du jours roboratifs pour 15 EC$ environ (6 €). Notre préféré se trouve sur Bay Street, à 50 m de l'office du tourisme. Pas vraiment de nom officiel et Shirley, la patronne, se plaît à improviser quand on lui pose la question ; *Le Bon Appétit* revient souvent... Toute petite salle dont les pierres saillantes des murs sont peintes en vert soutenu. Une atmosphère chaleureuse ; il faut dire que la maîtresse des lieux n'hésitera pas à vous tenir compagnie pendant le repas. Poisson et poulet créoles, mouton au curry servis avec légumes, riz, plantain.

De prix modérés à prix moyens

|●| *Camilla's :* 7 Bridge Street. ☎ 459-53-79. En plein centre-ville. Ouvert midi et soir, sauf le lundi. Compter au moins 40 EC$ (16,50 €) le repas. L'endroit est frais avec son petit balcon. La nourriture est copieuse. Choix de sandwichs, salades et les inévitables burgers. Si vous croisez un Ricain, n'oubliez pas de le remercier ! Mais également plats créoles copieux. Le restaurant se trouve à l'étage. Tout est dans des tons roses. Cadre mignon comme tout et très agréable. Pour les spécialités créoles, venir le soir uniquement. Bon rapport qualité-prix. Petite ristourne sur le prix du repas à ceux qui logent au *Camilla's Guesthouse*.

|●| *The Still :* voir « Où dormir ? ». Repas aux alentours de 50 EC$ (20,50 €). Dans une ancienne distillerie, salle impeccable avec nappes et serviettes. Le patron, un jeune mulâtre qui s'y entend très bien en commerce, s'est arrangé pour que tous les touristes qui viennent à La Soufrière s'arrêtent ici... Inconvénient : il y a parfois des cars entiers pour le déjeuner et aucun coin intime. Cuisine locale pas très chère malgré le standing. Normal, presque tous les produits proviennent de la plantation familiale.

De plus chic à très chic

|●| *The Old Courthouse :* sur le front de mer, à deux pas du ponton où accostent les bateaux. ☎ 459-50-02. Nombreux plats aux alentours de 50 EC$ (20,50 €). Dans l'ancien tribunal datant de 1898. Tables disposées en terrasse avec la mer en guise de déco. Bien aéré. Une carte très fournie : sandwichs, salades, poisson et fruits de mer, plats à base de viande. Bonne cuisine, mais un peu chère tout de même. Une autre possibilité consiste à y aller prendre un verre pour le coucher du soleil. À l'étage, petite salle d'exposition et de vente de batiks, de paréos... réalisés par des artistes locaux.

|●| *Trou-au-Diable Beach Restaurant :* ☎ 459-70-00 ou 459-73-55. Fax : 459-77-00. Anse Chastanet est une adorable baie, réputée pour ses fonds marins. D'ailleurs, l'hôtel dispose d'un club de plongée. La baie est située juste avant La Soufrière quand on vient de Castries. On y accède soit par bateau, soit par un très mauvais chemin situé à l'entrée de la ville, sur la droite en venant du nord ; c'est 2 km plus loin. Le restaurant de l'hôtel, en bordure de plage, procure bien des plaisirs. Grillades savoureuses et salades bien fraîches. Fréquenté par les Américains et les riches yachtmen (ce sont généralement les mêmes...). En revanche, à midi, le buffet est un peu décevant, mieux vaut commander à la carte. L'hôtel possède des chambres vraiment superbes mais bien trop chères.

|●| *Dasheene :* sur la route vers Vieux-Fort, au sud de La Soufrière, après les bains sulfureux. ☎ 459-

73-23. Ouvert tous les jours. Pour le dîner, compter un minimum de 80 EC$ (33 €). Grand restaurant dans un cadre superbe, coincé entre les deux pitons rocheux et surplombant la magnifique baie de Jalousie. Excellent rapport qualité-prix. Si vous n'avez pas les moyens d'y manger, allez y boire un cocktail de fruits frais, pour 15 EC$ environ (6 €), en admirant la superbe vue sur les pitons, à l'heure où la lumière rasante du soleil réveille les teintes créoles. Un régal! À côté, hôtel *Ladera* : superbes bungalows tout en bois à l'intérieur, quelques-uns avec piscine privée, pour 2 à 6 personnes. Chambres avec grande baie vitrée à la place du mur. À couper le souffle! Vraiment très cher; à partir de 425 US$ la double. Uniquement au cas où vous auriez gagné au Loto avant de partir!

À voir. À faire

★ *Diamond Mineral Bath and Botanical Garden* (*bains minéraux et jardin botanique*) : un peu à l'écart du centre, à environ 800 m vers Vieux-Fort. ☎ 459-71-55. Ouvert tous les jours de 10 h à 17 h. Entrée payante; un tarif pour la visite simple et un tarif supplémentaire si l'on veut se baigner.
On traverse tout d'abord un jardin botanique (entrée sur la droite) où sont réunies de belles fleurs tropicales : oiseaux de paradis, héliconias, gingembre rouge, hibiscus... Au bout du sentier, d'anciens bains aménagés sur ordre de Louis XVI en 1785. En effet, le baron de Laborie fit analyser l'eau qui arrivait du volcan à Paris et y trouva les mêmes qualités médicinales que dans l'eau d'Aix-les-Bains. Notre bon roi Louis XVI ordonna la construction des bains pour soulager ses troupes fatiguées. Les bains actuels ont été bâtis en 1966. Étonnante couleur des roches, recouvertes de dépôts minéraux. Plus loin, petite chute d'eau sulfureuse, ne surtout pas s'y baigner!

★ *Morne Coubaril Estate :* une plantation magnifique à 2 km au sud, d'où l'on observe la mer, les pitons et La Soufrière. ☎ 459-73-40. Ouvert tous les jours de 9 h à 17 h. Entrée payante. Pour la visite, prévoir au minimum une matinée; moment de pleine effervescence entre 9 h 30 et 12 h. Possibilité de se restaurer sur place.
L'histoire de cette plantation remonte à 1713, date à laquelle le roi Louis XIV fit cadeau à la famille Deveaux de 2 000 ha sur Sainte-Lucie. Les trois enfants de cette famille se partagèrent ce trésor. Philippe eut la part de terrain la plus stratégique, celle située à côté de La Soufrière, alors ville de commerce prospère. D'ailleurs, afin de protéger la ville, il fit installer des canons. L'un d'entre eux témoigne aujourd'hui de cette époque. Philippe donna à cette propriété les moyens de grandir et de s'enrichir. Jusqu'en 1960, le domaine, spécialisé dans la canne à sucre, le coco, le copra et le manioc, est resté entre les mains des descendants de cette éminente famille. Certes, il n'avait plus la même taille (180 ha) ni le même poids stratégique, mais c'est la seule propriété à être restée aussi longtemps au sein d'une famille. Le dernier descendant l'a vendue en 1960 à la famille Monplaisir. L'actuel propriétaire l'a ouverte au public en 1995. 35 personnes travaillent de manière artisanale et traditionnelle à la culture du coco, du copra et du cacao. Site exceptionnel. Une visite très instructive.

★ *Le cratère et les bains sulfureux :* en poursuivant la route vers le sud, à 3 km environ, on parvient à l'entrée d'un ancien cratère de La Soufrière. Ouvert tous les jours de 9 h à 17 h. Visite payante avec guide.
Déjà, à l'entrée du site, une forte odeur de soufre se dégage. En quelques minutes, on parvient aux baignoires de soufre. De toute part la terre bouillonne, le soufre en ébullition dégage une odeur âcre. Au XIXe siècle, on exportait même des tonnes de cette denrée prisée. Partout, le sol est en constante effervescence. Ces sources sulfureuses constituent le signal

d'alarme permanent du volcan. Tant que des gaz sulfureux s'échapperont du cratère, aucun danger ne sera à redouter. Si, par malheur, ces émanations cessaient, cela signifierait qu'une pression est en train de s'accumuler à l'intérieur du volcan ; il y aurait alors péril et risque majeur d'éruption. Cependant, pas de panique, la dernière explosion remonte à 1780.

Au milieu de ce champ en ébullition, on remarque des strates de manganèse, de carbone, de soufre... ainsi qu'un mélange d'eau douce et d'eau de mer. La température monte ici à 170 °C. La forte odeur rappelle le bon temps des boules puantes dans les salles de classe. À côté, une source sulfureuse permet de prendre un petit bain décapant. En outre, cette eau noire qui coule vivement possède des vertus thérapeutiques pour soulager les allergies.

★ *Pitons Warm Mineral Waterfalls :* à 3 km au sud de La Soufrière. Accès payant. Petite piscine aménagée au pied d'une cascade. Cabines pour se changer. Site très bétonné. Dommage. Uniquement en dernier recours...

Excursions dans les environs

➢ *Randonnées pédestres dans la Rain Forest :* pour tout renseignement, appeler *Forest and Land Departement,* à Castries. ☎ 450-22-31 ou 450-20-78. Ils vous organiseront une randonnée sur mesure. L'excursion ne peut se faire seul. Vous ne regretterez d'ailleurs pas les multiples explications que vous donnera le *ranger* qui vous accompagnera. Vous aurez peut-être la chance de voir des perroquets, des mygales ou encore le fameux boa constrictor (10 m de long). Le serpent fer-de-lance est rare. Il est venimeux et on le rencontre plus souvent vers Vieux-Fort ou Dennery. Il craint l'odeur des bananeraies, c'est pour ça qu'il est rare dans le nord de l'île.

Depuis La Soufrière, deux points de départ :

– *des Cartiers :* plusieurs options pour la durée et le niveau de difficulté. Le départ se fait au sud de La Soufrière. Le côté vraiment sympa, c'est d'être quasiment certain de croiser Jacquot, le perroquet de Sainte-Lucie.

– *De l'Edmund Forest Reserve :* départ à côté de La Soufrière. À partir de ce point, on peut gravir le *mont Gimie,* 915 m, le sommet de l'île. Il faut alors prévoir une bonne journée de randonnée. Les perroquets sont également au rendez-vous. Ici, parlons plutôt d'escalade que de balade. L'ascension est difficile. La forêt est si dense au sommet que l'on ne voit pas grand-chose.

➢ *Ascension du Gros Piton :* le début de la balade part d'*Anse l'Ivrogne.* À 3 km environ au sud de La Soufrière, suivre le panneau *Gros Piton Nature Trail,* à gauche. Chemin localement défoncé qui mène au bureau de l'association des guides. ☎ 459-34-92. Ouvert tous les jours de 7 h à 15 h. Petite exposition intéressante sur la faune et la flore. Nous vous conseillons vivement de prendre un guide. Assez cher... Compter 5 à 6 h de marche en tout. On est récompensé par une superbe vue.

➢ *Parcours à VTT :* à Anse Chastenet, *Bike St. Lucia's* propose des locations de VTT pour des parcours aménagés ou des pistes plus sauvages au sein d'une ancienne plantation de canne à sucre. ☎ 459-70-00.

DE LA SOUFRIÈRE À VIEUX-FORT

Le paysage qui borde la route est très joli, les maisons deviennent plus rares. Avec une voiture tout-terrain, ne pas hésiter à s'aventurer dans les nombreux petits chemins, dans la verdure flamboyante des champs de plantations diverses (bananeraies, cocoteraies ou cacaoteraies...). Sur la route principale, on découvre çà et là d'anciens moulins, pressoirs à jus de canne. Plus de trace des distilleries de rhum qui devaient pourtant exister.

⟩ **Anse l'Ivrogne :** pour se baigner avant d'arriver à Choiseul, tourner à droite à la hauteur de Victoria et descendre, de préférence à pied, jusqu'à cette plage de sable agréable et isolée. C'est de là que part l'ascension du Gros Piton (voir « Dans les environs de La Soufrière. Excursions »).

★ **Choiseul :** un petit village de pêcheurs qui doit son nom au duc de Choiseul, ministre de Louis XV. Sacré « plus beau village » de 1984 à 1989. Ses habitants vous le rappellent fièrement, un panneau annonçant : « Plus Belle Village » !

🐚 **Un atelier de fabrications artisanales Handycraft** propose de la vannerie et de la poterie assez jolies pour un prix tout à fait abordable. On ne vous montre pas les artistes en pleine activité ; pourtant, ils ne sont pas loin. Faites le tour du magasin pour découvrir un atelier qui sent bon le bois et la terre humide. Il y aura toujours quelqu'un de sympathique pour répondre à vos questions. Paradoxalement, le personnel de la boutique n'est pas très aimable. Il est impossible de négocier. Ne pas s'attendre à être reçu chaleureusement... Dommage !

➤ De Choiseul à Laborie, de nombreuses plantations de tabac, et au loin, par temps clair, pointe l'île Saint-Vincent.

★ LABORIE

Ce village de pêcheurs, qui doit son nom à un gouverneur français, a gardé toute son authenticité. Les gens sont sympathiques. Une promenade sur la plage s'impose pour découvrir les couleurs vives et harmonieuses des barques de pêcheurs. Quelques bars et même une boîte de nuit ouverte le vendredi et fréquentée surtout par des locaux.

Où dormir ?

🛏 **Le Domaine de Balembouche :** ☎ 455-12-44. Fax : 455-13-42. À 45 mn sur la route de Vieux-Fort, juste avant Laborie. ● www.balembouche.com ● De 70 à 85 US$ pour deux. 2 chambres et 2 *cottages*. Sans aucun doute, la meilleure adresse du sud de l'île. Ancienne plantation de canne à sucre tenue par une Allemande, Uta, accueillante et sympathique, avec pressoir, cuves, etc. Il suffit d'un soupçon d'imagination pour voir le décor s'animer. L'endroit, méconnu des touristes, est un véritable havre de paix avec un parc majestueux. On se sent chez soi et on y mange bien. La plage est à 10 mn à pied. Notre coup de cœur ! Il est vivement conseillé de réserver. C'est aussi le point de départ d'une agréable balade de 3 km le long d'un sentier côtier.

🛏 **Mirage Beach Resort :** à Laborie, juste sur la plage. ☎ 455-97-63. ● www.cavip.com/mirage ● De 65 à 125 US$ la chambre double. Tenu par Florence, une Française. 5 chambres doubles très propres, simplement mais joliment aménagées ; certaines avec cuisine et clim'. Superbe petit jardin. Très tranquille. La nuit, on n'entend plus que le bruit des vagues... Repas sur demande un peu à l'avance. Propose également des randos en forêt avec des guides locaux. Remise de 10 % accordée aux lecteurs sur le prix des chambres de mai à novembre sur présentation du *Guide du routard*.

Où manger ?

🍴 **Bois Coco :** à l'entrée de Laborie, sur la droite en venant de La Soufrière. ☎ 455-91-22. Fermé le lundi. Repas à moins de 30 EC$ (12 €). Cadre agréable. Petit resto en surplomb d'une plage de cocotiers, avec balcon aéré, tout en bois. Tables recouvertes de nappes créoles.

En revanche, nourriture très classique et juste correcte. *Happy hour* à partir de 18 h.

|●| *Le Domaine de Balembouche :* en principe, on ne peut pas y manger sans y dormir. Mais si vous demandez cette faveur quelques jours avant, on vous l'accordera gentiment pour des prix très intéressants (voir « Où dormir ? »).

★ *VIEUX-FORT*

Vieux-Fort est l'une des rares zones où le relief est plat. Un fort qui donna son nom à la ville fut construit en 1654 par des négociants hollandais. La seule originalité de l'histoire de cette ville réside dans le rôle qu'elle a joué au cours de la Seconde Guerre mondiale. Avec l'accord du gouvernement britannique, les États-Unis y construisirent la plus grande base militaire américaine des Caraïbes pour faire face à une éventuelle agression nazie. Cela a permis ensuite l'installation de l'aéroport international Hewanorra, ainsi qu'un bon réseau routier à proximité.

En entrant dans Vieux-Fort, on a la sensation étrange d'une ville en mutation ; elle est quadrillée de maisons à rénover, sans charme apparent. Hormis la longue plage du *Club Med,* Vieux-Fort ne présente aucun intérêt. Historiquement, c'est ici que les Caraïbes donnèrent du fil à retordre aux colons anglais et français.

Les seuls touristes sont les clients du *Club Med.* De nombreux complexes hôteliers se développent, profitant de la proximité de l'aéroport. Montez plutôt sur *Moule-à-Chique,* au sud de la ville. Superbe panorama. En un seul coup d'œil, vous découvrirez les côtes est et ouest, entre lesquelles le paysage volcanique de l'île s'allonge paresseusement.

Adresses utiles

■ *Distributeurs de billets :* deux banques avec distributeurs accessibles 24 h/24. *Scotiabank :* ☎ 454-63-14 ; et *Barclays :* ☎ 454-62-55.

■ Un centre commercial qui abrite une agence de *Cable & Wireless* a récemment ouvert ses portes.

Où dormir ? Où manger ?

Nous ne vous conseillons pas de dormir ici, mais plutôt dans les régions du Nord. Si toutefois vous désirez faire une halte, voici quelques adresses.

🛏 *Juliette's Lodge :* à 5 mn de l'aéroport. ☎ 454-53-00. ● www.ju lietteslodge.com ● Compter 85 US$ la chambre double, petit déjeuner compris. Vraiment tout près de la plage. Chambres à prix correct. Petite piscine. Standing confortable. Tarif spécial sur le prix des chambres sur présentation du *Guide du routard.*

🛏 |●| *Kimatrai Hotel :* aller à Moule-à-Chique, puis c'est indiqué. ☎ 454-63-28. Environ 70 US$ la chambre double. Chambres très propres, avec salle de bains, w.-c., TV et clim'. On y mange bien également. Depuis le resto, vue sur la mer et Saint-Vincent.

|●| *Sapphire Bar & Restaurant :* en face du stade. ☎ 454-63-21. Un repas pour 15 EC$ (6 €) environ. Resto très populaire et animé le midi. Grande salle avec tables de jardin dans une ambiance de cantine, mais qui n'est pas sans charme. Peintures naïves sur les murs en l'honneur de la bière nationale. On y mange ou on y boit un petit café en lisant les nouvelles dans le journal local.

|●| *Chac-Chac :* sur la route de l'aéroport, à côté du *Club Med.* ☎ 454-

62-60. Fermé le lundi. Plats autour de 25 EC$ (10 €). Juste en bordure d'un petit port de pêche. Grande salle fraîche et propre, aux murs vert pastel, et quelque peu balayée par les alizés fréquents sur la côte atlantique. Sandwichs, omelettes, ou plats à base de poisson ou de viande. Un endroit calme.

l●l *Il Pirata Ristorante :* à 1 km avant d'arriver dans Vieux-Fort, sur la droite. ☎ 454-66-10. Fermé le lundi. Compter environ 55 EC$ (22,50 €) pour un repas. En bord de mer. Tenu par des Italiens très accueillants. Pizzas, pâtes... La vue sur la côte est très chouette.

VERS L'EST, DE VIEUX-FORT À DENNERY

La route est bonne et le paysage varié, avec de nombreux petits villages qui sont cependant moins jolis et moins sauvages que ceux de la côte ouest. Ils ne méritent pas que l'on s'y arrête, sauf peut-être *Dennery,* village de pêcheurs typique épargné par le tourisme.
À la sortie de Vieux-Fort, au niveau de *Savannes Estate,* bifurquer sur la droite par un chemin de terre. Le paysage devient alors plus sec, plus jaune, quelques bras de mer bordés de cocotiers viennent envahir cette brousse. Un petit coin de paradis à découvrir à pied ou en voiture.

Où manger ?

l●l *Fox Grove Inn :* à Mon Repos. ☎ 455-32-71. Fax : 455-38-00. ● www.foxgroveinn.com ● Entre Micoud et Dennery. Sur la route principale, prendre à gauche en arrivant de Vieux-Fort. Certainement l'une des plus grandes tables de l'île. Le propriétaire a fait son apprentissage dans les meilleurs restos d'Europe et il parle couramment le français.

Rien de luxueux mais tout est confortable. Jolie piscine, centre équestre avec des randonnées sur *Honey Moon Beach,* une clientèle cosmopolite et un accueil formidable. Prix raisonnables. Également une douzaine de chambres relativement bon marché (compter 65 US$ pour deux) et une villa.

À voir

★ *Maria Islands :* renseignements et réservations à la permanence de *St. Lucia National Trust,* à la sortie de Vieux-Fort. Petit musée qui rassemble quelques éléments sur l'histoire du sud de l'île. ☎ 454-50-14. Ouvert du lundi au vendredi de 9 h à 17 h. Renseignements également possibles à Castries : ☎ 452-50-05. S'y prendre au moins une journée à l'avance. Deux minuscules îles transformées en réserve naturelle d'oiseaux, difficiles d'accès et inhabitées. Elles sont interdites en période de nidification (du 15 mai au 31 juillet). Sinon, un guide est nécessaire. La visite prend une bonne journée. Compter environ 80 EC$ (près de 33 €) par personne. C'est le seul endroit à Sainte-Lucie où l'on trouve notamment l'inoffensif *grass snake* (l'un des reptiles les plus rares du monde), ainsi qu'une espèce de lézard protégée.

★ *Savannes Bay :* entre Saltibus Point et Burgot Point, repliée sur elle-même, la plus vaste mangrove de l'île. Quitter la route principale, qui descend vers le sud, et prendre sur la gauche. On se retrouve au milieu des palétuviers dont les racines rouges remontent à la surface de l'eau. En plus d'être utiles à la faune aquatique qui s'y réfugie, ces arbres évitent l'érosion de la côte en servant de remblai solidement amarré. Ils sont donc indispen-

SAINTE-LUCIE

sables à la survie de l'écosystème de l'île. On trouve également des plaines d'« herbe de mer », dont les abords facilitent le travail de la vingtaine de pêcheurs installés dans le coin. Leur demander de vous montrer les nasses qu'ils utilisent dans ces fonds qui ne doivent pas dépasser 2 m. C'est à se demander s'ils savent nager !

ⵣ *Honey Moon Beach :* l'un des plus beaux endroits de l'île. On y accède de la route principale qui remonte vers Castries en prenant à droite un chemin situé juste après *Saint-Lucian Wine Industry,* une baraque qui vend des vins de banane, de mangue, de goyave. On débouche ensuite sur deux grands plateaux ventés (type Bretagne). En prenant à gauche avant d'arriver à ces plateaux, on descend vers une belle plage déserte.

★ *Latille Waterfall :* juste après Micoud, prendre un chemin sur la droite. Site naturel avec rivière et cascade. Entrée payante. Se visite seul, mais John, le propriétaire peut vous accompagner pour vous donner des infos sur les plantes médicinales de son jardin. Se renseigner auprès de *Mirage Beach Resort* à Laborie (voir « Où dormir ? »).

★ *Mamiku Gardens :* à mi-distance entre Mon Repos et Praslin ; panneau indicateur sur la gauche. ☎ 455-37-29. ● www.mamiku.com ● Ouvert tous les jours de 9 h à 17 h. Compter dans les 15 EC$ (6 €) ; réductions pour les 5 à 12 ans.
Ancienne plantation de canne à sucre qui appartenait au baron de Micoud (*Mamiku* viendrait de Madame de Micoud) avant que les Anglais ne s'en emparent au XVIIIe siècle pour la transformer en poste militaire ! Aujourd'hui, il ne reste plus que des ruines... à peine visibles, et la maison bringuebalante de *Grand'Pa.* Par contre, le domaine a été entièrement aménagé par un architecte-paysagiste ; pas moins de 300 espèces de plantes y sont référencées. Beaux points de vue sur Praslin Bay. C'est un véritable dédale de petits sentiers s'engouffrant dans un bois, traversant des petits jardins intimes comme *The Mystic Garden, The Secret Garden...* Peut-être emprunterez-vous le sentier de la banane jalonné d'intéressants panneaux explicatifs sur cette production ? Pour faciliter le parcours, un plan vous est donné à l'entrée.
🍴 Possibilité de se rafraîchir ou de grignoter au *Brigand's Bar.*

★ *Fregate Islands :* renseignements à l'antenne de *St. Lucia National Trust* à Praslin (☎ 455-30-99) ou à Castries (☎ 452-50-05). Visite guidée obligatoire : 40 EC$ (16,50 €) par personne.
Ces îles jumelles de la côte est forment elles aussi une réserve naturelle gérée par *St. Lucia National Trust.* Elles tirent leur nom d'un oiseau noir, à la queue longue et fourchue, très facilement identifiable et qui y niche de mai à juillet. La deuxième offre un relief déchiqueté par la mer, des cavités rocheuses naturelles et des falaises léchées par les vagues. Avec un peu de chance, vous apercevrez un boa constrictor (localement appelé « tête de chien »). Oiseaux rares aux plumes colorées pour les férus d'ornithologie. Possibilité de parcourir l'*Eastern Nature Trail,* un sentier côtier d'environ 5 km qui relie Mandelé Point à Praslin Bay. Compter également 40 EC$ (16,50 €) par personne pour une balade accompagnée.

CARTE D'IDENTITÉ

- **Superficie :** 388 km^2.
- **Capitale :** Kingstown.
- **Régime :** parlementaire. Au même titre que Saint-Vincent, dont elles dépendent, les Grenadines font partie du Commonwealth. La reine Elizabeth II est représentée par un gouverneur, David Jack. Le chef du gouvernement est Ralph Gonsalves.
- **Population :** 116 000 habitants.
- **Densité :** 300 hab./km^2.
- **Monnaie :** le dollar des Caraïbes orientales.
- **Langues :** l'anglais, le créole.

Il fait (presque) toujours beau aux Grenadines. Cette poussière d'îles perdues en plein océan, au sud de la Martinique, a échappé à tous les cyclones depuis quelque 150 ans et maintient résolument ciel bleu et mer tiède pour le plus grand bonheur des amateurs de voile. Eaux limpides, plages de sable blanc ; on navigue ; on plonge. On débarque pour « se faire un resto » et visiter les curiosités du lieu, et on rembarque pour quelques heures de navigation à destination d'une autre île où le même programme se répète. Ni tout à fait le même, ni tout à fait un autre, sans qu'on s'en lasse jamais.

Comment y aller ?

En bateau (à voile)

Stardust dispose, du plus gros monocoque au plus petit catamaran de croisière, d'une flottille qui permet à chacun de naviguer comme il l'entend. Luxueusement, avec équipage, cuisine gastronomique, argenterie et service aux petits soins sur un magnifique *Scorpio 72* ; plus simplement, sur un catamaran avec un skipper et une hôtesse ; en marin. Renseignements :

■ **Stardust Yacht Charter :** 2, rue d'Athènes, 75009 Paris. ☎ 01-55-07-15-15. ● www.stardustyc.com ●

En avion

Pour les allergiques à la mer, la plupart des îles sont reliées entre elles par des **vols réguliers** de compagnies privées (seule Moustique n'est accessible que par charter privé).

À voir

★ Tout commence à **Saint-Vincent...**

■ *SVG Tours :* PO Box 560, Kingstown, à Saint-Vincent. ☎ (01-784) 458-45-34. Fax : (01-784) 456-47-21. ● svgtours@caribsurf.com ● Dominique David, un Français, organise des excursions sur Saint-Vincent et les Grenadines. Avec capitaine Yannis à Union, qui possède deux catamarans. Excursions à la journée sur Mayereau, Tobago Cays et Palm Island.

★ ... Et on s'arrête à *Young Island*, un îlet dont l'unique route ne parvient pas à faire le tour tant il est escarpé.

🛏 |●| *Young Island :* ☎ (784) 458-48-26. Réservation obligatoire. De simples bungalows et un excellent resto que fréquentent volontiers les navigateurs à quelques brasses de la grosse île (Saint-Vincent, son volcan, son jardin botanique où pousse encore le premier jacquier, ou arbre à pain, importé par le capitaine Bligh du fameux *Bounty,* ses forêts profondes et impénétrables). De délicieux mélanges de recettes occidentales et de produits locaux à la carte, un service zélé et un choix étonnant de pains maison (goûter le pain à la banane) font de *Young Island* la meilleure étape à Saint-Vincent, aussi bien pour dîner que pour déjeuner à l'ombre d'une des charmantes paillotes qui bordent la plage de sable fin. En début d'après-midi, ne pas manquer le retour des pêcheurs du voisinage qui viennent offrir leurs poissons au chef. Choisis, pesés sur la plage, ils sont aussitôt vidés et lavés dans la mer. Mais non, il n'y a pas de requins et de toute façon, à cette heure-là, il fait beaucoup trop chaud pour se baigner !

★ À *Bequia* (prononcer « bekoué »), on met pied à terre pour plusieurs raisons. D'abord pour se balader dans l'île et notamment longer en voiture toute une partie de la côte au travers de splendides cocoteraies. Deuxième raison, visiter le charmant village qui tient lieu de capitale. Pas de monument, si ce n'est le fameux *Whales Bones*, un bar dont le comptoir a été taillé dans une mâchoire de baleine et les tabourets fabriqués avec des vertèbres de cétacés ! À voir aussi, le petit marché, l'église ouverte à tous les vents et les fabricants de maquettes de bateaux (hors de prix). Troisième raison de mouiller dans la superbe *Admiralty Bay,* la fête donnée chaque vendredi soir à la *Plantation House* (☎ 784-458-34-25 ; réservation obligatoire) qui réunit tous les voileux et les touristes de passage pour une soirée d'enfer au bar, au bord de la plage (en général avec un excellent orchestre). On peut dîner au restaurant avant, sous une grande véranda (très bons plats locaux).

|●| Pour les amateurs d'atmosphère locale, ne pas manquer d'aller déjeuner au *Reef,* un petit resto de plage sans prétention. On commande son poulet-frites ou son poisson grillé, on se baigne et le temps de se sécher, on est servi (en prime, très bon marché).

– Mais la grande affaire de Bequia, ce sont les *baleines*. Tous les pêcheurs du coin rêvent d'en harponner une exactement comme au temps de Moby Dick. Heureusement, sévèrement contrôlée, la chasse ne donne droit aux habitants qu'à un très petit quota annuel de prises. Et malgré sa modestie, le quota maximum autorisé est rarement atteint ! Un ancien chasseur, Athniel Ollivierre, qui a dépassé les 70 ans, a transformé sa case en *mini-musée*. Très droit, le regard clair, il commente l'histoire de ses quelques souvenirs – harpons, ossements peints – et parle timidement de son histoire digne d'un récit de Melville. À écouter absolument. On ne regrette pas les quelques dollars caraïbes qu'on lui laisse pour le prix de son hospitalité.

C'est à *Petit Nevis*, un îlot désert juste en face de Bequia, que l'on réalise que les chasseurs de baleine ancienne manière existent bien. On peut en effet y voir la « cale » sur laquelle on hale les cétacés pour les dépecer, abandonnant les os sur place, et, dans une cabane, les gigantesques marmites où l'on fait fondre la graisse. À côté, soigneusement mis sous clé, tout un attirail de pêche assez impressionnant.

★ À *Moustique,* on retrouve les gros poissons des affaires et de la finance du monde occidental. Véritable paradis de milliardaires, cette toute petite île aride où rien, ou presque, n'a jamais poussé, propose aujourd'hui la plus somptueuse brochette de villas de luxe de toute la Caraïbe. Le génie initiateur d'une telle réussite est un Anglais familier de la famille royale : Sir Colin Tennant. À court d'idées, lors du mariage de la princesse Margaret, il eut la présence d'esprit de lui faire cadeau d'un petit bout de l'île qu'il venait d'acquérir (avec une très jolie maison dessus). La princesse s'enticha de sa propriété tropicale et bientôt tout le gratin accourut, se faisant construire de splendides maisons dont la plupart sont à louer (y compris celle de la princesse Margaret, enfin, celle qui lui appartenait), à des tarifs qui laissent évidemment loin derrière eux les prix les plus élevés pratiqués à Saint-Tropez. Deux endroits sont accessibles au touriste lambda :

🍸 *Bazil Bar :* bistrot sur pilotis de Grand Bay, où règne chaque samedi soir une ambiance assez chaude.

🏠 🍴 *Cotton House :* ☎ (784) 456-47-77. ● cottonhouse@carib surf.com ● Réservation obligatoire. Magnifique. Constituée de plusieurs bâtiments de styles différents, qui abritent les chambres (une vingtaine), et d'un superbe salon - salle à manger où l'on sert des dîners de grand style. Pour ceux qui ont envie d'en savoir plus sur les villas, il faut essayer de rencontrer le directeur, un Haïtien d'origine, merveilleusement accueillant.

★ Pas de resto ni d'hôtel aux *Tobago Cays,* mais on y trouve les eaux les plus turquoise et les plus transparentes des Antilles. Protégés par l'immense récif *World's End,* ces îlots restés sauvages abritent des myriades de poissons. Gros inconvénient, on n'est jamais seul à profiter de leur beauté ! Avouons-le, au-delà de dix bateaux dans la même crique, ce n'est déjà plus le paradis ; à partir de vingt (et c'est souvent le cas), c'est carrément l'enfer ! Seule solution : dormir à bord pour avoir une chance de profiter des lieux dans un calme relatif avant que d'autres plaisanciers (plus les bateaux de promenade qui viennent des îles voisines) et les vendeurs de souvenirs (en barque à moteur) ne refassent leur apparition.

★ Avec ses presque montagnes, d'où l'on a une vue superbe sur les îles voisines, ses plages bordées de cocotiers, *Union Island* prend des airs de Polynésie. À l'exception de la plage de *Rig Sand,* ses côtes ne présentent guère d'intérêt.

★ En revanche, sa toute petite voisine, *Palm Island*, a bien du charme. Louée pour quatre-vingt-dix-neuf ans par John Caldwell, un Anglais qui l'a couverte de cocotiers, « Prune » est devenue « Palm ». Son locataire « longue durée » y a bâti un hôtel constitué de bungalows en bord de mer, noyés dans la végétation, et un charmant restaurant où l'on dîne aux chandelles :

🏠 *Palm Island Club :* ☎ (784) 458-88-24. Réservation obligatoire.

➢ Palm est suffisamment étendue pour qu'on s'y balade à pied sans se perdre : un vrai rêve de Robinson.

★ D'autres îles encore : *Mayreau*, propriété d'une vieille famille de Saint-Vincent, égrène de très belles plages quasi désertes, un minuscule village et une ravissante église catholique en pierre au sommet de « sa » montagne ; *Canouan*, dont la forme en croissant abrite les plus belles plages privées de la zone, notamment celle de *Glossy Bay* ; *Petit Saint-Vincent*, une autre petite île (sans aéroport) où deux Robinson américains ont construit à partir de rien (les lieux étaient totalement déserts en 1963) un établissement de grand luxe.

HANDICAP INTERNATIONAL

Nous lui fabriquons une prothèse.
Qui fabriquera ses **droits ?**

3615 HANDICA (1.28 f/min)   www.handicap-international.org

MGA / RCS Lyon B 380 259 044. Printed in E.E.C. / Photo : Marcel CROZET / 07.2000   Espace offert par le support

COMITE DE LA CHARTE
donner en confiance

NE LES LAISSONS
PAS PAYER
DE LEUR VIE,
LE PRIX DE LA PAUVRETÉ

La chaîne
de l'espoir

Gravement malades ou blessés, des milliers d'enfants dans le monde sont condamnés faute de moyens humains, financiers et médicaux dans leur pays. Pourtant, souvent, un acte chirurgical relativement simple pourrait les sauver...

La Chaîne de l'Espoir, association humanitaire, s'est donnée pour mission de combattre cette injustice en mobilisant médecins, chirurgiens, infirmières, familles d'accueil, parrains, donateurs, artistes et partenaires financiers.
Depuis sa création en 1988 par Alain Deloche, professeur en chirurgie cardiaque, La Chaîne de l'Espoir a permis à des milliers d'enfants pauvres du monde entier d'être opérés dans plus de 20 pays, principalement en Asie, en Afrique, et en Europe de l'Est.

Pour soutenir notre action
envoyez vos dons à :
La Chaîne de l'Espoir
1, rue Cabanis - 75014 PARIS
Tél.: 01 44 12 66 66
www.chaine-espoir.asso.fr
CCP 370 3700 B LA SOURCE

L'action de La Chaîne de l'Espoir est triple:

• LES SOINS EN FRANCE
Transférer et accueillir les enfants en France parce qu'il n'existe pas dans leur pays d'origine les moyens pour mener à bien une intervention chirurgicale.

• LES SOINS À L'ÉTRANGER
Opérer les enfants dans leur pays, former des équipes médico-chirurgicales locales, apporter du matériel et des équipements médicaux, réaliser et réhabiliter sur place des structures hospitalières afin de donner aux pays dans lesquels elle intervient les moyens de soigner leurs enfants.

• LE PARRAINAGE
Développer une activité de parrainage scolaire et médical parce qu'un enfant qui ne peut pas aller à l'école reste un enfant handicapé.

La Chaîne de l'Espoir est une association de bienfaisance assimilée fiscalement à une association reconnue d'Utilité Publique.

P 125 F5.6 +·₀·⁻ ⁴ ⁻ ⚡

Les peuples indigènes peuvent résister aux militaires ou aux colons. Face aux touristes, ils sont désarmés.

Pollution, corruption, déculturation : pour les peuples indigènes, le tourisme peut être d'autant plus dévastateur qu'il paraît inoffensif. Aussi, lorsque vous partez à la découverte d'autres territoires, assurez-vous que vous y pénétrez avec le consentement libre et informé de leurs habitants. Ne photographiez pas sans autorisation, soyez vigilants et respectueux. Survival, mouvement mondial de soutien aux peuples indigènes s'attache à promouvoir un tourisme responsable et appelle les organisateurs de voyages et les touristes à bannir toute forme d'exploitation, de paternalisme et d'humiliation à leur encontre.

Survival

pour les peuples indigènes

Espace offert par le Guide du Routard

✂

❑ envoyez-moi une documentation sur vos activités   ❑ j'effectue un don

NOM   PRÉNOM   ADRESSE

CODE POSTAL   VILLE

Merci d'adresser vos dons à Survival France. 45, rue du Faubourg du Temple, 75010 Paris.
Tél. 01 42 41 47 62. CCP 158-50J Paris. e-mail : info@survivalfrance.org

Les conseils *nature* du **Routard**

avec la collaboration du **WWF**

Vous avez choisi le Guide du Routard pour partir à la découverte et à la rencontre de pays, de régions et de populations parfois éloignés. Vous allez fréquenter des milieux peut être fragiles, des sites et des paysages uniques, où vivent des espèces animales et végétales menacées.

Nous avons souhaité vous suggérer quelques comportements simples permettant de ne pas remettre en cause l'intégrité du patrimoine naturel et culturel du pays que vous visiterez et d'assurer la pérennité d'une nature que nous souhaitons tous transmettre aux générations futures.

Pour mieux découvrir et respecter les milieux naturels et humains que vous visitez, apprenez à mieux les connaître.

Munissez vous de bons guides sur la faune, la flore et les pays traversés.

❶ Respectez la faune, la flore et les milieux.

Ne faites pas de feu dans les endroits sensibles - Rapportez vos déchets et utilisez les poubelles - Appréciez plantes et fleurs sans les cueillir - Ne cherchez pas à les collectionner… Laissez minéraux, fossiles, vestiges archéologiques, coquillages, insectes et reptiles dans la nature.

❷ Ne perturbez d'aucune façon la vie animale.

Vous risquez de mettre en péril leur reproduction, de les éloigner de leurs petits ou de leur territoire - Si vous faites des photos ou des films d'animaux, ne vous en approchez pas de trop près. Ne les effrayez pas, ne faîtes pas de bruit - Ne les nourrissez pas, vous les rendrez dépendants.

❸ Appliquez la réglementation relative à la protection de la nature, en particulier lorsque vous êtes dans les parcs ou réserves naturelles. Renseignez-vous avant votre départ.

❹ Consommez l'eau avec modération,

spécialement dans les pays où elle représente une denrée rare et précieuse.

Dans le sud tunisien, un bédouin consomme en un an l'équivalent de la consommation mensuelle d'un touriste européen !

❺ Pensez à éteindre les lumières, à fermer le chauffage et la climatisation quand vous quittez votre chambre.

❻ Évitez les spécialités culinaires locales à base d'espèces menacées. Refusez soupe de tortue, ailerons de requins, nids d'hirondelles…

❼ Des souvenirs, oui, mais pas aux dépens de la faune et de la flore sauvages. N'achetez pas d'animaux menacés vivants ou de produits issus d'espèces protégées (ivoire, bois tropicaux, coquillages, coraux, carapaces de tortues, écailles, plumes…), pour ne pas contribuer à leur surexploitation et à leur disparition. Sans compter le risque de vous trouver en situation illégale, car l'exportation et/ou l'importation de nombreuses espèces sont réglementées et parfois prohibées.

❽ Entre deux moyens de transport équivalents, choisissez celui qui consomme le moins d'énergie ! Prenez le train, le bateau et les transports en commun plutôt que la voiture.

❾ Ne participez pas aux activités dommageables pour l'environnement. Évitez le VTT hors sentier, le 4x4 sur voies non autorisées, l'escalade sauvage dans les zones fragiles, le ski hors piste, les sports nautiques bruyants et dangereux, la chasse sous marine.

❿ Informez vous sur les us et coutumes des pays visités, et sur le mode de vie de leurs habitants.

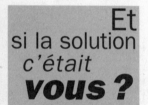

Avant votre départ ou à votre retour de vacances, poursuivez votre action en faveur de la protection de la nature en adhérant au WWF.

Le WWF est la plus grande association privée de protection de la nature dans le monde. C'est aussi la plus puissante :
- **5 millions de membres ;**
- **27 organisations nationales ;**
- **un réseau de plus de 3 000 permanents ;**
- **11 000 programmes de conservation menés à ce jour ;**
- **une présence effective dans 100 pays.**

Devenir membre du WWF, c'est être sûr d'agir, d'être entendu et reconnu. En France et dans le monde entier.

Ensemble, avec le **WWF**

Pour tout renseignement et demande d'adhésion, adressez-vous au WWF France :
188, rue de la Roquette 75011 Paris ou sur www.panda.org.

ROUTARD ASSISTANCE

L'ASSURANCE VOYAGE INTEGRALE A L'ETRANGER

VOTRE ASSISTANCE "MONDE ENTIER" LA PLUS ETENDUE

RAPATRIEMENT MEDICAL   983.935 FF   **150.000 €**
(au besoin par avion sanitaire)
VOS DEPENSES : MEDECINE, CHIRURGIE,   1.967.871 FF   **300.000 €**
    HOPITAL, GARANTIES A 100% SANS FRANCHISE
    HOSPITALISÉ! RIEN A PAYER...(ou entièrement remboursé)
BILLET GRATUIT DE RETOUR DANS VOTRE PAYS :   **BILLET GRATUIT**
En cas de décès (ou état de santé alarmant) d'un proche parent,   **(de retour)**
père, mère, conjoint, enfants
*BILLET DE VISITE POUR UNE PERSONNE DE VOTRE CHOIX   **BILLET GRATUIT**
si vous êtes hospitalisé plus de 5 jours   **(aller retour)**
Rapatriement du corps - Frais réels   **Sans limitation**

avec CHUBB INSURANCE COMPANY OF EUROPE S.A.

RESPONSABILITE CIVILE "VIE PRIVEE " A L'ETRANGER

Dommages CORPORELS (garantie à 100 %)...... 29.518.065 FF   **4.500.000 €**
Dommages MATERIELS (garantie à 100 %)........ 4.919.677 FF   **750.000 €**
(dommages causés aux tiers)   (AUCUNE FRANCHISE)
EXCLUSION RESPONSABILITÉ CIVILE AUTO : ne sont pas assurés les
dommages causés ou subis par votre véhicule à moteur : ils doivent être
couverts par un contrat spécial : ASSURANCE AUTO OU MOTO.
ASSISTANCE JURIDIQUE (Accident)............... 2.951806 FF   **450.000 €**
CAUTION PENALE... 49.197 FF   **7.500 €**
AVANCE DE FONDS en cas de perte ou vol d'argent...... 4.920 FF   **750 €**

VOTRE ASSURANCE PERSONNELLE "ACCIDENTS" A L'ETRANGER

Infirmité totale et définitive   491.968 FF   **75.000 €**
infirmité partielle - (SANS FRANCHISE)   **de 150 € à 74.000 €**
     de 984 FF à 485.408 FF
Préjudice moral : dommage esthétique   98.394 FF   **15.000 €**
Capital DECES   19.679 FF   **3.000 €**

VOS BAGAGES ET BIENS PERSONNELS A L'ETRANGER

Vêtements, objets personnels pendant toute la durée de votre voyage à
l'étranger : vols, perte, accidents, incendie,   6.560 FF   **1.000 €**
dont APPAREILS PHOTO et objets de valeurs   1.968 FF   **300 €**

COMBIEN ÇA COÛTE ? **20 €** (131,20 FF) par semaine
**Chaque Guide du Routard pour l'étranger comprend
un bulletin d'inscription dans les dernières pages.**

Information : www.routard.com

INDEX GÉNÉRAL

– A –

– B –

– C –

– D-E –

– F –

– G –

– H-I-J –

– L –

– M –

– N-O –

– P –